"También he sido terco por rehusar ciertos tipos de papeles que contribuyen a esa distorsión, esa tergiversación de los hechos [de latinos]— el narcotráfico del mes, esa clase de basura. No sé si hubiera interpretado esos papeles si hubiera estado muriéndome de hambre, pero nunca llegué a ese punto".

—HECTOR ELIZONDO, *Los Angeles Times*

"Soy puertorriqueña lo cual parece indicar para la gente de Hollywood que uno es un volcán. Es suficientemente difícil encontrar papeles para una mujer, pero el ser una mujer de Puerto Rico lo hace mucho más difícil. Creo que las barreras, los estereotipos, al fin se están derrumbando. Quiero demostrar que puedo interpretar varios tipos de papeles, no solamente de latinos, aunque me gustaría interpretar buenos papeles hispanos".

—RITA MORENO, *San Francisco Chronicle*

"La película sobre nuestra gente [*Párate y recita*] conmoverá a la nación. Demuestra que podemos lograr nuestras metas. Éste es el mejor momento de mi vida porque puedo hacer una película como ésta".

—EDWARD JAMES OLMOS, *Los Angeles Times*

"Hay una nueva raza....Son actores bien educados que, por casualidad, son hispanos".

—ELIZABETH PEÑA, *Los Angeles Herald Examiner*

"Fui extra porque necesitaba el dinero y para perderme en un mar de caras. Nunca tuve la ambición de ser actor, pero fue como una reacción en cadena. Un día el director me preguntó si yo podía recitar una frase, y lo hice".

—FERNANDO REY, *Los Angeles Times*

"No quiero ser estereotipada como una latina u otra cosa....Cuando los productores de películas reciben una latina, siempre quieren convertirla en un volcán, otra Lupe Vélez. Ella no es una típica mujer latina, así como Betty Hutton no es una típica mujer americana".

—LINA ROMAY, *Hollywood Studio Magazine*

"Mis investigaciones muestran que los hombres de ese periodo usaban bombachos, volantes y polvo para la cara. Errol [Flynn] vio eso y dijo, 'Eso no es para mí'. Entonces inventé mi propio periodo...recibí un Oscar vestido impecablemente. Lo que vale la autenticidad".

—BILL TRAVILLA, *Los Angeles Times*

LOS HISPANOS EN HOLLYWOOD

....

Celebrando 100 años en el cine y la televisión

....

LUIS REYES Y PETER RUBIE

Random House Español
Nueva York

Primera edición en español de Random House Español, 2002

Publicado en los Estados Unidos por Random House Español, una división de Random House, Inc., Nueva York, y simultaneámente en el Canadá por Random House of Canada, Ltd., Toronto. Fue publicado por primera vez, en inglés, en 2000, por la casa editorial Lone Eagle Publishing Company, bajo el título *Hispanics in Hollywood: A Celebration of 100 Years in Film and Television.*

www.rhespanol.com

La información CIP (Clasificación de publicación) se dispone a petición.

Edición a cargo de Mary Haesun Lee y Erik Riesenberg.
Traducción de Célida Villalón.
Diseño del libro y la cubierta por Fernando Galeano.
Producción del libro a cargo de Marina Padakis y Lisa Montebello.

ISBN 1-4000-0006-8

Primera edición

Impreso en los Estados Unidos de América

10 9 8 7 6 5 4 3 2 1

Quiero dedicar este libro a mi esposa, Ronda; mi hijo, Luis Ignacio Keonimana Reyes y mi hija, Arlinda Marie Makamae Reyes, quienes comparten la herencia de las películas; mi mamá, María, quien me enseñó a apreciar las obras teatrales en nuestras vidas; y mi papá, Pablo, quien se quedaba hasta tarde conmigo viendo las películas del oeste por televisión.

—Luis Reyes

Para Jack Wilkins, también un aficionado de las películas, brillante guitarrista y mi mejor amigo; y en recuerdo de Warne Marsh, músico de jazz, y una de las personas más creativas que he conocido.

—Peter Rubie

CONTENIDO

AGRADECIMIENTOS

Un agradecimiento especial a: Sandy Varga y Bel Hernández de la revista *Latin Heat* por hacer posible esta nueva edición; Mike Hawks; Pete Bateman; Doug Hart; Critt Davis; Leith Adams, USC/Warner Bros., Archives; Frank Rodríguez, Univeral Pictures; Louis García, Tri-Star Pictures; Ann Lander/Teri Avanian, Orion Pictures; Halina Krukowski, Lucasfilm Ltd.; Jess García, Warner Bros.; el equipo de la Academy of Motion Picture Arts and Sciences Library and Center for Research Study; Jeff Baskim; Brian Robinette, NBC; Anthony Quinn; Mel Ferrer; Ricardo Montalbán; Edward James Olmos; Jesús Trevino; Pepe Serna; Alex Colón; Bart Andrews; Michael Donnelly; Jimmy Smits; Cheech Marin; Richard Domínguez; Jerry Velasco; Margaret Ward y Rodney Mitchell de SAG; Selise Eisseman de DGA Special Projects; Dolores Argo de HBO; Mona Lee Schilling; Bob Dickson; Lauren Rossini y Carla Green por su trabajo en el manuscrito y diseño; Jeff Black por su comprensión y visión; el estricto Peter Rubie; y sobre todo, mi representante, Lori Perkins, quien nunca perdió la fe.

Random House Español quiere agradecer al equipo de producción, diseño y edición: Lisa Alpert, Elizabeth Bennett, Christopher Warnasch, Sophie Chin, Mary Lee, Erik Riesenberg, Marina Padakis, Linda Schmidt, Denise De Gennaro, Pat Ehresmann y Lisa Montebello.

PREFACIO

Rita Moreno

Cuando yo trabajaba bajo contrato en los estudios de la Metro Goldwyn Mayer, nunca hubiera podido concebir que existiera una publicación que documentara las carreras y los logros escénicos de los artistas latinos (no solo porque los latinos eran pocos y no aparecían en cintas fílmicas a menudo, sino porque nosotros parecíamos ser invisibles para los que gobernaban los estudios). Aunque el camino ha sido difícil, muchos actores latinos han obtenido éxitos en la industria del espectáculo y, más importante aún, han ganado el respeto de sus iguales. Aquellos que no permitieron que la rigidez del sistema los descorazonara, perseveraron y en muchos casos obtuvieron grandes éxitos cuando les fue dada la oportunidad.

Como muchos de los que aspiraban a ser actores o actrices, llegué a Hollywood queriendo solamente ser otra Lana Turner, pero mi aprendizaje resultaría difícil y doloroso porque las puertas de las oportunidades sólo se abrirían para mí bajo las estrictas condiciones que imponían los estudios. Como tantos otros actores étnicos, yo estuve relegada a desempeñar incontables roles de doncellas indias sin nombre y apasionadas mejicanas. Los que estábamos bajo contrato no recibíamos ninguna consideración bajo el sistema antiguo de los estudios; desempeñábamos los papeles que se nos asignaban, sin importar cuán denigrantes podían ser.

Aún después de recibir cierto tipo de reconocimiento, la lucha por ser considerada como actriz seria persistía. Por ejemplo, después de ser premiada con un Oscar por mi trabajo como Anita en *West Side Story*, pasé años rechazando roles que no eran más que una versión velada de otros anteriores, pero sin la sustancia que tenía *West Side Story*. Por lo tanto, recurrí al teatro para poder practicar mi arte. Yo hice todo lo que pude por buscar otros parajes en los que hubieran menos oportunidades de ser encasillada repetidamente en el mismo tipo de personaje.

Le ha tomado mucho tiempo a la industria teatral reconocer la amplitud del talento de los hispanos. Sin embargo, a través de los años, los actores latinos han hecho contribuciones muy importantes al cine y a la televisión, y sin lugar a duda, continuarán haciéndolas.

Este libro es un homenaje a aquellos que trazaron el camino y a los que derrumbaron las murallas de los estereotipos con su talento y valentía. Hace

Anthony Quinn

mucho tiempo que deberían haber sido reconocidos y festejados por sus aportaciones a Hollywood.

—Rita Moreno

Creo verdaderamente que la industria del cine es el sitio ideal donde los actores y las actrices pueden interpretar cualquier tipo de papel. Para mí, todos los que laboran en el teatro son parte de un mundo llamado "actor". Yo pertenezco a él, y así es como quisiera ser recordado.

—Anthony Quinn

INTRODUCCIÓN

Yo crecí en la parte noroeste de la ciudad de Nueva York a finales de los años 50 y principios de los 60, y el primer personaje hispano de la televisión que recuerdo muy vivamente es a Desi Arnaz, como Ricky Ricardo en *I Love Lucy.* Él lucía, hablaba y actuaba (especialmente cuando se enfadaba y hablaba en español) igual que mi padre. La vida familiar de ellos se parecía a la mía, ya que vivían en un apartamento de un modesto edificio y luchaban diariamente por cubrir los gastos. Y aunque Lucy no se parecía en nada a mi madre latina, ella poseía aquella cómica humanidad universal en su caracterización con la que todos nos podíamos identificar.

El *Zorro* y el *Cisco Kid* eran hispanos, pero esos espectáculos trataban de espadachines y del oeste americano. Como todos los jóvenes, a mí me encantaban las películas de vaqueros, pero eran los programas como *The Naked City* (1958–1963) y *East Side–West Side* (1963–1964), filmados en el propio Nueva York, donde los puertorriqueños que aparecían residiendo en aquellas viviendas de apartamentos eran representados por talentos neoyorquinos o latinos con los cuales yo podía identificarme.

Los primeros recuerdos de mis experiencias cinematográficas comienzan con John Wayne en *El Álamo* (1960) y Charlton Heston en *El Cid* (1961), igual que con las incontables comedias de Jerry Lewis. Las únicas actrices que de verdad me gustaban eran Susan Hayward y Marilyn Monroe, aunque tengo que confesar que también me atraían los encantos exóticos plenos de Sophia Loren, Claudia Cardinale y Brigitte Bardot.

Yo me identificaba con todos los bravucones de la pantalla, incluyendo a Kirk Douglas y Burt Lancaster (quien creció en el Harlem latino cuando esa área no era latina); pero aparte del actor Gilbert Roland, siempre apuesto y ladino, y normalmente el amigo del galán; de Anthony Quinn, una presencia cinematográfica importante de una etnia muy ambigua y Ricardo Montalbán, quien siempre de alguna manera personificaba al clásico don español, yo veía a muy pocos latinos en la pantalla. Cuando los puertorriqueños Rita Moreno y José Ferrer ganaron los premios Oscar, me sentí muy orgulloso.

Después de ver una película, yo me paraba en el vestíbulo del cine (quizás en el teatro Nemo de RKO, situado en la calle 110 y Broadway o en el Olympia de Loews, que eran dos de los cines que estaban a la vuelta de la esquina de nuestro apartamento del tercer piso de la calle 109) a contemplar los carteles que allí se exhibían, así como las fotos y anuncios, con una ansiedad anticipada por las atracciones que anunciaban para el futuro. A través de esos muestrarios, yo podía revivir la cinta que acababa de ver.

Nunca pensé que los asuntos raciales o etnia fueran importantes, hasta que me convertí en adolescente durante la era del movimiento de los Derechos Civiles de 1960. Ya para esa época todos estábamos conscientes de nuestra historia. En mi caso, comencé a enterarme cómo mi familia había llegado a Nueva York desde Puerto Rico, y cómo nuestra cultura se fusionaba con la cultura americana convencional, mientras compartíamos el vecindario con irlandeses, judíos e italianos.

Cuando ingresé en la secundaria, comencé a preguntarme por qué había tan pocos hispanos en el cine, y aún menos en la televisión. También me asombraba que en los comerciales no aparecieran actores de la raza negra o hispanos; después de todo yo compraba chocolates Nestlé o Cheerios o Pepsi, igual que los niños americanos. Nuestras vidas y la cultura puertorriqueña en general eran, yo pensaba, una práctica tan dramática e interesante como la de los ítaloamericanos o la de los judíos americanos. Hasta ahora, no ha habido un solo filme de Hollywood sobre los puertorriqueños que haya tenido un director o una estrella original de Puerto Rico, aunque *Popi* (1969) y *I Like It Like That* (1994) se han acercado.

A través de un programa educacional y de liderazgo puertorriqueño de Nueva York llamado Aspira, estuve expuesto a muchos aspectos de la cultura de Puerto Rico que desconocía. A través de esta organización, obtuve en 1972 una beca para el Colegio Elbert Covell, en Stockton, California, que en aquel momento era la única escuela bilingüe (español-inglés) de estudios superiores que había en los Estados Unidos. Yo conocía Stockton porque era la localidad donde se había desarrollado la serie del oeste *The Big Valley* (1965–1969), y cintas fílmicas como *All the King's Men* (1949) o *Mero Mediodía* (1952). Comencé a ver la riqueza y variedad de la cultura latina en el colegio. La mitad del cuerpo de estudiantes y maestros eran de la América Latina, haciéndome comprender que solo había conocido hasta entonces las culturas puertorriqueñas, cubanas y dominicanas.

Después de graduarme, me trasladé a Los Angeles y busqué la organización Nosotros, que había sido fundada por Ricardo Montalbán y otros más, para luchar contra las estereotípicas imágenes hispanas y mejorar las oportunidades en el cine y la televisión de los hispanos. Aquí en Nueva York, encontré infinidad de talentosos artistas, escritores y directores quienes eran apasionados y entusiastas acerca de su arte, y consideraban su cultura como parte de la vivencia americana.

Pero Hollywood continuaba interesado en las viejas imágenes estereotipadas de siempre, como sirvientas, residentes de barrios bajos, drogadictos, pandilleros y señoritas apasionadas. Desde entonces, actores como Raúl Julia, Héctor Elizondo, Edward James Olmos, Andy García, María Conchita Alonso, Julie Carmen, Elizabeth Peña, Rachel Ticotin, Rosana De Soto, Jimmy Smits y más recientemente, Cameron Díaz, Salma Hayek, Freddie Prinze Jr., Jennifer López y Marc Anthony han surgido a la cabeza de la nueva generación de su profesión, y comienzan a ser vistos como artistas hispanos que se han asimilado dentro de la cultura americana.

Por ser un apasionado del cine y trabajar en las relaciones públicas de la industria del cine, pude descubrir una enorme herencia de artistas hispanos poco conocidos en Hollywood. Aquellos que se habían fraguado un lugar en la industria cinematográfica en el pasado, se morían o ya habían desaparecido sin que jamás sus biografías hubieran sido relatadas. Según avanzaban los años, la historia de los hispanos en Hollywood estaba en peligro de perderse para siempre.

Angela Gómez, una actriz hispana de 93 años de edad, dijo una vez, "Este mundo del teatro es al que yo siempre quise pertenecer desde mi juventud. Las circunstancias y los tiempos eran mucho más difíciles en el pasado y yo agradezco la oportunidad que mi esposo y yo tuvimos de trabajar, y poder darle a nuestra familia una vida decente. E igualmente importante, fue un escape, un mundo de fantasía, como si los cuentos de hadas cobraran una vida en la que uno participaba".

Este libro es un intento de mostrar la manera cómo Hollywood ha retratado a los hispanoamericanos y a la América Latina, a la vez que señalar la contribución a las películas de Hollywood y a la televisión, prestada por los pocos conocidos hispanoamericanos como Angela Gómez, igual que las que los más famosos han ofrecido. Para llegar a una definición explícita, diremos que el término hispanoamericano incluye a todas las personas que viven en los Estados Unidos y cuyas raíces provienen de España, Portugal o América Latina. Este libro versará solamente sobre la historia de los hispanoamericanos en la industria hollywoodense de las cintas fílmicas y de la televisión. No tratará de referirse al cine de América Latina o España, excepto en lo concerniente a cómo este medio ha afectado la imagen hispanoamericana o a los artistas de Hollywood.

El material aquí incluido está basado en entrevistas realizadas específicamente para este libro, o anteriormente publicadas en revistas, periódicos y archivos de los estudios, artículos publicados en la prensa, así como la revisión de filmes por el autor cuando esto haya sido posible.

Algunas 400 películas y programas de televisión se mencionan con los créditos, sinopsis cortas, información sobre la producción en lo que respecta a los elementos hispánicos y comentarios críticos. Para su inclusión, se ha usado el siguiente criterio:

Luis Reyes

- La cinta fílmica o espectáculo de televisión en que aparezca un hispano como estrella o como actor/actriz de reparto;
- La historia se desarrolla en España, América Latina o Estados Unidos;
- Está producida por un importante estudio de Hollywood, o por un productor independiente;
- El filme o programa de televisión trata de un asunto hispano.

La mayoría de las películas que aquí aparecen son de la época del sonido (después de 1927), porque muchas de las cintas mudas no están disponibles, se han perdido o son inaccesibles.

—LUIS REYES

PELÍCULAS / INTRODUCCIÓN

Los hispanoamericanos, al igual que otros grupos minoritarios de los Estados Unidos, son víctimas de un estereotipo dañino en las cintas fílmicas y en la televisión. Pero mientras otros grupos minoritarios comenzaron a ser retratados de mejor manera (o quizás más ampliamente) en la década de los años 90, los hispanoamericanos aún aparecían como parte de los antiguos clichés.

Hay muy pocas películas que exploran la amplia variedad que encierra la experiencia hispanoamericana. Quiero decir con esto que aparecen muy pocos latinos como seres prósperos, educados, de clase media o adinerados; latinos homosexuales; hispanos judíos o no católicos (protestantes); o hispanos que no hablan español. La diversidad de hispanoamericanos y sus culturas, así como su contribución al arte y a la vida cotidiana de los Estados Unidos, no ha sido explorada todavía en toda su magnitud, particularmente en Hollywood.

La oportunidad de abrirse paso para reformar una imagen a veces se presenta cuando los miembros de un grupo minoritario presentado en la pantalla también están muy envueltos en el guión, en la actuación o en la dirección y producción de un filme. Ejemplos notables son *Zoot Suit* (1981), *Born in East L.A.* (1987), *La Bamba* (1987), *Stand and Deliver* (*Párate y recita*, 1988), *Hangin' with the Homeboys*

(1991), *I Like It Like That* (1994), *Desperado* (1995), *A Walk in the Clouds* (1995) y *Selena* (1997). La ironía es que los hispanos han estado involucrados en la producción de películas en Hollywood desde el comienzo de la industria, pero es solamente ahora que han comenzado a alterar de manera positiva cómo son presentados en la pantalla.

Por definición, un cliché o estereotipo está basado en una verdad evidente, pero esa verdad se interpreta mal porque es repetida de una sola manera y lo que es más importante, no descubre la verdadera naturaleza de la persona. Los clichés y estereotipos son dañinos, en fin de cuentas, porque usan las verdades a medias, para dar una importancia ilusoria al argumento racista que (llene los espacios) "todos los/las____son____porque_____".

Hollywood discute que sus películas, y en menor cuantía la televisión, son solamente espectáculos sin ningún prejuicio político, cuya única meta es darnos unas pocas horas de sana diversión. Esto no es solamente mentira (todas las tramas tienen un punto de vista y un significado implícito) sino algo malicioso, porque en el curso de asistir a un espectáculo determinado, nos encontramos constantemente con personajes que perpetúan opiniones racistas estereotipadas. Estas opiniones se consideran usualmente aceptables porque "todos saben que es la verdad". ¿Y cómo lo saben? Porque constantemente vemos ejemplos de "verdades" estereotípicas en las cintas fílmicas y en la televisión.

Las películas de Hollywood y los espectáculos de televisión se han convertido cada vez más en nuestro filtro para definir el mundo que nos rodea. Nos hemos transformado en víctimas de los viejos dichos "una fotografía vale más que mil palabras", y "la cámara no miente". Deberíamos estar más al corriente de las cosas. Hoy en día la tecnología moderna puede hacer mentir a la cámara con una convicción aterradora; aun sin usar la tecnología computerizada, la "verdad" se tergiversa capturando el momento fuera de su contexto, presentándola como una realidad común. Hay aún más, según descubrieron Hitler y Goebbels, si se repite la misma mentira en voz alta muchas veces, todos comienzan a creerla.

Hay una línea muy fina entre la tiranía artística de ser "políticamente correcto" y estar alerta de no perpetuar un estereotipo. Puede discutirse que esta línea fina es más fácil de caminar si se tiene una convicción honesta y un intento genuino de representar lo mejor que nos caracteriza, en vez de aceptar como verídicas historias y personajes que continuamente representan lo peor. Los estudios cinematográficos, no obstante, no han sido sensibles, especialmente en cuanto a tratar de presentar a las minorías de manera positiva, como tampoco han enfocado de forma efectiva las historias sobre ellas. La televisión no resulta mejor en esto, especialmente cuando pretende exponer la cultura y modo de vida de los hispanoamericanos.

Hollywood, por el contrario, se esconde detrás de un balance final, de una mentalidad mercenaria que muchas veces esconde una forma pasiva de racismo, de la que muchos estarían horrorizados si se percataran de que la están practicando. La insidia del racismo no radica solamente en los actos al descubierto de los que se proclaman a sí mismos fascistas, sino en la cobardía moral de aquellos que no se manifiestan abiertamente contra comentarios ofensivos improvisados. Aceptar las caracterizaciones estereotípicas de las cintas fílmicas sin confrontarlas es esa forma de racismo pasivo al que nos referimos.

ESTUDIO ANEXO: MÉXICO

La mayoría de los retratos de personajes hispanos y latinoamericanos presentados por los norteamericanos (por ejemplo, los que viven al sur de la frontera de México–EE.UU., o los de herencia española que viven en los Estados Unidos), reflejan la ignorancia de los cineastas y perpetúan mitos que son negativos en su mayoría. Las repúblicas bananeras, las villas lánguidas con peones holgazanes dormitando al sol, los indios semidesnudos, los dictadores crueles que fraguan violentos golpes de estado, los bandidos bigotudos, las bellas señoritas y la idea de que un anglosajón vale por diez latinos son solamente algunas de las muchas imágenes estereotipadas que los norteamericanos tienen de América Latina, de los hispanos y de los hispanoamericanos.

Estas imágenes negativas no han cambiado a lo largo del siglo XX, y continúan latentes en películas tales como *El Álamo* (1960), *The Magnificent Seven* (*Los siete magníficos*, 1960), *Kings of the Sun* (1963), *Butch Cassidy and the Sundance Kid* (1969), *The Wild Bunch* (*Los fieros*, 1969) y *The Old Gringo* (*Gringo viejo*, 1989). Un ejemplo es *Raiders of the Lost Ark* (1981), que presenta a Indiana Jones siendo perseguido por indios en un bosque tropical de Sudamérica, después que él se roba un poderoso ícono religioso. En *Extreme Prejudice* (1987), Nick Nolte y Powers Boothe se pelean por drogas, por la mano de María Conchita Alonso y por el derecho de ser "el jefe gringo principal" (ya sea éste benévolo o no), mientras los bandidos son ahora narcotraficantes.

Aunque recientemente Hollywood ha vuelto a descubrir a Nicaragua, El Salvador y Panamá, América Central y Sudamérica parecen haberse convertido en una cultura amorfa del sur de la frontera. A muchos norteamericanos les sería imposible identificar los nombres y mucho menos situar en el mapa las naciones que están al sur de México; sin embargo, todos tienen una opinión formada sobre ellas y sus ciudadanos. Recientemente, en 1993, en el filme *Jurassic Park* de Steven Spielberg, que se lleva a cabo en una isla cercana a Costa Rica, la capital, San José, en realidad una metrópolis bulliciosa, es presentada como un puerto sórdido y atrasado, con música mexicana sonando incongruentemente en el fondo.

En el pasado, el público que acudía al cine era obsequiado con las memorables imágenes de Humphrey Bogart que se abría paso a través de selvas inhóspitas, mientras eludía a los bandidos en busca de tesoros perdidos en México (*The Treasure of the Sierra Madre*, 1948); de César Romero y Tyrone Power conquistando a los aztecas y de paso también a las mujeres (*Captain from Castile*, 1947); Cary Grant transportando correspondencia sobre los Andes (*Only Angels Have Wings*, 1939); y Carmen Miranda bailando al compás de un solo tipo de ritmo latino, que se convirtió en el modelo absoluto.

A nivel nacional, los estereotipos han evolucionado lentamente a través de los años, pasando del bandido que aterrorizaba al oeste americano, al narcotraficante moderno o pandillero de la calle. La mujer ha sufrido muy poco cambio: de la madre jovial a la madre que sufre, o de la sexualmente provocativa mujer fogosa a la prostituta callejera o pandillera juvenil.

Nuestros conceptos modernos sobre los hispanoamericanos provienen, primeramente, de las cintas de vaqueros y de los dramas de carácter urbano, por más que estas imágenes tengan sus raíces en la ficción y en la crónica amarilla del siglo XIX. La prensa, y más tarde el cine y la televisión, caracterizaron toda la tierra al sur de los Estados Unidos como un México gigantesco, y todas las personas que hablaban español eran consideradas, más o menos, mexicanas de alguna manera.

México: un lugar donde es posible escapar de la ley; un lugar de corrupta anarquía, pobreza abrumadora y hedonismo barato; un lugar donde el dólar puede rendir mucho; un lugar donde casarse y divorciarse se logra rápida y fácilmente; y donde bellas mujeres de cabellos oscuros y piel canela ofrecen sus lechos por unos pocos pesos (paradójicamente esta actitud es también característica de los amantes latinos de las películas); al mismo tiempo, "algunos de nosotros esperamos ser asesinados mientras disfrutamos de unas vacaciones en México, y el puñal no nos sorprendería", comentó Octavio Paz en *Laberinto de soledad*. El lugar es peligroso y exótico, al igual que su pueblo.

México, como una extensión del oeste americano, es una imagen que ha sido popular en las más recientes cintas adultas de vaqueros, ya que los directores de cine contemporáneo se han concentrado en los últimos días de la frontera americana. Esta imagen ha sido subrayada por la popularidad adquirida a finales de la década de los 60 y, particularmente, de los 70, del llamado *spaghetti western*, a veces filmado en Italia, España, Israel o México, por ser países que se asemejan mucho al suroeste americano.

Las películas del oeste Clase B, producidas durante los años 1930 y 1940 por estudios como Republic, Monogram y Columbia, en las que brillaban George O'Brien, Buck Jones, John Wayne, Hopalong Cassidy, Roy Rogers y Gene Autry, fueron responsables de la creación del estudio anexo de México, que ha pasado a formar parte de la mitología del cine y ha ayudado a definir las ideas estereotipadas sobre los hispanoamericanos que todavía nos dominan. En el anexo del estudio Republic, así como en la mayoría de los estudios de Hollywood, siempre había un escenario o decoración permanente de pueblos mexicanos típicos, en los que aparecían casas de adobe, una iglesia, una plaza, una cantina y una hacienda. Este decorado era usado para representar a México y el suroeste en innumerables cintas fílmicas.

Los escritores, como Ernest Hemingway, inventaron un pintoresco retrato de la exótica Cuba tropical, y los turistas americanos acudieron a ella en masa, así como a otros países suramericanos y del Caribe, durante las eras del jazz y de la Prohibición. Los infecciosos ritmos de la música afro-caribeña se apoderaron de los Estados Unidos con los éxitos de las orquestas de Xavier Cugat, Desi Arnaz, Machito y otros menos conocidos, que influenciarían a músicos tan grandes como Charlie Parker, Dizzy Gillespie y Duke Ellington, igual que a compositores norteamericanos como Cole Porter, Aaron Copeland, y más tardíamente, Leonard Bernstein.

John Huston creó una versión moderna de la imagen romántica de México en 1964, con su cinta *La noche de la iguana*, basada en una obra de Tennessee Williams. *Against All Odds* (1984) (una reposición de *Out of the Past*, de 1947), muestra un México que sirve de telón de fondo exótico para crimen y romance entre anglos. *Born on the Fourth of July* (1989) de Oliver Stone, ofrece trazos ligeramente velados de un pueblo mexicano de chabolas que se convierte en un refugio sexual para los veteranos parapléjicos de la guerra de Vietnam. Desafortunadamente, transportar la escena a México, en vez de, por ejemplo, a cualquier pueblo norteamericano, alienta las suposiciones estereotipadas que el público tiene sobre los hispanos. Estas suposiciones están tan incrustadas en la conciencia americana y ejercen tal dominio sobre la imaginación de todos los directores de cine del mundo que continuarán siendo perpetuadas de una forma u otra durante muchos años más.

EL BANDIDO Y EL GRASOSO

Mucho antes del advenimiento de las películas, ya se habían adoptado muchas ideas falsas y estereotipadas acerca de los hispanoamericanos. Muchas de ellas pueden verse en los filmes que tratan de la historia. Leer la novela de Carlos Fuentes, *Gringo viejo*, por ejemplo, y después ver cómo fue alterada para ajustarse no solo al formato cinematográfico sino también a las sensibilidades de los norteamericanos, es poder entender en algo la profundidad del problema, aunque la situación está mejorando.

La batalla del Álamo de 1836 y la guerra de independencia de Texas dejaron arraigados hondos prejuicios entre angloamericanos y mexicanos que todavía aparecen reflejados, cien años después, en cintas como *Man of Conquest* (1939), *The Last Command* (1955) y *El Álamo* (1960), de John Wayne.

La guerra de los mexicanos y americanos de 1846, y el Tratado de Guadalupe Hidalgo que provino de ella y dio por terminadas las hostilidades en 1848, cedió un 51.2% del territorio mexicano a los Estados Unidos, incluso los actuales estados de Nuevo México, Arizona y California. Como resultado, 100.000 antiguos ciudadanos mexicanos, de repente, se vieron convertidos en ciudadanos de segunda categoría de los Estados Unidos. Los nobles españoles contemplaron cómo sus grandes posesiones disminuían, como resultado de la usurpación angloamericana facilitada por asesinatos, engaños y leyes, incluso la onerosa Greaser Law de 1855. El epíteto grasoso fue en realidad escrito dentro del texto de la ley, que era a su vez una serie de leyes sobre el vagabundeo, y podían ser interpretadas libremente para, de esa manera, facilitar la detención o encarcelamiento de los mexicanos y otros sujetos hispanohablantes.

A lo largo de 1850, grupos de bandidos merodeaban por la campiña asaltando y robando. Sus acciones eran en parte una reacción contra la discriminación, que estaba dirigida a las minorías de piel oscura de las regiones donde había oro. Tales acciones como la Ley de los Grasosos y los impuestos a los extranjeros, reavivaron el profundo sentimiento anti-anglo que existía entre los latinos. El resentimiento por la dominación anglo corría muy profundo y estaba muy extendido, y muchos de los bandidos originales recibían al menos la ayuda tácita de la comunidad mexicano-americana.

El término *grasoso* tiene varios orígenes, y es usualmente negativo o despectivo, refiriéndose a un individuo no anglo o de clase pobre. El significado del término podía aplicarse a los obreros mexicanos en el suroeste, que se engrasaban las espaldas para descargar los cueros u otro cargamento cualquiera con más facilidad. En los folletines de la década de 1880, el grasoso usualmente se refería a un villano o bandido grasiento y de piel morena, que en la mayoría de los casos era mexicano o mestizo. Ya en los años 1950, el término se aplicó solamente a los adolescentes considerados delincuentes juveniles que tenían el cabello engrasado y vestían chaquetas de cuero.

Los melodramas e historietas populares de Bret Harte, en el siglo XIX, ayudaron a darle forma a la figura del bandido mexicano. La popularidad del oeste americano en las novelitas de los años 1880, escritas mayormente por habitantes de la costa del este que nunca habían ido más allá del oeste de Nueva Jersey, reforzó las imágenes de los bandidos, de las hermosas señoritas y de los holgazanes de los pueblos de México.

Los espectáculos del oeste salvaje de Buffalo Bill y otros que hacían giras a lo largo de las zonas costeras del este, ajustaron estas estampas al presentar a vaqueros mexicanos en trajes de llamativos colores, rasgando la guitarra y practicando técnicas de rodeo. Los espectáculos también los presentaban como bandidos que eran capturados por los Guardabosques de Texas, Buffalo Bill o la Caballería de los Estados Unidos.

La era del presidente Teddy Roosevelt, a comienzos del siglo XX, la construcción del canal de Panamá, la expansión imperialista de los Estados Unidos, y los conceptos de "nuestros pequeños hermanos de piel oscura", junto a las crónicas amarillas escritas por los periódicos Hearst y Pulitzer, ayudaron a promover ideas falsas sobre nuestros amigos del sur.

La guerra hispanoamericana de 1898, la prensa amarilla, las historias sórdidas del hundimiento del acorazado *Maine* en la bahía de La Habana y las leyendas de los Rough Riders de Teddy Roosevelt que atacaban la loma de San Juan contra el enemigo español en Cuba, solidificó la idea del *Manifest Destiny*, una doctrina popular que expone el destino de los Estados Unidos como una expansión territorial continua.

Como resultado de la guerra hispanoamericana, los Estados Unidos adquirieron Puerto Rico, las Filipinas y Guam, así como el control temporal de Cuba. Después de 1898, la isla nación cubana se convirtió en un corrompido centro de juego, drogas y prostitución, que el gobierno de Estados Unidos controlaba a través de una serie de gobiernos títeres, y más tarde pasó a manos del crimen organizado. Los puertorriqueños fueron declarados ciudadanos americanos en 1917, mientras los Primera Infantería de Marina americana, tan recientemente como en 1965, se vio envuelta más de una vez en dar respaldo a dictaduras de países como la República Dominicana.

La revolución de México (1910–1917) cautivó la imaginación del pueblo americano porque estaba muy cerca de casa y además daba auge a la exaltación de bandidos como Francisco "Pancho" Villa, cuyas atrevidas fechorías se convirtieron en leyenda a ambos lados de la frontera. Los escritos del periodista americano John Reed, describían a Pancho Villa como un Robin Hood mexicano, y la revolución como una aventura romántica. La ambivalencia americana hacia Villa fue en parte producto del ataque de Villa a Columbus, en Nuevo México y la expedición militar punitiva encabezada por el general John Pershing, del ejército de los Estados Unidos, enviado a México para capturarlo. En 1913, el presidente Woodrow Wilson rehusó reconocer el gobierno revolucionario de México, y envió a los Infantes de Marina y barcos cañoneros a incautarse (temporalmente) del puerto mexicano de Veracruz.

Durante ese tiempo el cine pasó de ser un espectáculo erótico de máquinas de discos, a los sofisticados dramas psicológicos, que auspiciados por los directores del cine silente Cecil B. de Mille y D.W. Griffith, ejercieron un poderoso impacto sobre el público.

Bandidos y amodorrados pueblos mexicanos eran las características usuales de muchas de las películas mudas del oeste, y la desagradable imagen del grasoso nacería en estas primeras cintas fílmicas silentes. *Bronco Billy y el Grasoso* y *La Venganza del Grasoso* (ambas de 1914), por ejemplo, parecían confirmar al mexicano como un malvado y siniestro villano. En *Puertas al infierno* (1916), de

William S. Hart, el perverso Silk Miller es descrito en los titulares como "una mezcla de la grasosa astucia de un mexicano con la traición mortal de una víbora". Era muy raro que se tratara con simpatía a un nativo del país azteca, como sucedió en la cinta *El mexicano* (1914) de Tom Mix.

Muchos de los que estaban a la cabeza de los estudios eran inmigrantes del este de Europa, que habían pasado muchas amarguras en sus respectivos países y en su nueva patria adoptiva, tratando de integrarse lo mejor que podían a la cultura americana. Sus películas rara vez reflejaban sus propias experiencias étnicas. Ellos simplemente abrazaron el sueño americano y dieron rienda suelta a variadas fantasías y mitos para millones de americanos, que ayudarían a extender y reforzar los conceptos erróneos existentes.

Después de la revolución, el recién establecido gobierno mexicano puso reparos a los estereotipos que se veían en las películas, emitiendo una protesta oficial en 1924, mediante la cual se prohibían totalmente las películas americanas. Grupos hispanoamericanos en los Estados Unidos comenzaron a expresar en los periódicos en español sus opiniones sobre las descripciones negativas que las películas de Hollywood hacían de los hispanos.

Al finalizar la Primera Guerra Mundial, el desarrollo de la agricultura y la industria del suroeste y oeste medio, aunado a la inestabilidad política y económica del gobierno mexicano después de la revolución, tuvo como resultado la primera inmigración de mexicanos a los Estados Unidos. Estableciendo un patrón que existe hasta el presente, la política posterior de deportación de Estados Unidos, así como las oportunidades de trabajo (legales e ilegales en ambos casos) afectó a los residentes mexicano-americanos, implantando una situación de "empuja y hala" que trajo a millones de inmigrantes mexicanos a través de la frontera.

A todo esto hay que añadir el edicto de Pancho Villa, que ordenaba a todos los mexicanos nacidos en España a abandonar el norte de México, y eso fue lo que precisamente trajo a la familia del actor Gilbert Roland a El Paso, y más tarde a California. Los padres de Anthony Quinn pelearon al lado de Villa, hasta que el conflicto los desilusionó y terminaron viniendo también a los Estados Unidos.

La inmigración de un gran número de puertorriqueños y cubanos a los Estados Unidos, por otra parte, comenzaría mucho más tarde, principalmente en las décadas de 1940 y 1950, y más recientemente, los centro y suramericanos, debido a la incertidumbre política de sus respectivos países, han venido a los Estados Unidos en grandes números atravesando la frontera México–Estados Unidos.

Estas olas migratorias corresponden muy ampliamente, sin lugar a dudas, a cómo se han descrito a los hispanos en películas americanas: problemas sociales mexicano-americanos del período posterior a la segunda guerra mundial;

películas sobre la delincuencia juvenil de fines de las décadas de 1950 y 1960, y últimamente, los estereotipos de narcotraficantes y pandilleros de las décadas de 1980 y 1990.

LOS PIONEROS

La industria del cine le aseguró un modo de vida y un futuro a muchos hispanoamericanos, al crear una serie de trabajos y oportunidades en el área de Los Ángeles. La historia de los hispanos en Hollywood comienza con los que trabajaron como extras en las películas silentes en la segunda década del siglo XX y comienzos de 1920. Trabajar como supernumerarios, a la misma vez que en rodeos o desempeñando labores manuales, eran las áreas de la industria cinematográfica más accesibles a los hispanos de aquellos tiempos.

Muy pronto, sin embargo, algunos hispano-parlantes lograron situarse a la cabeza de la industria. De acuerdo con el historiador de cine Geoffrey Bell, en *The Golden Gate and the Silver Screen* (Nueva York: Cornwall Books, 1984), las actrices hispanas Myrtle González y Beatriz Michelena estaban entre las primeras luminarias de la pantalla silente, y Frank Padilla y Eustacio Montoya fueron dos de los primeros cineastas de las películas mudas. El historiador del cine, Antonio Ríos-Bustamente, en *Chicanos and Film* (Garland, 1992), editado por Chon Noriega, asevera que Myrtle González fue la "primera estrella latina" de la industria. En 1911 ella apareció en la cinta *Ghosts*, y hasta su inesperada muerte por influenza en 1917, recibió los créditos correspondientes a su posición de estrella en más de cuarenta cintas fílmicas de Vitagraph y Universal Pictures. "En marcado contraste con la experiencia de otras latinas que usaban su propio nombre, González representaba heroínas muy vigorosas al aire libre", dice Ríos-Bustamente.

Michelena era una estrella de los escenarios del teatro musical de San Francisco a comienzo del siglo XX y apareció en su primer filme, *Salomy Jane*, producido por la California Motion Picture Corporation en 1914. Al año siguiente, el periódico principal de la industria, *Motion Picture World*, la destacó en la portada con el siguiente pie de grabado: "Beatriz Michelena, la más grande y bella actriz que aparece en películas". Entre 1914 y 1919, ella trabajó en dieciséis películas. "Las necesidades de la nueva industria por conseguir intérpretes experimentados y populares crearon una oportunidad para actores talentosos, incluso a los latinos", concluye Ríos-Bustamente y añade, "al contrario de otros intérpretes latinos, estos pioneros pudieron actuar con sus apellidos hispanos, aun anterior a la locura del Amante Latino que convirtió a los latinos, temporalmente, en personajes de moda".

La ciudad de Los Ángeles, debido a sus antecedentes históricos, siempre tuvo una extensa población mexicana que sería una gran fuente para los

Antonio Moreno (dentro del carro) en el escenario de una película muda de los años 20.

estudios. Esta población creció todavía más durante la revolución mexicana (1910–1917), cuando cientos de ciudadanos se refugiaron en los Estados Unidos, huyendo de la situación violenta que existía en su país.

Los hispanos de la costa del este, por otra parte, eran una cantidad relativamente pequeña y habían sido explícitamente excluidos de participar en la industria del cine que comenzaba a desarrollarse allí. Durante ese incipiente período silencioso, la única participación que está documentada sobre ellos, son sus intervenciones como extras y peones en cintas rodadas en Cuba y Puerto Rico. El inmigrante europeo era, en cambio, el que proporcionaba la mano de obra barata en la costa del este. Duncan Renaldo, quien más tarde obtendría fama como el Cisco Kid, comenzó como un extra en los estudios Paramount, de

Astoria, Queens, cuando llegó por vez primera a Nueva York. Muy pronto fue contratado como director de arte y artista por sí mismo, cuando él dibujó de nuevo el diseño de una decoración para una película de los Siete Mares. Luego le comentaría al director que el original era más típico de Cuba y del Caribe.

Los Ángeles se convirtió en un lugar popular para los cineastas, porque, entre otras cosas, había mucho sol y la temperatura era cálida (una ventaja necesaria en el tiempo de las películas mudas, que tenían que ser filmadas a la intemperie, sin usar luces). Al mismo tiempo, el área alrededor de Los Ángeles tenía una topografía muy variada; había en ella montañas, ríos, playas y desiertos que podían servir como decorados a infinidad de proyectos. Más importante aún resultaba ser que en Los Ángeles no había sindicatos, y la ciudad poseía, además, una fuente inagotable de trabajadores mexicanos (y también asiáticos) baratos, por lo que la mano de obra costaba la mitad de lo que había que pagar en el este.

Frank Quinn, el padre de Anthony Quinn, trabajaba como obrero y utilero en los viejos estudios Selig. Muchos vaqueros mexicanos y rancheros estaban empleados como vaqueros en las películas del oeste. En general, los mexicanos encontraban trabajo como extras en infinidad de cintas fílmicas (especialmente en epopeyas) de la era silente, como en *Nace una nación* (1915) y *Intolerance* (1916), de D.W. Griffith; *El ladrón de Bagdad* (1924), de Raoul Walsh; y las cintas de Valentino, *Los cuatro jinetes del apocalipsis* (1921), *El jeque* (1921) y *Sangre y arena* (1922). Los mexicanos podían personificar a árabes, judíos, habitantes de las islas del Pacífico e indios americanos en ellas.

En un artículo de 1975 de la *TV Guide*, Gilbert Roland escribió de sus días iniciales lo siguiente: "La oficina que se ocupaba de los repartos pidió que extras españoles y mexicanos se presentaran en el estudio Paramount. Recibirían tres dólares diarios y una caja con el almuerzo. Más de mil de nosotros fuimos metidos en camiones y transportados a través del estrecho y polvoriento Paso Cahuenga, hasta el Rancho Lasky. Se trataba de *Sangre y arena*, y Rudolph Valentino era la estrella que interpretaría al torero".

Ángela Gómez, nacida en 1891 en San Bernardino, California, se trasladó más tarde con su familia a Arizona, donde contrajo matrimonio e inició una familia propia. Regresó a San Bernardino en 1919 con su esposo, Ralph Bauer, un mexicano de raíces alemanas. Se instalaron en Los Ángeles en 1920, cerca de las avenidas Sunset y Grand, un área donde entonces predominaban mexicanos, italianos, hawaianos, filipinos, judíos y chinos. En 1983, la señora Gómez fue entrevistada acerca de sus experiencias como una actriz que trabajaba de extra en los primeros días de Hollywood. Terminó diciendo que ella había tomado parte en alrededor de 300 películas, incluso la original silente así como en la del sonido que se añadiría más tarde a *Sangre y arena*.

"En las calles Temple y Diamond", dijo Gómez, "vivía un hombre llamado

Gamboa, que trabajaba como corredor para los estudios cinematográficos. Los corredores eran contratados para reunir actores extras, según como éstos fueran necesitados en sus respectivas áreas étnicas.

"Pedro Carmona y Chris-Pin Martin (que llegaría a ser un magnífico actor de carácter), quienes vivían en el área llamada Chávez Ravine, suplían los extras hispanos. El estudio podía llamar a los corredores y decirles que necesitarían doscientos o trescientos tipos latinos, y ellos procedían a conseguirlos. Se congregaban alrededor del 'Árbol', un gran arbusto situado frente a la casa de Gamboa. Podías traer a tus amigos, parientes o cualquier otra persona, porque entonces se hacían películas que necesitaban mucho personal. Los extras ganaban dos o tres dólares al día y una caja con el almuerzo. Un corredor recibía setenta y cinco centavos por cada extra que trajera a trabajar".

La señora Gómez muy pronto pondría a su esposo a trabajar en el cine, usando también el nombre de Gómez. Él comenzó como extra, pero gracias a sus habilidades físicas y su amistad con el director, prontamente se convirtió en un suplente fijo y un doble para las escenas más peligrosas.

Cuando los corredores no conseguían trabajo, los extras se apiñaban dentro de un automóvil, o tomaban el Carro Rojo (el tranvía público) que iba a los estudios, y hacían cola en la puerta del estudio designada a los extras. El ayudante del director, o el propio director, saldría entonces y escogería a los tipos que necesitaban para ese día entre los que allí estaban reunidos.

Estos eran los días anteriores a la formación de los sindicatos y los gremios. Los extras estaban sujetos a toda clase de abusos, incluso los altos honorarios que pagaban a las agencias, los jornales míseros que recibían, trabajo excesivo, maltrato y hasta algunas veces sus vidas eran puestas en peligro. La Asociación de Productores de Películas formó una agrupación llamada la Central de Repartos, como una entidad sin fines lucrativos en 1928. Esto logró consolidar los esfuerzos de contratar eficientemente a los extras en un local central, y puso fin a los días cuando los extras no tenían sindicatos que los representara.

Los extras recibían pago adicional por desempeñar trabajos o empresas poco usuales. Éstas eran llamadas *silent bits* o *whammys* o *double whammys*. Los extras competían por ocupar el espacio que estaba dentro del alcance de la cámara, o por el que estaba cercano a las estrellas, y una vez en el estudio, se percataban de la situación muy rápidamente. La señora Gómez explicó, "Si estabas en tres escenas, o cerca de la estrella, o en la escena principal, serías usado más veces, no sólo en los tiros de cámara principales, sino en los tiros de primer plano o de acción, como en las escenas donde habría peleas. De esta manera eras usado más tiempo, y además recibías más dinero por las escenas de acción o por los *silent bits*, que resultaban ser un gran incentivo para los que trabajábamos".

"Cuando yo tenía seis meses de edad, Ángela nos puso a mí y a mi hermano a trabajar en una película", recuerda la nieta de la señora Gómez, la veterana actriz Angelina Estrada. "Ella nos criaba, y recuerdo vívidamente algunos filmes como *Gunga Din* con Cary Grant, porque fuimos trasladados a la localidad de la rocosa y fría Sierra del Pino Solitario, en California. Tuve que caminar descalza allí y regresé a casa con varicela".

Ángela Gómez y su familia eran representativas de muchos hispanos que trabajaban en la industria del cine como extras. El padre del director Luis Valdéz era un extra que conducía una yunta de mulas y un vagón en las escenas de *Land Rush*, de Oklahoma, y en la cinta clásica del oeste, *Cimarrón* (1931), rodada cerca de Bakersfield, California. Los extras hispanos fueron una parte integral del filme clásico *Casablanca* (1942); Henry Carbajal, por ejemplo, de 87 años de edad, que usaba el nombre de Henry Carr en el cine, recuerda que su primera experiencia como extra fue una semana de noches consecutivas de trabajo en los estudios Paramount, por lo que renunció a su empleo como dependiente de una fuente de soda en una tienda por departamentos en el centro de la ciudad. "La escena era una cantina, y yo tenía sentada en mis piernas a una linda muchacha, ganaba yo $47 a la semana". Carr también recuerda, "Trabajar bajo el ardiente sol de California y tener que esperar en colas interminables, durante largas horas, para vestir una toga romana dentro de una carpa, con cientos de extras que se preparaban para la filmación de *Ben-Hur* (1926), con Ramón Novarro".

Cuando los mexicanos se personificaban a ellos mismos, sin embargo, eran relegados usualmente a trabajos de extras. Los papeles principales de mexicanos, por ejemplo, siempre iban a parar a manos de actores anglos que tenían que usar maquillajes oscuros y bigotes espesos. Los galanes latinos no estuvieron de moda hasta que Valentino se convirtió en una estrella en 1921. Con el nacimiento del amante latino, representado por Valentino, fue creado un espacio que permitió a los actores como Ramón Novarro y Gilbert Roland, elevarse al estrellato desde las colas de los extras.

La imagen del amante latino puede remontarse a Don Juan; a las proezas amorosas de los aristócratas latinoamericanos en Europa en el siglo XIX, que los transformaría en figuras populares de la literatura, así como al choque entre la extrovertida cultura latina y una predominantemente introvertida sociedad anglosajona.

Si bien hay mucha crítica que pudiera ser dirigida a la versión cinematográfica de *Gringo viejo* (1989), el retrato que se pinta de este choque cultural está bien delineado y puede verse claramente en la cinta a través de los personajes de Harriet Winslow (Jane Fonda) y el Gringo Viejo, Ambrose Bierce (Gregory Peck), el periodista de 71 años de edad de la empresa Hearst. El choque se hace más evidente en el intercambio de esos dos caracteres con el joven general revolucionario Thomas Arroyo (Jimmy Smits), que representa una variante del

Dolores Del Río se deja leer la palma por un extra en el escenario de *The Loves of Carmen,* mientras el director observa entretenido.

amante latino, particularmente porque desata las pasiones reprimidas de la virginal Winslow.

El amante latino, como un prototipo de la pantalla, alcanzó su cenit cuando Rudolf Valentino cautivó al público del mundo entero con sus interpretaciones silentes durante la década de los años 20. Este fenómeno correspondía al espíritu de ese tiempo. La generación que sobrevivió y prosiguió a la Primera Guerra Mundial fue conocida como "La Generación Perdida", que sería definida por escritores como F. Scott Fitzgerald, Hemingway, Gertrude Lawrence, Gertrude

Stein y Dorothy Parker; por las costumbres sociales, la literatura y el arte, por acusaciones de moralidad promiscua, el baile *Charleston, bathtub gin*, y la década de la prohibición, que tuvo sus comienzos en 1920.

La popularidad de Valentino permitió a un número de actores hispanos convertirse en estrellas de magnitud, cuando intentaron duplicar el encanto especial del amante latino y su triunfo. En realidad, el actor español Antonio Moreno estaba establecido en Hollywood con anterioridad a la llegada de Valentino, pero había sido eclipsado por el glamoroso ídolo del celuloide. Muy pronto seguirían Ramón Novarro, Ricardo Cortez (irónicamente un europeo del este, que hizo carrera como latino) y Gilbert Roland, todos los cuales trabajaban en el cine, aunque no necesariamente en roles latinos. El amante latino de ese tiempo era un personaje de tipo del mediterráneo, y no necesariamente hispano-americano.

Con la muerte de Valentino, ocurrida en 1926, el amante latino, como una importante figura de la pantalla, comenzó a declinar, dando al traste con las carreras de varios actores que seguían los pasos de Valentino.

Novarro, que llegó a ser una superestrella durante la década de los años 30, fue uno de los actores descubiertos como consecuencia de la popularidad de Valentino. Nativo de Durango, México, huyó de la revolución mexicana de 1914, y fue a Los Ángeles con su familia. Una vez en Los Ángeles, desempeñó varios trabajos hasta que sería descubierto por un director que encontró en él algo del mismo magnetismo que las mujeres de todo el mundo veían en Valentino.

Novarro hizo el papel principal de la epopeya *Ben-Hur* (1926), mientras que Gilbert Roland, otro descubrimiento que usó el estar encasillado de amante latino como trampolín para llegar al estrellato, desempeñaba el papel del joven francés Armand Duval en *La dama de las camelias* (1927).

En los años de las décadas 30 y 40, los tipos de amante latino, que incluían a Don Alvarado y John Carroll, fueron eclipsados por los altos y musculosos héroes americanos típicos de los actores Clark Gable, Gary Cooper o John Wayne.

Aún así, había todavía un inconfundible amante latino durante este período: César Romero. Nacido en Nueva York, de raíces cubanas, Romero daba un toque más sutil a sus interpretaciones en la pantalla, trabajando en una serie de musicales con actrices de la talla de Alice Faye, Betty Grable y Carmen Miranda, mientras estuvo bajo contrato con Twentieth Century Fox.

En 1945, Metro-Goldwyn-Mayer todavía promovía a dos estrellas principales como tipos de amantes latinos: Fernando Lamas y el mexicano nativo, Ricardo Montalbán. Antes de venir a Hollywood, tanto Lamas como Montalbán, se habían establecido como estrellas en sus países de origen, en parte como resultado de la política del Buen Vecino del presidente Franklin D. Roosevelt.

La idea era explotar el mercado cinematográfico latinoamericano para

Ramon Novarro y Francis X. Bushman en *Ben-Hur* (1926).

reemplazar el de las cintas europeas que, como resultado de la Segunda Guerra Mundial, ya casi era inexistente. Montalbán llegó a trabajar en una cinta titulada *Latin Lovers*, de 1953, y a pesar de algunas actuaciones sobresalientes en *Right Cross* (1950) y *Sayonara* (1957), no llegó nunca a escapar de la imagen del amante latino de la pantalla, que él caracterizara tan correctamente en el film *Sweet Charity* (1969), un poco más tarde en su carrera.

LOS AÑOS GLAMOROSOS

El estreno de *El cantante de jazz* (1927) por la Warner Bros., la primera cinta fílmica hablada, con el sonido sincronizado en discos Vitaphone, dio comienzo a una nueva era en el cine que trastornaría la industria cinematográfica.

En una entrevista de John P. Shanley para el *New York Times*, publicada en el 20 de abril de 1958, Dolores Del Río recordaba, "Había una terrible ansiedad por las películas sonoras. Yo ni siquiera hablaba entonces inglés, por lo que estaba en peor situación que los demás." En la década de los años 20, los principales centros de producción de Hollywood estaban preocupados por el desarrollo de la nueva tecnología del sonido, especialmente por el hecho de que entonces los cineastas europeos podían comenzar a hacer películas en sus respectivos idiomas. Esto significaba menos ganancias para los filmes de Hollywood, en un mercado internacional que hasta el momento estaba dominado por los americanos. Mary Pickford, Douglas Fairbanks y Charlie Chaplin, estrellas de United Artists y también dueños de ese estudio, por ejemplo, eran adorados igualmente en París, Francia, y Berlín, Alemania, que en París, Texas, y Berlín, Massachusetts.

La presencia provocativa de Dolores Del Río como la doméstica francesa de una granja, en *What Price Glory?* (1926) le trajo grandes elogios y fama inmediata. Ella adquirió una imagen típica de revistas de moda, unida a un aura de exótica elegancia que supo usar muy bien en varios musicales o dramas de época. Un contrato encontrado en los archivos de la Warner Bros. fechado en 1934, muestra que ella recibió $100.000 por tres cintas (*Wonder Bar*, 1934, *En caliente*, 1935 y *I Live for You*, 1935), hechas en medio de la Gran Depresión.

La edición del 24 de mayo de 1931, del diario *La opinión*, publicado en Los Ángeles en español, reportaba que Del Río había rechazado un rol en *The Broken Wing* porque lo encontraba denigrante a la identidad mexicana. El personaje trataba de una "cantinera" que rechaza a un bandido mexicano por un piloto de líneas aéreas americano. El papel le fue dado a Lupe Vélez, una actriz menos conocida que había comenzado su carrera en las cintas mudas, protagonizando *El gaucho* (1927) con Douglas Fairbanks. La Vélez continuó representando esos roles específicos hasta que se suicidó en 1944; en el ínterin había tenido un romance tórrido con Gary Cooper, y más tarde había contraído matrimonio con el campeón olímpico y Tarzán del celuloide, Johnny Weissmuller. Las mexicanas Raquel Torres, Rosita Moreno y Lupita Tovar también encontraron trabajo en el cine mudo como tipos exóticos, e igualmente en las nuevas cintas sonoras. La Tovar se casó con el productor y agente Paul Kohner.

Estas estrellas hispanoamericanas se encontraban en medio de la vida social de Hollywood, siendo fotografiadas y alabadas donde quiera que iban, mientras ganaban enormes cantidades de dinero. Trabajaban haciéndole la contra a muchas de las más famosas estrellas de la era, incluso a Clara Bow, Norma Talmadge, Greta Garbo, Edmund Lowe, Warner Baxter y Victor McLaglen. Gilbert Roland recuerda, "Ser una estrella de United Artists (como él era), era un gran triunfo. El estudio tenía a John Barrymore, y los dueños eran Mary Pickford, Douglas Fairbanks y Charlie Chaplin."

Muchos estudios, incluso Metro-Goldwyn-Mayer, Paramount y Twentieth Century Fox, decidieron rehacer sus producciones originales en inglés, en versiones que no fueran en ese idioma para sus más importantes clientes de otros continentes, y para ello contrataron a un grupo de directores y actores de otros países. Paramount poseía una instalación en París que se usaba para producir trabajos originales en lengua extranjera. El mercado de habla hispana, que consistía en España y América Latina, era muy lucrativo debido a que tenía una población colectiva que se acercaba a los 100 millones.

Consciente de eso, un número de españoles y latinoamericanos llegaron a Hollywood a trabajar en este nuevo experimento, igual que habían hecho sus homólogos anglos, donde los nuevos talentos para las cintas de sonido venían del teatro. Entre los que procedían del teatro español estaban Gregorio Martínez Sierra, López Rubio, Enrique Jardiel Poncela, Catalina Bárcena y Ernesto Vilchez; de México, aunque ya estaban establecidos en Hollywood, eran Dolores Del Río, Gilbert Roland, Rita Moreno, Lupita Tovar y Berta Singerman; de Argentina, Carlos Gardel, Mona Maris y Barry Norton; de Brasil, Raúl Roulien y Lía Tora (si bien en Brasil se hablaba el portugués, la transición al español era fácil para los artistas portugueses que trabajaban en América Latina); de Chile, Carlos Borcosque y Robert Rey; y de Cuba, René Cardona y Luana Alcañiz.

Dos tipos de cintas fílmicas se producían en ese tiempo, traducciones al español de las cintas en inglés, y producciones originales en español.

Estas películas tenían una mezcla curiosa de elementos que no siempre obtenían el resultado final apetecido. Las versiones en español de las cintas habladas en inglés eran filmadas a un paso rápido. Usaban los mismos decora-

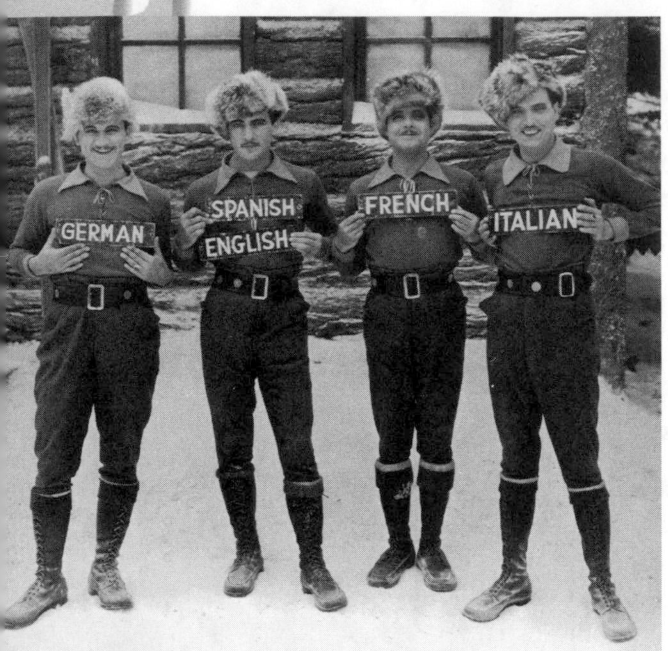

Gilbert Roland (segundo de izq.) protagoniza las versiones en inglés y español de *Men of the North* (1931).

dos, vestuario y locales, al igual que los mismos ajustes de la cámara. Se escribían frases en pizarrones que se colocaban fuera del alcance de la cámara. El director trabajaba con una mesa de trabajo a su lado para la edición que lo ayudaba a reproducir los mismos ángulos de la cámara.

Surgió una controversia sobre qué clase de español debía usarse en las versiones en español: el castellano, o el español que se habla en América Latina, que tiene variantes en cada una de las veinte naciones o más que lo practican. Los filmes se convirtieron en un potaje de distintos acentos del español, que resultó, si no digno de risa, al menos muy confuso de entender para los públicos que hablaban el idioma.

Sin embargo, en el caso de la versión en español de *Drácula* (1931), producida por Paul Kohner para la Universal, con las estrellas Carlos Villar y Lupita Tovar, las diferencias culturales y creativas lograron una versión tan buena, o quizás mejor que la de Bela Lugosi hablada en inglés. Trabajando simultáneamente en el mismo escenario de la versión en inglés, comenzaban la filmación a las siete de la noche, después que la de Lugosi había terminado el trabajo del día, y continuaban hasta las seis de la mañana del día siguiente.

Los diálogos de los papeles hablados en español eran casi siempre traducciones literales de sus equivalentes en inglés. Juan de Landa personificaba a Wallace Berry en su papel de *El presidio* (1930), que se titulaba en inglés *The Big House*. Gilbert Roland hacía el papel principal en las dos producciones de *Men of the North* (1931) que se hicieron en inglés y en español.

A principios de sus carreras, Laurel y Hardy hicieron varias versiones en español de sus comedias cortas, con las cuales ellos obtendrían éxitos sin fin como el *Flaco y gordo*. *Tiembla y titubea* (1930), *De bote en bote* (1931) y *Politiquerías* (1931), son varios ejemplos. Los comediantes no eran bilingües; tenían que leer sus parlamentos en unos pizarrones situados fuera del alcance de la cámara, pronunciándolos fonéticamente en español con la ayuda de instructores y actores de reparto (actores secundarios) que hablaban el idioma. Hasta los que trabajaban como extras en las versiones en español parecían latinos, opuestamente a los extras de las versiones en inglés, y la actriz Linda Laredo aparecía en la mayoría de esos cortos en español. Los cortos en idioma extranjero eran un poco más largos que sus homólogos en inglés. La longitud que se había añadido se debía al relleno, para poder beneficiarse de los alquileres más altos que podía entonces cobrarse a los teatros foráneos. Algo de este relleno, sin embargo, significaba una propensión cultural hacia hacer más astracanadas; se necesitaba más tiempo para desarrollar un chiste que el público anglo quería o estaba acostumbrado a escuchar, así como era necesario mayor uso de actores secundarios que hablaran otro idioma.

Ya en 1932, este enfoque sobre el idioma foráneo/idioma inglés, estaba desapareciendo progresivamente. Los públicos de otros países querían que muchas de sus películas en inglés estuvieran en el idioma original. Además, una vez que la técnica fue perfeccionada, resultaba más barato y más fácil doblar el original al inglés, o darle subtítulos, después que el sistema práctico de superponer fue desarrollado. No obstante, mientras la Metro-Goldwyn-Mayer comenzaba a doblar o darle subtítulos a sus películas, Twentieth Century Fox, Warner Bros. y Columbia Pictures continuaron haciendo cintas originales en español, hasta finales de la década de 1930.

Versión en español de la serie cómica de Laurel y Hardy.

Foto: cortesia de Critt Davis Archives.

En ese tiempo, algunos de los más exitosos hispanoamericanos de Hollywood eran pioneros en trabajos detrás de las cámaras. Un buen ejemplo era Francisco "Chico" Day, hermano de Gilbert Roland. Al igual que su famoso hermano, Chico comenzó su carrera en Hollywood como extra. Su trabajo detrás de las cámaras comenzó como un consejero técnico en la producción de *The Kid from Spain* (1932), de Samuel Goldwyn. Él asesoró las escenas de las corridas de toros y sirvió de traductor al torero español que hizo de doble de Eddie Cantor. Chico después pidió trabajar de ayudante del director en la Paramount, pero le fue denegada la posición.

Sin inmutarse, Day consiguió un puesto en el despacho de la correspondencia, donde ganaba $18 semanales. Ese mismo año, sus conocimientos del español hicieron que fuera empleado como consejero técnico de *El último tren de Madrid* (1937), en la cual su hermano era el galán. Cuando el segundo ayudante del director fue ascendido y asignado a otra película, Chico obtuvo esa posición. El director Mitchell Leisen necesitó un intérprete para un filme de trasfondo mexicano, y escogió a Chico como segundo ayudante de todas sus cintas. En *Hold Back the Dawn* (1941), la mayor parte de la acción sucede en la frontera de México, y Chico se hizo cargo de investigar el ambiente de Mexicali, Tijuana, y pueblos adyacentes. Una calle fronteriza fue construida en los terrenos de Paramount, Chico la rellenó con todos los detalles que él había encontrado en su investigación.

Chico llegó a ser el primer ayudante de director hispanoamericano, y trabajó durante treinta años en los estudios Paramount, en películas de la importancia de *The Big Broadcast of 1938* (1938), *Lady in the Dark* (1944), *Whispering Smith* (1948), *Sansón y Dalila* (1949), *Streets of Laredo* (1949), *Shane* (1953) y *Los diez mandamientos* (1956), hasta llegar a jefe de división de producción, en filmes tan importantes como *Los siete magníficos* (1960), *Hello, Dolly!* (1969) y *Patton* (1970).

Otro buen ejemplo de las contribuciones importantes ofrecidas detrás de la escena por los hispanoamericanos fue en la cinta clásica de RKO, King Kong, de 1933. En ella se utilizaron los talentos de Marcel y Víctor Delgado para crear los modelos, y de Mario Larriñaga para lograr los efectos de fondo. Los Delgado construyeron varias secciones de tamaño natural de Kong, que fueron usadas en las escenas de primeros planos (o tiros cortos), a saber: Un busto de tamaño natural con ojos que daban vueltas, una boca que gruñía y cejas que se movían; una pierna y un pie de tamaño completo, junto a una mano muy importante, también de tamaño natural, que aprisionaría a Fay Wray en los tiros cortos del filme. Los hermanos Delgado y Larriñaga, fueron parte del equipo creador que juntó Willis O'Brien, el hombre responsable por darle vida en la pantalla a Kong. O'Brien desarrolló y perfeccionó la técnica de animación interrumpida, en la cual figuras pequeñas e inanimadas se hacen mover fotografiando etapas sucesivas de sus movimientos tomadas una a una.

En 1934, México y los mexicanos fueron el tema del primer filme corto de acción en vivo (en directo) titulado *La cucaracha* (RKO), rodado en el nuevo proceso tridimensional de Tecnicolor.

Eduardo Cansino (el padre de Rita Hayworth) y su familia de bailarines españoles, trabajaron para los estudios muchas veces haciendo coreografías o interpretando secuencias de bailes españoles y mexicanos en las películas. La familia era dueña y operaba una escuela de danza en Hollywood, además de trabajar en clubes nocturnos.

Carlos Alvarado, hermano del actor Don Alvarado, se convirtió en un agente de Hollywood en 1943, al establecer su propia agencia para manejar exclusivamente a los talentos hispanos. Los actores y actrices encontraban que era prácticamente imposible ser representados decentemente, porque las agencias no querían actores de orígenes latino para empleos de jornada completa. Pero si un estudio necesitaba un actor latino, llamaban a Alvarado.

Mientras tanto, Don Alvarado, también conocido como Don Page, llegó a ser director auxiliar de la Warner Bros., y trabajó en filmes como *East of Eden* (1955), *Auntie Mame* (1958) y *El viejo y el mar* (1958).

George Herrera fue uno de los fundadores del Gremio de Extras del Cine, mientras su hermano Joe, al principio, encontró empleo como guardaespaldas de Errol Flynn en la década de 1940, y luego, debido a esa asociación, apareció en algunas de las películas del famoso actor, tales como *Objective, Burma!* (1945) y *San Antonio* (1945).

Bill Travilla ganó un premio de la Academia por el Mejor Diseño de Vestuario de 1949, de la cinta *The Adventures of Don Juan*, de Errol Flynn, y más tarde diseñó muchos de los vestidos usados por Marilyn Monroe en sus filmes. Al Ybarra, por mucho tiempo director de arte de Hollywood, tiene en sus créditos cintas tan notables como *The High and the Mighty* (1954) y *El Álamo* (1960).

El afamado guitarrista Vicente Gómez daba clases a muchas estrellas de Hollywood, cuando debían tocar la guitarra frente a la cámara.

En un pequeño y poco conocido interludio de sus primeros días como cineasta de la nueva guardia en la España anterior a Franco, y su participación más substancial en la floreciente industria fílmica de México, el brillante director Luis Buñuel trabajó como productor de doblajes en Loews, doblando cintas fílmicas para Metro-Goldwyn-Mayer. De 1941 a 1944, él trabajó en el departamento fílmico del Museo de Arte Moderno (MOMA) de la ciudad de Nueva York, y otro año supervisó en Los Ángeles, el doblaje en español de las películas americanas de Warner Bros.

LA POLÍTICA DEL BUEN VECINO

A finales de la década de los 30 y durante la de los 40, un número creciente de actores y actrices hispanas aparecieron en filmes de temas latinos. Estas cintas estaban dirigidas a explotar el mercado suramericano del cine, cuando se hizo aparente a los estudios de Hollywood, debido a los amagos de guerra en Europa que habían comenzado con la guerra civil española de 1936, y más tarde se volverían una realidad, que esos acontecimientos cortarían el acceso del lucrativo mercado europeo a la industria de cine americana. En Alemania, los nazis se apoderaron y prohibieron las películas de Hollywood, además de aplicar presión política contra el cine americano, para impedir que sus cintas fílmicas fueran exhibidas en países neutrales o en los que eran simpatizantes de los nazis.

En 1933, los Estados Unidos firmaron un pacto con los países de América Latina, para terminar la diplomacia "cañonera" que Estados Unidos había practicado durante mucho tiempo, tratando de proteger sus intereses en América Latina. Este nuevo pacto fue conocido como la Política del Buen Vecino; para ayudar a su desarrollo, se establecieron programas de intercambio, además de alentar las empresas de negocios.

Aunque las cintas fílmicas de Hollywood dominaban América Latina, el mercado no había sido ampliamente explotado todavía. La Administración del Código de Producción (PCA en inglés) de Hollywood, regulaba el contenido de las películas, y hasta 1939 no eran permitidos los matrimonios mixtos en el cine.

La Oficina del Coordinador de Asuntos Interamericanos, la PCA y la Sociedad de Películas para las Américas (Motion Picture Society for the Americas), examinaban con mucho cuidado cómo se representaban a los latinos en ellas, entre 1939 y 1948. Los mexicanos y/o latinoamericanos durante el período de la Política del Buen Vecino eran considerados anglos, en lo que atañía a la pantalla. El Departamento de Estado ayudó a Hollywood a iniciar la oficina del Coordinador de Asuntos Interamericanos (CIAA en inglés), en octubre de 1940. La CIAA abrió su División de Películas casi inmediatamente, bajo la dirección de John Hay Whitney. La meta de Whitney era convencer a Hollywood de abandonar el estereotipo de los villanos sedientos de sangre de sus películas, y producir en cambio cintas con temas y lugares latinoamericanos. Una vez esto se lograra, Whitney usaría el material para neutralizar la propaganda de los servicios inalámbricos Axis, artículos de fondo, noticieros y documentales que escapaban hacia Argentina, Brasil y Chile, y para lograr este propósito, creó la sección de noticieros. En 1943, la CIAA había enviado a Sudamérica más de 200 noticieros producidos con la cooperación de todos los estudios y servicios similares. En el 26 de abril de 1942, el *New York Times* comentaba que cuando "el volumen de estos filmes de 16mm llegue a manos de las personas influyentes latinoamericanas a través de las embajadas de Estados Unidos, el público latino verá que esas cintas, con más temas y ambientes de interés especial para ellos, han sido hechas únicamente para su entretenimiento".

Un grupo selecto de productores de Hollywood marchó a América Latina en una gira de diez semanas, y regresó con muchas ideas para incorporarlas a futuras producciones de Hollywood. Sin embargo, había un problema: las cintas fílmicas de la meca del cine y los asuntos latinos siempre habían sido una fuente de controversia en América Latina, debido a la ignorancia que los cineastas americanos tenían sobre sus vecinos del sur de la frontera, su historia, su gente y su cultura. Los latinoamericanos no aceptaban las películas en las que ellos aparecieran caracterizados absurdamente; o las que sus costumbres, actitudes y expresiones fueran completamente desatendidas; su arte y folclore, así como su música nativa y bailes deformados grotescamente; su entorno ni siquiera tomado en consideración. De manera aún más insultante resultaba que esos "fracasos gringos" eran presentados como típicos del país específico que aparecía en la pantalla. Por más que en los Estados Unidos tuvieran éxito, estos filmes eran un desastre en los países cuyos espíritus específicos se reproducían con tanto descuido.

Los pueblos latinoamericanos reaccionaban ante estas cintas de muchas maneras diferentes. A muchas de ellas iba poco público a verlas, mientras otras simplemente eran prohibidas. Algunas veces se protestaba oficialmente, y muchas personas demostraban abiertamente su indignación. En Argentina, por

Orson Welles fue enviado por RKO a Brasil para filmar un documental que fomentara harmonía entre las Américas. *It's All True* quedó sin terminar cuando RKO cambió de administración y abandonó a Wells y el proyecto.

ejemplo, la gente se amotinó y tiraron piedras a los teatros que exhibían *Argentine Nights* (1940).

Mientras la mayoría de estas confecciones típicas de Hollywood no eran populares en América Latina, un número de películas sobresalían por el uso efectivo del dialecto regional, de los temas latinos y de los populares actores y músicos latinoamericanos que aparecían en ellas.

Para *La marca del Zorro* (1940), por ejemplo, Twentieth Century Fox muy astutamente dobló la cinta en seis dialectos del español (mexicano, argentino, chileno, venezolano, cubano y el castellano) para imitar el español que se hablaba en cada una de las principales naciones suramericanas y en España, y de esa manera ganar por completo el mercado hispano. La película tuvo un triunfo sin precedente en América Latina, convirtiendo a Tyrone Power en un ídolo al sur de la frontera.

En 1941, Walt Disney y su plantilla hicieron un viaje de buena voluntad a Latinoamérica, y un año después, cientos de dibujos, fotografías y grabaciones fueron rehechas y convertidas parte en animación, parte en documental de acción en vivo que titularon *Saludos amigos*. El film fue dado a conocer inicialmente en América Latina, donde fue una de las pocas cintas de Hollywood en gozar de una amplia aceptación y un gran éxito.

Laurel y Hardy resultaron aclamados en el Festival de Cine Mexicano, en abril de 1941, a donde acudieron invitados por el presidente Manuel Ávila Camacho. Como fue mencionado anteriormente, sus cintas fílmicas continuaban siendo muy populares en España y en Latinoamérica.

La Metro-Goldwyn-Mayer proporcionó su sabor particular latinoamericano al contratar a Xavier Cugat y su orquesta, e incluirlos en muchos musicales del momento. El pianista español José Iturbi y los cantantes Lina Romay y Carlos Ramírez, estaban entre los otros artistas latinos que aparecían en cintas de la Metro-Goldwyn-Mayer de la época, tales como *Bathing Beauty* (1944), *Music for Millions* (1944) y *Holiday in Mexico* (1946).

La Paramount Pictures por ese tiempo contrató a Arturo de Córdova, un actor mexicano de gran relevancia, que había hecho su debut en el importante papel de Agustín, en *Por quien doblan las campanas* (1943). Olga San Juan, una cantante puertorriqueña nativa de Brooklyn, se convirtió en la respuesta de la Paramount a Carmen Miranda, al trabajar en varias comedias musicales. En *Blue Skies* (1946), San Juan bailó con Fred Astaire el tórrido número "Heat Wave". En la Universal, María Montez, de la República Domicana, fue por corto tiempo la Reina de las Epopeyas en Technicolor. Montez representó en la pantalla a bellezas árabes y muchachas nativas de las islas, pero raramente a una latina.

Allá en Argentina (1940), es notable por ser la primera de una serie de musicales en Tecnicolor de la Fox, que utilizarían ambientes y temas latinos. La cinta también serviría para introducir a Carmen Miranda, el "bombazo brasileño" del celuloide. La combinación de Betty Grable, Don Ameche, César Romero y Miranda resultó ser invencible en la taquilla. Los sencillos argumentos situaban a unas americanas en cualquier ciudad de América Latina, llenándolos de situaciones simpáticas (usualmente de la variedad llamada "pez fuera del agua") y números musicales suntuosos, entremezclados con variantes del metraje local.

Como resultado de la entrada de los Estados Unidos en la Segunda Guerra Mundial, y la Política del Buen Vecino, los cineastas de Hollywood comenzaron a considerar seriamente incluir a los americanos de ascendencia mexicana o española en las películas dramáticas. Este nuevo concepto nació de las cintas de acción de guerra producidas durante el conflicto bélico mundial. Después de todo, alrededor de 500.000 hispanos sirvieron en la Segunda Guerra Mundial, siendo 53.000 solamente de Puerto Rico. Doce hispanos fueron condecorados con la Medalla de Oro del Congreso, que representa una de las proporciones más altas de ningún grupo étnico.

Estas cintas fílmicas, basadas en incidentes reales que sucedieron durante la guerra o en batallas, a veces giraban alrededor de los diálogos, utilizando un pelotón que estuviera balanceado étnicamente, o una brigada que ofreciera una muestra representativa de la población de Estados Unidos. El pelotón típico del cine tenía un habitual sargento veterano a la cabeza de un grupo de hombres, en donde uno sería de Brooklyn, o igualmente podía ser italiano que irlandés; uno del medio oeste; otro del sur; otro más de California y finalmente, habría uno de Chicago. El mexicano-americano comenzó a integrarse dentro del grupo en filmes tales como *Bataan* (1943), *Bombardier* (1943), *Guadalcanal Diary* (1943) y *Battleground* (1949).

Este período también fue testigo del desarrollo adicional del actor hispanoamericano en Hollywood, particularmente por la aceptación de estrellas como César Romero, Rita Hayworth, Anthony Quinn y Pedro Armendáriz. Ellos no tenían acento, habían nacido o crecido en los Estados Unidos, y podían representar diversos papeles étnicos, incluso tipos americanos. Rita Hayworth, en particular, llegó a ser el epítome de la "típica chica americana" durante los años de la guerra, y por añadidura, contrajo matrimonio con Orson Welles, el "niño genio" de la industria cinematográfica.

En 1944, el mercado extranjero de Hollywood ya se había reducido drásticamente. Comprendiendo que la guerra iba a terminar pronto, pero que tendrían que pasar muchos años antes que Europa volviera a gozar de cualquier tipo de fuerza económica, Hollywood decidió continuar la explotación del mercado latinoamericano, evitando muchas de las dificultades del pasado, filmando en vivo en América Latina y utilizando algunas de las estrellas del cine regional.

Durante los años de la guerra, el cine en México se desarrolló y floreció hasta convertirse en una industria que podía rivalizar con Hollywood. En 1943, Gilbert Johnson, de los Teatros Atlas, inauguró dos cinematógrafos en la sección de Times Square, de la ciudad de Nueva York, para exhibir cintas mexicanas. Estas cintas eran comentadas en el *New York Times* y el *Daily Variety* regularmente. Las películas mexicanas llegaron a interesar seriamente al público de los Estados Unidos y al internacional, por sus pronunciamientos estilísticos y visuales que reflejaban la cultura e historia de México. Esto estaba mejor representado en las obras del director Emilio Fernández, y del camarógrafo Gabriel Figueroa. Estas películas, de muchas maneras distintas, resultaron ser la inspiración de lo que, en 1980, sería llamado el "cine chicano". Las películas mexicanas de ese período ayudaron a darle a muchos mexicanos y mexicano-americanos una identidad cultural definida.

María Candelaria (1943), con Dolores del Río y Pedro Armendáriz como figuras principales, obtuvo el primer premio en el Festival de Cine de Cannes de 1946. Ese mismo año, *Flor silvestre* (1943), ganó en Locarno, y *La perla* (1945), en San Sebastián en 1946. (Esos tres filmes fueron dirigidos y fotografiados por Fernández y Figueroa, respectivamente.)

En 1946, la RKO ayudó a construir los estudios Churubusco, en Ciudad de México, que se convertirían en las principales y más adelantadas instalaciones para producir cintas fílmicas en América Latina. Muchas películas americanas producidas por RKO, que presentaban trasfondos exóticos o mexicanos, eran rodadas en Churubusco.

Pedro Armendáriz, una de las mayores estrellas del cine mexicano, fue contratado por Mary Pickford, de United Artists, en 1945, e inmediatamente fue conminado a aparecer en los filmes del director John Ford. Armendáriz comenzó trabajando con Ford en México, en *El fugitivo* (1947), que tenía a Henry Fonda de estrella. Armendáriz aparecía como un oficial del ejército, perseguía a un sacerdote que huía de un país centroamericano de inclinaciones anticlericales. En el reparto también actuaban Dolores Del Río, Leo Carrillo, Chris-Pin Martin y Rafael Inclán. La cinematografía era de Gabriel Figueroa, y Emilio Fernández aparecía como el productor asociado. *El fugitivo* fue la primera producción mexicano-americana verdadera, al combinar los mejores talentos de ambos lados de la frontera y, en el proceso, cruzar barreras artísticas y culturales, así como geográficas.

En agosto de 1946, Tyrone Power y César Romero partieron en una gira de buena voluntad a América Latina, enviados por la Twentieth Century Fox, que culminaría en un triunfo extraordinario. Los dos actores se vieron asediados por una multitud de admiradores dondequiera que fueron, y dignatarios como Juan y Evita Perón les rindieron pleitesía.

En 1991, César Romero comentó sobre la gira lo siguiente: "El estudio puso a nuestra disposición un avión Beechcraft de dos motores, al que nosotros le dimos el nombre de *Saludos, amigos.* Tyrone fue el que lo manejó, porque él había sido piloto de la Infantería de Marina durante la guerra. Volamos hacia México, luego hacia América Central y después por toda Sudamérica, excepto Venezuela. Tocamos las capitales de todo el continente.

"La primera persona que teníamos que ver (donde quiera que aterrizábamos) era el embajador americano, y la mayor parte de las veces él arreglaba un encuentro con el presidente del país. Lo más divertido fue cuando almorzamos con los Perón en Buenos Aires.

"Evita era una mujer muy atractiva que nunca paraba de hablar. Hablaba, hablaba, hablaba todo el tiempo. Las otras personas que iban en el viaje no hablaban español, por lo que yo generalmente servía de intérprete. Juan Perón era un hombre muy serio y silencioso, que estaba de acuerdo con todo lo que Evita decía.

"Yo estaba sentado junto a Evita durante el almuerzo, y ella me dice, '¿Por qué la gente de su país llama a mi esposo dictador? Él no es un dictador; él es un patriota'. Entonces ella se vira a su esposo y dice, '¿No es verdad eso, Juan? Tú no eres un dictador', y él responde, 'Sí, querida'. Ella nos dijo a Tyrone y a mí, durante la cena, 'Ustedes tienen mucha suerte, porque en América tratan muy bien a las estrellas de cine. Aquí los escupen. Yo lo sé, porque yo era una actriz. ¿Le gustaría ver una de mis películas? Puedo arreglar una exhibición en el teatro nacional'.

"Allí mismo, en ese momento, Juan dijo, 'Evita querida, estoy seguro que lo último que ellos quieren hacer es ir al cine'. Puedo asegurar que si Darryl F. Zanuck le hubiera ofrecido un contrato, ella hubiese dejado a Juan".

La Política del Buen Vecino comenzó a desaparecer cuando la guerra terminó en 1945. En 1948, con las perspectivas de que el mercado europeo pronto se recuperaría, y con una acumulación de cintas americanas que esperaban ser vistas por los públicos europeos, América Latina empezó a perder importancia, dando comienzo con *The Treasure of the Sierra Madre* (1948), cuando la figura del bandido y la de muchos de los antiguos estereotipos, reaparecieron lentamente. Lo único que importaba otra vez era sacar la producción adelante, y las fórmulas de tratar-y-triunfar del pasado fueron recicladas con ajustes menores. Algunos actores pasaron a desempeñar mejores papeles. Pedro Armendáriz, por ejemplo, trabajó no solamente en su México nativo, sino también en producciones de los Estados Unidos y Europa. Otros, sin embargo, se veían limitados por estar rígidamente encasillados en cierto tipo de papeles, y les era difícil desarrollar una carrera diversa. Algunos otros, como Arturo de Córdova —que no fue aceptado ampliamente por parte del público americano, ni aún después de haber aparecido con Joan Fontaine, en la costosa cinta *Frenchman's Creek* (1944), abandonó Hollywood en fin de cuentas, y se convirtió en uno de los artistas del cine hispanohablante de más importancia— llegaron a recibir enormes salarios y a desempeñar una gran variedad de papeles.

EL PERÍODO QUE SIGUIÓ A LA SEGUNDA GUERRA MUNDIAL

Los mexicano-americanos que se establecieron primeramente en California y en el suroeste durante la revolución mexicana, habían ganado la ciudadanía de los Estados Unidos arriesgando sus propias vidas y las de sus hijos, que habían peleado y en muchos casos sucumbido en la Segunda Guerra Mundial. Muchos de ellos, no obstante, todavía recuerdan los abusos injustos de que fueron víctimas durante los disturbios de los Pachucos (Zoot Suits), ocurridos en Los Ángeles durante el comienzo de la guerra, y el racismo prevaleciente en sus países de origen. Los centros urbanos de la nación comenzaron a llenarse de nuevos inmigrantes con la nueva emigración que llegaba a la costa del este. Los puertorriqueños, en su mayoría ciudadanos americanos mestizos del Caribe que hablan el español, arribaban a las ciudades de Nueva York, Newark, Boston y puntos más al oeste como Chicago, en busca de trabajo y una vida mejor.

En el extranjero, el Plan Marshall había sido instituido para ayudar a Europa a levantarse económicamente. En 1948, el presidente Harry S. Truman abolió la segregación racial en las Fuerzas Armadas. En el cine, mientras tanto, las cintas europeas de neorrealismo, que nacían del nihilismo sobrio de la guerra, comenzaron a mostrar los daños físicos y filosóficos que la violencia de la guerra impone en los seres humanos.

Hollywood comenzó a reflexionar sobre estos cambios y surgió un estilo fílmico de un pseudo documental más profundo que planteaba en la pantalla asuntos más difíciles. Cintas fílmicas como *The Best Years of Our Lives* (1946), *Gentleman's Agreement* (1947), *Broken Arrow* (1950), *The Men* (1950) y otras más, hacían referencia a tópicos que se relacionaban con el trauma sufrido por los veteranos de la guerra cuando trataban de ajustarse a la vida civil, así como la grave situación de los aborígenes nativos americanos.

John Huston y muchos de sus compañeros directores de Hollywood, incluso a George Stevens, Frank Capra, y John Ford, habían experimentado cambios personales debido a la guerra, que podían verse reflejados en trabajos posteriores.

Hasta los héroes más tradicionales comenzaron a mostrar lados más oscuros y complejos, comenzando con el personaje llamado Fred C. Dobbs, de Bogart, en *The Treasure of Sierra Madre* (1948), dirigida por Huston. La suavidad del Sr. Smith, de Jimmy Stewart, dio paso a los tozudos, vengativos, casi antihéroes que aparecieron en *Winchester '73* (1950) y *Bend of the River* (1952). John Wayne puso de relieve un lado más siniestro de su persona, como el cruel y rico ganadero Tom Dunson, en *Red River* (1948). James Cagney personificó a Cody Jarrett, un gángster provinciano con una psicológica fijación materna, en *White Heat* (1949).

The Treasure of the Sierra Madre (1948), señaló el final de la Política del Buen Vecino, al introducir de nuevo simultáneamente los estereotipos hispanos, y filmar en ciertos determinados exteriores que se había abandonado desde las películas mudas, utilizando paisajes verídicos mexicanos y la gente que los habitaba. (Otra cinta, *The Naked City*, rodada ese mismo año en Nueva York, también ayudó a popularizar el *location shoot*, que ahora era ayudado por el desarrollo de equipos de cámara más ligeros durante la guerra).

Debido a las ventajas económicas, el potencial técnico (los estudios Churubusco de RKO en Ciudad de México, por ejemplo) y localidades escénicas, muchas producciones hollywoodenses fueron filmadas en México al final de la década de los 40 y durante la de 50. Las áreas de amplias extensiones de desierto resultaban irresistibles para los que producían cintas del oeste. Algunas de las fotografiadas en México, fueron *Captain from Castile* (1947), *Blowing Wild* (1953), *Jardín maligno* (1954), *Vera Cruz* (1954), *Bandido* (1956) y *The Wonderful Country* (1959). El auge de producciones en México significó empleo y experiencia a largo plazo para actores y técnicos mexicanos e hispanoamericanos.

Varias películas como *The Lady from Shanghai* (1948), *The Big Steal* (1949), *The Brave Bulls* (1951) y *The Bullfighter and the Lady* (1951), proyectaban una imagen progresiva y moderna de México, al tener como telón de fondo las verdaderas Ciudad de México, Acapulco y Taxco.

Las cintas del oeste fueron transferidas a dos localidades suramericanas, Brasil, para *The Americano* (1955), con Glenn Ford de estrella, y Argentina, para *Way of a Gaucho* (1952), con Rory Calhoun en el papel principal.

Las cintas hechas en la década de los 50 y a principios de la de los 60, que presentaban un concepto nuevo sobre los hispanoamericanos como una parte de la sociedad contemporánea americana, incluían *Border Incident* (1949), *Los sin ley* (1950), *Campeón* (1950), *My Man and I* (1952), *The Ring* (1952), *Salt of the Earth* (1954), *Blackboard Jungle* (1955), *Giant* (1956), *The Man from Del Rio* (1956), *Man in the Shadow* (1957), *Cry Tough* (1959) y *West Side Story* (1961).

Los veteranos hispanoamericanos y las organizaciones civiles anteriores, como la Liga de Naciones Latinoamericanas (LULAC), habían luchado por ser ciudadanos de primera clase a través de la política de asimilación. Ya en la década de los 50, Hollywood se había envuelto en los temas referentes a injusticia social, haciendo cintas que trataban de "problemas sociales", si bien a principios de la década de los 60, debido al impacto del *rock 'n' roll*, la industria había cambiado su posición a una forma que podía llamarse explotadora de los delincuentes juveniles. Warner Bros. fue en realidad la pionera de los problemas sociales en la industria fílmica desde el año 1930, pero *Ciudad de la frontera* (1935), con Paul Muni en el papel principal, fue una de las pocas que pintaría retratos favorables de los mexico-americanos de esa época.

Mientras tanto, una generación más vieja de estrellas latinas pasaba por la pantalla de plata, o se veía relegada a papeles secundarios de carácter. Junto a los sempiternos héroes del celuloide de antaño, John Wayne, Clark Gable y Humphrey Bogart entre otros, había surgido un nuevo ídolo que era joven, lánguido y sensible que se convertiría en Marlon Brando, Montgomery Clift y James Dean.

Los que vinieron detrás de estrellas latinas de la talla de César Romero y Dolores Del Río (como Ricardo Montalbán y Rita Moreno) nunca llegaron a tener la misma importancia, ni tampoco llegaron a desempeñar los papeles estelares de sus antecesores.

LA SEÑORITA Y LA APASIONADA

El estereotipo de la mujer hispana puede ser dividido en dos categorías: la virginal doncella, y la apasionada impulsiva latina. Ellas son extensiones de sus homólogos anglos: la rubia y virginal Lillian Gish o Doris Day, y la vampiresa, una figura más voluptuosa y sensual, que en los casos de Mae West o Marilyn Monroe, es también descaradamente independiente a su modo propio. Estos estereotipos están tan estilizados dentro del teatro americano, como los caracteres de ritual en una obra dramática del Noh japonés.

La señorita es una extensión de la virgen (por seguro, la palabra implica virginidad), y ha sido siempre un personaje de primera necesidad en las cintas del oeste hollywoodense, o de los dramas costumbristas. La sexualmente atractiva y siempre fácil de obtener mujer fogosa o apasionada (en otras palabras, "la mujer mala") es la vampiresa. En los comienzos de sus respectivas carreras, ambos tipos eran representados alternativamente por estrellas como Dolores Del Río y Lupe Vélez, que continuaron haciendo esos papeles durante el período del cine hablado.

Tales caracterizaciones motivaron que la actriz Rita Cansino tuviera que laborar durante años en ocho películas de Hollywood, hasta que cosméticamente le cambiaron su etnia y se convirtió en la muy americanizada Rita Hayworth.

María Casteñada, quien conquistó una relativa popularidad bajo el nombre de Movita, personificó a una nativa en la producción *Motín a bordo* de Metro-Goldwyn-Mayer, en 1935. Durante el resto de su carrera desempeñó muchos papeles, como variados tipos de polinesia, india, o mexicana.

Para hacer aún peor la situación, estos papeles muchas veces no eran desempeñados por latinas, sino por actrices anglo como Linda Darnell, que hizo de una señorita en *La marca del Zorro* (1940) y en *Mi querida Clementina* (1946) apareció como una impulsiva hispana.

Como consecuencia de la Política del Buen Vecino, más y más actrices latinas aparecían en las pantallas americanas, pero estaban mayormente limitadas a papeles de señoritas o mujeres ardientes. Por ejemplo, según Lupe Vélez entraba en años, se veía forzada a aparecer en prototipos llamados "tamales calientes", o una gata salvaje de la popular serie *Volcán mejicano*, de RKO. La brasileña Carmen Miranda, con su baile, su gracioso acento al hablar, con su vestuario adornado con frutas tropicales y bananas, se convirtió en el vivo ejemplo de la caricatura de la mujer latina, avispado objeto sexual de caderas ondulantes, que hablaba el inglés en monosílabos.

Otra actriz hispana que dominó la industria en los años 40, fue María Montez. Nativa de la República Dominicana, apareció como estrella de varias aventuras extravagantes en tecnicolor de la Universal, que indudablemente abusaba de su innegable sensualidad y belleza exótica. Sin embargo, típicamente, ella también estuvo limitada a los papeles de señorita y vampiresa, personificando a muchachas nativas o princesas árabes.

En resumen, las actrices hispanas podían encontrar trabajo suficiente en el cine, pero solamente formando parte de un desfile de Marías o Rositas de cabellos negro azabache, que movían las caderas, y atraían la atención chasqueando los dedos. También a veces aparecía la "sufrida madre" que todo lo sabía, o la jovial madrecita.

Tales estereotipos femeninos no eran exclusivos de los hispanos; no obstante, Jane Darwell hizo su carrera representando ese tipo de papel, siendo una de sus más exitosas caracterizaciones el rol de la madre en *The Grapes of Wrath* (1940), por el que ganó un Oscar. Hattie McDaniel, una actriz de la raza negra, usualmente hacía el papel de niñera, ama de llaves o sirvienta (papel que le ganó una nominación como Actriz de Reparto en *Lo que el viento se llevó* (1939). Según McDaniel comentó, "Es mejor recibir $7.000 a la semana por trabajar como sirvienta, que $7,00 a la semana por ser una de verdad" (artículo de Eleanor Traylor en *Diccionario de la biografía del negro americano* [New York: Norton, 1982]).

Las latinas eran (y todavía son) presentadas como sumisas a los hombres y víctimas de la violencia de hispanos y anglos. Muchas veces ellas traicionaban a sus hombres (presentados como débiles, violentos y estúpidos) cuando el héroe anglo del que se habían enamorado les señalaba las equivocaciones que cometían. Al final de la película, el héroe anglo desaparecía en la distancia, con la promesa de que algún día regresaría. Pero el público y la latina sabían que una vez él atravesara la frontera, se olvidaría de ella y caería en brazos de su rubia novia anglo, o, en otra variación, la latina moría muy convenientemente.

La Pearl Chávez de Jennifer Jones, en *Duel in the Sun* (1946), es probablemente una de las mejores caracterizaciones de latina jamás presentadas en un filme de Hollywood. Perla tiene voluntad propia; es un personaje multidimensional completamente logrado; en otras palabras, es la fuerza viva implícita alrededor de la cual gira la historia. Hubo varias estrellas latinas que podían haber desempeñado ese papel, pero en fin de cuentas, Jones lo ganó. Algunos años más tarde, la actriz mexicana Katy Jurado, con sus facciones llamativas y talento especial para actuar, impresionaba al público como Helen Ramírez, en *Mero mediodía* (1952), después recibió una candidatura como Actriz de Reparto personificando a una india en la cinta *Broken Lance* (1954), junto a Spencer Tracy.

Las actrices mexicanas, sin importar cuan inteligentes eran (aunque ellas podían haber interpretado infinidad de papeles diferentes en sus países de origen), muy a menudo se veían relegadas en Hollywood a representar indígenas norteamericanas, bellas señoritas, o apasionadas damas. Esto sucedía tan tardíamente como en 1960. Por ejemplo, posteriormente a abandonar Hollywood y convertirse en la Primera Dama del cine mexicano, Dolores Del Río regresó a los Estados Unidos después de una larga ausencia, para asumir el papel de la madre india de Elvis Presley, en *Flaming Star* (1960), y poco después representar a la digna matriarca española de los Cheyenne, en *Otoño de los cheyenne* (1964). Más recientemente, la actriz española Penélope Cruz apareció en el role de una virginal señorita mexicana, en *The Hi-Lo Country* (1998).

La actriz Rita Moreno captó la atención de los críticos como Tuptim, en la celebrada versión del musical de Broadway, *El rey y yo* (1956), y ganó un Oscar como mejor Actriz de Reparto (o Actriz Secundaria, como antes se les llamaba) por su intervención en *West Side Story* (1961), en el papel de Anita. Un premio de la Academia usualmente asegura a una actriz el poder de escoger en el futuro cualquiera de los papeles más codiciados, además de ofrecer seguridad financiera. No obstante, Moreno, que es puertorriqueña, después de ganar el Oscar, no participó en ninguna otra cinta por siete años, porque ella rehusó continuar aceptando papeles que consideraba denigrantes y la limitaban artísticamente. Su chispeante y cómica caracterización de Googie Gómez, en *The Ritz* (1976), resultó una sátira picante de todos los papeles que ella (y otras latinas con talento) habían tenido que desempeñar a lo largo de sus carreras.

Más recientemente, la actriz mexicana Elpidia Carrillo se ha convertido en la muy usada muchacha latina a quien todos mortifican, en una serie de cintas fílmicas de mayores proporciones que ha compartido con algunos de los galanes más sobresalientes, comenzando con Jack Nicholson, en *The Border*, en 1982. Elizabeth Peña hizo el papel de una sirvienta liberada sexualmente y de lenguaje duro, en *Down and Out in Beverly Hills* (1986). La actriz Norma Aleandro, que atrajo la atención del público de los Estados Unidos por vez primera en *La historia oficial* (cinta ganadora de un Oscar como mejor película extranjera), fue nominada para un premio de la Academia como Actriz de Reparto, en *Gaby—A True Story* (1987), en la cual ella hacía de una sirvienta mexicana india. Aleandro ha continuado trabajando en otros filmes de Hollywood, como también lo ha hecho la atractiva brasileña Sonia Braga, en *La guerra del campo de frijoles de milagro* (1988), y en *La luna sobre Parador* (1988). En *Stakeout* (1987), Madeleine Stowe, de raíces costarricenses, interpretó el papel de María McGuire, una moderna y positiva mujer hispanoamericana.

La Bamba (1987) de Luis Valdéz, primera cinta importante del cine chicano en obtener éxito de taquilla con un público que no era solamente latino, haría el pronunciamiento más dramático sobre la mujer hispana.

Connie Valenzuela (Rosana De Soto) es la sufrida y noble madre que cuida a su familia. De Soto le da vida a un personaje con muchas complicaciones, quien, como cabeza de familia, tiene que trabajar y sustentar a sus dos hijos, Ritchie (Lou Diamond Phillips) y Bob (Esai Morales), además de mantenerlos disciplinados. Connie, que ama a sus hijos y los defiende, está junto a Ritchie a través de sus primeros triunfos, tomando parte activa en ellos. Cuando el productor de una firma grabadora de discos que quiere contratar a Ritchie, asumiendo que ella es una simple mujer hispana, le pregunta, "¿Habla inglés?" ella altaneramente responde, "Hablemos de negocios".

Rosie (Elizabeth Peña), en *La Bamba*, por el contrario, es un personaje mucho más sombrío, que comienza como una virginal señorita al lado de Ritchie, pero se siente atraída hacia Bob, el hermano mayor. Al fin se escapa con Bob y queda embarazada de él, convirtiéndose en una víctima de la cultura de su propia crianza, dentro de un ciclo que probablemente ella nunca podrá romper.

Rosana De Soto ha pasado a representar una variedad de personajes tales como la esposa judía de Dustin Hoffman, en *Family Business* (1989), y la princesa de Klingon, en *Star Trek IV: The Voyage Home* (1986).

En agosto de 1992, un grupo de actrices hispanoamericanas de Los Ángeles se sintió indignado cuando fue anunciado que Laura San Giacomo aparecería en el papel de la pintora mexicana Frida Kahlo, en el film biográfico titulado *Frida and Diego*, en el que aparecería Raúl Juliá como el aclamado muralista Diego Rivera. Las que protestaban estaban enfurecidas porque a ninguna de ellas le había sido dada la oportunidad de presentarse a una audición, y de hecho, se les había impedido tener acceso a un papel de tanta envergadura. Cuando el director Luis Valdéz, se dice fue avisado por los productores que era necesario el nombre de una actriz conocida para interpretar a la Kahlo, ellos estaban sustentando la antigua predisposición de Hollywood que impediría durante años a las actrices y actores hispanos llegar al estrellato u obtener papeles principales. Pero, las actrices razonaron, ¿cuán importante era Laura San Giacomo como estrella, antes de su debut sensacional en *sex, lies and videotape*, en 1989?

New Line Cinema se retiró de su acuerdo financiero sobre el filme —que aún no se ha hecho— justamente con anterioridad a la publicidad negativa. Valdéz publicó una nota de prensa que decía en parte: "El arte no es una cuestión de acción afirmativa. Es una confirmación de las creencias que uno tiene sobre la universalidad humana. No seré obligado a cambiar mi visión de América para ajustarme a lo que sea políticamente correcto en este momento. A través de mis obras dramáticas y mis películas, he ayudado a definir la identidad del latino en América, pero me niego a ser coaccionado en tener que limitar mis selecciones artísticas en violación de los principios humanos básicos. Mi objetivo social ha sido siempre contrarrestar el racismo del mundo, no reforzarlo".

No obstante, las actrices no protestaban por la selección hecha por el director para el papel, sino el hecho de que la industria del cine continúa impidiendo a las mujeres latinas a que siquiera sean probadas en papeles que ellas, étnica igual que técnicamente, están preparadas para desempeñar. El punto era la búsqueda de igualdad de oportunidades durante el proceso de escoger el reparto, no garantizar el éxito.

Junto a sus contemporáneos masculinos como Andy García, Héctor Elizondo, Jimmy Smits, Antonio Banderas y John Leguizamo, las actrices hispanas encuentran papeles principales que no son estereotipados.

Otros ejemplos incluyen a Jennifer López en el rol principal de *Selena* (1997), que la convertiría en una estrella de primera magnitud, y una sucesión de trabajos posteriores que la llevaron a desempeñar el papel del agente de la Policía Federal, Karen Cisco, en *Out of Sight* (1998); a Lauren Vélez, como Lissette, una joven puertorriqueña casada, de áreas urbanas deprimidas, en *I Like It Like That* (1994), dirigida por Darnell Martin; Salma Hayek, en *Desperado* (1995), que resultó ser el papel de mujer sensual que le dio la oportunidad de llegar al estrellato, al que siguió la comedia romántica *Fools Rush In* (1997); María Conchita Alonso, como una empleada inmigrante de Bloomingdale's, en la cinta de Paul Mazursky, *Moscow on the Hudson* (1984); a la que siguió *Caught* (1996), dirigida por Robert M. Young, en la que aparecía como una reprimida ama de casa; Elizabeth Peña, como la sensual Jezzie en *Jacob's Ladder* (1990), llegando luego a Pilar, una maestra de la secundaria, viuda, en *Lone Star* (1996), que dirigió John Sayles; Rachel Ticotin, como Melina, una misteriosa mujer extraterrestre, en la ciencia-ficción titulada *Total Recall* (1990), y como una mujer policía en *Falling Down* (1998); Madeleine Stowe, pasó de una latina, en *Revenge* (1990), a una mujer inglesa de la América anterior a la guerra revolucionaria, en *The Last of the Mohicans* (1992), y a una mujer contemporánea en *The General's Daughter* (1999).

Y no podemos olvidar a Rosie Pérez, como la memorable peleona latina de Nueva York, en *White Men Can't Jump* (1992), quien no solamente demuestra que ella es lista y lo suficientemente determinada para conseguir su sueño, sino que se mantiene fiel a sí misma, al coste de abandonar a su amante anglo— un fascinante cambio de papeles desde el tiempo que los anglos galopaban perdiéndose en la distancia, mientras dejaban atrás un coqueteo inconsecuente en favor de una novia americana rubia que había estado esperándolo pacientemente a que "volviera a sus sentidos".

LA MAYORÍA DE EDAD

La cultura latina norteamericana no es homogénea, sino que está dividida en nacionalidad, clase, geografía y grados de asimilación. Los tres grupos latinos principales de los Estados Unidos son mexicanos, puertorriqueños y cubanos. Hay también una creciente población de inmigrantes de las islas del Caribe que hablan español, como la República Dominicana y Dominica, pero esos todavía no han sido reconocidos en Hollywood.

La mayoría de edad de los hispanoamericanos en la industria del cine de Hollywood, está unida a la manera como ellos han evolucionado dentro de la sociedad americana. El papel que desempeñan, así como su creciente visibilidad en la sociedad convencional de América, es en parte definido y considerado de acuerdo con la terminología del cine. La mayoría del trabajo progresivo de esta área fue iniciado por los cineastas independientes, en filmes tales como *Raíces de sangre* (1979), de Jesús Treviño, y *Alambrista!* (1977), de Robert M. Young, así como *La balada de Gregorio Cortéz* (1983). Otros trabajos como *Párate y recita* (1988, financiada por la PBS, y estrenada por Warner Bros.) y *La guerra del campo de frijoles de milagro*, dirigida por Robert Redford (1988, comenzada por el productor Moctesuma Esparza, financiada y distribuida por Universal) y *Mi familia* (1995), han llegado a ser posible a través de una mezcla curiosa de financiamiento que procede en partes iguales de los independientes y los estudios.

Tomando en consideración la abundancia de películas americanas que enfocan asuntos de guerra, es muy lamentable que pasen por alto la participación de los hispanoamericanos en ellas. Sobre la era de la guerra de Vietnam, las únicas excepciones que pueden citarse son *Platoon* (1986), de Oliver Stone, que presentaba unos personajes hispanos de menor cuantía como Rhah (Francesco Quinn), y Rodríguez (Chris Castillejo), ambos miembros de la tropa; *Full Metal Jacket* (1987), de Stanley Kubrick, que tenía un recluta de la Infantería que era hispano (Sal López); y *The Boys in Company C* (1978), en la que aparecía un sargento de instrucción de Infantería hispano, desempeñado por Santos Morales, aunque ninguno de los reclutas era hispano. La realidad es, sin embargo, que trece hispanos ganaron Medallas de Honor del Congreso por servicios en Vietnam.

An Officer and a Gentleman (1982), de Taylor Hackford, un drama romántico sobre el servicio de un grupo selecto de pilotos de la Fuerza Aérea, con Richard Gere y Debra Winger como estrellas, presentó un reparto multi-étnico que incluía a Tony Plana, como un recluta llamado De la Serra. El personaje significaba un logro menor, ya que era definido como un americano inteligente y convencional, en vez de presentarlo como un trabajador medio tonto de la clase obrera inmigrante, un artesano o un violento pandillero.

Según pasaban los años 60, el movimiento de los derechos civiles dirigido por los afro-americanos, insuflaba aliento en otros grupos ignorados —como las mujeres y los hispanoamericanos— para que fueran reconocidas las propias condiciones inadmisibles que los rodeaban. Un nuevo descubrimiento y examen de la herencia americana comenzó a tener lugar, de acuerdo como era visto a

Anthony Quinn, Gilbert Roland y Ricardo Montalbán en los premios Nosotros, 1980.

Foto: Cortesía de Satir González

través de los ojos de grupos que, o habían sido omitidos de los libros de historia, o relegados a un papel menor y a veces estereotipado. Los colegios universitarios y las universidades establecieron programas de estudios afroamericanos, chicanos y puertorriqueños, que llegarían a filtrarse en los Institutos (academias de segunda enseñanza).

De ese período de intranquilidad política y grandes movimientos sociales, surgió el financiamiento de la televisión pública y los programas relacionados con la educación, muchos de los cuales habían sido diseñados específicamente para hacerle frente a las necesidades de las minorías étnicas. Los jóvenes hispanoamericanos que se interesaban en las artes, la educación y los medios de comunicación, ahora podían usar sus talentos para explorar la conciencia social. A través de murales que se veían en distintos barrios del país, comenzaron a manifestarse diferentes formas de auto-expresión y valoración, mientras se fundaban centros culturales junto a grupos teatrales como el Teatro Campesino, el Teatro de la Esperanza, y el Teatro Viajante Puertorriqueño. Las estaciones de televisión pública dieron acceso a cámaras de 16mm y equipos, a los que aspiraban a cineastas que de inmediato se dieron a la tarea de grabar los sucesos del día según afectaban a sus respectivas comunidades, produciendo documentales referentes a la vida de los hispanoamericanos en los Estados Unidos.

En 1969, la organización hispana Nosotros fue fundada en Hollywood por Ricardo Montalbán, Richard Hernández, Anthony Quinn, Gilbert Roland, Val DeVargas, Rodolfo Hoyos Jr., Carlos Rivas, Tony DeMarco y Henry Darrow.

Esta organización está dedicada a mejorar la imagen de los hispanoamericanos e hispano-parlantes en general, ya sea en el cine, la televisión, el teatro o la radio. El grupo también pretende mejorar las oportunidades de trabajo de los actores y actrices hispanas, a través de entrenamiento y talleres de trabajo. Con gran gasto personal para sus carreras, estos individuos, dirigidos por Ricardo Montalbán, se enfrentaron con las cabezas de estudios, dirigentes de emisoras, productores y escritores, pidiéndoles encarecidamente evaluar de nuevo los problemas de descripción estereotípica de los hispanos. Estas juntas y discusiones llegaron a un punto crucial, cuando los comerciales de "Frito Bandido", aparecieron en televisión en 1970.

La propaganda de una marca popular de fritas de maíz mostraba un bigotudo bandido de enorme sombrero, al estilo de los dibujos animados, que era un ladrón de fritas. Los comerciales resultaban tan ofensivos, que varias comunidades mexicano-americanas y sus líderes se situaron al lado de Nosotros, y forzaron a los anunciantes a abandonar la campaña. Como presidente de la institución, Ricardo Montalbán comentó en una entrevista, "¿Por qué el dibujo animado no podía haber sido del Frito Amigo que regala las fritas, en vez de la imagen negativa de un bandido que las roba?"

La controversia enfocó la atención nacional sobre la preponderancia de las imágenes negativas y estereotípicas de los hispanos en los medios de comunicación. Los niños hispanoamericanos tenían muy pocos modelos de conducta a seguir y estaban saturados de las imágenes negativas que veían a diario, sin que tuvieran ninguna figura positiva para balancear esa situación. La estereotipada negativa de los hispanos, es más, era reforzada en los niños anglos, condenando a otra generación más a perpetuar el creciente problema.

Los hispanos se encontraron ellos mismos en un dilema: al tener que aceptar papeles negativos para poder trabajar, estaban sacrificando la dignidad personal y el crecimiento artístico; pero si ellos protestaban muy rotundamente, los productores podían ponerlos en la lista negra. No obstante, gracias a Nosotros y a los grupos radicados en la comunidad, pudo aplicarse presión a la industria del espectáculo, y pequeños pero importantes cambios comenzaron a suceder.

Ya en la década de los 70, el aplaudido trabajo del cineasta español Luis Buñuel, y la cinematografía de la Cuba de Castro, con *Lucía* (hecha en 1969, pero nunca vista en los Estados Unidos hasta 1972) dirigida por Humberto Solos, y *Memorias del subdesarrollo* (1968, estrenada en Estados Unidos en 1973), dirigida por Tomás Gutiérrez Alea, comenzaron a penetrar la conciencia progresiva de los americanos, especialmente en los campus universitarios y en los circuitos de las salas de arte. Esas películas tuvieron una profunda influencia, inspirando a una nueva generación de cineastas hispanoamericanos.

Esta nueva generación marcó el comienzo del cine chicano que creemos necesario definir: El chicano es un mexicano-americano, cuya sensibilidad nació del movimiento de los derechos civiles de los 60, y está conciente de su doble herencia. Para que una película tenga derecho a ser considerada chicana, debe mostrar lo siguiente:

- Que el tema sea mexicano-americano;
- Que exprese un punto de vista mexicano-americano sobre la vida en los Estados Unidos;
- Que los personajes principales sean mexicano-americanos;
- Que el personal creativo (director, escritor, productor) sea predominantemente mexicano-americano;
- Y que sea un filme que hable desde un punto de vista personal y único, partiendo de una base política.

En el año 2000, el cine chicano cumplió 21 años de existencia, con un desarrollo lento y algo aislado. Su existencia se debe a organizaciones como la Corporación de Transmisiones Públicas (CPB en inglés) y a los inversionistas privados, subvenciones, financiamiento, recursos y televisión pública respaldada por la comunidad, que han sido la génesis económica y creativa de muchos de esos trabajos independientes. *Raíces de sangre* (1979), *Zoot Suit* (1981), *Sequin* (1982), *La balada de Gregorio Cortéz* (1983), *El norte* (1983), *Born in East L.A.* (1987), *La Bamba* (1987), *Párate y recita* (1988), *Break of Dawn* (1989), *American Me* (1992), *Mi familia* (1995), *Desperado* (1995) y *Selena* (1998), serían todas consideradas cinema chicano. Todos estos títulos, junto a *El súper* (1979), *Crossover Dreams* (1985), *Hangin' with the Homeboys* (1991) y *Star Maps* (1997), pueden ser en cambio considerados cine hispanoamericano. Este tipo de cine se ajusta al mismo criterio básico del cine chicano, pero el término hispanoamericano sirve como una protección que abarca los grupos chicano, cubano, puertorriqueño y todos los demás hispanos que viven en los Estados Unidos.

Estos filmes representan una diferencia en cómo Hollywood mira a los hispanoamericanos. Como cineastas, los hispanoamericanos están creando y definiendo sus propias imágenes, en vez de permitir que otros los definan. En *Párate y recita, Born in East L.A., La Bamba, Mi familia* y *Selena*, todas comparten el tema común de la ratificación de la promesa del sueño americano.

Las cintas de temas latinos, por otra parte, son producidas en Hollywood con personajes o situaciones latinas (situadas dentro o fuera de los Estados Unidos), pero las historias son generalmente contadas a través de protagonistas anglos. En las décadas de los 80 y 90, se hicieron un gran número de este tipo de cintas, y usualmente caían dentro de los géneros convencionales de tramas de gángsters, historias de la frontera, del oeste, o de repúblicas bananeras destrozadas por la guerra. En filmes de temas latinos, usualmente no hay participación de hispanos en las posiciones principales responsables de la creatividad. Pueden ser citadas como ejemplos las más recientes: *Under Fire* (1983), *Havana* (1990), *Los reyes del mambo* (1992), *Bound by Honor* (1993) y *Clear and Present Danger* (1994).

El Norte (1983), de Gregory Nava, ganó una nominación de la Academia por el guión, y *La Bamba*, de Luis Valdéz, en 1987, obtuvo un éxito sin precedente en todo el mundo, pero no fue hasta el estreno en 1994 de la producción independiente de Alfonso Arau, titulada *Como agua para chocolate*, que el movimiento cinematográfico hispanoamericano hizo un verdadero impacto. La cinta cautivó al público americano, igual que al de todo el mundo, convirtiéndose en la más taquillera de las películas extranjeras independientes en los Estados Unidos hasta este momento.

Es por tanto que en el año 1995, los cineastas hispanoamericanos finalmente se sitúan en un sitio prominente en la escena de Hollywood, con tres producciones que crean un impulso que aún hoy se siente, y nos lleva al próximo siglo: *A Walk in the Clouds*, de Alfonso Arau, *Desperado*, de Robert Rodríquez y *Mi familia*, de Gregory Nava.

Estas cintas proporcionaron a talentos hispanoamericanos, tanto frente como detrás de las cámaras, un reconocimiento mayor por parte de Hollywood. *A Walk in the Clouds*, de Arau, fue la que más dinero recaudó para la Twentieth Century Fox en 1995. Esta fantasía romántica cambió los personajes principales de italianos a mexicano-americanos, y los choques entre las culturas latina y anglo fueron el punto central de la historia. El reparto internacional, que tenía a Keanu Reeves, Giancarlo Giannini y Anthony Quinn a la cabeza, resultó ser una rica experiencia cinemática. Robert Rodríquez, llamado "el niño prodigio" del cine, rehizo su film de $7.000, *El Mariachi* (1992), y lo convirtió en uno de acción de alto costo para Columbia Pictures. El resultado fue *Desperado* (1995), con Antonio Banderas de estrella. Rodríquez trajo al reparto a la bella y talentosa Salma Hayek para el papel femenino principal que la llevaría al estrellato.

El triunfante y críticamente aclamado drama de varias generaciones, *Mi familia*, de Gregory Nava, reunió un magnífico reparto de actores latinos, dándoles a cada uno de ellos papeles en los que tendrían oportunidad de demostrar sus talentos como personas de carne y hueso. Jimmy Smits fue aclamado por su magnífica interpretación del conflictivo padre soltero, al igual que lo fue Esai Morales, como el hijo apresado entre dos mundos diferentes. La importancia de la cinta descansa en la sensible presentación de la historia de un inmigrante latinoamericano, desde el punto de vista hispanoamericano. *Mi familia* marcó el debut en la pantalla de plata de la entonces futura estrella Jennifer López. Esto la llevaría a colaborar dos años más tarde con Nava, cuando él la escogió para el papel titular de la sensacional cantante tejana en *Selena.* Gracias al público hispano, la cinta ganó $38 millones en las taquillas de Estados Unidos.

Hay, por supuesto, directores hispanos que trabajan en Hollywood, en proyectos que no tienen un enlace cultural latino, tales como el mexicano Luis Mandoki, que dirigió *White Palace* (1990), con Susan Sarandon; *When a Man Loves a Woman* (1994), con Meg Ryan y Andy García, y *Message in a Bottle* (1999), con Kevin Costner, Paul Newman y Robin Wright Penn. Alfonso Cuarón recibió buenas críticas por su tierna dirección en *The Little Princess* (1995) que lo llevó luego a dirigir *Great Expectations* (1997); y el peruano Luis Llosa, dirigió la cinta de acción y aventura *Sniper* (1993), y la película de suspenso sobre la serpiente *Anaconda* (1997). Guillermo Navarro fue director de fotografía de la cinta de Quentin Tarantino, *Jackie Brown* (1997) y del éxito taquillero *Stuart Little* (1999); y Rodrigo García tuvo a su cargo la dirección de *Things You Can Tell Just by Looking at Her* (2000), con Cameron Díaz en el papel principal. Gregory Nava dirigió la biografía musical afro-americana, *Why do Fools Fall in Love?* (1998), para Warner Bros., y el latino inglés nativo Sam Mendes fue responsable de la dirección de la muy aclamada cinta *American Beauty* (1999), ganadora de un Oscar ese año como mejor película.

Titanic (1997), la cinta más exitosa de todos los tiempos, fue filmada mayormente en Baja, California, en los estudios construidos por la Twentieth Century Fox. Artesanos y técnicos mexicanos y americanos trabajaron juntos en ella, y la mayoría de los pasajeros del desafortunado barco fueron actores mexicanos extras. David Valdés, por largo tiempo productor asociado de Clint Eastwood, expandió sus horizontes y marchó por su cuenta después de producir la laureada cinta *Unforgiven*, ganadora de un Oscar. Desde entonces, Valdés ha producido los efectos especiales de la película de suspenso, *Turbulence* (1997), y *The Green Mile* (1999), esta última con Tom Hanks a la cabeza del reparto que también recibió una candidatura para el Oscar.

Jennifer López, Salma Hayek y Cameron Díaz, han surgido como estrellas y símbolos sexuales. En 1996, López fue la primer actriz latina en ganar un millón de dólares por su papel en *Selena.* Al finalizar el año 1999, ya recibía cerca de 8 millones por cada película. En una entrevista de *US* de abril de 1997, la actriz comentó, "Yo quisiera ser la latina del cine americano. Necesitamos una actriz especial para estos tiempos. Si soy yo, magnífico, pero si no es así, espero que alguien lo sea muy pronto. Desempeñar papeles latinos es muy importante, pero también lo es ser considerada para los que no lo son". A esto añadió, "Porque entonces eres considerada solamente como una actriz que tiene la habilidad de atraer público al teatro, que es lo más importante para Hollywood". *Fools Rush In*, la primera comedia romántica de Salma Hayek, ganó 28 millones de dólares en las taquillas americanas, con una gran parte de las entradas adquiridas por los latinos asiduos al cine. Hayek después intervino en *Wild Wild West* (1999), junto a Will Smith y Kevin Kline. Díaz hizo su debut fílmico como una sensual cantante de cabaret, en *The Mask*, con Jim Carrey, y reafirmó su estrellato en la simpática comedia de gran éxito, *There's Something About Mary* (1998).

Freddie Prinze Jr., hijo del fallecido comediante del mismo nombre, surgió también como un actor importante en los finales de la década de los 90, especialmente entre los jóvenes adultos amantes del celuloide por cintas como *She's All That* (1999), y *I Know What You Did Last Summer* (1997). El español Antonio Banderas puede ser considerado una estrella internacional por sus triunfos en *Evita* (1996), y *La marca del Zorro* (1998).

Según el siglo llega a su fin, la cultura latina en los Estados Unidos se está integrando rápidamente con la tendencia general. Casi todos los actores y directores de mayor éxito, igual que un número importante de cantantes y músicos (como Ricky Martin, Jennifer López, Marc Anthony, Carlos Santana, Christina Aguilera y la fallecida Selena), han nacido y han crecido en los Estados Unidos, y están respondiendo a las influencias de un entorno multi-cultural, mientras componen música y crean otras facetas artísticas que atraen a un gran número de hispanos, igual que a los que no lo son.

En 1999, la revista *New York* presentó a Jennifer López en la cubierta, y para esa sola edición cambió su título por el castellanizado Nueva York, en reconocimiento a la población hispana y su influencia en la cultura y estilo de vida económica de la ciudad. El cambio de carrera de J.Lo (como es llamada en inglés cariñosamente por sus miles de admiradores anglos) de actriz a cantante de grabaciones populares de primera magnitud, con un disco y un álbum en primer lugar, *On The 6*, que deriva el título del número del subway (tren subterráneo o metro) que ella tomaba para llegar desde su hogar del Bronx a Manhattan, demuestra el empalme tan impresionante de los temas artísticos latinos a la cultura americana, y la aceptación que están logrando entre los que no son hispanoamericanos.

La fortaleza política y económica de la comunidad latina es únicamente ahora cuando comienza a ser reconocida como una fuerza mayor en la sociedad americana, y la industria del espectáculo empieza lentamente a reflejar esas inquietudes en la pantalla de plata, y en la televisión.

La sazón ha sobrepasado en el presente al catsup (salsa de tomate) como el condimento que más se vende en los Estados Unidos. Para el año 2009, los hispanos aventajarán a los afro-americanos como el grupo minoritario mayor del país. De acuerdo con la Asociación del Cine de América (Motion Picture Association of America) los latinos fueron responsables del 15% de la venta de entradas para el cine en toda la nación, en 1998. Para el año 2010, el poder adquisitivo del latino se espera llegue a $1 trillón.

Hay muchas voces diferentes que abarcan el alcance y la complejidad de la comunidad latina de los Estados Unidos. Aunque las películas no tienen la responsabilidad, tienen la capacidad de educar y motivar la mente, al igual que divertir. Con las nuevas tecnologías actuales (caseteras de video, DVD, televisión de cable, imágenes digitales computarizadas e imágenes generadas por la computadora), las imágenes creadas en películas y en cintas de video continuarán con nosotros mucho tiempo, aún después que los que las hicieron hayan desaparecido.

Es apropiado mencionar, al entrar en el nuevo milenio, que una de las mayores historias de éxito pertenece al cubano nativo Eduardo López, co-presidente y co-director del enormemente popular *The Blair Witch Project* (1999). A través del Internet, López, junto a sus compañeros, cambió la forma en que las películas son vendidas en el mercado, y probó que el público estaba dispuesto a hacer cola para ver un video de largo metraje en un teatro. El éxito espectacular e innovador de López, puede muy bien señalar el camino de cómo filmar, vender y distribuir las películas en el futuro.

Una nueva generación de cineastas hispanoamericanos está siguiendo los pasos de muchos de sus contemporáneos de Hollywood, que pavimentaron el camino al sobreponerse a los obstáculos de ignorancia y racismo existentes. Estos talentosos artistas están produciendo un cine divertido de tipo mundial, una forma única de contar la historia que pintará la cambiante cara de América de colores claros y oscuros al entrar en el siglo veintiuno, el cual marcará cien años de la participación hispana en Hollywood.

Películas / Lista Alfabética

Aaron Loves Angela (1975, Columbia)

DIRECTOR: Gordon Parks Jr.
GUIÓN: Gerald Sanford
PRODUCTOR: Robert J. Anderson
ELENCO: Kevin Hooks, Irene Cara

Una historia al estilo de Romeo y Julieta, que sucede en Nueva York, con atractivos artistas jóvenes en los papeles principales y un final feliz a pesar de los obstáculos. Un muchacho afroamericano de Harlem se enamora de una muchacha puertorriqueña del Harlem latino (Spanish Harlem).

Irene Cara, hizo *Fame* (1980) después de esta cinta, donde cantó la canción titular que se convertiría en un hit y ganaría un premio de la Academia. José Feliciano es el autor de la música.

The Addams Family (1991, Paramount)

La familia Addams

DIRECTOR: Barry Sonnenfeld
GUIÓN: Caroline Thompson y Larry Wilson
PRODUCTOR: Scott Rudin
ELENCO: Raúl Juliá, Anjelica Huston, Christopher Lloyd

Basada en los 1.300 dibujos cómicos lóbregos pintados por Charles Addams, que han sido publicados en la revista *New Yorker* desde 1930. Esta extensa familia de seres extraños e inadaptados, captó la imaginación del público americano cuando 64 cintas fílmicas de media hora cada una, fueron convertidas en una serie televisada presentada por ABC entre 1964–1966, con John Astin en el papel de Gómez.

Esta película es una anotación curiosa, porque fue una cinta de gran éxito producida por un importante estudio con Raúl Juliá como Gómez, el personaje principal, interpretado con un estilo llamativo por el actor. Gómez es un exótico y romántico espadachín, que lleva el pelo engrasado y peinado hacia atrás, tiene bigotes finos como un lápiz y fuma puros de marca. Él se bate en un duelo con su contador, viste suntuosos trajes de satén, chaquetas de terciopelo para estar en casa y ama locamente a su esposa, Morticia, y a toda su familia. Gómez hace maromas a través de las ventanas, baila y le encanta causar enormes accidentes de trenes con sus locomotoras de juguete. Él pasa a través de la vida deslumbrado por un entusiasmo personal que a veces le causa problemas. "Raúl Juliá interpreta a Gómez como si fuera un galante caballero", Patricia Dobson, *Screen International* (11/21/91).

El argumento gira alrededor del anhelo que Gómez tiene de que su hermano Fester regrese al hogar después de estar desaparecido por muchos años, y de la llegada de alguien que tiene un exacto parecido con él y clama ser el tío Fester.

Adventure (1945, Metro-Goldwyn-Mayer)

DIRECTOR: Victor Fleming
GUIÓN: Frederick Hazlitt Brennan y Vincent Lawrence
PRODUCTOR: Sam Zimbalist
ELENCO: Clark Gable, Greer Garson, Thomas Mitchell, Lina Romay, Tito Renaldo

La historia de un romance entre un rudo marino mercante y una bibliotecaria. Los primeros diez minutos del film transcurren en un puerto de la costa de Chile, donde Gable tiene un breve romance con una nativa llamada María, interpretada por Lina Romay, a la que abandona. Romay canta un par de canciones en español.

The Adventurers (1970, Paramount)

DIRECTOR: Lewis Gilbert
GUIÓN: Lewis Gilbert y Michael Hastings, basado en una novela de Harold Robbins
PRODUCTOR: Lewis Gilbert
ELENCO: Bekim Fehmiu, Ernest Borgnine, Olivia de Havilland, Fernando Rey

Un melodrama de poco valor, que se suscribe al estereotipo de "repúblicas bananeras en medio de situaciones violentas". El hijo de un embajador latinoamericano (Bekim Fehmiu), que es un inveterado viajero *playboy*, finalmente regresa a su tierra nativa a vengarse del corrupto miembro del gobierno que violó y asesinó a su madre.

Artistas hispanos y latinos brillan por su ausencia en ella, a excepción de Fernando Rey y miles de extras de Colombia, donde la película fue filmada. El brasileño Antonio Jobim escribió la música.

The Adventures of Don Juan (1948, Warner Bros.)

DIRECTOR: Vincent Sherman
GUIÓN: George Oppenheimer y Harry Kurnitz
PRODUCTOR: Jerry Wald
ELENCO: Errol Flynn, Viveca Lindfors, Robert Douglas, Romney Brent

Flynn muy cómodamente ensayó el papel del famoso amante latino, Don Juan, en esta divertida y cómica aventura de espadachines en Technicolor.

La cinta fue hecha con la acostumbrada atención que Warner Bros. pone en la veracidad y detalles del vestuario, los decorados y la utilería, por más que muchos de ellos eran prestados de pasadas cintas históricas hechas por el estudio.

El director de arte Edward Carrere diseñó un decorado principal del palacio de Madrid para los estudios Warner Bros. de Burbank, que incluía un área para el piso de 26.600 pies cuadrados. Las unidades movibles de la pared podían ser cambiadas hasta formar trasfondos para veintidós secciones diferentes del palacio.

El filme recibió un premio Oscar por mejor diseño de vestuario en 1949. El Oscar fue compartido por Leah Rhodes, Marjorie Best y el joven diseñador latino Bill Travilla.

Con más interés en la política que en los sentimientos pasionales, la cinta trata de cómo Don Juan (Flynn), salva a la Reina Margarita (Lindfors) y al Rey (Brent), de la traición del malvado Duque de Lorca (Douglas), en la España del siglo XVII.

Don Juan ha sido el héroe de muchos trabajos literarios, y supuestamente el personaje fue modelado sobre la vida de Don Juan Tenorio de Sevilla. Diferentes versiones sobre la historia incluyen *El burlador de sevilla*, de Gellez, *Le Festin de pierre*, de Moliére y la ópera de Mozart, *Don Giovanni.* Corneille, Dumas, Browning y Shaw contribuyeron también con crónicas sobre su vida.

La historia básica se refiere a Don Juan cuando seduce a la hija del Comendador de Sevilla, y mata al padre en un duelo. Mientras visita la estatua de la víctima, ésta lo apresa y lo arrastra al infierno.

Don Juan fue primeramente filmada con gran éxito en 1926 por Warner Bros., con John Barrymore en el papel estelar. La versión de Flynn tuvo un éxito regular en los Estados Unidos, pero hizo un gran negocio en el extranjero, especialmente en Europa y Sudamérica.

Ninguna versión es fiel a sus orígenes, sino que más bien son vehículos de aventuras creados por los guionistas para mostrar lo que las estrellas pueden hacer mejor.

AFFAIR IN HAVANA (1957, ALLIED ARTISTS)

DIRECTOR: Laslo Benedek
GUIÓN: Burton Lane y Maurice Zimm
PRODUCTOR: Richard Goldstone
ELENCO: John Cassavetes, Sara Shane, Raymond Burr, Sergio Peña, Lilia Lazo, Celia Cruz, José Antonio Rivero

Nick (Cassavetes), un joven músico, tiene amoríos con Lorna (Shane), la esposa de un hacendado cubano paralítico, Mallabee (Burr, antes de otro papel similar en una silla de ruedas, como el titular del programa televisado *Ironside* [1967–1975]). Mallabee es abogado por uno de sus sirvientes (Peña), quien por largo tiempo está enamorado de Lorna, y la esposa del sirviente (Lazo) procede a vengar la muerte de Mallabee, asesinando a Lorna a puñaladas. Nick regresa a su música y a su piano.

Este ridículo film melodramático se apoya en la belleza escénica de Cuba y en la música afrocubana, que es destacada en una secuencia musical que presenta algunos de los mejores talentos musicales de la era, incluso a la afamada cantante Celia Cruz, en una de sus primeras apariciones cinematográficas. La cinta fue producida por Dudley Pictures de Cuba, como la primera de una serie de películas que se planeaban hacer en inglés, bajo un financiamiento mutuo a través de un acuerdo con el banco de desarrollo de Agricultura e Industria de Cuba (BANFAIC), que situó un fondo rotativo de 1 millón de dólares para el proyecto. Fue filmada y producida totalmente en la isla caribeña, dentro y alrededor de La Habana y en el pueblo playero de Varadero.

AGAINST ALL ODDS (1984, COLUMBIA)

DIRECTOR: Taylor Hackford
GUIÓN: Eric Hughes, basada en una historia de Hackford y Hughes
PRODUCTOR: Taylor Hackford
ELENCO: Jeff Bridges, Rachel Ward, James Woods, Richard Widmark

Una despiadada lucha por el poder en Los Ángeles, proporciona el trasfondo para este drama contemporáneo, basado en el filme "negro" de RKO, *Out of the Past* (1947), en el que un gángster contrata a un investigador privado para encontrar a una hermosa mujer. El centro de esta historia de amor y crimen, es un intrigante triángulo amoroso en el que están comprendidos el ex-futbolista Terry (Bridges), una mujer fatal, Jessie (Ward), y el dueño de un club nocturno, Jake (Woods). Jessie se va de Los Ángeles para escapar de Jake, quien luego manda a Terry tras ella a encontrarla.

Una gran parte de la cinta está dedicada a hallar a Jessie (que se esconde en una bellísima isla en la costa de México. Terry y Jessie se convierten en amantes y viajan a través de majestuosas ruinas aztecas, playas y selvas donde se hacen el amor, hasta que fuerzas superiores los empujan a regresar a Los Ángeles. La cinta ofrece una vista turística romántica de México, como si fuera un patio de recreo para los gringos, pero no hay hispanos en los papeles principales o de reparto. El gobierno mexicano no permitió filmar un asesinato violento en una de las ruinas, por lo que la escena tuvo que ser rodada en un plató del estudio, en el que se hizo una reconstrucción del interior de las ruinas.

Against All Odds, dirigido por Taylor Hackford, fue protagonizado por Jeff Bridges y Rachel Ward como gringos atrapados en un exótico y peligroso México.

ALAMBRISTA! (1978, INDEPENDIENTE)

DIRECTOR: Robert M. Young
GUIÓN: Robert M. Young
PRODUCTOR: Robert M. Young
ELENCO: Domingo Ambriz, Trinidad Silva, Edward James Olmos

Alambrista! es una mirada valiente y realista a las experiencias temerosas y solitarias de Roberto, un ranchero inmigrante mexicano que está ilegal en los Estados Unidos.

La cinta ganó el premio de la Palma de Oro del Festival de Cannes como mejor largometraje, y la Gran Concha de Oro del Festival de San Sebastián. Fue presentada en innumerables festivales de los Estados Unidos, aunque había sido un encargo de "Visiones", para una serie de programas que ya habían sido transmitidos en la televisión pública en 1977.

Es una película pequeña, pero bellamente realizada, con muchas escenas conmovedoras a la vez que simpáticas, que ilustran el coste humano de la inmigración ilegal, tales como tener que pagar por las tarjetas verdes falsas, recoger cosechas y verse obligado a marchar del país el día antes de pago por disposición de la INS, además de tener que hacer frente a las aprensiones y soledades que traen consigo vivir en un país extranjero.

El actor Domingo Ambriz, como Roberto, ofrece una representación brillante que mayormente usa el lenguaje del cuerpo y las expresiones faciales para comunicar lo que él está sufriendo. Trinidad Silva, como una labriega, le da a Roberto una lección chaplinesca de cómo actuar para parecerse a un gringo.

En la última escena, una mujer mexicana en el proceso de ser deportada por las autoridades americanas en el cruce de la frontera, da a luz un bebé mientras está aún en el lado americano y grita histéricamente, "Él nació en tierra americana. No necesitará papeles", mientras Roberto observa la escena desde el bus que lo devuelve a México.

Alambrista! tuvo un estreno limitado en 1979. La idea del proyecto surgió cuando Young estaba filmando un documental en Arizona, con labriegos inmigrantes y sus hijos.

THE ALAMO (1960, UNITED ARTISTS)
El Álamo

DIRECTOR: John Wayne
GUIÓN: James Edward Grant
PRODUCTOR: John Wayne
ELENCO: John Wayne, Richard Widmark, Laurence Harvey, Frankie Avalon, Linda Cristal, Richard Boone, Carlos Arruza

A John Wayne le tomó más de doce años llevar a la pantalla la epopeya *The Alamo.* La historia gira alrededor del conflicto histórico entre 180 colonos y el ejército del general mexicano Santa Anna en marzo de 1836. Contra este telón de fondo histórico se tejen las experiencias personales de los defensores del Álamo, resaltadas por los conflictos entre Jim Bowie (Widmark), y el Coronel Travis (Harvey) sobre el mando. Wayne, que produjo y dirigió la película, aparece en ella como Davy Crockett.

En 1951, Wayne recibió del gobierno mexicano la aprobación sobre el guión, y los sindicatos de trabajadores dieron permiso para poder filmar en México. Sin embargo, el guión de la producción final de 1959, hecha en los Estados Unidos, resultó muy diferente de la historia original que fue desarrollada mientras Wayne estaba bajo contrato con Republic Pictures. Él se separó de la Republic cuando decidieron no hacer la película, y en 1952, el presidente de Republic, Herbert J. Yates, comenzó apresuradamente la producción de *The Last Command*, utilizando los elementos principales de la historia original de 1951.

Wayne y Alfred Ybarra, director de arte de la compañía de ambos (llamada Wayne-Fellows, después Batjac), comenzaron ese año a buscar lugares en Perú, Panamá y México, pero no encontraron respaldo económico para el plan, a pesar de la prominencia taquillera de Wayne, debido al alto costo proyectado para la producción. En realidad, costaría $12 millones para hacerla.

En 1957, el Rancho Happy Shahan, en Brackettville, Texas, fue escogido como el local para la filmación. El financiamiento fue al fin conseguido con United Artists y varios hombres de negocios de Texas.

La versión posterior que hizo Ybarra del decorado de las misiones de San Antonio y del Álamo, combinaban autenticidad, aspectos prácticos, inventiva dramática e imaginación. Tomó más de un año construirlas, y finalmente se

Richard Widmark, Linda Cristal, Laurence Harvey y el productor, director y estrella John Wayne en el escenario de *The Alamo*.

extendieron sobre 200 acres de tierra. La filmación duró de septiembre a diciembre de 1959. La cinematografía de William H. Clothier capturó imágenes extremadamente interesantes, mientras que las secuencias de acción resultaron las más llamativas que jamás hayan aparecido en alguna película.

El guión de James Edward Grant, evadió, no obstante, las complejidades de la situación histórica verdadera, para convertirse en una obertura patriótica simplificada. Aunque la trama presenta a figuras históricas de Texas, como Juan Seguín, a cargo de Joseph Calleia, los caracteres no son ampliamente desarrollados. Sorpresivamente, aunque Santa Anna y su ejército nunca son individualizados, son tratados en cambio como enemigos dignos y galantes. En un punto de la película, uno de los defensores del Álamo, dice, "Seguramente que es el ejército más bonito que yo he visto", mientras otro contesta, "No te engañes, ellos han estado aplastando rebeliones por más de dos años y han marchado sobre miles de millas".

Alrededor de 1.500 mexicanos que trabajaron de extras fueron usados para representar el ejército de Santa Anna, las gentes del pueblo y algunos de los defensores del Álamo.

El torero español Carlos Arruza, personificó al Teniente Reyes, mensajero del General Santa Anna. Linda Cristal, una actriz nativa de la Argentina, interpretó una variación de la tradicional señorita mexicana en su papel de Flaca (una descripción injusta de ella), el interés romántico de Crockett.

Flaca es una viuda hacendada, bella y educada y es irónico (porque es una Mexicana) que ella sea la que Crockett escoge para ayudar a regar la voz sobre el Álamo y la lucha por la libertad en contra de la tiranía.

El cariño que Wayne siente por los mexicanos está mejor ilustrado por la actitud benevolente de Crockett (aunque resulte un poco condescendiente) hacia la señorita y su hijo pequeño. En una escena del principio, Crockett la ayuda a evadir a un pretendiente que ella rechazaba, e insiste que se le dé al niño una gratificación por cargar el equipaje, a pesar que Crockett carga al niño y el equipaje bajo cada brazo escaleras arriba.

En una carta reproducida en *Hollywood Citizen News*, fechada el 11 de noviembre de 1960, Wayne escribió, "Por motivo de mi cercana amistad con muchos magníficos mexicanos, y mi sincero cariño por la gente de nuestra nación vecina. . . yo sabía que podía contarse una gran historia dramática de este incidente, sin hablar mal de México en ninguna forma. Nuestra película retrata las heroicidades, y dentro de sus capítulos hemos mostrado no solamente la valentía de sus defensores, sino igualmente la de sus atacantes".

Hay muchas escenas conmovedoras de los mexicanos que se llevan a sus muertos del campo de batalla, y que permite a unos sobrevivientes, la señora Dickinson y sus hijos, marcharse sin peligro después que los defensores del Álamo han perecido.

Es necesario notar, sin embargo, que los mitos largamente sostenidos por la política de los Estados Unidos "Manifest Destiny", referente a la América Latina en particular, y la idea de que se necesitan muchos mexicanos para igualar o mejorar a un yanqui, tuvo sus orígenes en la leyenda del Álamo. Ambas creencias son fielmente reflejadas en esta cinta, en un momento cuando la Guerra Fría estaba en todo su apogeo, y el compromiso de los americanos en Vietnam comenzaba.

En 1960, el gobierno mexicano prohibió *El Álamo*, pero esto no parece haber perjudicado a Wayne y su relación con el gobierno mexicano o la industria del cine, que continuaron respaldando sus actividades fílmicas. Muchas de sus cintas posteriores fueron hechas en Durango, México.

Alive (1993, Touchstone)

DIRECTOR: Frank Marshall
GUIÓN: John Patrick Shanley
PRODUCTOR: Robert Watts y Kathleen Kennedy
ELENCO: Vincent Spano, Ethan Hawke, Michael DeLorenzo

Está basada en una historia verídica del equipo de *rugby* de Uruguay, cuando un avión en que viajaban se estrella contra una montaña cubierta de nieve en los Andes, en un sitio entre Argentina y Chile, en 1972. De los veintisiete sobrevivientes del accidente, solo dieciséis pudieron salir de la montaña. Los hombres se vieron obligados a comer la carne de los muertos para mantenerse vivos durante los setenta y dos días que pasaron tratando de salir de la remota cordillera.

Alvarez Kelly (1966, Columbia)

DIRECTOR: Edward Dmytryk
GUIÓN: Franklin Coen y Elliott Arnold
PRODUCTOR: Sol C. Siegel
ELENCO: William Holden, Richard Widmark, Janice Rule

En 1864, un grupo de pastores americanos y vaqueros mexicanos, capitaneados por el irlandés-mexicano Álvarez Kelly (Holden), lleva una manada de 2.500 cabezas de ganado de México a Virginia. El propósito es alimentar a las fuerzas armadas de la Unión durante la guerra civil, pero el grupo es interceptado por las tropas del ejército Confederado. Es una película regular del oeste, en la que además figuran Pepe Callahan, Roberto Contreras y Pedro Regas.

American Me (1992, Universal)

DIRECTOR: Edward James Olmos
GUIÓN: Desmond Nakano y Floyd Mutrux
PRODUCTOR: Sean Daniel, Robert M. Young, Edward James Olmos
ELENCO: Edward James Olmos, William Forsythe, Pepe Serna, Evelina Fernández, Sal López, Danny de la Paz, Vira Montes

Una mirada brutal, implacable, impávida e inexorablemente honesta, a treinta años de la vida de una familia hispanoamericana que vive en el barrio conocido como el lado este de Los Ángeles. La historia sigue a uno de sus miembros, Santana (Olmos), desde sus años adolescentes, a la mayoría de edad, y el círculo vicioso de violencia y encarcelamiento que consume su alma.

Olmos no es solamente la estrella y el productor del largometraje, sino que ha logrado un debut de gran fuerza, como director de este pavoroso drama casi documental. *American Me* es una poderosa cinta fílmica de rica textura que a la misma vez que satisface, resulta inquietante.

Santana se ha vuelto un magnate cruel y despiadado cuyo poderío sobre la vida y la muerte se extiende desde su celda de la prisión hasta la calle. La película está estructurada como si fuera un recuento, con Santana que narra su vida al contemplar viejas fotografías, mientras espera su espantosa pero inevitable muerte.

La noche de los disturbios de los Pachucos de Los Ángeles, en 1943, conocemos a sus infortunados padres. Soldados y marineros americanos, exacerbados por el racismo y la histeria bélica, atacan y apalean brutalmente a Pedro (López), el padre Pachuco de Santana, y violan sexualmente a Esperanza (Montes), su madre.

American Me continúa siguiendo a Santana y a dos amigos, J.D. y Mundo (Panchito Gómez, Steve Wilcox y Richard Coca, como los adolescentes) a través del largo camino de sus vidas respectivas, que comienzan con su primera permanencia en la Residencia Juvenil (como resultado de una manifestación de machismo al cruzar al territorio de una pandilla rival y verse obligados a irrumpir en un restaurante para escapar de la furia de la pandilla) y el inicio de los muchos crímenes que los lleva a las celdas de máxima seguridad de la Prisión Folsom.

Quince años después, los muchachos ya son hombres y continúan en la cárcel (ahora representados por Olmos, Forsythe y Serna). Santana astutamente gana poder en prisión organizando a los prisioneros de acuerdo con sus razas, para así poder controlar las actividades ilegales dentro y fuera de la cárcel. Tres años más tarde es puesto en libertad, y encuentra que no se ajusta al mundo exterior. En realidad, él trata de reanudar su vida, partiendo de donde fue interrumpida cuando tenía quince años.

En esta película no hay remuneración visible para los criminales, tampoco se ven riquezas, ya que Santana regresa a vivir al barrio empobrecido donde creció. En fin de cuentas, es su amigo Mundo el que causa la muerte de Santana.

Santana lentamente comienza a encontrar su humanidad, mientras trata de desarrollar una relación con Julie (Fernández), una madre soltera que él conoce en una fiesta.

Irónicamente, este tardío pero bienvenido esfuerzo de cambiar y hacer algo positivo con su vida es lo que causa la caída de Santana. Julie representa la única chispa de esperanza en la comunidad, cuando trata de mejorar su vida regresando al colegio, pero los muchachos del barrio están envueltos en el mismo ciclo de violencia y drogas que desde el comienzo atraparon a Santana, y ese círculo no puede romperse. Ella es la única que se atreve a decirle la verdad. "Tú no eres más que un narcotraficante", le dice, "Tu negocio es matar niños".

Edward James Olmos, director, productor y estrella de *American Me*.

La película no logró atraer mayor cantidad de público. Los caracteres y situaciones no están presentados con benevolencia, y la lóbrega y violenta naturaleza de la pieza, mantuvo al público apartado— a excepción de la comunidad chicana y los simpatizantes de Olmos, primeramente en California y en el suroeste, que logró en las taquillas un ingreso de 15 millones de dólares.

Olmos soñaba con hacer *American Me*, desde que en 1974 leyó el guión original de Mutrux, cuando desempeñaba un pequeño papel en *Aloha Bobby and Rose* (1975), para la misma firma Mutrux. *American Me* tiene una larga historia; en algún momento iba a ser filmada con Al Pacino, como un drama de las prisiones más romántico y tradicional. Pacino pasaría en cambio a desempeñar el papel de un magnate del crimen en *Caracortada* (1983), y *American Me* quedó languideciendo. Edward James Olmos, un actor de menor cuantía, alcanzó el estrellato en un período de diez años, comenzando con su papel de

Pachuco, en 1978, en su aclamado triunfo teatral *Zoot Suit*, y como el antipático Teniente Castillo de la serie televisada *Miami Vice* (1984–1989), culminando como el peculiar maestro Jaime Escalante de *Párate y recita (Stand and Deliver)*, que le valdría su nominación para un Oscar, en 1988.

Según iban pasando los años y crecía el problema de la violencia de las pandillas, el guión de *American Me* ganaba en importancia. "Una parte de la juventud de nuestra nación está creciendo en un estilo de vida que se perpetúa a sí mismo saliendo y entrando de las prisiones, lo que tiene como resultado el crimen violento, las drogas y una muerte segura", dijo Olmos. "*American Me* ha sido hecha con la esperanza de que la vida de algunos de nuestros niños pueda ser dirigida hacia metas más positivas".

La película representa la mayor reunión de talentos hispanoamericanos de Hollywood, dando comienzo con Olmos como estrella, director y productor; Reynaldo Villalobos, como director de fotografía; Joe Aubel, diseñador de la producción; Sylvia Vega Vásquez, diseñadora del vestuario; Bob Morrones, director del reparto, y Richard Espinoza, primer subdirector asistente. Entre los miembros del reparto hay magníficas actuaciones por parte de Pepe Serna, en el papel de Mundo, Evelina Fernández, como Julie, Sal López, como el padre que carga en su alma con una pena nunca resuelta, y con un gran resentimiento, así como Danny de la Paz, como Títere (Puppet), un miembro de la pandilla que está dividido entre su lealtad al sindicato del crimen, y el cariño hacia su hermano menor, Pequeño Títere (Villarreal), a quien él tiene que asesinar.

La cinta fue filmada en la Prisión Folsom, en la Institución para hombres de Chino, y la Residencia juvenil del condado de Los Ángeles, y otras áreas en el este de la ciudad. El Mercado, una feria al aire libre, llevó a Olmos de nuevo a un lugar que está a corta distancia de la casa de su niñez. El estudio anexo de la Universal, en Hollywood, es donde el plató de la calle de Nueva York fue situado, diseñado nuevamente y revestido hasta parecerse al centro de la ciudad de Los Ángeles alrededor de 1943, en la elaborada reconstrucción de los notorios disturbios de Los Pachucos, que se ven al comienzo de la película.

John Anderson, en *Newsday*, dijo, "*American Me* se refiere a la muerte no solo de hombres, sino de ensueños. Como un *Godfather* chicano, singulariza los actos violentos que los hombres cometen y por qué los hacen; cómo una empresa criminal, nacida de la necesidad de proteger lo de uno, crece fuera de control; cómo lo que una vez fue una noble intención, es pervertido por el poder, hasta que lleva a hermanos y amigos a traicionarse los unos a los otros".

David Elliot, del *San Diego Union*, comentó, "Olmos tiene poder estelar. Sus marcas faciales irradian una presencia masculina muy bien iluminada por Reynaldo Villalobos, y su intensa aura de mando, es a la vez sensual y espeluznante. Es como un Bogart más mortal, con facciones de Maya".

En el *New York Times*, Janet Maslin, no obstante, dijo, "Por más que es violenta, *American Me* rara vez es lo suficientemente dramática para darle vida al material".

The Americano (1955, RKO Radio Pictures)

DIRECTOR: William Castle
GUIÓN: Guy Trosper, de una historia original de Leslie T. White
PRODUCTOR: Robert Stillman
ELENCO: Glenn Ford, Abbe Lane, Ursula Theiss, Frank Lovejoy, César Romero, Rodolfo Hoyos Jr., Salvador Baguez

Un vaquero americano (Ford) es reclutado para entregar unos toros Brahma a un ranchero poderoso (Lovejoy), en Brasil. Durante su aventura, Ford encuentra un terreno inhóspito, bandidos, y descubre un ranchero ambicioso de tierras, igual que algunas bellas damiselas.

César Romero entregó una caracterización llena de colorido, como el líder de los bandidos. Esta es una cinta del oeste común con un cambio de localidad, un buen elenco y metraje de los exteriores en Technicolor.

La filmación dio comienzo en 1953, con Ford, Romero y Sarita Montiel. El elenco y el equipo llegaron a Brasil, pero una combinación de mal tiempo y burocracia de la aduana hizo casi imposible filmar allí. Cuando el tiempo mejoró, y el equipo fue puesto en libertad de acción, el contrato de Ford había terminado.

El director William Castle filmó cuanto metraje él pudo, y regresó a Hollywood. La producción fue reanudada un año después, cuando Ford estuvo otra vez disponible, pero el resto del filme fue rodado en RKO, y en un rancho en Riverside, California. Sarita Montiel no pudo regresar a la cinta, y fue sustituida por Abbe Lane.

Anaconda (1997, Columbia)

DIRECTOR: Luis Llosa
GUIÓN: Hans Bauer, Jim Cash y Jack Epps Jr.
PRODUCTOR: Verna Harrah, Leonard Rabinowitz y Carole Little
ELENCO: Eric Stoltz, Jennifer López, John Voight, Ice Cube

Un equipo productor de documentales entra en el Amazonas armado con cámaras, equipos de sonido y el optimismo de los no iniciados. Embarcan en una expedición a través del río para encontrar a los legendarios e indocumentados indios Shirisharma, con la embarcación piloteada por el pintoresco Mateo (Castellanos). A lo largo del camino encuentran a Sarone (Voight), que se ha quedado varado en un bote abandonado. El carismático hombre solitario, que gracias a su inventiva ha logrado sobrevivir en la selva durante años, consigue la amistad del grupo, si bien no su completa confianza. No obstante, su conocimiento profesional de la elusiva tribu shirishama los atrae, y lo siguen a lo largo del río, a pesar de sus dudas. Pero Sarone tiene sus propios motivos para adentrar a la cuadrilla en el río: él está en su propia búsqueda de hallar a la mortífera serpiente Anaconda, de cuarenta pies de largo, una viciosa depredadora que se ha convertido en una leyenda, y por encontrarla, él está dispuesto a sacrificarlo todo y a todos. La expedición se convierte en una pesadilla de la selva, cuando sus miembros son llevados por la obsesión de Sarone directamente a las mandíbulas de Anaconda, y son obligados a usar los recursos más primitivos para mantenerse vivos.

Fue filmada en Brasil y en el Arboretum del Condado de Los Ángeles.

And Now Miguel (1966, Universal)

DIRECTOR: James B. Clark
GUIÓN: Ted Sherdeman y Jane Klove, basada en la premiada novela de Joseph Krumgold
PRODUCTOR: Robert B. Radnitz
ELENCO: Pat Cardi, Michael Ansara, Pilar del Rey, Guy Stockwell, Clu Gulager

La historia de un niño de diez años, Miguel (Cardi) que llega a la mayoría de edad en el suroeste americano, en una cinta filmada fuera de los estudios, en un rancho de 23.000 acres que una vez sirvió para apacentar las ovejas en el valle del Río Chama de Nuevo México, cerca del pequeño pueblo de Abiqui.

Durante generaciones, la familia Chávez ha sido una de las que ha tenido éxito viviendo como pastores en el área cercana a las montañas Sangre de Cristo, en la meseta del centro de Nuevo México. El joven Miguel tiene un enorme deseo de ganar importancia ante los ojos de su padre, Blas (Ansara), para acompañarlo a llevar el rebaño a las montañas durante el verano. El padre cree que Miguel es demasiado joven para desempeñar un trabajo de hombre. Un pastor ambulante (Gulager), le da a Miguel la oportunidad de mostrar lo que él puede hacer: Miguel pone de prueba su valor e inventiva cuando es confrontado por una situación de emergencia al encontrar momentáneamente una serpiente venenosa, y sabe también cómo proteger al ganado de una jauría de coyotes.

Ansara, un libanés-americano, que hace el papel de padre, irradia fuerza y dignidad en su caracterización, que le valió críticas magníficas por su trabajo. Interpretaciones sólidas y extraordinaria fotografía en Technicolor, subrayan esta sencilla historia sobre la gente hispano-india del suroeste americano. El laureado libro y la película revelan de manera muy sensible aunque idealista, una parte poco conocida de la vida y cultura americanas a los públicos jóvenes del cine.

Robert Radnitz se hizo de un nombre produciendo películas para toda la familia, como *A Dog of Flanders* (1959), *Misty* (1961) y *Island of the Blue Dolphins* (1964). La producción de Radnitz de *Sounder* (1972), una historia de la era de la depresión sobre una familia de negros algodoneros del sur americano, recibió cuatro candidaturas de la Academia, incluso la de Mejor Película.

...And the Earth Did Not Swallow Him (1995, Kino International)

...Y no se lo tragó la tierra

DIRECTOR: Severo Pérez
GUIÓN: Severo Pérez, basado en la novela del mismo nombre de Tomás Rivera
PRODUCTOR: Paul Espinoza
ELENCO: José Acala, Danny Valdéz, Rose Portillo, Marco Rodríguez, Lupe Ontiveros, Evelyn Guerrero, Sam Vlahos, Art Bonilla, Sal López

Como muchos de los jovencitos que llegaron a la mayoría de edad en 1952, Marco González trata de encontrar su lugar en el mundo. Tiene dificultades en el colegio, su hermano es un soldado de la guerra de Corea, y su familia lucha por ganar lo suficiente para vivir digna y decentemente. Pero al contrario de otros muchachos, el viaje de Marco hacia su propio descubrimiento tiene lugar en medio de prejuicios e injusticias, mientras su familia, trabajando como labriegos inmigrantes, van detrás de las cosechas desde Texas a Minnesota.

Estrenada en las salas de teatro de ensayos, esta cinta ganó infinidad de premios en los festivales de cine alrededor del mundo. Adaptada por el escritor y director Severo Pérez, está basada en la novela de 1971 del mismo título, del fallecido escritor y educador, Tomás Rivera. La película fue parte de la prestigiosa serie *American Playhouse*, de la PBS.

"...es tan sincera y circunspecta como la familia mexicana-americana que representa con gran amor y respeto. Aunque la cinta, que está basada en la novela chicana, podía usar más un sentido de estilo y ritmo, es, no obstante, una experiencia conmovedora, bellamente fotografiada e iluminada...", Kevin Thomas, en *Los Angeles Times* (5/15/1995).

THE APPALOOSA (1966, UNIVERSAL)

DIRECTOR: Sidney J. Furie
GUIÓN: James Bridges y Roland Kibbee
PRODUCTOR: Alan Miller
ELENCO: Marlon Brando, Anjanette Comer, John Saxon, Emilio Fernández, Miriam Colón, Rafael Campos

Un intenso aunque laborioso oeste dramático, con Marlon Brando en el papel estelar de Matt Fletcher, un vaquero gringo vagabundo que está decidido a sentar cabeza y criar caballos Appaloosa. Él se siente frustrado en sus deseos, cuando el estupendo semental que planeaba usar para procrear, es robado por un bandido mexicano llamado Chuy Medina (Saxon).

Fletcher se lanza a través de la frontera de Texas para recobrar su caballo del bastión del bandido en la villa mexicana de Cocatlán. Medina somete al gringo a humillaciones y pruebas de su fortaleza, realzado por un juego de pulseo, en el cual la picada de un alacrán será la recompensa del perdedor. Matt recupera el caballo y se dirige a la frontera, con Medina persiguiéndolo. Como culminación de un duelo a tiros, Matt mata a Medina en una montaña cubierta de nieve, y desaparece galopando hacia la puesta del sol.

El director Furie llena la pantalla de mesas sucias con botellas de tequila, primeros planos de los bandidos, paisajes cambiantes, escenas de interiores y rostros llenos de sudor. La cinta está llena de estereotipos; desde bandidos mexicanos a nobles campesinos labriegos y ardientes jóvenes señoritas.

Tiene alguna semejanza con la película del oeste *Pícaros con un solo ojo* (1960), que el propio Brando dirigió, en particular en lo que se refiere al tema de un hombre solitario que transita por un sendero de venganza. La última romántica y civilizada vista de Monterrey de la película y sus ciudadanos, junto con las fuertes caracterizaciones de Katy Jurado y Pilar Pellicer como madre e hija, dan lugar en *The Appaloosa* a más fantasías equivocadas de México; una película que quizás resulta más apropiada al talento de directores como Sam Peckinpah. El bandido mexicano de *Pícaros de un solo ojo,* es el amigo y compañero de Rio (Brando), no el grasoso que Medina es obligado a ser. Ambos caracteres tienen que ser víctimas de sufrimientos e indignidades antes de poder reclamar para sí lo que es de ellos.

Trini es el prototipo de la ardiente señorita personificada por Anjanette Comer, una actriz que hizo solo dos apariciones en películas anteriores a ésta: un papel en *Quick Before It Melts* (1964) y *The Loved Ones* (1965).

Irónicamente, Emilio "El Indio" Fernández, que aparece como uno de los bandidos, comenzando por una serie de caracterizaciones en cintas de Hollywood de despreciables bandidos mexicanos y rufianes, fue director de algunas de las clásicas películas mexicanas que crearon hermosas y conmovedoras imágenes de México.

Appointment in Honduras (1953, RKO Radio Pictures)

DIRECTOR: Jacques Tourneur
GUIÓN: Karen De Wolf, basada en una historia de Mario Silveira y Jack Cornall
PRODUCTOR: Benedict Bogeaus
ELENCO: Glenn Ford, Ann Sheridan, Zachary Scott, Rodolfo Acosta

La película, situada en 1910, es un pasatiempo de escape que se convierte mayormente en una jornada a través de las selvas de América Central.

Steve Corbett (Ford), va a traer dinero al depuesto presidente de Honduras y a sus fieles seguidores. Cuando el capitán del barco rehúsa atracar en Honduras, el pasajero Corbett pone en libertad a un grupo de criminales que van destinados a Nicaragua, reclutando su ayuda para apoderarse del barco. Capitaneados por Reyes (Acosta), se apoderan de un bote salvavidas, y obligan a otros dos pasajeros, Harry y Sylvia Sheppard (Scott y Sheridan), a acompañarlos como rehenes y la pareja se ve obligada a viajar con el grupo a través de la selva. Harry Sheppard consigue empeorar la discordia existente entre Corbett y el bandido Reyes. Además de enfrentarse entre ellos, Corbett y Reyes tienen también que afrontar varias amenazas de la selva como *tiger fish*, crocodilos, y lluvias torrenciales. Finalmente, hay un enfrentamiento entre los dos hombres del que Corbett sale triunfante. Harry también perece, y Sylvia y Corbett se marchan juntos, haciendo mutis en el horizonte centroamericano.

El reparto también incluye a Ric Roman, Rico Alaniz, Julián Rivero, Pepe Hern, Henry Escalante y Víctor Ottero.

Argentine Love (1924, Paramount)

DIRECTOR: Allan Dwan
GUIÓN: John Russell, adaptada de la historia de Vicente Blasco Ibáñez
PRODUCTOR: Allan Dwan
ELENCO: Bebe Daniels, Ricardo Cortez, James Rennie, Mark Gonzáles, Aurelio Coccia

Juan Martin (Cortez), un refinado argentino y hombre fuerte de la localidad, espera la llegada de Consuelo (Daniels), su prometida. Ella, sin embargo, se enamora del ingeniero americano, Philip Sears (Rennie), quien está construyendo un puente en su país natal. La cinta es un melodrama típico.

Argentine Nights (1940, Universal)

DIRECTOR: Albert S. Rogell
GUIÓN: Arthur T. Horman, Ray Golden y Sid Kuller; argumento de J. Robert Bren y Gladys Atwater
PRODUCTOR: Ken Goldsmith
ELENCO: Los Hermanos Ritz, las Hermanas Andrews, George Reeves, Constance Moore

Una comedia musical ligera acerca de tres cantantes americanas desempleadas, que huyen con sus representantes en un crucero a Argentina, en busca de nuevas oportunidades.

Argentine Nights fue acogida con agrado por el público de los Estados Unidos, pero en América del Sur, particularmente en Buenos Aires, la cinta causó un motín y la gente apedreó los teatros donde la película fue exhibida. Estas producciones hollywoodenses eran presentadas como "típicas" de esos países, pero los latinoamericanos no estaban dispuestos a aceptar las películas en donde sus patrias y los habitantes fueran caracterizados tan absurdamente.

La cinta hacía burla de los estereotipos convencionales, según como aparecen en la mayoría de las películas americanas, pero los latinos no lo veían de la misma manera. Las Hermanas Andrews cantan una canción titulada "Rumboogie", una combinación de rumba y boogie-woogie, y la "Brooklynonga", un sinónimo en Brooklyn de la línea de la conga gaucha. El único problema es que la rumba no es de Argentina, sino de Cuba, igual que la conga. Ambos ritmos tienen influencias afro-caribeñas que no son parte de la historia musical de Argentina.

Hollywood estaba alarmado por las quejas oficiales de los gobiernos. El Departamento de Estado de los Estados Unidos buscó ayudar a Hollywood, creando la oficina del Coordinador de Asuntos Inter-Americanos (CIAA en inglés), que abrió una división de películas, dirigida por John Hay Whitney. La CIAA aconsejó a Hollywood que tuviera más cuidado con las producciones que trataran de América Latina, si querían tener éxito en ganar los mercados latinoamericanos. Aún con la creación de esta oficina, los estudios consentían solamente "de boca" a la verdad, en la mayoría de los casos.

Argentina envió a un miembro del Consejo para asesorar sobre la veracidad de las películas. Bien acogido por los estudios inicialmente, el asesor dijo que una vez que la producción había comenzado, sus consejos habían sido dejados de lado. Cuando le fueron mostradas fotos de la cinta, hizo este comentario, "En primer lugar, la rumba es desconocida en Argentina. Es un baile folclórico de Cuba. Más aún, el vestuario que aparece en el retrato, lo usaban las mujeres cubanas en los prostíbulos, y ya ni siquiera eso sucede en el presente".

El actor George Reeves, quien más tarde fuera famoso como el Superman de la televisión en los años 50, aquí aparece como Eduardo, un rico jugador de polo y típico amante latino de Argentina.

Around the World in Eighty Days (1956, United Artists)

La vuelta al mundo en ochenta días

DIRECTOR: Michael Anderson
GUIÓN: James Poe, John Farrow y S.J. Perelman, sobre la novela de Jules Verne
PRODUCTOR: Michael Todd
ELENCO: David Niven, Cantinflas, Shirley MacLaine

Un viaje alrededor del mundo en 1872, llevado a cabo por Phileas Fogg (Niven) y Passepartout (Cantinflas), su fiel sirviente, como consecuencia de una apuesta hecha por miembros del prestigioso Reform Club de Londres. En el curso de su carrera contra el tiempo, Fogg y su criado viven toda clase de descabelladas aventuras. La cinta fílmica introdujo al público internacional al magnífico cómico Cantinflas, en su primera película hablada en inglés, como Passepartout, el sirviente francés de Niven. Cantinflas usó sus bien conocidas caracterizaciones de payaso hispano sin hacer mención alguna a su etnia.

La película, basada en una novela de Verne, ganó cinco premios de la Academia, incluso Mejor Película, y resultó tener un éxito sin precedente que rompió todos los récords del mundo en asistencia de público hasta ese momento. Este gran espectáculo, hecho teniendo en mente el mercado fílmico internacional, fue filmado en siete países diferentes, dos localidades de los Estados Unidos y en los anexos de los principales estudios de Hollywood. El reparto contaba con cincuenta estrellas internacionales que incluían a las estrellas latinas Gilbert Roland, César Romero, José Greco y Luis Miguel Dominguín. La producción fue concebida, producida y supervisada por el empresario Mike Todd, incansable genio creador multimillonario, que murió en un accidente de aviación poco después de obtener su Oscar por Mejor Película.

Assassins (1995, Warner Bros.)

DIRECTOR: Richard Donner
GUIÓN: Andy Wachowski, Larry Wachowski y Brian Helgeland
PRODUCTOR: Richard Donner, Joel Silver, Bruce A. Evans, Raynold Gideon, Andrew Lazar, Jim Van Wyck
ELENCO: Sylvester Stallone, Antonio Banderas, Julianne Moore

Una película de suspenso y acción, acerca de un veterano matón a sueldo, Robert Rath (Stallone), quien desea retirarse, y un joven y más ambicioso asesino, Miguel Bain (Banderas), que lo quiere ver muerto.

Las últimas escenas fueron rodadas en el Viejo San Juan, Puerto Rico.

At Play in the Fields of the Lord (1991, Universal)

PRODUCTOR: Héctor Babenco
GUIÓN: Jean-Claude Carrière y Héctor Babenco, basada en la novela de Peter Matthiessen
PRODUCTOR: Saul Zaentz
ELENCO: Tom Berenger, John Lithgow, Daryl Hannah, Aidan Quinn, Tom Waits, Kathy Bates, Stenio García

Una familia de misioneros cristianos protestantes (Quinn y Bates), llegan a la selva del Amazonas a trabajar bajo la supervisión del director misionero y su esposa (Lithgow y Hannah). Su trabajo es reactivar una misión católica en el corazón de la selva que ya no se usa, para convertir a los nativos antes de que el ejército del Brasil llegue y los expulse fuera de sus tierras de una manera más brutal. Mientras tanto, un piloto americano indio (Berenger), resuelto a encontrar sus raíces, desciende de su avión en paracaídas. Quitándose toda la ropa hasta quedarse desnudo —literalmente— él llega a la villa de los nativos y es tomado por un dios.

La selva, sin embargo, está muy lejos de ser el Paraíso que parecía y comienza a hacer mella en los forasteros. En vez de ellos civilizar la selva y sus habitantes, la selva principia a cambiar a los forasteros, causándoles perder la fina apariencia de civilización que habían traído con ellos, de la que se despojan tan rápidamente como Berenger lo hizo de su ropa.

El intercambio de ambos misioneros con Berenger se convierte en un desastre para los indios y para los forasteros. La obra, en la que hay magníficas caracterizaciones por parte de Quinn y Bates, está generalmente muy bien actuada y bellamente fotografiada, aunque quizás el final resulte demasiado extenso.

Stenio García personifica al jefe policiaco de la villa donde Lithgow vive, quien está dispuesto a bombardear ilegalmente a los indios del Amazonas para sacarlos de sus casas, si Lithgow y Quinn no pueden convertirlos y convencerlos de que se marchen pacíficamente.

Back to Bataan (1945, RKO Radio Pictures)

DIRECTOR: Edward Dmytryk
GUIÓN: Ben Barzman y Richard Landau
PRODUCTOR: Robert Fellows
ELENCO: John Wayne, Anthony Quinn, Fely Franquelli

En esta película patriótica de acción de la Segunda Guerra Mundial, Anthony Quinn, que la protagoniza, es el líder guerrillero filipino, Capitán Andrés Bonifacio, nieto de un legendario patriota. Con la ayuda de Madden (Wayne), un coronel americano, combate a los enemigos japoneses en las islas Filipinas, mientras aguardan el regreso del General MacArthur. Hollywood reconoció la cultura y origen del pueblo filipino y por primera vez un héroe que claramente ostenta un apellido español, aparece en la película como un personaje principal que es interpretado por un actor hispanoamericano.

The Bad and the Beautiful (1952, Metro-Goldwyn-Mayer)

Lo malo y lo bueno

DIRECTOR: Vincente Minnelli
GUIÓN: Charles Schnee
PRODUCTOR: John Houseman
ELENCO: Kirk Douglas, Lana Turner, Dick Powell, Gilbert Roland, Gloria Grahame

El fallecido, aunque no llorado Jonathan Shields (Douglas), era un productor de cine cuyo legado es una carta escrita en el lecho de muerte y dirigida a tres de sus protegidos, en las que les recuerda que, a pesar de todos sus pecados, deben sus respectivas carreras a su genio.

Gilbert Roland es Víctor "Gaucho" Ribera, un atractivo amante latino del cine. Shields lo usó para ayudar a un dramaturgo (Powell), con su insufrible esposa sureña (Grahame), haciendo que Ribera la llevara con él en un paseo de avión que termina en un desastroso percance.

La aparición de Roland (como un personaje relacionado a su carrera en la vida real del tipo de amante latino) significa la admisión de las contribuciones hechas por los hispanos al legendario pasado de Hollywood, aunque sea en papeles menores.

La cinta obtuvo cinco premios de la Academia, incluso el de Mejor Actriz de Reparto (Grahame) y Mejor Guión (Schnee).

Bad Boys (1983, Universal)

DIRECTOR: Rick Rosenthal
GUIÓN: Richard DiLello
PRODUCTOR: Robert Solo
ELENCO: Sean Penn, Reni Santoni, Jim Moody, Eric Gurry, Esai Morales

Una inquietante historia llena de estereotipos étnicos y situaciones fáciles de predecir. Mientras huye de un atraco en un carro robado, un joven maleante, Mick (Penn) causa la muerte de su mejor amigo y del hermano de ocho años del líder de una pandilla hispana, Paco (Morales). Mick es enviado por el crimen a un Centro de Detención de Delincuentes Juveniles, que lo coloca en una situación de vida o muerte entre otros jóvenes criminales. Paco, que ha jurado vengar la muerte de su hermano, es enviado a la misma institución más tarde, cuando recibe condena por violar sexualmente a la novia de Mick. La esperada violenta confrontación entre Paco y Mick salda la situación.

Esai Morales interpreta el papel de Paco, como un iracundo matón latino que tiene muy pocas características aparentes que lo rediman. Reni Santoni hace el papel de Ramón Herrera, un consejero juvenil que se interesa en Mick. En un cambio interesante del papel del anglo que salva al hispano, aquí es el hispano quien salva al anglo.

THE BAD MAN (1930, FIRST NATIONAL)

DIRECTOR: Clarence Badger
GUIÓN: Howard Estabrook (versión en inglés), Baltazar Fernández Cué (versión en español), basada en la obra teatral de Porter Emerson Browne
ELENCO: Walter Huston (versión en inglés), Antonio Moreno (versión en español)

La historia del proscrito bandido Pancho López; sus hazañas y muerte fortuita a manos de un guardabosques de Texas.

Con la llegada del sonido, un número de estudios de Hollywood, en un intento de llegar a los países que no hablan español, comenzó a filmar versiones simultáneas de su producción nacional, en otros idiomas que no fueran el inglés. Las películas compartirían las escenas y los guiones, pero eran hechas con elencos diferentes.

La versión en inglés de esta cinta, con Walter Huston en el rol principal, fue rodada en 24 días, a un coste de $253.561,45. Huston ganaba $5.000 a la semana. La versión en español fue hecha en dieciocho días, a un coste de $73.027,94, con un reparto enteramente hispanoparlante que tenía a Antonio Moreno a la cabeza, quien recibiría $2.000 semanales. Baltazar Fernández Cué, contratado para escribir la versión en español del guión por $10.000, eliminó del guión algunos de los elementos derogatorios que aparecían en la versión americana. Mientras Huston representaba el papel de Pancho como un cruel "grasoso", Moreno lo caracterizó como un ser irresponsable, al que no obstante realza, con el carisma de su propia personalidad.

BADGE 373 (1973, PARAMOUNT)

Insignia 373

DIRECTOR: Howard W. Koch
GUIÓN: Pete Hamill
PRODUCTOR: Howard W. Koch
ELENCO: Robert Duvall, Verna Bloom, Felipe Luciano, Luis Ávalos, Chico Martínez, Marina Durell, Henry Darrow

Esta cinta trata de ser una secuela de *The French Connection* (1971), en lo referente a seguir las fechorías del verdadero policía neoyorquino Eddie Egan, quien como el personaje de Popeye Doyle, se había convertido en una sensación.

Según como Egan la ha escrito, la verdadera historia aconteció con Batista y Castro, pero la cinta terminó teniendo lugar en la comunidad puertorriqueña de Nueva York, y con un grupo radical de liberación (esto fue probablemente para mantener el presupuesto bajo, ya que los filmes que representan un período especial son mucho más costosos de hacer).

El columnista y autor Pete Hamill, escribió el guión que tiene lugar dentro del mundo opresivo y sórdido de los puertorriqueños en la ciudad de Nueva York. Doyle (Duvall), descubre que su compañero muerto estaba enterado de los planes de Sweet William (Darrow), un culto gángster boricua, de vender armas robadas a los radicales para ayudarlos a iniciar una rebelión en la isla.

Richard Cuskelly, en *Los Angeles Herald Examiner*, el 3 de agosto de 1973, sintetizó la cinta de esta manera: "Los puertorriqueños son presentados como si tuvieran unas características de animales, o inclinados a la violencia, o como unos tontos revolucionarios imberbes aficionados a la violencia. La policía no es tratada mejor, a menos que estemos dispuestos a admirar sus innecesarios maltratos a supuestos criminales, y su vergonzoso racismo".

El verdadero activista puertorriqueño Felipe Luciano, miembro del entonces grupo radical Los Jóvenes Lords, interpretó a un personaje como él mismo con fiera intensidad, pero cuando el film fue estrenado, la comunidad puertorriqueña se volvió contra él, llamándolo un hipócrita. Luciano había accedido a hacer la película para tener la oportunidad de decir un discurso el día de la independencia de Puerto Rico, pero el discurso —filmado en un mitin en la concha para bandas del Parque Central— se perdió al quedar sepultado en una secuencia de una escena de persecución.

Representantes de varios grupos puertorriqueños establecidos en Nueva York, exigieron a la Paramount retirar el film del mercado, pedir excusas públicamente e incrementar la presencia de técnicos puertorriqueños en la sección de producción del negocio. Los que protestaban se quejaban de que la cinta retrataba a todas las mujeres puertorriqueñas como prostitutas y a los hombres como ladrones, o radicales que tiraban bombas. El único policía puertorriqueño de la película, interpretado por Chico Martínez, resulta ser corrupto, y es humillado por Duvall delante de su familia.

El gánster principal, Sweet William, es un puertorriqueño graduado de Harvard, que se esfuerza para que todo el mundo lo sepa, citando constantemente a poetas famosos. El actor puertorriqueño Henry Darrow que lo interpreta, se había hecho un nombre en la exitosa serie televisiva *The High Chaparral* (1967–1971), como el adorable y pícaro hijo de un rico colono mexicano, y resultó muy descorazonado verlo en ese papel. Marina Durell (como Rita García) actúa como una prostituta adicta a las drogas que es asesinada por lo que ella sabe. Luis Ávalos (como Chico), representa a un adicto que es tratado brutalmente por Egan, hasta lograr que se caiga del tejado. El salsero Johnny Pacheco y su música aparecen en la película.

The Ballad of Gregorio Cortez (1982, Embassy Pictures)

La balada de Gregorio Cortés

DIRECTOR: Robert M. Young
GUIÓN: Víctor Villaseñor, basada en la novela, *Con la pistola en la mano,* de Américo Paredes
PRODUCTOR: Michael Hausman
ELENCO: Edward James Olmos, Tom Bower, Pepe Serna, Rosana DeSoto, James Gammon

La verdadera historia del legendario vaquero mexicano que sucede en Texas en 1901, y quien, en defensa propia, balacea y mata a un sheriff anglo por un malentendido de una equivocada traducción del inglés al español. Cortés no es el típico héroe de Hollywood, sino es presentado como un ser humano corriente que echa mano a sus propios recursos, sentido común y extraordinario dominio de la equitación, para ser más listo y más rápido que el formidable grupo que lo persigue, aunque al final es capturado.

El trabajo de Robert M. Young en este proyecto, refleja la misma sensibilidad y humanidad que mostró en *Alambrista!* (1977). Young dice de su trabajo: "Todas mis historias se refieren a personas a quienes la vida ha tratado mal. Pero ellos no son perdedores. Tienen dignidad y llegan en fin de cuentas a saber quiénes son".

Cuando Young fue abordado para participar en el filme, el actor Edward James Olmos lo había sugerido para dirigir; basado en el respeto que sentía por sus trabajos anteriores. Olmos, que personifica magistralmente a Cortés, dice, "*La balada de Gregorio Cortés* es un film sobre humanidad. Nunca trata de polarizar al público. Igual que el tiroteo surge a partir de malos entendidos culturales y lingüísticos, en otros choques entre los anglos y Cortés que tienen la misma barrera del idioma, ellos se unen por tener una naturaleza humana común". En otra escena, el hambre que Cortés experimenta se sobrepone a sus sospechas, temor y curiosidad, cuando un solitario vaquero anglo le ofrece un plato de comida. La gratitud silente de Olmos es tan memorable como su apariencia de total derrota y desesperación, cuando descubre que su mujer e hijos han sido encarcelados.

La película fue producida bajo los auspicios del Consejo Nacional de La Raza, PBS, CPB y Moctesuma Esparza. Aunque la acción sucede en Texas, fue rodada en Nuevo México con un presupuesto de $1,3 millones. La producción capturó un fuerte sentimiento de autenticidad y ambientación de finales de siglo. Las llamativas imágenes visuales fueron logradas por el camarógrafo Reynaldo Villalobos. Robert M. Young y Olmos fueron los autores del guión al estilo de *Rashomon* (pero no recibieron crédito), con Víctor Villaseñor, que se basa en la novela *Con la pistola en la mano*, de Américo Paredes.

Olmos llama a Cortés la primera figura heroica hispanoamericana inspirada en una persona verdadera y en sucesos reales del cine americano. "Películas como ésta son hechas para resaltar la imagen de los hispanos y especialmente de los chicanos. Pero al mismo tiempo, tienen un atractivo universal que las hace importante a la totalidad de la sociedad americana".

La cinta fue televisada por PBS, como parte de la serie *American Playhouse.* Como PBS solo llega a un público limitado y Olmos quería que todo el mundo la viera, él obtuvo los derechos de la cinta y comenzó a exhibirla teatralmente, primero en los cines de Los Ángeles, y después, gratis, a través del país. También la presentó en teatros y salones comunitarios con un equipo de cine de 35mm. Gracias a la persistencia y trabajo que tuvo como resultado una amplia exhibición y magníficos comentarios del importante crítico de cine, Charles Champlin, de *Los Angeles Times*, la película fue prontamente adquirida por Embassy Pictures, para un limitado estreno teatral.

Bananas (1971, United Artists)

DIRECTOR: Woody Allen
GUIÓN: Woody Allen y Mickey Rose
PRODUCTOR: Jack Grossberg
ELENCO: Woody Allen, Louise Lasser, Carlos Montalbán, Jacobo Morales, Miguel Suárez, René Enríquez

Ésta es una de las primeras cintas en las que Allen aparece como director y lo que ofrece como resultado es un alocado, satírico y gracioso manejo de la política y cultura latinoamericanas, aquí en casa y en el extranjero.

La cinta comienza con el nuevo dictador de la república bananera de la isla de San Marcos, General Vargas (Montalbán), prometiendo cerrar los periódicos y entrenar a los soldados a cómo rechazar una nueva banda de rebeldes.

Woody Allen es Fielding Mellish, un insignificante probador de productos residente en Nueva York, quien se enamora de Nancy (Lasser), una radical estudiante de un colegio universitario. Ella considera que él no tiene cualidades de mando, y rompe la relación. Desilusionado, él renuncia a su empleo y se dirige a la isla de San Marcos.

A su llegada, Fielding se convierte en el inesperado objeto de un complot de asesinato. El dictador planea asesinar a Fielding y echarle la culpa a los rebeldes. El dictador cree que el gobierno americano, furioso por el asesinato de uno de sus ciudadanos, enviará tropas armadas americanas para aplastar la rebelión y dar respaldo al dictador. El plan de asesinato, sin embargo, no sucede como estaba planeado, y Fielding termina junto a las verdaderas fuerzas rebeldes en su escondite de la montaña. Es acogido por los rebeldes y conoce al líder, Esposito (que se parece a Castro, el dictador cubano), interpretado por Jacobo Morales.

Fielding muy pronto se convierte en un rebelde, y de mala gana manifiesta las cualidades de liderazgo que le dijeron no poseía. Él vence al dictador y al líder rebelde y finalmente se convierte en el presidente de San Marcos. Fielding recurre a los Estados Unidos para que ayude a la isla que está en graves dificultades económicas. Viaja a Nueva York disfrazado y es descubierto por el FBI. Se encuentra con Nancy de nuevo, pero ahora ella está deslumbrada por su reencarnación como presidente de San Marcos. Fielding revela su verdadera identidad y finalmente los dos se enamoran y contraen matrimonio. El FBI retira su acusación contra Fielding.

La película es realizada brillantemente por Allen, que fotografió en Puerto Rico las secuencias de San Marcos, usando a muchos actores hispanos que le dieron realismo y naturalidad a las escenas. El filme muy inteligentemente sabe combinar el humor agudo con la clásica comicidad astracanada. Arraigado en la contracultura y política americana de la era de los años 60 el tema puede parecer un poco pasado de moda en algunas situaciones, aunque muy contemporáneo en otras.

Victor Junco, Rodolfo Acosta y Gilbert Roland en *Bandido.*

BANDIDO (1956, UNITED ARTISTS)

DIRECTOR: Richard Fleischer
GUIÓN: Earl Felton
PRODUCTOR: Robert L. Jacks
ELENCO: Robert Mitchum, Gilbert Roland, Zachary Scott, Ursula Thiess, Rodolfo Acosta, Víctor Junco, Alfonso Sánchez Tello

En 1916, un pistolero anglo (Mitchum), que vende sus servicios por vivir una aventura y dinero contante y sonante, se aparece en México con sus pistolas, esperando sacarle partido a los presagios de que se está gestando una revolución. Él conoce a un bandido rebelde de la localidad (Roland), y lo ayuda a ganar varias batallas.

Mitchum es el héroe gringo que mira a México como una tierra de aventuras, y trae su tecnología superior en forma de armas para ayudar a los bandidos rebeldes. Filmada en México, la cinta presenta las situaciones de combate en un estilo irónico. Mitchum y Roland resultan excelentes en sus respectivos papeles.

Bandolero! (1968, Twentieth Century Fox)

DIRECTOR: Andrew V. McLaglen
GUIÓN: James Lee Barrett
PRODUCTOR: Robert L. Jacks
ELENCO: James Stewart, Dean Martin, Raquel Welch, George Kennedy, Perry López, Rudy Díaz

Raquel Welch interpreta a María Stoner, una mexicana joven y viuda, en *Bandolero!*.

Este film de aventura y acción, sucede en Texas y México, en el período posterior a la Guerra Civil. Raquel Welch personifica a María, una joven muchacha mexicana, a quien la banda de Dee (Martin), convirtió en una viuda durante el atraco a un banco, y además la tomó como rehén mientras escapaban. Durante el secuestro, ella da señales de tener un fuerte temperamento al enfrentarse a los malhechores.

La cinta perpetúa a los peores estereotipos mexicanos, cuando un grupo armado persigue a los delincuentes hasta un México de interminables paisajes de desolados desiertos, habitados por bandidos cuyo único propósito es matar gringos.

En medio de una escaramuza final, Muñoz (Díaz), el bandido mexicano, ve a María, abandona lo que está haciendo y corre hacia ella; le rasga la blusa y su mano desaparece debajo de la falda de ella. La imagen del grasoso es flagrante y ofensiva, representando al mexicano como alguien poseedor de incontrolables explosiones de violencia y lujuria. Por otra parte, los delincuentes anglos no son mucho mejor, aun los que llamamos héroes (Stewart y Martin) que los vigilan. La María de Welch es una mujer que tiene un pasado; una antigua prostituta que no se siente fuera de lugar con sus captores.

Barbarosa (1982, Universal)

DIRECTOR: Fred Schepisi
GUIÓN: William Wittliff
PRODUCTOR: Paul N. Lazarus III
ELENCO: Willie Nelson, Gary Busey, Gilbert Roland, Isela Vega, Danny de la Paz, Alma Martínez

Willie Nelson es la estrella de Barbarosa, un notorio delincuente cuyo nombre es temido y al mismo tiempo odiado por los residentes de un pueblo mexicano. Él está casado con Josephina (Vega), pero el padre de ella, Don Braulio (Roland), lo odia a tal punto que le ha dado a sus hijos la misión de matar a Barbarosa. Impávido, Barbarosa entra subrepticiamente en la villa de noche para ver a su esposa, mientras durante el día logra evadir y burlar a los que pretenden matarlo. Cuando Barbarosa se encuentra con Karl (Busey), un labriego inocentón que también está huyendo por accidentalmente haber cometido un crimen, decide enseñarle los trucos de su profesión.

Esta es una bien lograda cinta del oeste, con una extraordinaria calidad visual en la que los mexicanos aparecen como nobles rancheros, bandidos y peones supersticiosos incondicionales. Roland, en su última aparición dramática en un largometraje, interpreta excelentemente al patriarca Don Braulio. La actuación de Willie Nelson es adecuada, pero resulta el eslabón más débil de la cinta. La actriz mexicana Isela Vega logra una actuación muy emotiva como Josephina. De la Paz es convincente como el hijo joven que persigue a Barbarosa.

The Barefoot Contessa (1954, United Artists)
La condesa descalza

DIRECTOR: Joseph L. Mankiewicz
GUIÓN: Joseph L. Mankiewicz
PRODUCTOR: Joseph L. Mankiewicz
ELENCO: Ava Gardner, Humphrey Bogart, Warren Stevens, Edmond O'Brien, Rossano Brazzi

Tres ejecutivos americanos (Stevens, Bogart y O'Brien), descubren en España a una extraordinaria bailarina española, María Vargas (Gardner). La traen a Hollywood, la lanzan como estrella, y le cambian el nombre por María d'Amata.

El productor Kirk (Stevens), es un sexista manda-más, lleno de prejuicios que se enamora de ella. María lo desprecia y se siente mejor entre camioneros, gitanos y guapos mozalbetes. En un viaje a Roma, ella conoce a un conde italiano entrado en años (Brazzi), con el que contrae matrimonio. La noche de bodas ella descubre que él es impotente, lo que acarrea su trágico final.

François Truffaut llamó *La condesa descalza*, "El retrato más hermoso de una mujer jamás pintado en la persona de Ava Gardner". Estrellas de primera, una buena historia para adultos y una dirección habilidosa, han sido mezcladas en esta bella producción filmada en Italia y España. La trama se dice estar inspirada vagamente en las vidas de Rita Hayworth y Sophia Loren y logra que Ava Gardner cautive en el papel principal. El misterio de la exótica, sensual, y bella latina fue ciertamente explotado en la cinta al máximo. Humphrey Bogart como Harry Dawes, el amigo de la protagonista y su director, nunca actuó mejor, mientras Edmond O'Brien obtuvo un premio de la Academia por su papel como el agente de prensa Oscar Muldoon.

Bataan (1943, Metro-Goldwyn-Mayer)

DIRECTOR: Tay Garnett
GUIÓN: Robert Andrews
PRODUCTOR: Irving Starr
ELENCO: Robert Taylor, Thomas Mitchell, George Murphy, Robert Walker, Desi Arnaz

La historia de las tropas americanas y filipinas que desesperadamente defendieron Manila, durante la invasión japonesa de los primeros días de la Segunda Guerra Mundial.

Desi Arnaz es el soldado raso Ramírez, un mexicano-americano del Valle de las Salinas, en California. Indudablemente, muchos de los verdaderos defensores de Bataan eran mexicano-americanos de Nuevo México; los soldados que al rendirse tuvieron que enfrentarse a la ignominiosa "Marcha de la Muerte de Bataan". Ésta fue una de las primeras películas en reconocer a los mexicano-americanos como parte integral de las fuerzas armadas durante la Segunda Guerra Mundial, y por lo tanto, también de la sociedad americana. Era obligatorio en los filmes de esa era presentar secciones variadas de los Estados Unidos que muy pronto se convertiría en un cliché.

Battle Cry (1955, Warner Bros.)

DIRECTOR: Raoul Walsh
GUIÓN: Leon Uris, basada en su novela
PRODUCTOR: Henry Blanke
ELENCO: Van Heflin, Tab Hunter, Aldo Ray, Anne Francis, Dorothy Malone, James Whitmore, Fess Parker, Victor Millán, Félix Noriega, Perry López

Raoul Walsh, dirigió la cinta como si fuera una amplia y apasionante película de los Infantes de Marina en acción, y como una serie de historias conmove-

Aldo Ray, Victor Millan, James Whitmore, Fess Parker y Bill Campbell (cabeza sobre la mesa) en una escena que fue cortada de la película *Battle Cry* porque la Marina se opuso a la caracterización racista de los marinos.

doras de hombres y sus relaciones con las mujeres que intervienen en sus vidas. La cinta los sigue durante el entrenamiento, sus amoríos y problemas y los lleva después a las amargas y sangrientas batallas en el teatro del Pacífico del Sur, durante la Segunda Guerra Mundial.

Battle Cry fue rodada en la isla de Vieques, Puerto Rico, donde los servicios armados de los Estados Unidos mantienen una base, y donde el equipo fílmico recibió ayuda y plena cooperación de la Armada de los Estados Unidos, así como de los Infantes de Marina. Las escenas de las batallas recrearon las invasiones de Guadalcanal, Taiwán y Saipan. El elenco tuvo que soportar las mismas incomodidades que los Infantes de Marina, viviendo en tiendas de campaña en la localidad isleña.

Tres de los soldados principales del film eran hispanos, incluso el ladronzuelo español Joe Gómez (López), Pedro (Millán) y el Infante de Marina indio llamado Caballo Loco (Noriega).

El actor Víctor Millán dijo que el papel de Pedro era más sólido en la novela original de Leon Uris. En ella, Pedro es un héroe de la guerra que ha sido condecorado con la Medalla de Plata, quien tuvo que lidiar con un tejano de baja extracción social en su pelotón. Hay una escena en un bar en la cual Pedro cuenta sus sentimientos al sargento (Whitmore), y trata de hacer amistad con Speedy (Parker), otro tejano de igual categoría, que lo rechaza y arroja cerveza sobre él, causando una pelea. La escena fue suprimida de la película definitiva, porque el cuerpo de Infantes insistió en que no existían prejuicios en su brigada. La Warner Bros., que dependía grandemente de la ayuda de los Infantes de Marina, cedió a la presión y eliminó la escena.

Battleground (1949, Metro-Goldwyn-Mayer)

DIRECTOR: William Wellman
GUIÓN: Robert Pirosh
PRODUCTOR: Dore Schary
ELENCO: John Hodiak, Van Johnson, Ricardo Montalbán, George Murphy, Marshall Thompson, Leon Ames, James Whitmore, Don Taylor

William Wellman dirige muy poderosamente esta historia de soldados americanos durante la Batalla del Bulge, en la Segunda Guerra Mundial, que tuvo un enorme éxito comercial. Ricardo Montalbán aparece como Rodríguez, un recluta mexicano-americano en cuyo personaje se reconocen los esfuerzos y sacrificios hechos por los mexicano-americanos durante la guerra.

Desde un punto de vista comercial, el estudio estaba preparando a Montalbán para el estrellato. Antes de su llegada a la MGM, él había protagonizado un número de películas en México y su nombre tenía cierto valor que podía ser explotado en la marquesina, además de traer consigo vestigios de la política del Buen Vecino. Desde un punto de vista de relaciones públicas, resultaba reconfortante ver a los ciudadanos americanos de origen latino pelear por la libertad, en una cinta histórica rodada en América. Verdaderos veteranos de la Segunda Guerra Mundial fueron contratados como extras para representarse a sí mismos.

The Beast of Hollow Mountain (1956, United Artists)

DIRECTOR: Edward Nassour e Ismael Rodríguez
GUIÓN: Robert Hill, basado en una historia de Willis O'Brien
PRODUCTOR: William Nassour, Edward Nassour
ELENCO: Guy Madison, Carlos Rivas, Patricia Medina, Mario Navarro

Guy Madison se asocia a Carlos Rivas en un rancho mexicano, en esta ciencia-ficción del oeste filmada en México.

Un rico ranchero desarrolla una aversión hacia Madison, cuando su novia demuestra estar interesada en el anglo. La historia de amor y el ruido del ganado pasan a segundo plano cuando son amenazados por un Tiranosauro Rex que vive en las montañas del rancho.

Behold a Pale Horse (1968, Columbia)

DIRECTOR: Fred Zinnemann
GUIÓN: J. P. Miller
PRODUCTOR: Fred Zinnemann
ELENCO: Gregory Peck, Anthony Quinn, Omar Sharif

Ésta es una historia posterior a la guerra civil española, en la cual Peck interpreta el rol de Manuel Artiguez, un héroe leal al gobierno que se ha convertido en un bandido en el exilio. Su enemigo implacable es el jefe de policía Viñolas (Quinn), de la Guardia Civil, quien durante 20 años ha jurado capturar a Artiguez, muerto o vivo.

Por ruego de su madre moribunda, Artiguez abandona la seguridad de su escondite en el lado francés de los Pirineos, para regresar a su villa natal en España.

La película fue hecha en el sur de Francia, porque una cinta en la que un miembro de la Guardia Civil de Franco apareciera como un villano, nunca sería permitida que fuera filmada en España mientras el Generalísimo estuviera en el poder. Aunque algunos pueden discutir que Peck no es apropiado para el rol del español, él se las arregla para impartir un aire de integridad a su interpretación de un hombre, cuya pasión ardiente como líder de una guerrilla en contra de los fascistas de Franco en tiempos de la guerra civil, se convierte en las emociones falsas de un bandido corriente. Sin embargo, la magnífica actuación de Quinn, el obsesionado jefe de policía, es la que más se destaca. Omar Sharif, como sacerdote de la aldea con lealtades divididas, resulta también muy efectivo. Desafortunadamente, la historia nunca alcanza una verdadera tensión dramática y tampoco pudo captar el interés del público en general.

The Believers (1987, Orion)

DIRECTOR: John Schlesinger
GUIÓN: Mark Frost
PRODUCTOR: John Schlesinger
ELENCO: Martin Sheen, Robert Loggia, Jimmy Smits

Después de la muerte de su esposa, Cal Jamison (Sheen) llega a Nueva York para comenzar una nueva vida con su pequeño hijo Jamison, contratado por el departamento de la policía de la ciudad para ayudar a los policías que se sienten estresados, y es invitado por el Teniente McTaggert (Loggia), para que trate de auxiliar a un detective (Smits) que está actuando de una manera tan extraña como la serie de asesinatos ceremoniales que investigaba. Jamison pronto se ve sumido en el aterrador mundo de un extraño culto de magia negra.

La cinta trata de la religión del Caribe conocida como Santería, que aquí se presenta como un misterioso hechizo siniestro que practican los supersticiosos, los sedientos de sangre, y los negros y puertorriqueños de la ciudad de Nueva York. Predomina en la trama el estereotipo del anglo que ayuda a las minorías pobres a salvarse de ellas mismas.

Ben-Hur (1925, Metro-Goldwyn-Mayer/United Artists)

DIRECTOR: Fred Niblo
GUIÓN: Bess Meredyth, Carey Wilson, June Mathis, adaptada de la novela de Lew Wallace
PRODUCTOR: Charles B. Dillingham, Abraham L. Erlanger, Louis B. Mayer y Florenz Ziegfield Jr.
ELENCO: Ramón Novarro, Francis X. Bushman, Betty Bronson, May McAvoy

Ramón Novarro es la estrella principal de esta epopeya fílmica sobre un hombre encarcelado injustamente, que dedica su vida a la venganza. Rodada en Italia y con un anunciado reparto de más de 125.000 y la muerte de un doble ocurrida durante la carrera de las cuadrigas (o carrozas), la película, que estuvo plagada de demoras y tensión política, costó la suma récord de $4.000.000.

Beyond the Limit (1983, Paramount)

DIRECTOR: John Mackenzie
GUIÓN: Christopher Hampton, basada en la novela *The Honorary Consul*, de Graham Greene
PRODUCTOR: Norma Heyman
ELENCO: Michael Caine, Richard Gere, Elpidia Carrillo, Bob Hoskins, A Martínez, Joaquím de Almeida

Filmada en México, es una adaptación de la novela de Graham Greene, *The Honorary Consul*, en la cual Gere aparece como un médico paraguayo, en un pueblo de la frontera entre Argentina y Paraguay, que se ve envuelto en el secuestro de un cónsul británico alcohólico (Caine). Él médico también se enamora de la esposa del cónsul, una prostituta nativa, interpretada por Elpidia Carrillo. *Beyond the Limit* se parece en algo a la adaptación de Huston, en 1984, de *Under the Volcano*, de Lowry. Ambas se refieren a un cónsul británico, borracho empedernido, que vive en un país latinoamericano, con un triángulo amoroso y con la muerte del cónsul como resultado de conflictos políticos.

The Big Boodle (1957, United Artists)

DIRECTOR: Richard Wilson
GUIÓN: Jo Eisinger, basado en la novela de Robert Sylvester
PRODUCTOR: Lewis F. Blumberg
ELENCO: Errol Flynn, Pedro Armendáriz, Carlos Rivas, Rossana Rory, Gia Scala, Sandro Giglio

Un melodrama sólido que trata sobre la búsqueda que lleva a cabo la policía de La Habana, de 3 millones de pesos falsificados y los moldes que se necesitan para hacerlos. Flynn aparece como un repartidor de *blackjack* que se ve envuelto en el embrollo, cuando una rubia glamorosa le pasa un billete de 500 pesos, y de repente, se ve atrapado entre la policía y la banda de falsificadores.

Filmada con la ciudad de La Habana como telón de fondo durante el tiempo de Batista (anterior a Castro), el argumento contiene una movida persecución y un tiroteo a lo largo del paredón de una fortaleza española del siglo XVI. Flynn hace muy bien el papel de un hastiado repartidor de *blackjack* americano, igual que Pedro Armendáriz como el de jefe de la policía, y Carlos Rivas como uno de los pesados. Entre los actores cubanos que tomaron parte están Guillermo Álvarez Guedes, Carlos Mas, Rogelio Hernández y Velia Martínez.

THE BIG COUNTRY (1958, UNITED ARTISTS)

DIRECTOR: William Wyler
GUIÓN: James R. Webb, Sy Bartlett y Robert Wilder
PRODUCTOR: William Wyler y Gregory Peck
ELENCO: Gregory Peck, Charlton Heston, Carroll Baker, Jean Simmons, Charles Bickford, Burl Ives, Chuck Connors, Alfonso Bedoya

Una entretenida cinta del oeste, con un presupuesto alto y un alcance visual que rivaliza con la gran fama del elenco y la trama caótica de la epopeya. James McKay (Peck), es un marinero de Baltimore, retirado, que llega al pueblo de San Rafael, en el oeste, para contraer matrimonio con Pat Terrill (Baker), la hija mimada del Comandante Terrill (Bickford), un ranchero de ganado. McKay se encuentra atrapado en una disputa local entre el Comandante y su némesis, un ranchero vecino llamado Hannassey (Ives), y su familia.

Bedoya aparece en el papel de Ramón Gutiérrez, un vaquero mexicano en las tierras de Terrill, quien ha trabajado con la familia por un largo tiempo. Divertido por las rarezas de McKay, Ramón inmediatamente siente respeto por la manera suave y sin violencia que el antiguo marinero usa para darse a respetar. Terrill regaña a Ramón y lo llama idiota por dejar que McKay galope solo por los amplios terrenos del rancho. Sin embargo, tanto el público como Ramón saben que McKay usa un compás y por lo tanto conoce exactamente a dónde va, y que el verdadero tonto es en realidad Terrill. Los mexicanos aparecen en los papeles tradicionales de sirvientes domésticos y jornaleros. La herencia española del sur oeste es admitida cuando la maestra de escuela (Simmons) le dice a McKay que la tierra había sido originalmente un regalo del rey de España a su bisabuelo.

THE BIG FIX (1978, UNIVERSAL)

DIRECTOR: Jeremy Paul Kagan
GUIÓN: Roger L. Simon, basada en su novela
PRODUCTOR: Carl Borak y Richard Dreyfuss
ELENCO: Richard Dreyfuss, Susan Anspach, Bonnie Bedelia, Ofelia Medina

Moses Wine (Dreyfuss), un detective privado que ha dejado atrás sus ideales universitarios radicales de Berkeley y el que apenas gana lo suficiente para mantenerse, es abordado por quien fuera una activista del pasado (Anspach), para que investigue un intento de desacreditar a un candidato a gobernador. Ofelia Medina aparece como la sensible e inteligente estudiante chicana, líder del movimiento estudiantil.

THE BIG STEAL (1949, RKO RADIO PICTURES)

DIRECTOR: Don Siegel
GUIÓN: Geoffrey Homes y Gerald Drayson Adams, sobre una historia de Richard Wormser
PRODUCTOR: Jack L. Gross
ELENCO: Robert Mitchum, Jane Greer, Patric Knowles, William Bendix, Ramón Novarro, Don Alvarado, Pascual García Peña

La historia de un ladrón que se ha robado la nómina del Ejército de los Estados Unidos, y es perseguido a lo largo de México, desde el puerto de Veracruz, a través de todos los pueblos que lo rodean.

Ésta es una cinta de suspenso de primera categoría, que debe mucho a la atmósfera de los sitios de México donde se filmó.

BLACKBOARD JUNGLE (1955, METRO-GOLDWYN-MAYER)

DIRECTOR: Richard Brooks
GUIÓN: Richard Brooks, basada en la novela de Evan Hunter
PRODUCTOR: Pandro S. Berman
ELENCO: Glenn Ford, Anne Francis, Louis Calhern, Sidney Poitier, Vic Morrow, Richard Kiley, Paul Mazursky, Rafael Campos

Richard Dadier (Ford), es un maestro con problemas personales que ha sido destinado al Instituto de una área de la ciudad intimamente deprimida. Allí se tiene que enfrentar además, a un profesorado compuesto en su mayoría por maestros indiferentes, y con un estudiantado formado por una variedad de razas dominadas por delincuentes juveniles que no respetan ni la educación, ni la autoridad.

Aunque su esposa (Francis) –que está embarazada– le suplica que abandone su posición, Dadier soporta las burlas de los estudiantes y trata de tocar el corazón de algunos de ellos. Él le hace frente abiertamente al cabecilla (Morrow) del grupo de bravucones de la clase. Dadier logra vencerlo con simple fuerza bruta, ayudado por Miller (Poitier), uno de los estudiantes a quien él le ha extendido la mano. Como director y escritor, Brooks mostró una dirección sólida, poniendo de relieve la angustia y el dolor predominante en las instituciones educacionales de la América urbana de la década de los 50.

El puertorriqueño, como parte de la escena americana, fue introducido en la pantalla de plata a través de personajes como el de Peter Morales, uno de los alumnos de Dadier, representado en la cinta por el actor dominicano Rafael Campos, en ésta su primera aparición en un largometraje.

La película fue la precursora de una nueva era para una generación de jóvenes americanos, usando el *rock 'n' roll* como banda sonora, y presentando "Rock Around the Clock" por Bill Haley y los Comets.

Además de obtener gran éxito de taquilla, la cinta se convirtió en un foco de controversia, por el retrato poco favorecedor que pintaba de la juventud americana y del sistema educacional de los barrios pobres de la ciudad.

Con *Blackboard Jungle*, se dio comienzo a lo que se convertiría en un acuerdo tácito cinemático de presentar a un maestro anglo que ayudaba a los chicos de clases minoritarias de los barrios empobrecidos de áreas urbanas, a mejorar sus vidas a través de la educación, la perseverancia, y la aceptación de los valores de la clase media americana. En estos primeros intentos, las minorías no estaban formadas solamente por negros o hispanos, sino también incluían a los inmigrantes europeos pobres.

Muchos de los actores que representaron a los estudiantes del Instituto, lograrían luego carreras respetables en Hollywood. Sidney Poitier fue el primer actor de la raza negra en ganar un Oscar como galán. Campos llegó a ser un admirado actor de carácter. Paul Mazursky se ha convertido en uno de los más importantes escritores y directores de Hollywood. Jameel Farah (Jamie Farr), años después, encontró la fama como Klinger, en la triunfal serie de televisión *M*A*S*H* (1972–1983), al igual que Vic Morrow en la duradera serie *Combat* (1962–1967).

Blame It on Rio (1984, Twentieth Century Fox)

DIRECTOR: Stanley Donen
GUIÓN: Charles Peters y Larry Gelbart
PRODUCTOR: Stanley Donen
ELENCO: Michael Caine, Joe Bologna, Valerie Harper, Demi Moore

Una comedia acerca de la hija adolescente de un ejecutivo de la industria del café, que tiene una irresponsable aventura romántica con su mejor amigo que vira patas arriba unas vacaciones en Río de Janeiro. Las pasiones americanas se desatan en la atmósfera más primitiva de Río, al ser expuestas a los rituales de los nativos y su música. La exuberante cinematografía de Reynaldo Villalobos captura magistralmente los colores típicos de Río y Brasil en general.

Blockade (1938, United Artists)

DIRECTOR: William Dieterle
GUIÓN: John Howard Lawson
PRODUCTOR: Walter Wanger
ELENCO: Madeleine Carroll, Henry Fonda, Leo Carrillo, Lupita Tovar, Carlos de Valdéz

Al llegar a España después de estar viajando durante un año, una joven inglesa (Carroll) encuentra que su padre y sus asociados están fomentando la guerra civil en España. Marco (Fonda), a quien la joven mujer ha conocido y de quien se ha enamorado, se hace soldado cuando estalla la guerra española. Después de matar al padre de la joven en un duelo, Marco sigue todos sus movimientos porque sospecha que ella es una espía. Después de una serie de sucesos dramáticos, ella es instrumental en evitar que una ciudad perezca de hambre y sea destruida, denunciando a los verdaderos promotores de la guerra.

Las confusiones de la cinta causaron cierta controversia al momento de su estreno, porque sucedía durante la entonces contemporánea guerra civil española. La América conservadora, deprimida y aislacionista de ese tiempo, la vio como un aliciente para la causa de la España leal; otros la vieron como una propaganda marxista, y la Iglesia Católica logró que fuera prohibida en muchas ciudades y pueblos.

Los productores tomaron grandes precauciones de no nombrar a ninguna región de España en especial, y el que ve la cinta no puede estar seguro a favor de que lado está el héroe.

De Valdez interpreta al Comandante Del Río; Lupita Tovar trabaja de pitonisa, y Carrillo aparece como Luis.

Blondie Goes Latin (1941, Columbia)

DIRECTOR: Frank R. Strayer
GUIÓN: Richard Flournoy y Karen De Wolf, basada en una historia de Quinn Martin
PRODUCTOR: Robert Sparks
ELENCO: Penny Singleton, Arthur Lake, Larry Simms, Irving Bacon, Ruth Terry, Tito Guízar

El cintillo cómico sindicalizado de muñequitos de Chic Young, sobre una típica familia americana de clase media, fue llevado a la pantalla de plata en una popular serie de Columbia, con Penny Singleton como Blondie, la Rubia. El octavo capítulo de la serie tenía una docena de canciones en la trama cuando la familia Bumstead aparecía en alta mar, en un viaje a Sudamérica con el enfermizo jefe de Dagwood.

En esta historia, Blondie nunca llega a poner un pie en un país latino, pero la película suple una buena atmósfera que incluye a Guizar como un suramericano que la enamora. Hay cinco números musicales, bailes por Singleton, y canciones por Ruth Terry y Guizar que realzan el valor del espectáculo.

Blood and Sand (1922, Paramount)

Sangre y arena

DIRECTOR: Fred Niblo
GUIÓN: June Mathis, basada en la historia del mismo título de Vicente Blasco Ibáñez
PRODUCTOR: Famous Players–Lasky
ELENCO: Rudolph Valentino, Lila Lee, Nita Naldi

Uno de los grandes filmes mudas, es la historia de un desgarbado muchacho de pueblo pequeño, Juan Gallardo, quien se convierte en el torero más grande de España. Él se casa con la novia de su infancia, Carmen, pero muy pronto cae bajo el hechizo de la cautivante aristócrata Doña Sol, quien lo atrae a una relación tempestuosa y humillante para la esposa. Lleno de remordimiento por haber traicionado a Carmen, el angustiado Juan se enfrenta a la muerte segura que lo aguarda en su peligrosa profesión.

Se tomó cuidado extremo en hacer de *Sangre y arena* una gran película; ésta era la primera cinta de Valentino para Paramount, a la que siguieron otras tres más en las que él trabajó sin contrato.

June Mathis, que había escrito *Los cuatro jinetes del apocalipsis* (1921), fue contratada para hacer la adaptación de la novela de Blasco Ibáñez. El vestuario y el equipo para las escenas de toreo fueron traídos de España y México. Un torero retirado le dio lecciones a Valentino en el arte de la tauromaquia, igualmente lo hizo un extra joven llamado Luis Alonso, quien después encontraría la fama como Gilbert Roland. Valentino se enfrascó en el personaje y el papel resultó ser un magnífico vehículo para su talento.

"Con un trasfondo que parecía auténticamente español, un reparto de gente que lucían y actuaban como los españoles y un director capaz de impartir mucha veracidad a sus películas, *Sangre y arena,* en el Rívoli, esta semana, no podía dejar de ser un buen entretenimiento", *New York Times* (8/7/22).

Blood and Sand (1941, Twentieth Century Fox)

Sangre y arena

DIRECTOR: Rouben Mamoulian
GUIÓN: Jo Swerling, basado en la novela *Sangre y arena*, de Vicente Blasco Ibáñez
PRODUCTOR: Darryl F. Zanuck
ELENCO: Tyrone Power, Linda Darnell, Rita Hayworth, Alla Nazimova, J. Carroll Naish, Anthony Quinn

Tyrone Power es el galán Juan Gallardo, un haraposo golfillo que se convierte en el gran torero de España, y sucumbe ante la adulación de las multitudes y las tentaciones provocadas por una dama de la sociedad internacional. Hayworth aparece como la escultural pero fría Doña Sol; Linda Darnell es Carmen, la novia de Gallardo, quien se mantiene fiel a él hasta su muerte. Quinn interpreta a Manolo, el rival de Gallardo en el ruedo, y Naish hace de Garabato, un torero que termina su vida como un pordiosero.

Para Power, éste fue su segundo papel como español, ofreciendo una interpretación muy real como el joven torero. Quinn se encontró de repente con el personaje que resultaría el más exigente y llamativo de su carrera hasta entonces. Como rival de Gallardo, tanto en el afecto de Doña Sol, como en los aplausos de la multitud en las corridas, Quinn interviene en infinidad de apasionadas escenas de amor, hace pases con bellas capas en la plaza de toros, y ejecuta una danza sensacional con Doña Sol. El joven actor demostró gran alcance y ser poseedor de una habilidad especial para ejecutar este papel a plenitud, apartándose del surtido de caracteres que había venido interpretando, a los que, no obstante, regresaría en el futuro.

La sensual caracterización de Doña Sol en la cinta, le dio a la Hayworth el sello de aprobación como estrella. Según fue publicado en una noticia de prensa del estudio, Hayworth, para evitarse un bochorno, comenzó a aprender a hablar español durante la filmación. Aunque su sangre era española, había nacido y crecido en los Estados Unidos. Darnell hablaba un poco de español, y estaba en México con su madre y algunos amigos, que también hablaban el idioma.

La cinta marcó el cuarto emparejamiento romántico de Power y Darnell, similar al de Errol Flynn con Olivia de Havilland, en la Warner Bros.

El filme no es enteramente satisfactorio como un drama de fuerza, pero es muy agradable de ver. El director Rouben Mamoulian trató de hacer la película de tres maneras distintas: pintaba la película, en vez de solamente fotografiarla; usaba la menor cantidad de diálogo posible, dejando que la historia fuera relatada por la acción; e insistió en que el estudio contratara a Gómez, el famoso compositor y guitarrista español, para componer y grabar canciones auténticas de gitanos en el verdadero estilo flamenco. (La canción "Verde Luna", que Hayworth le canta al torero, fue doblada por la voz suave y emotiva de Mercedes "Beba" Villaverde, cubana de nacimiento, quien más tarde gozaría de fama como parte del grupo familiar llamado Cuarteto Ruffino).

Para captar el espíritu de las escenas, Mamoulian se dispuso a "pintar" la historia de Blasco Ibañez, dibujando imaginariamente sobre las pinturas y colores de los famosos maestros españoles. Recurrió a Murillo para los tonos carmelitas y sepias que dominan el comienzo del romance entre Gallardo y Carman;

acudió a Sorolla, el gran maestro de luces y tinieblas, para las escenas del mercado; el Greco, famoso por sus escenas religiosas, fue evocado en la muerte de Gallardo, que sucede en una capilla con Carmen a su lado. Durante la lucha de Gallardo por obtener la fama, el director se inspiró en Goya, notable por sus estudios de las clases pobres. Cuando Doña Sol, una aristócrata de nacimiento, aparece en escena, el estilo de Velázquez prevalece sobre los motivos de la decoración.

El director contó con Ernest Palmer y Ray Rennahan, dos de los mejores cinematografistas en colores del momento, para que lo ayudaran a proyectar el aspecto que él quería darle a la cinta. Por la excelente cinematografía y maestría del proceso Technicolor *three strip*, ambos obtuvieron el premio de la Academia de Mejor Cinematografía. Mamoulian usó pistolas pulverizadoras y varios cofres de telas brillantes en tonalidades diferentes. Él tomaría de los cofres lo que necesitara, ya fuera una cinta azul para colocarla sobre el cabello de Linda, que acentuaría la sensación de serenidad, o colgaría un chal marrón sobre la madre de Gallardo, para hacer patente su desesperación. En aquellos tiempos, las telas retrataban como objetos planos, por lo que las pistolas pulverizadoras se usaban para darle la textura de aceite característica de los cuadros de los grandes maestros. La película va aumentando dramáticamente en color: abre con tonos suaves y progresa a través de colores cada vez más brillantes, hasta llegar al clímax rojo del ruedo final.

Aunque la historia se desarrolla en España, fue filmada en México y en Hollywood. (Con España salía apenas de la guerra civil y Europa en medio de la Segunda Guerra Mundial, era totalmente imposible viajar a esos específicos lugares). Un equipo de 300 personas fue a Ciudad de México por cuatro semanas, pasando la mayor parte del tiempo en la Plaza de Toros, donde multitudes de más de 30.000 personas se aglomeraban para observar la filmación y a la vez aparecer como extras.

El estudio contrató a Armillita, uno de los más grandes toreros del mundo de la época, para servir de consejero técnico y de doble de Power en las escenas de las corridas de toros. Budd Boetticher, un director de reparto y torero por derecho propio, que se había enamorado del deporte en un viaje que hizo a México años antes, también sirvió de asesor técnico. Power, muy rápido en aprender, dominó lo suficientemente (al menos para la película) los intrincados y dificultosos pases de capas de un torero.

Blood In...Blood Out (1993, Buena Vista)

Ver Bound by Honor.

Blood and Wine (1997, Twentieth Century Fox)

DIRECTOR: Bob Rafelson
GUIÓN: Nick Villiers y Alison Cross
PRODUCTOR: Jeremy Thomas
ELENCO: Jack Nicholson, Judy Davis, Jennifer López, Michael Caine, Stephen Dorff

Con la ayuda de un estafador (Caine), Alex (Nicholson) planea robar un collar de diamantes para él poder dejar a su esposa (Davis), y huir con su amante cubana (López). En una pelea con la esposa, ella lo derriba y, sin saberlo, escapa con las joyas antes que él haya tenido oportunidad de posesionarse de ellas. Mientras tanto, el hijo político de Alex se enamora de Gabriela— sin saber que es la amante de su padrastro.

Blowing Wild (1953, Warner Bros.)

DIRECTOR: Hugo Fregonese
GUIÓN: Philip Yordan
PRODUCTOR: Milton Sperling
ELENCO: Gary Cooper, Barbara Stanwyck, Ruth Roman, Anthony Quinn

Un melodrama a la antigua, situado al comienzo de los años 30, cuando los americanos buscaban hacerse ricos apresuradamente en los campos de petróleo de México.

Jeff Dawson (Cooper) y su compañero, son disuadidos por bandidos mexicanos de buscar petróleo y parten hacia Ciudad de México. Allí encuentran a Paco Conway (Quinn), cuya esposa, Marina (Stanwyck), había estado enamorada de Dawson en el pasado. Los cuatro deciden regresar a los campos de petróleo. Dawson rechaza los avances amorosos de Marina y ella, en un arrebato de furia, empuja a Paco dentro de uno de los pozos. Al mismo tiempo, unos bandidos asaltantes asesinan a Marina y vuelan el petróleo, que es en realidad lo única escena de acción de la cinta.

Los actores son mejores que la trama. En 1952, tanto Quinn como Cooper, que habían sido nominados para otros filmes, se encontraron imposibilitados de asistir a la ceremonia de los premios, porque estaban filmando en Cuernavaca, México. Quinn obtuvo el galardón de la Academia como Mejor Actor de Reparto por *Viva Zapata!*, y Cooper el de Mejor Primer Actor por su trabajo en *Mero mediodía (High Noon).*

Blue (1968, Paramount)

DIRECTOR: Silvio Narizzano
GUIÓN: Ronald M. Cohen y Meade Roberts, basado en una historia de Cohen
PRODUCTOR: Judd Bernard e Irwin Winkler
ELENCO: Terence Stamp, Joanna Pettet, Ricardo Montalbán

Un americano, interpretado por el actor inglés Terence Stamp, es criado por mexicanos en el antiguo oeste. Rechazado por sus hermanos adoptivos, él se envuelve en un conflicto violento con su padre (Montalbán), que es el cabecilla de una banda de malhechores. El chico únicamente aprende de quién debe fiarse, cuando una herida lo obliga a depender de una mujer. Stamp no es convincente ni como americano, ni como mexicano, y la cinta tampoco resulta mejor.

Bombardier (1943, RKO Radio Pictures)

DIRECTOR: Richard Wallace
GUIÓN: John Twist, basada en una historia de Twist y Martin Rackin
PRODUCTOR: Robert Fellows
ELENCO: Pat O'Brien, Randolph Scott, Eddie Albert, Robert Ryan, Richard Martin

En los comienzos de la Segunda Guerra Mundial, bombarderos americanos son entrenados para combatir en el frente. Martin es Chito Rafferty, un irlandés-mexicano que recibe entrenamiento. Martin después se convirtió en el compinche de Tim Holt, en una serie del oeste hecha por RKO.

The Border (1982, Universal)

DIRECTOR: Tony Richardson
GUIÓN: Deric Washburn, Walon Green y David Freeman
PRODUCTOR: Edgar Bronfman Jr.
ELENCO: Jack Nicholson, Valerie Perrine, Warren Oates, Harvey Keitel, Elpidia Carrillo, Mike Gómez

Es la historia de un patrullero de la frontera (Nicholson), que no está de acuerdo con la corrupción y complacencia de sus compañeros patrulleros, cuando él se envuelve emocionalmente con una bella inmigrante ilegal (Carrillo), cuyo bebé ha sido secuestrado por una banda de narcotraficantes. Él ayuda a la mujer, aun teniendo que delatar a sus compañeros.

Ésta es una cinta del oeste disfrazada de drama contemporáneo de acción. Gómez interpreta a un insignificante granuja del tipo del grasoso. La violenta cinta fue rodada en El Paso, Texas. Nicholson ofrece una fuerte interpretación, junto al interesante debut de Carrillo como la virginal exótica guatemalteca que él salva.

Elpidia Carrillo y Jack Nicholson en *The Border.*

Border Incident (1949, Metro-Goldwyn-Mayer)

DIRECTOR: Anthony Mann
GUIÓN: John C. Higgins, basada en una historia de Higgins y George Zuckerman
PRODUCTOR: Nicholas Nayfack
ELENCO: George Murphy, Ricardo Montalbán, Howard da Silva

Pablo Rodríguez (Montalbán), y Jack Bearnes (Murphy), son agentes secretos de los gobiernos de México y Estados Unidos, que se ofrecen como voluntarios para descubrir los métodos de una banda de malhechores envueltos en el contrabando de los inmigrantes ilegales que cruzan la frontera en camiones, para trabajar como jornaleros en el Valle Imperial de California.

Rodríguez se disfraza de trabajador, o bracero, y compra los medios de transportación de los ladrones, mientras Bearnes pasa por un hombre perseguido por la justicia de los Estados Unidos, quien vende permisos de trabajo. Cuando la verdadera identidad de Bearnes es descubierta, es torturado y brutalmente asesinado. Rodríguez se salva de una horrible muerte gracias a la llegada oportuna de la Patrulla de la Frontera.

La cinta muestra el sufrimiento y abuso que sufren los trabajadores que no tienen derecho a remedio legal, y al mismo tiempo son engañados, víctimas de robos y asesinados. Después de trabajar en el campo, son tirados en un desierto que llaman Cañón de la Muerte, un cenagal de arenas movedizas que traga a sus víctimas.

El emparejar a Montalbán y a Murphy como representantes iguales de sus gobiernos, le da a la historia un trasfondo de interés humano. Estos fueron nuevos papeles para ambos actores, quienes, cada uno por su parte, habían trabajado anteriormente en cintas musicales.

La desolada apariencia de documental que tiene la cinta, era poco corriente para los lustrosos filmes MGM. La película fue relegada a la segunda mitad de un programa doble en los teatros donde aparecía como cinta B, pero las críticas fueron uniformemente buenas. En el reparto también aparecen Alfonso Bedoya, Teresa Celli y José Torvay.

Border River (1954, Universal)

DIRECTOR: George Sherman
GUIÓN: William Sackheim y Louis Stevens, basada en una historia de Stevens
PRODUCTOR: Albert J. Cohen
ELENCO: Joel McCrea, Pedro Armendáriz, Yvonne De Carlo, Alfonso Bedoya

Con la grave situación del sur volviéndose más desesperada en los últimos días de la guerra civil, un Comandante confederado (McCrea), y una banda de secuaces roban $2 millones en lingotes de oro de una Casa de la Moneda de la Unión. El Comandante cruza el Río Grande y, en el pueblo llamado Zona Libre, donde cualquier cosa se vende por dinero, trata de concertar un negocio de explosivos y suministros para el ejército rebelde. Durante el curso de los sucesos, él tiene que negociar con un general renegado mexicano (Armendáriz) y su novia (De Carlo).

Éste es un buen filme del oeste en Technicolor, con los usuales estereotipos de bandidos, pero al menos por esta vez, ellos se visten en uniformes y aparecen en papeles importantes. Armendáriz resulta muy eficaz como el cruel y siniestro general. Bedoya está muy bien en el papel de uno de sus ayudantes. El nombre del pueblo, Zona Libre, sugiere la fantasía de los norteamericanos sobre una villa mexicana. Hay muchos hispanos que trabajan en esta cinta, incluso Felipe Turich, Nacho Galindo, George J. Lewis, Martín Garralaga, Salvador Baguez, Pilar del Rey, Orlando Beltrán, Zarco Carreño, Estelita Zarco y Jack del Río.

Borderline (1950, Universal)

DIRECTOR: William A. Seiter
GUIÓN: Devery Freeman
PRODUCTOR: Milton H. Bren y William A. Seiter
ELENCO: Fred MacMurray, Claire Trevor, Nacho Galindo, José Torvay, Pepe Hern

Un agente femenino de la policía de Los Ángeles (Trevor), y un agente del Tesoro de los Estados Unidos (MacMurray) son enviados a México para descubrir una nidada de narcotraficantes, y traerlos de regreso a los Estados Unidos. Una película rutinaria de suspenso tipo B, con algunos paisajes mexicanos interesantes.

Borderline (1980, Americian Film Distribution)

DIRECTOR: Jerrold Freedman
GUIÓN: Steve Kline y Jerrold Freedman
PRODUCTOR: James Nelson
ELENCO: Charles Bronson, Bruno Kirby, Ed Harris, Michael Lerner, Bert Remsen, Karmin Murcelo, Enrique Castillo, James Víctor, Panchito Gómez

Un melodrama contemporáneo que retrata la grave situación de los extranjeros ilegales mexicanos, y los problemas que encuentra la Patrulla Fronteriza de los Estados Unidos con ellos. Un policía veterano de la Patrulla, Jeb Maynard (Bronson), sigue la pista a la gente culpable de la muerte de su compañero de mucho tiempo, a lo largo de la frontera Estados Unidos-México. El asesino es un antiguo veterano de la guerra de Vietnam (Harris), que pertenece a un cartel de contrabando de extranjeros ilegales, dirigido por el magnate de una corporación (Lerner), y manejado por un ranchero (Remsen).

Maynard encuentra una pista que lo lleva a Elena (Murcelo), una ilegal que trabaja como sirvienta en el pueblo californiano de La Jolla, y cuyo joven hijo (Gómez) fue balaceado al lado del guardia de la frontera. Ella lleva valientemente a Maynard, disfrazado de ilegal, de regreso a Tijuana, a lo largo del norte de México, y siguiendo la misma ruta de los contrabandistas.

Ellos encuentran un atasco de autos que esperaban la entrada en los Estados Unidos, cuando oyen lamentos de dolor que salen de debajo del capó de un Mercedes Benz. La mujer anglo sentada al volante corre hacia el capó, y cuando lo abre, sale de él una mexicana dando gritos por las quemaduras que le ha producido el radiador. Mientras los agentes de los Estados Unidos se llevan a la mujer por tratar de entrar ilegalmente al país, Elena dice, "Así que dejan ir a la gringa, y la semana próxima ella volverá a tratar de pasar ilegalmente a una nueva sirvienta".

Un joven agente de Nueva York (Kirby), que ha llegado para ayudar a la Patrulla Fronteriza, se horroriza cuando al perseguir a los criminales, se pone en contacto con los que habitan en poblados de míseras chozas destartaladas. No puede arrestar a los inmigrantes, porque, él razona, "¿Cómo puede uno castigar a las personas que tratan de mejorar sus vidas?" Estos son los verdaderos momentos de honestidad en la película, que no es más que una mediocre trama moderna de venganza, en la cual un inmigrante ilegal no tiene facciones, ni historia, ni motivación. Estas masas de inmigrantes que viajan apretados dentro de camiones debajo de cargas de tomates, no parecen tener ninguna otra razón para cruzar la frontera que darle algo que hacer a la Patrulla Fronteriza. Los cineastas los usan como simples cuerpos, como si fueran unos ceros a la izquierda.

Bordertown (1935, Warner Bros.)

Ciudad de la frontera

DIRECTOR: Archie Mayo
GUIÓN: Laird Doyle y Wallace Smith, de una adaptación de Robert Lord, basada en una novela de Carroll Graham
PRODUCTOR: Robert Lord
PRODUCTOR EJECUTIVO: Jack L. Warner
ELENCO: Paul Muni, Bette Davis, Margaret Lindsay, Eugene Pallette, Soledad Jiménez

Ciudad de la frontera comenzó a ser filmada el 17 de septiembre de 1934, con un itinerario muy apretado de cuatro semanas. Las secuencias iniciales fueron rodadas en la calle Olvera, acordonada al efecto, en el centro de Los Ángeles. En este melodrama orientado hacia los problemas sociales, Paul Muni representa a Johnny Ramírez, un abogado autodidacta mexicano-americano, de un barrio este de Los Ángeles. Su indignación contra el tratamiento condescendiente que recibe, motiva que él ataque a un miembro de la fraternidad de los abogados. Luego de escapar hacia la frontera, se convierte en gerente de un club nocturno. Al final, un asesinato, la locura de Davis y la muerte de la muchacha de sus sueños al tratar de huir de él, convencen a Ramírez que su lugar está al lado de su propia gente.

En su crítica del *New York Herald Examiner* (11/24/35), Richard Watts Jr. escribió, "En algunas ocasiones, la cinta parece querer decir que los americanos de padres mexicanos, debieran mantenerse en su lugar y no tratar de mezclarse con sus superiores. Sin embargo, los momentos específicos referentes a la raza, parecen dirigirse principalmente a dar una merecida mirada de censura a la tolerancia californiana, la cual, según te indica la cinta, tiene magníficas alabanzas a la vez que tratamiento cruel, para los inmigrantes mexicanos que tratan de triunfar en la sagrada práctica de la ley".

Born in East L.A. (1987, Universal)

DIRECTOR: Cheech Marín
GUIÓN: Cheech Marín
PRODUCTOR: Peter MacGregor-Scott
ELENCO: Cheech Marín, Daniel Stern, Jan-Michael Vincent, Daniel Valdéz, Paul Rodríguez, Kamala López, Lupe Ontiveros, Tony Plana

Está basada en un exitoso vídeo, y una canción producidas por Cheech y Chong un año antes, inspirada en la canción "Born in the USA" de Bruce Springsteen,

Paul Muni, como el abogado mexicano-americano Johnny Ramírez, actua con la coqueta Bette Davis en *Bordertown.*

y la narración de un periódico. Trata de la historia de un joven mexicano-americano, que es deportado a México ilegalmente.

En esta perspicaz y simpática mirada dirigida a lo que significa ser un americano con dualidad de orígenes en la América contemporánea, Cheech decidió ir a explorar su propia personalidad cómica sin Chong.

Rudy (Marín) es un chicano de Los Ángeles, quien es erróneamente arrestado durante una redada de inmigración, y deportado a México. La mayor parte de la cinta gira alrededor de los intentos de Rudy de probar su identidad y ciudadanía para poder regresar a los Estados Unidos. Estando en eso, él descubre quién es en realidad, así como algunas verdades básicas en cuanto a la doble esencia de ser un hispano en los Estados Unidos. El film pone de manifiesto a un artista pujante, que trabaja en una comedia algo desigual. Hay algunas escenas muy graciosas y conmovedoras a la vez que muestran a Marín en sus mejores momentos– Rudy tratando de enseñar a los ilegales como parecer chicanos; un cruce de la frontera de cientos de trabajadores indocumentados, ocurrido en plena luz del día al ritmo de "Coming to America", en la voz de Neil Diamond, y Rudy tratando de probar su ciudadanía a las incrédulas autoridades del Servicio de Inmigración. La ironía es que Rudy ni siquiera habla español. Rodríguez aparece como un primo ilegal recién llegado, que va a visitar a la familia en Los Ángeles, en un barrio del lado este de la ciudad, y no encuentra a nadie en la casa.

BOULEVARD NIGHTS (1979, WARNER BROS.)

Noches en el bulevar

DIRECTOR: Michael Pressman
GUIÓN: Desmond Nakano
PRODUCTOR: Bill Benenson
PRODUCTOR EJECUTIVO: Tony Bill
ELENCO: Richard Yñiguez, Danny de la Paz, Marta DuBois, Betty Carvalho

Este film fue como un iniciador de modas de los 1980, con su oscura y deprimente ojeada a la vida de las pandillas en un barrio de Los Ángeles. Yñiguez, como Raymond, y de la Paz (en su debut fílmico) como Chuco, brillan ambos al interpretar a unos hermanos involucrados en las actividades de una pandilla, y Marta Du Bois es Shady, la novia de Raymond. Raymond, el hermano mayor que desde hace mucho tiempo abandonó la vida pandillera, promete a su madre (Carvalho), que él cuidará de su hermano Chuco, y lo mantendrá alejado de ellas.

La estilística e innovadora iluminación, al igual que el trabajo de las cámaras, unidos a una sincera interpretación por parte del elenco mayormente hispano, que fue rodada en sitios reales del lado este de la ciudad de Los Ángeles, da a *Noches en el bulevar* un realismo incorruptible. El director Michael Pressman, y el productor ejecutivo Tony Bill, merecen un aplauso por su trabajo, pero en fin de cuentas, el filme resultó demasiado sombrío para el gusto de la mayoría del público. La comunidad chicana del sur oeste de los Estados Unidos, protestó en contra de la manera violenta y poco halagadora como fue retratada una parte de su comunidad. El japonés-americano, y por primera vez guionista Desmond Nakano, autor de la trama, fue elegido por Bill cuando Nakano aún estudiaba en la Universidad de la Ciudad de Los Ángeles (UCLA en inglés) bajo el tutelaje de Paul Schrader. Tony Bill en aquel momento dijo, "Lo que hace a *Noches en el bulevar* especial, es que no es una película inventada, sino es más bien la historia de dos hermanos y sus lazos familiares, contada con realidad y gran humanidad. Es además la primera cinta de su clase con un elenco totalmente latino. Hemos trazado un nuevo camino".

Bound by Honor (1993, Buena Vista)

También llamada Blood In... Blood Out

DIRECTOR: Taylor Hackford
GUIÓN: Jimmy Santiago Baca, Jeremy Iacone y Floyd Mutrux
PRODUCTOR: Taylor Hackford y Jerry Gershwin
ELENCO: Benjamín Bratt, Jesse Borrego, Enrique Castillo, Damián Chapa

Esta cinta es una historia que sigue durante doce años, la vida de tres primos que viven en el lado este de la ciudad de Los Ángeles. Uno es un habilidoso pintor que se vuelve un narcotraficante después que es víctima de una brutal paliza. Otro es un boxeador de carácter violento que se convierte en un policía clandestino de su propia barriada. El tercero es un miembro medio chicano de una pandilla que es condenado a San Quintín y se enreda en una guerra de pandillas interraciales de la prisión.

La historia es una variación de temas e ideas primeramente exploradas por Edward James Olmos en *American Me* (1992), que comparten un mismo escritor, Floyd Mutrux. Ambas películas fueron producidas al mismo tiempo (en el verano de 1991) y filmadas en muchos de los sitios reales del lado este de la ciudad de Los Ángeles. Olmos filmó en la Prisión Folson, y Hackford lo hizo en San Quintín. La historia de Hackford es la más ambiciosa de las dos, en lo referente a trama y personalidad (Hackford imaginaba hacer dos filmes epopéyicos), de casi tres horas de duración, fue estrenada en una distribución general bajo el título de *Bound by Honor*, aunque fue conocida bajo el nombre original de *Blood In... Blood Out...*, hasta el mes anterior al estreno nacional. La película comenzó a ser exhibida y fue probada bajo el título original en varios mercados menores alrededor del país; bajo ese mismo título fue comentada en *The Hollywood Reporter*, y aparecería en video en 1994.

BRANDED (1950, PARAMOUNT)
Marcado

DIRECTOR: Rudolph Maté
GUIÓN: Cyril Hume y Sydney Boehm
PRODUCTOR: Mel Epstein
ELENCO: Alan Ladd, Mona Freeman, Charles Bickford, Robert Keith, Joseph Calleia, Peter Hansen, Felipe Turich, Joe Domínguez, Salvador Baguez

Choya (Ladd), un ambulante matón de Texas y México, durante los años 1890, se hace pasar por el hijo perdido por muchos años de un ranchero (Bickford), como parte de una conspiración para robar las tierras del hombre. Sin embargo, cuando Choya conoce a la hija del ranchero (Freeman), y la familia lo acepta, él cambia de opinión y rehusa proseguir con la falsedad. Subsecuentemente, Choya se entera que el hijo verdadero (Hansen), está vivo en México. Él marcha a buscarlo y consigue traerlo de vuelta al hogar. Al hacer esto, antagoniza al bandido mexicano, Mateo Rubriz (Calleia), que ha adoptado al verdadero heredero. Después de una persecución y un tiroteo, se logra la completa reconciliación de todas las partes afectadas.

Ésta es una entretenida cinta del oeste en colores, que incluye una poco usual caracterización de Calleia como un refinado bandido mexicano, que siente una posesiva devoción hacia el hijo adoptivo.

THE BRAVADOS (1958, TWENTIETH CENTURY FOX)

DIRECTOR: Henry King
GUIÓN: Philip Yordan, basado en la novela de Frank O'Rourke
PRODUCTOR: Herbert B. Swope Jr
ELENCO: Gregory Peck, Joan Collins, Henry Silva, Lee Van Cleef, Ada Carrasco

Jim Douglass (Peck) llega a caballo a un pueblo de la frontera, y persigue a cuatro delincuentes hasta México, porque él cree son responsables de la muerte de su esposa. Los mata uno a uno, y el último en caer (Silva), le confiesa que ellos no tuvieron nada que ver con el asesinato. Douglass, lleno de remordimiento por haber matado a unos inocentes, sospecha entonces del ranchero vecino suyo, y regresa a su casa para enfrentársele. Esta potente cinta del oeste presenta a Peck en magnífica forma, y a Silva en una excelente caracterización de indio mexicano delincuente.

The Brave Bulls (1951, Columbia)

DIRECTOR: Robert Rossen
GUIÓN: John Bright, basado en la novela de Tom Lea
PRODUCTOR: Robert Rossen
ELENCO: Mel Ferrer, Anthony Quinn, Miroslava, Eugene Iglesias

Mel Ferrer es Luis Bello, un joven campesino mexicano que se convierte en un torero prominente. Él comienza a dudar de sus propias habilidades cuando se envuelve en un romance apasionado con una pretenciosa trotamundos que lo traiciona con su desbastado manager (Quinn), y como consecuencia pierde el valor para torear. La amada después perece un trágico accidente de auto.

El filmar en los exteriores de México, hizo posible a Rossen lograr la fuerte ambientación de la cultura, y la vida mexicana de la moderna Ciudad de México del presente.

Quinn está excelente como el rudo gerente. Ferrer, de torero, ofrece una interpretación muy convincente. Miroslava, la actriz yugoslava educada en México, se suicidó poco después de terminar la filmación. Iglesias, un actor nativo de Puerto Rico, personifica al hermano menor de Bello.

Los detalles de las corridas de toros, y la acción dentro del ruedo, fueron captados en todos sus detalles, aunque el reglamento para las producciones de aquel tiempo no permitía que se mostrara cómo morían los toros en la corrida. Los cinematografía estuvo a cargo de Floyd Crosby y James Wong Howe.

The Brave One (1956, RKO Radio Pictures)

DIRECTOR: Irving Rapper
GUIÓN: Harry S. Franklin y Merrill G. White, basado en la historia de Dalton Trumbo (como Robert Rich)
PRODUCTOR: Maurice y Frank King
ELENCO: Michel Ray, Rodolfo Hoyos Jr., Elsa Cárdenas, Carlos Navarro

The Brave One continúa siendo el logro más prestigioso y más aplaudido de los hermanos King. Comenzando de la nada, en 1940, los tres hermanos King (Frank, Maurice y Herman) hicieron una cinta rutinaria, *Paper Bullets* (1941), que obtuvo un modesto éxito en las taquillas. Continuaron produciendo más cintas como la primera, aunque cada nuevo trabajo podía jactarse de tener un presupuesto ligeramente mayor que el anterior. Entre las de mayor éxito se encuentran *Dillinger* (1945), *Southside 1-1000* (1950), *Drums in the Deep South* (1951), *Mutiny* (1952), *The Ring* (1952) y *Carnival Story* (1952).

The Brave One fue la primera película en Technicolor y CinemaScope con sonido estereofónico. La historia original se titulaba "El Niño y el Toro", e iba a

Rodolfo Hoyos Jr. y Elsa Cardenas interpretan al padre y la hermana de Michel Ray (centro) en *The Brave One*, la historia del amor de un niño por su mascota.

ser dirigida por Kurt Neumann. Irving Rapper, el director de algunas historias humanas dramáticas de la Warner Bros. (*Now, Voyager* [1942] y *The Corn Is Green* [1945], entre ellas), terminó por dirigir la película y en una entrevista con Charles Higham, expresó de esta manera el cariño que sentía por ella: "*The Brave One* era una de mis obras que no estaba en una situación comprometida. Todos me dijeron, '¿Qué ves en ella?' Y yo respondí, 'Es muy sencillo, parece un cuento de hadas, costó $430.000 hacerla y recaudó $8.5 millones'".

La intensa búsqueda de los hermanos King para encontrar a la estrella apropiada para el papel principal, se dio por terminada cuando ellos vieron una película inglesa llamada *The Divided Heart* (1954), que presentaba a un niño llamado Michel Ray. Después de hacerle una prueba, el niño de doce años obtuvo el papel.

El filme trata del amor profundo que un niño mexicano siente por su mascota. La mascota resulta ser un toro de corridas profesionales, que ha sido criado desde su nacimiento hasta su magnificencia actual, por un jovencito que rehúsa con vehemencia que el compañero de toda su vida sea sacrificado en el ruedo.

Jack Cardiff, laureado por la Academia por su cinematografía en *Las zapatillas rojas* (1948), fotografió el filme en localidades de Ciudad de México y áreas adyacentes. El gobierno mexicano dio permiso a la compañía productora para rodar escenas en el histórico Castillo de Chapultepec y otros lugares, incluso en la vasta Plaza de Toros de México, en la capital azteca. El celebrado torero Fermín Rivero se representó a sí mismo en las escenas más sobresalientes de las corridas de toros.

De los 150 papeles que tenían diálogo, 148 fueron dados a latinos de México. Michel Ray es un ciudadano británico de origen francoalemán. Rodolfo Hoyos Jr., nacido en México pero criado en los Estados Unidos, hace el papel del padre. Hoyos había actuado varios filmes de Hollywood como *The Fighter* (1952), *Second Chance* (1953), *The Americano* (1955) y *Timetable* (1956). La actriz mexicana Elsa Cárdenas hace el papel de la hermana del niño. Establecida como estrella en México desde antes, Cárdenas, por su trabajo en *The Brave One*, fue contratada por un cazatalentos de Hollywood, para desempeñar un papel de importancia en *Giant* (1956).

En 1956, la película obtuvo el premio de la Academia por Mejor Guión Cinematográfico, y en ese momento fue descubierto que no existía ningún escritor llamado Robert Rich. Por aquella época se sospechaba que el escritor Dalton Trumbo, que estaba incluido en la lista negra de Hollywood, era el autor, lo que él admitiría públicamente dos años más tarde, cuando la Academia revocó aquella inclusión injusta. En mayo de 1975, Trumbo recibió su Oscar tardío de manos del presidente de la Academia, Walter Mirisch, un año antes de la muerte del aclamado guionista.

Brazil (1944, Republic Pictures)

También conocida como Stars and Guitars *(1951)*

DIRECTOR: Joseph Stanley
GUIÓN: Frank Gill Jr. y Laura Kerr, basado en una historia de Richard English
PRODUCTOR: Robert North
ELENCO: Tito Guizar, Virginia Bruce, Veloz y Yolanda, Frank Puglia, Fortunio Bonanova, Aurora Miranda

Un joven compositor brasileño trata de ganarse el corazón de una americana que ha escrito un libro titulado *¿Por qué casarse con un latino?*. La autora se convierte en víctima de su propia creación cuando ella va a Brasil a escribir su segundo libro.

Esta agradable comedia musical está dominada por Tito Guizar, quien tiene una personalidad muy agradable y entona unas cuantas canciones. Ary Barroso, el distinguido compositor brasileño y autor de la popular canción "Brazil", compuso la partitura musical del filme. Roy Rogers aparece brevemente cantando "Hands Across the Border" de Hoagy Carmichael. Aurora Miranda también tiene un papel muy breve como bailarina, y Veloz y Yolanda ejecutan un número especial de danza. *Brazil* fue filmada en los estudios de la Republic en Hollywood, con escenas de fondo rodadas por un segundo equipo en localidades reales del Brasil. La cinta fue reeditada y estrenada de nuevo como *Stars and Guitars.*

Break of Dawn (1990, Platform Releasing)

DIRECTOR: Isacc Artenstein
GUIÓN: Isaac Artenstein
PRODUCTOR: Jude Eberhard
ELENCO: Óscar Chávez, María Rojo, Pepe Serna, Tony Plana, Socorro Valdéz

La historia real de Pedro González, la primera estrella de habla castellana de la radio y la industria del disco de la costa del oeste de los Estados Unidos, quien en 1934 fue enviado a la prisión de San Quintín, víctima de acusaciones falsas.

El film documenta el ascenso de la popularidad de González durante la Era Dorada de la Radio, con sus baladas románticas y sus comentarios diarios en la estación KMPC de Los Ángeles. El triunfo de González ocurre durante la Depresión, cuando casi medio millón de personas de origen mexicano fueron deportadas a México.

Él se convierte en un abierto crítico del tratamiento de chivo expiatorio injustamente aplicado a los mexicanos, como consecuencia de la precaria economía de los Estados Unidos. González rehúsa hacer caso de las advertencias que recibe de las autoridades, y finalmente es acusado de violación sexual por un Fiscal del Distrito cobarde y hambriento de poder. González es declarado culpable y enviado a San Quintín. La película termina con la esposa, María, organizando a la comunidad mexicana de los Estados Unidos para liberar al esposo y limpiar su nombre.

El proyecto de *Break of Dawn*, escrita y dirigida por Isaac Artenstein, un mexicano de raíces judías residente de San Diego, y producida por Jude Eberhard, amigo de largo tiempo de Artenstein, surgió de un documental sobre la vida de González, titulado *Ballad of an Unsung Hero*, que fue transmitido nacionalmente por la PBS, y ganó numerosos premios, incluyendo un Emmy®.

Break of Dawn fue exhibida en el Festival de Cine de los Estados Unidos de 1989, y en el Festival de Cine de Moscú del mismo año. La cinta bilingüe fue estrenada en teatros de ensayo y exhibida por corto tiempo en teatros del sur—

oeste del país que presentaban películas en inglés. La reacción de la crítica fue indiferente, aduciendo que al guión le faltaba fondo, y no relataba los acontecimientos con claridad. Fue rodada con un presupuesto de menos de $1 millón, en la ciudad de San Diego y sus alrededores, pasando a Los Ángeles para doblar los sucesos de 1930. Artenstein y Eberhard consiguieron el dinero para este modesto largometraje de inversionistas privados, mayormente por el éxito obtenido por otras cintas como *Heartland* (1979) y *El Norte* (1984). "Las restricciones de un pequeño largometraje como éste tiene una gran ventaja, completa responsabilidad creativa", añade Artenstein.

El reparto tenía a la cabeza al notable cantante folclórico mexicano Óscar Chávez, como Pedro González, y a María Rojo como su esposa. Chávez como González tenía ambo buena voce, pero carecía de carisma y habilidad para actuar. Serna logró una aceptable caracterización como actor de reparto, interpretando a un miembro de la familia. Plana estuvo excelente como un ambicioso miembro del cuerpo policiaco. La película ofrece una opinión alternativa, otra voz que trata de documentar un pedazo de la historia hispanoamericana, por más que no puede superar los fallos del guión de un director primerizo y un presupuesto limitado.

Breakout (1975, Columbia)

DIRECTOR: Tom Gries
GUIÓN: Howard B. Kreitsek, Marc Norman y Elliott Baker
PRODUCTOR: Robert Chartoff e Irwin Winkler
ELENCO: Charles Bronson, Robert Duvall, Randy Quaid, Alejandro Rey, Jill Ireland, John Huston, Emilio Fernández

Ésta es una película estándar de acción, en la que el aviador americano Nick Colton (Bronson), es empleado para tramar una peligrosa misión de rescate del patio de una cárcel de México, en un helicóptero. El prisionero que va a ser rescatado es un ciudadano americano, Jay Wagner (Duvall), que cumple condena por haber sido falsamente acusado por su suegro (Huston), de un delito que él no cometió.

The Bridge of San Luis Rey (1929, Metro-Goldwyn-Mayer)

DIRECTOR: Charles Brabin
GUIÓN: Alice Duer Miller, Ruth Cummings y Marian Ainslee, basado en la novela de Thornton Wilder
PRODUCTOR: Hunt Stromberg
ELENCO: Lili Damita, Ernest Torrence, Raquel Torres, Don Alvarado, Duncan Renaldo

Basado en la novela clásica de Thornton Wilder, la cinta se desarrolla en Perú, y explora cómo las cinco víctimas del derrumbe de un puente, coincidieron todas en el puente a la misma vez.

The Bridge of San Luis Rey (1944, United Artists)

DIRECTOR: Rowland V. Lee
GUIÓN: Herman Weissman y Howard Estabrook, basado en la novela de Thornton Wilder
PRODUCTOR: Benedict Bogeaus
ELENCO: Lynn Bari, Alla Nazimova, Louis Calhern, Akim Tamiroff, Francis Lederer, Donald Woods

Una reposición de la historia temperamental de Wilder, acerca de cinco personas que encuentran su perdición sobre un desvencijado puente.

The Bright Shawl (1923, First National)

DIRECTOR: John S. Robertson
GUIÓN: Edmund Goulding, basado en una novela de 1922 de Joseph Hergesheimer
PRODUCTOR: Charles H. Duell
ELENCO: Richard Barthelmess, Dorothy Gish, Mary Astor, Edward G. Robinson, George Humbert, William Powell

Romance y aventura en los años de la década de 1850, cuando Cuba buscaba su independencia de España. Un acaudalado neoyorquino acompaña a un amigo cubano a su tierra, y es impulsado hacia de aventuras peligrosas y dos romances. Este drama silente fue filmado en Cuba.

Bring Me the Head of Alfredo García (1974, United Artists)

Tráeme la cabeza de Alfredo García

DIRECTOR: Sam Peckinpah
GUIÓN: Sam Peckinpah y Gordon Dawson, basado en una historia de Frank Kowalski
PRODUCTOR: Martin Baum
ELENCO: Warren Oates, Isela Vega, Gig Young, Emilio Fernández

Un pobrismo soldado mercenario gringo (Oates), se mezcla en una red de crimen y engaño, cuando un acaudalado mecenas mexicano, (Fernández), ofrece una recompensa de $10.000 por la cabeza del buscavidas que embarazó a su hija. La cinta da comienzo de manera bella y ambigua, con el enfrentamiento entre el padre y su incorregible hija, en lo que aparenta ser el México del siglo XIX; entonces, inesperadamente, la cinta cambia a limosinas modernas deslizándose veloces a través de los portones de la hacienda, y aviones de propulsión despegando de los aeropuertos.

Esta cinta fea y demasiado violenta está plagada de estereotipos y escenarios mexicanos de imagen áspera. Isela Vega, una atractiva actriz mexicana, aparece como una prostituta que le transmite una enfermedad venérea al actor principal (Oates) y es violada por un ciclista.

El gobierno mexicano fue el co-productor del proyecto, y aparentemente esos estereotipos no le molestaban, porque en realidad muchos de ellos se veían frecuentemente en las películas mexicanas de la época. La cinta fue recibida con frialdad en las taquillas de Estados Unidos.

The Buddy Holly Story (1978, Columbia)

DIRECTOR: Steve Rash
GUIÓN: Robert Gittler, basado en el libro de John Goldrosen
PRODUCTOR: Fred Bauer
ELENCO: Gary Busey, María Richwine, Charles Martin Smith, Don Stroud, Gloria Irizarry

La historia de Buddy Holly, nativo de Texas y una leyenda del *rock 'n' roll*, que pereció en un trágico accidente de aviación en 1959 cuando comenzaba a escalar el estrellato. Esta estupenda cinta fue producida como una sentimental casi biografía, tierna y llena de calor, que resultó muy aplaudida por los críticos y el público en general. Todos los actores interpretaron su propia música, y Busey cantó las canciones de Holly. La música fue grabada en vivo mientras se rodaban las escenas, lo que ayudó a capturar la energía del *rock 'n' roll* en sus primeros tiempos.

María Richwine interpreta la esposa de Buddy Holly en *The Buddy Holly Story*. Gary Busey actúa en el papel estelar.

La historia maneja muy sensiblemente el noviazgo y matrimonio de Holly con María Elena (Richwine), una puertorriqueña de Nueva York, quien era empleada de la compañía de discos para la cual Holly grababa.

Por su trabajo en la cinta, Busey obtuvo una nominación de la Academia por su trabajo como Primer Actor. En su debut cinematográfico, María Richwine, colombiana nativa pero criada en los Estados Unidos, interpretó una variante de la señorita. Desafortunadamente, su carrera nunca llegó a mucho, como se merecía. Después de un altercado que sostuvo con Joyce Selznick, influyente directora de reparto de la película, Richwine no trabajó por algún tiempo. Después ha aparecido en un número de cintas de presupuestos bajos, y en escenas cortas como invitada de programas de televisión. Irizarry tuvo a su cargo el papel de la tía de María Elena.

The Big Bopper y Ritchie Valens, ídolos del *rock 'n' roll* de los adolescentes, también murieron en el accidente. Valens, que aparece como un personaje menor en el filme, es interpretado por Gilbert Melgar. Diez años después, Valens sería inmortalizado en *La Bamba.*

The Bullfighter and the Lady (1951, Republic Pictures)

DIRECTOR: Budd Boetticher
GUIÓN: James Edward Grant, basado en una historia de Boetticher y Ray Nazarro
PRODUCTOR: John Wayne
ELENCO: Robert Stack, Joy Page, Gilbert Roland, Virginia Grey, John Hubbard, Rodolfo Acosta, Katy Jurado

La historia de un americano, Johnny Regan (Stack), de vacaciones en México con dos amigos (Grey y Hubbard). Regan se enamora de una muchacha mexicana, Anita de la Vega (Page), y para impresionarla, persuade a un torero, Manolo Estrada (Roland), que le dé lecciones en el uso de la capa y la espada. Cuando el torero perece en el ruedo tratando de salvarle la vida a Regan, éste tiene que reivindicar su honor y mostrar valor ante la realidad de una multitud hostil.

Igual que su héroe, Boetticher había estudiado el arte del toreo en México cuando era muy joven. En los inicios de su carrera en el cine, había sido consejero de las escenas de las corridas de toros de *Sangre y arena* (1941), de Mamoulian. Después de *The Bullfighter and the Lady*, Boetticher hizo *The Magnificent Matador* (1955), y *Arruza* (1972). *The Bullfighter and the Lady* tiene una idea muy definida sobre la tierra y puede ser comparada muy favorablemente con *The Brave Bulls*, de Robert Rossen, que fue estrenada ese mismo año.

Producida por John Wayne para Republic, la cinta iba originalmente a tener como estrella a Wayne, pero él se sintió físicamente muy corpulento para poder representar con honestidad a un torero, y por lo tanto transfirió el papel a Robert Stack. Ocho de los más importantes toreros de México aparecen en el filme como ellos mismos, y dos de ellos, los hermanos Briones, también doblan la parte de Stack y Roland en las escenas de la corrida. Jurado representa a Chelo, la esposa del torero. Fue filmada enteramente en México, en un período de siete semanas, con un presupuesto de $400.000.

El proyecto se prestaba a que la cinta fuera hecha bilingüe, y Boetticher cree que él tuvo éxito en obtener una completa veracidad lingüística. El inglés y el español son usados por algunos de los personajes sin sacrificar la coherencia, exactamente como lo harían en la vida real. Boetticher tuvo que cortar la gran fiesta latina en sus tres clímax —el impacto del toro y del picador, la inserción de las banderillas, y la estocada final— para apaciguar a la Sociedad para la prevención de la crueldad a los animales.

El filme fue originalmente estrenado como una versión de 87 minutos de duración, editada por el director John Ford que admiraba el trabajo de Boetticher y creía que recortándola mejoraría la oportunidad de la película de triunfar comercialmente. En 1987, los archivos de cine de UCLA, con la ayuda de Boetticher, restauraron la película a sus originales 124 minutos de duración.

Roland recibió magníficos comentarios por su trabajo como un torero de edad. "La más emocionante interpretación entre un grupo de otras muy buenas, es la de Gilbert Roland, que personifica al popular torero maestro de Stack", Darr Smith, *Los Angeles Daily News* (4/26/51).

"Sin exageraciones, [Roland] le da a su torero color y vigor, valentía sin bravuconería, y dignidad. Katy Jurado como la esposa de Roland, impresiona fuertemente", *Variety* (5/2/51).

The Bullfighters (1945, Twentieth Century Fox)

DIRECTOR: Malcolm St. Clair
GUIÓN: W. Scott Darling
PRODUCTOR: William Girard
ELENCO: Stan Laurel, Oliver Hardy

Laurel y Hardy en México, como detectives privados en busca de una dama criminal.

Butch Cassidy and the Sundance Kid (1969, Twentieth Century Fox)

DIRECTOR: George Roy Hill
GUIÓN: William Goldman
PRODUCTOR: Paul Monash y John Foreman
ELENCO: Paul Newman, Robert Redford, Katharine Ross, José Torvay

La historia de unos bandidos de fines de siglo, Cassidy (Newman) y el Sundance Kid (Redford). En esta inteligente y bien actuada cinta del oeste que trata de compañerismo, en donde la relación de los dos caracteres es explorada a través de numerosas arriesgadas —y algunas veces cómicas— aventuras, el éxito depende en gran parte del selecto elenco y la comprensión especial existente entre sus dos estrellas.

Mientras roban bancos y la ley los persigue a través del suroeste americano, la pareja decide ir a Bolivia para escapar de las autoridades americanas y comenzar una nueva vida. A su llegada, muy pronto descubren que lo que consiguen es escaso, y el territorio y el lenguaje presentan problemas infranqueables. Los dos son asediados por un grupo de bandidos dirigidos por Torvay, a quien ellos se ven obligados a matar. Butch y el Chico encuentran la muerte en una refriega a pistola con 200 soldados bolivianos. Mientras el clímax se hace eco de la "verdad" del fin de dos antihéroes de la vida real, pudiera discutirse que el final mantiene la tradición consagrada en las películas norteamericanas de que es necesario un ejército de latinos para matar a dos gringos.

Las escenas de Bolivia fueron en realidad rodadas en Taxco y Cuernavaca, México. Se informó que cuando al director, George Roy Hill, le dijeron que la Bolivia de la cinta no se parecía en nada a la Bolivia de la realidad, él dijo, "Bueno, ahora sí se parece".

Bye, Bye Birdie (1963, Columbia)

DIRECTOR: George Sidney
GUIÓN: Irving Brecher, basado en la comedia dramática de Michael Stewart, Charles Strouse y Lee Adams
PRODUCTOR: Fred Kohlmar
ELENCO: Janet Leigh, Dick Van Dyke, Ann-Margret, Maureen Stapleton

Una versión fílmica del exitoso musical de Broadway de 1960, en el que Chita Rivera estrenó el papel de Rosie. Conrad Birdie, un ídolo de *rock 'n' roll*, está a punto de ser reclutado obligatoriamente en el ejército de los Estados Unidos, lo que significa la perdición de Albert Peterson (Van Dyke), un compositor en bancarrota que ha escrito la nueva canción titular para la nueva película del cantante. Ahora no puede haber película, ni canción titular, ni ganancias por derecho de autor. Sumándose a las desdichas de Albert está su posesiva madre, Mae (Stapleton), decidida a romper el romance con Rosie De León (Leigh). Rosie, en un esfuerzo por volver rico a Albert y arrancarlo del lado de su mamaita, maquina hacer que Albert escriba una canción especial de despedida para Birdie, una obra espectacular televisiva, típica de un pequeño pueblo norteamericano, tiene lugar cuando Birdie visita el pueblo natal de un admirador, con las correspondientes complicaciones que se presentan.

En esta aventura con un elenco fuera de lo corriente, la rubia estrella Janet Leigh, tuvo que lucir una peluca negra además de bailar y cantar para el rol de Rosie De León, la secretaria española.

California (1946, Paramount)

DIRECTOR: John Farrow
GUIÓN: Frank Butler y Theodore Strauss, basado en una historia de Boris Ingster
PRODUCTOR: Seton I. Miller
ELENCO: Ray Milland, Barbara Stanwyck, Anthony Quinn

Ubicada en la California del siglo XIX, Ray Milland, la estrella principal, es un cowboy que conoce a una dama jugadora (Stanwyck), y se ve involucrado en cómo malograr los esfuerzos de un antiguo traficante de esclavos, que quiere establecer California como un estado separado.

En esta película basada libremente en un tema histórico, Quinn aparece como Don Luis Rivera y Hernández, quien se espera dé apoyo al intento de usurpar el poder, mientras los colonos anglos deciden la condición de estado de California.

California Conquest (1952, Columbia)

DIRECTOR: Lew Landers
GUIÓN: Robert E. Kent
PRODUCTOR: Sam Katzman
ELENCO: Cornel Wilde, Teresa Wright, Alfonso Bedoya, Eugene Iglesias, Tito Renaldo, Rico Alaniz, Alex Montoya

Un filme melodramático, con matices históricos y el énfasis puesto en la acción. El joven Arturo Bordega (Wilde), es el líder de un grupo de españoles ricos de California, que cansado del gobierno de México, y temiéndole a las reclamaciones de los ingleses, franceses y rusos sobre su patria, desea vivir en paz y libertad bajo el mandato de los Estados Unidos. Para evitar ser capturado, Bordega se hace pasar por un peón y así poder ganar acceso a una fortaleza rusa. Wright es una muchacha americana, cuyo padre ha sido asesinado por los rusos.

La película representa la paranoia existente durante la guerra fría de la era de McCarthy que impregnaba la América de los años 50, por lo que los rusos siempre eran presentados como los "malos". Wilde, que había desempeñado previamente papeles de latinos de suave apariencia, ofreció una caracterización excelente de un noble caballero californiano. Bedoya aportó su conocida interpretación de bandido con excelentes resultados.

The Californian (1937, Twentieth Century Fox)
También llamada The Gentleman from California

DIRECTOR: Gus Meins
GUIÓN: Gilbert Wright, basado en una historia de Harold Bell Wright, adaptada por Gordon Newell
PRODUCTOR: Sol Lesser
ELENCO: Ricardo Cortéz, Katherine DeMille, Marjorie Weaver

La historia de Ramón Escobar (Cortéz), un patriota de la antigua California. La trama gira alrededor de un tema parecido al de Robin Hood, y los villanos son los primeros colonos americanos del este de la nación, los que por la fuerza, además de engaños, se apoderan de las ricas tierras de los caballeros españoles.

Es una cinta clase B, carente de originalidad, aburrida y muy común, a pesar de tener un tema que prometía ser provocativo.

Cannery Row (1982, Metro-Goldwyn-Mayer/United Artists)

DIRECTOR: David S. Ward
GUIÓN: David S. Ward, basado en las novelas de John Steinbeck
PRODUCTOR: Michael Phillips
ELENCO: Nick Nolte, Debra Winger, Santos Morales, Rosana De Soto

El guión de David S. Ward (quien había ganado anteriormente un premio de la Academia por su guión en *The Sting* [1973], y quien luego escribiera el de *La Guerra del campo de frijoles de milagro* [1988]), está basado en *Cannery Row* de John Steinbeck, y *Sweet Thursday*, su secuela. La acción sucede en un muelle que sirve de alborotado refugio a vagabundos, soñadores e inconformistas, centrándose mayormente en las relaciones amorosas de una ex-estrella del béisbol, Doc (Nolte), y una pícara prostituta, Suzy (Winger). La pareja triunfa sobre las duras realidades de la vida gracias a ser compasivos y poseer un buen sentido del humor. El film tuvo en principio un comienzo algo incierto, cuando Raquel Welch, que caracterizaría a Suzy, fue reemplazada por Debra Winger después de algunos días de filmación. La cinta definitiva recibió críticas mixtas y tuvo una pobre aceptación en la taquilla.

Captain from Castile (1947, Twentieth Century Fox)

DIRECTOR: Henry King
GUIÓN: Lamar Trotti, basado en la novela de Samuel Shellabarger
PRODUCTOR: Lamar Trotti
ELENCO: Tyrone Power, Jean Peters, Lee J. Cobb, César Romero, Thomas Gómez, John Sutton, Antonio Moreno

La primera y única película de importancia de Hollywood hasta la fecha, sobre la conquista de México, filmada realmente en México. *Captain from Castile* es una suntuosa, romántica y entretenida cinta producida en el pináculo de la Edad de Oro de Hollywood. Cualquier parecido a la historia de los hechos de la conquista de los aztecas, puede decirse es una coincidencia en Technicolor de "capa y espada". La historia es un recuento parcial de la Inquisición española, y la conquista de 1519 desde un punto de vista español. Solamente fue filmada la primera parte de la enorme novela de Shellabarger.

Pedro De Vargas (Power), es un noble español que se escapa al Nuevo Mundo cuando la Inquisición, que tiene a Diego De Silva (Sutton) como cabeza principal, persigue a su familia. Estando aún en España, Pedro se olvida de sus promesas a una dama española, y se enamora de la bella campesina Catana Pérez (Peters, haciendo su debut en el celuloide), con la que ha trabado amistad. Catana, consumida por el amor que siente por Pedro, lo ayuda a huir de España y ella lo sigue al Nuevo Mundo.

Pedro se une a Hernán Cortés (Romero) y a su expedición en La Hispanola, para la exploración y conquista de la nación azteca. Ayudado por un bravo pero alcohólico soldado mercenario que está lleno de remordimientos, Juan García (Cobbs), Pedro asciende en poder en el ejército de Cortés. En medio de innumerables dificultades, inspirado por el amor que siente por Catana, e impulsado por el odio hacia De Silva, Pedro se llena de gloria; sin embargo, no logra llevar a cabo su venganza. Finalmente, la justicia le llega al fanático inquisidor, pero viene de una fuente insospechada.

En su primer papel después de haber ganado un certamen de talento, Jean Peters recibió la publicidad usual dirigida a fomentar a una estrella. Romero, en el papel de Cortés, ofreció una fuerte caracterización que él consideraba su favorita. Él fue escogido para ese papel durante una visita a la casa de Darryl Zanuck, cuando su amigo, Tyrone Power, lo sugirió y Darryl estuvo de acuerdo.

Ésta fue la tercera y última vez que Power representara a un español. Él estaba considerado una estrella de magnitud en México, desde sus apariciones como un español en *La marca del Zorro* (1940), y *Sangre y arena* (1941), y era asediado por sus admiradores dondequiera que iba en México. Antes de comenzar a trabajar en *Captain from Castile*, Power hizo una gira por Sudamérica con

César Romero como Cortéz se muestra satisfecho con doña Marina (Stella Inda) y con los representantes del imperio Azteca de Moctezuma en *Captain from Castile*. Jay Silverheels (derecha atrás) interpreta Coatl. (Hombre no identificado con tocado.)

Romero, usando su propio avión, *Saludos, Amigos*. Como él era un antiguo piloto de la Infantería de Marina de los Estados Unidos, Power piloteó el avión él mismo.

Antonio Moreno, veterano del cine silente, personifica a Don Francisco, el padre de Power. Stella Inda, una prominente actriz mexicana de las tablas y el cine, es doña Marina, la muchacha india que servía de intérprete a Cortés y lo ayudó inmensamente en la Conquista. Dolly Arriaga aparece como la hermana de Pedro, que muere víctima de la Inquisición. Jay Silverheels, un actor aborigen norteamericano (después famoso como Tonto, el secuaz del Llanero Solitario de la serie televisada de la década de los años 50), hace el papel de Coatl, el azteca de noble linaje que es llevado a España como un esclavo, y logra escapar y regresar al Nuevo Mundo.

El gobierno mexicano aprobó el libreto y cooperó con la compañía que hacía la cinta, que empleaba a muchos mexicanos como técnicos de filmación.

Con un presupuesto de $3,5 millones para la filmación, y un itinerario de 106 días de trabajo, comenzando el 15 de noviembre de 1946, la compañía no regresó a los Estados Unidos hasta el primero de marzo de 1947. En los casi cuatro meses que pasaron filmando en México, fueron utilizados tres sitios principales: Morelia, por seis semanas, en donde los interiores de casas de 300 años se usaron para representar a España; Uruapan, por cinco semanas y Acapulco por cuatro. La compañía regresó a Los Ángeles por unos treinta días adicionales, para filmar interiores en los estudios Fox, donde fueron construidas veinte escenas.

Un tren especial de ocho vagones fue enviado desde Los Ángeles a Ciudad de México. Un vagón contenía alrededor de 5.000 lanzas aztecas, 6.000 escudos indios y 400 ballestas. Otro vagón cargaba equipo de luces y de tramoya, igual que unidades de refrigeración para proteger la película en Technicolor del calor y la humedad en los sitios lejanos. También estaba incluido la guardarropía de los extras, así como el vestuario de los actores principales y de reparto. El Museo de Ciudad de México cooperó con el departamento de investigación de la Twentieth Century Fox, para los detalles referentes a la cultura y a la época.

Cuatro mil extras de México, incluso indios tarascanos, fueron empleados para representar a los aztecas y a los españoles en las secuencias finales de la película. Un templo azteca, de cuarenta pies de altura y veinte de largo, rodeado de una villa con cuarenta chozas, fue construido más adentro de Acapulco, en Uruapan, con el entonces activo volcán Paracutín viéndose al fondo.

Artistas mexicanos fueron empleados para recrear murales que parecieran copias exactas de los que estaban preservados en el museo de Ciudad de México, en las paredes del interior de las cámaras del templo.

James Basevi, el director de arte del filme, recordó un error intencional en una entrevista con Virginia Wright en el *Daily News* (4/30/47): "Todo estudiante de historia sabe que Cortés desembarcó en la costa este de México, pero en la película lo tenemos en la del oeste. Teníamos dos razones para el cambio. Los sitios ya eran de por sí una empresa, sin tener que añadir la complicación que resultaba transportar actores y equipos a través de todo México. Además, era necesario tener en cuenta el estado del tiempo en la costa del oeste para el momento que nosotros queríamos hacer la filmación. Hay muy poca diferencia en el follaje tropical. Ambos parajes tienen matas de coco. Más afortunado para nuestro propósito resultaba ser que el contorno de la costa de Acapulco es de tal manera, que el sol en realidad se alza sobre el agua. Fotografiamos una salida de sol y nadie podía decir que habíamos retratado otro océano".

Una de las mejores partes de la cinta es la conmovedora y ahora clásica partitura musical de Albert Newman. La "Marcha de la Conquista", que sirve como final de la película, es una de las más emocionantes composiciones hechas para la pantalla, y es todavía popular entre las bandas de los institutos y colegios universitarios.

Captain from Castile termina de una manera irritante, antes que Cortés establezca relaciones diplomáticas con Moctezuma, y antes de que suceda el choque de las dos culturas. Finaliza cuando los conquistadores son llevados por los mensajeros aztecas al Valle de México, en una marcha triunfal hacia la puesta del sol, mientras se escucha la voz de Fray Bartolomé de las Casas (Gómez) expresando la esperanza de que los españoles estén menos interesados en el oro que en abrirle un gran nuevo mundo a la civilización del Viejo Mundo.

Captain Thunder (1931, Warner Bros.)

DIRECTOR: Alan Crosland
GUIÓN: Historia original de Hal Davitt y Pierre Couderc; adaptación de Gordon Rigby; diálogo de William K. Wells
PRODUCTOR: Warner Bros.
ELENCO: Victor Varconi, Fay Wray, Charles Judels, Robert Elliott, Don Alvarado

El Capitán Thunder (Varconi), un Robin Hood mexicano, siempre mantiene su palabra a amigos igual que enemigos. Él se divierte con la promesa del Comandante Ruiz que ha ofrecido dar un premio de 50.000 pesos al soldado de su pelotón que lo capture. Thunder es quien los captura, devolviéndolos maniatados y amordazados sobre caballos. Fay Wray es Ynez Domínguez. El acento italiano de Varconi no suena a español en esta cinta de los comienzos del cine hablado.

Captains Courageous (1937, Metro-Goldwyn-Mayer)

DIRECTOR: Víctor Fleming
GUIÓN: John Lee Mahin, Marc Connelly y Dale Van Every, basado en la novela de Rudyard Kipling
PRODUCTOR: Louis D. Lighton
ELENCO: Spencer Tracy, Freddie Bartholomew, Lionel Barrymore

Basada en la historia clásica del siglo XIX de Rudyard Kipling, sobre el desarrollo de una amistad entre un malcriado niño rico, y un humilde portugués llamado Manuel.

Spencer Tracy, de origen irlandés y nacido cerca de Milwaukee, en Wisconsin, interpreta al pescador portugués. Aunque sus intentos de hablar con acento no son acertados, proyecta sinceridad, comprensión y un buen humor contagioso, así como una alegría de vivir que disipa el prejuicio del niño.

Tracy, en principio, estuvo remiso en aceptar el papel, porque no quería que le rizaran el cabello, como tampoco quería intentar un papel con un argot particular, pero en fin de cuentas, obtuvo el premio de la Academia como Primer Actor de 1937, por su impecable trabajo.

Carlito's Way (1993, Universal)

DIRECTOR: Brian De Palma
GUIÓN: David Koepp, basada en las novelas de Edwin Torres
PRODUCTOR: Martin Bregman, Willi Baer y Michael S. Bregman
ELENCO: Al Pacino, Sean Penn, Penelope Ann Miller, John Leguizamo, Luis Guzmán, Viggo Mortensen, Jorge Porcel, Jaime Sánchez, John Ortiz, Al Israel

Al Pacino se une de nuevo a Brian De Palma y a Martin Bregman, los cineastas de *Scarface*, para aparecer en el papel estelar de Carlitos Brigante, un notorio gángster puertorriqueño del pasado, que después de ser puesto en libertad, trata desesperadamente de retirarse de su vida criminal. Aunque él sueña con establecerse honestamente en las Bahamas, la traición de viejos amigos y rivales lo empujan inevitablemente a un camino de autodestrucción.

La cinta está llena de estereotipos hispanos/puertorriqueños del estilo del violento, inarticulado y pordiosero traficante de drogas que habita en la ciudad. No hay personajes positivos de puertorriqueños y el guión divaga por todas partes. No hay mujeres hispanas en el film que no aparezcan como objetos sexuales que se consideran las reinas de la salsa, y que pasan el rato en un club nocturno hasta altas horas de la noche. El personaje no está desarrollado tanto como para poder mostrar el origen étnico de Carlitos, y lo que se presenta de la vida del Harlem Latino es pintado con trazos muy generalizados y superficiales. Él tiene una hermosa amiga anglo, Gail (Miller) que no es todo lo que ella pretende ser y la que no admite la etnia de Carlitos, llamándolo Charley en vez de Carlitos. Mejor que ir a Puerto Rico, Carlitos prefiere retirarse en las Bahamas y abrir una agencia de alquiler de carros, como si el personaje quisiera desechar sus raíces. Los cineastas tuvieron la oportunidad de hacer una cinta interesante sobre la experiencia neoyorquina-puertorriqueña, pero en cambio hicieron una historia de crimen a la que falta un genuino punto de vista étnico o sociológico. Leguizamo, como Benny Blanco del Bronx, impresiona, pero su actuación se desperdicia porque su papel es muy pequeño. Guzmán, como Pachanga, el bruto guardaespaldas de Carlitos, ofrece una buena representación arraigada en la realidad. Mortensen brinda una escalofriante y sentida interpretación como Lalín, un antiguo amigo de Carlitos que es paralítico. Sánchez aparece como un camarero del club.

Carnival in Costa Rica (1947, Twentieth Century Fox)

DIRECTOR: Gregory Ratoff
GUIÓN: John Larkin, Samuel Hoffenstein y Elizabeth Reinhardt
PRODUCTOR: William A. Bacher
ELENCO: César Romero, Vera-Ellen, Celeste Holm, Dick Haymes, J. Carroll Naish, Pedro de Córdoba

Una agradable y divertida comedia musical acerca de dos familias acomodadas que han comprometido a sus hijos (Romero y Vera-Ellen), sin tener en cuenta los deseos de ellos. Él está enamorado de la cantante de un club nocturno (Holm), y ella está enamorada de un joven visitante americano (Haymes). Los padres (Naish y de Córdoba), se ven obligados a arreglar la situación. La película, llena de música y canciones, fue filmada en el patio anexo y en el estudio. Un equipo de la cinta fue enviado a Costa Rica, sin el elenco, a reunir metraje del país para ser insertado como trasfondo de la cinta.

Casualties of War (1989, Columbia)

DIRECTOR: Brian De Palma
GUIÓN: David Rabe, basada en el libro de Daniel Lang
PRODUCTOR: Art Linson y Fred Caruso
ELENCO: Michael J. Fox, Sean Penn, John Leguizamo

En una misión de reconocimiento de largo alcance durante la guerra de Vietnam, soldados americanos raptan, violan brutalmente y después asesinan a una joven de una villa vietnamita. Una lucha por el poder tiene lugar entre el novato Eriksson (Fox), y el perturbado líder del pelotón, Sargento Meserve (Penn) sobre el incidente. Leguizamo aparece como Díaz, el nuevo miembro de la brigada, cuya fidelidad vacila entre Fox y Meserve.

Cat Chaser (1990, Vestran)

DIRECTOR: Abel Ferrara
GUIÓN: Jim Borrelli y Alan Sharp, basado en la novela de Elmore Leonard
PRODUCTOR: Peter S. Davis y William Panzer
ELENCO: Peter Weller, Kelly McGillis, Tomás Milián, Juan Fernández, Frederic Forrest, Charles Durning, Víctor Rivers

Una diablura demasiado compleja acerca de un ex-Infante de Marina, George Moran (Weller), que estuvo envuelto en la invasión americana de Santo Domingo (ahora República Dominicana) durante la década de los 60. Él regresa a la isla en busca de la mujer que se burlaba de él bajo el nombre de "Cat

Chaser", pero que le salvó la vida cuando fue capturado por las guerrillas. El viaje lo lleva a una relación amorosa con Mary DeBoya (McGillis), que resulta estar casada con Andrés DeBoya (Milián), el antiguo jefe de la policía secreta de Santo Domingo, que ahora reside en Miami. Hay una trama secundaria acerca de Nolen Tyner (Forrest) y Jiggs (Durning), quienes tratan de robar el dinero de DeBoya.

Catlow (1971, Metro-Goldwyn-Mayer)
También llamada Maverick Gold

DIRECTOR: Sam Wanamaker
GUIÓN: Scott Finch y J.J. Griffith, basado en la novela de Louis L'Amour
PRODUCTOR: Euan Lloyd
ELENCO: Yul Brynner, Richard Crenna, Daliah Lavi

Una jocosa cinta del oeste sobre Catlow (Brynner), un cuatrero que es perseguido por un antiguo amigo que es sheriff (Crenna). Catlow se involucra en México con una apasionada mexicana (Lavi), y el sheriff encuentra el amor con una aristocrática dama mexicana, Christina, mientras elude a los indios y a la Caballería mexicana.

Esta buena y divertida película del oeste, con estereotípicas caracterizaciones que asoman por todas partes, fue filmada en España, lugar que simuló ser un área fronteriza entre Texas y México.

Cha-Cha-Cha Boom (1956, Columbia)

DIRECTOR: Fred F. Sears
GUIÓN: James B. Gordon y Benjamin H. Kline
PRODUCTOR: Sam Katzman
ELENCO: Steve Dunne, Alix Talton

Este filme de bajo presupuesto, fue diseñado para sacar provecho de las locuras imperantes del cha-cha-chá y el mambo, cuando ambos ritmos se extendieron por todos los Estados Unidos a mediados de la década de los 50. Un *disc jockey* trata de contratar a un nuevo talento de Cuba para su compañía de grabación. El tema es solo una estratagema para ensartar unos cuantos números musicales.

El único valor que tiene la cinta en el presente es el récord visual y musical de los legendarios Pérez Prado, el Trío de Mary Kay, Helen Grayco y las bandas de Luis Arcaraz y Manny López. El actor cómico José González-González suministró la parte de comedia. El director Fred Sears también dirigió ese mismo año, *Rock Around the Clock*, la primera cinta de *rock 'n' roll* filmada.

Charlie Chan in Panama (1940, Twentieth Century Fox)

DIRECTOR: Norman Foster
GUIÓN: John Larkin y Lester Ziffren, basado en un personaje creado por Earl Derr Biggers
PRODUCTOR: Sol M. Wurtzel
ELENCO: Sidney Toler, Jean Rogers, Lionel Atwill, Chris-Pin Martín

Charlie Chan (Toler), trabaja con el gobierno americano para frustrar el plan de destruir la Armada cuando atraviese el Canal de Panamá en ruta al Pacífico.

Charlie Chan in Rio (1941, Twentieth Century Fox)

DIRECTOR: Harry Lachman
GUIÓN: Samuel G. Engel y Lester Ziffren, basado en un personaje creado por Earl Derr Biggers
PRODUCTOR: Sol M. Wurtzel
ELENCO: Sidney Toler, Mary Beth Hughes, Cobina Wright Jr.

Chan (Toler) trabaja en Río de Janeiro con la policía local, para ayudarlos a resolver dos asesinatos. El lugar incita a música y romance en cantidades poco usuales para una película de Chan, pero con cuerda con el primer intento de los estudios sobre la Política del Buen Vecino. Ésta es una repetición de *The Black Camel* (1931), una antigua película de Chan con Warner Oland. Hamilton MacFadden que dirigió la cinta, aparece en ella como Bill Kellogg.

Charro! (1969, National General)

DIRECTOR: Charles Marquis Warren
GUIÓN: Charles Marquis Warren, basado en una historia de Frederick Louis Fox
PRODUCTOR: Harry Caplan y Charles Marquis Warren
ELENCO: Elvis Presley, Ina Balin, Victor French

Una cinta del oeste, tediosa y melodramática, en la que un proscrito y sus secuaces roban a los mexicanos un cañón adornado de oro y plata, que había disparado el último cañonazo contra el emperador Maximiliano.

Un antiguo bandido, Jess Wade (Presley) es señalado y falsamente acusado de ser el culpable del robo. Muy pronto hay soldados que lo persiguen a ambos lados de la frontera. Él tiene que probar su inocencia y a la vez proteger a un pueblo de la frontera de ser asolado por la banda de maleantes.

Ina Balin es Tracey, una tabernera con la que Wade renueva una pasada amistad. El personaje de Balin podía ser mexicano, basado en su apariencia y en el sitio donde sucede la historia, pero ella protagoniza el papel sin acento al hablar. El barbudo Presley, que interpreta el papel de acuerdo con la época y el ambiente, se llama Jess Wade pero le dicen Charro, el nombre que se le da a un *cowboy* mexicano. La apariencia trigueña de Presley sugiere que podía ser mexicano, o mestizo, como los otros personajes que él interpretó en *Flaming Star* (1960) y *Stay Away, Joe* (1968). Tony Young es el Teniente Rivera y James Almanzar aparece como el Sheriff Ramsey.

CHÉ! (1969, TWENTIETH CENTURY FOX)

DIRECTOR: Richard Fleischer
GUIÓN: Michael Wilson y Sy Bartlett, basado en una historia de Bartlett y David Karp
PRODUCTOR: Sy Bartlett
ELENCO: Omar Sharif, Jack Palance, Cesare Danova, Robert Loggia, Woody Strode, Perry López, Rudy Díaz, Barbara Luna, Frank Silvera, Sarita Vara

Muy pronto después de la muerte del controvertido revolucionario latinoamericano, Dr. Ernesto Ché Guevara, Darryl F. Zanuck, jefe de producción de la Twentieth Century Fox, envió una petición a Richard D. Zanuck, vicepresidente ejecutivo a cargo de la producción, de explorar las posibilidades de producir una cinta biográfica del afamado guerrillero. El productor Sy Bartlett fue asignado al proyecto, por el récord de larga asociación que tenía con las gentes y los países de América Latina, y por su conocimiento del español. Bartlett comenzó entrevistando a más de 100 personas, viajó a lo largo de miles de millas y usó sus contactos con fuentes gubernamentales y militares para recolectar su material. Dos meses después de la muerte del Ché, y algunos cuarenta y cinco días después que él dio comienzo a su extensivo programa de investigación, Bartlett entregó dos voluminosos informes que fueron la base del guión escrito por Bartlett y Michael Wilson.

La película cubre el período del desembarco de Ché junto a Castro, en Cuba, a través de la exitosa revolución que erradicó el poder a Batista, hasta la inútil campaña guerrillera en las escabrosas vertientes de los Andes. Concluye con la muerte de Guevara en Bolivia, a manos de soldados bolivianos.

Omar Sharif, que desde *Lawrence of Arabia* (1962), *Doctor Zhivago* (1965) y *Funny Girl* (1968), había aparecido en películas habladas en inglés, fue contratado para interpretar a Guevara. Con barba y bigote, Sharif tiene un extraño parecido con el Ché. Jack Palance interviene como Fidel Castro. Luna es la enfermera Anita Márquez, que presta ayuda dando cuidados médicos a las guerrillas, a los campesinos cubanos y a los soldados del ejército por igual. Al final de la cinta, Silvera aparece como un viejo guardacabras que le dice al Ché y a un agente de la policía que a él no le interesa lo que ninguno de los dos ofrecen. En el film también trabajan Sarita Vara, Perry López y Rudy Díaz en papeles pequeños.

Ché! fue rodada en Puerto Rico, en sustitución de Cuba, y en Hollywood, con el Rancho Fox simulando a Bolivia. Muchos actores de Puerto Rico fueron usados en papeles menores.

Esta cinta de mediana importancia, no se adentra mucho en su principal asunto, y presenta la historia de una manera retrospectiva y desordenada en su estilo narrativo.

Cheyenne Autumn (1964, Warner Bros.)

Otoño de los cheyenne

DIRECTOR: John Ford
GUIÓN: James R. Webb, basado en la novela de Mari Sandoz
PRODUCTOR: Bernard Smith
ELENCO: Richard Widmark, Carroll Baker, Gilbert Roland, Ricardo Montalbán, Dolores Del Río, Sal Mineo, Karl Malden

La larga caminata de la nación Cheyenne, expulsada de sus tierras por el gobierno de los Estados Unidos en 1876, dio oportunidad a tres de los legendarios actores hispanoamericanos de Hollywood (Roland, Del Río y Montalbán) a trabajar juntos por una sola vez, en papeles de primera magnitud. Curiosamente, ellos representan a americanos nativos (aborígenes norteamericanos), bajo la dirección de John Ford.

Estas clases de papeles han ido a parar previamente a hispanos u otras etnias, para caracterizaciones limitadas de una sola dimensión (por ejemplo, Henry Brandon como el Jefe Cicatriz (Scar) en *The Searchers* [1956]). Estos tres actores, sin embargo, dieron enorme peso, dignidad y presencia a una cinta que pudo permitirse el lujo de hacer una epopeya poco usual, y dar una mirada compasiva a los norteamericanos aborígenes.

Roland interpreta al Jefe Cuchillo Mellado (Dull Knife), quien lleva a su gente de regreso a su tierra en una larga caminata, antes que enfrentarse a hambre y humillaciones en una reserva. Montalbán es Pequeño Lobo (Little Wolf), cuyo deseo es ir a la cabeza de su gente en una lucha a muerte con el hombre blanco. Del Río aparece como una mujer española.

Roland, Del Río y el director Ford habían empezado sus carreras en las cintas silentes y comprendían intuitivamente lo que se necesitaba ante las cámaras. Montalbán había probado ser un actor serio, no solo del tipo del Amante Latino. Después de una carrera exitosa en México, Del Río había regresado a Hollywood cuatro años antes, para aparecer como la madre india de Elvis Presley en *Flaming Star* (1960). Desde sus primeros tiempos en Hollywood, Del Río mantenía una relación cercana con Ford, y había trabajado con él previamente en *The Fugitive* (1948).

En la revista *Life* (11/27/64), Richard Oulahan dijo en su comentario, "[aunque Del Río] pudiera ser la mujer más guapa del siglo XX en este operístico caballo troyano de tres horas y media de duración, muy pocas veces ella tiene oportunidad de mostrar su talento como actriz. Todo lo que se le permite hacer es lucir noble o triste mientras la cámara escudriña cariñosamente la forma clásica de su cara desde todo ángulo".

Quizás para Ford, estos íconos del cine silente y el hablado, representaban un reconocimiento simbólico de la desaparición del Hollywood que él había ayudado a crear, tanto dentro del cine como fuera de él. Esta desaparición de un sistema de vida iba paralelo a lo que habían experimentado los aborígenes norteamericanos en el filme.

El ítaloamericano Sal Mineo, entonces muy usado adolescente étnico de Hollywood, apareció como un indio norteamericano al lado de otro actor veterano, Víctor Jory, que hacía de viejo curandero. Las simpatías del filme están claramente al lado de los nativos, por más que el público nunca llega a conocerlos individualmente como seres humanos. Hay demasiadas escenas dedicadas al caballeroso oficial blanco (Widmark), a los bienintencionados e intrigantes anglos, y al papeleo burocrático de la política de Washington. Como todas las películas de Ford, *Otoño de los cheyenne* tiene algunos momentos de maestría, realzados por la cinematografía de William H. Clothier.

THE CHILDREN OF SÁNCHEZ (1978, LONE STAR INTERNATIONAL)

DIRECTOR: Hall Bartlett
GUIÓN: Cesare Zavattini y Hall Bartlett, basado en un libro de Oscar Lewis
PRODUCTOR: Hall Bartlett
ELENCO: Anthony Quinn, Dolores Del Río, Lupita Ferrer, Katy Jurado

Después de muchos años de estar tratando de producir un largometraje del libro de 1961, sobre las experiencias de Oscar y Ruth Lewis, vividas con Jesús Sánchez y su familia en un barrio bajo de Ciudad de México, a Hal Bartlett le fue posible vencer las objeciones del gobierno de México sobre su negativa presentación de la vida urbana mexicana. Desafortunadamente, el resultado fue esta desapacible, desajustada y deprimente cinta que Bartlett produjo, escribió y dirigió.

El talentoso elenco de actores latinos no pudo superar el guión y la lasitud de la dirección. El colorido de la iluminación de Gabriel Figueroa no era apropiado para la historia de la vida de un barrio bajo. La cinta presentó toda clase de latinos estereotípicos, sin profundidad ni conocimiento. La labor de Quinn es el elemento más fuerte de la película, pero ni siquiera él puede mejorar los defectos, a pesar de que Quinn, durante muchos años, había querido hacer un filme con esta historia. *The Children of Sánchez* fue hecha en consorcio con el gobierno mexicano. El popular artista de jazz, Chuck Mangione, orquestó la música, y el tema se convirtió en un éxito de venta, llegando a ser más ampliamente conocido que la propia película. La cinta tuvo un estreno muy limitado en los Estados Unidos a través de una pequeña compañía distribuidora, Lone Star International, que muy pronto quebró.

"Un sincero pero defectuoso intento de desarrollar el libro de Oscar Lewis", *Variety* (9/20/78). "*The Children of Sánchez* te rompe el corazón, pero no de la manera que querían hacerlo. La tristeza que termina no siendo una congoja total, es que un trabajo tan monumentalmente importante haya sido convertido en una película tan ominosa. Es de aficionados, rígida, con pocas características cinemáticas, y escasa emoción", Charles Champlin, *Los Angeles Times* (9/22/78).

Chinatown (1974, Paramount)

DIRECTOR: Roman Polanski
GUIÓN: Robert Towne
PRODUCTOR: Robert Evans
ELENCO: Jack Nicholson, Faye Dunaway, John Huston, Perry López

En esta clásica película de suspenso y misterio, López interpreta a un detective mexicanoamericano de la policía, el Teniente Lou Escobar, amigo del detective Jake Gittes, personificado por Nicholson. El papel estelar de López, en una cinta de gran importancia le ganó el favor de los críticos y del público por igual. Resultaba muy poco usual encontrar a un detective mexicanoamericano como una figura positiva en el cumplimiento de la ley y sin restricciones estereotípicas, en un film situado en la década de los 30 en Los Ángeles. Aún más poco usual resultó ser que el papel fuera en realidad interpretado por un hispano. López, un veterano de la pantalla de plata, aprovechó la oportunidad para brindar una interpretación memorable y bien redondeada al lado de Nicholson.

Dieciséis años después, él hizo de nuevo el mismo papel, en la versión esperada ansiosamente titulada *Pícaros de un solo ojo* (1990), escrita y dirigida por Jack Nicholson, que también trabajaba en el film. La historia continúa diez años después, pero el personaje de Escobar, ahora un capitán, le falta la vitalidad e importancia que tenía en el original. La cinta explica que a Escobar le falta una pierna debido a una herida recibida en la guerra, reconociendo de esa manera los valientes sacrificios hechos por los mexicanoamericanos en la Segunda Guerra Mundial.

Christopher Columbus (1949, Universal)

DIRECTOR: David MacDonald
GUIÓN: Sydney y Muriel Box y Cyril Roberts
PRODUCTOR: A. Frank Bundy
ELENCO: Fredric March, Florence Eldridge, Francis L. Sullivan

Una suntuosa y hermosa producción en Technicolor, con March como un Colón con poca vitalidad y un guión débil. Los exteriores de los barcos (carabelas) durante el viaje oceánico fueron fotografiados en el estudio, contra telones de fondo pintados.

"Muy poco sutil, errónea y demasiado prosaica en presentar la historia. El enfoque anglosajón a las fervientes emociones latinas es torpe", Edwin Schallert, *Los Angeles Times* (11/9/49).

Christopher Columbus: The Discovery (1992, Warner Bros.)

DIRECTOR: John Glen
GUIÓN: Mario Puzo, John Briley y Cory Bates
PRODUCTOR: Ilya Salkind
ELENCO: Marlon Brando, Tom Selleck, Rachel Ward, George Corraface

La amplia y ligera saga, de una sola dimensión, de un hombre que desafía los límites de su propio universo y se convierte en el explorador más influyente del mundo. El malévolo Inquisidor español Torquemada, personificado por Marlon Brando, es suavizado, y el único hispano en el reparto, Benecio del Toro, aparece como un malvado villano. Rachel Ward es la Reina Isabel la Católica, y Tom Selleck el Rey Fernando. Filmada enteramente en España y en las Indias Occidentales, el filme representa la historia como uno lo esperaría de los que hicieron *Superman* (1978). Pueden verse muchas mujeres con los pechos al aire en el desembarco de Colón en el Nuevo Mundo. Lo que mejor resume la "dedicación" de esta cinta a la verdad histórica es la poco real e inverosímil imagen de Torquemada, representante de la maquinaria de la Inquisición española, diciéndole adiós a Colón desde el muelle. El lema de esta película es claramente "Nunca dejen que los hechos interfieran con una buena historia".

Cisco Pike (1971, Columbia)

DIRECTOR: B.W.L. Norton
GUIÓN: B.W.L. Norton
PRODUCTOR: Gerald Ayres
ELENCO: Kris Kristofferson, Karen Black, Gene Hackman, Antonio Fargas

El debut dramático en el cine de Kris Kristofferson como Cisco Pike, un antiguo compositor de *folk rock* y ex-convicto, al que lo chantajea un corrupto detective de narcóticos (Hackman) para que venda drogas. Fargas tiene un papel menor como un narcotraficante.

Nada en la cinta indica que los personajes principales sean hispanos, excepto por su primer nombre.

City Across the River (1949, Universal)

DIRECTOR: Maxwell Shane
GUIÓN: Maxwell Shane, Dennis Cooper e Irving Shulman, basado en una novela de Shulman
PRODUCTOR: Maxwell Shane
ELENCO: Stephen McNally, Richard Benedict, Luis Van Rooten, Peter Fernández, Anthony (Tony) Curtis, Thelma Ritter, Richard Jaeckel

Adaptada de la novela de Irving Shulman, *The Amboy Dukes*, acerca de la delincuencia juvenil y las pandillas de un barrio bajo de Brooklyn, *City Across the River*, puede ser posiblemente la primera de las llamadas películas de pandillas juveniles. El joven de diecinueve años, Peter Fernández, de origen cubano-irlandés, y con diez años de experiencia teatral y radiofónica, aparece como un joven polaco, Frankie Cusack. Frankie, por vivir en condiciones pésimas y ser desatendido por sus padres porque ambos trabajan, se une a una pandilla de bravucones de Brooklyn, que se llaman a sí mismos The Amboy Dukes (por la calle Amboy).

Violenta, aunque a veces simplista, *City Across the River*, tiene un tono semi-documental: una buena parte fue filmada en donde sucede la trama, usando a muchos jóvenes actores que no son conocidos; sin embargo, lo más poco usual resultó ser que un hispano, Fernández, haga de polaco.

Aunque él fue una de las figuras principales de la cinta, aparentemente Fernández no apareció en ningún otro film. Algunos años después, Anthony Curtis surgiría como una estrella consumada bajo el nombre de Tony Curtis. Richard Benedict llegó a ser un director de televisión renombrado, y Richard Jaeckel se convirtió en un magnífico actor de reparto.

Clear and Present Danger (1994, Paramount)

DIRECTOR: Phillip Noyce
GUIÓN: Donald Stewart, Steven Zaillian y John Milius
PRODUCTOR: Mace Neufeld y Robert Rehme
ELENCO: Harrison Ford, Willem Dafoe, James Earl Jones, Anne Archer, Joaquím de Almeida, Miguel Sandoval, Benjamin Bratt, Raymond Cruz, Jorge Luke, Belita Moreno

La tercera película adaptada de las novelas que más se venden de John Clancy, sobre el personaje de Jack Ryan, después del éxito mundial de *The Hunt for Red October* y *Patriot Games*. Jack Ryan (Ford) es ascendido de analista a subdirector de la CIA, y de repente se ve en medio de uno de los conflictos más peligrosos de América (la lucha contra las drogas). Él descubre una conexión entre un cartel de Colombia y un amigo influyente del Presidente de los Estados Unidos, que lleva a Ryan desde los corredores del poder de Washington, D.C. hasta las selvas colombianas y las calles de Bogotá. Rodeado de alianzas engañosas, de un equipo americano de unas operaciones secretas y de la compleja jerarquía del cartel, Ryan no está seguro quién es el verdadero enemigo.

México sirvió de Colombia: la cinta fue rodada en Cuernavaca, Ciudad de México, Xalapa, Coatepec y La Concepción, México.

The Cockeyed World (1929, Fox)

DIRECTOR: Raoul Walsh
GUIÓN: Raoul Walsh y William K. Wells
PRODUCTOR: William Fox
ELENCO: Edmund Lowe, Victor McLaglen, Lili Damita

Estrenada originalmente en ambas versiones de sonido y silente. Los personajes del Capitán Flagg y el Sargento Quirt, originalmente aparecieron en la comedia dramática de Laurence Stallings y Maxwell Anderson, y la versión fílmica de gran éxito que siguió, titulada *What Price Glory?* (1926).

The Cockeyed World se centra en las aventuras de dos pillos Infantes de Marina de los Estados Unidos, que los llevan de Rusia a Brooklyn y de ahí a Nicaragua. Lili Damita es Mariana, una nicaragüense de virtudes fáciles, que da idea de cómo las mujeres latinas son vistas en el filme— como criaturas sexuales fáciles de conseguir. Un Infante de Marina hasta se refiere a una mujer como "la ramera del paseo".

CODE OF SILENCE (1985, ORION)

DIRECTOR: Andy Davis
GUIÓN: Michael Butler, Dennis Shryack y Mike Gray
PRODUCTOR: Raymond Wagner
ELENCO: Chuck Norris, Henry Silva, Mike Genovese, Ron Henríquez

La hija de un magnate del hampa de Chicago es secuestrada y usada como instrumento en una guerra de drogas que va en aumento, entre la peligrosa familia Camacho de América del Sur, y la familia Luna del crimen organizado. El sargento detective Eddie Cusack (Norris) debe resolver la situación, que también involucra a un detective responsable por el asesinato de un adolescente. Silva hace el rol de Luis Camacho, el cabeza de la familia.

COLORS (1988, ORION)

DIRECTOR: Dennis Hopper
GUIÓN: Michael Schiffer y Richard DiLello
PRODUCTOR: Robert Solo
ELENCO: Robert Duvall, Sean Penn, María Conchita Alonso, Trinidad Silva, Rudy Ramos

Trinidad Silva (derecha) es el pandillero Frog que se reúne con Hodges (Robert Duval) para discutir actividades pandilleras en *Colors*.

Bob Hodges (Duvall), y Danny "Pacman" McGavin (Penn), son dos policías de Los Ángeles, que luchan contra la violencia de las pandillas callejeras afro-americanas y mexicano-americanas. Hodges es un veterano que lleva veintiún años en la policía y está a punto de retirarse, mientras trata de enseñar los intríngulis de la calle a McGavin, su sabelotodo y novato compañero. Finalmente el joven policía aprende su lección, pero demasiado tarde para salvar a su compañero.

Colors es una cinta cargada de emoción que no ofrece nada nuevo, a excepción de algún estilo, música y dos avezados actores principales. Chicanos y afroamericanos aparecen como miembros de las pandillas callejeras con poca delicadeza o profundidad, a excepción del personaje de Frog (Rana), interpretado por Silva. Hay unos pocos policías de las minorías, que son relegados al fondo de las escenas. La cinta puede parecer a algunos como un pronunciamiento en blanco y negro que se alimenta de los temores que los americanos de clase media sienten hacia las minorías que viven en áreas deprimidas de las grandes ciudades.

Sin embargo, el filme es más complicado que todo lo explicado anteriormente. Quizás sea más apropiado decir que sucumbió en su intento de seguir el desarrollo de un policía racista (Penn). El esfuerzo de su otro compañero (Duvall) y su novia (Alonso) para protegerlo de sí mismo no es suficiente para salvar la película.

En una escena muy reveladora, Penn, que ha tenido una continua relación amorosa con una muchacha mexicano-americana, la descubre maquillada como si fuera una pandillera, cuando él es llamado al lugar donde se celebra una fiesta donde ha ocurrido un tiroteo. Él parece notablemente asqueado cuando se da cuenta de que ella, aparentemente, ha estado haciendo el amor con un negro.

El punto de vista del personaje de Penn hizo que la más chocante y casi estereotipada presentación de las minorías como si fueran todos violentos pandilleros fuera inevitable. Es interesante comparar *Colors* con *American Me* (1992), de Edward James Olmos, o con la mucho más obvia estereotípica *Insignia 373* (1973).

Para dar crédito a la cinta, "Pacman" aprende su lección a través de la muerte del compañero.

The Comancheros (1961, Twentieth Century Fox)

DIRECTOR: Michael Curtiz
GUIÓN: James Edward Grant y Clair Huffaker, sobre la novela de Paul I. Wellman
PRODUCTOR: George Sherman
ELENCO: John Wayne, Stuart Whitman, Ina Balin, Nehemiah Persoff, Lee Marvin

Un peliculón exageradamente arquetípico, lleno de constantes riñas y tipos vociferantes del oeste. La historia sucede en la Texas de 1860, cuando anglos, indios y mexicanos renegados vendían whisky y armas a lo largo de la frontera Texas-México.

John Wayne es un Guardabosques de Texas, que va siguiendo la pista de un jugador profesional (Whitman), al que busca por un asesinato cometido en Luisiana. Varias circunstancias los llevan al campamento secreto de los Comancheros, donde para poder mantenerse vivos, se ven obligados a formar una inquietante unión. Logran evitar un terrible destino, gracias a la joven hija del Comanchero (Ina Balin), que está interesada en el jugador y la que por traicionar a su padre, en fin de cuentas muere.

El trío logra escapar del campamento, llevando al cacique Comanchero como rehén. Un destacamento de Guardabosques de Texas, que llega en el momento preciso, lo salva. Nehemiah Persoff rinde un interesante trabajo como el educado e inválido cacique. Alguna historia hispanoamericana es intercalada en el bastión Comanchero, cuando un indio norteamericano llamado Iron Shirt (Camisa de Hierro), aparece vistiendo una armadura de los Conquistadores españoles. Más tarde se explica que su abuelo luchó contra los españoles en lo que entonces era México. Michael Ansara aparece como Amelung, un bandido mexicano. *The Comancheros* fue la última película dirigida por Michael Curtiz (*Captain Blood* [1935], *Casablanca* [1942] y *Mildred Pierce* [1945]).

Commando (1985, Twentieth Century Fox)

DIRECTOR: Mark Lester
GUIÓN: Steven De Souza
PRODUCTOR: Joel Silver
ELENCO: Arnold Schwarzenegger, Rae Dawn Chong, Dan Hedaya

Un funcionario de operaciones especiales retirado, Matrix (Schwarzenegger), se ve forzado a regresar a Val Verde, un país de ficción, por un dictador a quien él ayudó a deponer, cuando su hija es secuestrada por el depuesto dictador, sediento de venganza. El dictador quiere que Matrix se haga cargo de una última misión— asesinar al Presidente Velásquez, electo democráticamente, para que el General Arius (Hedaya) pueda asumir el poder. Schwarzenegger es una máquina americana de matar, corriendo pistola en mano por todas las naciones latinoamericanas invadidas por dictadores o matones que trataban de mantener aplastados a los infelices pueblos amantes de la libertad.

Compromising Positions (1985, Paramount)

DIRECTOR: Frank Perry
GUIÓN: Susan Isaacs, basado en su novela
PRODUCTOR: Frank Perry
ELENCO: Susan Sarandon, Raúl Juliá, Joe Mantegna, Judith Ivey

Esta cinta fílmica es la historia de Judith Singer (Sarandon), una antigua reportera periodista, cuyo adormilado instinto de escritora es reavivado por la muerte de su dentista. Raúl Juliá es el detective David Suárez, divorciado, a cargo de la investigación que lo lleva a una inesperada relación amorosa con Sarandon.

En este cuento esencialmente de clase media alta blanca, es refrescante y bastante nuevo ver a un funcionario de la ley hispanoamericano que no sea el estereotipo usual.

Copacabana (1947, United Artists)

DIRECTOR: Alfred E. Green
GUIÓN: Laslo Vadnay, Allen Boretz y Howard Harris, basado en una historia de Vadnay
PRODUCTOR: Sam Coslow
ELENCO: Groucho Marx, Carmen Miranda, Steve Cochran

Groucho, sin los otros hermanos Marx, en una comedia musical de bajo presupuesto y escasa comicidad, que tiene muy poco que ver con el afamado y legendario club de Nueva York del mismo nombre. Lionel Deveraux (Groucho) es el agente de Carmen Novarro (Miranda). En su desesperación por encontrar contrato para su única cliente en algún cabaret, Deveraux convence al manager del Copa (Cochran), que él tiene a una segunda cliente disponible para otro contrato. Novarro se presenta a una audición y consigue ambos trabajos, viéndose forzada a disfrazarse de una cantante rubia francesa, igual que aparecer como su propia usual bombástica persona.

A Covenant with Death (1967, Warner Bros.)

Un pacto con la muerte

DIRECTOR: Lamont Johnson
GUIÓN: Larry Marcus y Saul Levitt, sobre una novela de Stephen Becker
PRODUCTOR: William Conrad
ELENCO: George Maharis, Laura Devon, Katy Jurado, Earl Holliman, Arthur O'Connell, Sidney Blackmer, Wende Wagner, Emilio Fernández, Gene Hackman

Hipocresía, sexo, crimen y racismo forman el fondo de la historia, que tiene lugar en un pequeño pueblo del suroeste de los Estados Unidos, en la década de los 20. Un hombre inocente (Holliman), acusado de haber asesinado a su esposa, es sentenciado a morir en la horca. En medio del frenesí de protestas, él salta del patíbulo, causando accidentalmente la muerte del verdugo. El reo es devuelto a su celda y entonces otro hombre confiesa ser él el asesino. ¿Se hará justicia por la muerte del verdugo?

Maharis es Ben Lewis, joven juez mexicano-americano que se encuentra ahora él mismo encausado ante la comunidad, y tiene que enfrentarse a este agotador e inaudito aprieto legal. Él tiene diferencias filosóficas con un juez mayor, y altercados con el procurador del distrito que quería el nombramiento de Lewis para sí, y le tiene un amargo rencor por su inexperiencia y orígenes mixtos. Mientras tanto, Lewis hace juegos malabares entre dos amoríos con una sueca (Devon) y una mexicana (Wagner).

Un pacto con la muerte es a veces interesante, pero nunca llega a conseguir la promesa ofrecida por el tema de drama de alta tensión y emoción. Muchas veces es lenta, y tiene demasiado diálogo que no ayuda a adelantar la trama. La cinta recuerda un melodrama social de la Warner Bros. parecido a *Ciudad de la frontera* (1935) de Paul Muni, sin su convicción o efectividad. Tiene varias similitudes con *Ciudad de la frontera*, especialmente en lo referente a que los dos protagonistas, el Johnny de Paul Muni, y el Ben Lewis de Maharis, viven atrapados entre dos mundos, el anglo y el mexicano. Ambos son abogados y tienen intereses amorosos anglos. Los finales son similares: Muni pierde la novia anglo y regresa al barrio; Maharis pierde la novia anglo y se casa con una mexicana, en un regreso simbólico a su propia clase.

Maharis desarrolla el papel del joven juez adecuadamente. Este helenoamericano fue una estrella popular en la serie de televisión *Route 66* (1960-64) de años atrás. Jurado trabaja como Eulalia, su dominante y fumadora madre mexicana. Fernández es Ignacio, un tío cariñoso. El film fue rodado en Santa Fe, Nuevo México, y en los estudios de la Warner Bros.

Cowboy (1958, Columbia)

DIRECTOR: Delmer Daves
GUIÓN: Edmund H. North
PRODUCTOR: Julian Blaustein
ELENCO: Glenn Ford, Jack Lemmon, Anna Kashfi, Dick York, Víctor Mendoza, Eugene Iglesias

La historia de un empleado de un hotel de Chicago, Frank Harris (Lemmon), que decide convertirse en un cowboy, y se une al ranchero Tom Reese (Ford) y su equipo, en una marcha a través del suroeste de México. Después de una ardua jornada de varias semanas, en las que Harris aprende el oficio de cowboy, el grupo cruza Río Grande y llega al Rancho Vidal a comprar ganado de un rico colono mexicano, con cuya hija María (Kashfi), Harris tuvo un romance en Chicago. Mientras Reese regatea el precio del ganado con Vidal, Harris busca a María y se entera, para su desolación, que se ha casado con Manuel (Iglesias), para satisfacer los deseos de la familia. Durante la fiesta de Santa Margarita, que se caracteriza por la violencia en la cercana Guadalupe, los gringos son admirados por su puntería y la audacia de Reese al ganarle a Manuel en el "Juego de los Toros", así llamada una forma especial de toreo. Uno de los vaqueros gringos se ve en líos por correr atrás de las mujeres mexicanas. Sus compañeros rehúsan ayudarlo cuando cuatro forzudos mexicanos lo capturan.

The Cowboys (1972, Warner Bros.)

DIRECTOR: Mark Rydell
GUIÓN: Irving Ravetch, Harriet Frank Jr., y William Dale Jennings, basado en una novela de Jennings
PRODUCTOR: Mark Rydell
ELENCO: John Wayne, Roscoe Lee Browne, Bruce Dern, A Martínez

Un ganadero (Wayne), se ve obligado a reclutar a once muchachos adolescentes para que lo ayuden a mover el ganado, cuando sus propios hombres lo abandonan después que se enteran que hay oro en la región. En el camino, la experiencia se convierte en la ceremonia de entrada en la virilidad para los muchachos. Cuando el ranchero es asesinado por un grupo de bandidos ante los propios ojos de los muchachos, ellos tienen que cuidar de sí mismos, y entonces deciden vengar su muerte y salvar el ganado.

La película fue popular, pero despertó una controversia debido al final, porque los muchachos, en un arrebato de violencia, asesinan a los que mataron al ranchero.

Martínez actúa como Cimarrón, un joven vaquero mexicano-americano (llenando el estereotipo, él tiene mal carácter y carga un cuchillo), quien se une a Wayne y demuestra lo que él vale. El film también destacó a un afro-americano que sirve de cocinero durante la marcha del ganado, interpretado por Roscoe Lee Browne. Éstas eran señales obvias de los liberales cambios sociales que sucedían al final de las décadas de los 60 y 70, ofreciendo la inclusión de los negros y otros caracteres minoritarios, en un contexto histórico más veraz del que previamente habían sido omitidos.

Cradle Will Rock (1999, Buena Vista)

DIRECTOR: Tim Robbins
GUIÓN: Tim Robbins
PRODUCTOR: Jon Kilik, Lydia Dean Pilcher, Tim Robbins
ELENCO: Hank Azaria, Rubén Blades, John Cusack, Cary Elwes, Angus MacFadyen

Basado en una serie de sucesos reales, el film es un tapiz de diferentes historias entrelazadas. Nelson Rockefeller (Cusack), encarga al artista mexicano Diego Rivera (Blades), que pinte un gran mural en el vestíbulo del Centro Rockefeller—más tarde destruido por el propio Rockefeller, por los sentimientos pro-leninistas y anti-capitalistas de la pintura. Mientras tanto, Orson Welles (MacFadyen), trata de montar una obra de teatro referente a una huelga del acero, mientras el Proyecto del Teatro Federal está preocupado por la inquietud de la industria y las amenazas de comunismo en Nueva York en 1930.

Creature from the Black Lagoon (1954, Universal)

DIRECTOR: Jack Arnold
GUIÓN: Harry Essex, Arthur Ross
PRODUCTOR: William Alland
ELENCO: Richard Carlson, Julie Adams, Richard Denning, Antonio Moreno, Néstor Paiva

En la selva del Amazonas, un grupo de paleontólogos encuentra por casualidad una criatura prehistórica, que ronda la temida Laguna Negra. El ser humanoide sale del escondite por la fascinación que siente por un miembro femenino de la expedición. La criatura del título se ha mantenido como una de las imágenes más indelebles de las películas de horror de la Universal de la década de los 50. El filme tuvo tanto éxito que dio lugar a dos secuelas: *Revenge of the Creature* (1955) y *The Creature Walks Among Us* (1956).

Fue filmada en los Estudios Universal, el Arboretum del Condado de Los Ángeles, y en la Florida.

Ídolos del matinée Ramón Novarro y Antonio Moreno aparecen juntos en *Crisis.* Aquí se encuentran practicando su próxima escena.

Crisis (1950, Metro-Goldwyn-Mayer)

DIRECTOR: Richard Brooks
GUIÓN: Richard Brooks, basado en la historia "The Doubters", de George Tabori
PRODUCTOR: Arthur Freed
ELENCO: Cary Grant, José Ferrer, Paula Raymond, Signe Hasso, Antonio Moreno, Gilbert Roland, Ramón Novarro, Pedro de Córdoba, Vicente Gómez, Martín Garralaga, Rudolfo Hoyos Jr., Rogue Ybarra, Felipe Turich, Soledad Jiménez, José Domínguez

Un cirujano americano (Grant), de luna de miel en un país ficticio suramericano, debe operar del cerebro al actual dictador del país, Raoul Farrago (Ferrer), para poder salvarle la vida.

En esta apasionante historia, aunque tiene demasiado diálogo, la novelesca nación latinoamericana parece tratarse más bien de una Argentina de Perón, que de una tradicional república bananera.

El escritor y director Brooks (en su primera cinta), tenía la idea de unir como actores de reparto (secundarios) a Moreno, Novarro y Roland, todos estrellas del cine silente e ídolos del público de esa época. Brooks también hizo que los actores, cuando estaban solos, conversaran en español entre ellos, y en inglés cuando había otros personajes en la escena.

CROSSOVER DREAMS (1985, INDEPENDENT)

DIRECTOR: León Ichaso
GUIÓN: León Ichaso, Manuel Arce y Rubén Blades
PRODUCTOR: Manuel Arce
ELENCO: Rubén Blades, Elizabeth Peña, Shawn Elliott, Frank Robles

El ascenso y caída de un cantante de salsa, Rudy Veloz (Blades), que anhela triunfar de gran manera en el negocio de música popular anglo. Ésta es una anticuada cinta de principios, con una perspectiva contemporánea latinoamericana. Rudy traiciona su linaje al querer obtener éxito en la industria del disco norteamericana. Él firma un contrato con una casa productora importante, compromete su música (trabajando con músicos anglos), y pierde a su fiel novia latina (por una joven anglo que le gusta mucho ir de fiesta).

"No es solo el talento y la inteligencia del Sr. Ichaso y el Sr. Arce los que hacen este trabajo muy especial, sino también las experiencias particulares como emigrados (de Cuba) que le permiten interpretar, para bien o para mal, los aspectos de nuestra cultura que se han vuelto invisibles para el resto de nosotros", Vincent Canby, *New York Times* (9/1/85).

CRY TOUGH (1959, UNITED ARTISTS)

DIRECTOR: Paul Stanley
GUIÓN: Harry Kleiner, basado en la novela *Children of the Dark*, de Irving Shulman
PRODUCTOR: Harry Kleiner
ELENCO: John Saxon, Linda Cristal, Perry López, Joseph Calleia, Bárbara Luna, Miguel Estrada

(Saxon) es un joven puertorriqueño, decidido a salir del Harlem Latino donde vive. Puesto en libertad recientemente después de haber estado preso un año por asalto armado, él trata de resistir los deseos de unirse de nuevo a su antigua pandilla. El destino le juega una mala pasada cuando se involucra con Sarita (Cristal), una cubana que es anfitriona de una academia de baile, detenida por las autoridades de inmigración por estar en el país ilegalmente. El jefe de la pandilla le da a Estrada el dinero que necesita para la fianza de Sarita, siempre y cuando él se una de nuevo a la pandilla. Estrada los traiciona y Sarita lo abandona, cuando él no puede darle la clase de vida que ella quiere. Muy turbado, él le pide al líder de la pandilla que lo perdone, y regresa a la vida de crimen que termina en tragedia.

Ésta es la primera película de Hollywood que usa los problemas de la segunda generación de puertorriqueños como telón de fondo, para hacer una cinta de pandillas de delincuentes juveniles. Fue filmada en el estudio

Linda Cristal y John Saxon en *Cry Tough.*

anexo de MGM, que fue convertido en una calle de Nueva York.

El productor y guionista Harry Kleiner, pasó varias semanas investigando la historia del Harlem Latino de Nueva York, y amontonó varias páginas de notas antes de regresar a Hollywood, para ordenar la historia. En una entrevista del *Los Angeles Examiner*, con Neil Rau (10/12/58), Kleiner dijo, "Yo caminé las calles del distrito cada vez que tuve un momento libre, pero la mayoría del tiempo lo pasé con dos secretarias entrevistando a cientos de personas del vecindario de distintos niveles de vida".

La película e historia que resultaron de ello no le hicieron justicia a la investigación. No obstante, Saxon ofreció una buena interpretación, al igual que sucedió con Cristal, López y Luna. El brasileño Laurindo Almeida, compuso la partitura musical. "Lo que comenzó como una película muy prometedora acerca de los puertorriqueños de Nueva York y los limitados y obvios esfuerzos de un hombre joven para 'encajar' termina siendo un melodrama gangsteril. Es una gran pena, no hay duda, porque este asunto del entorno y el medio económico en que viven los puertorriqueños de esta ciudad, y los motivos que agitan sus mentes, claman por una inteligente y justa comprensión", Bosley Crowther, *New York Times* (9/17/59).

"No hay pruebas palpables que algunos de los que estuvieron envueltos en hacer *Cry Tough*, se preocuparan en buscar más allá de los titulares, de comprender o hurgar el trasfondo del lado oeste de la ciudad de Nueva York, o de capturar los modismos o la calidad de los puertorriqueños, de quienes tanto se han preocupado de investigar", Paul V. Beckley, *New York Herald Tribune* (9/17/59).

Cuba (1979, United Artists)

DIRECTOR: Richard Lester
GUIÓN: Charles Wood
PRODUCTOR: Arlene Sellers y Alex Winitsky
ELENCO: Sean Connery, Brooke Adams, Martin Balsam, Héctor Elizondo, Danny de la Paz, Lonette McKee, Louisa Moritz, Alejandro Rey, Chris Sarandon

En La Habana, en vísperas de la revolución de Castro, el Comandante Robert Dapes (Connery), un mercenario inglés, es traído por el gobierno de Batista para aplastar las guerrillas escondidas en la Sierra Maestra.

Quince años antes, Dapes había tenido una relación amorosa con Alexandra Pulido (Adams), una americana que está ahora casada con Juan Pulido (Sarandon), el debilucho dueño de una fábrica de tabacos. Dapes y Alexandra se reúnen al fin. Él se da cuenta que todavía la quiere, mientras al mismo tiempo comprende cada vez más la corrupción y brutalidad del régimen y la enorme discrepancia existente entre los ricos y los pobres.

De la Paz es Julio, un fidelista que trafica en armamentos para los revolucionarios en la fábrica de tabacos de Pulido, y que ha jurado vengarse de Pulido por haber éste violado a su hermana. Elizondo es Ramírez, un oficial del ejército cubano, que es destacado para mantener vigilancia sobre Dapes, pero que comprende lo que está sucediéndole a su país. El filme tiene muchos puntos similares con *Havana* (1990), ya que ambas historias fueron escritas alrededor del mismo tiempo, pero producidas con diez años de diferencia. La filmación se llevó a cabo en España.

Cuban Love Song (1931, Metro-Goldwyn-Mayer)

DIRECTOR: W.S. Van Dyke
GUIÓN: John Lynch, John Colton, Gilbert Emery, Robert E. Hopkins y Paul Hervey Fox, basado en una historia de Gardner Sullivan y Bess Meredyth
PRODUCTOR: Albert Lewin
ELENCO: Lawrence Tibbett, Lupe Vélez, Jimmy Durante

Un musical típico de los años 30, situado en la Cuba de fines de siglo, que trata del romance de Terry (Tibbet), un Infante de Marina de los Estados Unidos, con Nanita (Vélez), una vendedora de maní de La Habana. Filmada en los escenarios y en el estudio anexo de MGM, la cinta presenta una Cuba según la imaginación popular.

La Primera Guerra Mundial interrumpe el romance, pero después de la conflagración, Terry regresa a la isla para descubrir que Nenita ha muerto, y que le ha dejado un hijo ilegítimo, con el que regresa a los Estados Unidos.

Cuban Pete (1946, Universal)

DIRECTOR: Jean Yarbrough
GUIÓN: Robert Presnell y M. Coates Webster, basado en una historia de Bernard Feins
PRODUCTOR: Howard Welsch y Will Cowen
ELENCO: Desi Arnaz

Un ejecutivo de la industria publicitaria trata de atraer a una banda cubana a un programa de radio. El filme fue un musical romántico de bajo costo, hecho para ser exhibido al comienzo de un programa de cine doble.

DANCE WITH ME (1998, COLUMBIA)

DIRECTOR: Randa Haines
GUIÓN: Daryl Matthews
PRODUCTOR: Lauren C. Weissman, Shinya Egawa y Randa Haines
ELENCO: Vanessa Williams, Chayanne, Kris Kristofferson, Joan Plowright, Jane Krakowski, William Márquez

Una antigua campeona de baile (Williams), que ha sufrido una desilusión amorosa y trabaja como instructora en un estudio de danza pasado de moda de Houston, trata de revivir su carrera. A varias millas de distancia, un joven emprendedor, Rafael Infante (Chayanne) parte hacia Texas, igualmente determinado a que sus sueños se vuelvan realidad. El destino une a esta pareja improbable en *Dance with Me*, donde las pasiones se encienden bajo las luces de un mundo brillante, en una competencia nacional de baile.

Filmada en Los Ángeles, Las Vegas, República Dominicana y Houston.

DEAL OF THE CENTURY (1983, WARNER BROS.)

DIRECTOR: William Friedkin
GUIÓN: Paul Brickman
PRODUCTOR: Bud Yorkin
ELENCO: Chevy Chase, Sigourney Weaver, Gregory Hines, Vince Edwards, William Márquez, Pepe Serna, Tony Plana, Loyda Ramos, Eduardo Ricard, Wallace Shawn, Richard Libertini, Alex Colón

Eddie Muntz (Chase), un comerciante de armas usadas, vende armas a los rebeldes locales de un lugar de Centro América, en donde él se involucra con una viuda de un vendedor de armas. De regreso a los Estados Unidos, donde un avión de guerra muy costoso acaba de fracasar, un representante de la industria militar recluta a Muntz para que tire el avión sobre un dictador latinoamericano, el General Arturo Cordosa (Márquez), y su país.

La cinta no puede definirse como una sátira o una farsa y como consecuencia, resulta una mezcla inverosímil y muy revuelta. En una escena del comienzo, filmada en la calle Olvera de la ciudad de Los Ángeles, un experto diseño de producción ha logrado crear una atmósfera Centro Americana muy apropiada.

"Nosotros comenzamos a notar como Friedkin estaba haciendo comentarios malos de todos los latinos. San Miguel es simplemente una versión nueva de *El Ignoranto* de Al Capp, con pollos en el palacio presidencial y 'La Cucaracha' como música de fondo. Todos estos latinos en la pantalla le dan cierta autenticidad, pero sus roles como coroneles acicalados, soldados indios amenazantes y haraposos rebeldes, son caricaturas étnicas iguales a las de los japoneses dentudos y con espejuelos de las antiguas películas de guerra, o el ignominioso índice de los negros de Hollywood arrastrando los pies", Enrique Fernández, *Village Voice* (11/15/83).

Death of a Gunfighter (1969, Universal)

DIRECTOR: Alan Smithee
GUIÓN: Joseph Calvelli, basado en la novela de Lewis B. Patten
PRODUCTOR: Richard E. Lyons
ELENCO: Richard Widmark, Lena Horne, John Saxon

Un jefe de la policía, Frank Patch (Widmark) es un hombre al que ya le ha pasado su tiempo, y a quien los ciudadanos consideran una vergüenza y una reliquia del pasado. Patch y su tipo especial de ley y orden, son vistos como un detrimento a la comunidad que además menoscaba los intereses de los grandes negocios. Cuando le piden que renuncie, él rehúsa y se convierte en el blanco de un complot por parte de los habitantes del pueblo para asesinarlo. El bravucón sheriff del condado, Lou Trinidad (Saxon), un mexicano a quien Patch obligó al pueblo una vez a aceptar, ahora está a cargo de entregar al hombre a quien él más debe. No queriendo ponerse de parte de nadie, se marcha del pueblo en el próximo tren.

Los habitantes del pueblo son presentados como vehementes antimexicanos, al referirse a Trinidad como un "grasiento". Lena Horne es Claire Quintana, la fiel amante del alguacil y la *madam* local. Quintana es supuestamente una mexicana, aunque está representada por una actriz afro-americana de piel clara. Horne no hace el papel tratando de aparecer como una volcánica mujer mexicana. La historia, de desarrollo lento pero de interesantes aunque desordenados temas, fue dirigida por Robert Totten (la primera mitad), y Don Siegel (la segunda), si bien fue acreditada al ficticio Smithee.

Death of an Angel (1986, Twentieth Century Fox)

DIRECTOR: Petru Popescu
GUIÓN: Petru Popescu
PRODUCTOR: Peter Burrell
ELENCO: Bonnie Bedelia, Nick Mancuso, Pamela Ludwig, Alex Colón, Abel Franco, Irma García

Grace MacKenzie (Bedelia), una ministra Episcopal recién ordenada que tiene una hija paralítica, regresa a la casa y encuentra que la hija y la ama de llaves mexicana han desaparecido. Un misterioso extraño que viste traje blanco

(Colón) la lleva donde se encuentra la hija, que está con un curandero llamado Ángel (Mancuso), a quien Grace considera un impostor. Sus seguidores están compuestos mayormente por campesinos mexicanos enfermos o incapacitados. Don Tarjetas (Franco), un ranchero grandote y malo, que pasa a ilegales de contrabando por la frontera, cree que Ángel se está poniendo en su contra. Este film es aburrido e incomprensible.

Defiance (1980, American International Pictures)

DIRECTOR: John Flynn
GUIÓN: Thomas Michael Donnelly, basado en la historia de Donnelly y Mark Tulin
PRODUCTOR: William S. Gilmore Jr. y Jerry Bruckheimer
ELENCO: Jan-Michael Vincent, Theresa Saldaña, Rudy Ramos, Santos Morales, Ismael "East" Carlo

El marino mercante Tommy (Vincent), se muda a un barrio del bajo lado este de la ciudad de Nueva York, al que aterrorizan los miembros de una pandilla de delincuentes juveniles puertorriqueños. Cuando es amenazado por la pandilla, él decide enfrentárseles, dando ánimo al vecindario con su valentía a reconquistar el vecindario. De la usual manera estereotípica, el protagonista anglo ayuda a las minorías pobres a salvarse de ellas mismas.

Delta Force 2: Operation Stranglehold (1990, Metro-Goldwyn-Mayer)

DIRECTOR: Aaron Norris
GUIÓN: Lee Reynolds
PRODUCTOR: Menahem Golan y Christopher Pearce
ELENCO: Chuck Norris, Billy Drago, Begonia Plaza, Héctor Mercado

El Coronel McCoy (Norris), es el líder de un escuadrón de asalto americano, que ha sido enviado a un país latinoamericano para apresar a Ramón Cota (Drago), un zar narcotraficante del bajo mundo, que causa inmensos estragos desde su fortaleza de la selva. Cota es ayudado por Quiquina (Plaza), una bella mujer nativa que se convierte en otra víctima de su crueldad. La cinta presenta a un típico y paternal patriotero angloamericano en América Latina, que trata de salvar a los infelices nativos de un zar narcotraficante internacional propio del país. Fue filmada en las Filipinas.

Desperado (1995, Columbia)

DIRECTOR: Robert Rodríguez
GUIÓN: Robert Rodríguez
PRODUCTOR: Bill Borden
ELENCO: Antonio Banderas, Salma Hayek, Joaquím de Almeida, Steve Buscemi, Cheech Marín, Danny Trejo, Mike Moroff

Banderas es el Mariachi sin nombre. Esta vez el Mariachi se mete de cabeza en el oscuro mundo del bajo mundo fronterizo, cuando sigue una pista de sangre que lo lleva al último de los jefes del narcotráfico mexicano, Bucho (de Almeida), para tener con él una confrontación llena de acción y balas. Con la ayuda de su mejor amigo y la bella propietaria de una tienda de libros (Hayek), el Mariachi persigue a Bucho, le gana a su ejército de "desperados", y deja una pista de su propia sangre. Este filme es una reproducción de alto costo de *El Mariachi* (1992), de Rodríguez, hecha con gracia, experiencia técnica y actores de clase internacional.

Fue filmada en Ciudad Acuña, México.

Antonio Banderas y Salma Hayek protagonizan la película *Desperado*, la nueva versión multimillonaria de Robert Rodríguez de la original *El Mariachi*, que costó siete mil dolares.

The Devil Is a Woman (1935, Paramount)

El diablo es mujer

DIRECTOR: Josef Von Sternberg
GUIÓN: John Dos Passos y Sam Winston, (como S.K. Winston), basado en la novela *La Femme et le pantin* de Pierre Louÿs
PRODUCTOR: Adolph Zukor
ELENCO: Marlene Dietrich, Lionel Atwill, César Romero, Don Alvarado

Teniendo como telón de fondo la revolución española del siglo XIX, la cinta es la historia de Concha Pérez (Dietrich), y los hombres que ella arruina. Romero, en uno de sus primeros papeles importantes en la pantalla, triunfa mayormente por tener la atractiva apariencia física que el papel requiere. La cinta no fue bien recibida por el público, y el gobierno fascista español de Franco protestó de la película, basándose en el hecho que hacían burla de la Guardia Civil, y amenazó prohibir la exhibición de todas las películas de la Paramount, si no la retiraban de la cartelera. La Paramount capituló, y retiró la cinta de la distribución mundial.

Dime with a Halo (1964, Metro-Goldwyn-Mayer)

DIRECTOR: Boris Sagal
GUIÓN: Laslo Vadnay y Hans Wilhelm
PRODUCTOR: Laslo Vadnay y Hans Wilhelm
ELENCO: Barbara Luna, Roger Mobley, Paul Langton, Manuel Padilla Jr., Rafael López, Tina Menard, Robert Carricart

Una original y agradable comedia melodramática de poco costo, sobre la historia de cinco pilluelos de Tijuana, México, que se roban un real de la caja de los pobres de la iglesia, para comprar un billete en la quiniela de las carreras de Caliente. Ganan una enorme cantidad de dinero, pero como son menores de edad, no pueden cobrar el billete. Esto los lleva a aventuras felices e infelices, hasta que la historia llega a una culminación poco usual. Luna es Juanita, la hermana huérfana americana de uno de los cinco menores, la que, tratando de mantener a su hermano (Mobley) junto a ella, se muda a Tijuana y comienza a trabajar como una artista de cabaret.

Luna, que es de origen filipino, comenzó su carrera en Broadway como una niña actriz en *South Pacific.* Se destacó en el papel de la enfermera ciega que contrae matrimonio con Frank Sinatra en *The Devil at 4 O'Clock* (1961), y en *Five Weeks in a Balloon* (1962). Rafael López, el líder de dieciséis años de la banda de este filme, nació en Ciudad de México, comenzando su carrera como niño bailarín de la orquesta de Pérez Prado. Él vino a los Estados Unidos cuando tenía once años de edad, y apareció en el largometraje *The Young Savages* (1961), igual que en varios programas de televisión. Manuel Padilla Jr. fue "descubierto" a los siete años, y pasó a trabajar en papeles infantiles de distintas cintas fílmicas que incluían *The Young and the Brave* (1963), y un papel principal en la serie televisada de *Tarzán* (1966–1969), con Ron Ely como estrella. Robert Carricart, Tina Menard y Raymond Sánchez también aparecieron en *Dime with a Halo* como artistas de reparto.

The Dirty Dozen (1967, Metro-Goldwyn-Mayer)

DIRECTOR: Robert Aldrich
GUIÓN: Nunnally Johnson y Lukas Heller, basado en la novela de E.M. Nathanson
PRODUCTOR: Kenneth Hyman
ELENCO: Lee Marvin, Robert Ryan, Ernest Borgnine, Jim Brown, John Cassavetes, Charles Bronson, Clint Walker, Trini López

El cantante Trini López fue uno de los miembros de los "doce sucios", en esta cinta de acción de la Segunda Guerra Mundial que muestra poseer un poco de la conciencia social imperante en la década de los años 60. El reparto estelar incluía a López como Pedro Jiménez, un mexicano-americano, y a Jim Brown, como el soldado afro-americano Robert Jefferson, dos de los doce reos llevados por el Coronel Reisman (Marvin) en una misión suicida detrás de las líneas enemigas la víspera de la invasión de Normandía. La cinta resultó ser muy popular entre el público, pero el *New York Times* la describió "tan entretenida como un soplete".

The Disappearance of García Lorca (1997, Columbia)

DIRECTOR: Marcos Zurinaga
GUIÓN: Marcos Zurinaga, Juan Antonio Ramos y Neil Cohen
PRODUCTOR: Enrique Cerezo
ELENCO: Esai Morales, Edward James Olmos, Andy García, Jeroen Krabbé, Giancarlo Giannini, Miguel Ferrer

Mientras la guerra civil hierve a través de España en 1936, los adolescentes Ricardo Fernández y Jorge Aguirre, estudian y leen la poesía y las obras dramáticas de su ídolo, el poeta granadino Federico García Lorca (García). Los dos jovencitos asisten al tumultuoso estreno en Madrid de *Yerma*, la comedia dramática expresionista de Lorca, donde Ricardo experimenta la emoción de conocer al autor entre bambalinas. "No me olvides", le dice el poeta al despedirse de él.

En Puerto Rico, en 1954, Ricardo (Morales), que tiene ahora treinta y un años de edad, es un periodista que trabaja en San Juan. Pero Ricardo vive obsesionado por los sucesos traumáticos que ocurrieron hace dieciocho años en los comienzos de la guerra civil española, y uno en particular le preocupa: la misteriosa muerte de su amado Lorca. Sabiendo que nunca va a estar en paz consigo mismo hasta que logre identificar a sus asesinos, Ricardo decide —en contra de los deseos de su padre— regresar a España. Pero la España de Franco es una nación empeñada en enterrar el pasado inmediato. Aún más: España está llena de enemigos del poeta, como el sombrío Centeno (Ferrer). En su obstinada determinación de poder averiguar quién es el verdadero culpable, Ricardo desafía las amenazas de Centeno, así como sus palizas y encarcelamiento. Descubrir al fin la identidad del culpable produce un enorme choque para el cual ni siquiera Ricardo estaba preparado.

Un guión confuso y poco atrayente enturbia la bella fotografía y el diseño de producción. Morales nunca estuvo mejor en un papel que es diferente a sus típicos papeles de joven airado.

Fue filmada en España, Puerto Rico y Los Ángeles.

Down and Out in Beverly Hills (1986, Touchstone)

DIRECTOR: Paul Mazursky
GUIÓN: Paul Mazursky y Leon Capetanos, basado en la obra teatral *Boudu sauvé des eaux*, de René Fauchois
PRODUCTOR: Paul Mazursky
ELENCO: Richard Dreyfuss, Bette Midler, Nick Nolte, Elizabeth Peña

Ésta es una libre readaptación de *Boudu Saved from Drowning* (1932), de Jean Renoir. Jerry Baskin (Nolte) es un atorrante que vaga por Beverly Hills en busca de comida y abrigo, hasta que decide poner fin a su vida ahogándose en la piscina de la residencia de los Whiteman (Dreyfuss y Midler), pero es salvado por el dueño de la mansión. La presencia continua de Baskin en la casa cambia y trastoca las vidas de sus habitantes. Peña aparece como la atractiva y sabihonda doméstica hispana, Carmen, a quien Jerry pone al día en política. La actriz tuvo que aprender de nuevo a hablar con un acento español para el papel. "Después de gastarme cientos de dólares para quitarme el acento español y haber adquirido un acento neoyorquino, tuve que regresar a mi manera original de hablar", recuerda Peña, que recibió aplausos por su buena actuación.

Down Argentine Way (1940, Twentieth Century Fox)
Allá en Argentina

DIRECTOR: Irving Cummings
GUIÓN: Darrell Ware y Karl Tunberg, basado en una historia de Rian James y Ralph Spence
PRODUCTOR: Darryl F. Zanuck
ELENCO: Don Ameche, Betty Grable, Carmen Miranda, J. Carroll Naish, Chris-Pin Martin

La cinta fue notable por haber sido la primera de una seria de musicales populares en Technicolor, en los que aparecen Betty Grable y Don Ameche, y por haber presentado a Miranda, "la bomba brasileña", al público del cine. La cinta fue también un intento de la Fox de aumentar el negocio con América del Sur y toda la América Latina en general.

La Grable, una heredera americana amante de los caballos, se enamora de un argentino criador de caballos (Ameche). El orgulloso padre de Ameche (Henry Stephenson) está todavía amargado porque el padre de Grable le quitó la novia cuando ambos eran estudiantes universitarios en París, hace muchos años. La cinta fue rodada casi en su totalidad en los escenarios de la Twentieth Century Fox. Un equipo especial voló a Buenos Aires sin los artistas principales, para fotografiar los exteriores y las tomas de cámara de ambientación. Otro voló de Hollywood a Nueva York, donde pasaron cinco semanas tomando fotos de Miranda y grabando las canciones que ella interpreta en la película. Miranda es la única de las estrellas que aparece en la cinta sin haber puesto un pie en Hollywood. El arreglo poco usual fue necesario porque ella estaba bajo contrato con un cabaret de Nueva York y le era imposible trasladarse a Hollywood.

Las canciones y el espléndido documental fotográfico de un viaje en colores hicieron que la película fuera muy popular con los públicos estadounidenses, pero en la Argentina fue ampliamente criticada. Alguien debe haber confundido la Argentina con Cuba, ya que la música suena más como rumba cubana que como tango argentino.

Duck, You Sucker! (1972, United Artists)
También llamada A Fistful of Dynamite; A Fistful of Revolution

DIRECTOR: Sergio Leone
GUIÓN: Luciano Vincenzoni, Sergio Donati y Sergio Leone, basado en una historia de Leone
PRODUCTOR: Fulvio Morsella
ELENCO: Rod Steiger, James Coburn

La trama sucede en México, en 1913, y es referente a un travieso peón mexicano, Juan Miranda (Steiger), al que Sean Mallory (Coburn), un irlandés perseguido a su vez por los fantasmas de su pasado, incita contra su voluntad a cometer heroicidades en la revolución de su propia gente. Ambos unen fuerzas para robar un banco. Ésta fue la primera aparición en la pantalla de Steiger como mexicano. Él recuerda, "No se parecía a nada de lo que yo había hecho anteriormente. Yo nunca había personificado a un mexicano, aunque había actuado con todo tipo de acentos y nacionalidades".

En una entrevista muy reveladora de *Take One Magazine* (enero-febrero 1972), Leone dijo del filme, "La revolución mexicana en la película no es más que un símbolo, y no la revolución en sí... Es un mito real. Para evitar cualquier malentendido, yo rechacé la romántica alusión al sombrero, y preferí desarrollar el tema de la amistad que significa tanto para mí". Hay suficiente acción en ella al estilo usual de Leone.

Duel in the Sun (1946, Selznick International)

DIRECTOR: King Vidor
GUIÓN: Oliver H.P. Garrett y David O. Selznick, basado en la novela de Niven Busch
PRODUCTOR: David O. Selznick
ELENCO: Jennifer Jones, Gregory Peck, Joseph Cotten, Herbert Marshall, Lillian Gish, Lionel Barrymore, Walter Huston

Jennifer Jones interpreta Pearl Chávez coprotagoniza con Joseph Cotten como Jess en *Duel in the Sun*.

Pasión y furia se mezclan en esta tenebrosa historia de una joven mujer y el hijo renegado del constructor de un imperio económico. La cinta fílmica tiene mucho que ofrecer, incluso actuaciones brillantes, espectaculares escenas de acción, y fotografía en colores que puede catalogarse como superior.

Pearl Chávez (Jones), se queda huérfana cuando su padre, que es un soldado de la Confederación, Scott Chávez (Marshall), es sentenciado a morir en el cadalso por asesinar a su esposa india y al amante de ésta. Antes de ser ejecutado, él logra enviar a su hija al hogar de una prima con la que debía haberse casado.

Pearl va a vivir a casa del senador tejano McCanles (Barrymore) y su familia. El senador resiente sus raíces indias, al igual que el hecho de que Laura Belle

(Gish), su esposa, estuvo una vez enamorada del padre de Pearl. Complicando aún más la situación, Pearl se siente atraída hacia ambos hijos del senador: el apacible Jesse (Cotten), que ha sido desterrado de la familia por impugnar la oposición de su padre al ferrocarril, y Lewt (Peck), cuya virilidad arrogante eventualmente la seduce. Lewt mata a tiros al novio de Pearl la víspera de la boda, y huye. Pearl acepta una invitación de Lewton de unírsele en su escondite, donde en fin de cuentas se envuelven en un tiroteo que tiene como saldo la muerte de ambos.

Selznick, que también había producido *Gone with the Wind*, estaba determinado a superarse a sí mismo en esta epopeya del oeste, poniendo de relieve el talento de su esposa, la actriz Jennifer Jones que había obtenido un premio de la Academia como Mejor Actriz, por su papel en *The Song of Bernadette* (1943).

Era poco usual que un personaje con un nombre hispano apareciera como estrella de una cinta del oeste, de la que ella es la fuerza viva. Pearl Chávez bien puede ser el espíritu más liberado hispanoamericano que haya jamás aparecido en un filme. Chávez pertenece a la escuela de las mujeres apasionadas e impulsivas; la diferencia crítica está, sin embargo, en que la trama gira alrededor de ella.

Aunque la llaman "mestiza", su padre, un jugador Confederado, es descrito en las notas del programa como "un renegado inútil, hijo desafortunado de ascendencia criolla", para que el público pueda imaginarse que el apellido Chávez significa tener alguna sangre española o francesa.

El prólogo que presenta a la madre y al padre de Pearl en un café de la frontera, resulta muy emotivo. Pearl baila fuera del presidio, a los compases del baile mexicano del sombrero, mientras en el interior, su madre india baila un tipo muy diferente de danza, el Orizaba, que está considerado un baile mexicano de fertilidad, y en la forma que es usado en el filme representa un acto sexual. Tilly Losch, que fue la bailarina de *The Garden of Allah* (1936), hizo algo muy parecido en su interpretación de la madre, únicamente que fue más sexual y llamativa esa vez. El compañero de juego de Scott Chávez lo ridiculiza por la infidelidad de su esposa, y Chávez inmediatamente asesina a la esposa y al amante. Este prólogo establece la base y el tema de la película.

"Igual que su padre, Pearl inevitablemente tiene que morir por sus actos de violencia, pero ella, con su sacrificio, habrá asegurado la sobrevivencia de Jess y Helen, la única pareja feliz de la cinta. Pearl toma la decisión moral de protegerlos contra Lewton, al destruir tanto a Lewt como a sí misma. Esta decisión que funciona como una protección, es lo que hace a Pearl, en la forma más esencial, la heroína ranchera de *Duel in the Sun*. Ella se coloca en la posición clásica de defender a una sociedad civilizada que es demasiado débil para poder detener por sí misma al salvaje sin ley (Lewt)", (*Cinema Texas Program Notes*, Vol. 10, No. 2, marzo 2, 1976).

Aunque no fue alabada por la crítica, *Duel in the Sun* obtuvo un éxito popular al ganar $17 millones en las taquillas del país. Fue la cinta más cara del momento: costó hacerla $6 millones, y la filmación, que duró un año, fue llevada a cabo en lugares cerca de Phoenix y Tucson, Arizona.

Jones recibió ese año la nominación de la Academia como Mejor Actriz por su trabajo. Lillian Gish, en el rol de Laura Belle, fue candidata a la Mejor Actriz de Reparto.

"El público al fin aprende (gracias a la oficina de Johnston) que en fin de cuentas, el amor ilícito no merece la pena, pero durante 134 minutos parece ser muy divertido", *Time* (3/17/47).

Eating Raoul (1982, Twentieth Century Fox International Classics)

DIRECTOR: Paul Bartel
GUIÓN: Richard Blackburn y Paul Bartel
PRODUCTOR: Anne Kimmel
ELENCO: Paul Bartel, Mary Woronov, Robert Beltrán

Una pareja de mediana edad, asqueada por la violencia de la vida de la ciudad, sueña con abrir un restaurante en los suburbios, pero se ve acosada de problemas financieros. Ellos creen que sus oraciones han sido escuchadas, cuando matan accidentalmente a un divertido vecino y presunto violador de un golpe en la cabeza con un sartén, y su billetera llena de dinero cae al suelo.

En un periódico local, publican anuncios en los que solicitan personas que les guste divertirse, y con gran éxito los van matando uno a uno. Todo parece indicar que muy pronto trabajarán en los suburbios, hasta que un ladrón latino llamado Raoul, descubre sus abultadas bolsas de basura. Raoul logra una buena ganancia vendiendo las joyas y las ropas de las víctimas, y como es un libidinoso, se convierte también en amante de la esposa. Cuando los trucos de Raoul son demasiados para la pareja soportar, se ven obligados a hacer su primer cocido latino, usando a Raoul como el primer ingrediente.

Paul Bartel describe la película de esta manera, "Tocó muchas cosas: la perversión de los valores de la clase media, la resurrección del Nixonismo, el machismo latino en contra de la meticulosidad anglo-sajona, el filme macabro. *Eating Raoul* es un título que tiene varios significados, uno de los cuales es que los Pauls y las Marys de este mundo pueden figuradamente (o hasta literalmente) comerse a los Raoules cada vez que se les antoje. Yo no quiero decir que Raoul merece ser comido, en resumidas cuentas, a pesar de sus múltiples pecadillos, es probablemente el personaje más simpático de la historia. Él es tan rotundo, tan lleno de vida. Se trata simplemente de que en nuestra sociedad, los

Pauls y las Marys son los que dan las patadas, y Raoul el que las recibe. Paul y Mary comparten una aversión al sexo, y se proveen mutuo asilo hasta que entra la serpiente en la forma de la pujante sexualidad latina de Raoul".

Aunque la cinta pretende ser una burla y un cartón morboso, Raoul (Beltrán), un presuntuoso semental latino que viste chaqueta de cuero, un ladrón de oportunidad y buscavidas, refuerza los estereotipos negativos. En verdad, sin embargo, los anglos aparecen en esta película igualmente superficiales y vampiros. La diferencia aquí está en que los anglos parecen ser ridiculizados, y los hispanos estereotipados. La cinta, estrenada en teatros de estudio y en festivales cinematográficos, recibió aplausos del público y de la crítica por igual, convirtiéndose en un filme de culto con una gran cantidad de partidarios.

El Cid (1961, Allied Artists)

DIRECTOR: Anthony Mann
GUIÓN: Philip Yordan y Fredric M. Frank
PRODUCTOR: Samuel Bronston y Anthony Mann
ELENCO: Charlton Heston, Sophia Loren, Hurd Hatfield, Gary Raymond, Herbert Lom

Una epopeya de romance y aventura de gran envergadura, filmada con los hermosos paisajes auténticos y antiguos castillos de España como telón de fondo, y con un elenco internacional. Charlton Heston es la estrella que representa al legendario héroe español del siglo XI, Rodrigo Díaz de Vivar, conocido como El Cid, que dedica su vida a expulsar de España a los moros.

El fabuloso liberador cristiano de la nación española, fue en realidad un soldado profesional, que en una oportunidad estuvo a la disposición de un líder musulmán local, para combatir en contra de sus compañeros cristianos. Aún después de reconciliarse con el rey cristiano, él siguió su propio camino, apropiándose de los territorios que había conquistado. Poetas, escritores, monjes e historiadores, han contribuido a través de los siglos al mito de El Cid como héroe nacional.

Heston resultó la lógica elección para interpretar el papel de El Cid, después de su éxito en los poemas narrativos dramáticos *The Ten Commandments* (1956) y *Ben-Hur* (1959). Sophia Loren, la actriz internacional más popular del momento, apareció como su esposa, Jimena, que también contribuyó a los complicados acuerdos financieros para la producción.

El productor Samuel Bronston se aprovechó de los bajos costes económicos de trabajo y producción de España. El éxito que obtuvo, fomentó en España un auge en la producción de cintas extranjeras durante las décadas de los 60 y 70, creando una industria reforzada que permitía a una nación pobre adquirir capital, y una experiencia fílmica internacional de enorme escala que ha continuado sirviendo bien desde entonces.

El español José López Rodero fue el director asistente de la cinta, que incluyó a miles de extras españoles y a muchos artistas nativos en roles secundarios. Bajo la dirección de Anthony Mann, y con la hermosa fotografía de Robert Krasker, *El Cid* tuvo un enorme éxito internacional.

El Condor (1970, Carthay International/National General)

DIRECTOR: John Guillermin
GUIÓN: Larry Cohen y Steven Carabatsos, basado en una historia de Carabatsos
PRODUCTOR: André de Toth
ELENCO: Jim Brown, Marianna Hill, Lee Van Cleef, Patrick O'Neal

Dos cazadores de fortuna, Luke (Brown), y Jaroo (Van Cleef), planean robar un caché de oro depositado en un fuerte mexicano que está bajo el mando de un poderoso general mexicano (O'Neal), después de la guerra civil americana.

Esta descocada cinta del oeste, filmada en España, está repleta de sexo y violencia, una mezcla falsa de apaches, reos, amodorradas villas mexicanas y juaristas (los seguidores del líder indio zacateca, Benito Juárez, durante la ocupación francesa a México). Un batallón completo del ejército viola a todas las mujeres del pueblo, mientras los dos cazadores de fortuna esperan pacientemente en la montaña, hasta que proceden a matar a los soldados mientras estos están cometiendo el acto sexual. Una mexicana del fuerte (Hill), distrae a los soldados para que los bandidos puedan entrar al fuerte sin ser vistos.

El film se adhiere a la fantasía de un México donde las mujeres son objetos sexuales y los hombres son violentos. Ésta no es una idea nueva, pero en la era del *spaghetti western* es llevada al extremo bajo la influencia de cineastas italianos. También refleja los cambios que sucedieron en los finales de la década de los años 60, al tener a Brown, un negro, en un papel estelar junto a Van Cleef, un anglo, como los llamados anti-héroes, reflejando la popularidad internacional de éstos, establecida en las taquillas del mercado de películas de acción.

El Mariachi (1992, Columbia)

DIRECTOR: Robert Rodríguez
GUIÓN: Robert Rodríguez
PRODUCTOR: Robert Rodríguez y Carlos Gallardo
ELENCO: Carlos Gallardo, Consuelo Gómez, Peter Marquardt

Autor, director, productor y camarógrafo Robert Rodríguez dirige a Carlos Gallardo en *El Mariachi.*

Éste es el extraordinario debut de Rodríguez, con un filme de $7.000, hecho cuando el director y escritor sólo contaba veinticuatro años de edad, que resulta un impresionante y efectivo entretenimiento que se abre paso en la cinematografía hispanoamericana convencional de los Estados Unidos. *El Mariachi* es fiel a sus paisajes mexicanos y características, sin sermonear o ser constreñido. Esta cinta es del género de películas de Hollywood clase B que resulta muy divertida visualmente. La aventura sucede en un pueblo de la frontera mexicana, y trata de un músico solitario que sueña con ser un respetado cantante de mariachi, igual que su padre y abuelo habían sido antes. Él llega a un pequeño pueblo al mismo tiempo que un asesino a sueldo. Ambos visten ropa negra y cargan estuches de guitarra similares, con excepción de que el mariachi guarda en él su amada guitarra, mientras que el asesino esconde sus armas. El mariachi se enamora de la hermosa dueña de un bar, que le da albergue cuando él es confundido accidentalmente con el asesino a sueldo. El mariachi se ve de pronto inmiscuido en un bajo mundo de violencia, y se ve obligado a luchar contra todo lo malo que se esconde alrededor de él. En un extraño viraje de la historia, el gringo resulta ser el malo aquí. El supermacho asesino bebe constantemente cerveza y duerme con tres mujeres que portan ametralladoras al mismo tiempo.

Para poder financiar parte del filme, Rodríguez se apuntó en un programa de investigación médica, que le dio el tiempo que necesitaba para escribir el guión, al mismo tiempo que ganaba $3.000. Pidió prestada una cámara no sincronizada de 16 mm y una casetera de audio, y filmó la cinta en Ciudad Acufia, un pueblo de la frontera cerca de Del Río, en Texas, donde el actor principal había crecido y tenía acceso a diferentes locales. Rodríguez usó actores no profesionales y raramente fotografió más de una toma. Él transfirió la cinta fílmica a cinta magnética de vídeo y la editó usando dos caseteras de vídeo. En un viaje a Los Ángeles, envió una de las cintas vídeomagnética a un agente cuyo nombre había visto en la revista *Premiere*. El agente se impresionó con el trabajo y consiguió un trato para que Rodríguez pudiera desarrollar la película con Columbia Pictures, que fue la empresa que la distribuyó después de haberla realzado traspasándola a 35mm, y mejorar la pista de audio. En 1993, *El Mariachi* ganó el *Audience Award* en el festival fílmico de Sundance.

El Norte (1983, Cinecom-Island Alive)

DIRECTOR: Gregory Nava
GUIÓN: Gregory Nava y Anna Thomas
PRODUCTOR: Anna Thomas
ELENCO: Zaide Silvia Gutiérrez, David Villalpando, Ernesto Gómez Cruz, Trinidad Silva, Abel Franco, Lupe Ontiveros, Tony Plana, Enrique Castillo

El Norte significa mucho más que eso para los hermanos Rosa (Gutiérrez) y Enrique (Villalpando), dos indios de Guatemala. Para ellos quiere decir los "Estados Unidos", un paraíso mítico donde hasta los más pobres tienen inodoros privados y cada persona tiene el derecho de ganarse el sustento. La historia sigue la grave situación de los dos refugiados guatemaltecos en sus luchas por entrar ilegalmente en los Estados Unidos, en busca de una vida mejor.

Después que la madre cae prisionera y el padre es asesinado por las tropas del gobierno, Rosa y Enrique se ven forzados a escapar de la villa donde viven para evitar una suerte igual. Haciéndose pasar por mexicanos, viven una terrible odisea al partir de los parajes altos de Guatemala, pasando por las zonas miserables de Tijuana, hasta finalmente llegar a Los Ángeles. En circunstancias que tienen terribles consecuencias, gatean a través de túneles de alcantarillados llenos de ratas para entrar en los Estados Unidos.

El Norte explora la ignorancia, pobreza y explotación de los pobres en los países superpoblados y poco desarrollados, al igual que en los que están desarrollados. El director Nava enfrasca al espectador en el mundo de los inmigrantes latinos y sus experiencias personales en este país. Una vez en el centro de la ciudad de Los Ángeles, Rosa pregunta llena de asombro, "¿Dónde están los gringos?" Todo lo que ella ve a su alrededor es un mar de caras hispanoamericanas. Nacha, una mujer de quien ella se hace amiga, le dice, "A los gringos no les gusta vivir cerca de nosotros, viven en áreas lejanas muy separadas".

Este potente drama tiene un estilo de fotografía que se acerca a la literatura moderna de América Latina de fascinación con el realismo mágico. Las imágenes sobreponen un mundo de ensueño en la realidad. Rosa, sentada en su choza de adobe, con el fuego ardiendo mientras examina una revista *Good Housekeeping*, y se maravilla ante las cocinas modernas. Enrique, en su primer día de trabajo como ayudante de camarero de un restaurante elegante, contempla a los clientes y sus cenas. Los ayudantes de camarero comen *croissants* en vez de tortillas. Rosa lava la ropa a mano en la piscina de una mansión de Beverly Hills, cuando no puede descifrar cómo manejar la lavadora eléctrica. El pequeño y desbaratado cuarto en que viven, está muy lejos de ser lo que ellos vieron en *Good Housekeeping*, pero no obstante, tiene baño privado y electricidad.

El director Nava, de orígenes vasco-mexicano, creció en San Diego y asistió a clases en la escuela de filmación de la Universidad Central de Los Ángeles (UCLA en inglés). Él habla de la larga lucha para poder hacer esta película. "Nos decían, una y otra vez, que deberíamos poner a los americanos como los personajes principales, que de otra manera nunca conseguiríamos respaldo económico. No tenemos nada en contra de películas como *Missing* o *Under Fire*, pero queríamos hacer una cinta donde la gente latinoamericana fuera la protagonista. Queríamos que fuera fiel a sus costumbres, su género de vida, y además, queríamos que los personajes hablaran en su propia lengua".

Trabajando con un presupuesto limitado, Nava y su equipo se trasladaron a Chiapas, al sur de México. Nava recuerda, "Llevamos con nosotros un equipo profesional de 35mm, y un equipo muy complicado que enviamos a las áreas a las que era difícil llegar o poder filmar en ellas. Hemos logrado tiros de cámara en lugares donde nadie lo ha hecho y probablemente nadie más lo hará... como el cementerio sagrado de Romerillo". También filmaron en el estado de Morelos, cerca de la Ciudad de México, Tijuana, San Diego y Los Ángeles.

El filme, financiado por la serie televisada *American Playhouse*, fue exhibido a través de la PBS, aunque fue distribuido en los teatros con anterioridad a aparecer en televisión. El filme, que apareció primeramente en el circuito de los

David Villalpando y Zaide Silvia Gutiérrez en *El Norte*.

teatros de estudio de los Estados Unidos, recibió buenas críticas y obtuvo un modesto éxito financiero. Nava y Thomas tuvieron la distinción de que su libreto fuera nominado para un Oscar como Mejor Guión Original, por la Academia de Arte Cinematográfico y Ciencias. La cinta es hablada en español, con subtítulos en inglés.

"Lo que la hace única, especialmente para el público americano que está tan acostumbrado a oír hablar de la afluencia de inmigrantes ilegales y los problemas que eso causa en el suroeste, es su explicación humana de la tragedia de esa pobre gente, desde su propio punto de vista", Mawlynn Uricchio, *Pittsburgh Post-Gazette*, (2/24/84).

"Un pequeño filme, hecho de una manera tan independientemente personal como *El Norte*, con actuaciones sólidas y compasivas de actores desconocidos y un estilo visual de sorprendente dinamismo, debe ser considerado como un logro excepcional", Janet Maslin, *New York Times* (1/11/84).

"Lo que da a este filme sustancia es la manera como desarrolla los personajes. Ellos se convierten en personas reales y verdaderos amigos los unos de los otros, igual que lo hacen con los que nos ponemos en su lugar. Son personas que nos agradan, nos interesamos por ellos lo cual quiere decir que nos inmiscuimos genuinamente en sus problemas", Bob Polunsky, *San Antonio Express News* (3/16/84).

EL SÚPER (1979, MAX MAMBRU FILMS LTD.)

DIRECTOR: León Ichaso y Orlando Jiménez Leal
GUIÓN: León Ichaso y Manuel Arce, basado en una comedia dramática de Iván Acosta
PRODUCTOR: Manuel Arce y León Ichaso
ELENCO: Raimundo Hidalgo Gato, Zully Montero, Reynaldo Medina, Elizabeth Peña

En español, con subtítulos en inglés, ésta es la primera película que describe la experiencia americana de los refugiados cubanos, escrita, producida y dirigida por refugiados cubanos, y estrenada con muy buenos comentarios críticos. A la cabeza del reparto de artistas cubanos y puertorriqueños aparecen Raymundo Hidalgo Gato, como el "super" del título, Zully Montero, Reynaldo Medina, Elizabeth Peña y Efraín López Neris.

Filmada en la ciudad de Nueva York con un presupuesto bajo ($250.000), *El Súper* es la historia de Roberto (Hidalgo Gato), un exiliado cubano que es superintendente de un edificio grande de apartamentos de gente pobre, situado en la parte alta de Manhattan. Roberto está aburrido de la vida por el ambiente frío y hostil de Nueva York, donde se tiene que ocupar de la caldera que provee calefacción a los inquilinos, hacer reparaciones menores y jugar dominó con sus amigos. Él tiene que enfrentarse a los ensueños y desafíos de la mayoría de los inmigrantes en América en el presente, y espera poder regresar a Cuba un día no muy lejano, pero ve la vida en Miami como una alternativa mejor. Tiene también que lidiar con su esposa, Aurelia (Montero), y su hija adolescente, Aurelita (Peña), que se ha adaptado a la cultura estadounidense sin problemas.

Filmada con capacidad, inteligencia y buen humor, éste fue el primer largometraje dirigido conjuntamente por Ichaso y Jiménez Leal. La cinta está basada en una comedia dramática de Iván Acosta, que fue producida originalmente para el Centro Cultural Cubano de la ciudad de Nueva York.

El Súper no es una historia política, aunque tiene que ver con la gente de la clase trabajadora que abandonó la Cuba de Castro. Cuando las ideas de regresar a Cuba y otras cosas similares salen a relucir como conversación regular, mientras los superintendentes están reunidos para hablar y jugar dominó, se hacen varias declaraciones políticas sin caer en una retórica poco sutil.

El Súper representó una labor placentera para los cineastas. Ichaso había pasado diez años haciendo comerciales antes de filmar su primer largometraje. Le tomó un año completar la cinta, aunque solo tres semanas se emplearon en la filmación, y dos meses en editarla. El dinero no fue fácil de conseguir y vino de parte de inversionistas privados, mientras los pagos y salarios tenían que ser deferidos. *El Súper* obtuvo un éxito crítico a la vez que financiero, y fue estrenada limitadamente en teatros de estudio, y en festivales de cine a través de los Estados Unidos. "Cuando uno puede reírse de la tragedia de estar desplazado... estás salvado", dijo Ichaso, que esperaba que la cinta le diera al público una idea de lo que significa para los cubanos ajustarse a la vida de los Estados Unidos.

"Este tópico, que hace mucho tiempo debería haber sido llevado al cine, es explorado con gran perspicacia y suave humor en *El Súper*, una atractiva película nueva hecha por exiliados cubanos", Candice Russell, *Miami Herald* (2/4/79).

"*El Súper* no es solamente para ser vista por los cubanos, es para todo el mundo. Los anglos aprenderán más de sus amigos cubanos en 90 minutos con *El Súper*, que si fueran a seminarios, conferencias o programas inter-comunitarios", Bill van Maurern, *Miami News* (2/2/79).

THE EMERALD FOREST (1985, EMBASSY)

DIRECTOR: John Boorman
GUIÓN: Rospo Pallenberg
PRODUCTOR: John Boorman
ELENCO: Powers Boothe, Meg Foster, Charley Boorman, Dira Paes

Powers Boothe es Bill Markham, un ingeniero que ayuda a que la civilización conquiste la última frontera del mundo, el Amazonas brasileño, a través de la construcción de la carretera Trans-Americana. Charley Boorman es el hijo más joven de Markham, que un día desaparece al borde de la selva. Markham regresa a la selva amazónica año tras año, con la esperanza de encontrar al hijo perdido. Diez años más tarde, Markham encuentra al muchacho, ahora convertido en un indio brasileño guerrero, al que tiene que ayudar a sobrevivir. La brillante visualización del director John Boorman imparte vida, peligro y misticismo a esta aventura cautivadora y bellamente fotografiada, basada en una historia real. Tiene una música de fondo maravillosa de Junior Homrich.

EVITA (1996, BUENA VISTA)

DIRECTOR: Alan Parker
GUIÓN: Alan Parker y Oliver Stone
PRODUCTOR: Robert Stigwood, Alan Parker y Andrew G. Vajna
ELENCO: Madonna, Antonio Banderas, Jonathan Pryce, Jimmy Nail

El film de Alan Parker, basado en *Evita,* la producción musical aclamada internacionalmente de Sir Andrew Lloyd Webber, con letra de Tim Rice, cuenta la historia de la breve pero brillante carrera de Eva Perón (Madonna). Según es contada por Ché (Banderas), un personaje local de poca monta, Evita sigue sus pasos desde sus humildes comienzos, hasta llegar a ocupar el lugar más alto de la sociedad argentina. Extremadamente ambiciosa, Eva primero se convierte en una actriz de telenovelas radiales. Por su matrimonio con Juan Domingo Perón (Pryce), futuro presidente de Argentina, Evita —como mejor fue conocida— llegó a convertirse en una figura de riquezas, poderío, adulación y desprecio. Amada desesperadamente (por los *descamisados,* o la clase trabajadora pobre) al igual que odiada con apasionamiento, la breve estancia de Evita en el pináculo del poder dejó una huella indeleble tanto en su patria como en su historia. Los seis meses de filmación en la Argentina, comenzaron el 8 de febrero de 1996, pero no antes de que el director Alan Parker y Madonna conocieran en persona al presidente argentino, para pedirle acceso al famoso balcón de la Casa Rosada, donde la verdadera Evita Perón se paró para mirar desde arriba a miles de sus fieles admiradores.

Esta producción cinematográfica está muy bien montada, además de ser innovadora. Madonna resulta excelente como Evita, y Antonio Banderas, como Ché, pone de relieve que puede cantar bien, además de interpretar el personaje con apasionamiento.

Extreme Prejudice (1987, TriStar)

DIRECTOR: Walter Hill
GUIÓN: Deric Washburn y Harry Kleiner, basado en una historia de John Milius y Fred Rexer
PRODUCTOR: Buzz Feitshans
ELENCO: Nick Nolte, Powers Boothe, María Conchita Alonso, William Forsythe, Luis Contreras, Rick García, Carlos Cervantes

Dos amigos, uno, un Guardabosques de Texas (Nolte), y el otro un narcotraficante (Boothe), en lados opuestos de la ley y la frontera, están enamorados de la misma mujer, una mexicana que trabaja como cantante de una cantina. Alonso es la emotiva latina que se debate entre los dos hombres, ambos anglos. Este actualizado y violento filme del oeste, incluye todos los clichés y estereotipos conocidos. Los bandidos están bien actuados, aunque caen más bien en la categoría del malvado grasoso de la era silente.

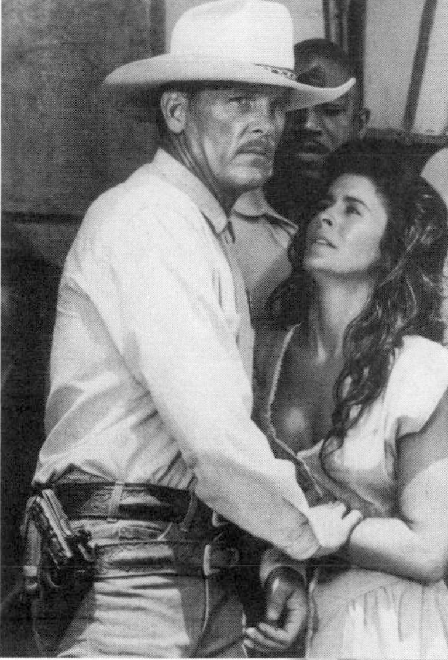

En *Extreme Prejudice*, María Conchita Alonso interpreta Sarita, una cantante mexicana desgarrada entre el amor de dos hombres a lados opuestos de la ley y de la frontera. Nick Nolte interpreta Jack Benteen.

The Fabulous Señorita (1952, Republic Pictures)

DIRECTOR: R.G. Springsteen
GUIÓN: Charles E. Roberts y Jack Townley, basado en una historia de Charles R. Marion y Townley
PRODUCTOR: Sidney Picker
ELENCO: Estelita, Robert Clarke, Néstor Paiva, Marvin Kaplan, Rita Moreno, Tito Renaldo, Martín Garralaga, Nita del Rey

Una divertida comedia romántica acerca de Estelita (Estelita) y Manuela (Moreno), las dos hijas de un hombre de negocios cubano, José Rodríguez (Paiva), que son enviadas a estudiar a los Estados Unidos. Manuela aprovecha la oportunidad para contraer matrimonio, y Estelita trata de encubrirla representando dos papeles, al mismo tiempo que se enamora de un profesor universitario (Clarke).

THE FALCON AND THE SNOWMAN (1985, ORION)

DIRECTOR: John Schlesinger
GUIÓN: Steven Zaillian
PRODUCTOR: Gabriel Katzka y John Schlesinger
ELENCO: Sean Penn, Timothy Hutton

Basado en los recuentos reales de Robert Lindsey, y filmada mayormente en Ciudad de México, ésta es la verdadera historia de un idealista inestable joven americano, Christopher Boyce (Hutton), que desilusionado por la operación encubierta de la CIA en tierras extranjeras, decide castigar a su patria vendiendo secretos a agentes soviéticos. Logra hacerlo a través de un amigo narcotraficante, Lee (Penn), que ha escapado de las autoridades americanas huyendo a México.

Con Lee como intermediario, Boyce logra ponerse en contacto con la embajada rusa, y consigue hacer una serie de tratos hasta que la policía mexicana lo arresta y lo interroga con brutalidad, antes de entregarlo a las autoridades americanas.

La policía mexicana es presentada como eficiente pero brutal, en una secuencia de la interrogación que tuvo que ser filmada en los Estados Unidos, porque el gobierno mexicano protestó por la imagen negativa que ofrecía de su fuerza policíaca.

THE FALCON IN MEXICO (1944, RKO RADIO PICTURES)

DIRECTOR: William Berke
GUIÓN: Gerald Geraghty y George Worthing Yates, basado en un personaje creado por Michael Arlen
PRODUCTOR: Maurice Geraghty
ELENCO: Tom Conway, Cecilia Callejo, Néstor Paiva, Mona Maris, Fernando Alvarado, George J. Lewis, Julián Rivero, Pedro de Córdoba

El Falcón, un suave detective aficionado de la pantalla, desenreda un misterioso asesinato al sur de la frontera, que envuelve las pinturas de un artista muerto, y los intentos de la hermosa mexicana que posó para los cuadros, de recobrarlos, lo que trae consigo la muerte del dueño de la galería. La pista lleva al Falcón desde la ciudad de Nueva York, a México y a la hija del artista. Como la cinta muestra el trabajo efectivo de la policía mexicana y el criminal es un americano, la oficina de Hays le dio a la cinta una mención honorífica por cooperar a cimentar la Política del Buen Vecino entre Estados Unidos y México.

FATAL BEAUTY (1987, METRO-GOLDWYN-MAYER)

Belleza fatal

DIRECTOR: Tom Holland
GUIÓN: Hilary Henkin y Dean Riesner, basado en una historia de Bill Svanoe
PRODUCTOR: Leonard Kroll
ELENCO: Whoopi Goldberg, Rubén Blades, Sam Elliott

Un melodrama decepcionante y predecible, mezclado con acción y humor aburrido, mientras los detectives policíacos Rizzoli (Goldberg) y Carl Jiménez (Blades), buscan a los que fabrican y venden una droga mortífera que llaman "Belleza Fatal".

La cinta presenta el usual surtido de narcotraficantes hispanos y negros y hombres malos, compensado en algo por un elenco de estrellas multi-étnico.

FEARLESS (1993, WARNER BROS.)

DIRECTOR: Peter Weir
GUIÓN: Rafael Yglesias, basado en su novela
PRODUCTOR: Paula Weinstein y Mark Rosenberg
ELENCO: Jeff Bridges, Isabella Rossellini, Rosie Pérez, Tom Hulce, Benicio Del Toro

La historia de un hombre, Max (Bridges), cuya perspectiva de la vida sufre un cambio dramático después que sobrevive un accidente de aviación. Pérez aparece como Carla Rodrigo, una mujer que perdió su bebé en el accidente. Por ese papel, Pérez obtuvo una nominación de la Academia como Mejor Actriz de Reparto.

A FEW GOOD MEN (1992, COLUMBIA)

DIRECTOR: Rob Reiner
GUIÓN: Aaron Sorkin, basado en su obra dramática
PRODUCTOR: David Brown, Rob Reiner y Andrew Scheinman
ELENCO: Tom Cruise, Jack Nicholson, Demi Moore, Michael DeLorenzo, Kevin Bacon

En la base americana de la bahía de Guantánamo, en Cuba, dos jóvenes Infantes de Marina son acusados de haber asesinado al Soldado de Primera Clase William T. Santiago, un miembro de su pelotón, durante una poco convencional acción disciplinaria conocida como un "Código Rojo". El abogado de la Marina Kaffee (Cruise), está dispuesto a desentrañar el misterio detrás de la muerte del soldado, y castigar a los responsables.

Este filme aclamado por la crítica y que está basado en una obra de Broadway, gira alrededor de la muerte de un Infante de Marina de los Estados Unidos hispano, pero etnia y raza no son en realidad lo importante aquí. Como los marinos están en Cuba, donde el enemigo es latino y la víctima también lo era, este último es visto como el "enemigo". La vida de Santiago es, por lo tanto, marginada. (Este asunto de racismo ha sido extendido, no obstante, porque uno de los acusados es afro-americano). Aunque Michael DeLorenzo, que personifica a Santiago, sólo aparece brevemente en una escena al principio de la cinta, la presencia hispana se hace sentir cada vez que se pronuncia su nombre en este drama judicial de alta tensión.

Fiesta (1941, United Artists)

También llamada Gaiety

DIRECTOR: LeRoy Prinz
GUIÓN: Cortland Fitzsimmons
PRODUCTOR: Hal Roach
ELENCO: Anne Ayars, Jorge Negrete, Armida, Antonio Moreno

La hija de un ranchero mexicano regresa a su hogar de Ciudad de México, para su próxima boda, aunque ella está comprometida con otro hombre. Esta cinta en Technicolor va camino del escenario y está plagada de personajes estereotipados. La película, que forma parte de una serie de cintas B de 50 minutos de duración, producidas por Hal Roach para United Artists, es la única en la que aparece el actor-cantante mexicano Jorge Negrete, como George Negrete. Armida canta con gran comicidad y muy hábilmente una canción llamada "Never Trust a Jumping Bean". También aparecen Nick Moro, Carlos Valadez, José Arias y sus bailarines mexicanos, y el Trío Guadalajara.

Fiesta (1947, Metro-Goldwyn-Mayer)

DIRECTOR: Richard Thorpe
GUIÓN: George Bruce y Lester Cole
PRODUCTOR: Jack Cummings
ELENCO: Ricardo Montalbán, Esther Williams, Cyd Charisse, Mary Astor, Fortunio Bonanova, Alex Montoya, Nacho Galindo, Carlos Ramírez

Filmada en México, con escenarios bellísimos, música, y bailes y canciones encantadoras, la cinta introdujo al público norteamericano a una nueva personalidad de la pantalla; Ricardo Montalbán, que bailó con Cyd Charisse en el filme con tanta desenvoltura, que muchos pensaron que era un bailarín profesional.

Aunque es nativo de México, Montalbán pasó sus años adolescentes en Los Ángeles. Después de trabajar en Broadway brevemente, regresó a México y apareció como estrella en más de veinte películas mexicanas antes de ser contratado por MGM.

El argumento de la cinta se trata de una dama torera, María Morales (Williams), y su hermano mellizo, Mario (Montalbán).

Los sitios de México donde se filmó la trama fueron Puebla y Telacala. La composición musical de Aaron Copland titulada "Salón México" fue usada en esta cinta bajo un nombre diferente, "Fantasía Mexican", adaptada y orquestada por Johnny Green. La película también presentó al cantante Ramírez, que trabajó en muchas de las cintas musicales de MGM de ese tiempo.

THE FIGHTER (1952, UNITED ARTISTS)

También llamada The First Time

DIRECTOR: Herbert Kline
GUIÓN: Aben Kandel y Herbert Kline, basado en "The Mexican", de Jack London
PRODUCTOR: Alex Gottlieb
ELENCO: Richard Conte, Lee J. Cobb, Frank Silvera, Rodolfo Hoyos Jr., Margaret Padilla, Paul Fierro, Rico Alaniz

Esta cinta, que sitúa la acción en 1910, trata de un pescador mexicano que se convierte en un boxeador en El Paso, para prestar ayuda monetaria a un movimiento revolucionario del sur de la frontera.

Después que su familia es asesinada por los Federales, Felipe Rivera (Conte), viaja a los Estados Unidos y jura luchar contra el régimen de Díaz. Cruza a nado Río Grande hasta El Paso, donde se une a las fuerzas de Madera en el exilio. Felipe gana dinero sirviendo de adversario a boxeadores profesionales, entregando después el dinero a sus compañeros de exilio. Cuando gana una pelea importante contra un boxeador formidable, usa los $5.000 recibidos para comprar rifles que son muy necesitados para la causa de Madera.

En este filme clase B, hecho con gran habilidad, Richard Conte logra una actuación muy efectiva junto a actores como Lee J. Cobb, que aparece como un líder revolucionario mexicano. El film utiliza algún pietaje de la villa de Janitzio de la isla Patzcuaro, en el área de Puebla, fotografiada por Herbert Kline para su cinta, *The Forgotten Village* (1941).

THE FIREBRAND (1962, TWENTIETH CENTURY FOX)

DIRECTOR: Maury Dexter
GUIÓN: Harry Spalding
PRODUCTOR: Maury Dexter
ELENCO: Valentín De Vargas, Kent Taylor

El Robin Hood mexicano Joaquín Murieta (De Vargas), roba a los colonizadores americanos enloquecidos por el oro de la vieja California. El Comandante Tim Bancroft (Taylor), un decidido Guardabosques de California, mata a un hombre, le corta la cabeza y echa a correr rumores de que es la cabeza de Joaquín. Él cobra la entrada al que quiera verla, tratando de sacar a Murieta de su escondido. Joaquín al fin se enfrenta al Comandante en una batalla final, perdiéndose después en el horizonte. El presupuesto ínfimo de este film es aún más bajo que uno de una cinta del oeste clase B, pero tiene la distinción de tener un hispano en el papel principal.

FIRES WITHIN (1992, METRO-GOLDWYN-MAYER/PATHÉ)

DIRECTOR: Gillian Armstrong
GUIÓN: Cynthia Cidre y Peter Barsocchini
PRODUCTOR: Wallis Nicita y Lauren Lloyd
ELENCO: Jimmy Smits, Greta Scacchi, Vincent D'Onofrio, Bri Hathaway

Una familia es separada en Cuba por el gobierno opresivo de Fidel Castro. El esposo, Néstor (Smits), está en la cárcel cumpliendo condena de por vida, por sus escritos acerca de la injusticia e inhumanidad de la revolución que una vez él apoyó fervientemente. Él insiste en que su esposa, Isabel (Scacchi), y la pequeña hija de ambos escapen a Miami, Florida.

Casi pereciendo en alta mar, son salvadas por Sam (D'Onofrio), un pescador americano. Isabel y Sam se vuelven a encontrar en Miami varios años después y se enamoran. Por cuidar de Isabel y Maribel (Hathaway), que ahora tiene siete años, Sam está convencido que Isabel terminará casándose con él.

Ocho años después de la salida de Isabel de Cuba, Néstor es puesto en libertad inesperadamente, y llega a Miami a reclamar a su familia, sin percatarse que forzará a su mujer a escoger entre él y el hombre de quien ella ha aprendido a depender y en quien ha puesto su futuro.

Este drama romántico sobre exiliados cubanos en los Estados Unidos, fue filmado en áreas de Miami y escrito conjuntamente por Cynthia Cidre, una guionista nativa de Cuba que creció en Miami.

Firewalker (1986, Cannon)

DIRECTOR: J. Lee Thompson
GUIÓN: Robert Gosnell, basado en una historia de Gosnell, Jeffrey Rosenbaum y Norman Aladjem
PRODUCTOR: Menahem Golan y Yoram Globus
ELENCO: Chuck Norris, Louis Gossett Jr., Melody Anderson

Este film de aventura escapista, trata de ciudadanos americanos que residen en el exótico México. Después de diez años de vivir intrigas peligrosas, sufrir bancarrota, y tomar parte en múltiples expediciones, los cazadores de fortuna Max Donigan (Norris), y Leo Porter (Gossett), están a punto de retirarse de sus aventuras. Entonces aparece una bella mujer (Anderson) con un mapa de la perdida reserva de oro de los antiguos aztecas. Con el signo de los dólares retratado en los ojos, el trío parte hacia Guatemala, donde tienen que combatir a crueles mercenarios y al curandero azteca El Coyote (Sonny Landham). Zaide Silvia Gutiérrez aparece en la cinta como una india.

The First Texan (1956, Allied Artists)

DIRECTOR: Byron Haskin
GUIÓN: Daniel B. Ullman
PRODUCTOR: Walter Mirisch
ELENCO: Joel McCrea, Felicia Farr, Wallace Ford, Jeff Morrow, Rudolfo Hoyos Jr.

La historia de Sam Houston (McCrea), y el movimiento independentista dirigido por los resueltos mexicanos y americanos, decididos a librarse del opresor gobierno mexicano, y los sucesos que culminaron en la batalla de San Jacinto. El ejército de Houston vence decisivamente a las superiores fuerzas mexicanas, capturando al General Santa Ana y consiguiendo finalmente la independencia de Texas.

Hoyos representa a Cos; David Silva es el General Santa Ana; Frank Puglia es Pepe; y Salvador Baguez es Veramendi. La película también incluye a Maurice Jura como Pablo, Néstor Paiva como un sacerdote, y George J. Lewis, como un médico mexicano.

The First Time
Ver The Fighter

A Fistful of Dollars (1964, United Artists)

DIRECTOR: Sergio Leone
GUIÓN: Sergio Leone y Duccio Tessari
PRODUCTOR: Arrigo Columbo y Giorgio Papi
ELENCO: Clint Eastwood, John Wels, Marianne Koch, Antonio Prieto, José Calvo

El fenómeno del culto internacional que lanzó las carreras fílmicas del escritor, director y productor italiano, Sergio Leone, el compositor Ennio Morricone y el entonces poco conocido actor de televisión Clint Eastwood. Esta nueva versión de *Yojimbo* (1961), de Kurosawa, originó el género llamado *spaghetti westerns.* Ambas cintas han sido adaptadas de la novela *Red Harvest* de Dashiell Hammett.

Eastwood es el "hombre sin nombre", un codicioso e inmoral vagabundo convertido en boxeador, que llega a este hueco infernal considerado una comunidad fronteriza, donde dos pandillas de bandidos se disputan el poder. John Wels es Ramón Rojo, el bandido que capitanea a uno de los grupos de maleantes.

Ésta es una cinta del oeste llevada al extremo con violencias incesantes, realismo enervante y a veces disparatadas ironías. Justamente antes de un memorable tiroteo final, Leone usa panoramas impresionantes, igual que extremados primeros planas de labios temblorosos y ojos inquietos de los artistas del reparto internacional. Bandidos mexicanos, villas amodorradas y bellas señoritas pueblan esta cinta del oeste (mayormente filmada en España e Italia). La seductora y singular partitura musical de Ennio Morricone se convirtió en una bien conocida seña de identidad.

A Fistful of Dynamite
También llamada A Fistful of Revolution
Ver Duck, You Sucker!

Flying Down to Rio (1933, RKO Radio Pictures)
Volando a Río

DIRECTOR: Thornton Freeland
GUIÓN: Cyril Hume, H.W. Hanemann y Erwin Gelsey, basado en la comedia dramática de Anne Caldwell, de una historia original de Brock
PRODUCTOR: Lou Brock
ELENCO: Gene Raymond, Dolores Del Río, Fred Astaire, Ginger Rogers, Raúl Roulien

Dolores Del Río y Fred Astaire bailan a la música "Orchids in the Moonlight" en *Flying Down to Río.*

Esta comedia musical tiene como estrellas a Del Río y Raymond, pero la nueva pareja de baile de Astaire y Rogers, se robó la película en su debut fílmico.

Del Río es una hermosa brasileña comprometida con un hombre rico, interpretado por Roulien. En la vida de la brasileña aparece el compositor y aviador Roger Bond (Raymond) y comienzan las complicaciones.

Uno de los grandes números es un ballet aéreo, en el cual las muchachas del coro, amarradas a las alas de viejos biplanos, bailan y se quitan la ropa para deleite de los habitantes de Río de Janeiro, que las miran desde la tierra.

Del Río realmente bailó en la cinta con Fred Astaire antes que Rogers, pero en el número de la "Carioca", Astaire y Rogers surgieron como una de las parejas más grandes del cine. La película fue filmada en su totalidad en los escenarios de los estudios de la RKO en Hollywood, que creó la apariencia de Río como si fuera una postal escapista de fantasía para la América de la era de la Depresión.

Fools Rush In (1997, Columbia)

DIRECTOR: Andy Tennant
GUIÓN: Katharine Reback, basado en una historia de Joan Taylor y Reback
PRODUCTOR: Doug Draizin
ELENCO: Matthew Perry, Salma Hayek, Tomás Milián, Carlos Gómez, Anne Betancourt

Una comedia romántica de amantes predestinados. Alex (Perry) es un joven ejecutivo de una agencia de bienes raíces que tiene una aventura de una sola noche con una fotógrafa mexicana, Isabel Fuentes (Hayek), que da como resultado un inesperado embarazo. Se casan precipitadamente y después se enamoran, a pesar de que una serie de malentendidos amenazan con destruir la felicidad que han encontrado. Abundan el amor y los estereotipos interculturales de ambas partes— desde la gran familia hispana de Isabel, a la más rígida familia WASP (blanca, anglosajona, protestante) de Alex. Isabel es la clásica latina emotiva, como lo demuestra bailando sin inhibiciones mientras cocina, y gritándole a Alex en español cuando se disgusta con él. Alex conoce a los padres de Isabel en una fiesta en el traspatio de la casa, donde reúnen a más de 100 invitados y una banda de Mariachis. Éste fue el primer papel importante de Hayek para uno de los mayores estudios de Hollywood, en el que brilla por su gran talento cómico y encantadora presencia.

For a Few Dollars More (1965, United Artists)

DIRECTOR: Sergio Leone
GUIÓN: Sergio Leone y Luciano Vincenzoni
PRODUCTOR: Alberto Grimaldi
ELENCO: Clint Eastwood, Lee Van Cleef, Gian Maria Volonté

Eastwood, el "hombre sin nombre", y Van Cleef como el Coronel Mortimer, un envejeciente cazador de recompensas, forman una rara alianza en busca del dinero ofrecido por la captura del bandido El Indio (Gian Maria Volonté) y su banda de "desperados". Durante el tiroteo del clímax, se da a conocer que la razón del Coronel Mortimer para apresar al Indio no es el dinero de la recompensa, sino vengar la muerte de un miembro de su familia.

Éste fue el segundo film de la exitosa serie "Hombre sin Nombre"; una trilogía de *spaghetti westerns* que también incluían *A Fistful of Dollars* (1964) y *Lo bueno, lo malo y lo feo* (1967).

For Whom the Bells Toll (1943, Paramount)
Por quien doblan las campanas

DIRECTOR: Sam Wood
GUIÓN: Dudley Nichols, basado en la novela de Ernest Hemingway
PRODUCTOR: Sam Wood
ELENCO: Gary Cooper, Ingrid Bergman, Akim Tamiroff, Fortunio Bonanova, Katina Paxinou, Arturo de Córdova, Joseph Calleia, Duncan Renaldo, Pedro de Córdoba

Muchas películas han sido adaptadas de las historias y novelas de Hemingway, incluso *Adiós a las armas* (1932 y 1957), y *El viejo y el mar* (1958). Paramount compró los derechos del controvertido *best-seller, Por quien doblan las campanas,* enseguida que se publicó en 1940. La versión fílmica de la cinta fue estrenada en 1943, después de tres años de publicidad, únicamente superados por *Gone With the Wind.*

Es la historia de un profesor universitario americano que en la guerra civil española de 1936, se convierte en un experto en explosivos del lado de las fuerzas leales. La destrucción de un puente estratégico, y el amor que Robert Jordan

(Gary Cooper) siente por una encantadora mujer española, María (Bergman), fueron los principales empujes dramáticos de la cinta.

Cooper fue la elección de Hemingway y del público para el rol de Jordan. El guión cinematográfico dejó a un lado los matices políticos de la guerra civil española, robándole a la película un sentido específico de lugar y época. El público de ahora no logra entender para quién y por qué los personajes luchaban.

El filme es demasiado largo, por más que entretiene y se distingue por las buenas actuaciones y el magnífico trabajo de la cámara. El reparto de los actores secundarios es estupendo, incluyendo a Calleia como El Sordo, un guerrillero; Tamiroff aparece como Pablo; Paxinou (ganadora del Oscar como Mejor Actriz de Reparto), es Pilar, la mujer de Pablo; y de Córdova es Agustín. Yvonne De Carlo es la bailarina de la escena del café. En papeles menores vemos a Bonanova, como Fernando, Renaldo como el Teniente Berrendo, de Córdoba es el Federico González, Frank Puglia es el Capitán Gómez y Martín Garralaga es el Capitán Mora. También intervienen en cortas apariciones, Trini Varela, Alberto Morín, Pedro Regas, Soledad Jiménez, Lilo Yarson y Tito Renaldo.

Derecha a izquierda: Arturo de Córdova, Gary Cooper, Ingrid Bergman y Katina Paxinou en una escena en *For Whom the Bell Tolls*.

Las escenas locales fueron rodadas en la Sierra Nevada, cerca de Tuolumne, California. El productor de diseño era William Cameron Menzies (sirvió en la misma capacidad en *Gone with the Wind).* Ray Rennahan fue el cineasta del color.

"Es una gran película sin ningún significado político. No estamos contra nadie", declaró Adolph Zukor, cabeza principal de los estudios Paramount. "Una historia de amor con un telón de fondo brutal", es cómo el director Sam Wood la describe.

Forever Darling (1956, Metro-Goldwyn-Mayer)

DIRECTOR: Alexander Hall
GUIÓN: Helen Deutsch
PRODUCTOR: Desi Arnaz
ELENCO: Lucille Ball, Desi Arnaz, James Mason, Louis Calhern

Lucy y Desi interpretan a Susan y Larry Vega, una pareja con dificultades matrimoniales. El empleo de Larry como químico lo mantiene trabajando hasta altas horas de la noche, por lo que Susan pasa mucho tiempo con amigos que Larry encuentra desagradables.

Una enfermera, Rachel Ticotin, es consolada por un policía, interpretado por Paul Newman. Los dos comparten un romance agridulce en la historia de un cuartel de policía bajo fuego en un vecindario devastado y violento en *Fort Apache, The Bronx.*

Muy pronto la pareja va separándose progresivamente. Pero cuando el ángel de la guarda de Susan (Mason) aparece, él la anima a revivir el romance que antes existía en su matrimonio. Ella decide acompañar a Larry en un viaje de acampamiento al aire libre, pero después de pasar una noche en vilo, y una mañana desastrosa, Susan y Larry se encuentran de verdad al borde de irse cada uno por su lado. Justamente cuando parece que la separación de la pareja es inminente, una cuantas sorpresas los colocan en el camino de la felicidad conyugal.

Producida por Desilu, la compañía productora de Desi y Lucy, el filme presenta como primeras figuras a un matrimonio moderno hispanoamericano. En *The Long, Long Trailer* (1954), su primera experiencia teatral con un largometraje, ellos se representaron a sí mismos como una pareja de difícil descripción, presuntamente ítaloamericana. Cuando hicieron *Forever Darling*, no obstante, siguiendo el éxito que tenían en televisión, no fue necesario disfrazar la herencia latina de Desi.

Fort Apache, The Bronx (1981, Twentieth Century Fox)

DIRECTOR: Daniel Petrie
GUIÓN: Heywood Gould
PRODUCTOR: Martin Richards y Tom Fiorello
ELENCO: Paul Newman, Ken Wahl, Edward Asner, Pam Grier, Rachel Ticotin, Gloria Irizarry

Un veterano policía irlandés-americano, Murphy (Newman), enseña a un policía novato, Corelli (Wahl), los intríngulis de la vida en las duras calles llenas de crimen y pobreza de la ciudad de Nueva York, en el lado sur del Bronx. La cinta es muy similar a *Colors* (1988), que tiene lugar en un esparcimiento urbano del lado este de la ciudad de Los Ángeles.

Durante un disturbio, un policía arroja a un muchacho hispano a una muerte segura desde el techo de un edificio. Sintiendo que su acción estuvo justificada, el policía causa una crisis de conciencia en un compañero policía, Murphy, que presenció el asesinato. Murphy da cuenta de lo sucedido y causa una división entre sus compañeros policías.

Como *Fort Apache, The Bronx*, precede a *Colors* por siete años, es interesante notar las similitudes del argumento. En ambas películas, la estación de policía aparece como un bastión de la ley, el orden y la civilización angloeuropea, contra los "salvajes" (refiriédose a los hispanos y a los negros). En *Fort Apache*, Murphy se enamora de una enfermera puertorriqueña (Ticotin), que lo traiciona, porque ella resulta ser una adicta a las drogas que toma en dosis excesivas. En *Colors*, el policía novato se enamora de una chicana (María Conchita Alonso), que trabaja en un kiosco de hamburguesas y lo traiciona acostándose con un miembro afro-americano de una pandilla.

Los afro-americanos y los puertorriqueños son vistos aquí como si todos fueran adictos a las drogas y de baja vida, y las mujeres como unas prostitutas. En la trama no hay personajes positivos negros o puertorriqueños. Los policías de raza blanca protegen a la sociedad de las minorías que viven en las áreas más pobres de la ciudad.

Mientras la producción se llevaba a cabo, una coalición de residentes afroamericanos y puertorriqueños del sur del Bronx hicieron demostraciones de protesta. Los que protestaban citaron la violencia exagerada del guión, la falta de personajes positivos que tuvieran apellidos españoles o fueran afro-americanos, y el no explicar cómo el prejuicio racial y la pobreza atrapan a muchos de los residentes del sur del Bronx. Los productores se negaron a hacer cambios en el guión.

El escritor Miguel Piñera (*Short Eyes*) interpreta a un adicto a las drogas con punzante veracidad. Tito Goya y Gloria Irizarry también aparecen en la cinta.

THE FOUR HORSEMEN OF THE APOCALYPSE (1921, METRO)

Los cuatro jinetes del apocalipsis

DIRECTOR: Rex Ingram
GUIÓN: June Mathis, basado en la novela de Vicente Blasco Ibáñez
PRODUCTOR: Rex Ingram para Metro Pictures
ELENCO: Rudolph Valentino, Alice Terry, Pomeroy Cannon

Una película muda. Rudolph Valentino se convirtió en estrella cuando bailó el tango en un sórdido cabaret de Buenos Aires, en el rol de Julio Desnoyers, un joven suramericano en París, en vísperas de la Primera Guerra Mundial.

Los amantes del cine recuerdan a Valentino vestido como un gaucho, interrumpiendo con gran desenfado a una pareja en la pista de baile y reclamando a la mujer (Beatrice Domínguez) para bailar con ella un tango, así como la nota mística que pone fin a la cinta.

Madariaga (Cannon), un viejo ranchero rico de Argentina, que desprecia a su hijo político que es alemán, deposita todo su afecto en Julio. Después de la muerte de Madariaga, la herencia es dividida y la familia se dispersa por Europa: los von Hartrotts van a Alemania, y los Desnoyers a Francia. Julio compra un castillo en el Marne y abre un estudio, donde ofrece fiestas, pinta cuadros y muy pronto se enamora locamente de Marguerite Laurier (Terry), la joven esposa de un abogado. Comienza la Primera Guerra Mundial, y Marguerite se une a la Cruz Roja, mientras su esposo se alista en el ejército. Al encontrar al esposo herido en batalla y ciego, Marguerite resiste las insinuaciones de Julio. Incitado por las palabras de un extraño que invoca los símbolos de los cuatro jinetes del Apocalipsis —guerra, conquista, hambre y muerte— Julio entra en el ejército de Francia. Después de distinguirse por su valentía, él perece en un intercambio armado con su primo, un oficial del ejército alemán.

The Four Horsemen of the Apocalypse (1962, Metro-Goldwyn-Mayer)

DIRECTOR: Vincente Minnelli
GUIÓN: Robert Ardrey y John Gay, basado en la obra de Vicente Blasco Ibáñez
PRODUCTOR: Julian Blaustein
ELENCO: Glenn Ford, Yvette Mimieux, Lee J. Cobb, Paul Henreid

Tratando de duplicar el éxito obtenido cuarenta años atrás, esta costosa e importante producción de MGM fue un desastre comercial y crítico. Compararla con la afamada versión silente tampoco ayudó, por más que los dos filmes eran totalmente diferentes, con similitudes en términos superficiales solamente. Sin embargo, el enfoque de Ingram a la historia, el director de la cinta silente, fue considerablemente menos imaginativo que el de Minnelli, que tuvo el beneficio de todos los adelantos de las técnicas de fotografía, dirección y actuación, logrados desde que la primera fue rodada. Glenn interpretó a Julio en una caracterización totalmente diferente a la de Valentino.

La historia fue actualizada, situándola en la Segunda Guerra Mundial, y centrándola en la estancia de Julio en París, y sus esfuerzos como un luchador de la resistencia francesa. Fue rodada en varias localidades de Francia, y en los estudios de la MGM.

1492: Conquest of Paradise (1992, Paramount)

DIRECTOR: Ridley Scott
GUIÓN: Roselyne Bosch
PRODUCTOR: Ridley Scott y Alain Goldman
ELENCO: Gérard Depardieu, Armand Assante, Sigourney Weaver

Una cinta bellamente fotografiada y visualmente llamativa, pero que resultó una producción aburrida y con pocos elementos comunes. Depardieu es un adormilado Colón italiano, con un acento muy francés hablando en inglés. Sin embargo, se ha puesto gran atención en la veracidad histórica, por más que los cuatro viajes de Colón son reducidos a dos.

Freebie and the Bean (1974, Warner Bros.)

DIRECTOR: Richard Rush
GUIÓN: Robert Kaufman, basado en una historia de Floyd Mutrux
PRODUCTOR: Richard Rush
ELENCO: James Caan, Alan Arkin

Una comedia fílmica de acción, con James Caan como Freebie Waters, y Alan Arkin, como Benito "Bean" Vázquez, una pareja de policías en trajes de civiles de San Francisco, que trata de seguir a un grupo de estafadores. El "Bean" es un mexicano-americano que soporta los insultos étnicos de su amigo y compañero, Freebie, que lo llama *spic* y *wetback*.

Las bromas pesadas entre los dos, supuestamente cómicas, forman la mayor parte de la jocosidad del filme, que también incluye varias persecuciones en auto e infinidad de choques. Contra esto, no obstante, está la caracterización contemporánea que Arkin ha hecho del policía mexicano-americano, convirtiéndolo en una positiva, aunque nueva, figura de héroe. Valerie Harper (más tarde de fama televisiva como *Rhoda*), es la esposa hispana de Arkin, de quien él sospecha es infiel.

From Dusk Till Dawn (1996, Miramax)

DIRECTOR: Robert Rodríguez
GUIÓN: Quentin Tarantino
PRODUCTOR: Gianni Nunnari y Meir Teper
ELENCO: Harvey Keitel, George Clooney, Quentin Tarantino, Juliette Lewis, Cheech Marín, Fred Williamson, Salma Hayek, Mike Moroff, Danny Trejo

Los notorios hermanos Gecko (Clooney y Tarantino) son un par de ladrones que tratan de escaparse a México a través de la frontera, y escogen un lugar equivocado para hacer una parada. El *Titty Twister* es un bar de motociclistas cuyos empleados se vuelven vampiros y se alimentan de los clientes después que cae la noche. Este género de suspenso de horror combina el drama de acción y persecución con el suspenso de horror de vampiros. La historia tiene elementos de cultura azteca y mitología que son intercalados como la base ficticia del vampirismo, ya que el bar está situado sobre los ruinas de un templo azteca. Salma Hayek, una relativa recién llegada en este filme, aparece como Santánico Pandemonium, una seductora bailarina de serpientes, vestida con ropaje azteca. Cheech Marín actúa en múltiples roles.

THE FUGITIVE (1947, RKO RADIO PICTURES)

DIRECTOR: John Ford
GUIÓN: Dudley Nichols, basado en la novela *The Power and the Glory,* de Graham Greene
PRODUCTOR: Merian C. Cooper y John Ford
ELENCO: Henry Fonda, Dolores Del Río, Pedro Armendáriz, Leo Carrillo, J. Carroll Naish, Fortunio Bonanova, Miguel Inclán, Chris-Pin Martin, José Torvay

Fonda interpreta al único sacerdote superviviente de una ficticia nación latinoamericana que se ha convertido en un estado policiaco, con una severa postura anticlerical. Del Río es la bella mujer india, como la Magdalena, que trata de ayudar al sacerdote, es la amante deshechada del policía que lo persigue (Armendáriz).

Filmada en México, *The Fugitive* es verdaderamente la primera coproducción mexicano-americana en términos de unir a los más destacados talentos de los dos países: el director John Ford, el productor asociado Emilio Fernández, el cinematógrafo Gabriel Figueroa, y los actores Henry Fonda, Pedro Arméndariz y Dolores Del Río. Mel Ferrer trabajó de director asistente de Ford. La cinematografía de Figueroa captó las imágenes de América Latina en sus iglesias, sus paisajes y su gente. Un reparto de actores latinos casi en su totalidad, fue reunido tanto de México como de los Estados Unidos. Armendáriz ofreció una actuación impresionante como un indio que trata muy duramente a su gente, y muestra sentir antipatía hacia la religión católica.

FUN IN ACAPULCO (1963, PARAMOUNT)

DIRECTOR: Richard Thorpe
GUIÓN: Allan Weiss
PRODUCTOR: Hal Wallis
ELENCO: Elvis Presley, Ursula Andress, Elsa Cárdenas, Alejandro Rey, Robert Garricart

El suave, exuberante y provocador fondo que ofrece Acapulco, enmarca el montaje de esta deliciosa distracción en México, que se completa con Elvis cantando en español y lanzándose desde los altos acantilados de La Quebrada al océano.

La ligera historia trata de un joven con un problema psicológico y otro romántico. Mike Windgren (Presley), que ha sido trapecista, le tiene terror a las alturas, debido a que años atrás no supo agarrar a su compañero, de cuya muerte él se siente culpable. Raoul Almeido (Larry Domasin), un joven limpia-

Elvis Presley canta (en español) en la película mexicana *Fun in Acapulco.*

botas que tiene buena cabeza para los negocios, de casualidad oye cantar a Mike y se nombra a sí mismo su representante.

Él le consigue a Mike un trabajo de media jornada como cantante y salvavidas en un hotel elegante. Mike muy pronto se envuelve románticamente con Marguerita Dauphine (Andress), hija de un inmigrante europeo y Dolores Gómez (Cárdenas), una dama torera. Otro salvavidas y especialista en "clavado", Moreno (Rey), se encela de las atenciones de Mike a Marguerita. En fin de cuentas, Mike logra vencer su miedo a las alturas. Alberto Morín aparece como el gerente del hotel, y Robert Garricart hace el papel de José.

La película fue rodada mayormente en los estudios Paramount con un segundo equipo en la localidad de Acapulco, donde fue a retratar los exteriores utilizando dobles en lugar de las estrellas. Toda la atención y publicidad que rodeaba a Elvis Presley, ciertamente ayudó a crear una imagen divertida de un lugar de vacaciones para toda la juventud alrededor del mundo, que más tarde, como adultos, harían de Acapulco su lugar preferido para pasar las vacaciones.

Fun with Dick and Jane (1977, Columbia)

DIRECTOR: Ted Kotcheff
GUIÓN: David Giler, Jerry Belson y Mordecai Richler
PRODUCTOR: Hank Bart y Max Palevsky
ELENCO: George Segal, Jane Fonda, Ed McMahon, Dick Gautier

Los sueños de una joven pareja que desea ascender socialmente, se desbaratan cuando el esposo pierde su empleo. Sus intentos de manejar la situación y los desesperados extremos a los que llegan tratando de mantener un estilo de vida de clase media alta, representan la base de esta comedia. Ansioso por volver a trabajar, Dick (Segal), un ingeniero graduado en la industria espacial, pide ayuda al conserje chicano que limpiaba su oficina. El comediante Hank García es Raoul Esteban, el conserje que se convierte en el consejero sabelotodo de Segal, en cuestiones de seguros de desempleados y estampillas de comida.

The Furies (1950, Paramount)

DIRECTOR: Anthony Mann
GUIÓN: Charles Schnee, basado en la novela de Niven Busch
PRODUCTOR: Hal B. Wallis
ELENCO: Barbara Stanwyck, Walter Huston, Wendell Corey, Gilbert Roland, Thomas Gómez, Blanche Yurka, Movita

T.C. Jeffords (Huston), un magnate pionero de la industria del ganado, es una figura exageradamente arquetípica que al fin encuentra la horma de su zapato en su hija. Vance (Stanwyck), la testaruda mujer que enerva a su padre al escoger a Rip Darrow (Corey), su enemigo jurado, de novio.

T.C. escoge a una viuda de San Francisco como su nueva esposa, y Vance, en un momento de furia, la ataca. T.C. se enfurece a tal punto que ahorca a Juan Herrera (Roland), novio de Vance de la niñez, y alguna vez su amante. Jefford muere al final, a manos de la vengativa madre de Herrera (Yurka). Gómez aparece como El Tigre, el capataz del rancho. Movita Castenada hace de Chiquita. Pepe Hern y Joe Domínguez también aparecen en la cinta.

Esta bien actuada cinta del oeste fue la primera de una serie de melodramas dirigidos por Anthony Mann.

Gaby—A True Story (1987, Tristar)

DIRECTOR: Luis Mandoki
GUIÓN: Martín Salinas y Michael James Love, basado en una historia desarrollada por Mandoki, sobre sucesos que le fueron contados por Gabriela Brimmer
PRODUCTOR: Pinchas Perry y Luis Mandoki
ELENCO: Liv Ullmann, Norma Aleandro, Robert Loggia, Rachel Levin, Lawrence Monoson, Robert Beltrán, Tony Goldwyn, Danny de la Paz

La historia verdadera de una joven con parálisis cerebral que se vuelve una escritora profesional. La cinta ha sido tomada de la autobiografía de 1979 de Gaby Brimmer, hija de un refugiado judío de la Ciudad de México. Gaby tuvo la enorme suerte de ser criada por una nodriza extremadamente compasiva, Florencia, que se convirtió en su amiga y constante acompañante.

Aleandro es Florencia, quien, según el director Luis Mandoki, "representa el alma y corazón de los mexicanos". Mandoki tuvo que esperar cinco años para poder hacer la cinta de la manera que él deseaba: una mirada moderna a la vida del México actual. Aleandro, como la sirvienta india de un hogar anglo-europeo, da evidencia del legado racista de México, en donde los valores eurocéntricos toman precedencia sobre los valores naturales de México. Florencia desempeña la misma función de la *mammy* o nodriza afro-americana de filmes como *Gone with the Wind.* Aleandro recibió una nominación de la Academia como Mejor Actriz de Reparto.

Filmada en su totalidad en Cuernavaca, México, fue una co-producción internacional del gobierno mexicano.

"Norma Aleandro, la mejor actriz Argentina, ofrece una complicada representación de calma, como la retraída sirvienta que simplemente se hizo cargo de la niña Gaby una noche– y nunca más se marchó", Julie Salamon, *Wall Street Journal* (10/2/87).

"Una soberbia actuación de parte de Norma Aleandro, la actriz argentina que... es realmente sobresaliente, y... contribuye en gran parte a la veracidad del film", Janet Maslin, *New York Times* (10/30/87).

"El trato que Luis Mandoki le da a la cinta es directo, franco y lleno de fuertes emociones. Él recibe ayuda inconmensurable de un sublime reparto, que empareja a dos actrices prepotentes", Deborah Kunk, *Los Angeles Herald* (11/13/87).

Gaiety

Ver Fiesta *(1941)*

GANG
Ver Walk Proud

THE GANG'S ALL HERE (1943, TWENTIETH CENTURY FOX)
Aquí están nuestros amigos

DIRECTOR: Busby Berkeley
GUIÓN: Walter Bullock, basado en una historia de Nancy Wintner, George Root Jr. y Tom Bridges
PRODUCTOR: William LeBaron
ELENCO: Alice Faye, Phil Baker, Carmen Miranda, Benny Goodman

Un soldado va a la guerra y deja atrás dos jóvenes amigas que creen estar comprometidas con él. Una de ellas (Faye), es una corista de un cabaret de Nueva York, donde Dorita (Miranda) es la estrella. Miranda se roba todas las escenas en donde actúa. La versión de Miranda en el número sobre "The Lady in the Tutti Frutti Hat", tiene matices cómicosexuales a lo Mae West que son difíciles de ignorar, cuando sesenta coristas se mueven en la escena agitando enormes bananas como símbolos fálicos. Fue la primera cinta de Busby Berkeley en colores, y un punto decisivo en su carrera como coreógrafo y director. El bailarín italo-americano, Tony De Marco, también toma parte en ella.

GARDEN OF EVIL (1954, TWENTIETH CENTURY FOX)
Jardín maligno

DIRECTOR: Henry Hathaway
GUIÓN: Frank Fenton, basado en una historia de Fred Freiberger y William Tunberg
PRODUCTOR: Charles Brackett
ELENCO: Gary Cooper, Richard Widmark, Susan Hayward, Cameron Mitchell, Rita Moreno, Hugh Marlowe, Víctor Manuel Mendoza

Tres americanos aventureros (Cooper, Widmark y Mitchell) y un mexicano (Mendoza), se ponen de acuerdo en un puerto mexicano para ayudar a una linda americana (Hayward), a rescatar a su esposo (Marlowe), que está atrapado en las profundidades de una mina de oro, en las áreas silvestres de México. Ellos logran rescatarlo, pero al regreso tienen que combatir indios. La película fue rodada en los exteriores de México, usando los sistemas de CinemaScope y Technicolor.

Los personajes mexicanos son presentados como valientes, pero tontos. Por ejemplo, cuando Widmark le pide a Mendoza que corte las cartas en un juego, él lo hace literalmente usando un machete. Moreno aparece como una seductora cantinera que baila en la secuencia inicial.

The Gaucho (1927, United Artists)

DIRECTOR: F. Richard Jones
GUIÓN: Lotta Woods, basado en una historia de Elton Thomas (Fairbanks)
PRODUCTOR: Douglas Fairbanks
ELENCO: Douglas Fairbanks, Lupe Vélez

En Argentina, el Gaucho (Fairbanks) pelea contra el malvado usurpador Ruiz (Gustav von Seyffertitz) en el pueblo de Milagros.

Vélez hizo su debut en *El Gaucho* como actriz principal de una película de importancia, reemplazando a Dolores Del Río que había sido anunciada previamente, pero tuvo que retirarse por problemas personales. Lupe obtuvo magníficos comentarios y la cinta la convirtió en estrella. Ella está a la par con Fairbanks en proezas atléticas, actuación y comicidad.

El columnista Dan Thomas, en *Los Angeles Record* (4/12/27), citó las impresiones de Fairbanks sobre la producción, compartida por la mayoría de sus colegas de ese tiempo, de esta manera: "En esta película seré un gaucho, un vaquero suramericano. No se sitúa la historia en ningún momento definitivo en el tiempo, por lo que pudiera haber sucedido en cualquier momento del siglo pasado. Naturalmente que tendrá colorido, porque mostraremos a los suramericanos como nosotros los vemos, no como ellos son". Él continuó, "Una cinta que describe al continente del sur como de verdad es, sería muy poco interesante. Para poder hacerlos interesantes, tenemos que presentar a los gauchos con un vestuario lleno de color y en escenarios de villas románticas. Esto es lo que llamamos licencia peliculera".

The Gay Defender (1927, Paramount)

DIRECTOR: Gregory La Cava
GUIÓN: Ray Harris, Sam Mintz y Kenneth Raisbeck
PRODUCTOR: Adolph Zukor y Jesse L. Lasky
ELENCO: Richard Dix

Biografía silente de ficción, sobre el legendario bandido californiano Joaquín Murrieta. Algunas escenas locales fueron filmadas cerca de la Misión San Juan de Capistrano, en el Condado Orange del sur de California.

"Dix tiene patillas y bigote, pero es todavía muy difícil para él parecer español. Debería quedarse de este lado de la frontera. Aparte de eso, ni España ni México tendrán nada de qué quejarse, porque el villano es un americano. *Gay Defender* no es más que una película del oeste y no muy buena por cierto", *Variety* (11/28/27).

The Gay Desperado (1936, United Artists)

DIRECTOR: Rouben Mamoulian
GUIÓN: Wallace Smith, basado en una historia de Leo Birinsky
PRODUCTOR: Mary Pickford y Jesse L. Lasky
ELENCO: Nino Martini, Leo Carrillo, Ida Lupino, Al Ernest García, Chris-Pin Martin

Leo Carrillo, Ida Lupino y Nino Martini posan para una foto en sus disfraces de *The Gay Desperado.*

Una comedia musical basada en un show popular de Broadway, que se burlaba de las películas del oeste y los géneros de gángster. Sirvió como un vehículo fílmico para Nino Martini, popular cantante italiano del Metropolitan Opera.

La trama sigue a un bandido mexicano (Carrillo), que secuestra a Martini porque le gusta como canta, y a una heredera americana (Lupino), para poder cobrar rescate. Carrillo recibió los mejores comentarios por su cómica interpretación de un bandido alocado. Hasta imita las caracterizaciones de los gángster de James Cagney y George Raft.

The Gay Señorita (1945, Columbia)

DIRECTOR: Arthur Dreifuss
GUIÓN: Edward Eliscu y J. Robert Bren
PRODUCTOR: Jay Gorney
ELENCO: Jinx Falkenburg, Steve Cochran, Thurston Hall, Marguerita Sylva, Jim Bannon

La historia gira alrededor de los esfuerzos de un hombre de negocios importante, J.J. Frentiss (Hall), por adquirir un sitio histórico de la ciudad y convertir el área en un inmenso almacén. La población mexicano-americana, descendiente de aquellos primeros californianos que fundaron la ciudad en ese preciso lugar, rehúsan vender. Doña María de Sandoval (Sylva), sueña con el momento cuando Sandoval Lane (avenida Sandoval) pueda ser reconstruida y convertirse en un monumento que refleje el espíritu de los pioneros mexicanos.

J.J. deja a su sobrino Phil (Bannon), que intente adquirir la propiedad. Surgen las complicaciones románticas usuales cuando Phil se enamora de Elena

(Falkenburg), la hija de Doña María, y se vuelve en contra de su tío. Él se encuentra con un viejo amigo, Tim O'Brien (Cochran), que es ahora el líder de una banda de música que trabaja bajo el nombre de Tim Obrion. Mientras J.J está en viaje de negocios, Phil usa el dinero de la compañía para reconstruir completamente la Avenida Sandoval. Sorprendido y disgustado por lo que ve cuando regresa, J.J., tratado con gran deferencia por los locales, se ablanda y decide construir el almacén en otra parte.

Esta modesta entrega musical, arroja luz y reconoce la historia y contribuciones de los mexicano-americanos del suroeste, así como su orgullo en los logros obtenidos. Pudiera ser llamada una de las primeras cintas sobre la sensibilidad chicana, por el tema de las gentes que se agrupan para salvar los restos de su herencia cultural. Basada en los verdaderos esfuerzos de los ciudadanos para salvar la histórica Calle Olvera, en el centro de Los Ángeles, *The Gay Señorita* presenta a numerosos actores e intérpretes hispanos incluso Corinna Mura, Isabel Withers, Luisita Triana, Lola Mentes, Nina Bara y Leander de Córdova.

The Ghost Breakers (1940, Paramount)

DIRECTOR: George Marshall
GUIÓN: Walter De Leon
PRODUCTOR: Arthur Hornblow Jr.
ELENCO: Bob Hope, Paulette Goddard, Pedro de Córdoba, Anthony Quinn

Larry Lawrence (Hope), es un jovial columnista de radio, quien inocentemente se ve envuelto en un crimen. Mary Carter (Goddard), lo salva de la policía y lo ayuda a escapar dentro de un baúl en un barco que va rumbo a Cuba. Ellos se enamoran durante el viaje y cuando Mary descubre que ella ha heredado un escalofriante castillo llamado Castillo Maldito en Cuba, Larry ofrece su ayuda para librar el castillo de espíritus malignos.

Bob Hope y Paulette Goddard habían trabajado como pareja previamente, en la popular cinta *El gato y el canario* (1936). La comedia de suspenso *The Ghost Breakers,* ayudó a Bob Hope a establecerse como uno de los principales comediantes del cine en la Paramount. Un Quinn muy joven apareció en dos papeles, como los mellizos cubanos Ramón y Francisco Mederos. Willie Best tuvo a su cargo el rol de su asustadizo compinche americano.

La acción se desarrolla mayormente en un castillo encantado en una isla cerca de la costa de Cuba, y en los estudios Paramount, donde el castillo fue reconstruido en dos enormes escenarios. La película estaba basada en una obra teatral de Paul Dickey y Charles W. Goddard. Hubo dos versiones silentes anteriores, una en 1914, y otra en 1922, en las que apareció Wallace Reid.

GIANT (1956, WARNER BROS.)

DIRECTOR: George Stevens
GUIÓN: Fred Guiol e Ivan Moffat, basado en la novela de Edna Ferber
PRODUCTOR: George Stevens y Henry Ginsberg
ELENCO: Rock Hudson, Elizabeth Taylor, James Dean, Dennis Hopper, Elsa Cárdenas, Víctor Millán, Sal Mineo, Pilar Del Rey, Felipe Turich, Tina Menard, Natividad Vacío, Maurice Jara

Una saga de varias generaciones basada en la novela de Edna Ferber, que cuenta la historia de una dinastía ranchera, según se enfrenta a los grandes cambios traídos por el siglo XX. Éste fue el último filme de James Dean, que le daría a Stevens el Oscar como Mejor Director.

En 1973, Henry Ginsberg comentó en una entrevista en *Condo-News* (Palm Beach, Florida), que fue muy difícil al principio conseguir que se hiciera una película del libro. "*Giant* fue precursor de la situación actual sobre blancos y negros. Se refería en algunas partes a las actitudes de los ciudadanos de Texas con los mexicanos. La industria pudo haber estado al principio muy asustada por los temas sociales".

Los Benedicts son una dinastía de la industria del ganado, y la cabeza de familia, Bick Benedict (Hudson, en una de sus mejores caracterizaciones), escoge a una esposa del estado de Virginia. Ella trae una influencia subversiva a la extraordinaria casa, situada en medio de las llanuras de Texas. Leslie, la esposa, interpretada por Elizabeth Taylor, encuentra extraño que, entre otras cosas, los sirvientes mexicanos y sus hijos tengan que morir por el solo hecho de que un "médico de la raza blanca posiblemente no puede atender a toda esa gente".

Años después, durante una gran recepción en el rancho Reata de los Benedict, Jordy Benedict III (Hopper), anuncia que él se ha casado con Juana (Cárdenas), una bella muchacha mexicana. Bick se enfurece ante la idea que una mexicana sea la señora de Jordy Benedict III. Antes de la celebración de un banquete para inaugurar un nuevo hotel, Juana no puede conseguir que la atiendan en la peluquería, y le es negada la entrada al salón del banquete con Jordan y el bebé de ambos.

El clímax de la película encuentra a Bick acompañando a su familia a un cafetín de hamburguesas, donde el dueño arruga el entrecejo al ver que Bick ha entrado al local con Juana y el bebé. Poco después, unos trabajadores mexicanos entran al café y el dueño les ordena irse. Bick intercede en su favor y se enreda en una pelea de puños. Él pierde la pelea pero gana el respeto de los mexicanos.

Giant fue una producción mayor de Hollywood, con un afamado director y un gran reparto de estrellas. La cinta resultó ser un éxito de taquilla, pero recibió críticas mixtas.

Elsa Cárdenas interpreta Juana (centro), una bella joven mexicana que se casa con el hijo (Dennis Hopper, en la gabardina) de un ranchero anglo rico en *Giant*.

El pueblo de María, en Texas, fue el cuartel general para el rodaje local. La villa mexicana fue construida en el pueblo de Valentine, a cuarenta millas de distancia de María.

La película tiene un número de actores mexicano-americanos, incluso a Víctor Millán como Ángel Obregón; Pilar del Rey, como la señora Obregón; Felipe Turich como Gómez, cabeza de la villa mexicana; Maurice Jara como el Dr. Guerra, y Tina Menard como Lupe. Menard fue también responsable por traer al elenco a muchos de los extras mexicano-americanos que se usaron en el filme, tanto en la localidad como en el estudio. Sal Mineo interpreta a Ángel Obregón III, el hijo de uno de los jornaleros del rancho, que gracias a la intervención de Leslie Benedict, fue curado de una grave enfermedad cuando era un infante. Ángel más tarde muere como un héroe en la Segunda Guerra Mundial.

La importancia de *Giant* para los hispanoamericanos se debe a que fue la primera película de trascendencia en exponer el racismo que los mexicano-americanos sufrían en el suroeste. Ayudó a resaltar en general el problema del racismo en los Estados Unidos, atrayendo la atención de los públicos a nivel nacional e internacional y presentándolo bajo una luz liberal favorable, en la cual los mexicanos no eran los protagonistas principales. El final, con la unión de los anglos y los mexicanos a través del matrimonio mixto y el nacimiento de su bebé, señala un futuro mejor a través de integración y comprensión. La importancia del filme para servir de catálisis en discusiones de la prensa, sin embargo, fue eclipsado por la muerte de su joven estrella, James Dean, que sucedió antes del estreno.

GILDA (1946, COLUMBIA)

DIRECTOR: Charles Vidor
GUIÓN: Marion Parsonnet, basado en una adaptación de Jo Eisinger, de una historia original de E.A. Ellington
PRODUCTOR: Virginia Van Upp
ELENCO: Glenn Ford, Rita Hayworth, George Macready, Joseph Calleia

Desde el momento que aparece en la pantalla, con el cabello desordenado y cayéndole sobre los hombros desnudos, Hayworth, como Gilda, trasluce una electricidad sexual casi explosiva que unifica todas sus magníficas cualidades como estrella. La imagen de Gilda es con la que Hayworth ha sido más identificada a través de los años.

La trama tiene algo que ver con los esfuerzos del empresario Ballin Mundson (Macready) por establecer un cartel de tungsteno involucrado en la bomba atómica.

Johnny Farrell (Ford), trabajando para Ballin, asciende desde lo más bajo a lo más alto en los casinos elegantes de Buenos Aires. Johnny encuentra a Gilda, a quien él había conocido anteriormente. Ella es ahora la esposa de Ballin, y muy pronto se desarrolla una relación de amor y odio entre ellos, de la que muy pronto Ballin se percata.

Gilda resultó ser una ganancia duradera para Columbia, y fue repuesta dos veces con gran éxito internacional antes de que apareciera en la televisión. Una cinta similar, *Affair in Trinidad* (1952), que unió nuevamente a la pareja Hayworth-Ford, ganó más dinero aún. *Gilda* fue filmada en los estudios de Columbia, en Hollywood.

"Cuando las cosas se vuelven manidas y difíciles de alcanzar, de alguna manera, ahí está siempre Rita Hayworth para excitar al público del cine, dejando caer la tirilla del hombro", *Variety* (3/20/46).

"Sucede en ese polvorín, la Argentina. En el cine es siempre un lugar muy movido, porque puede estar lleno de agentes secretos, Lotarios latinos de hablar suave y melodías de tango, y *Gilda* hace lo mejor que puede con todo esto", Edwin Schallert, *Los Angeles Times* (4/27/46).

The Girl from Mexico (1939, RKO Radio Pictures)

DIRECTOR: Leslie Goodwins
GUIÓN: Lionel Houser y Joseph A. Fields
PRODUCTOR: Lee S. Marcus y Robert Sisk
ELENCO: Lupe Vélez

Una comedia disparatada con Vélez en el rol estelar como Carmelita, una ardiente latina que es artista de un cabaret en la ciudad de Nueva York.

Girl of the Rio (1932, RKO Radio Pictures)

DIRECTOR: Herbert Brenon
GUIÓN: Elizabeth Meehan, basado en la obra dramática *The Dove*, de Willard Mack
PRODUCTOR: Herbert Brenon
ELENCO: Dolores Del Río, Leo Carrillo, Norman Foster

El egoísta, acaudalado e influyente político Don José (Carrillo), hace insinuaciones que no son bien recibidas a la bailarina de la cantina (Del Río), cuyo novio, Johnny (Foster), está al frente de una operación de juego en un pueblo en la frontera de México. Cuando Don José acusa falsamente a Johnny de haber cometido un crimen, Dolores se ve obligada a entregarse a Don José para poder salvar a su amante. El gobierno mexicano prohibió la cinta por el argumento tan negativo, y el despreciable personaje que Carrillo representaba. La historia había sido filmada anteriormente en una versión silente de 1928, situándola en una isla siciliana, con Norma Shearer al frente del reparto. Norman Foster más tarde pasó a ser un director de renombre, tanto en México como en los Estados Unidos.

Gloria (1980, Columbia)

DIRECTOR: John Cassavetes
GUIÓN: John Cassavetes
PRODUCTOR: John Cassavetes
ELENCO: Gena Rowlands, John Adames, Buck Henry, Julie Carmen

La ex-amante de un gángster, Gloria (Rowlands), trata de proteger a un niño puertorriqueño de seis años, Phil Dawn (Adames), que es el único sobreviviente de la ejecución de su familia a manos de hampones. Con cierta reserva al principio, Gloria se convierte en la feroz protectora del niño a quien sus amigotes gángster quieren eliminar, porque él posee un diario con las transacciones de negocios ilegales que su padre, que era contador de los maleantes, ha guardado.

Esta apasionante, si bien algo melodramática cinta de acción, sigue el desarrollo de la relación entre esta mujer, tan dura como las uñas, y un chiquillo sabelotodo, mientras huyen para salvar sus vidas. Bajo la dirección de Cassavetes, la película se mueve fácilmente entre melodrama serio y humor aguzado.

Julie Carmen representa a Jeri Dawn, la joven esposa de Jack Dawn (Henry), un insignificante antiguo contador de la Mafia, que es un chivato del FBI. El director de reparto Vic Ramos, asentado en Nueva York, reunió al elenco, y el saxofonista que se oye al comienzo de la cinta está a cargo de Tony Ortega. Adames es un nativo neoyorquino, hijo de padres de la República Dominicana.

Gloria recibió un premio Golden Lion como Mejor Película del Festival de Venecia. Rowland fue nominada mejor actriz por los comentaristas de las emisoras italianas, que también escogieron a Julie Carmen como Mejor Actriz de Reparto, y a Basilio Franchina, como Mejor Actor de Reparto.

Goldfinger (1964, United Artists)

DIRECTOR: Guy Hamilton
GUIÓN: Richard Maibaum y Paul Dehn
PRODUCTOR: Harry Saltzman y Albert R. Broccoli
ELENCO: Sean Connery, Gert Frobe, Honor Blackman, Shirley Eaton, Harold Sakata, Nadja Regin

El tercer filme en la popular serie de aventuras de James Bond, lleno de villanos, artificios, sexo, humor y acción. *Goldfinger* fue el primero de los enormes éxitos de taquilla de las cintas de Bond. El furor con que los fanáticos del cine le dieron la bienvenida, no tuvo precedente.

La secuencia de cinco minutos del principio, anterior a los créditos, es picante, violenta, sexista y brutal. En ella, Bond (Connery), sale del mar para ocasionar un desastre a un narcotraficante revolucionario llamado Ramírez, destruyendo su hacienda. Después de cumplir su misión, Bond entra en un cabaret de la localidad lleno de humo, donde encuentra a su contacto. La bailarina Bonita (Regin), le prepara a Bond una trampa: cuando ella sale del baño caliente para darle una bienvenida amable y sexual, Bond ve reflejado en las pupilas de Bonita a un bandido suramericano que se acerca, e inmediatamente se desembaraza del asaltante bajo una lluvia de chispas y humo.

THE GOOD, THE BAD, AND THE UGLY (1967, UNITED ARTISTS)
Lo bueno, lo malo y lo feo

DIRECTOR: Sergio Leone
GUIÓN: Sergio Leone y Luciano Vincenzoni, basado en una historia de Age-Scarpelli, Vincenzoni y Leone
PRODUCTOR: Alberto Grimaldi
ELENCO: Clint Eastwood, Lee Van Cleef, Eli Wallach

Eli Wallach se roba la película con una caracterización exagerada y escandalosa del bandido mexicano Tuco el Terrible, en este puro *spaghetti western.* La tercera y última aventura del "Hombre sin Nombre", se convirtió en un *hit* internacional y ayudó a lanzar a Clint Eastwood al estrellato. Lee Van Cleef, le presta su maligna presencia al sádico Ojos de Ángel, trajeado de negro. La peligrosa búsqueda de $200.000 en lingotes de oro de este trío infernal, forma el centro de esta historieta llena de acción, que sucede durante la guerra civil americana.

GREEN MANSIONS (1959, METRO-GOLDWYN-MAYER)

DIRECTOR: Mel Ferrer
GUIÓN: Dorothy Kingsley, basado en la novela de W.H. Hudson
PRODUCTOR: Edmund Grainger
ELENCO: Audrey Hepburn, Anthony Perkins, Lee J. Cobb, Henry Silva, Sessue Hayakawa

El romance inmortal de los salvajes parajes yermos, es la historia de Rima (Hepburn), la muchacha pájaro, que el refugiado político Abel (Perkins), encuentra en la selva venezolana. Los supersticiosos nativos quieren matar a Rima, a quien ellos consideran un espíritu maligno, porque puede comunicarse con la naturaleza. La joven es finalmente destruida por los indios que la queman cuando queda atrapada en lo alto de un árbol hueco.

La MGM y el director Ferrer viajaron a través de 24.000 millas de territorio venezolano, así como de Colombia y Guayana Británica (ahora llamada Belize) para filmar algunos exteriores. El afamado compositor brasileño Heitor Villa-Lobos compuso una partitura especial para el filme.

GUADALCANAL DIARY (1943, TWENTIETH CENTURY FOX)

DIRECTOR: Lewis Seiler
GUIÓN: Lamar Trotti y Jerry Cady, basado en la novela de Richard Tregaskis
PRODUCTOR: Bryan Fay
ELENCO: Preston Foster, William Bendix, Lloyd Nolan, Anthony Quinn

Un recuento basado en hechos reales, de un grupo de Infantes de Marina de los Estados Unidos, de diferentes antecedentes, que combaten a las fuerzas japonesas que desembarcan en la Islas Salomón, en una de las sangrientas batallas de la Segunda Guerra Mundial. Quinn se destaca prominentemente como Soose (diminutivo de Jesús), un infante de marina mexicano-americano, soldado raso, que es el único sobreviviente de la peligrosa patrulla.

Guns for San Sebastián (1968, Metro-Goldwyn-Mayer)

Rifles para San Sebastián

DIRECTOR: Henri Verneuil
GUIÓN: James R. Webb, basado en la novela *A Wall for San Sebastian*, de William Barby Faherty
PRODUCTOR: Jacques Bar
ELENCO: Anthony Quinn, Charles Bronson, Anjanette Comer, Sam Jaffe, Silvia Pinal, Jorge Russek, Pedro Armendáriz Jr.

Escrita por un Jesuita, Faherty basó su historia en el Padre Keno, quien estableció misiones en Sonora y Arizona a fines de 1700. Quinn representa a León Alastray, un paria rebelde y ladrón, a quien los aldeanos del desierto toman por un cura, cuando él usa la ropa del sacerdote muerto. Alastray ayuda a los aldeanos a reconstruir su iglesia y su aldea, y los defiende de los ataques de los despiadados indios Yaqui. Entre tanto, él restaura la fe de los aldeanos y la de él mismo. Esta violenta cinta del oeste, de gran acción, filmada en Durango, México, y en los estudios Churubusco de la Ciudad de México, fue una coproducción americana, francesa, mexicana e italiana.

Guns of the Magnificent Seven (1969, United Artists)

DIRECTOR: Paul Wendkos
GUIÓN: Herman Hoffman
PRODUCTOR: Vincent M. Fennelly
ELENCO: George Kennedy, James Whitmore, Reni Santoni, Frank Silvera, Bernie Casey, Fernando Rey

En esta segunda secuela de *Los siete magníficos* (1960), George Kennedy asume el rol de Chris que interpretara Yul Brynner, el fuerte y silencioso pistolero, dirigente de hombres. Persuadido por un ferviente revolucionario mexicano (Santoni) a que lo ayude a liberar a su noble líder (Rey) de una prisión mexicana, Chris recluta a un grupo de los hombres más peligrosos del oeste, todos expertos en armas, cuchillos, sogas y explosivos. El pequeño Tony Davis interpreta a Emiliano Zapata de niño. La cinta fue filmada en España.

Hangin' with the Homeboys (1991, New Line Cinema)

DIRECTOR: Joseph B Vásquez
GUIÓN: Joseph B. Vásquez
PRODUCTOR: Richard Brick
ELENCO: John Leguizamo, Doug E. Doug, Mario Joyner, Néstor Serrano

Cuatro jóvenes del sur del Bronx, dos afro-americanos y dos puertorriqueños, van a Manhattan un viernes por la noche. Se cuelan en una fiesta y chocan un carro, persiguen a las mujeres, son apresados por saltar los torniquetes del metro para no pagar, los cuatro se aprietan dentro de una cabina para ver un espectáculo de bailarinas semidesnudas en Times Square, y descubren algunas verdades sobre la vida y sobre ellos en el trasiego.

El diálogo es agudo, y los personajes seguros, a los que un elenco de actores jóvenes dan vida. El escritor y director Vásquez, consigue mostrar sin pretensiones la vida de la ciudad de Nueva York, a través de una ligera noche de parranda entre amigos. Estando en eso, descubrimos las diferentes presiones sociales bajo la cual viven los personajes, y cómo esas presiones definen sus puntos de vista. El latino insiste en que su nombre es "Vinny", y rechaza su origen, porque encuentra muy difícil hacerle frente a la discriminación existente. El afro-americano desafía a la gente diciendo, "Es porque soy negro", cada vez que no se sale con la suya. El talentoso escritor y director ha logrado una cinta muy bien hecha.

The Harder They Fall (1956, Columbia)

DIRECTOR: Mark Robson
GUIÓN: Philip Yordan, basado en la novela de Budd Schulberg
PRODUCTOR: Philip Yordan
ELENCO: Humphrey Bogart, Rod Steiger, Jan Sterling, Mike Lane, Carlos Montalbán

The Harder They Fall es un estudio sobre la corrupción dentro de las apuestas de las peleas de boxeo. El filme tiene una inflexible dureza en exponer una maquinaria de engaño en la cual cada individuo tiene un lugar, y el que boxea es más un espectáculo que un ser humano.

El sindicato consigue a una figura gigantesca de Argentina, Toro Moreno, al que manipula un promotor jugador (Steiger), y un comentarista de deportes convertido en agente de prensa llamado Willis (Bogart). El inocente Toro Moreno no es el personaje principal (aunque él es una presencia efectivamente realizada, según la interpreta el imponente y sombrío Mike Lane). El pobre inadecuado Toro ha sido convertido en un contrincante para el campeonato de peso completo. Cada pelea en la que él participa es arreglada, hasta que la última no puede serlo. Sin embargo, debido a la gran propaganda que el sindicato le ha dado al maravilloso suramericano, ellos cuentan con obtener una gran ganancia de las apuestas al adversario. La pelea se convierte en una de las más sucias, cuando el inocente Toro, a quien no le falta valor ni orgullo, es víctima de una terrible paliza. Mientras Toro yace en el hospital apaleado, Willis trata de cobrar la parte de Toro del millón de dólares de la bolsa. Toro es informado que, después de los gastos, su parte es exactamente cuarenta y nueve dólares.

Havana (1990, Universal)

DIRECTOR: Sydney Pollack
GUIÓN: Judith Rascoe y David Rayfiel
PRODUCTOR: Sydney Pollack y Richard Roth
ELENCO: Robert Redford, Lena Olin, Raúl Juliá, Tomás Milián, Alan Arkin, Tony Plana

Un triángulo amoroso que recuerda a *Casablanca,* entre el cínico jugador Jack Weil (Redford), la apasionada luchadora por la libertad "Bobby" Durán (Olin) y su bien-nacido esposo, el doctor revolucionario Arturo (Juliá), en la víspera del triunfo de la revolución cubana.

Jack, que ha ido a La Habana en 1959 para participar en el mayor juego de cartas de su vida, se da cuenta que se está enamorando y al mismo tiempo encontrándose a sí mismo. Bobby y Jack se encuentran por primera vez cuando viajan a Cuba. Más tarde, Bobby cae presa mientras Weil la busca y luego compra su libertad. Creyendo que su esposo está muerto, ella vuelve a unirse a los rebeldes y Weil la sigue, arriesgando su vida en territorio rebelde. Al regresar a La Habana, él descubre que Durán está vivo y se lo dice a Bobby. Weil compra la libertad de Durán, y la esposa se va con él, dejando a Weil. Hay un epílogo que tiene lugar cuatro años más tarde, en el que aparece Weil en una playa de Miami, pensando aún en la mujer que amó y perdió en La Habana.

Pollack adelanta la historia, con un montaje de casinos y cámaras de tortura, *strippers* y tiroteos, parpadeantes luces chillonas de neón, y cabaret. No hay una sensación de inmediata fatalidad o conocimiento de lo que Fidel y la revolución cubana significan, a excepción de los discursos. El personaje principal tiene una actitud apolítica, los rebeldes no se ven en la mayor parte del filme, y generalmente se evita la política. La cinta presenta grandes escenarios de riqueza, muy bien iluminados por el cineasta Owen Roizman, pero pierde intensidad en la segunda mitad, con su anti-climática resolución.

Mark Rydell como Meyer Lansky, cabeza del sindicato del crimen organizado, resume la posición americana sobre Cuba y Batista de esta manera,

"Nosotros inventamos La Habana y podemos muy bien, carajo, moverla a otro sitio si no sabemos controlarla".

Robert Redford representa con mucha propiedad al hastiado Jack, y Olin está excelente como la sueca-americana esposa del revolucionario Durán, muy bien personificado por Juliá. El actor cubano nativo, Milián, hace un buen trabajo como agente de la policía secreta, el Coronel Menocal. Plana, como el periodista alcohólico Julio Ramos, hace lo mejor que puede con un rol inadecuado.

Debido al embargo existente entre Cuba y EE.UU., la película fue filmada en Santo Domingo, República Dominicana, la segunda isla más grande del Caribe (después de la propia Cuba). El principal escenario exterior para El Prado, la famosa ancha avenida de La Habana, fue construido en la base aérea dominicana. Esta calle de un cuarto de milla de largo, rodeada de fachadas que representan casinos, restaurantes y hoteles, fue uno de los escenarios más amplios que se hayan erigido en el cine contemporáneo.

Raúl Juliá y Lena Olin interpretan Arturo y Roberta "Bobby" Durán en *Havana*.

Ambas cintas, *Havana* y *Casablanca*, comparten la misma historia básica, aunque este filme es deprimente, y la falta de postura política, decepcionante. La actriz sueca Olin, aparece en un papel similar al que su coterránea Ingrid Bergman hiciera en *Casablanca*. De una manera obvia, *Havana* es un tributo a las cintas del pasado, en donde los protagonistas encontraban amor y aventura en lugares exóticos. *Havana* también se parece a otro filme, *Cuba*, con Sean Connery como estrella. Ambos fueron escritos al final de la década de los 70, pero *Havana* tardó mucho más en llegar al celuloide.

Heartbreak Ridge (1986, Warner Bros.)

DIRECTOR: Clint Eastwood
GUIÓN: Jim Carabatsos
PRODUCTOR: Clint Eastwood
ELENCO: Clint Eastwood, Marsha Mason, Everett McGill, Moses Gunn, Eileen Heckart, Mario Van Peebles, Ramón Franco

El Sargento de Artillería Tom Highway (Eastwood) es un veterano de los Infantes de Marina de las guerras de Corea y Vietnam. Él se vuelve a unir a su antigua unidad, que ahora incluye a un variado surtido de chapuceros reclutas (afro-americanos, hispanos, italianos). Highway se gana el odio, y al final el respeto de ellos, cuando a fuerza de palizas los convierte en una eficiente fuerza combativa, a tiempo para la liberación de la isla caribeña de Granada. Dos de los reclutas son hispanos: Aponte (Franco), es un distante y tristón individuo con problemas familiares. Quiñones (Mike Gómez), es un soldado de profesión, con un problema de disciplina. Una secuencia reveladora de la cinta muestra a Aponte cuando se encuentra cara a cara con un soldado cubano muerto, que se le parece mucho a él.

Heartbreaker (1983, Emerson/Monorex)

DIRECTOR: Frank Zúniga
GUIÓN: Vince Gutiérrez
PRODUCTOR: Chris D. Nebe y Chris Anders
ELENCO: Fernando Allende, Dawn Dunlap, Peter González Falcón, Miguel Ferrer, Pepe Serna

Este tonto filme de poco estilo y presupuesto bajo, recuerda a las películas exhibidas en los cines de *drive-in* de fines de los años 50 y 60, que Roger Corman hizo para American International Pictures.

Beto (Allende), el atractivo presidente de un club de automóviles especializados *low-rider*, de veinticinco años de edad, se enamora de una chica anglo de fuera del área. Beto tiene muchos problemas con Héctor (González Falcón), con quien ha tenido una constante rivalidad desde que ambos eran niños. Héctor trata de socavar todo lo que Beto consigue. El filme presenta a personajes latinos positivos, sin adornarlo con las usuales pandillas juveniles de los barrios hispanos.

"El problema del guión, del que es autor el laureado Vince Gutiérrez, antiguo escritor de Samuel Goldwyn, es que se desarrolla con demasiada lentitud, y si se le diera la oportunidad, no ofrece realmente ninguna perspectiva social sobre la vida de las comunidades dominadas por los latinos que vaya más allá de ser miembro de un club de autos", *Daily Variety* (5/6/83).

Heat (1987, New Century-Vista)

DIRECTOR: R.M. Richards
GUIÓN: William Goldman, basado en su novela
PRODUCTOR: Keith Rotman y George Pappas
ELENCO: Burt Reynolds, Karen Young, Peter MacNicol

En Las Vegas, Scaliente (Reynolds), conocido como "Mex", es un guardaespaldas profesional fieramente leal a sus amigos. Cuando el hijo de un gángster golpea salvajemente a la antigua novia de Scaliente, el incidente da lugar a una serie de sucesos violentos que sitúan a "Mex" en contra del hampa, culminando en un clímax vicioso de una cacería al estilo del gato y el ratón. La actuación de Burt Reynolds como un mexicano-americano es sincera, y resulta el único factor redimible de esta historia fea y violenta.

Hell to Eternity (1960, Allied Artists)

DIRECTOR: Phil Karlson
GUIÓN: Ted Sherdeman y Walter Roeber Schmidt, basado en una historia de Gil Doud
PRODUCTOR: Irving H. Levin
ELENCO: Jeffrey Hunter, David Janssen, Sessue Hayakawa, George Takei, Tsuru Aoki

La verdadera historia del héroe mexicano-americano Guy Gabaldón, Infante de Marina de los Estados Unidos, un huérfano de Los Ángeles que fue adoptado por una familia japonés-americana antes de la Segunda Guerra Mundial. Su conocimiento de la lengua japonesa y la cultura de ese país, unido a su habilidad para la lucha, constituyó una verdadera ventaja durante la crucial batalla de Saipan, en el escenario de la guerra del Pacífico. El real Gabaldón tuvo una crisis de conciencia cuando su familia fue internada a la fuerza en un campamento y prisión estatal durante la guerra.

Éste fue el primer largometraje dramático que mostraba los internamientos de los japonés-americanos bajo la orden Ejecutiva 366 durante la guerra. El filme presenta elementos de una historia sensible, y mucha acción en el campo de batalla, aunque por el solo hecho de ver la película, nunca hubiéramos sabido que Gabaldón era mexicano-americano. Jeffrey Hunter, prototipo del americano de ojos azules, interpretó el rol de Gabaldón que en retrospectiva no es tan poco usual, ya que Hunter también había hecho de indio americano y "mestizo" en varias películas. La cinta nunca explora la propia identidad racial de Gabaldón, sólo la de su familia adoptiva. Según el cine lo presenta, el este de la ciudad de Los Ángeles luce como cualquier vecindario en la era de la depresión, cuando en realidad en ese tiempo, el lado este de Los Ángeles era un área muy mezclada étnicamente. Gabaldón es uno de los pocos héroes méxico-americanos reales que han merecido ser presentados en el cine.

Hellfighters (1968, Universal)

DIRECTOR: Andrew V. McLaglen
GUIÓN: Clair Huffaker
PRODUCTOR: Robert Arthur
ELENCO: John Wayne, Jim Hutton, Katharine Ross, Vera Miles, Alberto Morín, Pedro González-González

Una cinta americana de la lucha contra incendios de pozos petroleros, vagamente inspirada en las hazañas de "Red" Adair, que culmina en un fuego de los pozos de petróleo de Venezuela, cuando los rebeldes atacan.

Herbie Goes Bananas (1980, Buena Vista)

DIRECTOR: Vincent McEveety
GUIÓN: Don Tait, basado en los personajes creados por Gordon Buford
PRODUCTOR: Ron Miller
ELENCO: Cloris Leachman, Charles Martin Smith, John Vernon, Joaquín Garay III

El cuarto film de la serie sobre autos de Volkswagen titulada *Herbie the Love Bug*, que fue muy popular entre los jóvenes al final de las décadas de los 60 y 70. Herbie se embarca para ir a la carrera de autos del Gran Premio de Río de Janeiro, con sus nuevos dueños. En el camino son desviados por un sindicato de contrabandistas, mortificados por un diminuto carterista mexicano, y amenazados por un toro rabioso. La cinta fue filmada en Puerto Vallarta y en Guadalajara, México, con planos de trasfondo filmados en la zona del Canal de Panamá. Otros miembros latinos del reparto de los Estados Unidos incluyen a Rubén Moreno, Tina Menard, Jorge Moreno, Dante D'André, Alma Beltrán y Bert Santos.

The Hi-Lo Country (1998, Polygram)

DIRECTOR: Stephen Frears
GUIÓN: Walon Green
PRODUCTOR: Barbara DeFina, Martin Scorsese, Eric Fellner, Tim Bevan
ELENCO: Woody Harrelson, Billy Crudup, Patricia Arquette, Enrique Castillo, Penélope Cruz, Jacob Vargas, Katy Jurado

En Texas, en la época posterior a la Segunda Guerra Mundial, dos buenos amigos se enamoran de la misma mujer casada, lo que acarrea complicaciones y consecuencias para todos ellos.

La cinta es una conmovedora y efectiva elegía al modo de vida del Oeste y a la gente que la vivía. Enrique Castillo está excelente como Levi, el capataz del rancho. Penélope Cruz tiene su impresionante debut fílmico americano como Josepha. Katy Jurado hace una actuación especial como una adivinadora de cartas. Una parte intrínseca de esta historia de Texas es la mezcla de la cultura mexicano-americana.

High Noon (1952, United Artists)
Mero mediodía

DIRECTOR: Fred Zinnemann
GUIÓN: Carl Foreman
PRODUCTOR: Stanley Kramer
ELENCO: Gary Cooper, Grace Kelly, Katy Jurado, Lloyd Bridges, Ian MacDonald

La actriz mexicana Jurado hizo una buena impresión en el público en *High Noon,* por sus llamativas facciones y su capacidad para interpretar el rol de Helen Ramírez, la dueña del bar del pueblo y de la tienda de artículos diversos. Helen es soltera y la gente del pueblo la desprecia por su origen étnico, lo mismo que por su ilícito pasado. En otra época ella había estado envuelta con Will Kane (Cooper), un jefe de policía, y con Miller (MacDonald), un ex-convicto que ha sido puesto en libertad recientemente y está ahora dispuesto a vengarse de Kane. Kane está solo para pelear contra Miller y su pandilla, cuando nadie en el pueblo está dispuesto a ponerse en contra de esta amenaza a la comunidad.

Helen es uno de los caracteres mexicano-americanos más fuertes y complejos que se hayan presentado jamás en la pantalla. Aunque el personaje es relativamente acaudalado, todavía tiene que soportar la actitud de prejuicio del pueblo. Ella le dice a la puritana Grace Kelly que pelee por su hombre, consejo que ella misma no siguió con Kane, que una vez fue su amante y ahora no lo es. Jurado fue muy celebrada por su trabajo.

En una entrevista realizada en 1992, Jurado dijo que el productor Stanley Kramer la había visto en *The Bullfighter and the Lady* (1951), y le había pedido que viniera a Hollywood para hacer una prueba cinematográfica. Jurado muy cortésmente rehusó, diciéndole a Kramer que ella era una artista establecida en México, con cinco años de experiencia a su crédito en el cine; si Kramer quería ver lo bien que ella podía actuar, todo lo que tenía que hacer era ir al centro de la ciudad de Los Ángeles y ver una de sus películas hechas en México. Él lo hizo y ella obtuvo el papel.

Jurado hablaba poco inglés y aprendió su diálogo fonéticamente. Ella tuvo al actor amigo Antonio Moreno, traduciéndole el guión a su llegada a Los

Lloyd Bridges, Katy Jurado, Gary Cooper y Grace Kelly, las estrellas de la película legendaria del oeste *High Noon.*

Ángeles, y él le dijo que era un papel fabuloso, aunque requería alguien un poco mayor que una actriz de veinticinco años como ella. La asociación New York Film Critics otorgó a Jurado el premio como mejor Actriz de Reparto. El premio de la Academia como Mejor Actor lo obtuvo Gary Cooper; Elmo Williams y Henry Gerstad lo recibieron por Mejor Edición Fílmica, Dmitri Tiomkin y Ned Washington, por la canción tema, "Do Not Forsake Me, Oh My Darlin'", y Tiomkin por la mejor partitura. Fue filmada en el Rancho Columbia, en Burbank, y cerca de Sonora, California.

A High Wind in Jamaica (1965, Twentieth Century Fox)

DIRECTOR: Alexander Mackendrick
GUIÓN: Stanley Mann, Ronald Harwood y Dennis Cannan, basado en la novela de Richard Hughes
PRODUCTOR: John Croydon
ELENCO: Anthony Quinn, James Coburn, Lila Kedrova

Quinn aparece como el pirata Juan Chávez en este cuento acerca de la familia del niño inglés que fue secuestrado por piratas del Caribe en los años de la década de 1870.

Hold Back the Dawn (1941, Paramount)

DIRECTOR: Mitchell Leisen
GUIÓN: Billy Wilder y Charles Brackett, basado en una historia de Ketti Frings
PRODUCTOR: Arthur Hornblow Jr.
ELENCO: Charles Boyer, Olivia de Havilland, Paulette Goddard, Néstor Paiva

Varios refugiados europeos están detenidos en un pueblo de la frontera mexicana, esperando permiso para entrar en los Estados Unidos, justamente antes de que América se viera envuelta en la Segunda Guerra Mundial. Uno de los refugiados, el suave bailarín rumano Iscovescu (Boyer), desesperado por entrar en los Estados Unidos, sigue el consejo de su pareja de baile (Goddard) y decide casarse para poder lograr su deseo. Allí conoce a una ingenua maestra de escuela americana (de Havilland), que lleva a sus alumnos a una excursión a México, y el resto del drama lo constituyen las complicaciones que surgen por la aventura.

Ésta fue la cinta de la Paramount que más honores recibió ese año, entre ellos las candidaturas de la Academia para Mejor Película, Mejor Actriz, Mejor Guión, Mejor Cinematografía y Mejor Partitura Musical. Se hizo un gran esfuerzo por mostrar a México de la manera más favorable; los patrulleros de la frontera fueron presentados como hombres uniformados, nítidos y bien afeitados. En el terreno de la Paramount, se construyó la fachada de una calle mexicana que se parecía a la de un pueblo fronterizo.

Holiday for Lovers (1959, Twentieth Century Fox)

DIRECTOR: Henry Levin
GUIÓN: Luther Davis, basado en la obra teatral de Ronald Alexander
PRODUCTOR: David Weisbart
ELENCO: Clifton Webb, Jane Wyman, Jill St. John, Nico Minardos, José Greco, Néstor Amaral y su Orquesta

Un psiquiatra de Boston (Webb), y su esposa (Wyman), llevan a su hija en un viaje a Sudamérica, y descubren que pasan la mayor parte del tiempo tratando de alejarla de los hombres. La cinta los lleva a Río de Janeiro y Sao Paulo, Brasil, y a Lima, Perú, con reserva de secuencias en CinemaScope. Como un registro tardío de la Política del Buen Vecino, la cinta parece ser un guión de los años 40 que hubieran engavetado.

Un joven actor llamado Henry Delgado, más tarde conocido como Henry Darrow (del afamado *The High Chaparral* de la televisión), hizo su debut cinematográfico en el pequeño papel de chofer de autobús.

Holiday in Mexico (1946, Metro-Goldwyn-Mayer)

DIRECTOR: George Sidney
GUIÓN: Isobel Lennart, basado en una historia de William Kozlenko
PRODUCTOR: Joe Pasternak
ELENCO: Walter Pidgeon, José Iturbi, Jane Powell, Ilona Massey, Xavier Cugat

Una ligera ofrenda musical que tiene un poco para todo el mundo, desde ópera hasta *boogie-woogie*, con Iturbi y Cugat.

La hija (Powell) de un embajador americano (Pidgeon), planea una recepción al aire libre a la que son invitados Cugat y su orquesta, además de una cantante solista (Massey), una húngara que es un antiguo interés amoroso del embajador. La muchacha también se imagina estar enamorada de Iturbi, que actúa como él mismo.

Powell canta y retoza a través de la película, que fue filmada en los estudios de Hollywood de la MGM. Iturbi toca música clásica y jazz, en pianos fotografiados detalladamente.

"Los más parecidos a mexicanos que se ven en *Holiday in Mexico,* son los apasionados maraqueros de la banda de Cugat. No obstante, los acentos no mexicanos abundan: Iturbi (español), Massey (húngara), Roddy McDowall (inglés), Pidgeon (canadiense) y Powell (americana). El film, filmado en Technicolor, habla por sí mismo en los acentos costosos de MGM. Es lujosa, muy musical y en ocasiones, cómica", *Life* (9/9/46).

Hombre (1967, Twentieth Century Fox)

DIRECTOR: Martin Ritt
GUIÓN: Irving Ravetch y Harriet Frank Jr., basado en la novela de Elmore Leonard
PRODUCTOR: Martin Ritt e Irving Ravetch
ELENCO: Paul Newman, Diane Cilento, Fredric March, Richard Boone, Frank Silvera, Martin Balsam

John Russell (Newman), un hombre blanco que ha sido criado por los indios Apache, viaja en una diligencia cuando un grupo de bandidos la detienen. Los mismos pasajeros que lo habían equivado por su apariencia india, ahora lo necesitan para que los proteja.

La relación que se establece seguidamente entre los pasajeros y los maleantes, componen el quid de esta cinta del oeste para adultos, magníficamente actuada, que cuenta con un reparto estelar. La severa fotografía de James Wong Howe de los sitios del desierto de Arizona, añade a la desnuda sensación que la historia ofrece.

Silvera interpreta con gran vehemencia a un cómico pero peligroso bandido mexicano.

Hour of the Gun (1967, United Artists)

DIRECTOR: John Sturges
GUIÓN: Edward Anhalt
PRODUCTOR: John Sturges
ELENCO: James Garner, Jason Robards, Robert Ryan, Jorge Russek

Dando comienzo con el tiroteo final del Corral O.K. de Tombstone, Arizona, la cinta continúa relatando lo que sucede a los que lo sobrevivieron, centrándose en Wyatt Earp (Garner). Earp finalmente llega a encontrar a Ike Clanton (Ryan) en México, donde él ha vuelto a dedicarse al robo de ganado. En un pequeño pueblo, Earp mata a Clanton. La cinta fue rodada en los exteriores del norte de México, incluso en Torreón y San Miguel de Allende; el territorio de Arizona de la década de los años 1880 fue reconstruido por el famoso director de arte Alfred C. Ybarra. El actor mexicano Jorge Russek aparece como Látigo, uno de los esbirros de Clanton.

House of the Spirits (1993, Miramax)

DIRECTOR: Bille August
GUIÓN: Bille August, basado en la novela de Isabel Allende
PRODUCTOR: Bernd Eichinger, Edwin Leicht, Dieter Meyer, Mark Rosenberg, Paula Weinstein
ELENCO: Meryl Streep, Jeremy Irons, Glenn Close, Winona Ryder, Antonio Banderas, Vanessa Redgrave, María Conchita Alonso, Miriam Colón

Filmada en Portugal y Dinamarca, esta saga que trata de varias generaciones de una familia, y se desarrolla en Sudamérica antes de la Segunda Guerra Mundial, sigue la riqueza de la poderosa familia Trueba. El ambicioso Esteban (Irons), contrae matrimonio con la clarividente Clara (Streep), explota a los campesinos en su propiedad y llega a ser un senador conservador. Su rebelde hija, Blanca (Ryder), se enamora de Pedro (Banderas), un agitador de masas, mientras el país está pasando por una sangrienta revolución. El realismo mágico de esta novela de Allende se pierde en la teatralidad de un estilo de telenovela. Los anglos aparecen como latinos de clase alta, y los latinos como caracteres de clase baja y lujuriosos.

Human Cargo (1936, Twentieth Century Fox)

DIRECTOR: Allan Dwan
GUIÓN: Jefferson Parker y Doris Malloy, basado en la novela *I Will Be Faithful*, de Kathleen Shepard
PRODUCTOR: Sol M. Wurtzel
ELENCO: Brian Donlevy, Claire Trevor, Rita Cansino (Hayworth)

Un melodrama acerca de dos reporteros de periódicos rivales (Donlevy y Trevor), que descubren a una banda que transporta inmigrantes ilegales desde Canadá a los Estados Unidos, para entonces chantajearlos. El filme también realza a Rita Cansino (que pronto se convertiría en Rita Hayworth), en el papel de Carmen, una bailarina mexicana que es extorsionada y finalmente asesinada por los contrabandistas.

I Like It Like That (1994, Columbia)

DIRECTOR: Darnell Martin
GUIÓN: Darnell Martin
PRODUCTOR: Ann Carli y Lane Janger
ELENCO: Lauren Vélez, Jon Seda, Rita Moreno, Jesse Borrego, Lisa Vidal

Lauren Vélez y Jon Seda protagonizan la película *I Like It Like That*, una historia basada en el Bronx sobre el amor, la familia y la madurez de una joven.

Una comedia romántica y a la vez dramática, acerca de una joven pareja de puertorriqueños que tratan de criar a sus hijos, teniendo como fondo la vibrante, multicolor y apasionada vida de las calles del sur del Bronx. Chino (Seda), es un padre trabajador y dedicado, que casi no puede mantener a su familia con el salario que recibe como mensajero en bicicleta. Cuando su esposa, Lisette (Vélez) lo amenaza diciéndole que va a buscar trabajo para poderse comprar un estéreo, Chino, impulsivamente, se une a un grupo que está saqueando el vecindario durante un apagón, para poder traer a casa el estéreo que ella tanto desea. Sin embargo, él es apresado y encarcelado. Desde su celda, Chino ordena a Lisette que tome el último dinero que les queda en la casa y juegue los números (la charada o la bolita), para poder pagar la fianza, pero Lisette se niega. En vez de usar el dinero para jugar, ella decide encontrar trabajo y manejar ella misma su vida. Ella le echa manos a las últimas monedas que le quedan, usándolos para tomar el metro hacia al centro y buscar trabajo. Después de varios inconvenientes, consigue trabajo finalmente como asistente de un ejecutivo en una empresa de grabaciones de discos latinos. Todo va bien por un tiempo, pero aún mientras Lisette lucha por ganar el dinero necesario para la fianza de su marido, y hacerse de un lugar en un mundo mejor, encuentra que la reacción en el hogar no es siempre la que ella esperaba.

El trabajo de los actores es excelente, y para realizar la historia, la dirección animada de Darnell Martin usa con resultados estupendos la filmación de los barrios pobres de Nueva York.

In Caliente (1935, Warner Bros.)

DIRECTOR: Lloyd Bacon
GUIÓN: Jerry Wald y Julius Epstein, basado en la historia *Caliente* de Ralph Block y Warren Duff
PRODUCTOR: First National
ELENCO: Dolores Del Río, Pat O'Brien, Leo Carrillo

Dolores del Río es la bailarina española Rita Gómez en *In Caliente*.

Larry MacArthur (O'Brien), es el editor de una revista, cuyas críticas enfurecen a "La Españolita", una bailarina española llamada Rita Gómez (Del Río). Cuando él es enviado en una misión de trabajo a Agua Caliente, se enamora de la bailarina a quien había criticado tan duramente. En el proceso de vengarse, Rita también se enamora de él.

Esta comedia musical ligera es un endoso comercial al lugar de vacaciones y casino al otro lado de la frontera de San Diego, que resulta popular con la gente de Hollywood. Del Río estaba devastadora con sus trajes largos y vestidos elegantes. Carrillo ofreció un sólido apoyo, mientras Soledad Jiménez apareció como una sirvienta, Martin Garralaga hizo de camarero, y Chris-Pin Martin, de líder de un cuarteto mexicano. Judy Canova tuvo gran éxito como una palurda de las montañas. El filme también sirvió de plataforma a la pareja de baile Sally y Tony Marco. Busby Berkeley montó las secuencias de baile.

IN OLD ARIZONA

Ver Zorro & The Cisco Kid

INCENDIARY BLONDE (1945, PARAMOUNT)

DIRECTOR: George Marshall
GUIÓN: Claude Binyon y Frank Butler
PRODUCTOR: Joseph Sistrom
ELENCO: Betty Hutton, Arturo De Córdova

Basada en la vida de Texas Guinan (Hutton), una famosa artista de cabaret de la década de los años 20. Texas es la estrella de un espectáculo de rodeo que se enamora de un irlandés-americano, Bill Romero Kilgannon (De Córdova), esposo de la dueña del show. Él se convierte en el gran amor de la vida de Texas, y sus vidas se mezclan otra vez años después, cuando ella encuentra el estrellato en Broadway, y en Hollywood, y él se ha convertido en gángster. Los públicos americanos y los dueños de teatros objetaron a que el personaje de Kilgannon hubiera sido cambiado a irlandés-mexicano, para poder avenirse a De Córdova, el actor que interpretaba el papel. El verdadero Kilgannon era irlandés, y a pesar de la Política del Buen Vecino, se consideraba objetable tener a un mexicano haciéndole el amor a una mujer anglo, particularmente en el estado de Texas.

THE IN-LAWS (1979, WARNER BROS.)

DIRECTOR: Arthur Hiller
GUIÓN: Andrew Bergman
PRODUCTOR: Arthur Hiller y William Sackheim
ELENCO: Alan Arkin, Peter Falk, Richard Libertini

La hija de un dentista judío de Nueva York, está a punto de casarse con el hijo de un hombre que dice ser de la CIA. Los dos futuros suegros (Arkin y Falk), se conocen por vez primera. El hombre de la CIA logra involucrar al dentista en una serie de increíbles aventuras desafortunadas que los llevan desde Manhattan, hasta una república bananera de Sudamérica, bajo una lluvia de disparos de arma de fuego. Richard Libertini es el General García, el chalado dictador de la capital ficticia llamada Tijada. Cuando ambos suegros llegan a ese país, son recibidos por uno de los estadistas de Tijada, quien es asesinado cuando se acerca al avión para recibirlos. Como resultado, esta impredecible y por otra parte agradable comedia, la estropean las imágenes estereotípicas latinas. Las escenas latinas fueron filmadas en Cuernavaca, México.

Internal Affairs (1990, Paramount)

DIRECTOR: Mike Figgis
GUIÓN: Henry Bean
PRODUCTOR: Frank Mancuso Jr.
ELENCO: Richard Gere, Andy García, Nancy Travis, Laurie Metcalf

Raymond Ávila (García), es un detective que ha sido ascendido a la División de Asuntos Internos de la policía del Condado de Los Ángeles. Mientras investiga un caso de mala conducta, Ávila se convence de que un policía de la calle muy respetado, llamado Dennis Peck (Gere, en una buena actuación de contraste), está involucrado en una vasta red de actividades criminales. Cuando Ávila comienza a investigarlo, Peck se venga atrayendo a la esposa de Ávila, Kathleen (Travis), lo que se convierte en una intensa batalla psicológica entre los dos hombres.

Esta película es un acontecimiento decisivo, porque muestra un hispanoamericano en un papel principal, Ávila (según como lo interpreta el cubanoamericano García), en una representación perspicaz y compleja, libre de estereotipos, formando parte integral de la sociedad americana. En el papel de un policía, García fue un modelo de conducta positiva, y el papel probó ser un gran paso hacia su ascenso al estrellato. El film también significó para Richard Gere una de sus mejores interpretaciones hasta la fecha.

Jack (1996, Buena Vista)

DIRECTOR: Francis Ford Coppola
GUIÓN: James DeMonaco y Gary Nadeau
PRODUCTOR: Fred Fuchs, Ricardo Mestres, Francis Ford Coppola
ELENCO: Robin Williams, Jennifer López

Jack Powell (Williams) es un niño de diez años en la California contemporánea, que ha nacido con una enfermedad que lo hace crecer y envejecer a cuatro veces la velocidad normal. Él luce de mediana edad, cuando sus protectores padres deciden dejarlo asistir a una escuela pública primaria. La comedia proviene de los encuentros de Jack con sus compañeros del quinto grado. En este dulce cuento sobre la vida, Jennifer López hace el papel de la señorita Márquez, la maestra.

Jivaro (1954, Paramount)

DIRECTOR: Edward Ludwig
GUIÓN: Winston Miller, basado en una historia de David Duncan
PRODUCTOR: William H. Pine y William C. Thomas
ELENCO: Fernando Lamas, Rita Moreno, Pascual García Peña, Néstor Paiva

Lamas hace muy bien el papel de un rudo y atractivo comerciante y capitán de una embarcación de río, que va en busca de misioneros perdidos y buscadores de tesoros, en las tierras de los traicioneros indios Jíbaros. Pascual Peña trabaja como el indio ayudante de Lamas, y Rita Moreno aparece como una muchacha nativa.

Joe Kidd (1972, Universal)

DIRECTOR: John Sturges
GUIÓN: Elmore Leonard
PRODUCTOR: Sidney Beckerman
ELENCO: Clint Eastwood, Robert Duvall, John Saxon, Stella García, Joaquín Martínez

En una escena de *Joe Kidd*, Helen Sánchez (Stella García) se encuentra desilusionada al descubrir que Luís Chama (John Saxon) rehúsa desarmar sus hombres y regresar al pueblo para presentarse ante un juez con perjuicios.

En Nuevo México, a finales del siglo, Joe Kidd (Eastwood), un solitario, es empleado por un terrateniente americano, Harlan (Duvall), para encabezar un grupo de pistoleros contra el rebelde Luis Chama (Saxon), un mexicano-americano que trata de salvar las tierras originales cedidas por España y entregadas a su gente. El solitario pronto cambia su afiliación y se une a las fuerzas de Chama, en una batalla final a tiros, en la que los mexicanos finalmente ganan. Kidd fuerza a Chama a entregarse y darle cara para ser juzgado en un juicio imparcial, dejando su suerte en manos de los anglos. Pepe Hern aparece en un papel secundario como un sacerdote.

"La cinta muestra rotundamente las injusticias cometidas contra los méxicano-americanos, hecho que golpea la conciencia contemporánea sin parecer que lo está haciendo", Kevin Thomas, *Los Angeles Times* (7/19/72).

Juarez (1939, Warner Bros.)

DIRECTOR: William Dieterle
GUIÓN: Aeneas MacKenzie, Wolfgang Reinhardt y John Huston, basado en la novela *The Phantom Crown*, de Bertita Harding, y la obra dramática *Juarez & Maximilian*, de Franz Werfel
PRODUCTOR: Hal Wallis y Henry Blanke
ELENCO: Paul Muni, Bette Davis, Brian Aherne, John Garfield, Claude Rains, Gilbert Roland, Joseph Calleia, Pedro de Córdoba, Martin Garralaga, Manuel Díaz

En el otoño de 1937, Jack L. Warner y Hal B. Wallis comenzaron una búsqueda intensiva para encontrar un nuevo vehículo estelar para el popular actor Paul Muni. El escritor Wolfgang Reinhardt sugirió que Wallis considerara la historia del legendario presidente liberal de México, Benito Pablo Juárez. Reinhardt opinaba que la lucha de Juárez contra la monarquía de los Habsburgo, respaldada por el emperador francés Napoleón III, resultaría un tópico de gran interés para el cine. A Muni le gustó la idea y estuvo de acuerdo con hacer el filme. Él pensaba que la situación paralela del mundo en ese momento (la recién terminada guerra civil española y la inminente Segunda Guerra Mundial) harían que la cinta fuera de actualidad, y esperaba que influenciara a la gente en contra de las dictaduras, sin importar cuán bondadosas fueran. El departamento de investigaciones del estudio conjuntó la bibliografía más completa sobre Juárez, y el fracasado reino de Maximilian y Carlotta que fuera posible.

Considerada como una de las mejores películas latinoamericanas de la época, *Juárez* da un trato reverente a su tema. En realidad, sin embargo, eran dos películas en una— la historia de Juárez y la de Maximilian y Carlotta von Habsburg. El filme en fin de cuentas sufrió de dualidad. Todas las actuaciones resultaron excelentes, con excepción de John Garfield, como Porfirio Díaz, cuyo acento neoyorquino estorbaba. Muni, como Juárez, fue una increíble nueva versión del hombre, según fue tomada de libros y retratos. Considerado el Abraham Lincoln mexicano, se dice que Juárez admiraba a Lincoln, entonces presidente de los Estados Unidos y en medio de la guerra civil de su país.

La película fue popular en todas partes, excepto en México. Cuando *Juárez* entró en producción, se informó que su asesor técnico había señalado que el personaje de Porfirio Díaz era incorrecto históricamente. Su consejo no fue tomado en cuenta. En los ojos de los mexicanos, Hollywood estaba haciendo algo tan equivocado como situar a Abraham Lincoln en la batalla de Bunker Hill.

La película entró en producción en el mes de septiembre de 1938, con un presupuesto de $1.750.000, y un reparto de 1.186. El director de arte, Anton Grot, y su ayudante, Leo Kuder, dibujaron 3.643 esbozos de decorados, de los cuales el departamento de construcción hizo 54, con una copia de México de 11

Cientos de extras mexicano-americanos escuchan al "Abraham Lincoln mexicano"(Paul Muni) en *Juárez.*

acres de tamaño, en el Rancho Warner, en Calabasas, California, que resultó ser el más grande.

Muni, junto a Wallis y al director William Dieterle, con anterioridad a la filmación, hicieron un viaje a México que duró seis semanas. Ellos exploraron todas las posibles áreas de la vida y época de Juárez, empapándose del ambiente del país. Muni quería saber cómo Juárez lucía, caminaba y hablaba, deseando también conocer si tenía alguna peculiaridad visible. Al regresar al estudio, se embarcaron en una serie de pruebas de maquillaje, con diferentes máscaras elásticas, tratando de que Muni se asemejara a Juárez. Fue acordado que resultaría más creíble dejar a Muni aparecer con mínimos cambios fisonómicos. Perc Westmore, director del departamento de maquillaje de Warner, acentuó la estructura ósea de Muni, haciendo que su quijada pareciera más ancha, la frente más cuadrada, y le dio una nariz india. Muni tenía que parecer de piel más oscura que cualquier otra persona de la película, ya que la cinta era en blanco y negro, por lo que se usó para el maquillaje un tono rojizo marrón, con reflejos amarillos. Trabajaron un total de más de 3.500 extras, durante los ochenta días que duró la filmación. Roland aparece como el Coronel López, Calleia es Uradi, de Córdoba es Palacio y Díaz aparece como Pepe.

Just the Ticket (1999, Metro-Goldwyn-Mayer)

DIRECTOR: Richard Wenk
GUIÓN: Richard Wenk
PRODUCTOR: Andy García
ELENCO: Andy García, Andie MacDowell

Gary (García), un neoyorquino que ha sido un embustero durante la mayor parte de su existencia, es el rey de los estafadores, un dios entre los artistas de la estratagema, y un perdedor en la vida real. El único aspecto positivo de su vida es su novia (MacDowell), una atractiva jefa de cocina en ciernes, que tiene un lado flaco por los infelices. Linda, que ha sido aceptada en una escuela parisina de cocina, decide que ya es hora de dejar a Gary, porque ella no ve futuro alguno con un revendedor de boletos de carrera. Buscando consejo de un cura, éste le dice —por un par de entradas al juego de los Knicks— que confíe en Dios. Justamente cuando él está a punto de dar como un caso perdido el valor de la fe, se entera de que el Papa va a visitar el estadio Yankee. Gary ve esto como una señal de que va a conseguir algo grande, de que va a abandonar su trabajo callejero y ganar el corazón de Linda. Pero un rival de la competencia se le ha adelantado, comprando todas las entradas para poder dejarlo sin negocio. Ahora Gary tiene que apurarse como nunca lo había hecho antes y conseguir algunas entradas para el evento papal, antes de perder a Linda, y quedarse para siempre siendo nada más que un estafador. Filmada en los exteriores de la ciudad de Nueva York, y con una pista de sonido que utiliza la música del compositor y músico cubano, Israel "Cachao" López.

Key Witness (1960, Metro-Goldwyn-Mayer)

DIRECTOR: Phil Karlson
GUIÓN: Alfred Brenner y Sidney Michaels, basado en una novela de Frank Kane
PRODUCTOR: Kathryn Hereford
ELENCO: Jeffrey Hunter, Pat Crowley, Dennis Hopper, Corey Allen, Frank Silvera

Un habitante de un barrio residencial, Fred Morrow (Hunter), entra en un bar de Los Ángeles para hacer una llamada telefónica, cuando es testigo de un brutal asesinato a puñaladas, y descubre que ninguno de los otros testigos está dispuesto a testificar. A pesar de las consecuencias, Morrow decide presentarse en el juicio, pero no pasa mucho tiempo antes que él comienza a lamentar su decisión. Los supuestos asaltantes, "Cowboy" (Hopper) y su banda de maleantes, comienzan a aterrorizar a Morrow y a su familia.

Silvera interpreta al detective mexicano-americano Rafael Torno. Lo más destacado del filme es la persecución de noche, a pie, en la que Torno acorrala a "Cowboy" en una autopista.

Este filme presenta superficialmente la vida de las pandillas, de la manera típica de las cintas de delincuentes juveniles de la década de los años 50, con navajas, carros de sport, droga y sexo. Los miembros de las pandillas son de múltiples etnias.

The Kid from Spain (1932, United Artists)

DIRECTOR: Leo McCarey
GUIÓN: William Anthony McGuire, Bert Kalmar y Harry Ruby
PRODUCTOR: Samuel Goldwyn
ELENCO: Eddie Cantor, Lyda Roberti, Robert Young, J. Carroll Naish, Paul Porcasi, Julián Rivero

Eddie (Cantor) y su amigo mexicano Ricardo (Young), son expulsados del colegio universitario. Inadvertidamente ellos se han envuelto en el robo de un banco estatal, que obliga a Eddie a marcharse al sur de la frontera como un fugitivo inocente de la ley americana. Él se hace pasar por Don Sebastián, hijo de una famosa familia de toreros, y surgen complicaciones.

La película es una comedia musical anticuada, basada en la historia verdadera de Sydney Franklin, un muchacho judío de Brooklyn, de ojos saltones, que llegó a ser uno de los mejores toreros del mundo. Hay muchas escenas cómicas que incluyen una corrida de toros en la que Eddie es perseguido alrededor de todo el ruedo. Francisco "Chico" Day, que posteriormente adquiriría fama como director auxiliar, trabajó en la cinta como intérprete del torero mexicano que fue traído de Ciudad de México para doblar a Cantor. Frank Leyva manejó muy bien a todos los extras mexicanos durante la filmación en Hollywood.

El actor Robert Young, que hace de Ricardo, más tarde encontró gran fama en televisión, trabajando como estrella de la serie de larga duración *Father Knows Best,* en la década de los años 1950, y en los años 1970, en la de *Marcus Welby, M.D.*

Nadie ha podido dar la razón de por qué la cinta se llama *The Kid from Spain,* cuando la trama sucede en México.

Kings of the Sun (1963, United Artists)

DIRECTOR: J. Lee Thompson
GUIÓN: Elliott Arnold y James R. Webb, basado en una historia de Arnold
PRODUCTOR: Lewis J. Rachmil
ELENCO: Yul Brynner, George Chakiris, Richard Basehart, Shirley Anne Field, Armando Silvestre

Este filme trata superficialmente del tema fascinante de gran potencial, de la civilización maya en un momento de crisis.

Fieros guerreros del norte amenazan a las antiguas tribus mayas de México. Los invasores asesinan al rey maya, y su hijo, Balam (Chakiris), se convierte en el nuevo soberano. Los mayas se ven forzados a escapar a la costa, donde requisan botes de pescadores y navegan hacia lo que es ahora América del Norte, donde se asientan y comienzan a formar una nueva civilización. Águila Negra (Brynner), jefe de una tribu local de indios que resiente la "invasión", decide atacar a los recién llegados, pero los mayas lo capturan. Balam perdona la vida a Águila Negra, y ambos deciden vivir en armonía. Cuando el sacerdote mayor (Basehart) trata de preparar a Águila Negra para ofrecerlo como sacrificio a los dioses de los maya, Balam rehusa, y el sacerdote se sacrifica él mismo. Más tarde, otro grupo de indios ataca a los mayas y matan a Águila Negra.

Brynner hace un papel excelente como el jefe indio, pero Chakiris, Field, Basehart y Leo V. Gordon, como mayas, no engañan a nadie, especialmente cuando uno los sitúa al lado de los indios mexicanos que sirven de extras. El único mexicano con un papel de importancia fue el actor Armando Silvestre, que aparece como un "malo".

El director de arte Alfred Ybarra y su ayudante, Lynn Sparhawk, con el coordinador de construcción, Bill Maldonado, diseñaron y edificaron ciudades mayas, pueblos de pescadores, casas mayas y otros escenarios, incluso pirámides y ruinas de la civilización maya.

Varios exteriores fueron usados durante la filmación. El rodaje comenzó en Chichén Itza, en Yucatán, donde las ruinas y las pirámides aún existen. El gobierno mexicano dio un permiso especial a la compañía cinematográfica para filmar en los escenarios verdaderos. La compañía más tarde se trasladó a Mazatlán. Todas las secuencias de los interiores fueron tomadas en los estudios Churubusco, en Ciudad de México. Ciento cincuenta técnicos de cine mexicanos y un total de 5.000 extras mexicanos fueron usados durante la filmación.

KINJITE: FORBIDDEN SUBJECTS (1989, CANNON)

DIRECTOR: J. Lee Thompson
GUIÓN: Harold Nebenzal
PRODUCTOR: Pancho Kohner
ELENCO: Charles Bronson, Perry López, Juan Fernández

En este violento drama policiaco, el policía veterano de Los Ángeles, Crowe (Bronson), y su compañero Ríos (López), tratan de capturar a un siniestro chulo (Fernández), que ha secuestrado a la hija de un hombre de negocios japonés de Los Ángeles.

KISS ME A KILLER (1991, CONCORDE)

DIRECTOR: Marcus De Leon
GUIÓN: Marcus De Leon
PRODUCTOR: Catherine Ryan
ELENCO: Robert Beltrán, Julie Carmen

Una joven latina (Carmen), casada con un anglo dueño de un club nocturno, encuentra pasión y libertad con un misterioso y atractivo joven músico (Beltrán), que viene a trabajar al club. Muy pronto ambos conspiran para matar al esposo, y se envuelven en una red de crimen y engaño. El film marcó un comienzo muy prometedor para el escritor y director De León. Beltrán y Carmen irradian el apropiado fuego sexual en esta cinta de poco coste, que resulta una versión de *The Postman Always Rings Twice.*

KISS OF FIRE (1955, UNIVERSAL)

DIRECTOR: Joseph M. Newman
GUIÓN: Franklin Coen y Richard Collins
PRODUCTOR: Samuel Marx
ELENCO: Jack Palance, Barbara Rush, Rex Reason, Martha Hyer

Este film es una mezcla desigual de la era del espadachín y las cintas del oeste. Un noble español, conocido como El Tigre (Palance), se ha comprometido a guiar a un grupo de miembros de la familia real, desde Santa Fe, Nuevo México, a Monterrey, California. Un barco los espera para llevar a España a la heredera aparente del trono español, la princesa Lucía, cuando se enteran de que Carlos V está en su lecho de muerte. Mercenarios e indios tratan de interceptar al grupo antes que lleguen a su destino; la princesa encuentra el verdadero amor con El Tigre, y renuncia al trono. Jack Palance aparece en un papel inapropiado, que mejor le venía a Errol Flynn o a Cornel Wilde. Los escenarios nocturnos de los exteriores, no contrastan bien con los exteriores diurnos, y el agua nunca representa un problema para estas gentes que teóricamente viajan a través de enormes desiertos.

Kiss of the Spider Woman (1985, Island)

Beso de la mujer araña

DIRECTOR: Héctor Babenco
GUIÓN: Leonard Schrader, basado en la novela de Manuel Puig
PRODUCTOR: David Weisman
ELENCO: William Hurt, Raúl Juliá, Sonia Braga

El filme es descrito por el director Héctor Babenco en *Los Angeles Times* (11/23/83), como "... el lento desarrollo de una amistad entre dos hombres de totalmente diferentes trasfondos emocionales, culturales y sociales. La celda de una prisión suramericana que comparten es como un cuadrilátero donde ellos resuelven sus conflictos antes de llegar a un grado de mutuo afecto".

Ésta fue la primera cinta brasileña en tener como estrellas a actores americanos. El filme usa en papeles estelares a Hurt, como Molina, un homosexual convicto por cargos de moralidad, y a Juliá, como Valentín, un prisionero político muy disciplinado e intelectual. Molina vive en un mundo de fantasía de películas glamorosas, y héroes y heroínas románticos de la pantalla que en un principio molestan a Valentín, pero luego lo hipnotizan.

El director Héctor Babenco (centro) ayuda a William Hurt (izq.) y Raúl Juliá (der.) a preparar una escena en *Kiss of the Spider Woman*.

Poco a poco, los dos hombres forman un lazo de amistad y amor. Los dos actores dominan el filme, pero la actriz brasileña Braga es notable no solamente en un papel, sino en tres. Ella es la cautivadora mujer araña del título, al mismo tiempo que una encantadora cantante francesa —ambas parte de la fantasía de Molina— así como la novia de Valentín.

Kiss of the Spider Woman obtuvo un éxito rotundo en el mundo entero, y logró enormes ganancias en la taquilla, al igual que críticas magníficas en los Estados Unidos. William Hurt obtuvo el premio de la Academia como Mejor Actor.

"*Kiss of the Spider Woman* triunfa en un profundo nivel emocional, y como un entretenimiento que hechiza de igual manera", Sheila Benson, *Los Angeles Times* (8/23/85).

"[No hay] suficientes claves en las carreras anteriores del director Héctor Babenco (muy aclamado por *Pixote)*, y las dos estrellas, William Hurt y Raúl Juliá, que pudiera anticipar la calidad del trabajo que desempeñan aquí. *Kiss of the Spider Woman* es un logro brillante de todos ellos, montada con control perfecto y fiera originalidad que la hace una de la mejores películas desde hace un largo tiempo", Janet Maslin, *New York Times* (7/26/85).

"Filmada en Brasil (en inglés), dirigida por el argentino, Héctor Babenco, sobre un guión del americano Leonard Schrader y una novela del argentino Manuel Puig... Esta vez la mezcla artística rebosó de perfección", Richard Schickel,*Time* (8/5/85).

The Kissing Bandit (1948, Metro-Goldwyn-Mayer)

DIRECTOR: Laszlo Benedek
GUIÓN: Isobel Lennart y John Briard Harding
PRODUCTOR: Joe Pasternak
ELENCO: Frank Sinatra, Kathryn Grayson, J. Carroll Naish, Vicente Gómez, Alberto Morín, Julián Rivero, Ricardo Montalbán, José Domínguez

Esta cinta relata los esfuerzos de Ricardo (Sinatra), que acaba de regresar a California, después de aprender en Boston el negocio de hotelería, para seguir la carrera romántica de su padre. Antes de morir súbitamente, el padre era conocido como "El Bandido que Besa", porque besaba a todas las mujeres a quienes él robaba. Un número especial de baile dirigido por Stanley Donen, llamado "La Danza de la Furia", presentó a Ricardo Montalbán con Cyd Charisse y Ann Miller. Vicente Gómez aparecía tocando melodías mexicanas. A esta confusa parodia de una aventura al estilo del Zorro, y comedia musical, no la ayuda una dirección desigual.

La Bamba (1987, Columbia)

DIRECTOR: Luis Valdéz
GUIÓN: Luis Valdéz
PRODUCTOR: Taylor Hackford y Bill Borden
PRODUCTOR ASOCIADO: Daniel Valdéz
ELENCO: Lou Diamond Phillips, Esai Morales, Rosana De Soto, Elizabeth Peña, Daniel Valdéz

La Bamba fue invención de Daniel Valdéz, el hermano del escritor y director Luis Valdéz, que por más de diez años había querido hacer una biografía musical del fallecido chicano Ritchie Valens, estrella del *rock 'n' roll.* Con el éxito obtenido por el musical *Zoot Suit* y con la versión fílmica de esa historia en preparación en la Universal, Valdéz estableció contacto con los estudios Universal en 1981, pero no encontró interés. El estudio pensaba que *The Buddy Holly Story* (1978), había transitado por el mismo terreno, y no tuvo suficiente éxito taquillero, por más que sí obtuvo buenas críticas y una nominación para su estrella, Gary Busey.

Ritchie Valens, cuyo nombre verdadero era Ricardo Valenzuela, nació y creció en Pomona, California, en el valle de San Fernando. Su rápido ascenso como estrella del *rock 'n' roll* duró solamente ocho meses. Grabó tres discos de gran éxito antes de su muerte a la edad de diecisiete años, en el mismo accidente de aviación en que murió Buddy Holly, y el disc jockey J.P. Richardson (conocido como The Big Bopper). Valens había estado eclipsado por Holly, y su vida siempre estuvo rodeada de misterio. "Yo traté de investigar a este tipo y no pude conseguir nada, cero. Solo tuve una indicación de que era latino", recuerda Valdéz en una nota de prensa cuando el estreno de la cinta.

Impertérrito, Daniel pudo encontrar a la familia Valens y los convenció de sus intenciones artísticas. Consiguió una opción de cinco años sobre la historia de Valens y comenzó a buscar distintos caminos para producirla. Mientras tanto, consiguió la ayuda de su hermano Luis, quien escribió el guión. El proyecto fue presentado a Taylor Hackford, el escritor y director de filmes de gran éxito tales como *The Idolmaker* (1980), *An Officer and a Gentleman* (1982), y *Against All Odds* (1984). Los hermanos Valdéz habían seguido la carrera de Hackford desde sus primeros documentales para la PBS, en la estación de televisión KCET de Los Ángeles.

Hackford había empezado una compañía productora llamada New Vision, que iba a producir metrajes de presupuesto bajo, y *La Bamba*, como ahora era llamado el guión de Ritchie Valens, comenzó a ser desarrollada. La filmación comenzó en el verano de 1986, con Luis Valdéz como escritor y director, y Daniel como productor asociado. Fue filmada en los exteriores, dentro y alrededor de Los Ángeles, con un presupuesto de $6,5 millones y un plan de trabajo de 45 días. La escena de un campamento de trabajo de granjeros al comienzo, fue filmada cerca de Hollister, California.

Se inició una intensiva búsqueda para encontrar al actor joven que interpretaría a Ritchie Valens. Cuando la directora de reparto, June Lowry, regresó de su viaje de indagación a Texas y al suroeste, ella pensaba haber encontrado al actor ideal para representar al hermano de Ritchie, Bob. Lou Diamond Phillips fue traído a California, pero mientras más pruebas hacía él con otros actores, más claro resultaba que lo que habían encontrado en cambio, al hombre para el rol principal.

Phillips recuerda en notas de prensa, "Yo era un don nadie de Texas. Todo el tiempo me lo pasé haciendo pruebas. Yo pensaba que me marcharía con una buena actitud y mi cabeza en alto, y aunque yo no consiguiera el papel, eso me

Luis Valdéz dirige a Lou Diamond Phillips en su papel estelar de Ritchie Valens en *La Bamba*.

sería beneficioso en el futuro. Yo simplemente no podía pensar que iba a conseguirlo".

Una situación a la inversa ocurrió cuando llegó el momento de asignar el papel del hermano de Ritchie, Bob. Morales, quien había sido considerado inicialmente para Ritchie, muy rápidamente fue reconocido como el actor correcto para hacer de Bob. "Bob era el lado oscuro de Ritchie", dice Morales en notas de prensa. "Él no sabía cómo repeler sus propios sentimientos de animosidad contra el éxito de su hermano".

El guión final estaba centrado en la relación turbulenta entre Ritchie y su hermano Bob, durante los ocho meses de su ascenso al estrellato. Luis recuerda en notas de prensa, "Al escribir el guión, yo mantuve de cerca la realidad que conocía... capturando... cierta imagen que... era parte de la vida de Valens, al igual que era parte de la mía". Él continúa, "Todos entendemos las relaciones de amor y odio entre hermanos, y las dificultades de una madre soltera que trata de criar dos hijos".

La Bamba se convirtió en un triunfo sensacional durante el verano de 1987, ganando $60 millones, y críticas muy favorables. La canción más exitosa de Ritchie fue grabada de nuevo para la cinta por el popular grupo mexicano-americano, Los Lobos, que hizo de la canción "La Bamba" un triunfo aún mayor para Valens después de muerto que el que había obtenido en vida.

Valdéz comenta sobre su trabajo, "Quiero pensar que hay un núcleo que es constante... Yo no soy solamente un granjero mexicano. Yo soy un americano con raíces en la cultura maya. Yo puedo hacer retumbar y descubrir algunos de los misterios de esta tierra que habita en todos nosotros".

La Cucaracha (1934, RKO Radio Pictures)

DIRECTOR: Lloyd Corrigan
GUIÓN: Jack Wagner y John Twist
PRODUCTOR: Kenneth MacGowan
ELENCO: Don Alvarado, Steffi Duna, Paul Porcasi

En 1934, México y los mexicanos fueron el tema de este filme, el primer corto de acción en vivo hecho en el proceso *three strip* Technicolor. El cortometraje de 20 minutos de duración, sirvió de plataforma a bailarines y extras en una cantina llena de vida y color, en donde se movían al compás de "La Cucaracha". RKO trajo a Hollywood a Robert Edmond Jones, el famoso diseñador de escena, cuyo uso de la iluminación de color había revolucionado a Broadway en los 1920. Jones creía que el color, si era usado propiamente, podía afectar emocional y psicológicamente el contenido de una película, y en *La Cucaracha*, él utilizó toda forma de mecanismo estilizado para aumentar los aspectos dramáticos o cómicos de la historia.

La trama gira alrededor de una cantinera, interpretada por Steffi Duna, y los problemas que tiene con su amante bailarín, interpretado por Alvarado. Porcasi aparece como un empresario de Ciudad de México.

Los celos, las peleas y la comedia están mezcladas muy hábilmente en esta fantasía en color, verdaderamente romántica, de México y los mexicanos.

El film obtuvo un triunfo inmediato con los críticos y el público, recibiendo más atención que la mayoría de los elementos con los que jugó. Obtuvo un premio de la Academia como Mejor Comedia Corta de 1934.

Lambada (1990, Warner Bros.)

DIRECTOR: Joel Silberg
GUIÓN: Sheldon Renan y Joel Silberg
PRODUCTOR: Peter Shepherd
ELENCO: J. Eddie Peck, Melora Hardin, Adolfo "Shabba Doo" Quiñones

Un maestro del lado este de la ciudad de Los Ángeles, pasa sus días motivando a los estudiantes, y sus noches en un club nocturno bailando lambada.

Lambada—The Forbidden Dance (1990, Columbia)

DIRECTOR: Greydon Clark
GUIÓN: Albert Goldman
PRODUCTOR: Marc Fisher
ELENCO: Laura Martínez Herring

Una cinta rápidamente producida, orientada hacia la juventud, con la intención de aprovechar la locura efímera de la lambada brasileña, baile que comenzó en Europa y fue por corto tiempo favorito de la población hispana de Estados Unidos. El filme tuvo como estrella a Laura Martínez Herring, una antigua Miss USA. La trama, tal como era, se refería a una joven muchacha india brasileña, enviada por su tribu a los Estados Unidos, para tratar de salvar la selva tropical del Amazonas. La cinta distorsionó el hecho de que la lambada tuviera sus orígenes entre la gente afro-caribeña del Brasil, y no entre los indios (otro caso de Hollywood que interpreta equivocadamente la cultura latinoamericana y sus gentes, a través de acuerdos fílmicos convenientes y licencia dramática).

The Lash (1930, Warner Bros.)
Adiós

DIRECTOR: Frank Lloyd
GUIÓN: Bradley King, basado en la historia "Adiós", de Lanier Bartlett
PRODUCTOR: Warner Bros.
ELENCO: Richard Barthelmess, James Rennie, Mary Astor

Un joven noble español, Don Francisco Delfina (Barthelmess), en la Baja California de 1848, es embaucado por un estafador comisario de tierras americano que le hace perder su castillo, convirtiéndose en un forajido que asume el apodo de "El Puma". Lucha contra los americanos, que hacen trampas y roban para obtener tierras españolas/mexicanas a través de sinvergüenzas comisarios de tierras. Al final, "El Puma" desbanda a sus seguidores y cruza la frontera hacia

México, donde forma un nuevo hogar. Ésta es otra variación de las leyendas de Robin Hood, Zorro y Joaquín Murieta, en las que, por una vez, los americanos no aparecen bajo una luz favorable. Ésta es un película del oeste corriente, resaltada por escenarios panorámicos y buenas secuencias de acción.

THE LAST COMMAND (1955, REPUBLIC)

DIRECTOR: Frank Lloyd
GUIÓN: Warren Duff
PRODUCTOR: Herbert J. Yates
ELENCO: Sterling Hayden, Anna Maria Alberghetti, Richard Carlson, Arthur Hunnicutt, Ernest Borgnine, J. Carroll Naish

Jim Bowie (Hayden), es un amigo personal de Santa Anna (Naish), hasta que las acciones despóticas del último llevan a Bowie al asedio del Álamo. Bowie se siente desgarrado entre su amor por México y su ciudadanía americana, durante la lucha por la independencia de Texas. La cantante italiana Anna María Alberghetti aparece como Consuela, hija de un hacendado español nacido en Texas.

Naish retrata al General Santa Anna como un personaje tridimensional, que insiste en llamar a Bowie, "Jimmy". La cinta es muy lenta en alcanzar el clímax, pero es interesante en sus caracterizaciones y su punto de vista.

The Last Command, igual que *The Alamo* (1960), utiliza menos la visión racial del anglo *vs.* mexicano, como otros filmes anteriores hicieron del asunto. La Segunda Guerra Mundial y la Política del Buen Vecino mantuvieron bajo control a los descarados estereotipos negativos de latinoamericanos por un tiempo.

Filmada en los exteriores de Texas, y en los estudios Republic de Hollywood, la cinta incluye a muchos actores hispanos en papeles característicos, como Vincent Padula, Argentina Brunetti, Alex Montoya, Pepe Hern, Rico Alaniz, George Novarro, Fernando Alvarado, Abel Fernández, Tom Hernández y Alberto Morín.

THE LAST OF THE FAST GUNS (1958, UNIVERSAL)

DIRECTOR: George Sherman
GUIÓN: David P. Harmon
PRODUCTOR: Howard Christie
ELENCO: Jock Mahoney, Gilbert Roland, Linda Cristal, Lorne Greene, Carl Benton Reid

Un *oater* (una basura) corriente, con preciosas fotografías de Cuernavaca, México, y hecha por expertos artesanos de Hollywood y México.

En los 1880, el pistolero Brad Ellison (interpretado por el formidable especialista de riesgo Jock Mahoney), acepta una oferta del acaudalado John Forbes (Reid), de encontrar a su hermano que desapareció en México treinta años atrás. Durante la búsqueda, Ellison se entera de que el hermano se ha convertido en un conocido sacerdote local.

Diecinueve de los veintiocho papeles hablados fueron a parar a actores y actrices mexicanos. La actriz Cristal, nativa de la Argentina, hizo su debut fílmico en esta película, firmando después un largo contrato con la Universal. Muchos de los mejores actores mexicanos que hablaban inglés, recibieron contrato para aparecer como actores de reparto. Muy prominente entre ellos aparecía Eduardo Noriega, quien también desempeñó papeles principales en producciones americanas, tales como *Serenade* (1956), *The Beast of Hollow Mountain* (1956) y *El sol sale para todos* (1957); el rechoncho Jorge Treviño, muy conocido por los fanáticos de la televisión, como el cómico tío cubano de la serie *I Love Lucy*; Francisco Reiguera, un veterano actor de cine, cuya carrera se remonta a las comedias de Mack Sennett; y la bella Gilda Fontana, una actriz americana que transfirió su carrera de Hollywood a México. Roland, un veterano del cine silente, aparece como el tramposo capataz de rancho.

Last Plane Out (1983, Shapiro-Glickenhaus)

DIRECTOR: David Nelson
GUIÓN: Ernest Tidyman
PRODUCTOR: Jack Cox y David Nelson
ELENCO: Jan-Michael Vincent, Julie Carmen, Mary Crosby, Lloyd Battista

Un rutinario y poco inspirado recuento de un periodista americano en Nicaragua, durante el final del gobierno de Somoza. Esta película está llena de estereotipos negativos— desde chicos graciosos a cargo del servicio de taxis de un país en guerra, a una mujer que es una líder rebelde nicaragüense, María Cárdena (Carmen), que se enamora del periodista. Material similar ha sido manejado mejor en cintas como *Under Fire* (1983) y *Salvador* (1986).

Basada en una experiencia verdadera del periodista conservador Jack Cox (interpretado por Vincent), la cinta está inclinada políticamente a la derecha. Cox logra hablar tanto con Somoza como con los rebeldes, y estos últimos ponen un precio a su cabeza por sus exposiciones periodísticas a favor del gobierno de Somoza, y sus supuestas conexiones con la CIA. Según los Sandinistas se acercan a la capital, Cox y su equipo de televisión tratan de llegar al aeropuerto para tomar el último avión que los saque del país, antes que los rebeldes los asesinen a todos. La película fue filmada en el sur de la Florida.

Last Rites (1988, Metro-Goldwyn-Mayer)

DIRECTOR: Don P. Bellisario
GUIÓN: Don P. Bellisario
PRODUCTOR: Don P. Bellisario y Patrick McCormick
ELENCO: Tom Berenger, Daphne Zúniga

Una mexicana llamada Ángela (Zúniga), presencia la muerte de un hampón en un hotel elegante de Nueva York. Ella escapa, y finalmente se pone bajo la protección de un cura sabelotodo de Nueva York, el Padre Michael Pace (Berenger). El trabajo de protegerla se complica por la atracción erótica que ambos sienten el uno por el otro, y por el hecho de que el asesino es la hermana del sacerdote, y la víctima es su cuñado. El cura finalmente la lleva a México, para librarla de todos los que la persiguen.

The Last Train from Madrid (1937, Paramount)

El último tren de Madrid

DIRECTOR: James Hogan
GUIÓN: Louis Stevens y Robert Wyler, basado en una historia de Paul Hervey Fox y Elsie Fox
PRODUCTOR: George M. Arthur
ELENCO: Dorothy Lamour, Lew Ayres, Gilbert Roland, Anthony Quinn

Era inevitable que Hollywood se aprovechara del drama que significaba la guerra civil española. Sin embargo, a *El último tren de Madrid,* al igual que *Por quién doblan las campanas* (1943), de la Fox, le falta postura política, y se convierte en cambio en un simple melodrama al estilo de Grand Hotel, en el que las vidas de personas diferentes se entremezclan, cuando todos ellos tratan de abandonar Madrid en el último tren que parte hacia Valencia.

El filme marcó el primer papel importante para Quinn, y la única vez que él trabajó junto a Roland, de quien dijo en aquella ocasión, lo hacía sentirse "sobrecogido". Lamour, que hizo su debut fílmico en el papel titular de *The Jungle Princess* (1936), tiene aquí su primer papel dramático serio. Su belleza exótica y encanto particular, la llevarían a interpretar papeles de latina en varias películas durante su larga carrera. Lamour había trabajado anteriormente con Quinn en *Swing High, Swing Low* (1937), en la que él interpretó a un panameño, con todo su diálogo hablado en español.

Ésta es la historia de diez personas que une el azar durante doce horas de alta tensión. La película transcurre desde el momento en que se anuncia la salida del tren de la capital española desbastada por la guerra, hasta el momento en que se pone en marcha hacia la seguridad que Valencia ofrece.

Durante esas horas cruciales, los pasajeros viven toda una secuencia de emociones, donde sale a relucir lo mejor y lo peor de cada uno de ellos. Quinn es el Capitán Ricardo Álvarez, un oficial del ejército que se las arregla para conseguir pases para su novia, Carmelita Castillo (Lamour), y su amigo, Eduardo (Roland). El reparto también incluye a Lew Ayres, como Bill Dexter, un reportero americano quien encuentra el amor que él ha estado buscando en la ciudad en llamas, Olympe Bradna como María, un miembro del batallón femenino español; Karen Morley como una aventurera, y a Frank Leyva.

Fue filmada en los estudios Paramount, en Hollywood, con el uso de cientos de extras de tipo latino. Francisco "Chico" Day trabajó como ayudante del director en éste, su primer filme en esa capacidad.

Latin Lovers (1953, Metro-Goldwyn-Mayer)

DIRECTOR: Mervyn LeRoy
GUIÓN: Isobel Lennart
PRODUCTOR: Joe Pasternak
ELENCO: Ricardo Montalbán, Lana Turner, Joaquín Garay, Rita Moreno

Un bochornoso musical, en el que aparece el suave Montalbán como un amante latino en Río de Janeiro, involucrado con una americana (Turner), que solamente quiere disfrutar la vida. Montalbán baila con Moreno en una escena.

Latino (1985, Cinecom)

DIRECTOR: Haskell Wexler
GUIÓN: Haskell Wexler
PRODUCTOR: Benjamin Berg
ELENCO: Robert Beltrán, Tony Plana, Annette Cardona

Dieciséis años después que él hizo *Medium Cool* (1969), una "facción" sobre la violenta Convención Demócrata de Chicago de 1968, Haskell Wexler regresó como director de largometraje con *Latino*, un melodrama totalmente de izquierda sobre la lucha de los Contras, respaldados por los Estados Unidos, cuando luchaban contra el gobierno Sandinista de Nicaragua.

Eddie Guerrero (Beltrán), un chicano Boina Verde (Green Beret), del este de la ciudad de Los Ángeles, es enviado a Honduras por el ejército de los Estados Unidos, para entrenar a los Contras contrarrevolucionarios, respaldados por la CIA. A través de los ojos de Eddie, Wexler narra la historia del despertar de un hombre, al atolladero de autodestrucción que puede desarrollarse, cuando un soldado cree que "con mi país, mal o bien", sin cuestionar la moralidad de las acciones.

Eddie se enamora de una nicaragüense (Cardona), que vive en Honduras, y se ve forzado, por lo tanto, a encarar la pregunta ética que ha surgido en su alma por su participación en una guerra no declarada que su gobierno está llevando a cabo.

Mientras idealiza ingenuamente el movimiento Sandinista, de una manera que recuerda a las antiguas películas soviéticas sobre Sergei Eisenstein, como *The Battleship Potemkin* (1925), el filme, no obstante, trae a colación la espinosa cuestión acerca de la encubierta política extranjera americana, especialmente en América Latina. También saca a relucir el conflicto cultural de un soldado chicano que lucha contra su propia identidad, cuando lo ordenan a pelear contra gente que luce como él, habla español como él y come las mismas tortillas que su madre cocinaba para él en el hogar.

Latino fue filmada con un presupuesto de $4 millones, en los exteriores de Honduras, en febrero de 1984. Lucas Films proveyó las instalaciones para la producción posterior. El film tuvo un estreno limitado en los Estados Unidos, porque no pudo encontrar un distribuidor importante.

"*Latino* tiene una fibra y una potencia que uno tiene que admirar, [y] en su parte mejor, tiene momentos de belleza, de fuerza. Pero la simple cinta de acción en favor de la guerra que quiere recordar y desinflar, puede haber dejado una tensión por su estilo", Michael Wilmington, *Los Angeles Times* (11/13/85).

"Aunque indudablemente no se intentaba eso, *Latino* resulta ser una versión izquierdista muy inquietante de *The Green Berets* [la cinta de John Wayne]", *Variety* (5/15/85).

The Lawless (1950, Paramount)
Los sin ley

DIRECTOR: Joseph Losey
GUIÓN: Geoffrey Homes, basado en su [Daniel Mainwaring] libro
PRODUCTOR: William H. Pine y William C. Thomas
ELENCO: Macdonald Carey, Lalo Ríos, Gail Russell, Argentina Brunetti, Felipe Turich, Pedro de Córdoba

En una comunidad agrícola del norte de California, con una población estable mexicano-americana que trabaja cultivando la tierra, comienza la histérica búsqueda de un latino de diecinueve años (Ríos), acusado de haber atacado a un policía en un baile.

Asustado por los sucesos, el joven huye en un camión de helados, y roba un carro en un café de la carretera antes de ser capturado. Una serie de acontecimientos mueven al joven acusado de crímenes que él no ha cometido, y la prensa, reflejando los sentimientos de las gentes anglos del pueblo, sensacionaliza y tergiversa los hechos aún más. Solamente el editor del periódico local res-

Lalo Ríos (izq.) interpreta un joven latino acusado equivocadamente de atracar a un policía (Ian MacDonald) en *The Lawless.*

palda al joven mexicano, y como resultado, los iracundos granjeros se viran contra él. Aunque ellos destrozan su planta editora, el editor logra salvar al joven de un linchamiento seguro.

Russell aparece como Sunny García, la abogada del joven mexicano, y Brunetti y Turich actúan como sus padres.

El filme recibió buenas críticas en general, y logró una ganancia regular para la Paramount, y los productores Pine y Thomas. Fue filmada en dieciocho días en Marysville y Grass Valley, California, y en los estudios de Paramount, a un coste de $385.000.

En el ejemplar de octubre, 1950, de la revista *Holiday*, William Pine dijo, "Yo [justamente] no podía conseguir a la muchacha correcta para el papel principal. Por eso escogimos a Gail Russell, que no es mexicana, pero... tiene pelo oscuro y... sabe trabajar". (Con esto quiso decir que ella estaba acostumbrada a trabajar al paso rápido necesario de las cintas clase B). El director Losey descubrió a Ríos cuando trabajaba de un pintor de casas en Los Ángeles.

"Es la primera película hecha sobre la discriminación de los mexicano-americanos", dijo el guionista Homes, en un artículo en el *New York Times* (3/5/50). "Situé la historia en la parte agrícola al norte de Sacramento, donde hay un gran número de trabajadores migratorios, al menos una tercera parte de ellos, mexicanos o mexicano-americanos, trabajan durante varias de las cosechas de frutas".

Los sin ley fue considerada una película clase B. Las críticas la citaron por el tema y por la actuación de Ríos. Transcurrieron dos años para que Ríos, que nunca había actuado antes de hacer esta película, tuviera la oportunidad de aparecer en otra cinta de importancia, *The Kings* (1952). El hecho de que ambas cintas traten de asuntos referentes a los mexicano-americanos, fueran filmadas con presupuestos bajos y tuvieran la misma figura estelar, las sitúa en igualdad de circunstancias. Junto a filmes como *A Medal for Beauty* (1945), ambas están entre las primeras en exponer las condiciones de los hispanoamericanos en la sociedad americana. El triunfo de *Gentlemen's Agreement* (1947), *Home of the Brave* (1949) y otras que tratan del prejuicio étnico y racial en América, hizo posible esta producción.

Fue un paso progresivo en ese momento, el que Sunny García fuera una abogada latina en un pequeño pueblo, además de representar una de las primeras imágenes chicanas vistas en la pantalla.

The Left-Handed Gun (1958, Warner Bros.)

DIRECTOR: Arthur Penn
GUIÓN: Leslie Stevens, basado en la obra de televisión *The Death of Billy the Kid*, de Gore Vidal
PRODUCTOR: Fred Coe
ELENCO: Paul Newman, Lita Milan, John Dehner, Hurd Hartfield, Martín Garralaga, Néstor Paiva, Tina Menard

En una cinta que combinaba elementos de acción y psicología, la intensa actuación de Paul Newman resulta memorable como Billy the Kid, el legendario bandido del oeste.

En esta historia de un joven desequilibrado, Billy aparece como un delincuente juvenil que tiene violentos e incontrolables ataques de furia, y cuya lujuria por la venganza nace de la muerte de su benefactor, un ganadero inglés que fue asesinado durante la guerra de ranchos. Huyendo de la ley, Billy se refugia en un pequeño pueblo mexicano donde conoce y se enamora de una joven mexicana, Celsa, interpretada por Lita Milan, una actriz de raíces húngaropolacas. Cuando él regresa a su hogar, encuentra un segundo padre en el sheriff Pat Garrett (Dehner), quien finalmente se ve forzado a matar a Kid.

La película fue filmada por Warner Bros., en blanco y negro, con un presupuesto bajo, en un escenario mexicano anteriormente construido (hecho para *Juárez* [1939]) en el Rancho Warner en Calabasas, y en el Rancho Janss, cerca de Thousand Oaks, California. Fue la primera cinta del afamado director Arthur Penn (*Bonnie and Clyde* [1967]). Miembros hispanos del reparto incluyen a Néstor Paiva, Martín Garralaga, Tina Menard y Frank Leyva.

The Leopard Man (1943, RKO Radio Pictures)

DIRECTOR: Jacques Tourneur
GUIÓN: Ardel Wray y Edward Dein, basado en la novela *Black Alibi*, de Cornell Woolrich
PRODUCTOR: Val Lewton
ELENCO: Dennis O'Keefe, Margo, Richard Martin, Eliso Gamboa, Joe Domínguez

Una cinta desigual de misterio y suspenso, pero interesante y ambiciosa, rodada enteramente en los estudios de RKO, que tiene como telón de fondo a Nuevo México. Un club nocturno de Nuevo México usa un leopardo amaestrado como un truco de publicidad que sale mal, cuando el leopardo escapa y presuntamente mata a una niña. Margo hace de Clo-Clo, una bailarina española. La procesión del penitente religioso al final, es la más extraña que el espectador haya visto jamás.

Let's Get Harry (1986, TriStar)

DIRECTOR: Alan Smithee [Stuart Rosenberg]
GUIÓN: Charles Robert Carner, basado en una historia de Mark Feldberg y Samuel Fuller
PRODUCTOR: Daniel H. Blatt y Robert Singer
ELENCO: Mark Harmon, Robert Duvall, Gary Busey, Elpidia Carrillo, Gregory Sierra

Un grupo de obreros de un pequeño pueblo de América, se entera de que su mejor amigo, un trabajador de gasoducto, ha sido secuestrado por terroristas y narcotraficantes de Sudamérica, y deciden tomar cartas en el asunto.

Ellos demandan que Washington tome medidas inmediatamente, pero cuando ven que la burocracia no les hace casos, contratan a un mercenario para que los lleve en una misión renegada de salvamento. Con poca experiencia, ingenuos e insolentes, muy pronto se encuentran enfrentándose a balas de verdad.

Esta cinta de acción, escasamente competente, tuvo un limitado estreno en los Estados Unidos. En ella hay estereotipos que incluyen a hombres malos latinos, narcotraficantes, terroristas traicioneros y violentos, policías corruptos y oficiales del ejército. Fue filmada en México (que tomó el lugar de Colombia), con Elpidia Carrillo, Gregory Sierra y Guillermo Ríos, este último como el capo de la droga, Ochobar. El director Stuart Rosenberg hizo quitar su nombre de los créditos.

Licence to Kill (1989, Metro-Goldwyn-Mayer/United Artists)

DIRECTOR: John Glen
GUIÓN: Michael G. Wilson y Richard Maibaum, basado en personajes creados por Ian Fleming
PRODUCTOR: Albert R. Broccoli y Michael G. Wilson
ELENCO: Timothy Dalton, Robert Davi, Carey Lowell, Talisa Soto, Pedro Armendáriz Jr.

James Bond (Dalton), ha ido a la Florida para la boda de su antiguo amigo Félix Leiter (David Hedison). En vísperas de la boda, Bond y Félix capturan al más despiadado de los capos de la droga, Franz Sánchez (Davi). Pero después de un soborno de $2 millones, Sánchez es hombre libre y se venga asesinando a Félix y a su novia.

El usualmente calmado Bond se enfurece, pero el gobierno de Su Majestad no está de acuerdo con agentes secretos que tengan vendettas personales. Cuando Bond rehúsa obedecer, su licencia para matar es revocada, y él se marcha a un país suramericano ficticio, en búsqueda de Sánchez. La modelo puertorriqueña vuelta actriz, Soto, es una de las celebradas chicas Bond. Fue filmada en México, con los altos presupuestos usuales de las cintas de acción de James Bond, bellas mujeres y trucos escalofriantes, que además no incluyen estereotipos hispanos, a excepción del capo de la droga.

A Life in the Balance (1955, Twentieth Century Fox)

DIRECTOR: Harry Horner
GUIÓN: Robert Presnell Jr. y Leo Townsend, basado en una historia de Georges Simenon
PRODUCTOR: Leonard Goldstein
ELENCO: Ricardo Montalbán, Anne Bancroft, Lee Marvin, José Pérez, Rodolfo Acosta, José Torvay

La cinta sobre un misterioso asesinato filmada en México, titulada *A Life in the Balance*, es poco corriente porque ofrece una moderna y no estereotipada vista de la vida de México, con mexicanos como personajes principales.

Un niño pequeño (Pérez), sigue el rastro de un asesino psicopático (Marvin), para poder probar la inocencia de su padre, un músico, que ha sido arrestado por la muerte de una mujer que vive en el edificio. Llevada a un buen paso y muy bien lograda, la cinta ofreció a Ricardo Montalbán la oportunidad de escapar de sus apariciones como amante latino, a las cuales él estaba amarrado.

La cinta presenta a una joven, Anne Bancroft, como la amante de Montalbán, en una de varias representaciones étnicas que hizo en los comienzos de su carrera. Acosta, usualmente programado como un "pesado" en los filmes americanos, aparece como un detective policiaco. El puertorriqueño Pérez pasó de ahí a trabajar en los escenarios de Broadway y, como adulto, en muchos espectáculos del cine y la televisión.

Ricardo Montalbán, José Pérez y Anne Bancroft en *A Life in the Balance.*

The Life of Villa (1914, Mutual Film Corp.)

También llamada A Tragedy in the Life of General Villa (1915)

DIRECTOR: Raoul Walsh
PRODUCTOR: D.W. Griffith

Cinta silente de 1914. Pancho Villa vendió al cine los derechos de la revolución que él estaba haciendo en México para su propia ganancia personal. Aunque él no podía leer ni escribir, Villa comprendía el poder de las cintas fílmicas que él había visto en El Paso.

Periodistas y fotógrafos de todas partes del mundo vinieron a México a conocer a Villa, y a cubrir la historia del héroe de gran colorido de la revolución mexicana. En enero de 1914, en el cuarto de un hotel de Juárez, México, Villa conoció a Frank M. Thayer, un representante de la Mutual Firm Corp., la corporación de Los Ángeles, que tenía a D.W. Griffith a la cabeza, y firmó un contrato de $25.000 en oro y 50% de las ganancias. (Griffith pensaba que la historia de esta celebridad que había acaparado las primeras páginas de todos los periódicos de América, sería un material relevante para usar en una película). ¡En una sorprendente manera de pensamiento prematuro de como "robar cámara", la principal estipulación del contrato era que el general tendría que pelear en todas sus batallas durante el día, para que ellos pudieran fotografiarlo usando los lentos montajes de la época!

El joven Raoul Walsh, dirigió la compañía que incluía al cameraman L.M. Burrud. Después de varios meses de tormentos personales y condiciones adversas para el rodaje, todos a merced de los caprichos del General Villa, regresaron a Hollywood exhaustos. Al encontrar que no podían usar la mayor parte del metraje como una historia que tuviera cohesión, Griffith dio órdenes de que se escribiera un guión. Hubo que rodar secuencia adicional con actores y docenas de extras en un rancho en el cercano Valle de San Fernando, con Walsh quien aparecía como Villa, completo con sombrero, seis pistolas y un bigote siniestro.

Estrenada en 1915, como *A Tragedy in the Life of General Villa*, el filme nunca tuvo un gran éxito, pero sí fue presentado en suficientes teatros para recuperar la inversión. Algún metraje de la cinta verdadera fue añadido al filme definitivo.

Life With Mikey (1993, Buena Vista)

DIRECTOR: James Lapine
GUIÓN: Marc Lawrence
PRODUCTOR: Ted Schwartz
ELENCO: Michael J. Fox, Christina Vidal, Nathan Lane, Rubén Blades

Michael Chapman (Fox), un antiguo niño estrella vuelto agente, descubre a una niña de la calle, sin casa, de diez años de edad, que habla groseramente (Angie Vega), a quien él descubre mientras ella trataba de robar su cartera. Ella tiene tendencias muy naturales frente a la cámara, por lo que Michael decide representarla y llevarla a su casa. Angie se reúne más tarde con su padre, interpretado por Blades.

Like Water for Chocolate (1992, Miramax)

Como agua para chocolate

DIRECTOR: Alfonso Arau
GUIÓN: Laura Esquivel, basado en su novela
PRODUCTOR: Alfonso Arau
ELENCO: Lumi Cavazos, Marco Leonardi, Regina Torné, Yareli Arizmendi, Mario Iván Martínez

La trama se desarrolla en Río Grande, México, a los comienzos de 1895, y rápidamente se traslada a quince años después, en 1910. Tita (Cavazos) es la hija más joven de Mamá Elena (Torné), y por tradición, tiene que cuidar de su madre en la vejez. Cuando Pedro (Leonardi) pide la mano de Tita en matrimonio, Mamá rehúsa y lo convence de que se case con Rosaura (Arizmendi), hermana de Tita. Él asiente porque de esa manera podrá estar cerca de Tita, a quien nunca le será permitido casarse. Tita hace la torta de novia y algunas de sus lágrimas caen dentro de la mezcla, causando las más extraordinarias consecuencias en los invitados a la boda. Pronto, Mamá ordena a los recién casados que vayan a San Antonio. El dolor y ansia de Tita se vierten en la comida que ella cuece, escribiendo todas sus recetas en un libro de cocina mágico. Cuando ella cocina para Pedro, su pasión es aplastante. Cuando está disgustada con sus parientes, la comida causa indigestión. Aunque toma muchos años, el destino de Tita con Pedro sobrevive la tiranía de la madre, el nacimiento de la hija de Pedro y hasta al enamorado que la pretende.

La novela se mantuvo en la lista de los *bestseller* del *New York Times* por más de un año. En ese momento, *Like Water for Chocolate*, con una entrada en taquilla de más de $21 millones, rompió todos los récords de ganancias teatrales en América, de una cinta hecha en lengua extranjera.

The Littlest Outlaw (1955, Buena Vista)

DIRECTOR: Roberto Gavaldón
GUIÓN: Bill Walsh, basado en una historia de Lansburgh
PRODUCTOR: Larry Lansburgh
ELENCO: Pedro Armendáriz, Andrés Velásquez, Joseph Calleia, Rodolfo Acosta, José Torvay

Armendáriz es la estrella de esta producción de Walt Disney, referente a un niño que se escapa con su caballo, antes que verlo matar.

Andrés Velásquez aparece como el Pequeño Pablito. El reparto también incluye a Rodolfo Acosta y Joseph Calleia. Fue filmada en inglés y español en los exteriores, dentro y alrededor de San Miguel Allende, México.

El director Roberto Gavaldón fue uno de los principales directores de México de 1940, hasta principios de la década de los años 60. Él fue responsable de tales clásicos de la Edad de Oro del cine mexicano, como *El conde de montecristo* (1941), *La barraca* (1944), *La otra* (1946), *La rosa blanca* (1961), y *Macaria* (1959). Sus otros filmes en inglés incluyen *The Adventure of Casanova* (1948) y *Beyond All Limits* (1957).

Lone Star (1996, Sony Pictures)

DIRECTOR: John Sayles
GUIÓN: John Sayles
PRODUCTOR: Paul Miller y Maggie Renzi
ELENCO: Matthew McConaughey, Chris Cooper, Kris Kristofferson, Elizabeth Peña, Miriam Colón, Joe Morton, Tony Plana, Frances McDormand, Richard Coca

La ambiciosa cinta de John Sayles, calca las maneras complejas en que el pasado y el presente, el amor y el odio, el rumor y la realidad se mezclan hasta formar la andrajosa fibra de la vida política y social, de un pueblo fronterizo del suroeste de los Estados Unidos. El Sheriff Deeds (Chris Cooper) comienza a investigar el descubrimiento de un cráneo con una insignia de policía en el desierto, justamente fuera del pueblo Frontera, en la mera frontera entre Texas y México. Cree que son los restos del fanatizado y despiadado Sheriff Charlie Wade (Kristofferson), que puede haber sido asesinado, y sospecha que el asesino es el mismo sheriff que lo reemplazó, el propio padre de Sam. Puede también estar conectado con las tensiones raciales que siempre han dividido a la población de Frontera compuesta de anglos, hispanos y negros. El propio romance de Deed cuando era adolescente, con Pilar Cruz (Peña) —ahora una maestra que tiene un hijo con problemas— fue terminado por su propio padre. El pasado pesa grandemente sobre la madre de Pilar (Colón), que quiere distanciarse de sus raíces mexicanas. *Lone Star* trata menos de cómo resolver el misterio de quien mató al sheriff, que de la relación acerca de la creencia y el conocimiento entre los múltiples puntos de vista de los varios personajes que figuran prominentemente en la historia.

Lone Wolf McQuade (1983, Orion)

DIRECTOR: Steve Carver
GUIÓN: B.J. Nelson, basado en una historia de H. Kaye Dyal y Nelson
PRODUCTOR: Yoram Ben-Ami y Steve Carver
ELENCO: Chuck Norris, David Carradine, Bárbara Carrera, Robert Beltrán, Jorge Cervera Jr.

McQuade (Norris), es un guardabosques de Texas renegado a quien sus superiores le asignan un compañero novato mexicano-americano (Beltrán). Ellos se involucran en detener una ola de crímenes dirigida por Rawley (Carradine).

Este típico medio de expresión de Chuck Norris, es una cinta de acción violenta y bien hecha, que combina un oeste contemporáneo, con artes marciales. Beltrán está aceptable como el compañero novato, en un papel libre de acciones estereotípicas o de diálogo. Carrera muestra una fuerte presencia como la india novia del villano, que se enamora de McQuade.

Losin' It (1983, Embassy)

DIRECTOR: Curtis Hanson
GUIÓN: B.W.L. Norton
PRODUCTOR: Bryan Gindoff y Hannah Hempstead
ELENCO: Tom Cruise, Jackie Earle Haley, John Stockwell, Shelley Long, Henry Darrow, Enrique Castillo, Santos Morales

En 1963, cuatro adolescentes americanos se dirigen a Tijuana, al sur de la frontera, para divertirse con sexo y emoción. Uno de ellos, Dave (Haley), lleva a sus amigos en busca de una vida nocturna escandalosa, y otro trae su Chevy convertible rojo, porque espera poder reponer la cubierta de los asientos de una manera barata. En su lugar, el carro atrae el interés del jefe local de la policía. Shelley Long aparece en la cinta como una ama de casa americana que va en busca de un divorcio mexicano.

El film representa todas las fantasías que un chico americano del sur oeste sueña con vivir en un fin de semana frenético en la frontera de México, incluyendo a policías corruptos, prostitutas, pregoneros de salón, chulos, maleantes que portan navajas y cínicos conductores de taxis. "Ustedes vienen a México a hacer cosas que no harían en otros países", señala a los muchachos uno de los mexicanos.

The Loves of Carmen (1948, Columbia)

Los amores de Carmen

DIRECTOR: Charles Vidor
GUIÓN: Helen Deutsch
PRODUCTOR: Charles Vidor
ELENCO: Rita Hayworth, Glenn Ford, Ron Randell, Victor Jory, Luther Adler, Arnold Moss, Natividad Vacio, Rosa Turich

Hayworth es la definitiva heroína fogosa de la famosa historia de pasión y muerte de Próspero Mérimée. Carmen (Hayworth), convence a Don José (Ford), que abandone sus deberes, mate a su esposo en una pelea por su amor, y asuma el liderazgo de una banda de bandidos que viven en la montaña.

Hayworth hizo este filme en Technicolor y a un coste de $2,5 millones, para su propia Beckworth Productions. Ella trató de asegurar el éxito de la taquilla reuniéndose con la otra estrella de *Gilda* (1946), Glenn Ford, y el director Charles Vidor. Ford no estuvo apropiado para el papel de Don José, porque no pudo nunca hacerle creer al público que él era español. En un tributo que los Directores de los Gremios de América dieron a Richard Brooks, en 1991, él mismo se refirió a ello diciendo, "La más equivocada de todas las selecciones para el papel, y yo de gitano español".

Hayworth reemplazó la música de Bizet, por la de un compoitor contemporáneo. Su padre, Eduardo Cansino, ayudó a Robert Sidney en la coreografia de los números de baile, que sustituyeron al ballet de la ópera. La cinta se rodó en Lone Pine, California, y en los estudios Columbia, lugares que no concordaban con Sevilla, o con los paisajes españoles. A pesar de haber recibido una tibia recepción de parte de la crítica, *The Loves of Carmen* fue un éxito comercial.

Luminarias (2000, New Latin Pictures)

DIRECTOR: José Luis Valenzuela
GUIÓN: Evelina Fernández
PRODUCTOR: Sal López
ELENCO: Evelina Fernández, Scott Bakula, Marta DuBois, Ángela Moya, Dyana Ortelli, Seidy López, Robert Beltrán, Pepe Serna, Lupe Ontiveros, Cheech Marín

Luminarias es el nombre de un restaurante en la cima de una montaña del lado este de la ciudad de Los Ángeles, donde cuatro latinas se reúnen regularmente para intercambiar las aventuras de sus vidas, y tomar unos cuantos tequilas. *Daily Variety* llamó a este filme una "depurada y animada comedia romántica", que es "tierna, graciosa y uniformemente entretenida".

Producida independientemente y hecha con un presupuesto muy reducido, la cinta trata de una perspectiva única femenina (la de las mexicano-americanas que viven en el lado este de la ciudad de Los Ángeles), a través de las experiencias de varias mujeres latinas maduras. Los personajes se esfuerzan por entender los roles cambiantes de los hombres y las mujeres de una sociedad americana, que están inevitablemente moviéndose hacia una sociedad multicultural y multi-étnica.

Machete (1958, United Artists)

DIRECTOR: Kurt Neumann
GUIÓN: Carroll Young y Kurt Neumann
PRODUCTOR: Kurt Neumann
ELENCO: Mari Blanchard, Albert Dekker, Juano Hernández, Carlos Rivas, Lee Van Cleef, Ruth Cains

Un melodrama común acerca del dueño de una plantación de mediana edad, de Puerto Rico, Don Luis Montoya (Dekker), cuya nueva y joven esposa, Jean (Blanchard), trata muy pronto de seducir a Carlos (Rivas), el capataz a quien Montoya crió desde niño. Miguel (Van Cleef), es un primo alborotador que tiene sus propios planes para la plantación. Miguel incendia la plantación, y pierde la vida, mientras Carlos salva a Montoya. Jean muere en el fuego, pero Carlos se consuela con su amor verdadero, Rita (Cains). El aspecto más notable de esta producción es que fue filmada enteramente en Puerto Rico.

MACKENNA'S GOLD (1969, COLUMBIA)

DIRECTOR: J. Lee Thompson
GUIÓN: Carl Foreman, basado en la novela de Will Henry
PRODUCTOR: Carl Foreman
ELENCO: Gregory Peck, Omar Sharif, Lee J. Cobb, Telly Savalas, Camilla Sparv, Eduardo Ciannelli, Julie Newmar, Rudy Díaz

Una cinta con una producción desmedida, llena de clichés y costosa, con Gregory Peck en el rol estelar, como un itinerante a quien un indio moribundo del desierto le da un mapa de un lugar secreto de oro perdido en el Cañón del Oro. Omar Sharif aparece como Colorado, el bandido mexicano adversario de Peck, y Keenan Wynn es Sánchez, el segundo en mando de Colorado. El film también incluye a Rudy Díaz y a Pepe Callahan como bandidos.

THE MAGNIFICENT FRAUD (1939, PARAMOUNT)

DIRECTOR: Robert Florey
GUIÓN: Gilbert Gabriel y Walter Ferris, basado en una obra teatral de Charles G. Booth
PRODUCTOR: Harlan Thompson
ELENCO: Akim Tamiroff, Lloyd Nolan, Patricia Morison, Steffi Duna

Un actor dramático se hace pasar como el borracho dictador de una ficticia nación suramericana, hasta que los arreglos para conseguir un préstamo sustancioso puedan ser finalizados. Akim Tamiroff trabaja en el doble papel del actor Jules LaCroix, y el Presidente Alvarado. El filme nunca alcanza el potencial cómico que prometía. Paul Mazursky rehizo con más éxito esta farsa cinco décadas después, llamándola *Moon over Parador* (1988).

THE MAGNIFICENT MATADOR (1955, TWENTIETH CENTURY FOX)

DIRECTOR: Budd Boetticher
GUIÓN: Charles Lang, basado en una historia de Boetticher
PRODUCTOR: Edward L. Alperson
ELENCO: Anthony Quinn, Maureen O'Hara, Thomas Gómez, Manuel Rojas

The Magnificent Matador capta el lujo y la emoción rimbombante de las corridas de toros, en esta historia de amor situada en México. En un marco en Technicolor de haciendas, montañas y mesetas, el torero Quinn, un ídolo del ruedo, supersticiosamente abandona la corrida, por una mala predicción. Perseguido por una rica heredera (O'Hara), él finalmente prueba que su temor no es por él mismo, sino por un torero más joven, su hijo ilegítimo Rafael, interpretado por

Manuel Rojas. En un final conmovedor, el padre y el hijo entran al ruedo de turno, demostrando orgullosamente su habilidad y valentía.

"Anthony Quinn, como el héroe torero... es, como siempre, un actor capaz y convincente... México, en realidad y en película, es un país hermoso y *Matador* le hace justicia", Jesse Zunser, *Cue Magazine* (5/28/55).

The Magnificent Seven (1960, United Artists)

Los siete magníficos

DIRECTOR: John Sturges
GUIÓN: William Roberts
PRODUCTOR: John Sturges
ELENCO: Yul Brynner, Steve McQueen, Eli Wallach, James Coburn, Charles Bronson, Horst Buchholz, Robert Vaughn, Brad Dexter

En el filme de Kurosawa, *The Seven Samurai* (1954), sobre el que esta cinta está basada, los aldeanos y los bandidos eran todos japoneses. En la versión americana, seis de los siete matones profesionales iban a ser pistoleros americanos, reclutados por los viejos de la aldea para ayudar a los aldeanos a defenderse de bandidos mexicanos merodeantes, una notable diferencia que ofendió al gobierno mexicano, cuando señalaron que los pistoleros mexicanos estaban perfectamente capacitados para ayudar a los aldeanos a librarse ellos mismos de los bandidos.

Ansioso de hacer la película con un presupuesto bajo, el director Sturges, convirtió en mexicanos a dos de los siete pistoleros (Bronson y Buchholz), y el gobierno mexicano aprobó el guión.

Sin embargo, el hecho de que americanos en México, maten a mexicanos, marca una crítica pero sutil diferencia que trae consigo implicaciones culturales y políticas de una superioridad sobreentendida, manchando lo que es de otra manera una película del oeste que resulta un hito.

Muchos de los personajes y situaciones del filme original se mantienen en el guión de William Roberts. Los Siete Samurai (i.e., los Siete Magníficos) son pistoleros sin trabajo y fugitivos de la frontera. Cada uno de ellos es individualizado: Chris (Brynner) es el líder. Vin (McQueen) es inquieto y busca acción y trabajo. Harry (Dexter) busca una fortuna. Britt (Coburn) es un oportunista que prueba sus habilidades hasta el límite. O'Reilly (Bronson), quien es medio indio mexicano, es un itinerante que simpatiza con su gente. Lee (Vaughn), es un fugitivo que busca asilo y quiere escaparse de su falta de habilidad. Finalmente, Chico (Buchholz) es el joven mexicano que niega su herencia para poder ganar prestigio al unirse al grupo. Calvera, el cabecilla de los bandidos mexicanos, es interpretado con exagerada exhuberancia por Eli Wallach. Cuatro de los siete mueren en una lucha salvaje.

Yul Brynner es Chris (centro), un pistolero mercenario, afronta una pandilla de bandidos mexicanos en *The Magnificent Seven.*

El futuro cameraman de Hollywood, John Alonzo, fue uno de los bandidos mexicanos, al igual que el actor Lorry Durán, Juan Martín de Hayos, Elsa Monteros y el actor mexicano-americano Natividad Vacio, tomaron parte importante como aldeanos. Francisco "Chico" Day fue el gerente de la unidad de producción del filme, que empleó a 150 técnicos fílmicos mexicanos, y cientos de extras mexicanos.

Los siete magníficos fue filmada cerca de Tepotzlan, México, y llegó a ser una de las primeras películas del oeste internacionales. Haber contratado a Yul Brynner, entre otros, para un oeste, un género con el que él generalmente no estaba asociado, fue una innovación. Brynner hace un perfecto pistolero samurai, un rol que él repite más tarde en la cinta *Westworld* (1973). Su atuendo negro, previamente asociado con villanos, estaba en perfecta concordancia con el antihéroe del cine que seguiría en 1960, y al principio de la década de los 70.

Con excepción de Brynner, que ya era famoso, los poco conocidos principales actores continuaron con carreras (con la posible excepción de Dexter) que los convertirían en estrellas. Elmer Bernstein escribió la popular partitura musical, hoy considerada clásica.

La película también dio comienzo a una inquietud de la década de los 60, sobre el desplazamiento de los hombres que dominaron el oeste, según la civilización se adueñaba. Este tema continuó en cintas como *The Man Who Shot Liberty Valance* (1962), *Los Fieros* (1969), y *Butch Cassidy and the Sundance Kid* (1969).

Los siete magníficos engendró tres secuelas, cada una usando una variante del mismo tema básico (*Return of the Seven* [1966], *Guns of the Magnificent Seven* [1969] y *The Magnificent Seven Ride* [1972]).

The Magnificent Seven Ride! (1972, United Artists)

DIRECTOR: George McCowan
GUIÓN: Arthur Rowe
PRODUCTOR: William A. Caliham
ELENCO: Lee Van Cleef, Luke Askew, Pedro Armendáriz Jr., Rodolfo Acosta

Este filme es notable por tomar de dos cintas a la misma vez y todavía fallar: *The Dirty Dozen* (1967) y la original *Los siete magníficos* (1960). Lee Van Cleef es Chris, a "prueba de balas". Acosta le tocó el turno de ser el cacique bandido, y Armendáriz es uno de los siete que ahora son unos presidiarios.

Major Dundee (1965, Columbia)

DIRECTOR: Sam Peckinpah
GUIÓN: Harry Julian Fink, Oscar Saul y Sam Peckinpah, basado en una historia de Fink
PRODUCTOR: Jerry Bresler
ELENCO: Charlton Heston, Richard Harris, Senta Berger, James Coburn, Mario Adorf

El Comandante Dundee, del Ejército de la Unión (Heston), forma una alianza rara con prisioneros confederados de la guerra, bajo el mando del Capitán Tyreen (Harris), para poder cabalgar a México y perseguir a un jefe Apache renegado y su banda de seguidores, a pesar de carecer de autoridad en México.

Durante la búsqueda, soldados de la Unión y de la Confederación tienen que dominar el odio, la sospecha y el miedo que sienten los unos contra los otros, para unirse y luchar contra los Apaches y el ejército francés de ocupación de Maximiliano. Al liberar una aldea mexicana de las tropas francesas, Dundee adquiere más responsabilidades que incluyen proteger a varios mexicanos y a Teresa Santiago (Berger), la bella viuda austriaca de un médico mexicano. Dundee y Tyreen muy pronto se ven compitiendo por los favores de la viuda.

Herido gravemente, y habiendo perdido confianza en sí mismo, Dundee encuentra alivio en el trago y en prostitutas. Recupera a tiempo su dignidad para un encuentro final con apaches y soldados franceses, antes de encaminarse a la frontera.

Peckinpah dirigió y escribió conjuntamente este fuerte y animado oeste, que fue filmado dentro y alrededor de Durango, México, aunque desaprobó la película más tarde, porque fue truncada y editada nuevamente por otros. Mario Adorf interpreta a un soldado del ejército de la Unión.

THE MAMBO KINGS (1992, WARNER BROS.)

DIRECTOR: Arne Glimcher
GUIÓN: Cynthia Cidre, basado en una novela de Oscar Hijuelos
PRODUCTOR: Arne Glimcher y Arnon Milchan
ELENCO: Armand Assante, Antonio Banderas, Cathy Moriarty, Maruschka Detmers, Talisa Soto, Tito Puente, Desi Arnaz Jr.

La versión fílmica de la novela de Oscar Hijuelos, *The Mambo Kings Play Songs of Love* (1989), que ganó el Premio Pulitzer, acerca de dos hermanos músicos, Néstor y César Castillo, de La Habana, Cuba, que vienen a Nueva York durante la locura latina del mambo de la década de los 50.

La historia perdió mucho de su sutil atmósfera cultural y matiz característico, en su transición a la pantalla, y parece más una típica cinta de los años 30 sobre el ascenso y la caída de un músico.

Mientras los hermanos trabajan en una planta de procesamiento de carne durante el día, tratan de dejar su marca en el circuito de cabaret de baile latino de Nueva York, y después de obtener algún éxito, se topan con un gángster cubano que los controla. En la cinta se ignora por completo el hecho de que a estos gángster cubanos, por ser afro-americanos, nunca se les hubiera permitido visitar los cabaret, excepto que fueran músicos, y mucho menos ser los que controlaban.

Los hermanos reciben la oferta de un contrato para trabajar por un largo tiempo en un club nocturno preferido, pero la rehúsan, lo que disgusta a los gángster quienes corren la voz. Nadie más quiere contratarlos. Sin embargo, consiguen un respiro temporal cuando Desi Arnaz (Arnaz Jr.) ve la actuación de ellos un día, y les ofrece presentarlos como invitados en su show de televisión, *I Love Lucy*. Néstor (Banderas), que suspira por el amor que dejó en Cuba, no comparte la determinación ardiente de su hermano de triunfar a toda costa, a

Antonio Banderas y Armand Assante interpretan los hermanos Castillo que tocan ritmos latinos en la ciudad de Nueva York de los años 1950 en *The Mambo Kings.*

menos que sea a su manera. Él solo quiere tocar música. Como resultado, se vende a los gángster sin el conocimiento de César (Assante), después se arrepiente de su decisión, y en fin de cuentas paga por todos sus pecados perdiendo la vida.

Armand Assante exagera el personaje del hermano mayor, César, que quiere ser su propio dueño. Antonio Banderas, no obstante, como el apesadumbrado hermano César, resulta una tranquila revelación.

Los números musicales aparecen truncados, y lo que la música significa para la gente, y las personalidades envueltas en ella, no es explorado ampliamente. Se da muy poco reconocimiento a las mujeres en la vida de los hermanos ya cómo actúan entre ellos. Tito Puente, el Rey del Mambo original, aparece como él mismo.

El director Arne Glimcher, un acaudalado negociante de arte de Nueva York, no es un director, y esta cinta desmiente a cualquiera que piense que puede dirigir una película. El filme es llevado por la música, la estilizada dirección artística llena de color y la cinematografía de Michael Ballhaus.

Sin embargo, con todas sus faltas, la película de alguna manera introduce la América convencional a la realidad de los hispanoamericanos. Los hispanos son vistos como una establecida e histórica presencia en la sociedad americana. Esta realidad fue dejada de lado por muchos años, y es sólo recientemente que ha sido tratada superficialmente en películas mejores como *Zoot Suit* (1981), o las muy superiores, *Párate y recita* (1988) y *La Bamba* (1987). Estas representaciones contrabalancean la creencia estereotípica de que todos los hombres hispanos son narcotraficantes que usan cuchillas, y que sus mujeres son prostitutas que mueven las caderas. La reposición de *I Love Lucy* fue montada inteligentemente, interponiendo metraje del programa original, con tiros de Lucille Ball, y metraje nuevo de Arnaz Jr. y los Castillo en la parodia. Desi Arnaz Jr., sin embargo, es una pálida imitación de su padre.

The Man Behind the Gun (1953, Warner Bros.)

DIRECTOR: Felix Feist
GUIÓN: John Twist, basado en una historia de Robert Buckner
PRODUCTOR: Robert Sisk
ELENCO: Randolph Scott, Patrice Wymore, Lina Romay, Robert Cabal, Alan Hale Jr.

Scott es un Comandante del ejército de la Unión, enviado bajo un disfraz a prevenir una insurrección armada, y la instalación de un estado separado por elementos que favorecen la esclavitud en California, en los años 1850. Romay interpreta con efectividad el papel de Chona Degnon, la propietaria del salón

Palacio, que es además una guarida de juego. Romay ofrece dos canciones, "La Paloma" y "Adiós mi Amor".

Cabal actúa breve, aunque memorablemente, como el niño Joaquín Murieta.

The Man from Del Rio (1956, United Artists)

DIRECTOR: Harry Horner
GUIÓN: Richard Carr
PRODUCTOR: Robert L. Jacks
ELENCO: Anthony Quinn, Katy Jurado, Peter Whitney

Una poco usual cinta del oeste, de bajo presupuesto, con Quinn de estrella. El filme es muy significante por el hecho de que presenta a un sheriff mexicano-americano y a la latina Jurado, como Estella, la enfermera del médico del pueblo.

Para poder desembarazarse de algunos maleantes, un pueblo de la frontera se traga el prejuicio y hace sheriff al merodeante Dave Robles (Quinn). Él espera ser aceptado por el pueblo cuando toma a su cargo el peligroso empleo, pero pronto descubre que él ha sido contratado como un pistolero, y no será reconocido como un hombre.

Man in the Shadow (1957, Universal)

DIRECTOR: Jack Arnold
GUIÓN: Gene L. Coon
PRODUCTOR: Albert Zugsmith
ELENCO: Jeff Chandler, Orson Welles, Martín Garralaga

Un drama contemporáneo del oeste, aunque rutinario, en el que Chandler aparece como un sheriff de una comunidad agrícola que investiga la muerte de un peón mexicano de un poderoso ranchero, en contra de las objeciones de la gente del pueblo. Al final se descubre que el asesino es el capataz del rancho.

Man of Conquest (1939, Republic Pictures)

DIRECTOR: George Nichols Jr.
GUIÓN: Wells Root, E.E. Paramore Jr. y Jan Fortune, sobre una historia original de Harold Shumate y Root
PRODUCTOR: Sol C. Siegel
ELENCO: Richard Dix, Joan Fontaine

La conmovedora historia de Sam Houston— desde sus comienzos en la política de Tennessee, bajo Andrew Jackson, hasta ser elegido gobernador; su jornada a Arkansas, su adopción por los indios Cherokee, y finalmente su parte en las guerras de independencia de Texas. Ningún hispano aparece en roles principales, a excepción de Pedro de Córdoba, como un viejo indio. Gran cantidad de extras mexicanos fue reclutado cerca de Stockton, California, y la Cantera de Salt Spring (Salt Spring Reservoir), donde se llevó a cabo la mayor parte del rodaje.

Man of La Mancha (1972, United Artists)

DIRECTOR: Arthur Hiller
GUIÓN: Dale Wasserman
PRODUCTOR: Arthur Hiller
ELENCO: Peter O'Toole, Sophia Loren, James Coco

Una inflada versión fílmica, de gran costo, del exitoso musical de Broadway basado en *Don Quijote*, de Cervantes. El filme fue hecho mayormente en escenarios de estudios en Italia. No aparecen hispanos en el reparto.

Tiene como estrellas a Peter O'Toole en el doble papel de Cervantes y Don Quijote, Sophia Loren como Aldonza, y James Coco como Sancho Panza. Las voces de O'Toole y Loren fueron dobladas en la parte cantada.

Maracaibo (1958, Paramount)

DIRECTOR: Cornel Wilde
GUIÓN: Ted Sherdeman
PRODUCTOR: Cornel Wilde
ELENCO: Cornel Wilde, Jean Wallace, Abbe Lane, Francis Lederer, Michael Landon

Situada en los campos de petróleo de Lago Maracaibo y Caracas, la capital de Venezuela, donde Cornel Wilde, el productor, director y estrella, filmó la mayor parte de los exteriores. Vic Scott (Wilde), un americano de vacaciones en Venezuela, e interesado románticamente en la novelista Laura Kingsley (Wallace), es llamado a extinguir un peligroso fuego fuera de la costa de Lago Maracaibo. La tierra pertenece a un acaudalado sordomudo, Miguel Orlando (Lederer), quien está comprometido con Elena (Lane), antigua novia de Scott. El fuerte y atractivo americano extingue el fuego en una secuencia espectacular, pero el amigo íntimo e intérprete de Orlando, Lago (Landon), perece en el accidente.

Wilde produjo y dirigió películas tales como *Lancelot and Guinevere* (1963), la muy aclamada *The Naked Prey* (1965), el drama en contra de la guerra *Beach Red* (1967) y *Shark's Treasure* (1975), una aventura de tiburones posterior a *Jaws*. Poco después de esto, Michael Landon encontró gran fama en la televisión en la serie *Bonanza*, que se mantuvo en la pantalla chica por largos años.

María Candelaria (1944, Metro-Goldwyn-Mayer)
También llamada Portrait of Maria

DIRECTOR: Emilio Fernández
GUIÓN: Emilio Fernández y Mauricio Magdaleno
PRODUCTOR: Agustín J. Fink
ELENCO: Dolores Del Río, Pedro Armendáriz

Aunque fue filmada en 1943, *María Candelaria* no fue estrenada por MGM Internacional hasta 1946. Tuvo muy poco éxito en las taquillas de los Estados Unidos, por más que le fue muy bien internacionalmente. Originalmente filmada en español, la cinta fue doblada al inglés.

Del Río se convirtió en una estrella rutilante en México poco después de regresar de Hollywood. La María de Del Río resultó una perfecta pieza de actuación, y en Fernández encontró un director que la ayudó a conseguir su máximo potencial por vez primera.

María es una campesina simple y espiritual, que vive en el bello y aislado Lago Xochimilco. Temida y desconfiada por sus semejantes que no creen en su bondad, la apedrean hasta matarla. María y Lorenzo (su amante indio), representan la inocencia corrompida y destruida por la civilización.

La fotografía brillante en blanco y negro de Gabriel Figueroa, extrajo la espiritualidad de la belleza de Del Río, de una manera que Hollywood nunca había logrado. Aunque interpretaba a una muchacha muy joven, Del Río tenía casi cuarenta años en esa época.

Con éste su segundo filme mexicano (el primero fue *Flor Silvestre* [1943]), Del Río, su co-estrella, Armendáriz, el director Fernández y el cameraman Figueroa, se establecieron como los "cuatro grandes" de la industria del cine mexicano.

María Candelaria fue la primera cinta mexicana en hacer un impacto en Europa después de la Segunda Guerra Mundial. Obtuvo el Gran Premio del Festival de Cine de Cannes en 1947, y ayudó a iniciar lo que ahora es llamado la Edad de Oro del Cine de México.

Las películas de Fernández eran inmediatamente vistas como únicamente mexicanas, tanto en estilo como en argumento. El colorido del folclore de México, los extensos paisajes, sus litorales, cielos dramáticos, nubes de diseños vibrantes, y la presencia etérea y apasionada de la belleza india de los actores, estuvieron completamente bien servidos bajo la dirección de Fernández y la maestría fotográfica de Figueroa.

THE MARK OF ZORRO (1940, TWENTIETH CENTURY FOX)

Ver Zorro & The Cisco Kid

THE MASK OF ZORRO (1998, TRISTAR)

Ver Zorro & The Cisco Kid

MASQUERADE IN MEXICO (1945, PARAMOUNT)

DIRECTOR: Mitchell Leisen
GUIÓN: Karl Tunberg, basado en una historia de Edwin Justus Mayer y Franz Spencer
PRODUCTOR: Karl Tunberg
ELENCO: Dorothy Lamour, Arturo de Córdova, Patric Knowles, Ann Dvorak, Martín Garralaga, El Trío de Guadalajara

Como parte de un proyecto de un robo de joyas, O'Reilly (Lamour), cantante americana de club nocturnos, se hace pasar por una condesa española en México. Por su posición de artista de un cabaret de Ciudad de México, es contratada por el banquero Thomas Grant (Knowles), para desviar la atención del torero Manolo Segovia (de Córdova), de la esposa del banquero (Dvorak), hacia ella.

Un agradable y divertido plano musical filmado en Hollywood por la Paramount, que Lamour recordó en una entrevista de *Saturday Evening Post* (1/18/47) de esta manera, "Hasta la atmósfera del escenario ayudaba a que *Masquerade* en México fuera una delicia. Yo nunca había estado al sur de la frontera, pero había soñado muy frecuentemente con ese viaje. La atmósfera de nuestra nación vecina estuvo tan bien simulada en el estudio, que trabajar allí era como estar en México".

Lamour canta en una góndola con guirnaldas, en un Lago Xochimilco falso, y aparece un ballet gigantesco en una hacienda rural mexicana. Éste es claramente el México popular de la imaginación romántica americana, entregado con buenos bailables y canciones, en medio de lujosos escenarios y rico vestuario.

Como el torero de corazón efusivo que se enamora locamente de Lamour, Arturo De Córdova figuró a la cabeza del elenco latino. Otros latinos que aparecen en el reparto son Martín Garralaga, Enrique Valadéz, Rita Lupino, Elisa Gamboa, Ray Beltrán, Rogue Ybarra, Juan Torena, Felipe Turich, Pepito Pérez, León Lombardo, Primo López (el niño del cojín), Rodolfo Hoyos (Sr. y Jr.), Julián Rivero y Frank Leyva.

The Master Gunfighter (1975, Billy Jack Enterprises)
El experto en pistolas

DIRECTOR: Frank [Tom] Laughlin
GUIÓN: Harold Lapland
PRODUCTOR: Philip Parslow
ELENCO: Tom Laughlin, Ron O'Neal, Bárbara Carrera, Héctor Elías, Víctor Campos

Con la trama situada en California durante los años 1850, este filme trata de los conflictos entre los nativos californianos españoles, y los americanos usurpadores que se apoderan de las tierras.

Para repeler los esfuerzos de los americanos por redimir sus tierras, los californianos españoles necesitan oro. Cuando los miembros de una aldea india que ha sido esclavizada por los españoles trata de transportar algún oro, tomado ilegalmente de los americanos, uno de los líderes de las haciendas, Paulo (O'Neal), mata a los indios para que no puedan revelar la fuente de su riqueza. Finley (Laughlin), objeta por la matanza y se marcha a México. Él regresa para pelear contra Paulo, cuando se entera que Paulo planea asesinar en masa a los habitantes de otra aldea.

Un oeste estilizado que resulta ser un cruce entre una epopeya estilo Kung Fu, y un *spaghetti western*. Su estrella había tenido un éxito sin precedente en *Billy Jack* (1971), en el cual interpretó el papel titular. Una de las mejores cosas de la película es la creatividad del reparto. Paulo es interpretado por Ron O'Neal, un actor afro-americano que había ganado popularidad en 1972, en la cinta *Superfly*. La modelo vuelta actriz Carrera, hizo su debut fílmico como Eula, una elegante mujer de sangre azul que se casa con Finley. Geo Anne Sosa hace de Chorika, una joven india que es la única sobreviviente de la masacre. Víctor Campos es Maltés, y Héctor Elías es Juan, dos secuaces. El filme fue rodado en los exteriores de Big Sur y Malibu, California.

Maverick Gold
Ver Catlow

A Medal for Benny (1945, Paramount)

DIRECTOR: Irving Pichel
GUIÓN: Frank Butler y Jack Wagner, basado en una historia de John Steinbeck y Wagner
PRODUCTOR: Paul Jones
ELENCO: J. Carroll Naish, Arturo de Córdova, Dorothy Lamour, Mikhail Rasumny, Frank McHugh, Rosita Moreno, Charles Dingle, Néstor Paiva, Fernando Alvarado, Pepito Pérez, Martín Garralaga, Julián Rivero

J. Carroll Naish (izq.) y Arturo de Córdova (der.) en *A Medal for Benny.*

Basada en una historia de veinte páginas, ideada por John Steinbeck y Jack Warner, *A Medal for Benny* fue la primera cinta de Hollywood en tratar de una manera parcialmente sensible, los problemas de los mexicano-americanos que viven en los Estados Unidos, reconociéndolos como parte de la escena americana. El filme ilustra los efectos del racismo y la pobreza, de una manera sutil e inofensiva que el público del momento pudo aceptar.

Aunque él nunca aparece en la película, la presencia de Benny se siente todo el tiempo. Él es el amoroso renegado de la colonia de paisanos, a quien la policía le ordena salir del pueblo, y desaparece por un año. Más tarde nos enteramos que Benny ha muerto en una campo de batalla del Pacífico, en la Segunda Guerra Mundial, y le ha sido conferida la Medalla de Honor póstumamente.

Las personalidades del pueblo se vuelven locas de orgullo cívico, lo mismo que los miembros de la Cámara de Comercio. Un general, junto con los reporteros y un cameraman, pronto llega al pueblo que se ha convertido en el centro de la atención nacional. Los veteranos del pueblo no logran encontrar a la familia de Benny para que reciba la medalla. El séquito se horroriza cuando se dan cuenta demasiado tarde que el apellido de Benny, que es Martin, es pronunciado Marteen, y que Benny viene de la parte mala del pueblo.

Cuando los dignatarios visitan por vez primera al padre de Benny, él piensa que están tratando de desalojarlo por no haber pagado el alquiler. Cuando él al fin se da cuenta de lo que sucede, recibe con gran orgullo la medalla del hijo.

Nash, uno de los mejores y más versátiles actores de carácter del cine, recibió una nominación de la Academia como Mejor Actor de Reparto por su interpretación del padre mexicano-americano de Benny. De Córdova es excelente como el joven pescador Joe Morales, quien compite por los afectos de la novia del fallecido héroe, Lolita Sierra, que Dorothy Lamour interpretó con gran credibilidad. Junto a De Córdova, el reparto presenta además a muchos actores mexicano-americanos en papeles de importancia, y como extras.

Durante la Segunda Guerra Mundial, los soldados hispanos ganaron más Medallas de Honor del Congreso (12), que ningún otro grupo minoritario de las fuerzas armadas de los Estados Unidos.

Medicine Man (1992, Buena Vista)

DIRECTOR: John McTiernan
GUIÓN: Tom Schulman y Sally Robinson
PRODUCTOR: Andrew Vajna y Donna Dubrow
ELENCO: Sean Connery, Lorraine Bracco

Muy adentrado en el bosque tropical del Amazonas, un brillante pero excéntrico científico que se dedica a la investigación, el Dr. Campbell (Connery), está a punto de sorprender al mundo con un avance médico de mayores proporciones, la cura del cáncer, pero ha perdido la fórmula y tiene ahora que inventar de nuevo el suero. La compañía que respalda la investigación del producto, envía a otro bioquímico, una mujer, Dr. Crane (Bracco), para que investigue al retraído Campbell. Ambos se ven envueltos en una carrera contra el tiempo, para encontrar el antídoto antes de la destrucción de la sección del bosque tropical donde ellos se encuentran, para dar camino a una carretera. Aunque la cinta se desarrolla en el Amazonas, fue filmada en las selvas de Catemaco, México, con algunos equipos secundarios que trabajaron en Brasil.

Si bien fue una gran idea, a la cinta lamentablemente le falta brillo en la dirección y en la trama, a pesar de los esfuerzos de Connery y Bracco por hacerla exitosa, y sufre de uno de los más artificiales e increíbles finales optimistas visto en muchos años.

Mexican Hayride (1948, Universal)

DIRECTOR: Charles T. Barton
GUIÓN: Oscar Brodney y John Grant
PRODUCTOR: Robert Arthur
ELENCO: Bud Abbott, Lou Costello, Virginia Grey, Luba Malina, Pedro de Córdoba

Una poco inspirada pero ligeramente divertida cinta. Abbott y Costello retozan a través del estudio anexo convertido en una calle mexicana de la Universal, con Costello como el chivo expiatorio de un grupo de timadores que planea una falsa operación minera en México.

Joe Bascom (Costello), un americano fugitivo de la justicia, va a México para obtener la confesión de Harry Lambert (Abbott). Joe es perseguido por dos detectives americanos, y su antigua novia, Mary (Grey), trabaja ahora en México como torera bajo el nombre de Montana. Montana está a punto de arrojar el sombrero a un grupo de turistas, cuando ve a Joe, y en un momento de furia, se lo arroja a él. Por agarrar el sombrero, Joe se convierte en el "amigo de la americana" y hace una gira por México como un huésped honorario, para simbolizar la buena voluntad entre México y Estados Unidos. Harry y Dagmar (Malina), su cómplice, un personaje al estilo de las mexicanas apasionadas, usa la fama de Joe para inventar otro negocio falso. La acción culmina en una corrida de toros, con Joe como un impredecible torero.

Uno de los momentos cumbres de la cinta es cuando Costello, gracias a trucos fotográficos, baila una samba con el toro. Costello también asume una variedad de disfraces, incluso el de una vendedora de tortillas, y el de un miembro de una orquesta de mariachis. Los actores hispanos Chris-Pin Martin, Argentina Brunetti, Julián Rivero, Rogue Ybarra, Felipe Turich y Alex Montoya, entre otros, tienen roles secundarios en el filme.

Mexican Spitfire (1940, RKO Radio Pictures)
El volcán mejicano

DIRECTOR: Leslie Goodwins
GUIÓN: Joseph A. Fields y Charles E. Roberts, basado en una historia de Fields
PRODUCTOR: Cliff Reid
ELENCO: Lupe Vélez, Leon Errol

La carrera de Vélez se vio revitalizada por la serie de cintas clase B, titulada Volcán Mexicano. Al primer filme de la serie, hecho por la RKO en 1939, prosiguió *The Girl from Mexico* (1939), en la que Vélez introdujo el personaje de Carmelita, un tipo exagerado de comediante estereotípico, de una mexicana que vive y se enfrenta con la vida de los Estados Unidos. Leon Errol apareció en un role doble, como el Tío Matt y Lord Basil. Ambos constituyeron una pareja cómica muy popular, que en principio no se había planeado. Esta fue la segunda película de la serie.

Mexican Spitfire at Sea (1942, RKO Radio Pictures)

DIRECTOR: Leslie Goodwins
GUIÓN: Jerry Cady y Charles E. Roberts
PRODUCTOR: Cliff Reid
ELENCO: Lupe Vélez, Leon Errol

El "volcán mexicano" (Vélez), se involucra junto con el Tío Matt (Errol), en toda clase de situaciones alocadas a bordo de un barco que navega hacia las islas de Hawaii.

Mexican Spitfire Out West (1940, RKO Radio Pictures)

DIRECTOR: Leslie Goodwins
GUIÓN: Charles E. Roberts y Jack Townley, basado en una historia de Roberts
PRODUCTOR: Cliff Reid
ELENCO: Lupe Vélez, Leon Errol

Los deseos de Carmelita (Vélez) por conseguir más atención de parte de su marido (Donald Woods), la llevan a amenazar de divorcio y correr a Reno, arrastrando con ella a Tío Matt (Errol).

Mexican Spitfire Sees a Ghost (1942, RKO Radio Pictures)

DIRECTOR: Leslie Goodwins
GUIÓN: Charles E. Roberts y Monte Brice
PRODUCTOR: Cliff Reid
ELENCO: Lupe Vélez, Leon Errol

El "volcán mexicano" se encuentra en una casa hechizada que resulta ser un escondite secreto para agentes enemigos que fabrican nitroglicerina.

Mexican Spitfire's Baby (1941, RKO Radio Pictures)

DIRECTOR: Leslie Goodwins
GUIÓN: Jerry Cady, Charles E. Roberts y James Casey, basado en una historia de Roberts
PRODUCTOR: Cliff Reid
ELENCO: Lupe Vélez, Leon Errol

El Tío Matt (Errol), importa a un huérfano de guerra de Francia (que resulta ser una voluptuosa mujer), tratando de calmar la discordia que existe entre su sobrino (Charles "Buddy" Rogers) y su explosiva sobrina (Vélez).

Mexican Spitfire's Blessed Event (1943, RKO Radio Pictures)

El volcán mexicano se embaraza

DIRECTOR: Leslie Goodwins
GUIÓN: Charles E. Roberts y Dane Lussier, basado en una hitoria de Roberts
PRODUCTOR: Bert Gilroy
ELENCO: Lupe Vélez, Leon Errol

Un confuso telegrama indica el nacimiento de un bebé al "volcán mexicano", lo que induce a Lord Epping (Errol), a dar un contrato de negocios muy importante al padre del bebé. En realidad, el bebé es un ocelote recién nacido, y Carmelita (Vélez) pide prestado un verdadero bebé para poder engañar a Lord Epping y ayudar a su marido a conseguir el contrato. Ésta fue la última película de la serie. Un año después de completar la cinta, Vélez estaba embarazada de un romance fallido, y se suicidó.

Mexican Spitfire's Elephant (1942, RKO Radio Pictures)

DIRECTOR: Leslie Goodwins
GUIÓN: Charles E. Roberts, basado en una historia de Goodwins y Roberts
PRODUCTOR: Bert Gilroy
ELENCO: Lupe Vélez, Leon Errol

El filme tiene un argumento tonto acerca de un elefante de juguete de contrabando, que es usado para esconder joyas valiosas.

Mexicana (1945, Republic Pictures)

DIRECTOR: Alfred Santell
GUIÓN: Frank Gill Jr.
PRODUCTOR: Alfred Santell
ELENCO: Tito Guizar, Leo Carrillo, Constance Moore, Estelita Rodríguez

Esta es la historia de una relación de amor y odio entre el cantante mexicano "Pepe" Villarreal (Guizar), y la estrella americana de la comedia musical de Nueva York, Alison Calvert (Moore), en Ciudad México. Fue hecha de nuevo en 1951 bajo el título de *Beyond the Border.*

"La versión de Hollywood de la Política del Buen Vecino, continúa presentando a América Latina en tramas estándards, con satinados y brillantes surrealismos del rutinario musical de los estudios", John T. McManus, *PM Exclusive* (10/18/45).

The Milagro Beanfield War (1988, Universal)

La guerra del campo de frijoles de milagro

DIRECTOR: Robert Redford
GUIÓN: David S. Ward, basado en una novela de John Nichols
PRODUCTOR: Moctesuma Esparza
ELENCO: Chick Vennera, Julie Carmen, Christopher Walken, Rubén Blades, Sonia Braga, Carlos Riquelme, Natividad Vacío, Alberto Morín, Robert Carricart, Freddy Fender

Una historieta contemporánea acerca de un hombre llamado Joe Mondragón (Vennera), un factórum que riega ilegalmente su árido campo de frijoles, usando agua que está destinada para una industrialización próxima a desarrollarse en el área. Esta pequeña acción se desarrolla rápidamente, desencadenando una variedad de sucesos que tienen consecuencias abrumadoras para Joe, igual que para la gente del pueblo.

La guerra del campo de frijoles de milagro está basada en la novela de John Nichols, de 1974. El productor Moctesuma Esparza compró lo derechos en 1979, y Robert Redford expresó su interés en hacer la versión fílmica (su segundo esfuerzo como director), después que la Academia premiara su cinta, *Ordinary People* (1980).

"Una de las cosas que Bob y yo discutimos cuando nos reunimos", dice Esparza, en notas de prensa publicadas cuando la cinta se estrenó, "era la importancia de tratar los asuntos con integridad, para poder abrir oportunidades a los hispanos".

El enfoque de ambos se extendió tanto detrás, como delante de las cámaras. Muchos chicanos de talento consiguieron importantes trabajos de conjunto en la producción, incluso el director de arte Joe Aubel, el gerente de producción David Wisnievitz, y el coordinador de la construcción, Bill Maldonado.

El reparto destaca los más importantes talentos latinos de la comunidad de actores, incluso a Chick Vennera, como Joe Mondragón, Blades, como el sheriff Bernabé Montoya, Braga como Ruby Archuleta, y Carmen, como Nancy, la esposa de José. El actor cómico mexicano Carlos Riquelme, interpreta a Amarante, su primer y único papel de importancia en una producción hablada en inglés.

La filmación comenzó en Las Truchas, Nuevo México, al principio del mes de agosto de 1986, y terminó a fines de noviembre.

El film trataba de presentar en la pantalla la tradición literaria latinoamericana de "realismo mágico". De todas maneras, sin embargo, se convirtió en una mezcla desigual de fantasía y realidad, presentando a los hispanos como graciosos, y un poco ineptos. Joe Mondragón no resultaba una caracterización lo suficientemente fuerte para cargar con el peso de la trama. Vennera, como Mondragón, tampoco sugería ser un tipo genuino, pareciendo en cambio débil e indeciso. Su acento neoyorquino hacía imposible creer que era un granjero de Nuevo México. Braga estaba incómoda en el rol de Ruby Archuleta. Riquelme casi se roba el filme con su caracterización del viejo Amarante.

La película era esperada con verdadero interés, debido a que Redford había estado detrás del proyecto por largo tiempo, igual que por el guión de David Ward (*The Sting*). Se deseaba que marcara una línea divisoria para la industria de los filmes sobre temas hispanos, igual que *The Color Purple* (1985), de Steven Spielberg, lo había hecho para los afro-americanos. Esta última cinta fue fundamental en lanzar las carreras de Whoopi Goldberg, Oprah Winfrey y Danny Glover. Esto no pasó con *La guerra del campo de frijoles de milagro*, si bien Blades y Braga han continuado exitosas carreras en Hollywood. La cinta recibió buenos comentarios en general, pero encontró una recepción tibia en la taquilla.

Mi Vida Loca (1993, Sony Pictures Classics)

DIRECTOR: Allison Anders
GUIÓN: Allison Anders
PRODUCTOR: Colin Callender, Carl Colpaert, Daniel Hassid
ELENCO: Ángel Avilés, Seidy López, Jacob Vargas, Mónica Lutton, Christina Solís, Magali Alvarado, Salma Hayek, Panchito Gómez, Jesse Borrego

Mousie ([Ratona] López) y Sad Girl ([Muchacha Triste] Avilés), son muy buenas amigas desde la niñez, en el vecindario Echo Park de Los Ángeles, donde viven.

Pero cuando Sad Girl queda embarazada del novio de Mousie, un narcotraficante llamado Ernesto, las dos se convierten en enemigas acérrimas. Mientras la disputa va en aumento, camino de la violencia, la ruda realidad de drogas y pandillas de la calle también hace impacto en sus vidas.

Este drama estilístico de Allison Anders sobre la vida de la calle, muestra cómo viven las pandillas desde un punto de vista femenino. Las muchachas adquieren gran poder en un mundo donde los novios ya están muertos o cumpliendo condena en una prisión, cuando ellas llegan a los veinte años de edad. Las jóvenes mujeres, usualmente con hijos, no tienen más remedio que defenderse por sí solas. Anders consigue una actuación muy realista del joven elenco. Salma Hayek hace aquí su debut en un largometraje, como el personaje llamado Gata.

A Million to Juan (1994, Samuel Goldwyn)

DIRECTOR: Paul Rodríguez
GUIÓN: Francisca Matos, Robert Grasmere, basado en una historia de Mark Twain
PRODUCTOR: Steven Paul
ELENCO: Paul Rodríguez, Bert Rosario, Pepe Serna, Jonathan Hernández, Edward James Olmos, Cheech Marín, Liz Torres, Tony Plana

Juan López (Rodríguez) es un inmigrante de México sin tarjeta de residencia que vende naranjas en una autopista de Los Ángeles, mientras trata de limar asperezas para llevarse bien con su hijo, cuando un encuentro fortuito con un misterioso hombre rico lo hace millonario. El dinero transforma a López y a todos los que lo rodean. Esta comedia de bajo presupuesto, está basada libremente en la historia corta de Mark Twain, "The Million Pound Bank Note". Completando el filme con unos meros $165.000, Rodríguez pidió favores a sus amigos y compañeros actores para su debut como director de esta pequeña pero exitosa comedia.

Fue filmada en Los Ángeles y sus alrededores.

The Miracle of Our Lady of Fatima (1952, Warner Bros.)

DIRECTOR: John Brahm
GUIÓN: Crane Wilbur y James O'Hanlon
PRODUCTOR: Bryan Foy
ELENCO: Gilbert Roland, Angela Clark, Frank Silvera

Un filme reverente, tierno, culto y elaborado de la verdadera historia de tres pequeños niños que dicen haber presenciado una visión de la Virgen María, cerca de la villa de Fátima, en Portugal, en 1917.

Gilbert Roland es Hugo da Silva, un hombre que cree en los niños de Fátima cuando dicen que vieron la Virgen María en *The Miracle of Our Lady of Fatima.*

Roland interpreta a Hugo da Silva, un descreído tunante que una vez fue un aristócrata seguidor de la iglesia. Él tiene un sentido irónico del humor, y cree en los niños.

Fátima se ha vuelto uno de los más grandes santuarios de la cristiandad, desde que los tres niños informaron sobre la aparición. Se dice que la Virgen anunció el final de la Primera Guerra Mundial, y el comienzo de la Segunda, y se ha informado sobre miles de milagros y curaciones a través de los años. El proyecto fue filmado en los estudios de la Warner Bros. y en el pueblo mexicano permanente que existe en el Rancho de la Warner, que sufrió algunas alteraciones para hacerlo pasar por Portugal.

Missing (1982, Universal)

Desaparecido

DIRECTOR: Constantin Costa-Gavras
GUIÓN: Donald Stewart y Constantin Costa-Gavras
PRODUCTOR: Edward Lewis y Constantin Costa-Gavras
ELENCO: Jack Lemmon, Sissy Spacek

En su primera cinta americana, el director griego Costa-Gavras —conocido por sus producciones de suspensos políticos, tales como *Z* (1969) y *State of Siege* (1973)— cuenta la historia real de Charles Horman, un periodista americano que desapareció junto a 2.500 chilenos, durante el golpe de estado de Chile en 1973. Horman era parte de un grupo de americanos que en esencia trataban de evitar la guerra de Vietnam, y otros conflictos nacionales, quien se había trasladado a Chile para trabajar allí en favor de reformas sociales, y se vio atrapado en medio del golpe de estado.

Sissy Spacek y Lemmon aparecen como los padres de Horman, que luchan contra el gobierno chileno y un obsequioso Departamento de Estado de los Estados Unidos (que dio lugar a protestas y controversias cuando la cinta fue estrenada), cuando tratan de obtener alguna información sobre el desaparecido. Los diplomáticos americanos pretenden ayudarlos, pero durante todo el tiempo parecen saber que ya Harmon ha sido asesinado por las autoridades militares chilenas.

A pesar que la película está basada en sucesos reales, Chile y Allende no son mencionados, de la misma manera que los coroneles griegos nunca son mencionados específicamente en *Z*. Ésta es una cinta americana con un estilo muy europeo, que evita el reto que significarían las preguntas insolentes, en favor de susurros subversivos. Costa-Gavras captura muy fríamente la atmósfera opresiva y terror intenso de un sistema social que está en total agitación, a través de la discreta tesitura de lo que parece ser un documental, lleno de imágenes poéticas. Por ejemplo, en un momento específico, vemos un caballo asustado galopando al amanecer a través de calles en plena batalla, perseguido por el transporte de una tropa; en otro momento vemos helicópteros de afiliación desconocida que enfocan a sus víctimas con potentes reflectores para que puedan ser diezmadas, y la matanza se vuelve tan encarnizada que tienen que usar un estadio de fútbol para poder retener a los prisioneros, y situar los cadáveres. Aunque sirvió para reforzar la imagen de Latinoamérica como un lugar de violenta agitación social, la cinta trata con gran efectividad las verdades históricas, y logra apartarse de estereotipar a los personajes. Fue filmada en estudios de la Ciudad de México, Acapulco y Churubusco.

Sin embargo, el 17 de febrero de 1982, el crítico Stanley Kauffmann, en la edición de *New Republic*, escribió lo siguiente: "[Mientras] Costa-Gavras quería hacer un filme que atacara la interferencia de los Estados Unidos en Chile, usando la historia de Horman como su foco principal... ese intento fue disminuido... Nunca llegó a ofrecer ninguna emoción. Cualquiera que sea su opinión sobre el golpe de estado contra Allende, resulta aburrido ver una película sobre el tema, en la cual el nombre de Allende nunca se menciona, y la que evita tener una opinión".

The Mission (1986, Warner Bros.)

DIRECTOR: Roland Joffé
GUIÓN: Robert Bolt
PRODUCTOR: Fernando Ghia y David Puttnam
ELENCO: Robert DeNiro, Jeremy Irons, Monirak Sisowath, Asunción Ontiveros, Ray McAnally, Ronald Pickup, Cherie Lunghi, Liam Neeson

La historia de la lucha por el poder entre la iglesia, en particular la orden Jesuita, y el estado en América del Sur. *The Mission* dramatiza un período de la colonización que nunca había sido tratado con anterioridad en el cine, y acerca del cual muy poco se ha escrito. El guión es original de Robert Bolt, (*Lawrence of Arabia* [1962] y *A Man for All Seasons* [1966]). Mendoza (DeNiro) es un mercenario español y traficante de esclavos que mata a su hermano (una actuación especial de Aidan Quinn) y entonces renuncia a su vida anterior y decide ingresar en el sacerdocio para expiar sus faltas del pasado. El otro protagonista es un cura jesuita, el Padre Gabriel (Irons), con quien Mendoza trata de proteger a los indios Guaraní (por más que la iglesia ha prohibido hacerlo).

El filme fue rodado enteramente en los exteriores de Argentina, en la monumental Catarata del Iguasú; en Colombia, en la ciudad amurallada del siglo XV, Cartagena de las Indias, y en la selva cercana a Santa Marta. El director Roland Joffé, utilizó alrededor de 350 indios Waunana, de la región del Chaco de Colombia, que fueron acomodados en una aldea especial cerca del lugar de la filmación. Además de sueldo, los productores establecieron un fondo de fideicomiso para la salud y educación de los indios. Monirak Sisowath, un nativo de Camboya que actuó en *The Killing Fields* (1984), aparece como Ibaye, un indio Guaraní que se vuelve un sacerdote jesuita. Asunción Ontiveros, nativa de la Argentina, que es activista de los derechos de los indios, también aparece en un papel de importancia.

Joffé dijo en notas de prensa cuando la cinta fue estrenada, "Es referente a Sudamérica, pero más que nada, a sus gentes. Se trata también de la libre elección, de poder, y de redención; una historia luminosa a varios niveles".

The Mission ganó la Palma de Oro del Festival de Cine de Cannes, y obtuvo siete nominaciones de la Academia, incluso Mejor Película de 1986, pero únicamente ganó el Oscar de Mejor Cinematografía (Chris Menges).

Las críticas fueron variadas y muy divergentes, pero generalmente coincidieron en la majestuosidad de los escenarios, y en la seriedad y ambición de los temas presentados. Irons y DeNiro están ambos muy bien, por más que el Mendoza de DeNiro, no resulta muy creíble como un español.

Mr. Majestyk (1974, United Artists)

Sr. Majestyk

DIRECTOR: Richard Fleischer
GUIÓN: Elmore Leonard
PRODUCTOR: Walter Mirisch
ELENCO: Charles Bronson, Linda Cristal, Alejandro Rey

Un granjero de Colorado llamado el Sr. Majestyk (Bronson), que cosecha melones, y es ex-veterano de la guerra de Vienam, persigue y mata a la pandilla de la Mafia que ha estado aterrorizando a los peones mexicano-americanos de la localidad. El guión de Leonard, no obstante, nos trae una cinta superior de venganza que tiene sus momentos ligeros.

Con un nombre como el Sr. Majestyk, no estamos seguros si Bronson es mexicano-americano, o simplemente el "inmigrante corriente" que recuerda a los inmigrantes de la Europa oriental del pasado. Esta ambigüedad sugiere que los inmigrantes latinos no son diferentes de los polacos o los italianos de fines de siglo, que son igualmente mal tratados. Bronson encarna muy bien el papel de un peón agrícola latino, simpatizante del problema que aflige a los peones. Ésta es una cinta de violencia típica de Bronson, con cierta relevancia social.

Cristal aparece como una activista chicana que trabaja con los peones; un personaje muy interesante a quien se le resta importancia, una vez la acción machista se pone en movimiento. Rey aparece como un peón amistoso que pierde las piernas por estar de parte de Bronson.

Money Train (1995, Columbia)

DIRECTOR: Joseph Ruben
GUIÓN: Doug Richardson y David Loughery, basado en una historia de Richardson
PRODUCTOR: Doug Claybourne y Michael Steele, Jon Peters, Neil Canton
ELENCO: Wesley Snipes, Woody Harrelson, Jennifer López, Robert Blake

Dos policías de tránsito de la ciudad de Nueva York, deciden robar el tren del dinero, un coche del metro, que recoge todo el efectivo derivado del sistema de tránsito cada día. Para complicar aún más la situación, ellos son también hermanos de crianza y ambos están enamorados de su nueva compañera, Grace Santiago (López).

Moon over Parador (1988, Universal)

DIRECTOR: Paul Mazursky
GUIÓN: Leon Capetanos y Paul Mazursky, basado en una historia de Charles Booth
PRODUCTOR: Paul Mazursky
ELENCO: Richard Dreyfuss, Raúl Juliá, Sonia Braga, Fernando Rey, Charo

Esta sofisticada y divertida farsa, recuerda a la novela de Anthony Hope, *El prisionero de Zenda*, y a *El príncipe y el mendigo*, de Mark Twain.

Situada en el país ficticio latinoamericano llamado Parador, un actor de Nueva York con dificultades, es secuestrado y obligado a imitar al fallecido dictador del país, con consecuencias inesperadas y cómicas.

Richard Dreyfuss aparece como Jack Noah, el actor que consigue el rol más importante de su vida, cuando el hombre fuerte de Parador muere de una borrachera el día antes de las elecciones. El jefe de la policía (Juliá), fuerza entonces a Noah a asumir el papel del presidente. La confianza de Noah aumenta con cada nuevo discurso que él pronuncia, ayudado por el apoyo personal de la sensual amante (Braga) del finado dictador, una campeona de las masas destituidas de Parador. Pero cuando los guerrilleros atacan, Noah se pregunta si ya ha llegado la hora de cambiar de trabajo.

La cinta, filmada en Brasil, de alguna manera se suscribe a la manida noción de que es necesario un americano para salvar a un país latinoamericano de sí mismo.

MURIETA (1965, WARNER BROS.)
También llamado Joaquín Murrieta

DIRECTOR: George Sherman
GUIÓN: James O'Hanlon, basado en una historia de O'Hanlon
PRODUCTOR: José Saínz de Vicuña
ELENCO: Jeffrey Hunter

La acción se desarrolla durante la Fiebre del Oro de California, de 1849. Jeffrey Hunter es el legendario bandido mexicano, Joaquín Murieta, quien desea vengar la muerte de su joven esposa a manos de tres mineros americanos racistas. Murieta jura venganza y parte a cazar a los asesinos. Rodada en España, teniendo de fondo desiertos (aunque la historia se desarrolló en las laderas de las High Sierras de California), la cinta tiene la apariencia de un *spaghetti western*. De acción lenta y aparatosa, no hay nada especial o fuera de lo ordinario en su desarrollo.

MUSIC OF THE HEART (1999, MIRAMAX)

DIRECTOR: Wes Craven
GUIÓN: Pamela Gray
PRODUCTOR: Marianne Maddalena, Walter Scheuer, Alan Miller y Susan Kaplan
ELENCO: Meryl Streep, Angela Bassett, Gloria Estefan, Aidan Quinn

La verdadera historia de una maestra de la parte este de Harlem, que lucha por salvar el programa de música de su escuela. Meryl Streep interpreta a Roberta Guaspari, la apasionada maestra en cuestión, empeñada en hacer la música parte integral de la educación de cada niño. La cantante popular Gloria Estefan hace su debut fílmico en esta película, en el pequeño rol de Isabel Vázquez, una de las madres que respalda el programa de Guaspari. Estefan también interpreta la canción tema de la cinta, "Music of My Heart", en la pista de audio. El este de Harlem es mostrado con cierta limitación, como si fuera un vecindario pobre urbano cualquiera.

MY DARLING CLEMENTINE (1946, TWENTIETH CENTURY FOX)

DIRECTOR: John Ford
GUIÓN: Samuel G. Engel y Winston Miller, basado en una historia de Sam Hellman, de la novela *Wyatt Earp, Frontier Marshall*, de Stuart

N. Lake
PRODUCTOR: Samuel G. Engel
ELENCO: Henry Fonda, Victor Mature, Walter Brennan, Linda Darnell

Linda Darnell (izq.) hace el papel de Chihuahua, una prostituta mexicana, y Victor Mature (der.) el papel de Doc Holliday, en la película de Jon Ford, *My Darling Clementine*.

My Darling Clementine se centra en la historia verdadera de los hermanos Earp, de la pandilla Clanton, Doc Holliday, y la famosa pelea a tiros en el Corral O.K. de Tombstone, Arizona, en la década de 1880.

La asociación Wyatt Earp–Doc Holliday en la desavenencia Earp-Clanton, había sido un tema popular de las cintas del oeste desde mediados de la década de los 30. (César Romero interpretó a Wyatt Earp en *Frontier Marshall* en 1939, también para la Fox).

El director John Ford, escogió enfatizar la diferencia entre el bien y el mal, añadiendo dos mujeres ficticias, Chihuahua y Clementine, las arquetípicas mujeres rubia y trigueña de la ficción americana. Ford también presentó a los Earp como héroes, cuando tanto los Earps como los Clantons eran con toda probabilidad igualmente unos bandidos en la vida real.

Chihuahua (Darnell), una prostituta mexicana, es petulante, intrigante, deshonesta e infiel. Ella muere al final del filme, en típico código de justicia de Hollywood. Ésta es la última cinta en que la Darnell hizo papel de latina.

Cuando Earp (Fonda) en primera instancia toma el puesto de cuidador del orden de Tombstone, Chihuahua le dice: "Éste es el pueblo de Doc Holliday". Según la historia se va desarrollando, Tombstone se convierte en el pueblo de Earp. Chihuahua adora a Doc (Mature) y se llena de celos cuando la ex-novia de Doc procedente del este, Clementine (Cathy Downs), llega al pueblo. Clementine conoce a Earp y él se entusiasma con ella. Las cosas se ponen serias cuando Wyatt se da cuenta que Chihuahua lleva colgando del cuello un medallón perteneciente a su hermano Jim, que murió asesinado. Después que ella confiesa que Billy Clanton (John Ireland), se lo regaló, Clanton la mata a tiros. Ella muere poco después y Doc Holliday se pone entonces al lado de los Earp, en su combate con los Clanton en el Corral O.K. Todos los Clanton mueren en la refriega, igual que Doc. El pueblo se aparta de maleantes como los Clanton, y los inadaptados como Chihuahua y Doc Holliday, para acercarse a la gente común y corriente y a la civilización, en este caso representadas por Earp y Clementine.

Éste fue el primer filme de Ford después de servir en la Segunda Guerra Mundial, y también el primero en que él muestra tener dudas sobre la naturaleza del heroísmo, y la versión americana de la historia del Viejo Oeste.

La serie de Gregory Nava, *My Family*, protagonizado por (de izq. a der.) Constance Marie, Elpidia Carrillo, Jimmy Smits, Enrique Castillo, Lupe Ontiveros, Eduardo López Rojas, Jenny Gago y Edward James Olmos.

My Family (1995, New Line Cinema)
Mi familia

DIRECTOR: Gregory Nava
GUIÓN: Gregory Nava y Anna Thomas
PRODUCTOR: Anna Thomas
ELENCO: Jimmy Smits, Esai Morales, Eduardo López Rojas, Jenny Gago, Elpidia Carrillo, Lupe Ontiveros, Jacob Vargas, Jennifer López, Maria Canals, León Singer, Enrique Castillo, Michael DeLorenzo, Jonathan Hernández, Constance Marie, Edward James Olmos, Benito Martínez, Bel Hernández

José Sánchez (Rojas), es uno de los millones de inmigrantes que vino a Los Ángeles en busca del "sueño americano". En fin de cuentas, él encuentra el sueño americano en su propia familia. *My Family* es el relato de las diferentes fuerzas que afectan a la familia Sánchez, en una saga íntima de gran envergadura de varias generaciones, desarrollada con relación a los cambios sociales turbulentos que transformarían a Los Ángeles, de un poblado polvoriento, en una de las principales ciudades de América. *My Family* retrata las alegrías y tribulaciones de la familia Sánchez, durante tres eras trascendentales de la vida americana —los años veinte, los cincuenta y los ochenta— según es contada íntimamente por su hijo Paco, un aspirante a escritor, a cargo de Edward James Olmos.

Jimmy Smits aparece como Jimmy Sánchez, un padre soltero problemático, y Esai Morales hace de Chucho Sánchez, el hijo rebelde y alocado, atrapado entre dos tipos de vida. Toni, según la interpreta Constance Marie, es la hija activista social. Elpidia Carrillo aparece como Isabel, una inmigrante salvadoreña que poco a poco se gana el amor y el afecto de Jimmy. Jennifer López tiene un debut fílmico memorable como la joven María.

Gregory Nava convierte su guión en un filme ambicioso y estilizado, que a la par que es sentimental, es borrascoso, mostrando la vida de una familia sobre un lienzo que se extiende, y que resulta tener éxito en todos los niveles. Nava conjuntó uno de los mejores grupos de actores latinos hasta la fecha, dándoles oportunidad de desempeñar personajes de varias dimensiones, así como demostrar talentos que muy pocas veces habían sido apreciados. Francis Ford Coppola quiso inmiscuirse en un proyecto latino, y Tom Luddy, de American Zoetrope, trajo el guión a la atención de Coppola.

La película fue filmada en el lado este de la ciudad de Los Ángeles, y áreas adyacentes.

My Man and I (1952, Metro-Goldwyn-Mayer)

DIRECTOR: William Wellman
GUIÓN: John Fante y Jack Leonard
PRODUCTOR: Stephen Ames
ELENCO: Ricardo Montalbán, Claire Trevor, Wendell Corey, Shelley Winters, José Torvay, Jack Elam, Pascual García Peña

Ricardo Montalbán es Chu Chu, un mexicano-americano labriego de California, que acaba de hacerse ciudadano, y cuya más cara posesión es una carta del Presidente, felicitándolo por su logro reciente. Él se gasta el dinero, no en bebida (como hacen la mayoría de sus compatriotas), sino en enciclopedias.

Chu Chu consigue trabajo en la finca de Ansel Ames (Corey), que odia a los mexicanos. La señora Ames, una sensual y desatendida mujer, hace avances amorosos hacia Chu Chu, que él rechaza. Él está enamorado de una bailarina con intentos suicidas, llamada Nancy (Winters). Cuando Chu Chu completa el trabajo, Ames le paga con un cheque sin fondo, que Chu Chu trata de cobrar sin lograrlo. En la disputa, Ames resulta herido accidentalmente con su propia pistola, y coacciona a su esposa para que testifique que Chu Chu fue quien lo hirió.

Chu Chu es condenado, pero sus amigos fuerzan a los Ames a confesar el engaño. Los cargos contra Chu Chu son rescindidos y él se reúne con Nancy, su verdadero amor.

Torvay, Jack Elam y Pascual García Peña dan comicidad al guión como los colegas de Chu Chu; en una escena usan los volúmenes de su enciclopedia para sentarse sobre ellos durante un juego de póquer.

El hecho de que Chu Chu cree en el sistema americano y que sus amigos tomen la situación en sus manos al presionar psicológicamente a los Ames, resulta refrescante, porque muestra a los mexicano-americanos tomar parte enérgica en los acontecimientos. El tema de la integración es presentado a través del amor que Chu Chu siente por Nancy, pero se sugiere que es posible únicamente con una anglo de clase baja, que Nancy parece representar. Una actuación superior salva un guión que es bastante mediocre, a pesar del parecido que tiene con una obra de ficción de John Steinbeck.

Mystery Street (1950, Metro-Goldwyn-Mayer)

DIRECTOR: John Sturges
GUIÓN: Sydney Boehm y Richard Brooks, basado en una historia inédita de Leonard Spigelgass
PRODUCTOR: Frank E. Taylor
ELENCO: Ricardo Montalbán, Sally Forrest, Elsa Lanchester

Montalbán es Peter Morales, un detective portugués-americano de la policía de Boston, que investiga el asesinato de una prostituta novata acomodada, que se sabe socializaba con miembros de la alta sociedad del Cabo Cod. Morales investiga el caso porque el cuerpo de la muchacha había aparecido en la sección portuguesa del pueblo en donde él trabaja. El punto fuerte de la cinta es demostrar cómo las técnicas científicas son aplicadas a la resolución de crímenes, a través de los trabajos pioneros del Departamento de Medicina Forense de la Universidad de Harvard. Fue filmada, en parte, en la ciudad de Boston y sus alrededores. Esta cinta de misterio es un cambio refrescante para Montalbán, al presentarlo como un latino que investiga a la élite acaudalada de Boston. El personaje, aunque fuera de su elemento, no es tratado con condescendencia, ni tampoco se le rebaja.

THE NAKED DAWN (1955, UNIVERSAL)

DIRECTOR: Edgar G. Ulmer
GUIÓN: Nina y Herman Schneider
PRODUCTOR: James O. Radford
ELENCO: Arthur Kennedy, Betta St. John, Eugene Iglesias

Este filme explora los efectos destructivos que ejerce sobre un granjero mexicano (Iglesias), y su esposa (St. John), la perspectiva de dinero adquirido fácilmente.

Santiago (Kennedy), contrata a un granjero para que lo ayude a recobrar el dinero de un atraco a un tren, que se convierte en una tentación para el granjero indigente. Aunque estaba satisfecho con su modesta vida, el granjero ahora planea asesinar a Kennedy, para poder quedarse con toda la mal habida pitanza.

La cinta resulta una mezcla de *The Pearl* (1948), y *The Treasure of the Sierra Madre* (1948), con actuaciones destacadas, pero es una historia muy pesimista que le falta la fuerza artística y emocional de otras similares que la precedieron.

THE NAKED JUNGLE (1954, PARAMOUNT)

DIRECTOR: Byron Haskin
GUIÓN: Ranald MacDougall y Philip Yordan, basado en la historia "Leiningen Versus the Ants" de Carl Stephenson
PRODUCTOR: George Pal
ELENCO: Charlton Heston, Eleanor Parker, William Conrad

Un drama acerca de una novia por correspondencia (Parker), que llega a una plantación de Sudamérica, que es manejada por un solitario americano (Heston). A pesar de los conflictos, ellos tienen que unirse cuando una manada de hormigas asesinas tratan de destruir todo lo que encuentran a su paso, incluso la plantación. Heston hace alusión a haber civilizado a los indios por haberlos sacado de la selva, dándoles trabajos y cultivando la tierra, por más que él reconoce la fuerza e inteligencia de los descendientes de los Maya.

The Naked Maja (1959, United Artists)
La maja desnuda

DIRECTOR: Henry Koster y Mario Russo
GUIÓN: Georgia Prosperi y Norman Corwin, basado en una historia de Oscar Saul y Talbot Jennings
PRODUCTOR: Goffredo Lombardo
ELENCO: Anthony Franciosa, Ava Gardner

La historia de los tempestuosos amoríos entre el famoso pintor español, Goya (Franciosa), y la Duquesa de Alba (Gardner). La pintura de la aristocrática dama al desnudo escandalizó a la España del siglo XVIII.

Ésta fue una producción conjunta americano-italiana, filmada en España. Gardner y Franciosa están muy bien en sus respectivos roles, y aunque la cinta es distante y muy lenta, la fotografía resulta espectacular.

Nancy Goes to Rio (1949, Metro-Goldwyn-Mayer)

DIRECTOR: Robert Z. Leonard
GUIÓN: Sidney Sheldon, basado en una historia de Jane Hall, Frederick Kohner y Ralph Block
PRODUCTOR: Joe Pasternak
ELENCO: Ann Sothern, Jane Powell, Xavier Cugat, Carmen Miranda, Barry Sullivan, Fortunio Bonanova

Una madre (Sothern), y su hija (Powell), actrices ambas, compiten por el mismo papel de una producción teatral, y también por el mismo hombre (Sullivan). Hay un error garrafal en un telón de fondo del estudio: El Corcovado y Pan de Azúcar, dos de las más impresionantes y conocidas vistas de Río, aparecen unidos, aunque geográficamente están separados.

Para esta tonta comedia musical, filmada en los estudios MGM, Miranda añade un momento de brillantez musical.

The Navy Comes Through (1942, RKO Radio Pictures)

DIRECTOR: A. Edward Sutherland
GUIÓN: Roy Chanslor y Aeneas MacKenzie
PRODUCTOR: Islin Auster
ELENCO: Pat O'Brien, George Murphy, Jackie Cooper, Desi Arnaz

La historia de una tripulación naval de artilleros a bordo de un buque de carga en el Atlántico, durante la Segunda Guerra Mundial. Arnaz aparece como Tarriba, un recluta cubano que aspira hacer lo que sea necesario para servir a los Estados Unidos.

The Night of the Iguana (1964, Metro-Goldwyn-Mayer)
La noche de la iguana

DIRECTOR: John Huston
GUIÓN: Anthony Veiller y John Huston, basado en la obra dramática de Tennessee Williams
PRODUCTOR: Ray Stark
ELENCO: Richard Burton, Deborah Kerr, Ava Gardner

Con su versión fílmica sobre *La noche de la iguana*, de Tennessee Williams, Huston compuso una entrega moderna y adulta de la imagen romántica de México.

El filme retrata a México como una tierra exótica de pasiones desenfrenadas, sexo fogoso, vistas tropicales peregrinas, nativos amistosos, y un refugio de los problemas de la sociedad civilizada de los blancos, en un escenario primordial.

La historia gira alrededor de un ministro americano (Burton) que ha sido expulsado de la orden, quien ahora prepara giras de mujeres solitarias, y las lleva a un dilapidado hotel de México. Complejos intercambios psicológicos forman la base del drama. Ava Gardner es la sensual y borrachina dueña del hotel, que tiene a su constante disposición dos forzudos amigos mexicanos que suenan constantemente las maracas.

La publicidad de las extravagancias que sucedieron dentro y fuera del escenario de Huston, Burton (con su esposa de entonces, Elizabeth Taylor), Williams y Gardner, sirvió para alimentar la imaginación de una generación de fanáticos del cine.

Puerto Vallarta y la playa Mismaloya se volvieron sinónimos de un México romántico para adultos, que convirtió a una aldea pequeñísima de pescadores, en un destino muy buscado para pasar unas vacaciones de primera clase. Fue filmada mayormente con un equipo mexicano, con Gabriel Figueroa como cinematógrafo.

El director John Huston y el cinematógrafo Gabriel Figueroa proveen una imagen de México romántica y bella en *The Night of the Iguana*, con Richard Burton como un cura expulsado de la iglesia y Ava Gardner (centro) como la dueña de una pensión que tiene dos chicos maracas mexicanos a su lado.

En una entrevista de 1984, Huston dio a conocer sus sentimientos respecto a México: "Yo nunca quise hacer un documental sobre viajes de clichés a México. Usualmente, los americanos ven solamente un aspecto de México, el turismo. México es una nación con tantas caras diferentes, que solamente viviendo allí y moviéndose dentro del país se puede conocer todo sobre su corazón, o mejor dicho, corazones. Yo debiera decir", continuó, "que México tiene una cara salvaje y otra suave y gentil, de profunda humanidad".

Notorious (1946, RKO Radio Pictures)

DIRECTOR: Alfred Hitchcock
GUIÓN: Ben Hecht, basado en un tema de Hitchcock
PRODUCTOR: Alfred Hitchcock
ELENCO: Cary Grant, Ingrid Bergman, Claude Rains, Antonio Moreno, Louis Serrano, Tina Menard

Brasil es el escenario, pero ésta no es una cinta acerca de rumbas, congas o romances tropicales. T.R. Devlin (Grant), es un agente americano que recluta a la hija de un nazi, Alicia Huberman (Bergman), para una misión de espionaje en Río de Janeiro. El plan tiene como finalidad que ella se infiltre en una banda de operativos de nazis de Brasil, contrayendo matrimonio con el líder (Rains), para luego traicionarlo a la OSS.

Esta historia de amor melodramática, pone de manifiesto la gracia estilizada de la ejecución de Hitchcock, y su maestría en las formas cinemáticas. Moreno interpreta al señor Ortiza, y Louis Serrano aparece como Dr. Silva. Menard es una doméstica.

Old Gringo (1989, Columbia)

Gringo viejo

DIRECTOR: Luis Puenzo
GUIÓN: Luis Puenzo y Aida Bortnik, basado en la novela *El gringo viejo*, de Carlos Fuentes
PRODUCTOR: Lois Bonfiglio
ELENCO: Jane Fonda, Gregory Peck, Jimmy Smits, Pedro Armendáriz Jr.

Dirigida por Puenzo (director de *La historia oficial*, ganadora en 1985 como Mejor Película Extranjera de la Academia), *Gringo viejo* es un filme curioso, dirigido y escrito por un argentino (Puenzo), basado en una novela del novelista mexicano Carlos Fuentes. Jane Fonda fue la estrella principal, además de haberla producido.

Situada en México durante el momento culminante de la revolución mexicana, es la historia de un triángulo romántico entre un escritor envejeciente, Ambrose Bierce (Peck), una maestra solterona (Fonda), y uno de los jóvenes generales de Pancho Villa (Smits).

Está basada libremente en los últimos días del escritor y periodista de finales de siglo, Ambrose Bierce, el "Gringo Viejo" del título, quien cruzó la frontera y se adentró en México, no mucho más tarde del comienzo de la revolución mexicana de 1910, y nunca más se supo de él. *Gringo viejo* probablemente nunca hubiera sido filmada, de no ser que Jane Fonda se sintiera cautivada por

Gregory Peck, Jane Fonda y Jimmy Smits (der.), quien hace el papel de un joven general mexicano, están involucrados en un triángulo amoroso en *Old Gringo*, una historia de aventura sobre la pasión y el poder en el tiempo de la revolución mexicana.

el personaje ficticio de Harriet Winslow: una maestra de Washington muy correcta y educada, que va a México como tutora de los hijos de un rico hacendado y se encuentra en medio de la revolución, enamorándose del General Arroyo, un campesino analfabeto.

Gringo viejo se hizo con un presupuesto de $25 millones, y requirió cientos de extras, vestuario de la época, caballos y vaqueros. Fue filmada en los estudios Churubusco de Ciudad de México, y en una hacienda al norte de la ciudad y en Zacatezas y Torreón.

El Gringo Viejo, como lo representa Gregory Peck, busca la paz de la muerte; mientras Harriet Winslow (Fonda), busca el reto que le ofrece una vida nueva. El General Arroyo (Smits), representa vitalidad y virilidad, y Harriet se siente intrigada por la sexualidad y mito del varón latino. Como un general, sin embargo, Smits luce indeciso y poco efectivo en capitanear a su gente. Luna, su hembra, ni siquiera trata de reconquistarlo y alejarlo del personaje de la Winslow. Los mexicanos aparecen como brutales y bárbaros (salvajes, sucios y sin educación), mientras los americanos son nobles, leales y sensibles. Las mexicanas son presentadas la mayor parte de las veces como prostitutas. Mientras *Gringo viejo* tiene una historia amplia y grandeza de epopeya, muy de acuerdo con el espíritu de cómo la revolución captó la imaginación del público americano, ciertamente existe mucho más sobre la cultura mexicana que campesinos revolucionarios, corridas de toros, comer tortillas y entregarse a la pasión, hasta en tiempos de guerra y caos.

Cuando Harriet Winslow reclama el cadáver de Ambrose Bierce, el Gringo Viejo, causa la muerte de Arroyo. En la cinta, las autoridades americanas encuentran a Villa (Armendáriz Jr.), y rápidamente lo presionan, en medio de una revolución, para que devuelva el cuerpo del americano. La verdad histórica es que el gobierno de los Estados Unidos envió al General Pershing y un ejército de Caballería, a encontrar a Villa, y después de seis meses de galopar por toda la parte norte de México, la expedición regresó a los Estados Unidos, exhausta y con las manos vacías.

THE OLD MAN AND THE SEA (1958, WARNER BROS.)
El viejo y el mar

DIRECTOR: John Sturges
GUIÓN: Peter Viertel
PRODUCTOR: Leland Hayward
ELENCO: Spencer Tracy, Felipe Pazos, Harry Bellaver

Este filme está basado en la novela de Ernest Hemingway, que ganó el premio Pulitzer de ficción en 1952. Spencer Tracy aparece como el viejo Santiago, un pescador cubano. Tracy, de raíces irlandesas, había anteriormente interpretado a un portugués en *Captains Courageous* (1937), y a un mexicano-americano en *Tortilla Flat* (1942).

Un viejo marinero cubano, Santiago, se ve obligado por su edad a vivir de la pesca. Durante ochenta y cuatro días, no ha tenido suerte y ha vivido de la caridad de un pequeño niño (Pazos), que lo adora. Buscando romper la racha de mala suerte, el viejo se aventura a ir lejos de la costa y atrapa a un pez aguja enorme. Pone sus fallidas fuerzas en contra del antagonista que lo desafía desde el fondo del mar. En su solitaria vigilia, siente afinidad con la grandeza del océano y las criaturas que lo habitan. Cuando llega el clímax, él es lo suficientemente fuerte para atrapar el pez que es más grande que su bote y el arpón. Con la preciada carga amarrada a su frágil embarcación, se dispone a regresar a la casa. Pero los restos del pez son atacados repetidamente por tiburones. En una lucha desesperante, el viejo pierde su cuchilla y su arpón, pero le gana la partida a los tiburones. Aburrido y cansado, deja el bote sobre la playa, sin nada más que mostrar por el cansancio, que las espinas y la cola inservible del animal. El viejo consigue un corto momento de fama, pero sus compañeros exclaman al ver los restos, "Nunca existió tal pez".

El filme entró en producción en 1956, con Fred Zinnemann como director, cerca de Cojímar, Cuba, el escenario de la historia original. Tracy llegó cinco semanas antes de comenzar el rodaje, para ponerse en forma y para que su cara se tostara y curtiera del sol apropiadamente. Un jovencito cubano de once años de edad, sin experiencia teatral anterior, Felipe Pazos, obtuvo el rol del niño, después de una búsqueda extensiva por parte de Zinnemann. Hemingway fue a Talara, Perú, con un segundo equipo, tratando de conseguir el pez aguja más grande que pudieran encontrar. El metraje sería utilizado al final de la película.

Debido a diferencias de opiniones entre el productor Hayward y Tracy, Zinnemann abandonó el proyecto y fue reemplazado por John Sturges. La producción estuvo llena de problemas y mucha de la filmación tuvo lugar dentro de un tanque de agua en los estudios de la Warner Bros., tomando un total de seis meses y medio, incluyendo cuatro meses con Tracy y un equipo de 100 en Cuba.

Spencer Tracy es Santiago, un viejo pescador cubano, se hace amigos con un niño, interpretado por Felipe Pazos, en *The Old Man and the Sea.*

Dos semanas adicionales de filmación fueron necesarias, a dos millas de distancia de la costa de Kona, en Hawaii, con Tracy y una plantilla de cincuenta para filmar las escenas finales de los exteriores, que tuvieran efectos apropiados de cielo y mar.

Fiel a Hemingway hasta el máximo, el filme es quizás la entrega más exacta, palabra por palabra, que jamás se haya hecho de un tema escrito. Es esencialmente un drama de un solo personaje, con narraciones superpuestas y diálogos de Tracy. La cámara permanece con Tracy en el bote durante su terrible experiencia y triunfo personal.

Fue difícil transferir a la pantalla la historia universal de un hombre en contra de los elementos, y su afinidad con la naturaleza, cuando la mayor parte de la acción son sus pensamientos íntimos cuanto está solo en un bote por varios días, luchando contra un pez. Los críticos estuvieron divididos sobre el planteamiento; mientras la mayoría aplaudía la actuación de Tracy, todos pensaban que, aún siendo tan excelente como fue en realidad su trabajo, él no podía sostener la cinta por sí solo. La película obtuvo un premio Oscar por el tema musical de Dmitri Tiomkin, y acumuló nominaciones de la Academia para Tracy, como el Mejor Actor de 1958, y para la cinematografía de James Wong Howe.

Felipe Pazos no fue invitado al estreno en Washington, D.C., en 1958, festejado por el entonces embajador cubano Don Arroyo. El padre de Felipe jugó un papel importante en la revolución de Fidel Castro, antes de huir a los Estados Unidos unos pocos meses antes del estreno. Arroyo representaba al régimen de Batista, por lo tanto, políticamente, el niño no le fue permitido asistir.

ONE-EYED JACKS (1961, PARAMOUNT)

Pícaros con un solo ojo

DIRECTOR: Marlon Brando
GUIÓN: Guy Trosper y Calder Willingham, basado en la novela *The Authentic Death of Henry Jones*, de Charles Neider
PRODUCTOR: Frank Rosenberg
ELENCO: Marlon Brando, Karl Malden, Pina Pellicer, Katy Jurado, Ben Johnson, Larry Durán, Miriam Colón, Rodolfo Acosta, Margarita Córdova

Uno de dos ladrones de banco que se ha dado a la fuga en México, es abandonado por su cómplice y pasa cinco años en una prisión mexicana. Cuando él finalmente escapa con otro prisionero, Johnny Río (Brando), y su nuevo cómplice, Modesto (Durán), se unen a otros dos bandidos y marchan a California para asaltar un banco de un pueblo pequeño. En Monterrey, California, los cuatro se encuentran con el compañero original de Río, Dad Longworth (Malden), quien es ahora un sheriff respetable, casado con una mexicana, María (Jurado), y con una hijastra, Louisa (Pellicer). Río comienza a enamorar a Luisa, con miras a molestar al padrastro. Más tarde, el grupo de Río lleva a cabo el asalto al banco sin él. Longworth captura al inocente Río, con intenciones de ejecutarlo. María le dice a Longworth, que Río ha embarazado a Luisa. Longworth recrimina a la esposa, diciéndole, "¿Son éstas las gracias que recibo por haberte sacado de los campos de frijoles?".

El significado del título del filme tiene que ver con los dos lados de la naturaleza del hombre, uno visible, el otro (como el lado reverso que no se ve de la Sota tuerta de un juego de barajas) se queda en la sombra. Para el hombre bueno, el lado oculto es maligno.

Esta venganza poco usual del oeste, a pesar de ser demasiado larga y bastante lenta, está realzada por caracterizaciones profundas y bella cinematografía en color. Brando señala la riqueza de la cultura mexicano-americana de Monterrey, a través de imponentes personajes femeninos, interpretados por Jurado y Pellicer. Larry Durán, como Modesto, el amigo bandido de Río, le es permitido aparecer como un ser humano, en vez de como un estereotipo. Las marinas de Monterrey, y las atmósferas de fiestas, son usadas de manera muy exuberante y romántica. En la secuencia de México, Brando nos muestra una señorita y una prostituta (Colón), pero como caracteres reales, no estereotipos. Felipe Turich y Nacho Galindo tienen roles menores como actores de reparto.

One from the Heart (1982, Zoetrope/Columbia)

DIRECTOR: Francis Ford Coppola
GUIÓN: Francis Ford Coppola y Armyan Bernstein, basado en una historia de Bernstein
PRODUCTOR: Fred Roos, Gary Frederickson y Armyan Bernstein
ELENCO: Frederic Forrest, Teri Garr, Raúl Juliá, Nastassja Kinski

Ésta es una fantasía musical actuada en el escenario de un estudio que está de moda en La Vegas, y tiene todo el aplomo y brío que uno puede esperar de una cinta de Coppola, homenajeando la historia de los filmes de Hollywood de influencia latina. Raúl Juliá, como un tipo de amante latino, reconoce las imágenes y la fantasía que Hollywood ayudó a crear para darle forma a nuestra imagen colectiva.

En el curso de un solo día, la pareja de esposos Hank (Forrest) y Frannie (Garr), tiene una pelea y se emparejan con compañeros románticos de ocasión, aunque todavía se aman mutuamente. Hank se junta con Leila (Kinski), y Frannie lo hace con Ray (Juliá), un cantante y pianista que se viste de esmoquin pero que resulta ser un camarero. En un momento de la cinta, Frannie y Ray bailan un tango, en un escenario de Hollywood que simula una isla de los mares del sur. Más tarde ellos se acaramelan, mientras "La Carioca" (que Fred Astaire y Ginger Rogers bailaron en *Flying Down to Rio* [1933]) suena en el tocadiscos.

One Good Cop (1991, Buena Vista)

DIRECTOR: Heywood Gould
GUIÓN: Heywood Gould
PRODUCTOR: Laurence Mark
ELENCO: Michael Keaton, Rene Russo, Kevin Conway, Benjamin Bratt, Tony Plana, Rachel Ticotin, Anthony LaPaglia

En esta historia sobre un dilema moral, un dedicado detective policiaco, Artie Lewis (Keaton), tiene que escoger entre vengarse de los matones que son indirectamente responsables de la muerte de su compañero, Diroma (LaPaglia) o cuidar de las tres pequeñas hijas de Diroma, que están al amparo de él y de su esposa. Poniendo en peligro la futura adopción de las niñas, Lewis, con la ayuda de una sabelotodo policía clandestina, llamada Grace (Ticotin), quien ha logrado penetrar el círculo más íntimo de un narcotraficante, ve la oportunidad de robar una fortuna del capo latino de la droga, Beniamino (Plana). El capo fue uno de los responsables de la muerte de Diroma.

Lo que pudo haber sido un filme mucho más interesante, recibe el típico tratamiento estúpido de Hollywood, convirtiéndolo de un posible dilema moral interesante, en un cliché fílmico de policías y ladrones sobre narcotraficantes latinos de dudosa moral, y gran violencia. Estas imágenes, no obstante, son contrarrestadas por los policías hispanos Félix (Bratt) y Grace (Ticotin).

100 Rifles (1969, Twentieth Century Fox)

DIRECTOR: Tom Gries
GUIÓN: Clair Huffaker y Tom Gries, basado en la novela *The Californio*, por Robert McLeod
PRODUCTOR: Marvin Schwartz
ELENCO: Raquel Welch, Jim Brown, Burt Reynolds, Fernando Lamas

Un policía americano (Brown), cruza la frontera de México, persiguiendo al bandido mexicano Yaqui Joe (Reynolds), quien ha robado rifles para armar a los indios en contra de un general mexicano (Lamas), que está empeñado en

aniquilarlos. Ambos son capturados por el general, y salvados por una india rebelde (Welch). Los tres unen fuerzas para eliminar al general. En la batalla que prosigue, la india muere, pero el general y su ejército son vencidos. El policía regresa a los Estados Unidos, y encuentra algo entre los indios en lo que él puede creer.

Burt Reynolds, Raquel Welch y Jim Brown en un tiroteo contra un general mexicano (interpretado por Fernando Lamas) en *100 Rifles*.

Welch y Reynolds parecen muy latinos, ya que Welch es de raíces bolivianas, y Reynolds tiene parte de la herencia india-norteamericana. Reynolds casi se roba el filme con su dura, pero al mismo tiempo cómica caracterización de bandido, dándole al público un adelanto de un encanto fácil que más tarde pondría a buen uso en filmes en los que aparecería como estrella. La cinta fue filmada en España.

187 (1997, Warner Bros.)

DIRECTOR: Kevin Reynolds
GUIÓN: Scott Yagemann
PRODUCTOR: Bruce Davey y Steve McEveety
ELENCO: Samuel L. Jackson, Kelly Rowan, Clifton González González, John Heard

Trevor Garfield (Jackson), un hombre de amplias miras y profesor de ciencia en una escuela de una área pobre de la ciudad de Nueva York, se ve amenazado por un estudiante furioso quien lo apuñala en la espalda. Después de pasar más de un año en el hospital, Garfield se muda a Los Ángeles, buscando comenzar de nuevo, y consigue trabajo como maestro substituto. La escuela vive aterrorizada por los miembros de una pandilla de latinos, que se mofan de Garfield hasta el punto de desesperarlo, obligándolo a hacerle frente a la situación. Clifton González González fue muy celebrado por los críticos por su papel de César, un antagonista líder pandillero.

Esta controvertida y simple cinta, deshumaniza a los jóvenes afro-americanos y latinos, y codifica la apariencia de los estudiantes latinos situándolos dentro de una imagen monolítica de gángster moderno, con tatuajes y cuerpos con perforaciones, cabezas rapadas, pantalones holgados, que no se respetan a sí mismos, ni a los maestros, ni a los padres o ni a la comunidad.

One Way Street (1950, Universal)

DIRECTOR: Hugo Fregonese
GUIÓN: Lawrence Kimble, basado en su historia "Death on a Side Street"
PRODUCTOR: Leonard Goldstein
ELENCO: James Mason, Marta Torén, Dan Duryea, Rodolfo Acosta, Margarito Luna, Tito Renaldo, George J. Lewis, Robert Espinoza, José Domínguez, Julia Montoya

Un médico de Los Ángeles (Mason), roba $200.000 a un gángster y a su novia (Torén). Huye a México, y en camino, el avión se ve obligado a aterrizar cerca de una pequeña aldea, donde el médico se esconde. Allí comienza a encontrarse a sí mismo mientras cura a los nativos y les devuelve la salud, aunque vive con el miedo inevitable de que algún día los gángsters lo encontrarán.

Este rutinario melodrama de crimen, con un reparto habilidoso y la buena dirección de Fregonese, que contrasta la dignidad de los campesinos con la rudeza de los gángsters, fue filmada parcialmente en los exteriores de México.

Only Angels Have Wings (1938, Columbia)

Solo los ángeles tienen alas

DIRECTOR: Howard Hawks
GUIÓN: Jules Furthman, basado en una historia de Hawks
PRODUCTOR: Howard Hawks
ELENCO: Cary Grant, Jean Arthur, Rita Hayworth, Melissa Sierra, Richard Barthelmess, Noah Beery Jr.

Con la acción situada en Barranca, Perú, la cinta cuenta la historia de un grupo de pilotos del correo amantes del peligro que luchan contra tormentas, y las tribulaciones que significa volar sobre los Andes transportando carga.

Típico escenario en Hollywood de una república bananera para *Only Angels Have Wings*, una historia sobre pilotos del correo que vuelan sobre los Andes en Perú.

Geoff Carter (Grant), es el dueño de la compañía de aviones, que obliga a sus aviadores a llevar a cabo viajes casi suicidas, en naves dilapidadas, para conseguir un subsidio del gobierno que pondrá el negocio en buena situación financiera. Bonnie Lee (Arthur), una corista que se enamora de Geoff y deja su trabajo para estar con él, se siente atraída por su valentía, pero su rudeza la aleja. Carter no le hace caso al principio, pero gradualmente revela el lado vulnerable de su carácter. Judith (Hayworth), es un antiguo interés amoroso de Carter. Después de traficar en películas de Clase B, este papel le dio a la Hayworth oportunidad de impresionar. Melissa Sierra es Lily, una muchacha nativa que está enamorada del joven piloto Joe (Beery Jr.).

Only Once in a Lifetime (1979, Movie Time Films)

DIRECTOR: Alejandro Grattan
GUIÓN: Alejandro Grattan
PRODUCTOR: Moctesuma Esparza
ELENCO: Miguel Robelo, Sheree North, Socorro Swan, Estrellita López

Moctesuma Esparza produjo este filme sobre Domínguez (Robelo), un artista chicano residente de un barrio de Los Ángeles, que ha perdido el deseo de vivir. Domínguez está obsesionado por la memoria de su esposa, ya fallecida, y, aunque es inteligente, limita su propio triunfo artístico al rehusar usar un estilo en su pintura que atraería a los clientes. Comienza a cambiar cuando conoce a un maestro de escuela chicano que lo ayuda a aceptar la vida de nuevo.

En esta cinta técnicamente competente, el realismo sensible de la cultura que hay en ese momento en el barrio, se hace sentir. Esparza recuerda que "[hacer la película] fue una experiencia artística satisfactoria, pero un desastre económico. Cuando la presentamos, recibió una acogida muy positiva del público y la crítica, pero cuando fue estrenada al por mayor, nadie pagó por verla".

Grattan es un cineasta de Texas, y Robelo había actuado en el teatro y la televisión. *Only Once in a Lifetime* es uno de los primeros largometrajes, escrito, producido, dirigido y con un elenco concertado por gente de apellido español en Hollywood. La película es considerada chicana, y fue hecha con un presupuesto de $500.000.

Our Man in Havana (1960, Columbia)

DIRECTOR: Sir Carol Reed
GUIÓN: Graham Greene, basado en su novela del mismo nombre
PRODUCTOR: Sir Carol Reed
ELENCO: Alec Guinness, Maureen O'Hara, Ernie Kovacs, Ralph Richardson, Noel Coward

Esta comedia satírica, situada en el período anterior a la revolución de Castro, es referente a un vendedor de aspiradoras británico (Guinness), que se vuelve un agente secreto en La Habana. Un grupo ficticio de espías con inicios desternillantes, asume un aspecto dramático cuando los llamados falsos agentes de Guinness, comienzan a ser asesinados por agentes verdaderos en la capital cubana. El film fue aclamado por la crítica, pero su humor sofisticado no estableció conexión con los públicos americanos, por lo que fue un fracaso en la taquilla.

Reed quería filmar en Cuba, pero el derrumbamiento del gobierno de Batista en enero de 1959, puso en duda la posibilidad de filmar allí. Con gran sorpresa, alrededor de cuatro meses después, el 15 de abril de 1959, las cámaras comenzaron a rodar la película, después que el gobierno de Castro aseguró que todo iría bien. Había un acuerdo adelantado con los sindicatos laborales de Cuba, que facilitaría treinta y siete técnicos cubanos para trabajar en la cinta, veintiuna personas adicionales para trabajar en alguna faceta de la producción, y más de 1.000 extras a sueldo. Durante la filmación, el genio cómico americano, Ernie Kovacs, caracterizado como el General Batista, escapó estrechamente de una muerte segura, cuando se aventuró a ir fuera del escenario en uniforme, y fue confrontado por un policía armado que estaba listo a matarlo porque creía que era un partidario de Batista. Después de filmar cinco semanas en Cuba, la producción fue trasladada a Londres.

Out of Sight (1998, Universal)

DIRECTOR: Steven Soderbergh
GUIÓN: Scott Frank, basado en la novela de Elmore Leonard
PRODUCTOR: Danny De Vito, Michael Shamberg, Stacey Sher
ELENCO: George Clooney, Jennifer López, Dennis Farina, Ving Rhames, Don Cheadle, Nancy Allen, Albert Brooks

Considerado uno de los mejores filmes de 1998, por críticos respetados nacionalmente y el público, *Out of Sight* es una astuta comedia con una vuelta romántica. Clooney aparece como un atractivo y encantador ladrón de bancos, que se escapa de la prisión y encuentra la horma de su zapato en Karen Sisco, una policía federal más dura que una roca, interpretada por Jennifer López. *Out of Sight* contiene acción rápida, comedia fácil, actuaciones de conjunto cortantes y graciosas, a lo que hay que añadir la química fogosa de Clooney, en su mejor y más complejo papel hasta la fecha, y López, que proyecta una mezcla carismática de fuego, atracción y sensualidad.

The Outrage (1964, Metro-Goldwyn-Mayer)

DIRECTOR: Martin Ritt
GUIÓN: Michael Kanin
PRODUCTOR: A. Ronald Lubin
ELENCO: Paul Newman, Claire Bloom, Laurence Harvey, Howard da Silva

Una nueva versión bastante indiferente de *Rashomon*, de Kurosawa, pero con un escenario del oeste, y con Paul Newman, un americano de ojos azules, como el "oscurecido" bandido mexicano Juan Carrasco. La historia se refiere al asesinato y rapto de los pasajeros de una diligencia por un bandido mexicano, según fue relatado desde el punto de vista de uno de los sobrevivientes.

"Paul Newman sale a relucir como una especie de Leo Carrillo adolescente, escupiendo, vomitando palabras soeces, y regodeándose en un dialecto, mientras hace de villano; de libertino, de paria social, de amante y de cobarde al máximo, para su propia educación personal", Judith Crist, *New York Herald Tribune* (10/8/64).

"El Sr. Newman... marcha a toda velocidad a través del rol de un supuesto villano con notable efecto", *New York Telegraph* (10/8/64).

THE OX-BOW INCIDENT (1943, TWENTIETH CENTURY FOX)

DIRECTOR: William Wellman
GUIÓN: Lamar Trotti, basado en una novela de Walter Van Tillburg Clark
PRODUCTOR: Lamar Trotti
ELENCO: Henry Fonda, Dana Andrews, Mary Beth Hughes, Anthony Quinn, Francis Ford, Chris-Pin Martin

La historia de tres merodeantes (Andrews, Quinn y Ford), quienes son juzgados sumariamente y ajusticiados en la horca, por robo de ganado y asesinato. El filme es una acusación punzante a la justicia de linchamiento de los pueblos de la frontera, y está considerada por muchos, como una de las mejores cintas del oeste que se haya hecho jamás. Al final se descubre que los ajusticiados no cometieron el crimen.

Quinn, llamado solamente el "Mexicano" en el reparto, es linchado con sus acompañantes. Al principio él trata de hacerse pasar por un mexicano ignorante, y para complacer lo que la multitud esperaba encontrar, musita una serie de respuestas escuetas de "No sabe", al interrogatorio que le hacen a la luz de una hoguera. Cuando al fin abandona el engaño, él muestra ser un elocuente e inteligente hombre de palabra fuerte. La cinta fue hecha por la insistencia de la estrella del filme, Henry Fonda, pero resultó muy deprimente para los públicos de la época de la Segunda Guerra Mundial.

PANAMA HATTIE (1942, METRO-GOLDWYN-MAYER)

DIRECTOR: Norman Z. McLeod
GUIÓN: Jack McGowan y Wilkie Mahoney, basado en la obra de Herbert Fields, B.G. De Sylva y Cole Porter
PRODUCTOR: Arthur Freed
ELENCO: Ann Sothern, Red Skelton, Dan Dailey Jr., Lena Horne

Una corista en Panamá (Sothern), ayuda a capturar a agentes nazis. La cinta introdujo a Lena Horne en un número musical.

PANAMA SAL (1957, REPUBLIC PICTURES)

DIRECTOR: William Witney
GUIÓN: Arnold Belgard
PRODUCTOR: Edward J. White
ELENCO: Elena Verdugo, Edward Kemmer, Carlos Rivas, José González-González

Un acaudalado americano y sus dos colegas, hacen un aterrizaje forzoso en Panama, donde encuentran en un cabaret a una sensacional cantante de calipso, a quien ellos creen poder convertir en estrella en los Estados Unidos.

Esta romántica comedia medianamente divertida pero muy convencional, de clase B, fue una de las últimas producciones de la Republic. Marcó el regreso decepcionante de Elena Verdugo, después de sus éxitos en la televisión en la popular y larga serie *Meet Millie* (1952–1956).

PAN-AMERICANA (1945, RKO RADIO PICTURES)

DIRECTOR: John H. Auer
GUIÓN: Lawrence Kimble, basado en una historia de Frederick Kohner y Auer
PRODUCTOR: John H. Auer
ELENCO: Phillip Terry, Audrey Long, Robert Benchley, Eve Arden, Alma Beltrán, Julián Rivero

El film fue concebido para mostrar los talentos de varios artistas latinoamericanos a través de un argumento referente a un grupo de periodistas americanos, que se dirigen al sur de la frontera a investigar para un artículo de fondo. En el camino, hacen paradas en Cuba, México y Brasil, con tiempo suficiente para hacer un número musical en cada país. La cinta es importante en lo que se refiere a proveer un récord permanente fílmico de muchos artistas de la época que estaban en plenitud de facultades, tales como Miguelito Valdés, Isabelita, Chuy Castillion, las Hermanas Padilla, Chuy Reyes y su orquesta, y Néstor Amaral y su banda de samba. Beltrán aparece como Miss Guatemala.

PANCHO VILLA (1973, SCOTIA INT.)

DIRECTOR: Eugenio Martín
GUIÓN: Julián Halevy
PRODUCTOR: Bernard Gordon
ELENCO: Telly Savalas, Clint Walker, Anne Francis, Chuck Connors

Savalas aparece como un estrafalario Pancho Villa calvo, en esta cinta ficticia mal hecha, que relata la incursión de Villa en Columbus, Nuevo México. Fue filmada en España.

PASSION (1954, RKO RADIO PICTURES)

DIRECTOR: Allan Dwan
GUIÓN: Beatrice Dresher, Joseph Leytes y Howard Estabrook, basado en una historia de Dresher, Leytes y Miguel Padilla
PRODUCTOR: Benedict Bogeaus
ELENCO: Cornel Wilde, Yvonne de Carlo, Rodolfo Acosta, Alex Montoya, Rosa Turich

Juan Obregón (Wilde) es un joven ranchero que busca venganza cuando unos mexicanos asesinan a su esposa y varios amigos, en una disputa sobre tierras. De Carlo interpreta un papel doble como Tonya, la esposa asesinada, y Rosa, su joven hermana. Este oeste rutinario, en una California antigua, está realzado por las fotografías tomadas en las Sierras de California.

PAT GARRETT AND BILLY THE KID (1973, METRO-GOLDWYN-MAYER)

DIRECTOR: Sam Peckinpah
GUIÓN: Rudy Wurlitzer
PRODUCTOR: Gordon Carroll
ELENCO: James Coburn, Kris Kristofferson, Jason Robards, R.G. Armstrong, Slim Pickens, Katy Jurado, Emilio Fernández

En la década de los años 80, en Nuevo México, Pat Garrett (Coburn), que es ahora un sheriff, advierte al joven Billy the Kid (Kristofferson), que él tiene que cumplir su deber y capturarlo, a pesar de su antigua amistad con él. Cuando Billy escapa, Garrett lo alcanza y se ve obligado a matarlo.

El talento especial de Peckinpah de mezclar la violencia y una visión poética del viejo oeste, se pone en evidencia en este oeste que fue su último. Por matar a Billy, Garrett no solo parece señalar el fin del feroz individualismo que caracterizara la década de los 1960, sino, igualmente la de los 1880. Garrett, en efecto, sella de igual manera su propia suerte a manos de las empresas que lo habían empleado.

Jurado es la esposa de un viejo sheriff (Pickens), quien va en su ayuda, pistola en mano, para deshacerse de un avispero de bandidos, a petición de Garrett. Ella solloza cuando el esposo, que ha sido herido durante la pelea, muere sentado en una roca al caer la tarde. Fernández aparece como un ranchero mexicano, al que una banda de forajidos rivales ataca y deja por muerto.

La pandilla de Billy aparece con un grupo de prostitutas mexicanas. María, la novia mexicana de Billy, es interpretada por Rita Coolidge, entonces esposa de Kristofferson. No hay señoritas virginales en la visión de Peckinpah. Jorge Russek aparece como un bandido mexicano nada tradicional, llamado Silva, quien lleva un Stetson en la cabeza, en vez de un sombrero mexicano. A pesar que la historia sucede en Nuevo México, fue filmada en Durango, México.

The Pawnbroker (1965, Allied Artists)
El prestamista

DIRECTOR: Sidney Lumet
GUIÓN: David Friedkin y Morton Fine, basado en la novela de Edward Lewis Wallant
PRODUCTOR: Roger Lewis y Philip Langner
ELENCO: Rod Steiger, Geraldine Fitzgerald, Jaime Sánchez, Brock Peters

Un estudio clásico sobre el carácter. Sol Nazerman (Steiger), es un judío dueño y operador de una casa de empeño, en medio de la pobreza urbana del Harlem hispano. Los personajes que pueblan la tienda y el área donde él trabaja, tienen un sentido de la realidad muy pocas veces conseguido en una cinta convencional. Esto fue logrado en parte por filmarla en el Harlem hispano, en la calle 116 y sus alrededores, igual que por utilizar actores locales. No se percibe en ella ninguna apariencia de Hollywood.

La relación de Nazerman con su joven aprendiz puertorriqueño, Jesús (Sánchez), evoluciona lentamente mientras Jesús llega a comprender la lucha del prestamista para sobrevivir los horrores del campo de concentración nazi. El joven admira al prestamista como si fuera su maestro. "Instrúyeme acerca del oro, jefe", le dice, a pesar de la actitud negativa de Nazerman hacia todos. Jesús entrega su propia vida para salvar la del hombre quien, en un momento de desesperación, le dice, "Tú no significas nada para mí". El prestamista, que se había aislado de todas las emociones, comprende muy tarde el cariño que sentía por su ayudante.

Jaime Sánchez (izq.) es Jesús, un joven puertorriqueño aprendiz de Sol Nazerman (interpretado por Rod Steiger), quien quiere aprender todo sobre el negocio de empeños en *The Pawnbroker.*

The Pearl (1948, RKO Radio Pictures)
La perla

DIRECTOR: Emilio Fernández
GUIÓN: John Steinbeck, Emilio Fernández y Jack Wagner, basado en la historia de John Steinbeck. Adaptación al español de Emilio Fernández y Mauricio Magdaleno
PRODUCTOR: Oscar Dancigers
ELENCO: Pedro Armendáriz, María Elena Marqués, Alfonso Bedoya, Fernando Wagner

El cinematógrafo Gabriel Figueroa (izq.), las estrellas María Elena Marqués y Pedro Armendáriz y el director Emilio Fernández (der.), posan para una foto en el escenario de *The Pearl*.

Quino (Armendáriz), un pescador de perlas con dificultades económicas, imposibilitado de mantener a su familia, y con gran necesidad de dinero para pagar la asistencia médica de su bebé, Coyotito, encuentra la perla más maravillosa que nadie haya podido ver jamás. La belleza y poderío de la joya muy pronto se convierten en una maldición que amenaza con destruirlo a él, a su esposa Juana (Marqués), y todo su género de vida.

Imponentes fotografías nocturnas por el maestro cinematografista, Gabriel Figueroa, y marinas de Acapulco, respaldan el drama social y personal.

Con el respaldo activo de John Steinbeck, *The Pearl* fue escrita para la pantalla, y filmada en 1945, antes que la novela fuera publicada en los Estados Unidos. La leyenda de Quino está basada en una antigua leyenda mexicana. RKO compartió la responsabilidad financiera del presupuesto de $400.000 con los estudios Churubusco de RKO, y el gobierno mexicano. Filmada en inglés y en español simultáneamente, tuvo un ingreso de $2 millones en el estreno inicial de los Estados Unidos. *The Pearl* obtuvo el premio internacional del festival de San Sebastián.

The Penitent (1988, Century Vista Film Co.)

DIRECTOR: Cliff Osmond
GUIÓN: Cliff Osmond
PRODUCTOR: Michael Fitzgerald
ELENCO: Raúl Juliá, Armand Assante, Rona Freed, Julie Carmen

Una melodramática cinta romántica triangular, situada en un pequeño pueblo de Nuevo México en el presente. El pueblo está gobernado por una secta católica de flagelantes, que monta el drama de la Pasión, crucificando de verdad al que interpreta a Cristo. Esta interesante pero desigual historia, tiene una actuación dinámica de parte de los personajes principales. Aunque la historia tiene lugar en Nuevo México, fue filmada en México.

Pepe (1960, Columbia)

DIRECTOR: George Sidney
GUIÓN: Dorothy Kingsley y Claude Binyon, basado en una historia de Leonard Spigelgass y Sonya Levien, de la obra teatral *Broadway Magic*, de Ladislas Bush Fekete
PRODUCTOR: George Sidney
ELENCO: Cantinflas, Shirley Jones, Dan Dailey, Carlos Montalbán

Después de su inmenso éxito internacional con *La vuelta al mundo en ochenta días* (1956), Cantinflas escogió esta extravagancia de tres horas de duración, repleta de estrellas, como una manera de presentarse al público americano como estrella por derecho propio, con la seguridad taquillera de los más notables personajes de Hollywood, en actuaciones especiales.

Cantinflas aparece como un novio llamado Pepe, quien ha cuidado de un semental durante años en Ciudad de México. Un día, Pepe encuentra que han vendido el caballo a un director de cine americano (Dailey), por lo que Pepe viaja a los Estados Unidos para estar con el animal.

La película, filmada con trasfondos de México y Los Ángeles, tiene poco que ofrecer, por más que una de las mejores escenas es el número bailable de la tequila, con Debbie Reynolds y una secuencia de muñecos animados, en la cual el verdadero Cantinflas pelea con un toro de cartón.

The Pérez Family (1995, Samuel Goldwyn)

DIRECTOR: Mira Nair
GUIÓN: Robin Swicord y Christine Bell
PRODUCTOR: Michael Nozik y Lydia Dean-Pilcher
ELENCO: Marisa Tomei, Alfred Molina, Chazz Palminteri, Anjelica Huston, Trini Alvarado, Celia Cruz

Contraponiéndola con los colores vibrantes y ritmos de la Pequeña Habana de Miami, *The Pérez Family* sigue el curso de las vidas de un grupo de inmigrantes cubanos, que descubren que sus familiares se han convertido en extraños, y los extraños se han convertido en familiares. Después de sufrir veinte años de cárcel, Juan Raúl Pérez (Molina) es puesto en libertad de una cárcel cubana, y va a Miami con la esperanza de reunirse con su esposa Carmela (Huston) y una hija ya crecida, Teresa (Alvarado). En la embarcación que lo lleva a Estados Unidos, conoce a Dorita Pérez (Tomei), un espíritu libre voluptuoso, que sueña con el *rock 'n' roll* y con John Wayne. Cuando llegan, un funcionario de inmigración erróneamente inscribe a Juan y Dorita como "casados". Mientras tanto, la impaciencia de Carmela se vuelve desilusión, cuando piensa que Juan no está entre los últimos llegados del Mariel.

El film dio lugar a protestas de grupos de derechos civiles de los Estados Unidos, porque no se usaron actores hispanos en papeles principales, y el director y guionista no eran tampoco hispanos.

The Pest (1997, TriStar)

DIRECTOR: Paul Miller
GUIÓN: David Bar Katz, John Leguizamo, basado en la historia "The Most Dangerous Game", de Richard Connell
PRODUCTOR: Sid Sheinberg, Jonathan Sheinberg y Bill Sheinberg
ELENCO: John Leguizamo, Jeffrey Jones, Edoardo Ballerini, Freddy Rodríguez, Tammy Townsend, Aries Spears

John Leguizamo, cuya inventiva comedia le ha ganado numerosos premios y legiones de admiradores, aparece como Pestario "Pest" Vargas, un artista embustero que cambia como el camaleón, y puede transformarse de un chino mensajero que habla muy rápido, a un rabino ortodoxo en un abrir y cerrar de ojos. El Peste necesita todas las caras que él puede conjurar, una vez que atrae la atención de Gustav Shank (Jones), un alemán loco que lo está buscando porque su cabeza tiene precio, y los gángster quieren los $50.000 que El Peste les debe. El film, que incluye una persecución, una cacería, una fiesta y un motín, sucede alrededor del multicolor distrito de South Beach, en Miami.

Philadelphia (1993, TriStar)

DIRECTOR: Jonathan Demme
GUIÓN: Ron Nyswaner
PRODUCTOR: Edward Saxon y Jonathan Demme
ELENCO: Tom Hanks, Denzel Washington, Antonio Banderas

Drama de una corte de justicia referente a un abogado, Andrew Beckett (Hanks), que es despedido de un bufete prestigioso cuando se sabe que padece de SIDA. Determinado a defender su reputación profesional, Andrew contrata a un abogado especialista en daños personales (Washington), para que lo represente, cuando demanda a su antigua firma por despido ilegal. Banderas hace el rol de Miguel Álvarez, compañero de la vida de Andrew, y su amante. Ésta es la primera vez que una importante película de Hollywood ofrece una presentación humana de un personaje homosexual hispano.

Picking Up the Pieces (2000, Independent Distribution)

DIRECTOR: Alfonso Arau
GUIÓN: Bill Wilson
PRODUCTOR: Alfonso Arau, Paul Sandberg, Mimi Polk Gitlin
ELENCO: Woody Allen, Sharon Stone, Angélica Aragón, Enrique Castillo, Maria Grazia Cucinotta, Danny De la Paz, Lupe Ontiveros, Cheech Marín, Pepe Serna, Dyana Ortelli, Jackie Guerra, Fran Drescher, Tony Plana, Lou Diamond Phillips, Jon Huertas

Woody Allen, la estrella del filme, aparece como un carnicero kosher quien asesina a su esposa (Stone), en un ataque de rabia, cuando se entera de su infidelidad. En camino a México para enterrar el cuerpo, pierde la mano de la muerta. Cuando una ciega tropieza con ella y recobra la vista, los residentes de un pequeño pueblo lo consideran como un milagro, mientras los magnates del pueblo tratan de ingeniar una intriga económica, para beneficio del pueblo y de ellos.

Pirates of Monterey (1947, Universal)

DIRECTOR: Alfred Werker
GUIÓN: Sam Hellman y Margaret Buell Wilder, basado en una historia de Edward T. Lowe y Bradford Ropes
PRODUCTOR: Paul Malvern
ELENCO: María Montez, Rod Cameron, Philip Reed, Gilbert Roland, George J. Lewis

Una aventura de acción del oeste, en Technicolor, acerca del atentado de los españoles leales por destituir al gobierno de México, antes del ingreso de California en los Estados Unidos, con la tórrida Montez como Marguerita, una señorita española. Un capitán americano de la California de la década de 1840, trae un cargamento de rifles al presidio mexicano de Monterrey, para repeler los posibles ataques de los piratas españoles. Roland aparece como el Comandante De Roja, jefe de la guarnición, pero es también un líder rebelde en combinación con los piratas. Chris-Pin Martin hace un pequeño papel como el hombre de las caretas.

Play It to the Bone (2000, Buena Vista)

DIRECTOR: Ron Shelton
GUIÓN: Ron Shelton
PRODUCTOR: Stephen Chin
ELENCO: Woody Harrelson, Antonio Banderas, Lolita Davidovich, Lucy Liu, Tom Sizemore, Robert Wagner

Vince Boudreau (Harrelson) y César Domínguez (Banderas), muy buenos amigos y a la vez boxeadores profesionales rivales que no han trabajado en años, consiguen la mejor oportunidad de su vida: trabajar juntos en Las Vegas. Su apuro para llegar al gran acontecimiento la complican dos mujeres de las cuales ellos se han enamorado.

Plunder of the Sun (1953, Warner Bros.)

DIRECTOR: John Farrow
GUIÓN: Jonathan Latimer, basado en la novela de David Dodge
PRODUCTOR: Robert Fellows
ELENCO: Glenn Ford, Diana Lynn, Patricia Medina, Sean McClory, Eduardo Noriega, Julio Villarreal, Margarito Luna, Juan García

Un drama rutinario de aventura, realzado por la filmación en Oaxaca, entre las antiguas ruinas, y con un elenco de actores de reparto mexicanos. El americano

Al Colby (Ford), se encuentra sin dinero y varado en Cuba, donde lo contrata Anna Luz (Medina), para llevar un paquete que parece ser inofensivo, a Oaxaca, México. Los pasos de Ford se entrecruzan con los de Julie Barnes (Lynn), y Jefferson (McClory). Colby descubre que el paquete contiene tres láminas de viejos pergaminos cubiertas por unas extrañas escrituras, que lo pueden llevar a la riqueza secreta de los aztecas. Con la ayuda de Navarro (Villarreal) para traducir el manuscrito, se dispone a resolver el misterio del tesoro de los zapotecas con Anna Luz.

El director John Farrow, en una nota de prensa de la Warner Bros. publicada en ese tiempo, dijo, "El gobierno mexicano está muy complacido con nuestro guión, porque ésta será la primera película hecha sobre México, con mexicanos, donde los americanos son los villanos, y los mexicanos los héroes".

La compañía Wayne-Fellows, de la que era dueño John Wayne, produjo la cinta para la Warner Bros. Wayne también produjo *Hondo* (1953) ese mismo año en México. Al Ybarra fue el director de arte.

The Plunderers (1960, Allied Artists)

DIRECTOR: Joseph Pevney
GUIÓN: Bob Barbash
PRODUCTOR: Joseph Pevney
ELENCO: Jeff Chandler, John Saxon

Cuatro cuatreros adolescentes, llegan cabalgando a un pequeño pueblo solitario del oeste, y causan un alboroto. Sam (Chandler), un amargado veterano de la guerra civil quien ha perdido el uso de un brazo, siente irritación por los últimos hechos, y se apresta a combatir a los maleantes.

La delincuencia juvenil es el tema de esta pesimista cinta del oeste. Uno de los adolescentes, un mexicano llamado Rondo, interpretado por Saxon, no le interesa más que la muchacha del pueblo. Cuando trata de matar a Sam a puñaladas, ella le da un tiro.

Popi (1969, United Artists)

DIRECTOR: Arthur Hiller
GUIÓN: Tina y Lester Pine
PRODUCTOR: Herbert B. Leonard
ELENCO: Alan Arkin, Rita Moreno, Miguel Alejandro, Reuben E. Figueroa, Antonia Rey, Gladys Vélez, Santos Morales, René Enríquez

Una conmovedora y simpática historia de un viudo puertorriqueño, Abraham Rodríguez (Arkin), y su elaborado esfuerzo por rescatar a sus hijos de los peligros

Abraham (Alan Arkin), un viudo, ordena a sus hijos, Junior (Miguel Alejandro, der.) y Luis (Reuben Figueroa), que crucen en el Golfo de México en un esquife con la esperanza de que los rescaten y luego sean adoptados por alguien quien los pueda cuidar mejor en *Popi.*

de la vida del barrio de Nueva York. Su plan es ponerlos en un bote fuera de la costa de Miami, con la esperanza de conseguir empezar de nuevo con el auxilio del estado. Como refugiados de la Cuba de Castro, ellos podrían ser considerados pequeños héroes. Su arriesgada aventura recibiría mucha publicidad y los llevaría, probablemente, a ser adoptados por alguien que pudiera proveer todas las mejoras materiales que Abraham no puede. Al final, el plan funciona demasiado bien, pero todos se dan cuenta que el cariño es más importante que cualquier otra riqueza material, y el padre y los hijos se reúnen.

Popi (forma cariñosa de los puertorriqueños de llamar al padre), obtuvo un modesto éxito comercial. Ofreció una mirada no corriente a la vida puertorriqueña en Nueva York, e introdujo en el cine a dos jóvenes actores que fueron descubiertos para la cinta, Reuben Figueroa y Miguel Alejandro.

Alan Arkin, como Abraham, tuvo una correcta proyección dramática y cómica, pero apareció un extraño acento puertorriqueño que nunca había sido escuchado anteriormente. Moreno apareció como Lupe, una vecina interesada en Abraham y los niños.

El film se separó de la norma de Hollywood al presentar personajes hispanos dignos, que tratan de sobreponerse a las situaciones difíciles de una manera humana. También trajo a colación varias preguntas sobre cómo este país trata a las minorías hispanas. Los refugiados cubanos reciben mucha más ayuda cuando llegan a los Estados Unidos que los puertorriqueños, que son ciudadanos americanos.

Portrait of Maria

Ver María Candelaria

Posse (1993, Gramercy)

DIRECTOR: Mario Van Peebles
GUIÓN: Sy Richardson y Dario Scardapane
PRODUCTOR: Preston Holmes y Jim Steele
ELENCO: Mario Van Peebles, Tone Loc, Billy Zane, Charles Lane, Blair Underwood

La historia de un grupo de soldados afro-americanos del ejército de los Estados Unidos, que pelean en Cuba durante la guerra hispanoamericana de la década de 1898. Desilusionados por el racismo y corrupción del comandante de la tropa, y habiendo sobrevivido una misión suicida en la que ellos le ganaron a los soldados españoles, el grupo encuentra un caché de oro y deserta. Regresan a un municipio de los Estados Unidos, llamado Freemanville, donde se ven obligados a convertirse en bandidos para poderse proteger. Los primeros veinte minutos del filme suceden en Cuba. El director y estrella, Mario Van Peebles, hace un estilístico, y terriblemente violento intento de enfocar la participación de los afro-americanos en la historia del Viejo Oeste.

The Possession of Joel Delaney (1972, Paramount)

DIRECTOR: Waris Hussein
GUIÓN: Matt Robinson y Grimes Grice, basado en una novela de Ramona Stewart
PRODUCTOR: Martin Poll
ELENCO: Shirley MacLaine, Perry King, Miriam Colón, Edmundo Rivera Álvarez

El espíritu de Tonio Pérez, un asesino puertorriqueño de diecisiete años de edad, se posesiona del cuerpo de su mejor amigo, Joel, que vive ahora en el apartamento de Tonio.

Joel (King), se transforma en el definitivo estereotipo puertorriqueño, completo con pelo engrasado hacia atrás, mal acento, chaqueta de cuero negro y navaja. Norah (MacLaine), la hermana de Joel, que vive en un apartamento elegante del noreste de la ciudad, no puede entender por qué su hermano quiere vivir con "esas gentes". Joel continúa la matanza de Tonio, asesinando a su novia, después al psiquiatra, y tratando de matar a su hermana, antes que la bala de un policía ponga fin a su vida. Pero entonces el espíritu de Tonio se posesiona del cuerpo de Norah, y el público es dejado a rumiar sobre lo que sucederá después.

Colón, como la sirvienta de Norah, y Edmundo Rivera Álvarez, como el director de una sesión espiritista, aparecen en roles secundarios.

Gary Giddins, en el *Hollywood Reporter* (5/17/72), resumió el filme de la mejor manera: "Lo más excepcional de esta cinta es que está muy en contra de los puertorriqueños, y en un país donde la xenofobia es a veces confundida con patriotismo, esto no puede dejarse de lado. Los residentes de este horrible y reservado barrio, son siempre mencionados como 'ellos', y todos 'ellos' creen en brujería".

Il Postino/The Postman (1994, Miramax)

El cartero

DIRECTOR: Michael Radford
GUIÓN: Anna Pavignano, Michael Radford, Furio Scarpelli, Giacomo Scarpelli, Massimo Troisi
PRODUCTOR: Mario y Vittorio Cecchi Gori, Gaetano Daniele
ELENCO: Massimo Troisi, Maria Grazia Cucinotta, Philippe Noiret

El filme es una historia humorística y conmovedora de un simple cartero, que abre los ojos a un mundo de completas nuevas posibilidades, cuando entrega cartas a uno de los poetas más románticos del siglo XX. Este filme está inspirado en un incidente de la vida del renombrado poeta y diplomático chileno, Pablo Neruda (Noiret), quien fue forzado a marchar al exilio en 1952, y el gobierno italiano le dio asilo en una remota y bella isla, cerca de la costa de Nápoles.

Mario (Troisi) es un tímido y humilde cartero, quien no tiene ninguna oportunidad de conquistar a Beatrice (Cucinotta), la mujer más sensual del pueblo, hasta que el famoso poeta chileno lo pone en conocimiento de las palabras necesarias. La seriedad de Mario le gana la confianza del elusivo poeta, y una extraña pero conmovedora amistad se desarrolla entre Neruda y Mario.

Este filme obtuvo nominaciones de la Academia como Mejor Película, Mejor Director, Mejor Actor y Mejor Adaptación del Guión, y ganó el Oscar® como la Mejor Partitura Original para su compositor, Luis Bacalov.

Predator (1987, Twentieth Century Fox)

DIRECTOR: John McTiernan
GUIÓN: Jim Thomas y John Thomas
PRODUCTOR: Lawrence Gordon, Joel Silver y John Davis
ELENCO: Arnold Schwarzenegger, Carl Weathers, Elpidia Carrillo

Dutch (Schwarzenegger), capitanea a un grupo de tropas militares encubiertas, en una misión para rescatar a rehenes americanos que están secuestrados por las guerrillas de una selva en América Central. En la selva, ellos encuentran a un extraño ser del espacio, que caza a los humanos por deporte.

Ésta es una cinta de ciencia-ficción de suspenso, excitante e inesperada que está muy bien hecha. No obstante, la estropea una trama secundaria de menor cuantía, al estilo de la política estándar de la era de Reagan y los Contra, en la que los americanos ponen a las guerrillas en su lugar.

En las fuerzas combatientes multi-étnicas de los Estados Unidos, se destacan Carl Weathers como Dillon; Sonny Landham como Billy; un indio americano; Richard Chaves como Pancho; y Bill Duke como Mac. Elpidia Carrillo tiene a su cargo el papel de Anna, una joven operativa de las guerrillas. *Predator* fue filmada cerca de Puerto Vallarta, México.

PREDATOR 2 (1990, TWENTIETH CENTURY FOX)

DIRECTOR: Stephen Hopkins
GUIÓN: James Thomas y John Thomas
PRODUCTOR: Joel Silver, Lawrence Gordon y John Davis
ELENCO: Danny Glover, Gary Busey, María Conchita Alonso, Rubén Blades

Situada en 1997 en Los Ángeles, los policías, con minoría de armamentos, se enfrentan a las hordas de narcotraficantes jamaiquinos, colombianos y otros grupos de criminales que gobiernan la calle. De repente, algo incomprensible e inexplicable comienza a suceder cuando, uno a uno, los cabecillas de las pandillas son asesinados por un misterioso y aterrador adversario, que los ataca con feroz desenfreno y astuto poderío sobrenatural. Harrigan (Glover) está dispuesto a capturar y enjuiciar a los responsables de estos crímenes brutales, cuando se da cuenta que su patrulla ya no es la que persigue. El depredador está en "un safari" en las calles de la ciudad, y ha empezado a cazar a la policía, que se ha convertido en su próximo gran juego.

El elenco étnicamente diverso está encabezado por Danny Glover, como el detective Harrigan, Blades es su compañero, y amigo de la niñez, Danny Archuleta, y Alonso aparece como la detective Leona Carroll.

PRICE OF GLORY (2000, NEW LINE CINEMA)

DIRECTOR: Carlos Ávila
GUIÓN: Phil Berger
PRODUCTOR: Moctesuma Esparza y Robert Katz
ELENCO: Jimmy Smits, Jon Seda, Clifton Collins Jr., María del Mar, Sal López, Paul Rodríguez

Arturo Ortega (Smits), es un boxeador fracasado, que está criando a sus tres hijos para que se conviertan en campeones del cuadrilátero, y su obsesión causa los problemas dentro de la familia, cuando van en busca del campeonato.

THE PRIDE AND THE PASSION (1957, UNITED ARTISTS)

DIRECTOR: Stanley Kramer
GUIÓN: Edward y Edna Anhalt, basado en la novela *The Gun*, de C.S. Forester
PRODUCTOR: Stanley Kramer
ELENCO: Cary Grant, Sophia Loren, Frank Sinatra, Joe Domínguez

Durante las guerras Napoleónicas, el Capitán Anthony Trumbull (Grant), un oficial naval británico, es enviado a España para retirar un enorme cañón que fue abandonado por el ejército español, para que los ingleses lo puedan usar contra el ejército de Napoleón. Miguel (Sinatra), un líder guerrillero español, quiere usar el cañón para atacar la guarnición francesa de Ávila. Juana (Loren), es la bella española que lo sigue. Para poder atacar la ciudad, ellos mueven el cañón a través de los campos de España, pagando un alto precio en vidas humanas.

El espectáculo tiene un comienzo de gran envergadura, algunas estrellas en papeles equivocados, y un guión pobre que no logra sostener el interés durante las dos largas horas que dura la cinta. Fue filmada en los exteriores de España.

The Private Life of Don Juan (1934, United Artists)

DIRECTOR: Alexander Korda
GUIÓN: Frederick Lonsdale, Lajos Biró y Arthur Wimperis, basado en una obra teatral de Henri Bataille
PRODUCTOR: Alexander Korda
ELENCO: Douglas Fairbanks, Merle Oberon

Don Juan se ha retirado a una vida tranquila en una aldea española. Molesto por los muchos libros y obras teatrales que se han hecho de él, regresa a Sevilla para una última aventura amorosa, pero nadie cree que él es Don Juan. El envejecido Douglas Fairbanks, en su última actuación estelar, no fue bien recibido.

The Professionals (1966, Columbia)

DIRECTOR: Richard Brooks
GUIÓN: Richard Brooks, basado en la novela *A Mule for the Marquesa*, de Frank O'Rourke
PRODUCTOR: Richard Brooks
ELENCO: Burt Lancaster, Lee Marvin, Robert Ryan, Jack Palance, Woody Strode, Claudia Cardinale, Ralph Bellamy

Durante la revolución mexicana de 1917, un grupo de mercenarios americanos (Lancaster, Marvin, Ryan y Strode) son contratados para rescatar a la esposa mexicana (Cardinale) de un hombre de negocios americano (Bellamy), quien ha sido secuestrada por el revolucionario mexicano, Raza (Palance).

Uno de los mercenarios pone en duda su propósito de esta manera, "¿Qué hacen los americanos en esta revolución, de todas maneras?" Otro contesta, "Quizás hay solamente una revolución, los buenos contra los malos. La única pregunta es, ¿qué somos nosotros?"

Jack Palance y Marie Gómez como Chiquita (y un hombre no identificado) en *The Professionals.*

La cinta está llena de imágenes de bandidos bigotudos que arañan y diezman a los rurales (la policía local), y gringos que son mejores que los mexicanos. La imagen de las mujeres mexicanas en este filme es la del tipo voluptuoso y volcánico. El resultado es que, Cardinale, la buena esposa, es la novia de la niñez de Palance, el mexicano revolucionario, y huyó con él voluntariamente. Esta conmovedora cinta del oeste hecha por Brooks, muy bien escrita y dirigida, presenta un reparto estelar con algunos virajes agradables. Entre los actores hispanos aparecen Marie Gómez, como Chiquita, Carlos Romero, José Chávez, Rafael Bertrand, Daniel Núñez, Roberto Contreras, Dave Cadiente, Dolores Corral, Primo López y Tony Mireles. Fue filmada cerca de Las Vegas, Nevada.

Pure Luck (1991, Universal)

DIRECTOR: Nadia Tass
GUIÓN: Herschel Weingrod y Timothy Harris
PRODUCTOR: Lance Hool y Sean Daniel
ELENCO: Martin Short, Danny Glover, Pedro Armendáriz Jr.

Un contador propenso a accidentes, Eugene Proctor (Short), parte en una misión a encontrar a una heredera (también propensa a accidentes) que está desaparecida. Su compañero es el detective Ray Campanella (Glover), quien en principio no cree en la mala suerte. Esta aventura cómica fue filmada en Acapulco, y es una versión muy inferior al mucho más gracioso y exitoso original francés, *La Chèvre* (1981), en la que trabajaron como estrellas Gérard Depardieu y Pierre Richard, en el mismo escenario mexicano.

Q (1982, United Film Distribution)

También llamada The Winged Serpent

DIRECTOR: Larry Cohen
GUIÓN: Larry Cohen
PRODUCTOR: Larry Cohen
ELENCO: David Carradine, Richard Roundtree, Michael Moriarty

Un monstruoso pájaro serpiente gigantesco, el espíritu del dios azteca Quetzalcoatl, vuelve a la vida en tiempos modernos. El pájaro hace cría en la torre del Edificio de la Chrysler, en la ciudad de Nueva York, desde donde ataca por sorpresa (en picada) a las víctimas. El nido al fin es descubierto, y hay un ataque culminante con helicópteros y aviones. *Q*, que pudiera llamarse el *King Kong* (1933) volador de los plebeyos, no es más que una cinta de horror estúpida, con algunas actuaciones decentes.

Q & A (1990, TriStar)

DIRECTOR: Sidney Lumet
GUIÓN: Sidney Lumet, basado en la novela de Edwin Torres
PRODUCTOR: Arnon Milchan y Burtt Harris
ELENCO: Nick Nolte, Timothy Hutton, Armand Assante, Jenny Lumet, Luis Guzmán, Charles Dutton, Gloria Irizarry

Un joven fiscal del distrito llamado Reilly (Hutton), es asignado a investigar el asesinato de un joven puertorriqueño, a manos del fanático policía irlandés Brennan (Nolte). Riley, poco a poco, va descubriendo que en el departamento de la policía hay una amplia conspiración, en la que está involucrada el hampa, y su propia antigua amante, Nancy Bosch (Lumet), quien es ahora la esposa de Bobby Texador (Assante), un narcotraficante puertorriqueño.

El director Sidney Lumet, en *Prince of the City* (1981), anduvo por este camino antes, que era también un examen de la corrupción y el racismo en el Departamento de Policía de la ciudad de Nueva York, y en la política local.

Q & A está basada en un libro del juez puertorriqueño de Nueva York, Edwin Torres. Este intenso examen del Departamento de Policía de Nueva York, y el sistema judicial, resuena con una realidad que solo un exigente cineasta como Lumet puede capturar en cinta. Es una película fuerte y fascinante —aunque al final se daña ligeramente— con personajes desagradables. La actuación de Nolte es un estudio del carácter de un policía racista de la vieja guardia. El personaje de Hutton es un inocente que proviene de una familia de policías, y ha sido un policía de la calle por varios años, pero es sorprendentemente ingenuo sobre el sistema. Según le dice un abogado mayor que él, "Sufres de la misma enfermedad que yo tuve: yo también creí que podía cambiar las cosas".

Assante, como Bobby Texador, representa con mucha veracidad a un puertorriqueño, que es un astuto sabelotodo; sin embargo, quiere salirse de esa vida y mejorar por el bien de Nancy, a quien él ama. Assante también imparte dignidad al papel, que de otra manera hubiera sido una caricatura igual a la de sus mafiosos secuaces. Guzmán impartió a su papel, de detective Valentín, un grado de ligereza y realidad, haciéndolo un personaje memorable y redondeado. Bromas racistas tienen lugar en la estación, no solo entre Valentín y Chappy (Dutton), sino entre los otros policías. Igual que en este microcosmos de minorías y grupos étnicos que luchan por poderío en Nueva York; los policías y los funcionarios que aplican la ley, en su propia corrupción, son reflejos a la inversa de cada uno.

Jenny Lumet está excelente, y Paul Calderón ofrece una buena caracterización como un confidente homosexual. Irizarry aparece como la madre de Nancy. Rubén Blades compuso la partitura musical.

R.P.M. (1970, Columbia)

DIRECTOR: Stanley Kramer
GUIÓN: Erich Segal
PRODUCTOR: Stanley Kramer
ELENCO: Anthony Quinn, Ann-Margret

Quinn es "Paco" Pérez, un puertorriqueño profesor de sociología, de cincuenta y tres años de edad, quien fue criado en el Harlem hispano de Nueva York (que no era exactamente hispano todavía durante su crecimiento). Debido a su compenetración con los estudiantes, es nombrado presidente temporal de la universidad, para facilitar las negociaciones con un grupo de estudiantes militantes que se han apoderado de un edificio del campus. Finalmente, sin embargo, él tiene que llamar a la policía.

El violento choque inevitable entre estudiantes y policías, sucede, y Pérez cuestiona sus propios valores y postura moral. Inés Pedroza trabaja como una estudiante chicana llamada Estrella. Éste fue uno de varios filmes basados en las inquietudes de los campus de los Estados Unidos al final de la década de los años 60. Quinn ofrece una buena actuación como un supermoderno profesor de sociología, quien viaja en motocicleta, no usa corbata, y tiene de amante a una joven estudiante diferente cada seis meses (esta vez era Ann-Margret).

Raíces de sangre (1979, Azteca)

DIRECTOR: Jesús Treviño
GUIÓN: Jesús Treviño
PRODUCTOR: CONACINE y Jesús Treviño
ELENCO: Richard Yñiguez, Roxanna Bonilla-Giannini, Pepe Serna, Ernesto Gómez Cruz

Raíces de sangre, el primer largometraje teatral hispanoamericano o chicano, fue escrito, producido y dirigido por Jesús Salvador Treviño. Treviño había estado en servicios activo como galardonado productor de televisión y cineasta de documentales, en la emisora de servicio público KCTE de Los Ángeles, desde 1969. En un viaje educacional a México, Treviño interesó al entonces presidente de México, Luis Echevarría Álvarez, en hacer una cinta que dramatizara el problema de los chicanos en los Estados Unidos. El presidente expresó su interés en el tema, en un mitin inicial con Treviño y otros artistas.

En aquel momento, la industria del cine mexicana estaba controlada por el gobierno y a la cabeza tenía a la hermana del presidente. La cinta fue producida por la Corporación Nacional Cinematográfica (CONACINE) en México, y fue el primer filme en involucrar los talentos de actores y cineastas chicanos, y actores y cineastas mexicanos.

La historia tiene lugar en uno de los "maquiladores", las factorías de trabajo intenso situadas en los pueblos que están a todo lo largo de la frontera entre Estados Unidos y México, y retrata las luchas de los trabajadores mexicanos y chicanos en ambos lados de la frontera, por crear una unión laboral internacional. *Raíces de sangre*, una compleja cinta de muchas facetas, también trata sobre los inmigrantes extranjeros, narcotraficantes y el orgullo chicano.

La historia está centrada en Carlos Rivera (Yñiguez), un abogado joven que acaba de graduarse de la escuela de leyes de Harvard, y ha establecido su oficina en San Francisco. De regreso a la frontera un verano, para trabajar con un grupo de acción comunitaria, Barrios Unidos, Rivera es atraído con desgano a la lucha de los trabajadores.

Yñiguez es la estrella de un reparto que incluye a Roxanna Bonnilla-Giannini, como Lupe Carrillo, una bella chicana activista que lentamente se convierte en el interés amoroso de Carlos. Ella es consciente políticamente, auto-suficiente y dedicada a la gente del barrio; además enseña a Carlos cómo participar en toda clase de trabajos por la causa, hasta a hacer fotocopias. Ella no cae en los típicos convencionalismos de la pantalla de la dedicada secretaria o partidaria, sino que es una de las mejores representantes y modelo de conducta positiva de una moderna mujer mexicano-americana. En el elenco aparece también Serna, como un desafortunado organizador laboral, y Gómez Cruz, como un trabajador que trata de tener una vida mejor.

La cinta fue filmada en español en 1976, y estrenada en los teatros de habla castellana de los Estados Unidos y en teatros de estudio, en una versión con subtítulos en 1979. La canción característica del filme fue escrita para la cinta por el actor/compositor Daniel Valdéz. *Raíces de sangre* recibió buenas críticas y tuvo mucho éxito en las taquillas de los teatros que exhiben películas en español.

Treviño comentó, "Yo estaba intrigado por la oportunidad de escribir y dirigir el filme en México, no sólo por lo que eso representaba en referencia a mi propio crecimiento artístico, sino también por la importancia dentro del contexto de la experiencia latina... Yo creo que es muy significante que la primera película de importancia sobre la experiencia chicana y mexicana fuera iniciada por la industria fílmica de México, y trató de explicar mucha de la realidad mutuamente compartida por el público de los Estados Unidos y México".

The Raiders (1952, Universal)

DIRECTOR: Lesley Selander
GUIÓN: Polly James y Lillie Hayward
PRODUCTOR: William Alland
ELENCO: Richard Conte, Viveca Lindfors, Barbara Britton, William Bishop, Richard Martin, George J. Lewis

La historia se desarrolla durante los días de la Fiebre de Oro de California, y los primeros días de California como un estado. Jan Morrell (Conte) es un prospector cuya demanda ha sido robada, y su esposa y cuñado han sido asesinados por bandidos que trabajan para un malvado magnate de tierras. Morrell, buscando venganza, se une a un grupo de ciudadanos de California que han perdido sus propiedades. Ellos están dirigidos por Felipe Ortega (Martin), un antiguo rico hacendado. Viveca Lindfors aparece como una señorita californiana, hija de un hacendado que ha perdido sus tierras. Hay mucha acción y tiroteo en este oeste en Technicolor. Martin está muy bien como actor de reparto en ésta, su primera cinta lejos de RKO, donde trabajó como Chito Rafferty, el secuaz de Tim Holt en un número de cintas del oeste de ese estudio.

RAIDERS OF THE LOST ARK (1981, PARAMOUNT)

DIRECTOR: Steven Spielberg
GUIÓN: Lawrence Kasdan, basado en una historia de George Lucas y Philip Kaufman
PRODUCTOR: Frank Marshall
ELENCO: Harrison Ford, Karen Allen

En el prólogo de este exitoso filme, Indiana Jones (Ford), un aventurero arqueólogo americano, es perseguido por indios semidesnudos en una selva tropical suramericana, después que él roba un ídolo de un templo escondido que es una trampa explosiva.

El prólogo establece, para una nueva generación de aficionados al cine, la vieja caricatura racista de Sudamérica. Los temas de americanos en busca de tesoros escondidos y aventuras en lugares exóticos, se ponen en evidencia claramente en las series de las matinées de los sábados, a las cuales los filmes de Indiana Jones rendían pleitesía. Las escenas fueron realmente rodadas en los exteriores de la isla de Kauai, en Hawaii

RAIDERS OF THE SEVEN SEAS (1953, UNITED ARTISTS)

DIRECTOR: Sidney Salkow
GUIÓN: Sidney Salkow y John O'Dea
PRODUCTOR: Sidney Salkow
ELENCO: John Payne, Donna Reed, Gerald Mohr

Dirigidos por Barbarossa (Payne), los bucaneros capturan un galeón español y una condesa (Reed), de la que se enamora Barbarossa. Hay complicaciones que llevan a un ataque de la guarnición española en el puerto de La Habana, Cuba.

RAMONA (1916, STATE RIGHTS DISTRIBUTION)

DIRECTOR: Donald Crisp
GUIÓN: Lloyd Brown, basado en una novela de Helen Hunt Jackson
PRODUCTOR: W.H. Clune
ELENCO: Adda Gleason, Monroe Salisbury, Víctor Vallejo, Inéz Gómez, Joe de la Cruz, Arthur Tavares

Cine silente. Una masiva producción fílmica para su tiempo, dirigida por Crisp, miembro de la tropa de D.W. Griffith. Presentada en siete rollos, el filme está dividido en tres partes, y fue acompañado por una partitura musical especialmente arreglada, tocada en vivo por una orquesta sinfónica.

Ramona (1928, United Artists)

DIRECTOR: Edwin Carewe
GUIÓN: Finis Fox, basado en la novela de Helen Hunt Jackson
PRODUCTOR: Edwin Carewe
ELENCO: Dolores Del Río, Warner Baxter

Cine silente. Del Río aparece como una mujer medio india, de pelo negro azabache, quien se fuga con un jefe indio (Baxter), contra los deseos de su estricto protector, un acaudalado ranchero español. Carewe, quien descubrió a Del Río, la dirigió en esta historia que el tiempo ha hecho muy popular con el público, filmada en una localidad del sur de California.

Ramona (1936, Twentieth Century Fox)

DIRECTOR: Henry King
GUIÓN: Lamar Trotti, basado en la novela de Helen Hunt Jackson
PRODUCTOR: Sol M. Wurtzel
ELENCO: Loretta Young, Don Ameche, Kent Taylor, Pedro de Córdoba, J. Carroll Naish

La vieja romántica California sirve de escenario al trágico romance de amor de una bella mestiza (Young), y el joven indio Alessandro (Ameche).

La historia había sido filmada antes dos veces más, en 1916 y 1928. Gilbert Roland y Rita Hayworth estaban originalmente programados para ser las estrellas de esta nueva versión, pero cuando Fox fue consolidada con Century Pictures, Young y Ameche recibieron contratos para interpretar los papeles principales. Actores de reparto incluían a Katherine DeMille, como la celosa Margarita, Kent Taylor, como un comprensivo hacendado, Pauline Frederick, como su estricta y aristocrática madre, Jane Darwell como una compasiva colonizadora de Tennessee, y Victor Kilian, como un sacerdote.

Mientras filmaban lo exteriores en Mesa Grande, cerca de San Diego, California, Loretta Young le salvó la vida al niño de dos años de edad, Ramón Lugo. Young y el niño estaban actuando en una escena debajo de una gasa que se usa para los efectos fotográficos, cuando la tela se incendió, debido a las potentes luces que se usan para filmar en Technicolor. Young escapó milagrosamente, y con toda rapidez sacó al bebé de su cuna. Éste fue uno de los primeros filmes en usar el proceso inicial de *two strip* Technicolor.

Red River (1948, United Artists)

DIRECTOR: Howard Hawks
GUIÓN: Borden Chase y Charles Schnee, basado en la novela *The Chisholm Trail*, de Chase
PRODUCTOR: Howard Hawks
ELENCO: John Wayne, Montgomery Clift, Joe Domínguez

En la secuencia inicial de *Red River*, Tom Dunson (Wayne), mata a uno de los escoltas de Don Diego, para probar que el pasto al norte del Río Grande, ahora le pertenece a él, ilustrando eficazmente de esa manera el concepto del *Manifest Destiny*.

Red Sky at Morning (1971, Universal)

DIRECTOR: James Goldstone
GUIÓN: Marguerite Roberts, basado en la novela de Richard Bradford
PRODUCTOR: Hal B. Wallis
ELENCO: Richard Thomas, Richard Crenna, Claire Bloom, Victoria Racimo, Pepe Serna, Mario Aniov, Gregory Sierra, Harry Guardino, Alma Beltrán, Desi Arnaz Jr.

Frank Arnold (Crenna), marcha a pelear en la Segunda Guerra Mundial desde un puerto de la costa del Golfo, y traslada a su esposa, Ann (Bloom), y a la familia, al pequeño pueblo de Sagrado, Nuevo México. El enfoque está situado en el contacto de Josh Arnold (Thomas) con sus contemporáneos multi-raciales, en una escuela donde los blancos son una minoría. Desi Arnaz Jr., hace el papel de Steenie Moreno, hijo del médico hispanoamericano del pueblo y su esposa, que es griega, quien se hace amigo de Josh y lo guía a través de las complejidades del ambiente de Nuevo México, especialmente en lo referente a anglos, indios y mexicanos.

Los personajes son estrictos tipos de fórmula, incluso Nehemiah Persoff y Beltrán, como fieles sirvientes, y una pandilla de bravucones hispanoamericanos, como Serna, que interpreta a Chango López, el peor de todos, y Mario Aniov, como el astuto y peligroso Lindo Velarde. Racimo es Viola López, la trágica estudiante. El enérgico sheriff es representado por Sierra. Fue filmada en Nuevo México.

Repo Man (1984, Universal)

DIRECTOR: Alex Cox
GUIÓN: Alex Cox
PRODUCTOR: Jonathan Wacks y Peter McCarthy
ELENCO: Emilio Estévez, Harry Dean Stanton, Fox Harris, Eddie Vélez, Del Zamora

Del Zamora (der.) y Eddie Vélez (izq.) como los hermanos Lagarto y Napo Rodríguez en *Repo Man*.

Este film se convirtió en un inesperado favorito del público. Otto (Estévez), un joven gamberro de Los Ángeles, se convierte en el protegido de Bud (Stanton), un curtido personaje que requisa carros por falta de pago. Otto pronto desafía a su mentor por $20.000 que conseguirá como premio, si él requisa un Chevy Malibu del año 64, que es conducido por J. Frank Parnell (Harris), un científico nuclear lobotomizado. El Malibú es perseguido locamente por agentes del gobierno, seguidores de UFO (en español: Objetos Extraterrestres No Identificados), y los tristemente célebres hermanos Rodríguez, Lagarto (Zamora), y Napo (Vélez). Dentro del baúl va un objeto inconcebible que súbitamente pudiera cambiar el curso de la civilización. Entonces, por supuesto, llega el clímax, con un "encuentro cercano clase tercera".

Requiem for a Heavyweight (1962, Columbia)

DIRECTOR: Ralph Nelson
GUIÓN: Rod Serling, basado en su obra de televisión
PRODUCTOR: David Susskind
ELENCO: Anthony Quinn, Mickey Rooney, Jackie Gleason

Quinn interpreta a un viejo boxeador de peso completo, Mountain Rivera, cuya racha ganadora se había acabado hacía diecisiete años en el cuadrilátero de boxeo. Su carrera lo ha dejado mentalmente torpe, y amenazado de quedarse ciego. Su entrenador, Maish Rennick (Gleason), no es peor que los otros maleantes de su profesión, y hubiera preferido ver a este hombre poder conseguir alguna paz y tranquilidad en su retiro; pero Rennick está muy envuelto con jugadores de mano dura, y se ve obligado a sacarle algunos dólares a este infeliz boxeador grandote, para poder él poder saldar una deuda de juego.

Rivera era un boxeador irlandés en la trama televisiva, pero en la versión fílmica, el rol fue cambiado a un mexicano-americano. Quinn se inspiró en su propia juventud, cuando él boxeaba nada más que para ganar algún dinero, y modeló parcialmente el personaje, incluso el tono de voz, en el boxeador Primo Carnera. Ésta es una de las mejores y más memorables de las caracterizaciones de Quinn en su carrera.

En una carta publicada en la revista *Life* (2/22/63), el director Ralph Nelson dijo, "Yo disentí con Anthony Quinn sobre su interpretación del papel. Como estaba escrito, el héroe era un ser humano solitario y sensible, un boxeador que resolvía sus hostilidades en el cuadrilátero. Quinn temía que ser bondadoso podía reflejarse en su imagen de masculinidad, por lo que [él] escogió interpretar en su lugar a Sonny Liston [un boxeador muy bien conocido en aquella época]. Yo creo que el concepto de Palance [Palance fue el boxeador de la serie original de televisión] se ajustaba más al papel, y cumplía con el concepto del guión con más eficacia que los intentos que Quinn hizo para dominarlo".

Return of the Seven (1966, United Artists)

DIRECTOR: Burt Kennedy
GUIÓN: Larry Cohen
PRODUCTOR: Ted Richmond
ELENCO: Yul Brynner, Robert Fuller, Julián Mateos, Warren Oates, Claude Akins, Emilio Fernández, Rodolfo Acosta, Fernando Rey

Yul Brynner, como el bandolero Chris, fue el único actor en repetir su papel original de *Los siete magníficos*. Esta cinta fue dirigida por el maestro veterano hacedor de cintas del oeste, Burt Kennedy, con España sustituyendo a México. Los actores mexicanos Fernández, como el cacique de los hacendados, y Acosta, como su ayudante, imparten autoridad y realidad a sus respectivos papeles. Rey hace de cura. Los acentos castellanos pueden notarse en la mayoría de los actores españoles que aparecen como mexicanos.

Revenge (1990, Columbia)

DIRECTOR: Tony Scott
GUIÓN: Jim Harrison y Jeffrey Fiskin, basado en una historia de Jim Harrison
PRODUCTOR: Hunt Lowry y Stanley Rubin
ELENCO: Kevin Costner, Anthony Quinn, Madeleine Stowe, Tomás Milián, Joaquín Martínez

Revenge es una historia espeluznante con sitios espectaculares mexicanos en el metraje. Un piloto de los Estados Unidos, retirado, Cochran (Costner), se enamora de la joven Mireya (Stowe), esposa de Tiburón Méndez (Quinn), un político influyente que tiene lazos con el sindicato del crimen mexicano, y un viejo amigo de Cochran.

Quinn regresa a la pantalla en una interpretación fuerte, pero, desafortunadamente, él es veinticinco años mayor que Costner para poder hacer creíble una relación con él. Basada en una historia corta del novelista de culto, Jim Harrison, el film perpetúa los estereotipos de mexicanos como violentos y amenazantes, las mexicanas como prostitutas, y los campesinos como gente que guarda recelos contra sus patrones. Ya todo esto ha sido visto con anterioridad en dramas del oeste, donde el héroe es dejado por muerto, y encontrado por un campesino noble que lo cuida hasta curarlo. Él regresa entonces a vengarse de los que le hicieron mal. Un buen elenco con papeles para Milián, Martínez, Miguel Ferrer, John Leguizamo, Sally Kirkland, Joe Santos y James Gammon. *Revenge* fue filmada en México, en 50 sitios diferentes, con un calendario de doce semanas, y presenta algunas de las áreas más pintorescas del país, incluso Durango, Puerto Vallarta, Cuernavaca y Ciudad de México.

The Reward (1965, Twentieth Century Fox)

DIRECTOR: Serge Bourguignon
GUIÓN: Serge Bourguignon y Oscar Millard, basado en una novela de Michael Barrett
PRODUCTOR: Aaron Rosenberg
ELENCO: Max von Sydow, Yvette Mimieux, Gilbert Roland, Emilio Fernández, Henry Silva, Rodolfo Acosta, Julián Rivero, Efrem Zimbalist Jr.

Un filme poco convencional y muy estilizado, del oeste contemporáneo, acerca de una rara reunión de hombres que persiguen una recompensa de $50.000, por la captura de un fugitivo americano, en un pequeño pueblo mexicano de la frontera. Roland interpreta a un aristocrático capitán de la policía, y Fernández es un brutal y astuto sargento de la policía de una pequeña aldea mexicana. Una tercera parte de la cinta es hablada en español, con subtítulos en inglés. Filmada en Old Tucson, Arizona, y sus alrededores, y en Death Valley, ésta fue la única película americana hecha por el director francés, Serge Bourguignon, que dirigió *Sundays and Cybele*, ganadora del premio de la Academia en 1962, como la Mejor Película Extranjera. *The Reward*, una historia prometedora que se ataca a sí misma, resultó un fracaso total en la taquilla.

Ride, Vaquero! (1953, Metro-Goldwyn-Mayer)
¡Monta a caballo, vaquero!

DIRECTOR: John Farrow
GUIÓN: Frank Fenton
PRODUCTOR: Stephen Ames
ELENCO: Robert Taylor, Ava Gardner, Howard Keel, Anthony Quinn, Movita Castaneda, Joe Domínguez

Cuando unos colonizadores anglos se mudan al territorio, el bandido José Esqueda (Quinn), y su pandilla, ven amenazado su poderío en la frontera. Los colonizadores que dirige el ranchero King Cameron (Keel), y su esposa, Cordelia (Gardner), se oponen a él y a sus maneras violentas. Esqueda envía a su medio hermano Río (Taylor) a asustarlos, para que se marchen. Río es capturado por los colonizadores, y siente atracción hacia Cordelia. Esqueda decide tomar las cosas por su cuenta, mata al sheriff del pueblo, y hace que su banda de forajidos saquee el pueblo. Él casi mata a Cameron, pero Río interviene. Río y Esqueda se enfrentan en un tiroteo y ambos mueren. Castaneda aparece en un pequeño papel como una coqueta.

Este violento y sombrío oeste, presenta a Taylor en un papel poco característico, de violento asesino y hombre malo. Quinn entrega una sobresaliente y vívida interpretación, casi como si él se hubiera propuesto superar a Alfonso Bedoya en sus caracterizaciones de bandido. Quinn rompió todas las reglas con esta caracterización del malvado grasoso, como un ser de carne y hueso en el centro de la acción. Su pandilla está compuesta de mexicanos y anglos.

Ride the Pink Horse (1947, Universal)

DIRECTOR: Robert Montgomery
GUIÓN: Ben Hecht y Charles Lederer, basado en la novela de Dorothy B. Hughes
PRODUCTOR: Joan Harrison
ELENCO: Robert Montgomery, Wanda Hendrix, Thomas Gómez, Rita Conde, Iris Flores, Tito Renaldo, Martín Garralaga, María Cortez

La mitad de los personajes de este filme son gángster americanos, amateurs y profesionales, ocupados en una pelea secreta pero perversa, por ciertos intereses en "San Pablo". La otra mitad son habitantes de la clase predominante de la comunidad mexicana de San Pablo, y tanto ellos como el pueblo, reflejan un cierto realismo de la vida del Nuevo México hispano. Gómez es Pancho, un hombre inmenso, con un notorio corazón de oro, quien tiene a su cargo el manejo de un carrusel. Wanda Hendrix es Pila, una ingenua pero decidida india, quien sigue a Robert Montgomery, después que él le paga una vuelta en el carrusel. Julián Rivero tiene un rol pequeño como mexicano. San Pablo es una composición del distrito de Santa Fe, Taos y Albuquerque, Nuevo México. Las escenas de los exteriores fueron filmadas en el hotel de Santa Fe, La Fonda, y en el famoso lugar de vacaciones de invierno, Fred Harvey, al igual que en el cementerio de Santa Fe, y en su distrito financiero.

Pascual Martínez, verdadero operador de carrusel de Taos, llegó a ser conocido en Hollywood como el único vaquero (mozo de ganado) de caballos de madera que se conozca. Como empleado del Servicio de Bosques de Estados

Unidos, pasó unas vacaciones de seis semanas pagadas, en Hollywood, porque el Club de Leones de Taos no permitía que el carrusel fuera enviado de Taos a Hollywood, a menos que Martínez supervisara su mantenimiento.

RIGHT CROSS (1950, METRO-GOLDWYN-MAYER)

Campeón

DIRECTOR: John Sturges
GUIÓN: Charles Schnee
PRODUCTOR: Armand Deutsch
ELENCO: Ricardo Montalbán, June Allyson, Dick Powell

Johnny Monterez (Ricardo Montalbán, der.) es un boxeador mexicano en *Right Cross*, también protagonizado por (de izq. a der.) Art Aragon, Dick Powell y June Allyson. (El hombre con el sombrero no es identificado).

Johnny Monterez (Montalbán) es un boxeador mexicano con un complejo contra los gringos. Mientras su prejuicio no se deriva directamente de fanatismo por parte de nadie en la película, sí sabemos que se debe a una meticulosidad racial que él desarrolló en sus años de crecimiento en Los Ángeles.

Él se convierte en el campeón de peso mediano de los Estados Unidos, se enamora de Pat O'Malley (Allyson), y finalmente adquiere una actitud más tolerante hacia los anglos. La acción llega a una sólida pelea en el cuadrilátero, en la cual Monterez, contrariamente a la fórmula usual del cine, pierde la pelea. Él entonces comprende que Pat lo quiere como persona, y que el campeonato no tiene nada que ver con eso. Monterez, a la postre, consigue el amor de Pat, separándola del reportero Rick Garvey (Powell).

La promesa de lograr una vida feliz juntos, a través de una integración anglo-mexicana, fue un mensaje importante para los públicos posteriores a la Segunda Guerra Mundial, en especial cuando la muchacha era la típica americana June Allyson.

La experiencia de la guerra sirvió para un cambio de los valores y percepciones de libertad y derechos civiles de los Estados Unidos. Los cineastas de Hollywood comenzaron a tratar temas más serios, tales como el antisemitismo y los prejuicios raciales, en películas como *Gentleman's Agreement* (1947), *Home of the Brave* (1949) y *Pinky* (1949). El código de producción referente al mestizaje en la pantalla, comenzó a relajarse. Igualmente, como resultado de la Política del Buen Vecino, los latinoamericanos habían llegado a ser considerados como anglos. En el caso de este filme, el protagonista es específicamente un mexicano del barrio de Los Ángeles, en desventaja económica. El tema de prejuicio racial se trae a colación sin peligro, como un problema psicológico, mejor que como un conflicto con otros personajes que necesita resolución.

The Ring (1952, United Artists)

DIRECTOR: Kurt Neumann
GUIÓN: Irving Shulman, basado en su novela
PRODUCTOR: Maurice, Herman y Frank King
ELENCO: Lalo Ríos, Gerald Mohr, Rita Moreno, Martín Garralaga, Pepe Hern, Víctor Millán, Tony Martínez

The Ring, con Ríos de estrella, trata de las presiones sociales y económicas de Los Ángeles, en 1952, que llevan a un necesitado joven mexicano-americano a boxear.

La cinta fue rodada en la sección Boyle Heights, del lado este de la ciudad de Los Ángeles, donde los productores, los hermanos King, habían crecido. Los King primero produjeron *soundies,* precursores de los actuales *music videos.*

"Soundies", películas cortas que presentaban a cantantes y orquestas populares, estaban designadas a promover una canción y un talento. Eran exhibidas en cabinas construidas especialmente. Con éxitos en su haber, los King pasaron a producir un número de cintas de presupuesto bajo, y *The Ring* fue parte del proyecto.

La trama del filme ilustra la discriminación racial en escenas que incluyen a los turistas que contemplan a "esos vagos mexicanos", a jóvenes mexicanos que son rechazados para trabajar de camareros en un restaurante de Beverly Hills, y a una pareja a la que se le niega la entrada a una pista de patinaje, porque no es "la noche de los mexicanos".

The Ring también le da preferencia a presentar al mexicano-americano como parte de la experiencia urbana americana, mejor que en las más comunes descripciones rurales. Puede también decirse que el personaje que Ríos interpreta, es un símbolo del movimiento chicano, que nació en la década de los 60, y se refiere específicamente a los mexicano-americanos, sus derechos, historia e imagen dentro del contexto cultural americano.

Tanto *The Ring* como *The Lawless* (1950), una urbana y la otra rural, que se centran en los mexicano-americanos, fueron filmadas con bajos presupuestos, y comparten el mismo actor principal (Ríos), lo que las hace piezas compañeras de la primera pronunciación del cine americano en reconocer al mexicano-americano y/o chicano.

Rio Bravo (1959, Warner Bros.)

DIRECTOR: Howard Hawks
GUIÓN: Jules Furthman y Leigh Brackett, basado en una historia de Barbara Hawks McCampbell
PRODUCTOR: Howard Hawks
ELENCO: John Wayne, Dean Martin, Ricky Nelson, Angie Dickinson, Walter Brennan, John Russell, Claude Akins, Ward Bond, Pedro González-González, Estelita Rodríguez

John T. Chance (Wayne), el sheriff de un pueblo de la frontera de Texas, tiene que mantener al margen al asesino y sus compinches que rodean al pueblo, pero él no lo hace solo. Durante el curso de estos sucesos muy humanos, a él lo salvan y protegen un surtido de personajes raros. Sus colegas incluyen a un borracho reformado, Dude (Martin); un tipo viejo cojo, Stumpy, (Brennan); una corista con historia (Dickinson), y un joven pistolero solitario (Nelson). Los inverosímiles héroes son ayudados por Carlos (González-González), un mexicano, y su esposa Consuela (Rodríguez), que son dueños y están al frente del hotel del pueblo. Fue filmada en los exteriores de Old Tucson, Arizona.

Rio Conchos (1964, Twentieth Century Fox)

DIRECTOR: Gordon Douglas
GUIÓN: Joseph Landon y Clâir Huffaker, basado en la novela *Guns of the Rio Conchos*, de Huffaker
PRODUCTOR: David Weisbart
ELENCO: Richard Boone, Stuart Whitman, Jim Brown, Tony Franciosa, Rodolfo Acosta

Un violento, estereotípico, ilógico oeste lleno de acción, en el cual hombres desagradables se dirigen a territorio indio, en busca de 2.000 rifles que fueron robados a la Caballería de los Estados Unidos. Uno de los cuatro es Rodríguez, un bandido mexicano interpretado por Franciosa. Vito Scotti aparece de bandido mexicano viejo, con la boca llena de dientes picados. Acosta interpreta a un jefe indio llamado Camisa Ensangrentada. Wende Wagner aparece de joven india. Fue filmada en los exteriores de Moab, Utah.

"En el camino pelean y discuten, beben y seducen a las mujeres, en esta ruda cinta del viejo oeste que parece estar lleno de bandidos, prostitutas y sadistas salvajes", *Time* (10/20/64).

Rio Rita (1929, RKO Radio Pictures)

DIRECTOR: Luther Reed
GUIÓN: Luther Reed y Russell Mack, basado en la musical de Guy Bolton y Fred Thompson
PRODUCTOR: William LeBaron
ELENCO: Bert Wheeler, Robert Woolsey, Bebe Daniels, John Boles, Dorothy Lee, Don Alvarado, Georges Renavent

Rio Rita fue una revista musical de Broadway, inmensamente popular, convertida en una igualmente popular cinta musical de la primera época del sonido. La historia se refiere a un Guardabosques de Texas, en un pueblo fronterizo americano, que persigue a un notorio bandido mexicano, El Kinkajou. El espectáculo mezcla romance, intriga, música y comedia. Daniel y Boles son las estrellas, y Renavent aparece como el bandido. La cinta y la comedia dramática se apoyaban en el estilo de los folletines románticos, y en los convencionalismos de las musicales de Broadway, más que en ningún realismo o autenticidad concerniente al suroeste o a México. Este filme fue hecho de nuevo por MGM en 1942, como un vehículo musical para Abbott y Costello.

Rio Rita (1942, Metro-Goldwyn-Mayer)

DIRECTOR: S. Sylvan Simon
GUIÓN: Richard Connell, Gladys Lehman y John Grant
PRODUCTOR: Pandro S. Berman
ELENCO: Bud Abbott, Lou Costello

Abbott y Costello fueron pedidos prestados a la Universal para aparecer en esta nueva versión del musical.

Los "muchachos" son despedidos de sus empleos en una tienda de animales domésticos, y deciden irse a Nueva York, escondiéndose en el baúl de un carro con matrícula de Nueva York. Desafortunadamente, el chofer, el cantante Ricardo Montera (John Carroll), se dirige a una fiesta en un pequeño pueblo del suroeste de Texas, llamado Vista del Río. Después de un largo y agotador viaje, Bud y Lou se ven involucrados en líos de espías nazis, códigos secretos, antiguas novias y música. Julián Rivero tiene un pequeño papel de caballero mexicano.

The Ritz (1976, Warner Bros.)

DIRECTOR: Richard Lester
GUIÓN: Terrence McNally, basado en su comedia dramática
PRODUCTOR: Denis O'Dell
ELENCO: Rita Moreno, Jack Weston

Moreno obtuvo un Premio Tony por su interpretación de Googie Gómez, en la disparatada comedia de Broadway, *The Ritz,* de Terrence McNally, que fue escrita pensando en ella. Ella creó el papel de nuevo para la versión fílmica.

En una casa de baño de homosexuales de Nueva York, Gómez, es la estrella, una puertorriqueña en espera de su gran oportunidad, quien cree equivocadamente que Jack Weston (que también vuelve a desempeñar su papel de Broadway) es un productor de Broadway, cuando en realidad él se está escondiendo de un pariente que lo quiere matar. Jerry Stiller y Kaye Ballard también aparecen en la cinta.

"Al caracterizar a Googie, yo me estoy burlando de todos esos escritores de Hollywood, responsables de frases como éstas [dichas con un acento hispano fuerte], 'Cochino yanqui, tu violaste a mi hermana. Te voy a matar,'" dijo Moreno en notas de prensa. *The Ritz,* para Moreno, fue algo así como nacer de nuevo. "*West Side Story,* mi último gran triunfo, fue filmada hace quince años", dijo ella en 1977, añadiendo sobre su papel en *The Ritz,* "Googie es la esencia de todas las latinas volcánicas que yo he interpretado en cintas mediocres. Ella le sacaría el ojo al Cíclope, por la gran oportunidad de su vida. No tiene ningún talento, y es la única que sale bien parada en la historia.

"De muchas maneras, Googie es un poco parecida a mí. Ella es perseverante— y yo también lo soy. Y no era tan difícil llegar a Googie, porque ella se parece a varias mujeres latinas que yo conozco. El acento proviene de mi madre".

The Road to Rio (1947, Paramount)

DIRECTOR: Norman Z. McLeod
GUIÓN: Edmund Beloin y Jack Rose
PRODUCTOR: Daniel Dare
ELENCO: Bob Hope, Bing Crosby, Dorothy Lamour, Néstor Paiva

Los músicos Barton (Hope) y Sweeney (Crosby), accidentalmente incendian un parque de diversiones donde ellos trabajan. Tratando de escapar de ser acusados de incendiarios, los dos se van de polizontes en un crucero de lujo que se dirige a Río. Durante el viaje, los "muchachos" se hacen amigos de una bella y misteriosa mujer, Lucía De Andrade (Lamour), que regresa a su hogar para casarse con un hombre a quien ella no ama. Varios días después llegan a Río, y los muchachos van a buscar trabajo en un cabaret. Para mejorar sus oportunidades, se hacen amigos de tres talentosos, pero tontos músicos brasileños (Los Hermanos Wiere), y son inmediatamente contratados por el dueño del club nocturno (Paiva), que cree que todos ellos son americanos.

Barton y Sweeney tratan de enseñar a los músicos brasileños el argot americano, pero no lo logran, y muy pronto son descubiertos y despedidos. Los muchachos se enteran que la boda de Lucía va a celebrarse muy pronto, y asisten al acontecimiento, Crosby disfrazado de pirata del Caribe, y Hope como una bailarina parecida a una Carmen Miranda cuchi-cuchi, y divierten a los asistentes con una rutina latinoamericana muy cómica. Hope y Crosby se despojan de los disfraces, y consiguen ciertos papeles que permiten a Lucía escapar de su desagradable suerte.

Con un formato relativamente tradicional de comedia musical, esta cinta vibra con diálogo y situaciones inteligentes, y canciones agradables. Los títulos del comienzo son presentados con muñecos animados, donde los nombres de los tres actores principales danzan realmente a través de la pantalla, mientras una alegre banda latinoamericana toca la popularísima samba, "Brasilia".

The Robin Hood of El Dorado (1936, Metro-Goldwyn-Mayer)

DIRECTOR: William Wellman
GUIÓN: William Wellman, Melvin Levy y Joseph Calleia, basado en una novela de Walter Noble Burns
PRODUCTOR: John W. Considine Jr.
ELENCO: Warner Baxter, Margo, Soledad Jiménez, Bruce Cabot, Ann Loring, J. Carroll Naish, George Regas, Carlos de Valdéz, Nick De Ruiz, Carlotta Monti

El personaje central del filme es el legendario bandido californiano, Joaquín Murieta.

Murieta era un mexicano de Sonora, a quien atrajeron los campos de oro de California, al final de los años de la década de 1840. Muchos de los mineros mexicanos fueron víctimas de ataques racistas de parte de los angloamericanos. A principios de 1850, Murieta conjuntó un grupo de hombres, y comenzó una serie de asaltos que los mexicanos consideraron represalias justificadas. Se cree que él fue capturado por los Guardabosques de California en 1853, pero la leyenda lo consideraba vivo bien entrada la década de 1870. Él se convirtió en un revolucionario romántico, símbolo del movimiento chicano de 1960 y 1970, por ser un mexicano que luchó contra la opresión del anglo, y sostuvo sus derechos en su propia tierra.

Murieta aparece en la cinta como un comprensivo vengador de sus coterráneos. Él sufre a manos de los colonizadores americanos al soportar el maltrato a su madre ciega y amada novia, la pérdida de su tierra, y finalmente su pública flagelación, mientras su hermano era ajusticiado en la horca. Warner Baxter interpreta a Murieta, en una actuación a la manera del Cisco Kid. Esta cinta fue filmada cerca de Sonora, California.

Romancing the Stone (1984, Twentieth Century Fox)

DIRECTOR: Robert Zemeckis
GUIÓN: Diane Thomas
PRODUCTOR: Michael Douglas
ELENCO: Michael Douglas, Kathleen Turner, Danny De Vito, Alfonso Arau, Manuel Ojeda

Joan Wilder (Turner) es una escritora hogareña de aventuras románticas, que lleva una vida muy tranquila en Manhattan. Cuando su hermana es secuestrada en Sudamérica, Joan abandona la seguridad de su vida, y va en su busca. Jack Colton (Douglas) es un rudo cazador de la selva, que con cierta desidia va en su ayuda. Juntos luchan contra los peligros de la selva, y los hombres feroces que quieren impedir que ellos triunfen en su misión. La cinta está llena de todos los estereotipos de costumbre, tanto anglos como latinos, de esta clase de historia. Manuel Ojeda es un corrupto detective local, y Arau es un narcotraficante que se hace amigo de la heroína, y resulta ser uno de sus mayores admiradores.

Esta parodia ocurrente de acción rápida, del género de aventura, sucede en las selvas de Colombia, pero fue filmada en México, en sitios como Vera Cruz, Jalapa y la Ciudad de México.

Roosters (1993, Astra Cinema)

DIRECTOR: Robert M. Young
GUIÓN: Milcha Sánchez-Scott
PRODUCTOR: Norman Cohen, Susan Block-Reiner, Kevin Reidy
ELENCO: Edward James Olmos, María Conchita Alonso, Sonia Braga, Danny Nucci

Gallo Morales (Olmos) regresa al hogar después de pasar siete años en prisión. Lo esperan ansiosamente su esposa (Braga), su rebelde hijo de veinte años de edad, Héctor (Nucci), su desatendida hija, Ángela, y su sensual hermana (Alonso). Gallo es un notable criador de gallos de pelea, que para él representan machismo y poder, pero es Héctor quien posee un ave que es una triunfadora potencial, lo que precipita algunas situaciones familiares de gran fuerza.

Vital y didáctica, la cinta no llega a estar a la altura de lo que prometía en sus inicios.

Romero (1989, Four Seasons Entertainment)

DIRECTOR: John Duigan
GUIÓN: John Sacret Young
PRODUCTOR: Ellwood E. Kieser
ELENCO: Raúl Juliá, Richard Jordan, Tony Plana, Ana Alicia, Eddie Vélez

La historia del asesinato del Arzobispo católico, Oscar Romero (Juliá), de El Salvador, en 1980, durante el sangriento conflicto político de ese país. Juliá ofrece una caracterización muy emotiva de un hombre que crece dentro de la responsabilidad de su nombramiento para la posición de Arzobispo. Los sucesos a su alrededor lo llevan a hablar en favor de los derechos humanos contra la política del régimen. El asesinato de este dulce, una vez silente, pero finalmente franco hombre de Dios mientras celebraba la misa, esculpió indeleblemente en los ojos de la humanidad la tragedia de El Salvador.

Durante una conferencia de prensa para promover la cinta, Juliá dijo, "Una de las cosas más importantes de este filme es que es la historia verdadera de un personaje de Latinoamérica, que sucede en una nación latinoamericana. No es acerca de gringos en Sudamérica, donde los latinos son telones de fondo o actores secundarios". El director australiano John Duigan dijo, "A mí siempre me ha fascinado la política de Centro América, y estaba familiarizado con la historia de Oscar Romero. Cuando me ofrecieron el guión para dirigirlo, encontré que era un escrito irresistible sobre un asunto muy importante".

Jordan representa al sacerdote agitador Rutilio Grande, un hombre cuyo esfuerzo apasionado por ayudar a su rebaño que sufre, también lo señala para morir. Alicia aparece como una bella aristócrata salvadoreña, cuyo esposo, el ministro de agricultura, desaparece misteriosamente.

Rodada en los exteriores, con Cuernavaca, México, sirviendo de El Salvador, *Romero* representa el primer largometraje teatral convencional jamás producido por la Iglesia Católica. La película recibió una distribución amplia en los Estados Unidos, pero solamente recaudó $3 millones en las taquillas de la nación. Los críticos, que aunque fueron respetuosos, estaban divididos sobre la cinta, aplaudieron en general la actuación de Juliá.

Rooftops (1989, New Century Vista)

DIRECTOR: Robert Wise
GUIÓN: Terence Brennan
PRODUCTOR: Howard W. Koch, Jr.
ELENCO: Troy Beyer, Alexis Cruz, Eddie Vélez, Jason Gedrick, Luis Guzmán, Jay M. Boryea, Rafael Báez

En las calles del "Alphabet City" de Nueva York, en la sección sórdida del lado este del bajo Manhattan, un grupo de chiquillos multi-étnicos, sin familiares que los respalden, crean sus propios espacios privados en las azoteas de los edificios abandonados de viviendas modestas. Squeak (Cruz), el astuto tunante del grupo, es famoso por los murales pintorescos que pinta en la barriada. Entonces, el imponente narcotraficante Lobo (Vélez), su testaferro Willie (Boryea), y Raphael (Báez), y su bella prima, Elana (Beyer), se mudan a la barriada y causan estragos en las vidas de los que viven en las azoteas.

El director Robert Wise trató de capturar de nuevo el baile y movimiento de su propio *West Side Story* de treinta años atrás, pero no lo logró con el nuevo material.

Rose of the Rancho (1936, Paramount)

DIRECTOR: Marion Gering
GUIÓN: Frank Partos, Charles Brackett, Arthur Sheekman, Nat Perrin, Harlan Thompson y Brian Hooker, basado en una obra teatral de Richard Walton Tully y David Belasco
PRODUCTOR: William LeBaron
ELENCO: Gladys Swarthout, John Boles, Willie Howard, Don Alvarado, Charles Bickford, H.B. Warner, Pedro de Córdoba

Esta cinta, basada en la obra de Walton Tully y Belasco de 1906, había sido previamente filmada en 1914 por la Compañía Lasky y Cecil B. DeMille. En la Vieja California, la reina de la fiesta también trabaja de bandido enmascarado, perseguido por agentes del gobierno de los Estados Unidos. Los actores principales actúan muy bien, además se incluyen en la cinta infinidad de canciones de estilo operístico, en la magnífica voz de la soprano Swarthout. Willie Howard, estrella de comedias de Broadway, aparece de vaquero judío.

Rosita (1923, United Artists)

DIRECTOR: Ernst Lubitsch
GUIÓN: Edward Knoblock
PRODUCTOR: Mary Pickford Co.
ELENCO: Mary Pickford, Holbrook Blinn, George Walsh

Cine silente. El rey de España se enamora de Rosita, una cantante callejera española, que está a su vez enamorada de Don Diego, un noble que no tiene un centavo.

The Royal Hunt of the Sun (1969, National General)

DIRECTOR: Irving Lerner
GUIÓN: Philip Yordan, basado en la obra teatral de Peter Shaffer
PRODUCTOR: Eugene Frenke y Philip Yordan
ELENCO: Christopher Plummer, Robert Shaw

Producida originalmente en 1964 por el Teatro Nacional de Inglaterra, *The Royal Hunt of the Sun,* de Peter Shaffer, obtuvo un éxito considerable posteriormente en Broadway, y ofrecía magníficas posibilidades a cineastas con imaginación. Ciertamente, la conquista de Perú y la confrontación entre Francisco Pizarro y Atahualpa, el soberano Inca y dios del sol, tiene un potencial épico y personajes de fortaleza impresionante. Y hay un drama filosófico en el saqueo de la nación inca de cientos de años de existencia, por los soldados cristianos españoles, hambrientos de conquista, y obsesionados por el oro.

A pesar de tanto material prometedor, esta producción, filmada en España y Perú, le falta impacto e inteligencia. El tema clama por una expansión visual que el film nunca provee. *The Royal Hunt of the Sun* está infectado por un guión opresivo y claustrofóbico, amarrado al capricho del estudio. El peor error de Yordan fue, sin embargo, crear una población india supersticiosa y virtualmente bárbara, en lugar del concepto original de la obra teatral, de una sociedad agraria que podía avergonzar a los españoles. Sin este sentido de nación Inca poderosa que espera por el rescate del soberano y la oportunidad de venganza, al dilema crucial de Pizarro sobre Atahualpa le falta realidad, y el final del filme se vuelve innecesario.

Christopher Plummer entrega una interpretación teatral del semi-dios Atahualpa a lo Shakespeare, y Robert Shaw está bien como Pizarro.

"El filme no es más que un eco de *Kings of the Sun* de J. Lee Thompson. El viaje a Perú en busca de autenticidad, produjo un poco más de valores fílmicos que las antiguas escenas de sexo rápido en la arena de Sam Katzman, hechas para Columbia", *Hollywood Reporter* (10/16/69).

"Christopher Plummer... resuella, susurra, da quejidos, se pavonea, canta y emplea un acento que a veces suena como Charlie Chan, y otras como Gonzáles-Gonzáles", Vincent Canby, *New York Times* (10/7/69).

Rumba (1935, Paramount)

DIRECTOR: Marion Gering
GUIÓN: Howard Green, Harry Ruskin y Frank Partos, basado en una historia de Guy Endore y Seena Owen
PRODUCTOR: William LeBaron
ELENCO: George Raft, Carole Lombard, Margo

Este filme es un melodrama musical ligero. Carmelita (Margo) y su compañero de baile Joe Martin (Raft), bailan la rumba en Cuba, donde ganan la lotería. Una heredera (Lombard) tiene puesto sus ojos en Joe. Un contrato para bailar en Nueva York, donde ellos presentarán la rumba, se ve amenazado por los gángsters. Carmelita rehúsa bailar con Joe. La heredera toma su lugar, y Carmelita pierde a Joe.

Run for the Sun (1956, United Artists)

DIRECTOR: Roy Boulting
GUIÓN: Dudley Nichols y Roy Boulting, basado en la historia "The Most Dangerous Game", de Richard Connell
PRODUCTOR: Harry Tatelman
ELENCO: Richard Widmark, Trevor Howard, Jane Greer, Peter van Eyck, Carlos Hennings, Juan García

Una historia de aventura convencional, referente a un periodista en las selvas de México, que se encuentra con un ex-nazi, y tiene que sudar mucho para poderse salvar. Esta cinta presenta a varios actores hispanos en papeles pequeños. Filmada en México, cerca de Acapulco, y Cuernavaca, es una de las muchas adaptaciones para la pantalla de "The Most Dangerous Game", de Richard Connell.

SALSA (1988, CANNON)

DIRECTOR: Boaz Davidson
GUIÓN: Boaz Davidson, Tomás Benítez y Shepard Goldman
PRODUCTOR: Menahem Golan
ELENCO: Robby Rosa, Rodney Harvey, Magali Alvarado, Moon Orona, Miranda Garrison, Angela Alvarado, Loyda Ramos

La cinta es una versión hispanoamericana hecha con presupuesto bajo, de *Fiebre de la noche del sábado* (1977), y la primera en presentar a un joven puertorriqueño en el papel principal.

Un joven, Rico (Rosa), aspira a ser el rey de los bailarines de salsa, en una competencia en el club La Luna, de Los Ángeles. Si él gana, irá a las finales en el festival de San Juan, en Puerto Rico.

Rico es un puertorriqueño de piel obscura, no un actor anglo maquillado para lucir prieto, o un hispano de piel clara. Una relación intercultural existe entre su mejor amigo, Ken (Harvey), y la hermana de Rico, Rita (Alvarado). La raza no se usa en el filme como un factor importante.

Rico trabaja en un taller de reparación de carros, y vive en una casa ordenada, de clase media baja, con su madre soltera (Ramos) que trabaja, y su hermana. El filme carece de los arreos estereotípicos del gueto, y Rico no se siente rechazado por la cultura de Estados Unidos. Él está seguro de sí mismo, y de su identidad latina. Las primeras escenas del filme delinean perfectamente esto, cuando Rico baila en el taller a los compases de una canción titulada "Mucho dinero", con la bandera americana colgada al fondo.

La Luna (Garrison), dueña del club y antigua Reina de la Salsa, mucho mayor que Rico, trata de enamorarlo para que sea su compañero de baile, y de esa manera asegurar la victoria y otra oportunidad de reconquistar su gloria pasada. Se suscitan conflictos por el creciente afecto que la hermana siente por Ken, y con Vicki (Angela Alvarado), la propia novia de Rico. Al final, él gana el concurso y vuelve con su novia, y Rita y Ken se juntan.

Rosa, como Rico, hace bien las secuencias de baile, y también es aceptable como actor (Rosa es un antiguo miembro del grupo popular Menudo.) Lo que falta en la cinta en drama e historia, lo tiene en el estilo y la exuberancia de los jóvenes actores. Kenny Ortega hizo la coreografía y montó los números de baile con mucha imaginación, aunque lucen como los comerciales de los refrescos de televisión, mientras los movimientos de Rosa recuerdan a los de Michael Jackson. Celia Cruz, Tito Puente y Willie Colón hacen apariciones de actuación especial.

Salt of the Earth (1954, Independent Productions Distributors)

DIRECTOR: Herbert Biberman
GUIÓN: Michael Wilson
PRODUCTOR: Paul Jarrico
ELENCO: Juan Chacón, Rosaura Revueltas, Will Geer, Frank Talevera, Mervin Williams, Clinton Jencks, Virginia Jencks

Ésta quizás sea la forma más honesta en la que los hispanoamericanos hayan sido representados en la pantalla. La historia detrás de la producción de *Salt of the Earth*, está bien explicada en varios libros y en un documental fílmico, por lo que resumiremos aquí los orígenes brevemente.

La cinta se basa en una huelga real de mineros del zinc de Nuevo México, a principios de las años de la década de los 50, centrándose en las cambiantes relaciones y papeles de un trabajador mexicano-americano, y su esposa, a través del desarrollo de la huelga.

Los papeles principales fueron interpretados por Rosaura Revueltas, una actriz de México, y Juan Chacón, un minero de verdad del zinc, y presidente de la unión. La mezcla de actores profesionales con miembros huelguistas de la unión y sus familias, fueron una crítica honesta pero directa del director Biberman, a las desigualdades raciales y económicas que existen en América.

Durante la producción en Nuevo México, el filme encontró problemas por las amenazas e interrupciones de personas extrañas en el escenario. La post-producción de la cinta fue finalizada bajo circunstancias secretas en Hollywood, debido a la amenaza roja y la persecución a los comunistas.

El productor Paul Jarrico, se enteró de la huelga durante un viaje a Nuevo México. Él había formado recientemente una compañía productora independiente, para hacer filmes progresistas. Junto al guionista Michael Wilson, que acababa de ganar un premio de la Academia con *A Place in the Sun* (1951), y al director Herbert Biberman, Jarrico decidió contar la historia como un drama ficticio de la vida real.

Jarrico llevó un esbozo de su historia a la Unión Internacional de Mineros, Operarios y Fundidores, para que aprobaran el guión original. En él, el personaje de Ramón Quintero, el líder del sindicato que está casado, tiene una relación amorosa con la esposa de un minero que está peleando en Corea. El sindicato pensó que eso reforzaría el estereotipo del amante latino, y fue suprimido del guión. Otra escena mostraba a la esposa en una fiesta, usando su vestido para secar una cerveza derramada. Esa escena también fue suprimida, porque era denigrante.

A pesar de las muchas dificultades durante la producción y posteriormente, el film fue terminado y exhibido en estreno independiente limitado (ningún estudio ni distribuidor se atrevían hacerlo, por las acusaciones de comunista hechas contra los creadores de la cinta). El sindicato de proyeccionistas rehusó presentar la película, y presiones de parte de los estudios y ejecutivos de Hollywood, hicieron que fuera imposible que el filme fuera presentado ampliamente. Hasta los periódicos rehusaron anunciarlo. *Salt of the Earth* fue denunciado como subversivo, y frecuentemente puesto en la lista negra por estar subvencionado por el sindicato (que había sido expulsado de la CIO en 1950, por estar dominado por los comunistas). Sin embargo, las salas de cine en las ciudades más adelantadas, como Nueva York, San Francisco y Los Ángeles, sí la exhibieron.

Biberman, uno de los "Diez de Hollywood", fue penado en 1950 por desacato al Congreso, cuando fue citado a declarar ante el Comité de Actividades Antiamericanas de la Cámara de Representantes, y rehusó contestar preguntas sobre su afiliación política. Cumplió seis meses de cárcel. Paul Jarrico rehusó negar o confirmar su afiliación comunista en el mismo juicio. Wilson chocó con el Comité, y fue puesto en la lista negra, pero pudo seguir trabajando escribiendo guiones bajo un nombre falso.

En los años que han transcurridos, *Salt of the Earth* se ha convertido en un "culto" clásico, y ha sido reconocido como un filme pionero de la liberación de la mujer, y el movimiento de los derechos civiles de los mexicano-americanos. Fue monumental que llegara tan lejos contra la fibra de las cintas convencionales del momento, en el difícil clima político de la era de McCarthy. Hasta por los niveles contemporáneos, *Salt of the Earth* sería considerada una cinta atrevida y poco convencional.

El corazón de la película es la dura y poderosa presentación de la dignidad humana en el entorno social, a través de la relación entre Esperanza y Ramón Quintero. Sus luchas, crecimiento personal y cambio de papeles ante la huelga, dieron nuevas dimensiones al retrato e imagen del mexicano-americano en los Estados Unidos.

Lamentablemente, el efecto definitivo sobre la industria fue insignificante, debido a su exhibición limitada, falta de poder estelar y carácter controvertido. Sin la controversia, probablemente se hubiera convertido en una cinta clase B, vista a la primera mitad de un programa doble, como sucedió con *The Lawless* (1952) y *The Ring* (1952).

Igualmente, el filme de mayores proporciones, *The Big Carnival* (1952) de

Billy Wilder, titulado originalmente *Ace in the Hole*, que da una mirada cínica al reportero de un periódico durante una verdadera tragedia noticiosa, estuvo también basado en un suceso de la vida real que fue recibido con total indiferencia, a pesar de tener como protagonista a Kirk Douglas, que ya era una estrella importante en esa época.

Saludos Amigos (1943, Buena Vista)

DIRECTOR: Bill Roberts, Jack Kinney, Hamilton Luske y Wilfred Jackson
GUIÓN: Homer Brightman, Ralph Wright, Roy Williams, Harry Reeves, Dick Huemer y Joe Grant
PRODUCTOR: Walt Disney
ELENCO: José Oliveira (narrador de Joe Carioca), Clarence Nash (el Pato Donald), Pinto Colvig (Goofy)

John Hal Whitney, el director principal de la Division de Películas de la Oficina de Coordinación de Asuntos Inter-Americanos (CIAA en inglés), pidió a Walt Disney que hiciera una gira de buena voluntad por Sudamérica. Las películas de Disney y sus personajes eran populares en Sudamérica, y los funcionarios de la CIAA, estaban preocupados del posible crecimiento de sentimientos pro-eje en la región. Disney inicialmente declinó la oferta, pero la aceptó después que Whitney le ofreció suscribir $70.000 de los gastos de la gira, y adelantó hasta $50.000 por cada una del total de cinco películas que se harían de la gira. Disney, acompañado de un séquito de artistas, animadores y técnicos fílmicos, partió hacia América Latina en agosto de 1941, visitando Brasil, Argentina, Bolivia y Chile.

Disney planeaba originalmente hacer hasta doce cartones animados sobre Latinoamérica, y estrenarlos en grupos de cuatro. *Saludos Amigos* fue el primer plazo, que consistía de cuatro filmes unidos vagamente por metraje del viaje de Disney.

En "Lago Titicaca", el Pato Donald es un turista que se mete en líos con una llama contestona. En una variación de la historia de Watty Piper de 1930, "La pequeña máquina que pudo", "Pedro" es un pequeño avión postal que lucha por volar sobre los Andes chilenos. Goofy causa estragos cómicos en las Pampas, en "El Gaucho Goofy", y Donald regresa para aprender la samba de Joe Carioca, un loro vivaz, en "Aquarela do Brasil".

Gilberto Souto, Alberto Soria y Edmundo Santos recibieron créditos como supervisores asociados de la producción. Los trasfondos de "El Gaucho Goofy" se debieron a la inspiración de F. Molina Campos. *Saludos Amigos* recibió en el estreno comentarios entusiastas de América Latina y los Estados Unidos, y es considerada generalmente como un boceto de *Los tres caballeros* (1944), la cinta más ambiciosa que seguiría.

SALVADOR (1986, HEMDALE)

DIRECTOR: Oliver Stone
GUIÓN: Oliver Stone y Richard Boyle
PRODUCTOR: Gerald Green y Oliver Stone
ELENCO: James Woods, James Belushi, Michael Murphy, Elpidia Carrillo, Tony Plana, Juan Fernández

En 1980, dos americanos, uno el desastrado periodista-fotógrafo Richard Boyle (Woods), el otro, el disc-jockey enloquecido por las drogas, Dr. Rock (Belushi), viajan al devastado El Salvador, en América Central. La experiencia cambiaría a ambos para siempre.

El filme lleva a los espectadores inmediatamente a los sucesos, y no varía en su manera de retratar las consecuencias muy humanas de una violenta acción política. Stone, al dirigir su segundo filme con un presupuesto bajo, en un estricto plan de trabajo de siete semanas en México, estuvo frecuentemente durante la producción en disputa con miembros de la censura mexicana, que lo acusaron de dar una imagen negativa de México y América Central.

"El censor dijo que estábamos haciendo lucir a toda América Latina como si fuera un chiquero, que sin duda alguna, es la realidad", explicó Stone en *Los Angeles Times,* (12/1/86). "Por lo tanto, si ponemos una tonelada de basura en la calle, ella [el censor] quitaría la mitad. Aún cuando pidiéramos mil extras para aparecer como cadáveres, ella solo nos daría quinientos".

El filme está basado en la historia verdadera de Richard Boyle, un periodista-fotógrafo que informaba sobre la guerra de Vietnam, el Medio Este, el norte de Irlanda y América Central. Boyle dio a entender su percepción en *Los Angeles Herald Examiner* (4/11/86): "Antes de la guerra, La Libertad era un lugar magnífico donde los aficionados a la tabla hawaiana pasaban el rato. Yo practicaba tabla hawaiana. Venían de todas partes del mundo. Buena cerveza, bellas mujeres, alquileres bajos. ¿Qué más podía uno pedirle a la vida? Yo adoro a la gente de El Salvador. Es trágico que se estén matando los unos a los otros". Continuó, "Nada de esta película es ficción. Todo lo que sucede es históricamente cierto".

Ésta es por supuesto una vista norteamericana de los sucesos, y muchas de las latinas aparecen como criaturas sexuales que están fácilmente al alcance de los hombres para darles placer, tanto anglos como hispanos. Es quizás, al menos, un reflejo de las oportunidades limitadas que las mujeres pobres tienen en culturas opresivas, siempre orientadas hacia los hombres. Las latinas de bien no son presentadas de esta manera. Los crueles líderes militaristas, campesinos que luchan por sobrevivir, y americanos oportunistas, son solamente algunas de las imágenes que se presentan. Es desafortunado que esta vez los hechos impongan los estereotipos. La cinta trata con algún éxito de torcer los esfuerzos encubiertos del imperialismo americano en América Latina. El filme critica a los que, ayudados por la pobreza y el cinismo, se mezclan en crueles juegos de poder a costa de su país.

El actor Belushi dijo en notas de prensa, cuando la cinta fue estrenada, "Mi personaje ignora los asuntos centroamericanos lo que creo le sucede lo mismo al pueblo americano, por eso yo creo ser una piedra de toque para el público al comienzo de la película. Mi personaje descubre El Salvador al mismo tiempo que el espectador".

Plana, como el listo pero brutal Comandante Max, da una escalofriante interpretación, igual que Fernández como el Teniente Muerte Sonriente. Elpidia Carrillo ofrece un buen trabajo como la joven nativa, María. James Woods fue nominado para un premio de la Academia por su caracterización de bravura e intensidad a varios niveles como Boyle. La cinta es llevada a un paso frenético, con escenas de gran impacto, tales como pueblos enteros que son bombardeados, y la muerte del Arzobispo Romero (José Carlos Ruiz) durante la celebración de la misa.

Una de las imágenes más impresionantes en mostrar las atrocidades políticas, es la secuencia de El Playón: Cientos de cuerpos yacen en un enorme vertedero de basura, mientras los parientes buscan a los desaparecidos que han sido secuestrados de sus casas y asesinados por escuadrones de la muerte.

James Woods interpreta el fotógrafo Richard Boyle en *Salvador*, la historia de la agitación política violenta en El Salvador.

Boyle es lentamente traído a los sucesos, a través de su relación con la nativa María. Él finalmente abandona toda esperanza de justicia y juego limpio, de parte del sistema de los Estados Unidos al que él ha respaldado tercamente, a pesar de confrontaciones anteriores en El Salvador. Sus frustraciones van en aumento cuando trata con fanáticos y funcionarios cínicos del Departamento de Estado y "consejeros" de la CIA, que tratan de mantener el brutal status quo por miedo a una victoria izquierdista. El cambio de la actitud de Boyle es completo cuando, después de un viaje pavoroso a la libertad y seguridad de los Estados Unidos, María es obligada a bajarse de un bus cerca de Las Vegas, Nevada, por las autoridades de inmigración americana y repatriada por fuerza a El Salvador, donde ella con toda seguridad será torturada y se enfrentará a una muerte inevitable.

Hemdale puso *Salvador* en estreno limitado, cuando todos los distribuidores principales rehusaron la cinta por su contenido político. Finalmente, fue estrenada antes que Stone obtuviera el premio de la Academia por su drama de Vietnam, titulado *Platoon* (1986). *Salvador* obtuvo dos nominaciones para el Oscar®, una para Woods, y otra por Mejor Guión Original, para Boyle y Stone.

THE SANDLOT (1993, TWENTIETH CENTURY FOX)

DIRECTOR: David Mickey Evans
GUIÓN: David Mickey Evans y Robert Gunter
PRODUCTOR: Dale de la Torre y William S. Gilmore
ELENCO: Tom Guiry, Mike Vitar, Patrick Renna

Una historia sobre el arribo a la mayoría de edad de un torpe chiquillo de doce años, Scotty Smalls (Guiry), que se muda a un suburbio del Valle de San Fernando, California, en 1962, y trata de adaptarse al equipo de pelota de un vecindario algo relajado, compuesto por gente inadaptada de la localidad. El líder del equipo es el atlético Benny "el Jet" Rodríguez (Vitar). Él entabla amistad con Smalls, y le da instrucciones sobre el juego. Smalls aprende a hacer nuevos amigos y vence sus propios temores. Benny es hispanoamericano, y es presentado sin arreos culturales estereotipados, dentro del contexto intercultural de los otros muchachos. Él es el líder, y al final del filme se revela que llega a ser un pelotero de ligas mayores. Smalls cumple su promesa como parte del sueño americano.

SANTIAGO (1956, WARNER BROS.)

DIRECTOR: Gordon Douglas
GUIÓN: Martin Rackin y John Twist, basado en la novela de Rackin, *The Great Courage*
PRODUCTOR: Martin Rackin
ELENCO: Alan Ladd, Lloyd Nolan, Rossana Podestà, Francisco Ruiz, Rico Alaniz

Dos rivales traficantes de armas, Cash Adams (Ladd), y Clay Pike (Nolan), en camino a Cuba a bordo de un barco de vapor, antes de la guerra hispanoamericana de 1898, tratan de entregar armas al pueblo de Cuba. Los cubanos están envueltos en una lucha violenta para independizarse de España. A bordo del barco ellos conocen a Doña Isabella (Podestà), que regresa de un viaje a los Estados Unidos, donde fue a recaudar fondos para la lucha de su gente. Las armas tienen que ser llevadas a tierra, y Adams y Pike encuentran tropas españolas en el bosque. Ellos atraviesan el bloqueo español, y descubren que los cubanos han sufrido una costosa derrota. Pike quiere cambiar de rumbo y vender las armas a los españoles, pero Cash, ahora enamorado de Isabella, está determinado a entregar las armas a sus amigos cubanos.

El director Gordon Douglas mantiene la acción en movimiento, y algunos diálogos chispeantes entre Nolan y Ladd proporcionan momentos divertidos.

Saturday Night Fever (1977, Paramount)

Fiebre de la noche del sábado

DIRECTOR: John Badham
GUIÓN: Norman Wexler
PRODUCTOR: Robert Stigwood
ELENCO: John Travolta, Karen Lynn Gorney

Tony Manero (Travolta) es un joven ítaloamericano de la clase trabajadora de Brooklyn, Nueva York, con un trabajo poco interesante, cuyas energías se centran en competencias de baile en el club de disco de la vecindad, 2001. Una segunda historia marginal de elementos latinos, incluye una pareja de puertorriqueños que pierde la competencia que Tony gana con su chica. En otra escena, Tony y sus amigos conducen su carro dentro del territorio de una banda de puertorriqueños, que tiene como resultado que los puertorriqueños pierdan la pelea.

Scandalous John (1971, Buena Vista)

DIRECTOR: Robert Butler
GUIÓN: Bill Walsh y Don Da Gradi
PRODUCTOR: Bill Walsh
ELENCO: Brian Keith, Alfonso Arau

Una tierna comedia del oeste contemporáneo, con un tema parecido a Don Quijote. Un ranchero de setenta y nueve años de edad, John McCanless (Keith), inclinándose en contra de los molinos de viento del progreso, lleva a las últimas cabezas del ganado al mercado, en un esfuerzo final para salvar el rancho de los constructores. Él parte acompañado de Paco Martínez (Arau), su asistente mexicano.

Scarface (1983, Universal)

Caracortada

DIRECTOR: Brian De Palma
GUIÓN: Oliver Stone, basado en el guión fílmico de 1932, de Ben Hecht
PRODUCTOR: Martin Bregman y Peter Saphier
ELENCO: Al Pacino, Steven Bauer, Miriam Colón, Mary Elizabeth Mastrantonio, Robert Loggia, Pepe Serna, Michelle Pfeiffer, Víctor Campos, Roberto Contreras, Víctor Millán, Santos Morales

Tony (Al Pacino), su mamá (Miriam Colón, parada) y su hermana Gina (Mary Elizabeth Mastrantonio) en *Scarface*.

Brian De Palma dirigió esta nueva versión de la cinta original épica gangsteril, *Caracortada*, de 1932 (dirigida por Howard Hawks y con Paul Muni de estrella). De Palma puso al día la historia situándola en el escenario cubano-americano de Miami, en la década de los 80, con el tráfico de la droga tomando el lugar de la prohibición de las bebidas alcohólicas, como base del ascenso al poder de Tony Montana (Pacino), en el bajo mundo del crimen.

Pacino interpreta muy convincentemente al despiadado, pero encantador refugiado cubano, que muy pronto aprende los intríngulis de Miami. A través de la fuerza de su personalidad y continuos actos criminales, él se sitúa en la cúspide de la jerarquía del hampa. En un inspirado final clásico, cientos de matones colombianos a sueldo, persiguen al narcómano Montana, a través de su mansión floridana, mientras él los acribilla con un arma automática, hasta caer al suelo y morir a su vez asesinado. Pacino pasó tiempo estudiando con cubanos, para poder conseguir bien la manera de hablar y los gestos de su cultura.

El reparto predominantemente hispano, introdujo a Bauer como el mejor amigo de Montana, e incluyó a Colón como la madre, Pepe Serna como su amigo y colega refugiado, que encuentra su muerte en la punta de una sierra mecánica. Ángel Salazar es otro amigo de Montana, y Arnaldo Santana es Ernie. Mary Elizabeth Mastrantonio es la hermana de Montana, a quien él protege. La cinta fue dirigida con gran estilo y tono por De Palma, basada en un guión de Oliver Stone.

Scarface le dio al mundo teatral un nuevo villano y estereotipo hispano, el capo de la droga o la persona clave. Anteriormente, los hispanos eran vistos como víctimas de las drogas, matones de menor cuantía, o narcotraficantes callejeros. Los hispanos estaban ahora en control del negocio de la droga, y eran tan inteligentes y malignos como sus homólogos de la mafia italiana peliculera.

Miami fue presentada en un estilo exagerado de art decó, similar a la exitosa serie posterior de televisión *Miami Vice* (1984-89), y fue presentada nuevamente como una ciudad flamante, de ambiente muy caliente y colores chillones, dominada por cubanos, y habitada por tipos caribeños y suramericanos. Reencarnaciones cinemáticas anteriores habían presentado la ciudad como una comunidad para vacaciones de retirados americanos de clase media.

El filme tuvo un enorme éxito taquillero, pero los críticos estuvieron divididos por el excesivo lenguaje grosero usado por los personajes, la violencia y descripción de las drogas. Debe señalarse también que a De Palma y a Stone les toma tres horas hacer lo que Hawks consiguió en noventa minutos.

Second Chance (1953, RKO Radio Pictures)

DIRECTOR: Rudolph Maté
GUIÓN: Oscar Millard, Sydney Boehm y D.M. Marshman Jr., basado en una historia de Marshman
PRODUCTOR: Sam Wiesenthal
ELENCO: Robert Mitchum, Linda Darnell, Jack Palance, Rodolfo Hoyos Jr., Fortunio Bonanova, Abel Fernández, Martín Garralaga

Un melodrama del sur de la frontera, en el que Russ Lambert (Mitchum), un boxeador americano, hace una gira por las zonas rurales de México, tratando de aliviar la culpabilidad que siente por haber matado a un hombre en el cuadrilátero. Allí encuentra a Clare Shepperd (Darnell), la novia de un gángster a quien acecha un asesino a sueldo (Palance), que ha sido enviado a matarla antes que un comité del Senado que investiga el crimen, pueda encontrarla para que declare en contra de su ex-novio.

El punto culminante del filme es la pelea en lo alto de una línea de ferrocarril funicular entre dos picos de los Andes (a pesar de que la cinta tiene lugar en México). Parte de la película fue filmada en Cuernavaca y Taxco, México. El reparto incluía también a Hoyos, Salvador Baguez, Maurice Jara, Bonanova, Fernández, Garralaga, José Domínguez, Tony Martínez y Tina Menard.

Secret of the Incas (1954, Paramount)

DIRECTOR: Jerry Hopper
GUIÓN: Ranald MacDougall y Sydney Boehm, basado en la historia "Legend of the Incas", de Boehm
PRODUCTOR: Mel Epstein
ELENCO: Charlton Heston, Robert Young, Thomas Mitchell, Yma Sumac [Amy Camus]

Una cinta rutinaria de acción, realzada por el Technicolor y rodajes fotográficos en los exteriores de Machu Picchu, Perú. Dos aventureros americanos, están en la pista de las joyas Incas "Rayo de Sol". La cinta presenta a Yma Sumac, cantante peruana de los Andes, en su debut fílmico.

Martín Garralaga, Rodolfo Hoyos, Rosa Rey y Carlos Rivero, aparecen en el film en roles secundarios, entre otros actores hispanos.

Serenade (1956, Warner Bros.)

DIRECTOR: Anthony Mann
GUIÓN: Ivan Goff, Ben Roberts y John Twist, basado en la novela de James M. Cain
PRODUCTOR: Henry Blanke
ELENCO: Mario Lanza, Joan Fontaine, Sarita Montiel, Joseph Calleia

El regreso a la pantalla de Lanza, después de permanecer alejado de las cámaras por cuatro años, desde *Because You're Mine* (1952). Lanza, como Damon Vincenti, posee una personalidad potente, además de una rica voz para cantar capaz de salvar cualquier deficiencia en su actuación.

Ésta es la historia de un peón de los viñedos de California, que se convierte en un eminente cantante de ópera, y las dos mujeres de mundos diferentes, una anglo y otra mexicana, que lo aman. Kendall Hale (Fontaine) es la rica patrona de sociedad que lo deja plantado cuando encuentra algo mejor, y Juana Montes (Montiel) es la señorita mexicana quien se casa con él al final. Los exteriores filmados en México fueron hechos en San Miguel de Allende.

Serenade está inspirada en la novela de James M. Cain, muy diluida en su adaptación para el cine. La novela trataba de la homosexualidad masculina, impotencia y prostitución en los barrios pobres de México.

El filme comparte más situaciones paralelas con *Sangre y arena* (1922 y 1941), que con la historia original. El héroe, un hombre simple con una soberbia voz, llega a lo más alto de la fama para ser abandonado por una sensual aristócrata, hambrienta de sensacionalismo, (Doña Sol, en *Sangre y arena*). Esto prueba ser más de lo que él puede resistir. Su ataque de nervios se cura con el amor de una buena mujer (Carmen Espinosa de *Sangre y arena*).

El actor hispano Martín Garralaga aparece como Romero en un papel secundario, y José Torvay es el líder de una banda de mariachis.

SEVEN CITIES OF GOLD (1955, TWENTIETH CENTURY FOX)

DIRECTOR: Robert D. Webb
GUIÓN: Richard L. Breen, John C. Higgins y Joseph Petracca, basado en la novela de Isabelle Gibson Ziegler
PRODUCTOR: Robert D. Webb y Barbara McLean
ELENCO: Richard Egan, Anthony Quinn, Michael Rennie, Jeffrey Hunter, Rita Moreno, Eduardo Noriega, Víctor Junces, Miguel Inclán, Carlos Músquiz, Pedro Galván

Quinn aparece como el español Gaspar de Portola, un tosco explorador militar, quien junto al Padre Junípero Serra (Rennie), exploró el norte de México y ayudó a establecer las misiones de California en 1769.

Después de muchas dificultades en tierras hostiles, la expedición llega al lugar presente de San Diego, California, Portola establece una guarnición y la deja al cuidado del Teniente José Mendoza (Egan), antes de proseguir hacia el norte, en busca de las míticas Siete Ciudades de Cibola, donde se dice que las calles están pavimentadas en oro.

Indios hostiles acosan la colonia, pero llegan a un entendimiento, cuando Serra le salva la vida a uno de los jefes. Mendoza seduce a Ula (Moreno), una hermosa india, y hermana del jefe. Portola regresa esperando encontrar un barco de provisiones en la bahía. Mendoza rechaza la proposición de Ula de matrimonio. Avergonzada de sí misma e imposibilitada de regresar a su gente con honor, Ula se suicida tirándose de un acantilado. Su hermano, buscando venganza por su muerte, exige que Mendoza sea entregado. Portola y Serra rehúsan, pero Mendoza al fin se entrega a los indios, para no poner en peligro a la guarnición. Los indios le arrancan el corazón, y Serra regresa con el cadáver. El barco de provisiones al final llega y hace posible establecer una misión en San Diego.

Este filme podía haber sido mejor llamado *La Historia del Padre Serra*, o *San Diego*. El título *Seven Cities of Gold*, hizo creer al público que iban a ver un espectáculo de acción sobre conquistadores en busca de los olvidados tesoros de antiguas civilizaciones. En su lugar encontraron esta desnuda (en lo que respecta a la producción) historia que se centra en los conflictos usuales de los indios contra los colonizadores.

Al nivel superficial, el tema sí se refiere a ciertas verdades sobre el intercambio y malentendidos entre la iglesia católica, exploradores españoles y aborígenes americanos del Nuevo Mundo. Quinn, como Portola, es el que sale mejor por sus cualidades latinas. Rennie, como el Padre Serra, aunque muy británico, hace patente la dignidad y la autoridad que el personaje exige. Egan no puede ocultar que es americano. Moreno está muy bien como Ula; sin embargo, ella ya estaba cansándose de sus apariciones como muchacha nativa de pies descalzos, que constituían la mayoría de sus papeles fílmicos.

Filmada en los exteriores de México, alrededor de los escabrosos desiertos de Guadalajara, y las playas de Manzanillo, la producción incluye algunos de los mejores talentos del cine de México, tanto delante como detrás de las cámaras. René Cardona, productor y director de cine mexicano, sirvió de director conjunto, mientras Sánchez Tello y Jaime Contreras fueron los directores ayudantes, Jorge Stahl, cuyo padre fue uno de los pioneros de la industria fílmica mexicana, trabajó como operador de la cámara. En el elenco aparecieron también Eduardo Noriega, Fernando Wagner, Lucila Nieto, José Torvay, Carlos Músquiz, Pedro Galván, Yerye Beirute, John Cusick y Eduardo Pliego.

SELENA (1997, WARNER BROS.)

DIRECTOR: Gregory Nava
GUIÓN: Gregory Nava
PRODUCTOR: Moctesuma Esparza, Bob Katz
ELENCO: Jennifer López, Edward James Olmos, Constance Marie, Jacob Vargas, Jackie Guerra, Lupe Ontiveros, Sal López, Panchito Gómez, Richard Coca

Jennifer López es la estrella del rol titular, en el filme que describe el triunfo meteórico de Selena, así como a la familia Quintanilla completa, cuando quiere vivir el sueño americano. *Selena* sigue el ascenso de una heroína de la vida real de los suburbios de la parte sur de Texas, hasta convertirse en la estrella más rutilante que jamás emergiera en la escena de la música regional conocida como "tejana", que integra la tradición de la polka, el rock, R&B, pop e influencias latinas tradicionales. Justamente cuando Selena estaba en la cúspide de su triunfo en otros estilos no tradicionales, su carrera terminó abruptamente al morir asesinada a la edad de veintitrés años. La recién llegada Becky Lee Meza, una tejana nativa de diez años de edad, aparece como una joven versión de Selena, escogida entre miles de aspirantes que hicieron pruebas para tener la oportunidad de interpretar a su heroína. Edward James Olmos actúa como el padre de Selena, Abraham Quintanilla Jr., un ranchero que da pábulo a las ambiciones de la familia que estaba en una situación de desventaja. Jon Seda es Chris Pérez, un guitarrista indisciplinado que se une a la banda de la familia y a quien Selena cautiva, convirtiéndose finalmente en su esposo. Constance Marie actúa como Marcela, la devota madre de la familia; Jacob Vargas es Abie, el hermano de Selena, y su hermana Suzette es representada por Jackie Guerra.

Selena fue filmada enteramente en los exteriores del estado de Texas, donde Selena nació; a veces en los mismos lugares donde ocurrieron los hechos. San Antonio sirvió como el hogar principal de la compañía. Fue allí donde los cineastas montaron las secuencias principales de la cinta, la actuación de Selena que rompió todos los récords, en el Astrodome de Houston, con más de 35.000 extras presentes. Otros lugares adicionales incluyeron Poteet, Texas, y Corpus Christi.

La cinta se desarrolla como un episodio de televisión alargado de *La Familia Partridge*, con una vena latina. El guión no ofrece ninguna penetración en la dualidad e identidad de la herencia mexicano-americana. Este papel principal fue el que convirtió en estrella a Jennifer López, quien capturó la apariencia, esencia y atractivo de la sensacional joven cantante tejana. Edward James Olmos hace muy buen trabajo como Abraham Quintanilla, igual que Constance Marie en el papel de la madre. El magnífico reparto resplandece bajo la dirección de Nava.

Short Eyes (1977, Film League)

Ojos chaparros

También llamada The Slammer

DIRECTOR: Robert M. Young
GUIÓN: Miguel Piñero, basado en su obra teatral
PRODUCTOR: Lewis Harris
ELENCO: Bruce Davison, José Pérez, Tito Goya, Miguel Piñero

Un acerado y agotador drama realista de la prisión, que fue filmado en la institución correccional de Nueva York, conocida como "Las Tumbas". La obra, que ganó un premio Obie, fue escrita por Piñero, quien también hizo el guión, basado en su experiencia de haber pasado cinco años como un preso de Sing-Sing.

Un pervertidor de niños llega al pabellón de celdas donde las pasiones se desbordan con facilidad, no solo de parte de los afro-americanos y puertorriqueños presos, sino también de los guardias. Juan, interpretado por Pérez, es un preso boricua inteligente y compasivo, Tito Goya hace de Cupcakes, y Shawn Elliott aparece como un puertorriqueño cínico. El cantante mexicano-americano Freddy Fender, aparece en una actuación especial como un preso.

A Show of Force (1990, Paramount)

DIRECTOR: Bruno Barreto
GUIÓN: John Strong
PRODUCTOR: John Strong
ELENCO: Amy Irving, Robert Duvall, Erik Estrada, Andy García, Lou Diamond Phillips

Este filme es una tergiversación de un incidente real, descubierto por tres periodistas puertorriqueños que implicaron a la policía local, y al gobierno de los Estados Unidos, en la muerte de varios estudiantes radicales. En la cinta los periodistas están convertidos en una reportera anglo, viuda de un puertorriqueño activista (lo que convenientemente le da un apellido hispano).

La reportera Kate Meléndez (Irving), trata de llegar al fondo del asesinato de los dos estudiantes a manos de la policía, en una remota torre de transmisión, en Cerro Maravilla, Puerto Rico. La isla es presentada como un cruce entre Miami y una nación latinoamericana, donde aparece un gobernador tiránico, rodeado de malvados policías. Howard (Duvall), el director del departamento de noticias de la estación de televisión, no parece interesarle la historia de Meléndez. Su padre, un oficial naval que parece ser un fanático, le dice, "Mi mayor equivocación fue enviarte a un colegio universitario. Te pedí que te fueras de Puerto Rico, y ¿qué haces?... regresas con un puertorriqueño, no uno cualquiera, sino un izquierdista radical". Y ella contesta, "Él era un abogado que tenía una causa".

Los problemas de Puerto Rico y de los puertorriqueños son vistos aquí como internos, sin importarle a los angloamericanos si se hace justicia o no, ya que los puertorriqueños son también ciudadanos de Estados Unidos.

El filme no tiene suspenso, ni crea simpatía alguna por las víctimas, ni involucra al espectador en este extravío de la justicia, ni lo que ello significa. Las causas del descontento de estos radicales y sus ideas políticas no son sondeadas. La cinta se escabulle al final colocando la responsabilidad en un individuo, no en el sistema. Meléndez parece ser la única que tiene una familia y una casa agradables. Las casas de los puertorriqueños, y sus condiciones de vida, son presentadas como si Puerto Rico fuera un país del Tercer Mundo.

Lou Diamond Phillips ofrece una caracterización interesante, y Andy García entrega una buena actuación especial, como un abogado del partido de la oposición. Otra actuación especial viene de parte de Erik Estrada, como un oficial de la policía que tiene sentimientos. La cinta fue filmada enteramente en Puerto Rico.

Sierra Baron (1958, Twentieth Century Fox)

DIRECTOR: James B. Clark
GUIÓN: Houston Branch
PRODUCTOR: Plato A. Skouras
ELENCO: Brian Keith, Rick Jason

Una cinta rutinaria del oeste, filmada en México por Alex Phillips. Americanos usurpadores amenazan las transferencias de tierras de un clan español de California.

The Slammer

Ver Short Eyes (Ojos Chaparros)

Sniper (1993, TriStar)

DIRECTOR: Luis Llosa
GUIÓN: Michael Frost Beckner y Crash Leyland
PRODUCTOR: Robert L. Rosen
ELENCO: Tom Berenger, Billy Zane

Un Infante de Marina de los Estados Unidos, francotirador y observador, parte a la selva de Panamá, en una misión para capturar a un poderoso líder de la guerrilla, y a su banquero, un capo colombiano. Filmada en Australia (sirviendo de Panamá) por el cineasta peruano, Luis Llosa, que hace su debut americano como director.

Sol Madrid (1968, Metro-Goldwyn-Mayer)

DIRECTOR: Brian G. Hutton
GUIÓN: David Karp, basado en la novela *Fruit of the Poppy,* de Robert Wilder
PRODUCTOR: Hall Bartlett
ELENCO: David McCallum, Stella Stevens, Ricardo Montalbán, Rip Torn, Perry López, Abel Franco, Joe Domínguez

Sol Madrid (McCallum), un agente secreto antinarcóticos, tiene la misión de encontrar a un gángster que huye de sus secuaces de la mafia. Durante el curso de la investigación, Sol se topa con uno de los mayores suministradores de heroína, de México a los Estados Unidos. Los sucesos ocurren en el soleado Acapulco, y otros exteriores de México. Montalbán interpreta a Jalisco, un agente carismático y traicionero.

Sombrero (1953, Metro-Goldwyn-Mayer)

DIRECTOR: Norman Foster
GUIÓN: Norman Foster y Josefina Niggli, basada en la novela de Niggli, titulada *A Mexican Village*
PRODUCTOR: Jack Cummings
ELENCO: Ricardo Montalbán, Pier Angeli, Vittorio Gassman, Cyd Charisse, Yvonne De Carlo, Rick Jason, José Greco, Alfonso Bedoya

Ricardo Montalbán y Pier Angeli en *Sombrero*, una película que une tres historias de amor y romance en México.

Una mezcla de tres historias de amor, basadas en la novela *A Mexican Village*, de Josefina Niggli, publicada en 1945. Nacida y criada en Monterrey, México, Niggli residía en Carolina del Norte, cuando la cinta fue producida. El libro consistía en diez historias cortas, pero solamente tres fueron usadas en *Sombrero.* El filme presenta a tres actores principales latinos Montalbán, Gassman (el ídolo italiano neorrealista, en su debut en un filme americano), y el recién llegado Jason; y tres actrices principales: Angeli, De Carlo y Charisse– que ejecuta una danza sensual ante un antiguo ídolo azteca. El bailarín español José Greco, hace de torero en éste, su debut fílmico.

Esta bien intencionada y hermosa cinta, aunque una episódica caricatura musical, fue mayormente filmada en Technicolor en los exteriores de Tepotzlan y Tetecala, México, en el estado de Morelos, cerca de Cuernavaca. El productor Cummings había filmado la cinta *Fiesta* (1947), para MGM, seis años antes, en Puebla, México. Foster era un director de alto vuelo de Ciudad México, donde había vivido por siete años antes de regresar a Hollywood. El mexicano nativo Montalbán, se había convertido en estrella en México bajo la dirección de Foster, antes de venir a Hollywood. Rosaura Revueltas (*Salt of the Earth)* aparece como Tía Magdalena, y Bedoya es Don Inocente. Alma Beltrán y Pilar Del Rey tienen roles menores en el filme.

"*Sombrero* es otro de esos musicales que son brillantes, llamativos, y no dicen nada. Todos los adornos elegantes...no compensan por la falta de convicción en el argumento", *Hollywood Citizen News* (4/14/53).

Sorcerer (1977, Universal/Paramount)

DIRECTOR: William Friedkin
GUIÓN: Walon Green
PRODUCTOR: William Friedkin
ELENCO: Roy Scheider, Ramón Bieri

La historia de cuatro hombres donde cada uno de ellos ha tenido que huir de su tierra natal, y terminan en una aldea miserable de Sudamérica, donde tienen que trabajar en gasoductos americanos de petróleo. Cuando un pozo situado a 200 millas del pueblo, explota, ellos son contratados para llevar seis paquetes de nitroglicerina a través de montañas traicioneras y caminos selváticos. Si lo hacen, cada uno recibirá $10.000, y residencia legal en el país, sin que la policía los moleste. Basada en la novela *The Wages of Fear,* de Georges Arnaud, y la cinta francesa de 1952 del mismo nombre, mundialmente aclamada y dirigida por Clouzot, la película de Friedkin, aunque bien hecha, fue recibida con indiferencia en la taquilla. Fue filmada en el centro de México, y la República Dominicana.

The Specialist (1994, Warner Bros.)

DIRECTOR: Luis Llosa
GUIÓN: Alexandra Seros
PRODUCTOR: Jerry Weintraub
ELENCO: Sylvester Stallone, Rod Steiger, Sharon Stone, James Woods, Eric Roberts

Los padres de Mary Munro (Stone) han sido asesinados por unos gángster cubanos dirigidos por un padre y su hijo, Joe (Steiger), y Tomás (Roberts) León. Ella decide que un ex-especialista en bombas de la CIA, Ray Quick (Stallone), es el hombre que la podrá ayudar a vengarlos.

Éste es un film de acción con una fórmula conocida que tuvo poco negocio en la taquilla, dado el calibre de los que hacían los dos papeles principales.

Speedy Gonzalez (1955, Warner Bros.)

Este corto cartón animado tuvo como estrella a Speedy González, un personaje animado creado en 1953 por Warner Bros. Speedy González ganó un premio de la Academia en 1955. La voz fue creada y hecha por el versátil Mel Blanc. Programado como "¡el ratón más rápido y listo de todo Méeeexico!", Speedy demostró ser una añadidura favorable a los Looney Tunes populares de la Warner Bros. que incluían a Bugs Bunny (el Conejo Bugs), Porky Pig (Porky, el cochinito) y Daffy Duck (el Pato Loco).

STAND AND DELIVER (1987, WARNER BROS.)
Párate y recita

DIRECTOR: Ramón Menéndez
GUIÓN: Ramón Menéndez y Tom Musca
PRODUCTOR: Edward James Olmos, Ramón Menéndez y Tom Musca
ELENCO: Edward James Olmos, Lou Diamond Phillips, Rosana De Soto, Carmen Argenziano, Virginia París, Andy García

Párate y recita está basada en la verdadera historia del profesor de matemáticas, Jaime Escalante, y su triunfo con un grupo de estudiantes del Instituto Garfield, del lado este de la ciudad de Los Ángeles, que no lograban llegar a su potencial.

En 1982, dieciocho estudiantes tomaron el AST (Prueba Avanzada de Adelanto) de cálculo. El examen, que capacita a los estudiantes para obtener créditos para el colegio universitario, es tan exigente que menos del 2 por ciento de todos los estudiantes de los institutos de los Estados Unidos lo toman siquiera. A través de diligencia y determinación, todos los alumnos de Escalante recibieron notas para pasar, donde había seis con calificaciones perfectas.

No obstante, el triunfo fue de poca duración. Después de examinar con cuidado los papeles de la prueba, el Servicio Educacional de Pruebas, concluyó que había un cierto patrón distintivo de respuestas incorrectas entre los alumnos de Garfield, que significaba que ellos tenían que haber hecho trampa. Sus calificaciones fueron invalidadas y a pesar de las protestas de Escalante, los estudiantes recibieron dos alternativas: aceptar el veredicto o volver a someterse a la prueba. Ellos optaron por lo segundo y de nuevo pasaron.

La controvertida historia no fue pasada por alto por los cineastas Ramón Menéndez y Tom Musca, quienes escribieron en conjunto el guión, y produjeron el filme con Olmos. Se enteraron de la historia en primera instancia, a través de un artículo de *Los Angeles Times*. "La idea de ser totalmente inocente y haber tenido que probarlo, me pareció un dato intrigante para un filme", recuerda Musca. "Había una probabilidad enorme de que las notas de los estudiantes nunca hubieran sido cuestionadas, si todos ellos no fueran del Instituto Garfield, con apellidos predominantemente hispanos. En otras palabras, existía la marcada posibilidad típica de racismo".

Después de una respuesta descorazonadora de los estudios, Menéndez y Musca buscaron apoyo en una relación anterior con Lindsay Law, el productor ejecutivo de las series de *American Playhouse*. Menéndez y Musca enviaron una sinopsis de la historia de Escalante a Law, cuya reacción fue positiva. Además de *American Playhouse*, Musca recibió respaldo monetario de organizaciones como Arco, Fundación Nacional de Ciencias, la Corporación de Transmisión Pública y la Fundación Ford.

En *Stand and Deliver*, Edward James Olmos (atrás, izq.) interpreta al profesor de colegio secundario Jaime Escalante, y Lou Diamond Phillips (der.) es Ángel, el alborotador de la escuela con el deseo secreto de mejorarse. Los demás estudiantes de Escalante son (atrás, izq. a der.) Ingrid Oliu, Will Gotay, Lydia Nicole; (adelante, izq. a der.) Vanessa Márquez, Patrick Baca, Karla Montana y Mark Eliot.

Cuando llegó la hora de buscar quién interpretara a Jaime Escalante, Menéndez y Musca se pusieron en contacto con Olmos, que se entusiasmó no sólo con el prospecto de aparecer como Escalante, sino también de unírseles en capacidad de productor. "El concepto de acusaciones falsas era un tema con el que yo había tenido que enfrentarme en mis primeros roles fílmicos, tanto en *Zoot Suit* (1981), como en *The Ballad of Gregorio Cortéz* (1983). Una vez comprometido, Olmos comenzó a prepararse para el rol del maestro boliviano, estudiando al hombre, "Jaime y yo pasamos mucho tiempo juntos", recuerda el actor. Olmos pasó dieciocho horas diarias durante un mes, al lado del instructor.

El actor se concentró en las características físicas de Escalante. Se entresacó el cabello para que su cabeza se pareciera a la del maestro, y engordó cuarenta libras. Olmos dedujo, "La apariencia de Jaime, hasta sus gestos, tienen mucho que ver con la manera cómo que los alumnos lo tratan. Por lo que yo no podía estar en las mejores condiciones físicas para desempeñar el papel".

Lou Diamond Phillips, entonces relativamente desconocido, ya que *La Bamba* (1987) no había sido estrenada aún, se unió al reparto como Ángel, un joven quien tiene que escoger entre educarse, y el atractivo de la vida de las pandillas callejeras.

Párate y recita fue filmada dentro y alrededor del lado este de Los Ángeles, y en el verdadero local del Instituto Garfield, con un presupuesto muy bajo (según el estándar del momento), de $1 millón, en un período de seis semanas. Después que la cinta fue vista por todos los principales estudios, Warner Bros. la escogió para la distribución teatral antes de que fuera presentada en PBS.

La película caló hondo en el público adicto al cine, igual que en los críticos, educadores, y políticos, en referencia a lo que señalaba del estado de la educación americana, y la diferencia que un maestro puede marcar en la vida de sus alumnos. En ese momento de la vida americana, cuando había gran preocupación sobre la calidad de la enseñanza, y la grave situación de maestros y alumnos, la cinta fue celebrada por su mensaje inspirador.

Los críticos también alabaron la interpretación sensible de Olmos como el maestro de matemáticas, quien fue nominado para un premio del Globo Dorado y como Mejor Actor de 1988, por la Academia. El filme introdujo a un número de actores hispanos a la pantalla, y dio realce a los talentos de muchos actores ya establecidos, como De Soto, París, Argenziano y García.

Párate y recita se aparta de la fórmula usual del maestro anglo que ayuda a los desventurados jóvenes minoritarios. Usualmente, los maestros de las minorías son relegados a un segundo plano de la historia, y presentados, en el mejor de los casos, como poco eficientes. Esto fue demostrado tan tempranamente como en *Blackboard Jungle* (1955), y tan reciente como en *The Principal* (1987). *Párate y recita*, no obstante, abrió el camino para otra cinta sobre un maestro de minorías, en una escuela predominante afro-americana, de un vecindario de áreas deprimidas de Nueva Jersey, *Lean on Me* (1989), un filme mucho menos efectivo, en el que Morgan Freeman apareció como Joe Clark, un controvertido americano, verdadero director del colegio.

Menéndez y Olmos, las verdaderas fuerzas creativas detrás de *Párate y recita*, son hispanos. Aunque Menéndez es cubano, y Olmos mexicano-americano, *Párate y recita* es considerado un filme chicano, por la sobrecogedora presencia de Olmos, y su participación como estrella y productor, que ayudó a darle forma definitiva a la cinta, y a aclarar su conmovedor tema.

STAR MAPS (1997, TWENTIETH CENTURY FOX)

DIRECTOR: Miguel Arteta
GUIÓN: Miguel Arteta
PRODUCTOR: Matthew Greenfield
ELENCO: Efraín Figueroa, Lysa Flores, Douglas Spain, Martha Vélez, Herbert Sigüenza

Un padre latino (Figueroa) que es un chulo de prostitución masculina y el proxeneta de su hijo, Carlos (Spain), y su amante, en el Sunset Boulevard de Hollywood, donde pretenden hacerse pasar por vendedores de mapas de las casas de las estrellas.

Arteta usó todo el tiempo símbolos de la cultura latina, incluso a Cantinflas, estereotipos de la maternal y sacrificada latina, la fierecilla latina y el amante latino, igual que el realismo mágico. El filme trata de ser a la vez dramático y cómico con el tema. Éste es un delicado acto de equilibrio que no siempre se logra, pero no deja de ser un noble intento fílmico.

STARS AND GUITARS

Ver Brasil

STEAL BIG, STEAL LITTLE (1995, SAVOY PICTURES)

DIRECTOR: Andrew Davis
GUIÓN: Andrew Davis
PRODUCTOR: Andrew Davis y Fred Caruso
ELENCO: Andy García, Alan Arkin, Rachel Ticotin, William Márquez, Holland Taylor, Joe Pantoliano

Comedia de acción que sitúa a dos hermanos y a sus aliados, en una batalla cómica del bien contra el mal, para controlar la herencia de un rancho inmenso de California, en las montañas de Santa Bárbara. Los hermanos gemelos, Rubén Martínez y Robby Martin (Andy García en un rol doble), huérfanos desde pequeños, han sido criados por una familia rica y una mujer extravagante (Taylor). Rubén y Robby siempre han tratado de aventajarse el uno al otro; Rubén ama la tierra y disfruta de la simple vida de un peón de rancho. Robby, por el contrario, se ha convertido en un arribista, con más amor por el dinero y lo que éste puede comprar que por la historia de su tierra adoptiva o sus raíces latinas. Ésta es una comedia dramática a la antigua, que recuerda la de la década de los años 30. García entrega una magnífica interpretación en el doble papel de los gemelos.

The Substitute (1996, Orion)

DIRECTOR: Robert Mandel
GUIÓN: Roy Frumkes, Rocco Simonelli y Alan Ormsby
PRODUCTOR: Jim Steele y Morrie Eisenman
ELENCO: Tom Berenger, Ernie Hudson, Diane Venora, Glenn Plummer, Marc Anthony, Raymond Cruz

Un colegio de Miami con estudiantes de diferentes razas, donde la violencia y el desdén por la autoridad están desenfrenados, llegan al máximo cuando Shale (Berenger), un antiguo veterano de Vietnam y agente secreto, trae su propia clase de enseñanza superior como maestro suplente. De regreso a Miami, para visitar a su novia (Venora), que es profesora del instituto, logra salvarle la vida cuando el líder de una pandilla descarga su venganza en ella, por haber interferido en su "negocio". Shale decide dar clases como suplente y mientras tanto descubre que el instituto no es solamente un depósito importante de narcóticos, sino que el director está tan metido en el problema como las pandillas latinas. Marc Anthony aparece como un líder despreciable de la pandilla juvenil.

Summer and Smoke (1961, Paramount)

DIRECTOR: Peter Glenville
GUIÓN: James Poe y Meade Roberts, basado en una obra teatral de Tennessee Williams
PRODUCTOR: Hal Wallis
ELENCO: Laurence Harvey, Geraldine Page, Rita Moreno, Thomas Gómez, Pepe Hern

Situada en un pueblo sureño de 1916, ésta es una tórrida y típica historia de Tennessee Williams sobre Alma (Page), la refrenada hija de un ministro, y John (Harvey), hijo del respetado médico del pueblo, un muchacho típico que nada lo amedrenta.

Aunque intrigado por los tímidos intentos amorosos de Alma, John se une a Rosa (Moreno), hija del dueño de una casa de juego (Gómez). El padre de Rosa mata por accidente al padre de John, durante una fiesta de borrachos. Después de la muerte de su padre, John se reforma, pero rechaza el amor de Alma, en favor de una adolescente que lo adora. Alma se queda sola, en espera de otro cualquiera que se cruce en su camino.

The Sun Also Rises (1957, Twentieth Century Fox)
El sol sale para todos

DIRECTOR: Henry King
GUIÓN: Peter Viertel, basado en la novela de Ernest Hemingway
PRODUCTOR: Darryl F. Zanuck
ELENCO: Tyrone Power, Errol Flynn, Ava Gardner, Mel Ferrer, Eddie Albert

Situando la acción en Europa, durante los años 1920, después de terminada la Primera Guerra Mundial, *El sol sale para todos* cubre unas pocas semanas en las vidas y amoríos de una "generación perdida" de personas, que vivían como si fueran a morir en cualquier momento.

Basada en la novela de Hemingway (publicada en 1926), la versión fílmica se concentra en la trágica historia de la vida y amores de Jake Barnes (Power), y Lady Brett Ashley (Gardner). En un viaje desde París con otros amigos, para ir a las corridas de toros de España, ellos encuentran a Mike Campbell (Flynn) y se ponen en contacto con un torero, Pedro Romero, interpretado por el entonces desconocido Robert Evans (quien abandonó una carrera de actor, para convertirse en un productor importante).

Este film es una producción bien actuada en cautivador Technicolor, aunque los actores eran demasiado mayores para los roles de la novela. El intento original de la pieza fue deslucido por las restricciones de censura impuestas por Hollywood y por haberle dado un final feliz.

Por más que las fiestas de San Fermín, en Pamplona, España, fueron filmadas en su totalidad, por motivos del tiempo, Morelia, en México, fue convertida en Pamplona para las escenas de los actores principales. Se hizo filmación en España, Francia y California. En 1946, Morelia fue usada por Fox por última vez como una localidad de filmación para *Captain of Castile* (1947), también dirigida por Henry King, y con Tyrone Power de estrella. Ernest Hemingway dijo en el *London Sunday Dispatch*, según se informó en la revista *Time* (12/2/57), "Yo vi la ostentosa gira de Darryl Zanuck por Europa, de los restaurantes de la generación perdida, corridas de toros y más restaurantes. Es muy decepcionante, y creo que soy magnánimo al llamarlo así. Se supone que estés en España y todo lo que uno ve caminando por ahí son mexicanos. Demasiado tonto".

Surviving Picasso (1996, Warner Bros.)

DIRECTOR: James Ivory
GUIÓN: Arianna Stassinopoulos Huffington y Ruth Prawer Jhabvala
PRODUCTOR: Ismail Merchant
ELENCO: Anthony Hopkins, Natascha McElhone, Julianne Moore

Un libro poco glamoroso sobre la vida del famoso pintor español Pablo Picasso y sus amoríos con una mujer cuarenta años más joven que él. Anthony Hopkins interpreta a Picasso sin tratar de hablar con un acento español.

The Super (1991, Twentieth Century Fox)

DIRECTOR: Rod Daniel
GUIÓN: Sam Simon
PRODUCTOR: Charles A. Gordon
ELENCO: Joe Pesci, Vincent Gardenia, Madolyn Smith-Osborne, Rubén Blades

Una comedia dramática acerca del dueño de un edificio de viviendas pobres llamado Louie Kritski (Pesci) quien permite su dilapidación, y a quien un juez ordena vivir en una de sus covachas como castigo por ignorar deliberadamente las violaciones del código de edificios. Mientras reside allí, él comienza a conocer a los inquilinos, y experimenta las mismas terribles condiciones en que ellos se ven obligados a estar. Blades aparece en la cinta como Marlon, un buscavidas pícaro que siempre está inventando la manera de timar a Kritski, además de gradualmente enseñarle a sentir compasión por sus inquilinos. Los otros hispanos del reparto son Steve Rodríguez, Eileen Galindo, Marina Durrell, Olga Merediz, Chris Herrera y Juan Manuel Agüero.

Sweet Charity (1969, Universal)

Dulce charity

DIRECTOR: Bob Fosse
GUIÓN: Peter Stone, basado en la obra de Neil Simon, Cy Coleman y Dorothy Fields, adaptada del guión *Notti di Cabiria*, de Federico Fellini, Tulio Pinelli y Ennio Flaiano
PRODUCTOR: Robert Arthur
ELENCO: Shirley MacLaine, Chita Rivera, Ricardo Montalbán, Sammy Davis Jr.

La primera aparición en el cine de la afamada estrella y bailarina de Broadway, Chita Rivera, quien creó en las tablas muchos papeles interpretados por otras actrices en cintas fílmicas posteriores, incluso Anita (Rita Moreno), en *West Side Story*, y Rosie (Janet Leigh), en *Bye, Bye Birdie*.

Rivera actúa como una de las amigas de Charity, demostrando su talento especial como cantante y bailarina con gran efecto. Montalbán ofrece una actuación caricaturesca espléndida de un galán amante latino, en este musical dirigido por Bob Fosse (que hace aquí su debut como director fílmico).

Taggart (1965, Universal)

DIRECTOR: R.G. Springsteen
GUIÓN: Robert Creighton Williams, basado en la novela de Louis L'Amour
PRODUCTOR: Gordon Kay
ELENCO: Tony Young, Dan Duryea, David Carradine, Elsa Cárdenas

Uno de los últimos programadores en color de Universal, de presupuesto bajo, que dio paso a las cintas de televisión. *Taggart* está basada en una novela del afamado escritor de películas sobre el oeste, Louis L'Amour. La matanza de una familia granjera, y la venganza que busca el hijo sobreviviente, Taggart, es la esencia de la historia. Después de vengarse, Taggart se encuentra con que su cabeza tiene precio. Él compite por el amor de una vivaracha y traicionera mexicana, Consuela (Cárdenas), y una "muchacha buena" rubia. La angla rubia es la que gana su amor.

Tampico (1944, Twentieth Century Fox)

DIRECTOR: Lothar Méndes
GUIÓN: Kenneth Gamet, Fred Niblo Jr. y Richard Macaulay, basado en una historia original de Ladislas Fodor
PRODUCTOR: Robert Bassler
ELENCO: Edward G. Robinson, Lynn Bari, Victor McLaglen, Marc Lawrence, Mona Maris

La historia de un capitán de un barco tanque, quien pierde el barco cuando es torpedeado por un submarino nazi, poco después de que el barco zarpa del puerto de Tampico. Él busca vengarse descubriendo quién de las varias personas que sabían su salida del puerto había pasado la información al enemigo. La historia se convierte en conflicto y romance entre el capitán (Robinson) y una pasajera que ha sido rescatada (Bari), y el espionaje en tiempos de guerra de la ciudad del golfo de Tampico. Antonio Moreno aparece en un papel pequeño, como juez de paz. Chris-Pin Martin, Néstor Paiva y Martín Garralaga tienen también papeles menores. Grace Poggi, una bailarina ítalo-española, nativa de California, interpreta la secuencia de la bailarina del café. Los músicos mexicanos y compositores, Gilbert Ysais y Noel Desilva, aparecen en la escena de la boda.

Tarzan and the Great River (1967, Paramount)

DIRECTOR: Robert Day
GUIÓN: Bob Barbash
PRODUCTOR: Sy Weintraub
ELENCO: Mike Henry, Manuel Padilla Jr., Rafer Johnson

Una aventura de Tarzán situada en Sudamérica, a lo largo del río Amazonas.

Terror in a Texas Town (1958, United Artists)

DIRECTOR: Joseph H. Lewis
GUIÓN: Ben L. Perry [Dalton Trumbo]
PRODUCTOR: Frank N. Seltzer
ELENCO: Sterling Hayden, Sebastian Cabot, Victor Millán, Ann Varela

Ed McNeil (Cabot), un hacendado de Texas, intimida a los campesinos de la localidad para que cedan su tierra, porque, según el residente mexicano José Mirada (Millán), explica, "La tierra está llena de petróleo". George Hansen (Hayden), un marinero sueco-americano, regresa a casa de su padre en Texas, y encuentra que éste ha sido asesinado. A su llegada, Michael recibe una golpiza de los esbirros de McNeil. Mirada (Varela) encuentra a Hansen herido y lo cuida hasta devolverle la salud, diciéndole además la verdad de quién asesinó a su padre, por que ella fue testigo del crimen. Mirada también muere asesinada. Hansen se enfrenta a los esbirros con un arpón de cazar ballenas.

Esta cinta es una combinación plebeya de *Mero mediodía* y *Bad Day at Black Rock. Terror in a Texas Town* fue filmada en diez días, por $80.000, y escrita por Dalton Trumbo, un escritor incluido en la lista negra de Hollywood. En la actualidad, es una cinta Clase B favorita de las universidades y de los teatros de estudio.

"Drama al aire libre, que examina el miedo y las consecuencias que tiene sobre los hombres. Bien hecha dentro de un modesto marco", *Film Daily* (8/25/58).

That Night in Rio (1941, Twentieth Century Fox)

Aquella noche en Río

DIRECTOR: Irving Cummings
GUIÓN: George Seaton, Bess Meredyth, Hal Long, Samuel Hoffenstein y Jessie Ernst, basado en una obra teatral de Rudolph Lothar y Hans Adler
PRODUCTOR: Fred Kohlmar
ELENCO: Alice Faye, Don Ameche, Carmen Miranda, J. Carroll Naish, María Montez

En esta comedia musical en Technicolor, Ameche interpreta dos roles, (Larry Martin, un artista americano que actúa en el Café Samba de Río, y Barón Duarte, un notorio calavera brasileño. Miranda aparece en ésta su segunda cinta americana, como una cantante de cabaret llamada Carmen, en donde no solamente canta y baila, sino también actúa. Ella establece firmemente su personalidad con su manera rápida de hablar, puntualizada por un animado inglés fraccionado, vistiendo una variante del estilo de ropa Bahiana de su nativo Brasil. El espectacular número inicial, "Chica, Chica, Boom, Chica", fue montado por Hermes Pan.

No se hizo ningún intento real de presentar a Río correctamente, a excepción de algunos telones de fondos escénicos. A través de la intercesión personal de Miranda, una bailarina española de ojos rasgados, Montez, como Inéz, obtuvo uno de los principales números bailables de la película. La cinta presenta la orquesta de Miranda, Banda de Lua. También aparecen Frank Puglia, como Pedro; Fortunio Bonanova como Pereira, el camarero principal; Alberto Morín, como Eca, el piloto; y los hermanos Flores, que también contribuyeron musicalmente en *Allá en Argentina* (1940). Mack Gordon y Harry Warren, que compusieron la música y la letra, pero que nunca habían estado en Sudamérica, escribieron algunas letras en español, sin darse cuenta de que el portugués es la lengua del Brasil. Con la ayuda de asesores técnicos brasileños, la canción en español, "Buenas Noches" fue traducida al portugués, "Boa Noite". La embajada de Brasil en Washington aprobó el guión y la música.

THEY MET IN ARGENTINA (1941, RKO RADIO PICTURES)

DIRECTOR: Leslie Goodwins y Jack Hively
GUIÓN: Jerry Cady, basado en una historia de Brock y Harold Daniels
PRODUCTOR: Lou Brock
ELENCO: Maureen O'Hara, James Ellison, Alberto Vila, Buddy Ebsen, Robert Barrat, Joseph Buloff, Diosa Costello, Victoria Córdova, Antonio Moreno, Fortunio Bonanova

Nelson Rockefeller, "el poder detrás del trono" en RKO, ostentando el título de "Coordinador de las Relaciones Comerciales y Culturales entre las Repúblicas Americanas", estaba determinado a ver a RKO unirse a la moda de producir cintas fílmicas con temas y escenarios de la América Latina. Lou Brock, productor del exitoso *Flying Down to Rio* (1933), fue invitado a supervisar la primera de tres producciones. El resultado, *They Met in Argentina*, fue un fracaso en todo sentido.

Comenzó por el guión con un trasfondo argentino, en el cual el conflicto es entre un joven que no sabe de quien enamorarse, y una muchacha que está acostumbrada a siempre salirse con la suya. Maureen O'Hara estuvo fuera de papel como la típica señorita. Las canciones y partituras musicales de Rodgers y Hart nunca pegaron. El público hispano-parlante, y el de los Estados Unidos, se sintió ofendido por la maniobra completa y no les interesó el tema en lo más mínimo.

¡THREE AMIGOS! (1986, ORION)

DIRECTOR: John Landis
GUIÓN: Steve Martin, Lorne Michaels y Randy Newman
PRODUCTOR: George Folsey Jr. y Lorne Michaels
ELENCO: Steve Martin, Chevy Chase, Martin Short, Patrice Martínez, Alfonso Arau, Tony Plana, Jorge Cervera, Loyda Ramos, Joe Mantegna, Santos Morales

Esta comedia paródica sucede en México, en 1916. La aldea pobre de Santa Poco, la aterrorizan y saquean un notorio bandido, el cacique llamado El Guapo (Arau), su jefe esbirro (Plana), y su banda de forajidos. Carmen (Martínez), una hermosa joven de la aldea, envía, a través de un telegrafista (Morales), una súplica desesperada, pidiendo ayuda a tres hombres a quienes ha visto luchar contra la opresión y vencer la maldad –aquellas gallardas estrellas del cine mudo, ¡Los Tres Amigos!

En la pantalla, Lucky Day (Martín), Dusty Bottoms (Chase) y Ned Nederlander (Short) son los héroes románticos que no temen a nadie. En la vida real, son unos tipos simples llenos de alegría, que están resguardados por los lujos del estrellato. Esos lujos desaparecen súbitamente cuando Lucky exige un nuevo contrato del magnate de cine Harry Flugleman (Mantegna). En vez de darles un contrato, Flugleman despide al trío.

El cable de Carmen ha llegado al justo momento. Asumiendo que ellos han sido contratados a hacer una aparición en persona –por la enorme suma de 100.000 pesos– el trío marcha a Santa Poco. Una vez allí, nuestros héroes creen que los bandidos son compañeros actores, y ofrecen una función que deja boquiabiertos a los forajidos. Pero Lucky, Dusty y Ned, muy pronto descubren que las balas y los bandidos son de verdad, igualmente que la oportunidad de convertirse en héroes reales. Cuando El Guapo ataca Santa Poco y secuestra a Carmen, los amigos cruzan el desierto y penetran en la fortaleza. Ellos rescatan a Carmen y escasamente pueden escapar en un biplano. Entonces reúnen a toda la gente de Santa Poco, para que luchen por su libertad. Después de todo, ellos son Los Tres Amigos.

Esta parodia simple de muchas de las películas sobre el oeste, en particular, *Los siete magníficos*, ha sido hecha solamente para hacer reír, y los actores se divierten en sus papeles de bandidos, haciendo alarde de sus revólveres, con sonrisas de oreja a oreja que muestran los dientes que faltan, y carros de sport, bisoñés, y con barbas de muchos días en las caras. Alfonso Arau, tuvo en realidad un papel similar en serio de bandido, en *The Wild Bunch* (1969), de Peckinpah.

Todos los estereotipos, tanto anglos como hispanos, están presentes. Los tres amigos anglos son un grupo no muy inteligente, que se parece a la serie del oeste, "Los Tres Mesquiteros", de la década de los años 30, y otro número de caracterizaciones del oeste. La virginal señorita (Martínez), la volcánica latina (Ramos), el noble aldeano (Abel Franco), y el líder de los bandidos (Arau), todos están aquí. Mientras más familiarizado esté el espectador con la historia, particularmente con las cintas del oeste, más disfrutará del filme, ya que la parodia se hace más evidente.

The Three Caballeros (1945, RKO Radio Pictures)

Los tres caballeros

DIRECTOR: Norman Ferguson, Clyde Geromini, Jack Kinney, Bill Roberts y Harold Young
GUIÓN: Homer Brightman, Ernest Terrazzas, Ted Sears, Bill Peet, Ralph Wright, Elmer Plummer, Roy Williams, William Cottrell, Del Connell y James Bodrero
PRODUCTOR: Norman Ferguson
ELENCO: Aurora Miranda, Dora Luz, Carmen Molina, Néstor Amaral, y las voces de Sterling Holloway, Clarence Nash (el Pato Donald), José Oliveira (José Carioca), Joaquín Garay (Panchito)

Música cautivadora y una mezcla espectacular de cartones animados y acción en vivo, crean una apasionante aventura del sur de la frontera. En esta cinta clásica de Disney, el Pato Donald celebra su cumpleaños con sus amigos, Joe Carioca, el loro brasileño, y un gallo mexicano llamado Panchito. Donald abre una maravillosa colección de regalos que se convierte en un viaje con ritmo latinoamericano. Los caracteres animados visitan sitios hermosos e intercambian con personajes de carne y hueso, como Aurora Miranda, de Brasil, y Carmen Molina y Dora Luz, de México. Los segmentos incluyen un paseo sobre un sarape "mágico, y los cuentos hechos como cartones animados de "El pingüino de sangre fría", "Bahía" y "El gauchito que vuela".

Esta fue una de las cintas americanas presentadas en América Latina durante los años 1940, que obtuviera mayor éxito.

Three Godfathers (1948, Metro-Goldwyn-Mayer)

DIRECTOR: John Ford
GUIÓN: Laurence Stallings y Frank Nugent, basado en una historia de Peter B. Kyne
PRODUCTOR: John Ford y Merian C. Cooper
ELENCO: John Wayne, Pedro Armendáriz, Harry Carey Jr.

Mientras huyen de la ley, tres bandidos (Wayne, Armendáriz y Carey), encuentran una mujer moribunda que está a punto de dar a luz en el desierto. Dos de los bandidos mueren tratando de salvar al bebé cuando lo llevan al pueblo.

En *Three Godfathers,* Pedro Armendáriz (centro) interpreta uno de los tres bandidos que cuida un niño cuando se muere su mamá en un vagón del desierto poco tiempo después del parto. John Wayne (izq.) y Harry Carey Jr. (der.) interpretan los otros bandidos.

Esta poco convencional cinta del oeste, con situaciones que se parecen a la peregrinación bíblica de los tres Reyes Magos a Jerusalén, está realzada por la actuación de los tres personajes principales, y fotografías en colores imponentes. La historia fue filmada dos veces antes como *The Three Godfathers* (en 1916 y 1936), y como *Marked Men* (en 1919) y *Hell's Heroes* (en 1929), pero ésta es la única versión en la cual uno de los bandidos es presentado como mexicano.

Armendáriz es el más habilidoso como el bandido Pedro, quien admite a la moribunda, después que trae al mundo al bebé, que su verdadero nombre es Pedro Encarnación Arango y Roca Fuerte. Hightower (Wayne), continúa hostigando a Pedro por hablar español delante del crío, "Suprime esas paparruchadas mexicanas cerca del niño, ¿quieres, Pedro? Antes que te lo imagines, él va a aprenderlas. Tenemos que criarlo con un buen 'habla' americana, igual que su mamá". Se nota que Pedro se siente ofendido y continúa hablando español.

Pedro sufre una fractura en la pierna durante la caminata por el desierto; sabiendo que no puede continuar, él mismo se quita la vida con su pistola. Ésta es una espeluznante premonición de la propia muerte de Armendáriz quince años después, cuando él se suicidó de un tiro, después de enterarse que sufría de cáncer incurable.

Irónicamente, al final del filme, Hightower, el único sobreviviente del trío, le dice sus últimas palabras al crío en español, "Adiós, compañero", antes de ser llevado a la cárcel.

"Armendáriz ha interpretado mucho mejor en el pasado, pero únicamente porque su material siempre ha sido mejor. Aquí él está demasiado cerca de ser una caricatura de un mexicano", Darr Smith, *Los Angeles Daily News* (2/9/49).

Por otra parte, Edwin Schallert, en *Los Angeles Times* (2/9/49), dijo, "Armendáriz combina la comedia con efectividad y discreción".

THE THRILL OF BRAZIL (1946, COLUMBIA)

DIRECTOR: S. Sylvan Simon
GUIÓN: Allen Rivkin, Harry Clork y Devery Freeman
PRODUCTOR: Sydney Bidell
ELENCO: Evelyn Keyes, Keenan Wynn, Ann Miller, Allyn Joslyn, Tito Guízar, Veloz y Yolanda, Enric Madriguera y su orquesta

Steve Farraugh (Wynn), es el administrador y productor de una revista que está haciendo una prueba en el Hotel Carioca, en Río, antes de presentarse en Broadway. Linda Lorens (Miller), es la estrella. Ella está enamorada de Steve, pero él todavía ama a su ex-esposa, Vicki Dean (Keyes), una famosa directora. Al mismo tiempo, el cantante Guizar (representándose a él mismo), ama a Linda, pero ella no le corresponde. Vicki llega a Río con un nuevo pretendiente, para lograr que Steve firme los papeles finales del divorcio. Steve ya los ha firmado una vez, pero él tiene la costumbre de usar una tinta desvaneciente. Al final, todo se resuelve cuando Vicki admite que ella en realidad quiere a Steve, y había venido a Río solamente para verlo. Robert Conte, Nino Bellini, Martín Garralaga, Manuel París, Joe Domínguez y Alex Montoya, también toman parte en la cinta.

The Tijuana Story (1957, Columbia)

DIRECTOR: Leslie Kardos
GUIÓN: Lou Morheim
PRODUCTOR: Sam Katzman
ELENCO: Rodolfo Acosta, Robert Blake, James Darren, Joy Stoner

El asesinato del reportero de la vida real, Manuel Acosta Mesa, en Tijuana, inspiró este flojo drama sobre la explotación de adolescentes. Robert Blake trabaja como el hijo del periodista, quien, durante el curso de la trama, trae a los líderes de una banda de traficantes a los tribunales, después que su padre, debido a la cruzada que ha emprendido, cae víctima de ellos. Lo mejor de esta cinta es Acosta, como Acosta Mesa; lamentablemente, aparece muy poco tiempo en la pantalla.

Tin Cup (1996, Warner Bros.)

DIRECTOR: Ron Shelton
GUIÓN: John Norville y Ron Shelton
PRODUCTOR: Gary Foster, Ron Shelton y David Lester
ELENCO: Kevin Costner, Rene Russo, Cheech Marín, Don Johnson

Costner es Roy "Tin Cup" McAvoy, un profesional de pista de autos, y buscavidas del campo de golf, nativo del oeste de Texas, cuyas legendarias técnicas en el golf son igualadas únicamente por su naturaleza autodestructiva y encantos propios de un maleante. Su vida confortable de fracasado, malgastada en la pista de carreras con su mejor amigo y ayudante portador de palos, Romeo Posar (Marín), es puesta patas arriba cuando una mujer que viene a tomar lecciones de golf lo vuelve loco (Russo). Él entonces se propone a jugar en el Abierto de Golf de los Estados Unidos y competir con su rival de largo tiempo, David Simms (Johnson), un profesional popular del circuito, para demostrarse a sí mismo (y a la dama de sus amores) que él es capaz de logros heroicos.

Too Many Girls (1940, RKO Radio Pictures)

DIRECTOR: George Abbott
GUIÓN: John Twist, basado en la obra teatral de George Marion Jr.
PRODUCTOR: Harry E. Edington
ELENCO: Lucille Ball, Ann Miller, Eddie Bracken, Desi Arnaz

Una musical sensual (para su tiempo) de fútbol de un colegio universitario, con un giro latino, que tuvo mucho éxito en los escenarios de Broadway, y fue transferida a la pantalla por el director de escena, George Abbott, con resultados desiguales. Desi Arnaz, en su debut fílmico, volvió a hacer su papel escénico de Manolito, un futbolista latino. Mientras filmaba la película, Desi conoció y se enamoró de quien pronto sería su esposa, Lucille Ball.

Topaz (1969, Universal)

DIRECTOR: Alfred Hitchcock
GUIÓN: Samuel Taylor, basado en la novela de Leon Uris
PRODUCTOR: Alfred Hitchcock
ELENCO: Frederick Stafford, Dany Robin, John Forsythe, Karin Dor, John Vernon, Roberto Contreras, Carlos Rivas

Este suspenso de Hitchcock sobre agentes rusos infiltrados en el gobierno francés, que traicionan a la fuerza de seguridad francesa, tiene un segundo argumento referente a los misiles de Cuba, bajo el gobierno de Castro. Juanita (Dor), una heroína de la revolución cubana, y amante del espía francés, Deveraux (Stafford), es enviada a Cuba para encontrar evidencia de que hay misiles rusos, para el gobierno de Estados Unidos. John Vernon es el revolucionario cubano Rico Parra, quien aunque está enamorado de ella, debe matar a Juanita cuando él se entera que ella ha traicionado a la revolución. Rivas aparece como Hernández, un soldado cubano, y Contreras es Muñoz.

El estreno del disco laser de la cinta incluye dos finales diferentes que Hitchcock filmó pero decidió no usar.

The Torch (1949, Eagle-Lion)

DIRECTOR: Emilio Fernández
GUIÓN: Adaptado por Bert Granet, Iñigo de Martino Noriega y Emilio Fernández
PRODUCTOR: Bert Granet
ELENCO: Pedro Armendáriz, Paulette Goddard, Gilbert Roland

Un general revolucionario mexicano se enamora de la hija de un importante ciudadano de un pueblo del que ha tomado el poder. El noviazgo sucede como una serie de discusiones violentas cómicas, desarrolladas contra un trasfondo de pelotones de fusilamiento, fervor religioso, y una epidemia de influenza mortal. *The Torch* es una versión nueva de una película en español hecha en México en 1946, bajo el título de *Enamorada*. Ambas cintas tienen al mismo galán (Armendáriz), director (Fernández) y cameraman (Figueroa). La única diferencia notable es que la versión en español tiene a María Félix de estrella, y la de inglés a Paulette Goddard. Hay pequeñas variaciones en la edición y en los actores de reparto, y una escena fue escrita de nuevo. A Goddard le añadieron una narración estilo Hollywood al principio del filme.

Torrid Zone (1940, Warner Bros.)

DIRECTOR: William Keighley
GUIÓN: Jerry Wald y Richard Macaulay
PRODUCTOR: Mark Hellinger
ELENCO: James Cagney, Ann Sheridan, Pat O'Brien, George Tobias

Una original comedia dramática, situada en una plantación de bananas de América Central, que implica un triángulo amoroso entre el dueño de la plantación, Nick Butler (Cagney), el administrador, Steve Case (O'Brien) y una corista americana, Lee Donley (Sheridan). Un matón de la localidad, Rosario (Tobías), recluta a una banda de merodeantes entre los trabajadores de la plantación, y Butler dirige un grupo contra los insurgentes. Los hispanos en papeles secundarios incluyen a Paul Porcasi, Frank Puglia, George Humbert, Elvira Sánchez, George Regas, Joe Domínguez y Manuel López.

Tortilla Flat (1942, Metro-Goldwyn-Mayer)

DIRECTOR: Victor Fleming
GUIÓN: John Lee Mahin y Benjamin Glazer, basado en la novela de John Steinbeck
PRODUCTOR: Sam Zimbalist
ELENCO: Spencer Tracy, John Garfield, Hedy Lamarr, Akim Tamiroff, Sheldon Leonard

Basada en la novela de John Steinbeck, la cinta está situada en los años posteriores a la Primera Guerra Mundial, y trata de rancheros mexicanos y pescadores que viven en total despreocupación de su pobreza, en Monterrey, California.

Cuando Danny (Garfield) hereda dos casas, consigue respeto de sus semejantes, pero la herencia lo distancia de Pilón (Tracy), y sus otros amigos. Danny y Pilón se disputan el afecto de Dolores (Lamarr), una muchacha portuguesa, y se convierten en enemigos. Pero cuando Danny pierde una de sus casas en un incendio y es herido en una pelea, Pilón viene en su ayuda, y todo termina felizmente. Los actores hispanos Roque Ybarra, como Alfredo, y Tito Renaldo de muchacho, tienen papeles menores en la cinta. Mercedes Ruffino aparece como la señora Morales, una amorosa viuda. Nina Campana hace de la señora Cortez, la madre de un racimo de hijos.

Aunque no es una historia fácil de traducir para el cine, podía haber surgido como un estudio lascivo sobre el vagabundeo. Afortunadamente, lo que apareció gracias a la dirección de Victor Fleming (*Gone with the Wind* [1939]), resultó ser un sensible perfil de personalidad sentimental.

Hay una escena cómica algo conmovedora que envuelve a un médico del departamento de salud que la pregunta a unos niños mexicanos que parecen saludables, qué comen. Ellos, naturalmente, contestan, "Tortillas y frijoles". El médico, sin poder creerlo, exclama, "¿No comen nada más?". Los niños responden, "¿Hay algo más que podemos comer?".

Touch and Go (1986, TriStar)

DIRECTOR: Robert Mandel
GUIÓN: Alan Ormsby, Bob Sand y Harry Colomby
PRODUCTOR: Steven Friedman
ELENCO: Michael Keaton, María Conchita Alonso, Ajay Naidu

Una comedia dramática acerca del romance entre un jugador profesional de hockey sobre hielo, Bobby Barbato (Keaton), y una madre latina soltera, Denise De León (Alonso), cuyo pequeño hijo sabelotodo está representado por Naidu.

Touch of Evil (1958, Universal)
Algo malo

DIRECTOR: Orson Welles y (sin ser reconocido) Harry Keller
GUIÓN: Orson Welles, basado en la novela *Badge of Evil* de Whit Masterson
PRODUCTOR: Albert Zugsmith
ELENCO: Charlton Heston, Orson Welles, Janet Leigh, Joseph Calleia, Marlene Dietrich, Akim Tamiroff, Val De Vargas, Víctor Millán, Lalo Rios

En el pequeño y sórdido pueblo de Los Robles, situado en la frontera Estados Unidos-México, una investigación judicial sobre el asesinato de un prominente político local, Rudy Linneker, da lugar a una guerra de talentos entre un cruel capitán de la policía americano, Hank Quinlan (Welles), y un alto funcionario mexicano de la droga, Vargas (Heston). Aunque está oficialmente en viaje de luna de miel con su esposa Susan (Leigh), Vargas se encuentra cada vez más envuelto en la investigación criminal.

Orson Welles (izq.) es el policía corrupto Quinlan y Charlton Heston (der.) es el agente de narcóticos mexicano Vargas quienes discuten sobre la investigación de un asesinato en *Touch of Evil*. Victor Millán (centro) interpreta Sánchez, el amante mexicano de la hija asesinada de un político. Joseph Calleia (atrás) interpreta Menzies, un amigo de mucho tiempo de Quinlan.

Vargas no se fía de los motivos que Quinlan tuvo para arrestar al sospechoso Sánchez (Millán), quien es el amante mexicano de la hija de Linnekar, Marcia (Joanna Moore). Vargas está convencido que Quinlan trata de tender una trampa a un inocente.

El servicio que Quinlan presta a la justicia se ha convertido en una venganza personal en contra de los mexicano-americanos, debido al asesinato de su mujer (del que nadie fue acusado por falta de evidencia) muchos años atrás.

Vargas ha trabajado anteriormente en exponer a la banda de Grandi, una partida de narcotraficantes mexicanos que tiene a Joe Grandi (Tamiroff) a la cabeza, los cuales están activos en Los Robles, y Vargas quiere igualmente desenmascarar al venático Quinlan, quien también carece de principios. Vargas se ve atosigado por un populacho indiferente o definitivamente antagonista. A él también lo afecta el problema inteligible de ser mexicano en una sociedad racista, y llega a describir el incidente de la bomba que mató a Linnekar, como malo para "nosotros, " refiriéndose ambiguamente tanto a la patria como a la esposa. Como la bomba fue puesta en México, pero explotó en los Estados Unidos, su jurisdicción está en duda, convirtiéndolo en un observador de afuera. Hay un momento en que Vargas aparece enmarcado delante de una cartelera que dice "Bienvenido, desconocido, al Pueblo de Los Robles, el París de la Frontera". Como mexicano, él representa un sistema alternativo de justicia, y del lado americano no tiene autoridad alguna. Cuando llega el momento del secuestro de su esposa por la pandilla de Grandi, quien intenta tenderle una trampa, el actúa como esposo, no como un funcionario de la policía.

Menzies (Calleia), de raíces mexicanas, es un amigo de toda la vida de Quinlan. Él es el peón del amo-y-señor gringo, hasta que Vargas cruza la frontera y libera a Menzies del poder de Quinlan. Vargas ayuda a Menzies a encontrar su propia identidad, ayudándolo a comprender que Quinlan ha venido burlándose de la ley durante años, ayudado por Menzies, quien lo ha respaldado por amistad y por miedo. Menzies salva la vida a Vargas, matando a Quinlan, y pierde la vida al hacerlo, pero no antes de encontrar la "salvación" a través de su identidad personal.

El filme fue dirigido por Welles, a insistencia de Charlton Heston. La acostumbrada apariencia de héroe de Heston fue suavizada: la piel adquirió un tono más obscuro, el ennegrecido cabello consiguió un nuevo rizo, y un bigote perfilado apareció sobre su boca. La toma de cámara ambulante famosa, de cuatro minutos de duración sobre la que pasan los reconocimientos, es algo más que un magnífico efecto de virtuosismo; sitúa la acción brillantemente para lo que viene después. Presenta también el ambiente, los personajes principales y la acción que lleva la trama hacia delante, todo con admirable economía. La película fue filmada en Venice, California, en Main Street (la calle principal), que fue transformada con la ayuda del director de arte, en un pueblo de la frontera. Universal le quitó la cinta a Welles y la editó de nuevo. Unos treinta años después, la película fue restaurada a su tamaño original, y ahora es considerada como un clásico. Un crítico la ha descrito como quizás la mejor cinta Clase B que se haya hecho jamás.

TRACKDOWN (1976, UNITED ARTISTS)

DIRECTOR: Richard T. Heffron
GUIÓN: Paul Edwards
PRODUCTOR: Bernard Schwartz
ELENCO: Jim Mitchum, Karen Lamm, Anne Archer, Erik Estrada

El tema de los adolescentes que huyen, y el crimen en las áreas pobres de la ciudad, son explotadas al máximo en esta historia convertida descaradamente en un testamento racista. Un joven maestro anglo, está empecinado en vengar a su hermana que se escapó y fue golpeada y abusada sexualmente por una pandilla chicana en la parte este de la ciudad de los Ángeles, y después vuelta prostituta. Ella se convierte en una prostituta de alta clase, y pierde la vida a manos de un cliente sádico. Estrada aparece como Chucho, un sensible miembro de la pandilla que se enamora de la muchacha, y termina ayudando al hermano. Gilbert De la Peña y Rafael López también aparecen como pandilleros.

A Tragedy in the Life of General Villa

Ver The Life of Villa

The Treasure of Pancho Villa (1955, RKO Radio Pictures)

DIRECTOR: George Sherman
GUIÓN: Niven Busch, basado en la historia de J. Robert Bren y Gladys Atwater
PRODUCTOR: Edmund Grainger
ELENCO: Rory Calhoun, Shelley Winters, Gilbert Roland, Joseph Calleia, Carlos Músquiz, Tony Carbajal, Pasquel Peña

Juan (Gilbert Roland, der.), un seguidor de Villa, se enfrenta a un mercenario americano Tom Bryan (Rory Calhoun, izq.) en *The Treasure of Pancho Villa.*

Un soldado mercenario americano (Calhoun), decide que es mejor robar oro para él que para la revolución mexicana, pero su deseo es obstaculizado por los fieles partidarios de Villa, Juan (Roland) y Ruth (Winters), quienes se volvieron leales a la causa cuando su padre pereció a manos de las tropas federales.

Filmada en los exteriores de México, la cinta está llena de momentos explosivos. Aunque el título lleva el nombre de Pancho Villa, el legendario bandido no aparece en ninguna escena.

Treasure of the Golden Condor (1952, Twentieth Century Fox)

DIRECTOR: Delmer Daves
GUIÓN: Delmer Daves
PRODUCTOR: Jules Buck
ELENCO: Cornel Wilde, Constance Smith

Esta cinta de espadachines en Technicolor, sucede en el siglo XVIII, entre gente de la nobleza. El joven Jean-Paul (Wilde), se ve privado de su herencia real por un poco escrupuloso tío que lo ha hecho un virtual esclavo. Jean-Paul conoce a un hombre quien posee el mapa de un fabuloso tesoro maya. Jean-Paul marcha con él y su bella hija a Guatemala, para recobrar el tesoro. Después que lo encuentra, regresa a Francia a reclamar sus posesiones y entonces vuelve a Guatemala para reunirse con su amigo, y la hija, de la que se ha enamorado.

Esta es una versión nueva de la cinta de 1942, *The Son of Fury*, con la localidad cambiada del Pacífico a América Central. Las escenas que muestran trasfondos fueron filmadas en Guatemala, con los actores principales entre ruinas mayas de la antigüedad, y en la ciudad de Antigua.

The Treasure of the Sierra Madre (1948, Warner Bros.)

DIRECTOR: John Huston
GUIÓN: John Huston, basado en la novela de B. Traven
PRODUCTOR: Henry Blanke
ELENCO: Humphrey Bogart, Walter Huston, Bruce Bennett, Tim Holt, Alfonso Bedoya, Bobby Blake, A. Soto Rangel, Manuel Dondé, José Torvay, Margarito Luna, Jacqueline Dalya

Esta cinta señaló el final de la Política del Buen Vecino, con la nueva introducción del bandido mexicano, mientras al mismo tiempo usaba paisajes y gente de México. Los mexicanos aparecen en ella como bandidos sedientos de sangre, o tan inocentes como los nativos.

Basada en la novela de B. Traven, es una historia de un choque entre tres americanos de poca suerte (Bogart, Huston, Holt), en Tampico, México, que hacen un último intento desesperado de encontrar oro en los escabrosos terrenos de Sierra Madre, donde pocos blancos han estado. Perseguidos por indios, por un bandido de Texas buscador de fortunas (Bennett), y maleantes que asesinan a sangre fría, los tres deben finalmente enfrentarse al más peligroso adversario de todos: ellos mismos.

El actor mexicano Bedoya creó para sí un nicho permanente en la historia del cine como el bandido Gold Hat (Sombrero de Oro), con la célebre expresión memorable; "Insignias, nosotros no necesitamos estas insignias de basura". Gold Hat es un bandido torpe quien confunde el oro con arena, y lo desecha. Asesina a Dobbs (Bogart) a machetazos, y en fin de cuentas es capturado por los federales (la policía mexicana) fácilmente, y quienes lo hacen cavar su propia sepultura antes de matarlo a tiros. Julián Rivero, como barbero, y Martín Garralaga, como conductor de trenes, también aparecen en la cinta.

El filme no obtuvo éxito en la taquilla, pero hoy día es considerado un clásico. Huston quería filmar en los sitios verdaderos para darle vida a esta áspera

Alfonso Bedoya (izq.) es el bandido mexicano Gold Hat en *The Treasure of the Sierra Madre*, también protagonizado por Humphrey Bogart (der.).

historia, en la que toma parte tanto el país como los actores. También hubo filmación en los estudios de la Warner Bros., en Burbank, y en las montañas cerca de Bakersfield, California. La crítica notó en especial el realismo que Huston obtuvo por filmar en los exteriores, y alabó la caracterización de Bedoya. La cinta ganó tres premios Oscar para el equipo de padre e hijo formado por Walter y John Huston (Walter como Mejor Actor de Reparto, y John como Mejor Director y por el Mejor Guión).

"La manera en que Huston ha manejado a los indios es extremadamente efectiva. Ya sean bandidos, corteses nativos de las montañas, o gente del pueblo, ellos tienen un tipo de dignidad muy atractiva, mitigada por humor. Unos pocos de ellos se dirigen al americano en un inglés macarrónico, pero la mayoría de las veces hablan en su lengua nativa. Un agradable alivio del uso constante de dialectos falsos", Virginia Wright, columnista sindicada (1/48).

"Si no hubiera otra razón de alabar *The Treasure of the Sierra Madre*, encontraríamos palabras de elogio por la manera en que los nativos de México fueron presentados en su contacto con los americanos de la historia", *Hollywood Citizen News* (1/15/48).

"En el trasfondo, Huston ha utilizado caras indias llamativas que estaban disponibles en los distritos rurales de México. Esto es lo que marca la diferencia entre dos de los más grandes directores americanos: cuando ambos buscaron villanos mexicanos, uno, John Ford, usó al actor J. Carroll Naish [en *The Fugitive*] con gran efectividad, mientras el otro, John Huston, ha mostrado un genio inmenso al escoger a aquel mexicano específico para el papel. Los dos papeles tienen mucho en común, en realidad Naish es lo mejor que un actor puede ser, pero el hombre que Huston utiliza, Alfonso Bedoya, es mejor aún. Él es tremebundo, y muy simple", Archer Winston, *New York Post* (1/16/48).

Trial (1955, Metro Goldwyn Mayer)

DIRECTOR: Mark Robson
GUIÓN: Don Mankiewicz, basado en su novela
PRODUCTOR: Charles Schnee
ELENCO: Glenn Ford, Arthur Kennedy, Katy Jurado, Rafael Campos, Juano Hernández

Éste es un dinámico y bien intencionado drama del cine, repleto de histeria anticomunista de la era del McCartismo, aunque logra expresar sus puntos sobre racismo y fanatismo en un pueblo pequeño de América, mientras al mismo tiempo demuestra una subyacente e inquebrantable fe en el sistema judicial americano.

David Blake (Ford), llega al pueblo de San Juno, para adquirir experiencia en las cortes de justicia. Su primer caso, en sociedad con Barney Castle (Kennedy), envuelve a un joven mexicano (Campos), quien está acusado de asesinar a una muchacha anglo (que se sabe finalmente fue víctima de fiebre reumática, y murió de un ataque al corazón). Los fanáticos del pueblo tratan de linchar al joven, pero son rechazados por los argumentos que se presentan. Castle trata de levantar fondos para la defensa y lo logra de una manera llamativa, siguiendo el postulado comunista de convertir las víctimas ocultas de injusticias locales en símbolos. Según el juicio progresa, Blake hace todo lo que está a su alcance para salvar al joven de la horca legalmente, y lo logra. Sin embargo, el último discurso del fiscal acusador en la corte, lo lleva a darse cuenta que él ha sido embaucado por Castle y los comunistas, que han usado el caso para adelantar su propia causa.

Campos, como el acusado, y Jurado como su madre, ofrecen unas actuaciones muy sinceras, al estilo tradicional del pobre joven mexicano con problemas, y la sufrida mamacita. El actor puertorriqueño Hernández, en una original y provocativa decisión de mantenerse a tono con la cinta, aparece como el juez afro-americano que preside el juicio. Ver a un juez negro en un filme de 1955, era muy raro en la vida real. Hernández imparte dignidad y fuerza al papel, y aparece suficiente tiempo en la pantalla para poder crear un personaje tridimensional.

Tropic Holiday (1938, Paramount)

DIRECTOR: Theodore Reed
GUIÓN: Arthur Hornblow Jr.
PRODUCTOR: Arthur Hornblow Jr.
ELENCO: Dorothy Lamour, Ray Milland, Martha Raye, Tito Guízar

Una comedia musical en México, referente a una belleza de la localidad, a la que enamora un escritor de guiones. El título original era *Ensenada*, pero el estudio lo cambió para aprovecharse de la imagen tropical de Lamour. Agustín Lara compuso seis números para la cinta, y José Fernández, un director de baile latino, trabajó con el director de baile, Leroy Prinz.

Tropic Zone (1953, Paramount)

DIRECTOR: Lewis R. Foster
GUIÓN: Lewis R. Foster, basado en la novela *Gentleman of the Jungle*, de Tom Gill
PRODUCTOR: William H. Pine y William C. Thomas
ELENCO: Ronald Reagan, Rhonda Fleming, Argentina Brunetti, Rico Alaniz, Maurice Jara, Pilar Del Rey, Estelita

Una aventura dramática fotografiada en Technicolor, y situada en Puerto Barrancas, un pueblo ficticio de América Central, donde un hombre y una mujer americanos pelean para poder sobrevivir en un lugar dominado por políticos corruptos, y un abusivo dictador. Estelita canta y baila como la corista de un café. Los elementos de la historia son comunes y estereotipados.

12 Angry Men (1957, United Artists)

DIRECTOR: Sidney Lumet
GUIÓN: Reginald Rose, basado en su telenovela
PRODUCTOR: Henry Fonda y Reginald Rose
ELENCO: Henry Fonda, Lee J. Cobb, Jack Klugman, John Savoca

Reginald Rose escribió el guión originalmente para el programa *Playhouse 90*, de la televisión. No hay hispanos en este poco convencional drama de un tribunal de justicia, que se cifra exclusivamente en las deliberaciones que tienen lugar en la sala del jurado. El tema del juicio, sin embargo, es un joven puertorriqueño de diecinueve años, que está acusado de asesinar a su padre con una navaja automática. La versión fílmica indica que el joven (Savoca), es residente de un barrio bajo. Uno de los miembros del jurado declara ser un prejuiciado que odia "aquellos" que el acusado representa. El guión estuvo inspirado en un caso real de homicidio involuntario, en el que Reginald Rose fue parte del jurado.

Two Mules for Sister Sara (1970, Universal)

DIRECTOR: Don Siegel
GUIÓN: Albert Maltz, basado en una historia de Budd Boetticher
PRODUCTOR: Martin Rackin y Carroll Case
ELENCO: Clint Eastwood, Shirley MacLaine, Alberto Morín, Armando Silvestre

Un popular oeste, con Clint Eastwood de estrella, en una variante de la caracterización del "Hombre sin Nombre" que lo convirtió en super-estrella tres años antes.

Un pistolero americano, Hogan (Eastwood), rescata a una monja, la Hermana Sara (MacLaine), de ser asaltada sexualmente por tropas francesas en México, en 1860. La monja decide engancharse a Hogan, que va a unirse a una banda de Juaristas que pelean en contra de la ocupación francesa de México. Nace el romance y Hogan descubre que la Hermana Sara es en realidad una prostituta. José Torvay, entre otros hispanos, tiene un pequeño rol en el filme.

La cinta fue adaptada de una historia original del escritor y director, Budd Boetticher, quien deseaba dirigirla con John Wayne, y la actriz mexicana Silvia Pinal. Boetticher vendió los derechos de la historia años más tarde, y Elizabeth Taylor fue contratada para aparecer junto a Eastwood. Poco antes de empezar la producción, Taylor se retiró y MacLaine asumió el papel.

Los exteriores fueron filmados por el cineasta Gabriel Figueroa en México, quien demostró su habilidad usual captando la grandiosidad de los paisajes mexicanos. La secuencia inicial presenta a Eastwood cabalgando a través de los escabrosos terrenos del norte de México al amanecer. Mientras los reconocimientos aparecen, la cámara se mueve hacia delante y hacia atrás, entre Eastwood y los animales que habitan el desierto. El asalto a la guarnición, que comienza con una procesión religiosa nocturna, a través de las calles, con gente del pueblo, está muy bien montado e iluminado. A Eastwood le gustó tanto el trabajo de Figueroa, que lo usó para que fotografiara su siguiente filme, *Kelly's Heroes* (1970), en Yugoslavia.

Tycoon (1947, RKO Radio Pictures)

DIRECTOR: Richard Wallace
GUIÓN: Borden Chase y John Twist, basado en la novela de C.E. Scoggins
PRODUCTOR: Stephen Ames
ELENCO: John Wayne, Sir Cedric Hardwicke, Laraine Day, Anthony Quinn, Fernando Alvarado, Martín Garralaga, Judith Anderson

La historia de esta película se trata de una enemistad entre un obsesivo ingeniero (Wayne), quien quiere construir una línea de ferrocarril a través de los Andes, y su patrón (Hardwicke), que pone reparo a sus métodos y el romance con su hija (Day).

Quinn interpreta un mal definido personaje llamado Enrique "Ricky" Vargas, un ingeniero y "mediador de problemas". Esta historia demasiado larga pero llena de acción, presenta al inglés Hardwicke, a la americana Day, y la australiana Judith Anderson haciendo de suramericana.

Fue rodada en Lone Pine, California, con las montañas de la Sierra Nevada como si fueran los Andes. Un lado completo de la montaña fue construido para que el filme simulara los pozos y pasajes de las minas en la falda de la montaña, mientras se construyó una aldea de los Andes —completa con llamas— en catorce acres. Cientos de hispanos, extras y actores de reparto aparecen en la cinta. Entre ellos están Argentina Brunetti, Fernando Alvarado, Martín Garralaga, Frank Leyva, Joe Domínguez, Alberto Morín y Nacho Galindo.

U-Turn (1997, Columbia)

DIRECTOR: Oliver Stone
GUIÓN: John Ridley, basado en su novela
PRODUCTOR: Clayton Townsend y Dan Halsted
ELENCO: Sean Penn, Billy Bob Thornton, Jon Voight, Jennifer López, Powers Boothe, Nick Nolte, Joaquin Phoenix, Claire Danes

Camino a Las Vegas, el carro de Bobby Cooper (Penn), un buscavidas y jugador provinciano se descompone, y él llega a un pueblo minero desierto, donde pronto encuentra que está cayendo en un abismo donde lo que parece normal se confunde con lo extraño y traicionero. Cuando Bobby se encuentra con la bella Grace McKenna (López), y su poderoso esposo, Jake (Nolte), la meta original de irse simplemente del pueblo desaparece, a favor de la pura supervivencia. Grace y Jake atraen a Bobby a un juego mortal de lujuria, locura y dinero. Ambos le ofrecen una salida; matar a uno por el otro. En alguna parte del camino, las cosas han cambiado de mal a peor.

Tony Aguilar (izq.) es un general rebelde que brinda con un coronel de la Confederación (Rock Hudson, der.) y un coronel de la Unión (John Wayne, centro) quienes han ido del sur después de la guerra civil, en una relación inesperada en *The Undefeated.*

The Undefeated (1969, Twentieth Century Fox)

DIRECTOR: Andrew V. McLaglen
GUIÓN: James Lee Barrett, basado en una historia de Stanley L. Hough
PRODUCTOR: Robert L. Jacks.
ELENCO: John Wayne, Rock Hudson, Tony Aguilar, Pedro Armendáriz Jr., Carlos Rivas

Un coronel confederado (Hudson), le pega fuego a la casa de su plantación, al final de la guerra civil, antes que dejarla caer en manos de los arribistas norteños. Él, su familia y un grupo de seguidores, parten a México con el deseo de encontrar una nueva vida. Un antiguo coronel del ejército de la Unión (Wayne), quien ha decidido llevar su manada de 3.000 caballos a México, antes de que agentes deshonestos del ejército se aprovechen de él, los salva de ataques de bandidos mejicanos. Los dos antiguos enemigos unen sus fuerzas para batirse contra los soldados del emperador Maximiliano, y del líder rebelde, Juárez. Cuando los rebeldes toman prisioneros al grupo Confederado, los hombres de la Unión terminan por sacrificar los caballos para liberar a los sureños.

Éste es un buen y antiguo filme del oeste al estilo de John Wayne, rodado en Durango, México. Además del valor de la excelente producción, la cinta presenta a Armendáriz como un bandido; Rivas como emisario de Maximiliano, y Aguilar como un general rebelde que no cree en tonterías.

Under a Texas Moon (1930, Warner Bros.)

DIRECTOR: Michael Curtiz
GUIÓN: Gordon Rigby, basado en la historia "Two-Gun Man", de Stewart Edward White
PRODUCTOR: Desconocido
ELENCO: Frank Fay, Raquel Torres, Myrna Loy, Armida, Noah Beery, Inez Gómez, Mona Maris

Esta película se distingue por ser el primer oeste con sonido, fotografiado en Technicolor. El director Curtiz hizo juegos malabares con el color, la música, el diálogo, y Fay, un actor principal de temperamento. Procedente del vodevil, Fay había aparecido como maestro de ceremonias en la revista *Show of Shows* (1929), y no era fácil trabajar con él. *Under a Texas Moon,* un oeste no corriente, sucede en México y Texas, y está lleno de fiestas y bellas damas que pelean por el desperado héroe cantante, don Carlos (Fay), que entona la canción titular varias veces.

Under Fire (1983, Orion)

DIRECTOR: Roger Spottiswoode
GUIÓN: Ron Shelton y Clayton Frohman
PRODUCTOR: Jonathan Taplin
ELENCO: Gene Hackman, Nick Nolte, Joanna Cassidy, Alma Martínez, Jean-Louis Trintignant, René Enríquez, Ed Harris

Tres antiguos amigos periodistas se encuentran en Managua, Nicaragua, en vísperas de la revolución Sandinista de 1979. Russell Price (Nolte), es un fotógrafo-periodista. Claire Snyder (Cassidy), es una corresponsal de radio que está a punto de separarse de su marido, Alex (Hackman), un corresponsal periodístico, quien decide abandonar el país diezmado por la guerra, para trabajar como un reportero de televisión en los Estados Unidos. Quizás Gene Hackman lo explica mejor en la cinta, "Dos tipos enamorados de la misma tipa, en un país exótico, con las balas pasando sobre tu cabeza".

La cinta presenta una vista multi-dimensional y humanista de los hechos que rodearon la caída del régimen de Somoza, y la lucha de los rebeldes sandinistas, según es visto a través de los ojos de periodistas americanos.

La atractiva traductora del hotel, Isela Cruz (Martínez), resulta ser una rebelde. En un momento específico, el fotógrafo grita lleno de angustia, "Cristo, ¿qué estamos haciendo aquí?" Él encuentra a un antiguo conocido, Hobbs (Harris), un mercenario americano que le había dicho a Russell, en África, que él no podía resistir "tanta gente rara", y ahora en Nicaragua, "un montón de grasosos de mierda". Hobbs es un asesino despiadado, que se vende a cualquiera que le pague el mejor precio, en este caso, la CIA y el régimen de Somoza.

Russell y Claire ayudan a los rebeldes a convencer al mundo que el carismático líder Rafael no está muerto, como había anunciado el gobierno, enseñando fotos que muestran que todavía vive. Esta falta de ética ayuda a tumbar al gobierno de Somoza, pero al mismo tiempo trae de nuevo a Alex a Nicaragua, y precipita su muerte a manos de soldados de Somoza, en un camino bloqueado. El asesinato casual no provocado de Hackman, enfrente de los periodistas, es uno de los momentos más impresionantes de la película. Viendo a Claire llorar por Alex, un nicaragüense pregunta, "¿Usted conocía al periodista muerto?" Ella contesta entre un mar de lágrimas, que sí. Sin conmoverse, la mujer dice, "Cincuenta mil nicaragüenses han muerto, y ahora un yanqui. Quizás ahora América tendrá miedo de lo que está sucediendo aquí. Deberíamos haber matado a un periodista americano hace cincuenta años".

Un poderoso filme, si bien con faltas, que opta por tener quizás demasiado sentimentalismo en presentar una revolución izquierdista popular.

Under the Pampas Moon (1935, Fox Film Corporation)

DIRECTOR: James Tinling
GUIÓN: Ernest Pascal, Bradley King y Henry Jackson, basado en una historia original de Gordon Morris
PRODUCTOR: B.G. De Sylva
ELENCO: Warner Baxter, Ketti Gallian, J. Carroll Naish, John Miljan, Soledad Jiménez, Armida

Un avión de pasajeros hace un aterrizaje forzoso, y César Campo (Baxter), lleva los pasajeros a un rancho donde él es uno de los gauchos. Ellos tienen que pasar la noche allí, para ver una carrera en la que el rival de Campo hace trampa descaradamente, pero aún ante tamaña falta de escrúpulos, Campo gana la carrera. Armida aparece solo al comienzo de la secuencia, y Baxter ofrece una variación de sus caracterizaciones del Cisco Kid. Tito Guizar aparece brevemente como cantante de un café (dos años después, Guizar adquiriría gran popularidad internacional). Muchos actores latinos y extras trabajaron en este filme, incluso Rita Cansino (quien más tarde se convertiría en Rita Hayworth); la conocida pareja de baile, Veloz y Yolanda; Chris-Pin Martin; George J. Lewis; Paul Porcasi; Joe Domínguez y Martín Garralaga.

Under the Volcano (1984, Universal)

DIRECTOR: John Huston
GUIÓN: Guy Gallo, basado en la novela de Malcolm Lowry
PRODUCTOR: Michael Fitzgerald
ELENCO: Albert Finney, Jacqueline Bisset, Katy Jurado, Emilio Fernández

Dirigida por Huston y basada en la célebre novela de Malcolm Lowry, *Under the Volcano* es la historia de un cónsul inglés alcohólico, designado a México, en los primeros días de la Segunda Guerra Mundial.

Albert Finney hace una caracterización relevante del cónsul Firmin, quien puede decirse desciende al infierno, con exóticos lugares primitivos de México como fondo, llenos de macabro simbolismo, durante el festival religioso del Día de los Fieles Difuntos, en 1939. El Firmin de Finney, como el Fred C. Dobbs de Bogart, en *The Treasure of the Sierra Madre* (1948) de Huston, virtualmente se desintegran en la pantalla. La cinta fue fotografiada en color en los exteriores de Cuernavaca, México, por el afamado cineasta Gabriel Figueroa, quien había trabajado anteriormente con Huston en *La noche de la iguana* (1964). El aclamado artista mexicano Gunther Gerszo, fue el director de arte. Fernández, como el patrón de una cantina, y Jurado, como una antigua amiga de Firmin, también toman parte en la cinta.

La película perpetuó la imagen de las mexicanas como prostitutas, y los mexicanos como hombres violentos y traicioneros. Las escenas culminantes en el burdel de El Farolito, son pavorosas.

Under the Volcano es una obra obscura para adultos, hecha por un maestro de la filmación. La producción de $4 millones fue producida en conjunto por el gobierno mexicano, además de Twentieth Century Fox y Universal, en un intento de poder entrar en la arena de la cinematografía internacional, después de años de desplome artístico. Tanto la cinematografía de Figueroa, como la actuación de Finney, recibieron candidatura de la Academia.

Underwater! (1955, RKO Radio Pictures)

DIRECTOR: John Sturges
GUIÓN: Walter Newman
PRODUCTOR: Harry Tatelman
ELENCO: Jane Russell, Gilbert Roland, Richard Egan, Joseph Calleia, Eugene Iglesias

Theresa (Russell), es una curvilínea cubana caza fortunas, a quien se une su esposo, Johnny (Egan), y un aventurero, Dominic (Roland), en la búsqueda de un galeón perdido por largo tiempo. El barco, cargado de lingotes de oro y plata, zozobró en ruta del Caribe al Viejo Mundo. Russell baila el mambo en la pantalla al acompañamiento de la orquesta de Pérez Prado.

Up in Smoke (1978, Paramount)

DIRECTOR: Lou Adler
GUIÓN: Cheech Marín y Tommy Chong
PRODUCTOR: Lou Adler y Lou Lombardo
ELENCO: Cheech Marín, Tommy Chong

Esta cruda y graciosa comedia inspirada en la contra cultura de las drogas, tiene de estrellas a Cheech y Chong, la pareja cómica mexicano-asiática que tuvo tanto éxito con sus grabaciones y apariciones en el circuito de conciertos. La cinta presenta a Marín como un personaje mexicano-americano de creación propia, que prefiere montar en carros que corren muy cerca del suelo, fuma drogas, es ignorante, y vive en la parte este de la ciudad de Los Ángeles. Ésta es una de las primeras apariciones de esos carros, ahora asociados con la cultura urbana contemporánea mexicano-americana. La enorme ganancia bruta de $28 millones de esta cinta de presupuesto bajo, engendró cuatro más del dúo cómico: *Cheech and Chong's Next Movie* (1980); *Cheech and Chong's Nice*

Dreams (1981); *Things Are Tough All Over* (1982) y *Cheech and Chong: Still Smokin'* (1983).

Up the Down Staircase (1967, Warner Bros.)

DIRECTOR: Robert Mulligan
GUIÓN: Tad Mosel, basado en la novela de Bel Kaufman
PRODUCTOR: Alan J. Pakula
ELENCO: Sandy Dennis, Patrick Bedford, Eileen Heckart

Basada en la exitosa novela de Bel Kaufman, el filme dramatiza las frustraciones del primer año de Sylvia Barrett (Dennis), como maestra de un instituto del área metropolitana.

La historia está centrada en una escuela medio derrumbada, el ficticio Instituto Calvin Coolidge, en el Harlem hispano de la ciudad de Nueva York. Muchos de los estudiantes son afro-americanos hostiles, y puertorriqueños sin inclinación alguna hacia los encantos de la literatura inglesa, y Barrett se siente descorazonada por su inhabilidad de llegar a ellos. Fue filmada en distintos Institutos de Nueva York, y muchos estudiantes adolescentes de distintas etnias sin experiencias anteriores de actuación, fueron contratados para representar una variedad de sus iguales en la cinta.

José Rodríguez, del Colegio de Impresores de Nueva York, aparece como un retraído estudiante puertorriqueño, que rebosa vida como un terco juez, en un juicio celebrado en la clase. En esta cinta, un estudiante italiano es el bravucón que porta un cuchillo.

En la tradición de *Blackboard Jungle* (1955), pero con una educadora femenina, este filme es una exposición muy emotiva de las deficiencias del sistema urbano de las escuelas públicas. El filme toca los problemas de delincuencia, discriminación y adicción a la droga, que están presentes en muchas de las escuelas de los barrios deprimidos de América.

Valdez Is Coming (1971, United Artists)

DIRECTOR: Edwin Sherin
GUIÓN: Roland Kibbee y David Rayfiel, basado en la novela de Elmore Leonard
PRODUCTOR: Ira Steiner
ELENCO: Burt Lancaster, Frank Silvera, Jon Cypher, Susan Clark, Héctor Elizondo

Valdez Is Coming es una dura y violenta cinta del oeste, acerca de un solitario ex-soldado de caballería, de raíces mexicanas, Bob Valdez (Lancaster), quien libra una batalla privada para recaudar $200, para una viuda apache. La mujer es la india de un afro-americano, también antiguo soldado, a quien Valdez ayudó a matar.

La cinta es un testimonio en contra del prejuicio racial, y la opresión de los débiles por los fuertes. Lancaster queda muy bien en su convincente caracterización del agente policíaco mexicano-americano Valdez. Silvera, en su última aparición en la pantalla, ofrece una valiente actuación como Diego, el compadre mexicano de Valdez. Elizondo es uno de los bandidos. Fue filmada en España, en un estilo que debe mucho a los *spaghetti western* de la época.

VERA CRUZ (1954, UNITED ARTISTS)

DIRECTOR: Robert Aldrich
GUIÓN: James R. Webb y Roland Kibbee, basado en una historia de Borden Chase
PRODUCTOR: James Hill
ELENCO: Burt Lancaster, Gary Cooper, Sarita Montiel, César Romero, Denise Darcel

Desbastados por la derrota del sur en la guerra civil, y rehuyendo su idealismo anterior, el Coronel Ben Trane (Cooper), viaja a México como un soldado mercenario. Mientras permanece allí, conoce a un llamativo y poco escrupuloso socio, Joe Erin (Lancaster). Los dos se vuelven matones profesionales a sueldo del emperador Maximiliano, son cortejados por los Juaristas, y hacen planes para traicionarse el uno al otro mientras escoltan a través de territorio rebelde, a una condesa quien va de viaje a Vera Cruz. El viaje es para encubrir el envío de un cargamento de una fortuna en oro.

Éste es un movido oeste de colorido, lleno de acción, y a veces humorístico, con Cooper y Lancaster en papeles que se adaptan muy bien a sus personalidades fílmicas. Ésta fue la tercera cinta hecha por Cooper en México, después de *Blowing Wild* (1953) y *Garden of Evil* (1954). El elenco de papeles de reparto incluyen a Romero, como el militar Marqués de Labordere, Denise Darcel como Marie Duvarre, una condesa de pocos principios, y Montiel como la joven mexicana Nina, en quien Trane está interesado. George Macready aparece de Emperador Maximiliano, Ernest Borgnine es Donnegan, Morris Ankrum es un general Juarista, y un joven actor llamado Charles Buchinsky, que luego fue conocido como Charles Bronson, es Pittsburgh.

México es mostrado como el último refugio salvaje para los que buscan nuevas aventuras, bellas señoritas y oro. En este México de fantasía, los hombres pueden ser renovados espiritualmente si mantienen los valores americanos, tales como el buscar la felicidad a través de la lucha por la libertad, o soñar con riquezas de oro. En realidad, México atrajo a muchos americanos después de la guerra civil, para pelear por Maximiliano, o por los Juaristas.

Otros vinieron como hombres de negocio y oportunistas, o a establecer comunidades religiosas.

Fue filmada en México, utilizando puntos de referencia tales como el Castillo de Chapultepec, las Pirámides fuera de Ciudad de México, Cuernavaca y los estudios Churubusco para algunos interiores.

Vibes (1988, Columbia)

DIRECTOR: Ken Kwapis
GUIÓN: Lowell Ganz y Babaloo Mandel, basado en una historia de Deborah Blum, Ganz y Mandel
PRODUCTOR: Deborah Blum y Tony Ganz
ELENCO: Jeff Goldblum, Peter Falk, Cyndi Lauper, Elizabeth Peña, Ramón Bieri

Sylvia (Lauper), y Nick (Goldblum), ayudan a Harry (Falk), usando sus extraordinarios poderes psíquicos para encontrar una habitación de oro escondida en una perdida ciudad ecuatoriana. Peña aparece como Consuelo, una joven apasionada que trata de seducir y matar a Nick. En general, este film es extraordinariamente débil.

Victory (1981, Paramount)

DIRECTOR: John Huston
GUIÓN: Evan Jones y Yabo Yablonsky, basado en una historia de Yablonsky, Djordje Milicevic y Jeff Maguire
PRODUCTOR: Freddie Fields
ELENCO: Sylvester Stallone, Michael Caine, Max von Sydow, Pelé

Un grupo de prisioneros de guerra aliados, se ven forzados a formar un equipo de fútbol y jugar un partido de vida o muerte, contra un bien entrenado equipo nazi. Pelé, el mundialmente famoso futbolista brasileño, aparece como Luis Hernández, un soldado de la isla de Trinidad inglesa, quien se une al equipo de prisioneros aliados.

Villa! (1958, Twentieth Century Fox)

DIRECTOR: James B. Clark
GUIÓN: Louis Vittes
PRODUCTOR: Plato A. Skouras
ELENCO: Rodolfo Hoyos Jr., Brian Keith, César Romero

Villa! es algo episódica, y lo que mueve la acción no está bien aclarado en el guión. El personaje de Villa comienza como un bandido de poca monta, y el filme sigue su ascenso a prominencia nacional, cuando él conoce a Madera, y se siente inspirado a luchar por la revolución.

Hoyos resulta adecuado como Villa, pero no imbuye el personaje del fuego necesario, aunque no recibe ayuda del débil material. El filme es similar en concepto, en muchas maneras, a *Villa Rides* (1968), excepto que este último tiene una representación bien delineada del carismático Yul Brynner, y la amplia atmósfera histórica que le falta a *Villa!*. Keith es el aventurero yanqui que le pide a Villa que lo deje unirse a su ejército, lo mismo que Mitchum hace en *Villa Rides*. Romero y Carlos Músquiz son los ayudantes de Villa. La actriz mexicana Rosenda Monteros tiene un papel pequeño. La cinta parece y sirve de un oeste Clase B de promedio alto, que lo es en realidad, aunque fue bien fotografiada por el cineasta mexicano Alex Phillips, en los exteriores de México.

Villa Rides (1968, Paramount)

DIRECTOR: Buzz Kulik
GUIÓN: Sam Peckinpah y Robert Towne, basado en el libro *Pancho Villa*, de William Douglas Lansford
PRODUCTOR: Ted Richmond
ELENCO: Yul Brynner, Robert Mitchum, Charles Bronson, Grazia Buccella, Robert Viharo, Robert Carricart, Fernando Rey

Yul Brynner con peluca (der.) es Pancho Villa y Charles Bronson (izq.) es un asesino sin piedad y seguidor de Villa en *Villa Rides*.

Este filme rutinario, con secuencias de acción monumentales y amplias, lamentablemente le falta impacto considerando el tema, aunque la presencia carismática de Yul Brynner logra imbuir de calidad estelar a su personaje de un Villa con peluca. Robert Mitchum hace de Lee, un soldado mercenario americano. Charles Bronson aparece como Fierro, un asesino a sangre fría ayudante de Villa.

Según la dirección de Kulik, en Panavision y Technicolor, la cinta comienza con Villa y sus secuaces atacando la ciudad de Parral. Parral es capturada por un ardid, y sin disparar un solo tiro. Vemos la sumisión de Villa al ambicioso General Huerta, y su posterior arresto. La cinta termina con la huida final de Villa de la prisión, y sus intentos para conjuntar un nuevo ejército.

La película tomó alrededor de catorce semanas de filmación, e involucró a miles de caballos y extras, trenes, tres aviones antiguos, más de diez exteriores diferentes, y un equipo de 150 personas detrás de las cámaras. La cinta fue rodada en España, por dos razones principales: los campos españoles tienen mucho del mismo terreno, arquitectura y fondo del verdadero México, y los productores dudaron que el gobierno mexicano aprobara que *Villa Rides* fuera filmada en México.

VIVA MAX! (1969, COMMONWEALTH UNITED RELEASE)

DIRECTOR: Jerry Paris
GUIÓN: Elliot Baker, basado en una novela de James Lehrer
PRODUCTOR: Mark Carliner
ELENCO: Peter Ustinov, Jonathan Winters, John Astin, Keenan Wynn

La cinta es una comedia contemporánea sobre soldados mexicanos que toman de nuevo El Álamo. Un general de segunda clase del ejército mexicano de hoy en día, el General Maximiliano (Ustinov), dirige a ochenta y siete soldados a través de la frontera de Laredo, y sigue camino a San Antonio. La ocupación del Álamo por Maximiliano, trae a la Guardia Nacional y a una nerviosa facción militante conservadora.

Esta comedia desigual y animada, presenta una caracterización de Ustinov apayasada, sin embargo digna, cuyo acento suena más español que mexicano. Hay unas pocas escenas disparatadas y cómicas, incluso algunas con John Astin de Sargento Valdéz, quien está siempre protegiendo a su jefe.

El filme provocó quejas de grupos de los derechos civiles mexicano-americanos, acerca de caracterizaciones mexicanas hechas por los que no lo son, y también de las Hijas de la República de Texas, que opinaron que el filme insultaba la memoria de aquellos que habían perdido la vida en El Álamo, y no permitieron a la compañía filmar allí. Después de varias semanas de rodaje en los exteriores de San Antonio, y justamente fuera del santuario del Álamo, la producción fue trasladada a Italia, donde fueron construidos los interiores del Álamo en escenarios, y el filme fue terminado.

VIVA VILLA! (1934, METRO-GOLDWYN-MAYER)

DIRECTOR: Jack Conway y (no acreditdo) Howard Hawks
GUIÓN: Ben Hecht, basado en el libro de Edgecumb Pinchon y O.B. Stade
PRODUCTOR: David O. Selznick
ELENCO: Wallace Beery, Leo Carrillo, Stuart Erwin, Fay Wray, Frank Puglia, Katherine DeMille, Pedro Regas, George Regas

Wallace Beery interpreta a la figura histórica mexicana como un agradable niño grande, que tiene gran dificultad en entender por qué la gente trata de disuadirlo de matar a los adversarios que él vence. Carrillo está excelente como su ayudante Fierro, lo mismo que Stuart Erwin, como el reportero que sigue la campaña de Villa. El interés femenino lo proveen Fay Wray y Katherine DeMille. Julián Rivero y Chris-Pin Martin aparecen en papeles menores.

Filmada mayormente en México, cerca de San Marcos, y a pesar de obstáculos frecuentes que parecían insalvables, el director Howard Hawks abandonó la película, y Jack Conway se hizo cargo en la mitad de la filmación, en México. El grupo de Hollywood fue sacado de México, cuando el actor Lee Tracy, en medio de una borrachera, orinó desde el balcón del hotel sobre un desfile de soldados mexicanos que pasaban por allí. Louis B. Mayer, entonces presidente de los estudios MGM, envió un telegrama al presidente mexicano, Abelardo Rodríguez, pidiendo excusas por la conducta deplorable de Tracy, de la que dijo, "asombró a su compañía tanto como a México". Como resultado, MGM despidió a Tracy y canceló su contrato, reemplazándolo por Erwin.

La película fue finalizada en los estudios de MGM y en los exteriores del Rancho del Valle de San Fernando, en California. *Viva Villa!* es presentada como un récord ficticio de los logros de Villa en libertar a los pobres, destronar a los tiranos, y restituir la paz en México. Se usaron miles de extras en las escenas de las batallas. El trabajo de Beery, y las poderosas vistas, son algunas de las razones por las que esta versión de la historia se recuerda mejor que ninguna otra.

Viva Zapata! (1952, Twentieth Century Fox)

DIRECTOR: Elia Kazan
GUIÓN: John Steinbeck, basado en la novela *Zapata the Unconquered*, de Edgecumb Pinchon
PRODUCTOR: Darryl F. Zanuck
ELENCO: Marlon Brando, Anthony Quinn, Jean Peters, Joseph Wiseman, Alan Reed, Frank Silvera, Margo, Henry Silva

Con el éxito de *The Pearl* (1948) y *The Red Pony* (1949), ambas adaptadas de sus novelas, Steinbeck comenzó a trabajar en un guión acerca del legendario indio mexicano revolucionario, Emiliano Zapata, habiendo pasado considerable tiempo en México a través de los años, para recolectar información.

El director Elia Kazan, también había estado tomando notas para un posible filme sobre Zapata, y el éxito obtenido con varias cintas de la Twentieth Century Fox, incluso un premio de la Academia por *Gentlemen's Agreement* (1947), hizo que *Viva Zapata!* se convirtiera en realidad. Kazan estima que él y Steinbeck colaboraron en el guión definitivo, por más que Steinbeck fue el único en recibir el crédito.

Kazan y Steinbeck tenían esperanzas de poder filmar en México, pero el director de la industria del cine mexicana no aprobó ni el guión, ni la idea de que los gringos hicieran una película sobre su héroe revolucionario.

Kazan y el cineasta Joe MacDonald, trataron de volver a crear la revolución mexicana, estudiando cientos de fotografías de la revolución, y capturando la apariencia y el sentir de los pueblos y el terreno sobre el que trabajaban, igual

Marlon Brando (sentado) interpreta al legendario jefe de la revolución de los indios mexicanos Emiliano Zapata, y Anthony Quinn (izq.) interpreta el hermano de Zapata en *Viva Zapata!*

que las caras del populacho mexicano. Algunos momentos del filme son casi una reproducción exacta de esas fotos.

La cinta fue rodada en 1951, a lo largo de la frontera Texas-México, cerca de Del Río, McAllen y Roma. Algunas escenas fueron tomadas en el rancho de la Fox, cerca de Malibu, justamente fuera de Los Ángeles. Los interiores en los estudios se extendían desde chozas miserables de barro, hasta la reconstrucción del vistoso palacio nacional de Ciudad de México. Cada vez que le era posible, Kazan usaba como extras a los mexicano-americanos del lugar.

La historia sigue la vida de Zapata, comenzando con sus primeros años como líder de una delegación que va a Ciudad de México, a protestar el robo de que es víctima su gente. Continúa con su destierro, su papel principal en la revolución que derrocó el régimen de Díaz, y su muerte a manos de rivales políticos.

Brando fue contratado para hacer de Emiliano Zapata, a pesar de la protesta del jefe de Fox, Darryl F. Zanuck, quien favorecía a Tyrone Power o Anthony Quinn. Hay una cita de Zanuck sobre Brando, que dice, "¿Cómo vas a hacer lucir mexicano a ese campesino de una finca de Illinois?". Para el papel, Brando estudió cuanto libro se había escrito sobre Zapata y la revolución mexicana. En distintas oportunidades, vivió entre mexicanos durante varias semanas. Fue Brando quien sugirió a los artistas del maquillaje, agrandar las ventanas de su nariz con anillos plásticos o vendas, y engomar sus párpados para aumentar el parecido a Zapata.

Quinn apareció como su problemático hermano, Eufemio. Kazan había dirigido anteriormente, tanto a Brando, como a Quinn, en la producción teatral de *Un tranvía llamado deseo* (la versión cinematográfica no había sido aún estrenada mientras *Viva Zapata!* estuvo en producción). Quinn tuvo la misma oportunidad de Brando de convertirse en estrella de Broadway, como Stanley Kowalski, en la gira nacional de la obra.

Kazan usó sus técnicas de ensayos teatrales durante el rodaje de los exteriores. Mientras los técnicos iluminaban el escenario, él ensayaba a los actores. Esto permitió que los actores contribuyeran más ampliamente en cada escena, como sucedió en la secuencia cuando Emiliano (Brando) es capturado por las tropas federales. Eufemio (Quinn), que observa la captura, comienza a golpear dos piedras entre sí, y cuando la gente del pueblo se le une, comienzan a imitarlo en una demostración de solidaridad.

La hosca caracterización de Quinn de un hombre que siente un aliciente por la vida, al igual que posee una violenta tendencia destructiva, ofrecía una credulidad sugestiva. Quinn solamente tenía que mirar sus propios orígenes, porque él nació en México en el momento cumbre de la revolución, y sus padres pelearon al lado de Villa, antes de emigrar a Estados Unidos. Quinn le dio crédito a la intensa dirección de Kazan por el éxito de su representación: "Yo aprendí mucho de Kazan... un estilo de actuar totalmente nuevo. Kazan podía crear la atmósfera para ti. Kazan trabaja desde un punto de vista terriblemente personal... a veces tan personal que hiere".

Quinn se refería a la escena del encuentro explosivo entre los hermanos, en donde Quinn muestra el disgusto que siente por el egoísmo de Emiliano, desafía su autoridad, y le dice que él tomará lo que quiera: "A mí y a Brando nos tomó tres días poder recobrarnos de la escena del choque. Kazan de verdad nos había 'calentado', haciendo que nos odiáramos y nos quisiéramos. Kazan te insulta, te dice que Brando te odia, cualquier cosa".

El elenco incluía a muchos de los actores del grupo teatral de Kazan, entre ellos Harold Gordon, Lou Gilbert, Joseph Wiseman y Alan Reid (como Pancho Villa). Entre los actores hispanos estaban Frank Silvera, Nina Varela, Margo y Henry Silva, que hacían su debut fílmico. Nestor Paiva también tenía un papel pequeño.

Los acontecimientos de esta complicada revolución son simplificados por una fácil narración. De hecho, activistas chicanos de la década de los años 60, criticaron la cinta por poner a anglos en roles mexicanos, y cuestionaron si Kazan tenía una comprensión básica del hombre latino, por una escena en donde, en la noche de bodas, Zapata prefiere aprender a leer y escribir antes que hacer el amor a su novia, Josefa (Peters). Pero antes de *Viva Zapata!*, muy pocas cintas de Hollywood habían contado la historia desde una perspectiva totalmente mexicana. No hay ningún papel principal gringo, como tampoco hay ningún personaje gringo en roles secundarios, como sucede con otras cintas latinas de Hollywood. Por ejemplo, en *Viva Villa!* (1934), la historia es contada a través de los ojos de un reportero gringo.

El estudio no estaba seguro de cómo comercializar una cinta referente a un personaje desconocido para la mayoría de los americanos que resultaba ser un héroe mexicano en la lucha de su patria. Zanuck, que pensaba que el film era un oeste, insistió en que Zapata montara un caballo blanco, y sugirió la disolución final, donde el caballo simbólicamente galopa en las montañas libremente, después de la muerte de Zapata. Kazan pensó que la idea era un cliché de imprenta, pero resultó muy apropiada para terminar la película.

Aunque el film acumuló varias nominaciones de la Academia, y recibió buenas críticas en general, fue víctima de la era McCarthy. En 1952, Kazan comentó brevemente sobre su corta asociación con el Partido Comunista durante la década de los 30, y nombró a varios de sus colegas de Hollywood, lo que motivó una contienda entre sus socios de Nueva York y Hollywood. Debido al ambiente político predominante, el estudio abandonó el filme después del estreno inicial.

Ésta continúa siendo la cinta más vistosa de Kazan, con electrizante fotografía en blanco y negro, mientras la redacción ayuda a su amplia estructura episódica, que reduce el sonido y las imágenes cambiantes. Un ejemplo: al ser engañado para entrar a un fuerte abandonado en busca de municiones, Zapata se encuentra solo a excepción de su viejo caballo blanco, que él daba por perdido. Un regimiento completo mexicano lo acorrala desde los almenas altas, y comienzan a tirarle, vaciando ronda tras ronda de balas sobre su cuerpo sangrante y mutilado. Un final similar fue usado veinte años más tarde por George Roy Hill, en *Butch Cassidy and the Sundance Kid* (1969). Kazan fue más lejos que Hill, no obstante. El cuerpo de Zapata es arrojado a la plaza de una pequeña villa desde lo alto, con un golpe seco, y es atendido por una silenciosa mexicana envuelta en una tela.

Brando fue nominado como Mejor Actor, por su caracterización amenazadora y apasionada. Quinn ganó el Oscar® de Mejor Actor de Reparto, por su trabajo como el lujurioso, arrogante y débil de carácter, Eufemio.

Voyage of the Damned (1976, Avco Embassy)

DIRECTOR: Stuart Rosenberg
GUIÓN: Steve Shagan y David Butler, basado en un libro de Max Morgan-Witts y Gordon Thomas
PRODUCTOR: Robert Fryer
ELENCO: James Mason, Faye Dunaway, Max von Sydow, Oskar Werner, Malcolm McDowell, Orson Welles, José Ferrer, Fernando Rey

Ésta es la vergonzosa historia verídica de 900 refugiados judíos alemanes, atrapados en un barco en alta mar. En 1939, los nazis permitieron a un grupo selecto de judíos alemanes de todas las clases sociales y orígenes, abandonar Europa con destino a Cuba, a bordo del vapor *St. Louis*. Los nazis entonces conspiraron con el gobierno cubano para cancelar los permisos de entrada a los judíos. Los permisos fueron revocados ocho días antes que el barco zarpara, pero nadie a bordo lo sabía. El barco estuvo varado en la bahía de La Habana durante cinco días, y entonces partió hacia los Estados Unidos, donde le fue denegada la entrada.

En respuesta a la presión mundial ejercida por el tratamiento a los judíos, los nazis permitieron que el barco partiera, usando el incidente como un arma de propaganda para probar la voluntad de otras naciones a recibirlos. Ni siquiera los Estados Unidos permitió la entrada de los refugiados.

James Mason aparece en la cinta como el ministro de estado cubano, Dr. Juan J. Remos, quien trató sin éxito de convencer al presidente Brú (Rey), que aceptara el crecido grupo de inmigrantes. Orson Welles interpreta a Raúl Estedes, un cubano aristócrata industrial. Ferrer es el corrupto oficial Manuel Benítez. Fue filmada en Barcelona, España, cerca del puerto que fue transformado en el puerto de La Habana, y sus alrededores.

A Walk in the Clouds (1995, Twentieth Century Fox)

DIRECTOR: Alfonso Arau
GUIÓN: Robert Mark Kamen y Mark Miller & Harvey Weitzman, basado en el filme *Quattro passi fra le nuvole*
PRODUCTOR: Gil Netter, David Zucker, Jerry Zucker
ELENCO: Keanu Reeves, Aitana Sánchez Gijón, Giancarlo Giannini, Anthony Quinn, Angélica Aragón, Evangelina Elizondo

El tema de este filme es el romance entre un vendedor ambulante de caramelos, y la hija de una aristocrática familia mexicano-americana de vinateros, en la década de los años 40. Paul Sutton (Reeves), regresa a su casa en San Francisco, después de combatir cuatro años en la Segunda Guerra Mundial. Desencantado con su esposa, y en camino a Sacramento, se encuentra con la bella pero apesadumbrada Victoria Aragón (Sánchez Gijón). Ella va de regreso a su casa situada en los viñedos del Valle Napa, y teme que su padre la regañe fuertemente cuando se entere que está embarazada. El padre de la criatura la ha abandonado, y Paul, galantemente, ofrece a Victoria pasar como su nuevo esposo, para darle legitimidad al niño ante la familia. Después de una sola noche, él la abandonará y continuará su camino, pero las cosas no suceden como fueron planeadas. Quinn ofrece una magnífica interpretación como el astuto y generoso Don Pedro, el patriarca de la familia.

El filme es una fábula bañada en oro, y coloreada con realismo mágico. Haber podido traer a la pantalla *A Walk in the Clouds,* ha sido el sueño de siete años de sus productores, quienes, en 1987, compraron los derechos del filme italiano neoclásico *Quattro passi fra le nuvole* (Cuatro pasos sobre las nubes), en el cual está basada la cinta. El productor Gil Netter, impresionado por la mezcla de sensualidad, historia y romance de Alfonso Arau en *Como agua para chocolate,* le pidió a él para que la dirigiera. Arau, admirador del filme original, no obstante, quiso contar la historia más cerca de su propia experiencia, y sugirió hacer algunos cambios en el origen de la familia, de italiana a mexicana. El director contrató a Robert Mark Kamen para escribir el guión de nuevo, y asegurar que tuviera un auténtico sabor mexicano. Arau invitó a Kamen a visitar Ciudad de México, para experimentar la cultura de la clase pudiente a través de los ojos del director. Arau sentía una responsabilidad personal de escoger la mayor cantidad posible de actores mexicanos, para que aparecieran como la familia Aragón. El rito de pisar las uvas fue filmado en los altos viñedos Los Chamizal, parte de la bodega Haywood, en el Valle Napa de California.

Walk Proud (1979, Universal)

También llamada Gang

DIRECTOR: Robert Collins
GUIÓN: Evan Hunter
PRODUCTOR: Lawrence Turman y David Foster
ELENCO: Robby Benson, Sarah Holcomb, Pepe Serna, Trinidad Silva, Domingo Ambriz, Henry Darrow

La historia de pandillas juveniles rivales en el barrio, usando Venice, California, como telón de fondo. La estrella, Robby Benson, aparece como Emilio Méndez, un chicano miembro de la pandilla que quiere dejar atrás la vida pandillera, cuando encuentra amor verdadero en la escuela, con una muchacha angla del lado elegante de la ciudad.

La cinta recuerda los filmes de pandillas de la década de los años 50, en espíritu, estilo y ejecución. El guión fue escrito por Evan Hunter, autor de la novela original que sirvió de base a la cinta *Blackboard Jungle* (1955).

Este drama, muy bien actuado, y dirigido por Robert C. Collins, es un poco convencional y formulista. Aparecen en papeles de reparto de importancia un número de talentosos actores hispanos jóvenes, incluso Pepe Serna, Trinidad Silva, Domingo Ambriz, Irene De Bari, Rose Portillo, Gary Cervantes, Ángel Salazar, Panchito Gómez, Luis Reyes y Tony Alverenga. Darrow hace de consejero de las pandillas juveniles, y Felipe Turich aparece como un cura.

La comunidad mexicano-americana protestó el que Robby Benson (de raíces judeo-americanas) apareciera en el reparto como un joven chicano, y ofrecieron otras alternativas, como A Martínez, quien ya tenía en su haber algunos créditos respetables en ese momento. Las razones que el estudio esgrimía eran que la cinta necesitaba tener un nombre conocido entre los actores, para que fuera una aventura comercial exitosa en la taquilla, pero no aparecían actores principales hispanos. La estrella de una película no siempre asegura éxito financiero, como ha sido probado con *Rocky* (1976), y otras cintas de presupuesto bajo que han llegado a obtener enormes triunfos. *Rocky* presentó al entonces casi desconocido Sylvester Stallone, en un papel que lo lanzó al estrellato.

Con una ola de películas y programas de televisión que prestaba atención a las pandillas juveniles, el Gremio de Extras del Cine, en 1978, encontraba pocos, o casi ningún extra hispano en sus filas. La producción de *Walk Proud* hizo posible que una docena de adultos jóvenes entraran al gremio, haciéndolos elegibles para ser contratados en otros filmes.

Miembros de una pandilla en Chicago demuestran su solidaridad en *Walk Proud*. Atrás (izq. a der.) Gary Cervantes, Pepe Serna, Robby Benson como Emilio Mendez, Luis Reyes y Tony Alvarenga. En frente están Trinidad Silva y Ángel Salazar.

WALKER (1987, UNIVERSAL)

DIRECTOR: Alex Cox
GUIÓN: Rudy Wurlitzer
PRODUCTOR: Lorenzo O'Brien y Ángel Flores Marini
ELENCO: Ed Harris, Marlee Matlin, Blanca Guerra, Alfonso Arau, Pedro Armendáriz Jr.

El enfoque de Alex Cox (*Repo Man* [1984] *Sid and Nancy* [1986]) negro, amplio, cómico, puede ser una experiencia fílmica loca, inquietante, y que enajena. Este filme es, en fin de cuentas, un fallido intento de crear nuevamente la literatura del realismo mágico suramericana, y el surrealismo de Buñuel, yuxtaponiendo un cuento histórico, con instrumentos modernos en la pantalla.

Walker es la saga increíble de William Walker (Harris), un pirata americano quien invadió Nicaragua en 1855, con cincuenta y seis hombres, llegó a ser presidente del país, y murió frente a un pelotón de fusilamiento a la edad de treinta y seis años, en 1860.

Cox llena la película de anacronismos tan cómicos como evidentes. Los caracteres se enteran de la existencia de Walker en la revista *People*, por ejemplo. Walker se ve a él mismo en la portada de *Time*, y aparecen de un golpe en la pantalla vehículos modernos. En el clímax, el Departamento de Estado de los Estados Unidos, envía un helicóptero armado con artillería, para evacuar a los ciudadanos americanos, mientras el país está al borde del colapso. Como presidente de Nicaragua, Walker no puede abandonar el país, y queda atrás para ser ejecutado. Ed Harris entrega una interpretación cabal del yanqui imperialista medio loco. Cuando alguien le pregunta sobre la agitación que ha causado en Nicaragua, él contesta, "El fin justifica los medios". "¿Cuál es el fin?" vuelve a ser preguntado. "Me he olvidado", es la respuesta.

Filmada en los exteriores de Nicaragua, con la cooperación financiera del gobierno Sandinista, la cinta atacó similarmente la historia del envolvimiento de los americanos en Nicaragua, desde Walker hasta el presente, engendrando controversia por su estilo y sus declaraciones en contra de la política de los Estados Unidos en Centro América, que dieron respaldo a los rebeldes nicaragüenses, los Contra.

THE WARRIORS (1979, PARAMOUNT)
Los guerreros

DIRECTOR: Walter Hill
GUIÓN: David Shaber y Walter Hill, basado en la novela de Sol Yurick
PRODUCTOR: Lawrence Gordon
ELENCO: Michael Beck, Deborah Van Valkenburgh, Marcelino Sánchez

Una pandilla multi-étnica urbana, los Guerreros, tiene que pelear a través de los paisajes urbanos del territorio de la pandilla enemiga, para regresar al suyo propio de Coney Island, después de haber asistido a una conferencia de pandillas en Manhattan, donde fueron acusados falsamente de haber matado al líder de una pandilla. Esta fantasía sobre pandillas urbanas callejeras, con guardarropía estrafalaria, y violencia estilizada, fue filmada a la manera de cartón animado, y arte popular. El film, visualmente estimulante, hace gran uso del color, y tiene un sentido verdadero de los sombríos paisajes urbanos. Deborah Van Valkenburgh, es supuestamente una muchacha callejera hispana, llamada Mercy. Marcelino Sánchez, un joven actor puertorriqueño nativo, criado en la sección Williamsburg, de Brooklyn, aparece como un perspicaz artista del graffiti llamado Rembrandt.

The Waterdance (1991, Samuel Goldwyn)

DIRECTOR: Neal Jiménez y Michael Steinberg
GUIÓN: Neal Jiménez
PRODUCTOR: Gale Ann Hurd y Marie Cantin
ELENCO: Eric Stolz, Wesley Snipes, William Forsythe, Helen Hunt, Elizabeth Peña

Este film está inspirado en la experiencia personal del guionista y director adjunto, Neal Jiménez, quien recurrió a su experiencia de rehabilitación después de sufrir un accidente que lo convirtió en parapléjico, y lo dejó en una silla de ruedas.

El escritor Joel García (Stolz), se cae de un acantilado durante una excursión, y se fractura el cuello. Cuando vuelve en sí, va camino del hospital en una camilla rodante, y le dicen que será paralítico por el resto de su vida. Más tarde él aprende a hacerle frente al mundo difícil del centro de rehabilitación, gracias a sus compañeros de pabellón, que tienen que enfrentarse con los mismos retos y temores que él, aunque ellos vienen de antecedentes distintos. La tarea a emprender es sobreponerse a los conflictos, celos y prejuicios que los dividen, para encontrar sus propios caminos de supervivencia personal. Ésta es una cinta que no se inmuta, va hacia adelante honestamente, y es contada con humor, compasión y humanidad.

Way of a Gaucho (1952, Twentieth Century Fox)

DIRECTOR: Jacques Tourneur
GUIÓN: Philip Dunne, basado en la novela de Herbert Childs
PRODUCTOR: Philip Dunne
ELENCO: Rory Calhoun, Gene Tierney, Richard Boone, Hugh Marlowe

El trasfondo argentino poco usual de este oeste de fórmula, es lo suficientemente diferente para hacerla interesante.

La historia al estilo telenovela, es referente a un jinete medio salvaje, quien en un tiempo vagaba por las pampas argentinas. Un bandido, trabajador a veces, antes que la ley lo cercara, el Gaucho (Calhoun), conoce a una joven (Tierney) y quiere lograr hacer una vida honorable.

La cuadrilla fílmica viajó 1.800 millas a las pampas argentinas y las montañas de Mendoza, en las laderas de los Andes, y a través de San Luis, Córdova y Entre Ríos. Hubo algunas demoras antes de comenzar el rodaje. El barco que traía la cámara y otros equipos, llegó en la mañana de la corta revolución de septiembre 28. El equipo no fue descargado, ni pudo pasar la aduana en más de una semana. Hubo más demoras con la revisión del guión por parte del gobierno argentino, pero Raúl Apold, jefe de la Secretaría de información, dio su aprobación de todo corazón. Los más entusiastas eran los miembros de la Brigada Dieciséis de Montañas, que no solamente trabajaron de extras, sino que ayudaron como utileros y peones, cuando fue necesario.

Los actores argentinos que incluían a Mario Abdah, Douglas Poole, C. Spíndola, Claudio Torres y Lia Centeno, fueron contratados para aparecer en roles pequeños. Cuando la actriz Gene Tierney cayó enferma, y la compañía se vio forzada a rodar las escenas en las que ella no aparecía, el presidente Juan Perón ofreció su ayuda, enviando a su médico personal para atenderla.

El escritor y productor Philip Dunne, dijo en una entrevista del *New York Times* (1/13/52), "Nosotros creemos que tenemos una buena película. Los escenarios son magníficos, y Darryl F. Zanuck me dio algunas de las mejores gentes para trabajar. Todo lo hemos hecho auténtico en referencia a la época. Cada vez que nuestro consejero técnico argentino nos decía que algo no estaba bien, lo cambiábamos".

La estrella Rory Calhoun recuerda en una entrevista del *Saturday Evening Post* (10/10/53), "Yo todavía juzgo esta experiencia y mi papel de Martin, el Gaucho, como superior". *Way of a Gaucho* fue realmente un filme latino, y aunque tuvo un éxito moderado en los Estados Unidos, alcanzó la más alta cima de la popularidad al sur de la frontera.

We Were Strangers (1949, Columbia)

DIRECTOR: John Huston
GUIÓN: John Huston y Peter Viertel, basado en la novela *Rough Sketch*, de Robert Sylvester
PRODUCTOR: Sam Spiegel
ELENCO: John Garfield, Jennifer Jones, Pedro Armendáriz, Gilbert Roland, Ramón Novarro, José Pérez

La historia de un americano, cubano nativo (Garfield), que regresa a Cuba durante la revolución machadista de 1933. Él se ve envuelto en un complot destinado a cavar un túnel debajo del cementerio, para colocar y explotar una bomba donde debe celebrarse un funeral de estado. El plan se frustra cuando la familia del finado hace un cambio de última hora en los arreglos. Garfield perece, pero la revolución continúa.

Aunque la cinta es muy lenta, pesada y verbosa, Armendáriz, como capitán de la policía, Roland, como revolucionario cubano, y Novarro, como jefe rebelde, salen muy bien de sus cometidos. Argentina Brunetti, Felipe Turich, Julián Rivero y Tina Menard, trabajan en papeles menores.

Weekend in Havana (1941, Twentieth Century Fox)

DIRECTOR: Walter Lang
GUIÓN: Karl Tunberg y Darrell Ware
PRODUCTOR: William LeBaron
ELENCO: Alice Faye, Carmen Miranda, César Romero, John Payne, Billy Gilbert, Sheldon Leonard, Cobina Wright Jr.

Nan Spencer (Faye), vendedora de la tienda por departamento Macy's, de Nueva York, rehúsa firmar un documento de renuncia (documento legal eximiendo de culpa al que causa un accidente), cuando el barco en el que ella viaja a La Habana, choca contra un arrecife, pero más tarde accede a firmarlo, si su viaje a La Habana es satisfactorio.

Jay Williams (Payne), vice-presidente de la compañía, que está comprometido con Terry (Wright), es designado a acompañar a Spencer y asegurar que su viaje sea muy bueno. Spencer anhela un romance y finalmente lo encuentra con Monte Blanca (Romero), el empresario de la cantante Rosita Rivas (Miranda). Blanca, sin embargo, resulta ser un sinvergüenza, quien está detrás del dinero que él piensa que Spencer tiene.

Williams le paga a Blanca para que enamore a Spencer, y él se hace cargo de dirigir a Rosita, para mantenerla apartada de Blanca. Pero el plan no funciona. Williams descubre que él quiere a Spencer, y vice-versa. Terry, no obstante, llega a La Habana y consigue que Spencer firme la renuncia a través de engaños. Williams se entera de la verdad, rompe con Terry, y regresa al amor de Spencer.

Esta comedia musical agradable y llena de colorido, es similar en contenido a otras musicales situadas en Sudamérica, y muestra a Miranda en sus mejores momentos.

Hoteles lujosos, hermosos clubes nocturnos y un espectacular casino de juegos en La Habana, fueron todos diseñados por Richard Day y Joseph Wright. Antes que Romero comenzara a trabajar en Hollywood en la cinta, Twentieth

Century Fox envió una tripulación de Technicolor, a filmar los trasfondos de La Habana para la cinta. Unas debutantes primas de Romero aparecieron en el trasfondo como modelos, pero ellas no sabían que él era la estrella, hasta que escribieron a su madre en Nueva York, mencionando que habían aparecido en un filme americano, titulado *Weekend in Havana.*

Uno de los mejores números musicales es una producción con 200 zombies femeninos bellísimos, y Carmen Miranda, en una canción de vudú, llamado "Nango". Chris-Pin Martin y Alberto Morín también tomaron parte en la cinta.

"Una Habana en Technicolor, que los cubanos serían los últimos en reconocer", fue el veredicto de Nelson B. Bell, *Washington Post* (11/7/41).

WEST SIDE STORY (1961, UNITED ARTISTS)

DIRECTOR: Robert Wise y Jerome Robbins
GUIÓN: Ernest Lehman, basado en la obra teatral de Arthur Laurents, Leonard Bernstein y Stephen Sondheim
PRODUCTOR: Robert Wise
ELENCO: Richard Beymer, Natalie Wood, George Chakiris, Rita Moreno

Ganadora de diez premios de la Academia, y basada vagamente en *Romeo y Julieta* de Shakespeare, *West Side Story* es una de las cintas fílmicas más populares de todos los tiempos. Dos pandillas juveniles rivales, una puertorriqueña, la otra una mezcla de jóvenes italianos, irlandeses y polaco-americanos, pelean en las calles de Nueva York. La historia se centra en María (Wood), una puertorriqueña quien se enamora de un muchacho italiano, Tony (Beymer), y las trágicas consecuencias acarreadas por el amor que sienten.

West Side Story presentó los verdaderos problemas de la delincuencia juvenil y guerra de pandillas en la ciudad de Nueva York. Fue filmada parcialmente en el lado noroeste de Manhattan (en el lugar donde hoy está el Centro Lincoln de las Artes Escénicas), donde vagaban las pandillas verdaderas. El filme expuso la grave situación y preocupación de los puertorriqueños al público del mundo entero, si bien de una manera superficial.

West Side Story fue presentada primeramente como una exitosa obra musical de Broadway en 1957, con coreografía de Jerome Robbins que resultó un acontecimiento, y una partitura musical de Leonard Bernstein que será eterna. Para la versión del cine, la coreografía de Robbins y la dirección de Robbins y Robert Wise consiguió un delicado equilibrio en la integración de los números musicales dentro de la historia.

Moreno obtuvo un premio de la Academia como Mejor Actriz de Reparto, por su papel como la fuerte y ardiente Anita. El premio cimentó la imagen de la emotiva latina, y por años todos los papeles que le fueron ofrecidos eran de esa

Rita Moreno (frente) ganó un premio Oscar por su interpretación de la fuerte y volcán Anita en *West Side Story*. George Chakiris (izq.), quien interpreta Bernardo, y Yvonne Othon (der.) también están en la foto.

categoría. Sin embargo, ella rehusó aceptar papeles que sentía la limitaban y eran denigrantes, por lo que no trabajó en filmes durante siete años. En cambio apareció en varias producciones teatrales, en papeles que sentía eran estimulantes.

Entre los actores puertorriqueños del elenco están Jaime Rogers, Rudy Del Campo, Yvonne Othon y José De Vega, quien es parte filipino, George Chakiris, helenoamericano que ganó un Oscar como Mejor Actor de Reparto por el papel del rudo líder puertorriqueño, Bernardo.

El comentario social del filme está muy bien expresado en la letra de la canción "América", de Stephen Sondheim. Habla acerca de qué fácil es para la mujer adaptarse a la vida de los Estados Unidos, debido a las variadas comodidades, mientras los hombres señalan la realidad de lo que significa no ser blanco en América.

Además de premios de la Academia para Moreno y Chakiris, la cinta ganó como Mejor Película y Mejor Director (Robbins y Wise).

What Happened to Santiago (1989, Manley Prod.)

Lo que le pasó a Santiago

DIRECTOR: Jacobo Morales
GUIÓN: Jacobo Morales
PRODUCTOR: Pedro Muñiz
ELENCO: Tommy Muñiz, Gladys Rodríguez, Johanna Rosaly, René Monclova

Una encantadora historia acerca de un contador retirado, Santiago Rodríguez (Muñiz), y una misteriosa mujer joven, en el moderno Puerto Rico.

Hecha con un presupuesto de $480.000, el filme fue nominado para un premio de la Academia, como Mejor Película de Lengua Extranjera (Puerto Rico). El cineasta Morales es un veterano de cuarenta y un años de la industria del espectáculo, y ha trabajado en películas americanas como *Bananas* (1971), *Up the Sandbox* (1972), y ha dirigido *Dios los cria* (1980) y *Nicolás y los demás* (1985).

Which Way Is Up? (1977, Universal)

DIRECTOR: Michael Schultz
GUIÓN: Carl Gottlieb y Cecil Brown, basada en la guión fílmico *The Seduction of Mimi*, de Lina Wertmüller
PRODUCTOR: Steve Krantz
ELENCO: Richard Pryor, Lonette McKee, Luis Valdéz, Daniel Valdéz

Ésta es una nueva versión sin éxito de la comedia italiana de Wertmüller, de 1974, *The Seduction of Mimi*, en un ambiente americano. Empujado fuera de la huerta por el jefe, cuando accidentalmente se convierte en un héroe de la unión, un recogedor de naranjas (Pryor), finalmente va a trabajar para la compañía, volviéndole la espalda a sus amigos y a la familia.

Ésta fue la primera aparición en un largometraje del actor/director/escritor Luis Valdéz y su hermano, el actor y compositor y cantante Daniel Valdéz, y otros miembros de su internacionalmente aclamado El Teatro Campesino. La mayor contribución de El Teatro, a parte de proveer actores para la cinta, fue darle nueva forma a algunas partes del guión que tenían que ver con los personajes chicanos. Daniel aparece como Chuy Estrada, un vigoroso y divertido recogedor de frutas, con una vena seria, y Luis hace de Ramón Juárez, un peón al estilo del organizador de uniones, César Chavez. El director Michael Schultz había visto algunas de sus presentaciones teatrales, y buscó a ambos hermanos para trabajar en este filme.

WHITE MEN CAN'T JUMP (1992, TWENTIETH CENTURY FOX)

DIRECTOR: Ron Shelton
GUIÓN: Ron Shelton
PRODUCTOR: Don Miller y David Lester
ELENCO: Woody Harrelson, Wesley Snipes, Rosie Pérez

Dos jugadores de baloncesto, buscavidas callejeros, uno afro-americano, Sid (Snipes) y otro blanco, Billy (Harrelson), que siempre tratan de sobrepasarse el uno al otro, deciden unir fuerzas y hacerse compinches para perpetrar una serie de estratagemas.

Billy comparte el estrecho cuarto de un motel con su novia puertorriqueña, Gloria (Pérez), personaje principal de la cinta interpretado por una puertorriqueña, que en ambas instancias resulta un hecho sin precedente en la historia de Hollywood. La excéntrica caracterización de Pérez es mona, cómica, sensual y encantadora. La relación amorosa boricua-americana Gloria-Billy, es otra novedad en el cine americano, al estar los personajes en igualdad de condiciones en sus relaciones sexuales y psicológicas. Gloria es obviamente una "nueyorican" (una puertorriqueña nacida y criada en Nueva York), por lo que aunque ella es latina, tiene un acento de Brooklyn y es totalmente americana, no el estereotipado personaje de "Rosita", con un acento fingido.

Aunque la historia tiene lugar en el ambiente de un área deprimida de Los Ángeles, está libre de los atavíos típicos del barrio. Gloria canta una canción de Puerto Rico, "Qué bonita bandera," cuando está en la ducha con Billy, para indicar sus raíces culturales. Ella se pasa los días acumulando información innecesaria, porque sueña con ir un día al popular programa de televisión *Jeopardy*, y ganar una fortuna, lo cual finalmente hace.

WHY WORRY? (1923, PATHÉ)

DIRECTOR: Fred Newmeyer y Sam Taylor
GUIÓN: Sam Taylor
PRODUCTOR: Hal Roach
ELENCO: Harold Lloyd

Cinta silente. Esta comedia de Harold Lloyd, tiene al popular comediante atrapado en una revolución Sudamericana. La trama se convierte en una comedia burlesca, llena de chistes visuales, pero con estereotipos superficiales.

Harold Van Pelham (Lloyd) es un hombre joven rico, quien es confundido con un ejecutivo del mundo de la banca, cuando llega a Paradiso, una pequeña isla nación cerca de la costa oeste de Chile, en la cual un renegado americano ha conjuntado a un grupo de bandidos con la intención de derribar al gobierno.

The Wild Bunch (1969, Warner Bros.)

Los fieros

DIRECTOR: Sam Peckinpah
GUIÓN: Walon Green y Sam Peckinpah, basado en una historia de Green y Roy N. Sickner
PRODUCTOR: Phil Feldman
ELENCO: William Holden, Robert Ryan, Ernest Borgnine, Edmond O'Brien, Warren Oates, Ben Johnson, Jaime Sánchez, Emilio Fernández, Alfonso Arau

Un oeste clásico, más recordado por sus baños de sangre como danzas coreográficas en cámara lenta, y menos por la calidad de la actuación y la autenticidad de los sentimientos. *Los fieros* mejor ilustra la creencia quinta esencial americana que México es un lugar donde los gringos van a dar rienda suelta a sus fantasías, en una tierra de ensueños de sexo, violencia y machismo soberano.

En este drama brutal de hombres violentos que han vivido demasiado tiempo, Holden, como Pike, Borgnine, como Dutch, Oates como Lyle Gorch, y Johnson como Tector Gorch, comprenden perfectamente los presiones conflictivas de sus personalidades rudas, si bien algo humanas.

Después de un violento robo en un pueblo fronterizo de los Estados Unidos, los Fieros cruzan Río Grande a México, donde se asean y se sienten remozados. El filme entonces adquiere una tranquilidad súbita en un breve interludio pastoral, cuando ellos entran en la aldea de Ángel (Sánchez), el único miembro mexicano.

En el México de 1913, Pancho Villa pelea contra el represivo gobierno de Huerta. Las mexicanas son vistas del brazo de bandoleros, amamantando a sus críos y haciendo tacos en el campamento del General Mapache, mientras los asesores militares alemanes están a un lado, observando. Para Pike, México es el último confín, pero la realidad es que siempre ha sufrido un estado de agitación cuya prueba es el contraste entre la aldea de Ángel, y el campamento de Mapache.

Mientras otros de los Fieros son indiferentes (como resultado de su situación, igual que por la tradición del oeste), una parte de Ángel, al menos, está dedicada a la causa aún no resuelta de su gente. Los otros no lo entienden, pero se sienten afectados por la fuerza positiva de Ángel. Al final, Pike pide a los otros que protejan a Ángel del General Mapache, y hasta Dutch apoya, hasta donde él puede, la causa de Ángel. La inhabilidad de Ángel de aceptar la ética de la hermandad en un contexto americano, es lo que lleva a los Fieros a su conflicto final. Es este sentido de machismo el que lo lleva a matar a su antigua novia, quien se ha convertido en una de las putas de Mapache, un acto que trae consigo el desequilibrio dentro de las relaciones de los Fieros y los mexicanos, con los que han logrado conseguir un detente frágil. Mapache trata a Ángel como si fuera un peón. Después de esto, puede detenerse la confrontación, pero no evitarla. Los Fieros nunca matan o cometen un crimen en México, a excepción del encuentro final. En vez de eso, ellos cruzan de nuevo la frontera hacia el norte para robar un tren.

Peckinpah no pinta a México como si fuera un completo paraíso para los Fieros. Mapache representa una forma prematura de tirano barato del siglo XX. Él es el diablo reencarnado, lleno de todas las virtudes del mundo industrial. Antes de conocer a Mapache, los Fieros nunca habían visto un automóvil. Después, el auto será usado para arrastrar el cuerpo torturado de Ángel. Las ametralladoras, que se convierten en el instrumento principal en causar el fin de los Fieros y de Mapache, es otra arma moderna. Rodeados de niños que los adoran, asesores militares alemanes, prostitutas y asesinos sádicos, Mapache se deleita con el poder destructivo de la ametralladora. Cuatro americanos que matan a cientos de mexicanos antes de encontrar ellos la muerte, podía ser interpretado como un símbolo de la superioridad americana, un remanente de la ética de El Álamo, con la actitud del hombre blanco que salva al "pobrecito hermano pequeño de piel obscura" de sí mismo, predominante en la era de Teddy Roosevelt. La introducción de la ametralladora, sin embargo, hace de aquello una interpretación incómoda de mantener. La visión de Peckinpah de una aldea entera de mexicanos que se ponen en fila para decirle adiós a los americanos, puede ser vista como una proyección de imperialismo benigno. Los aldeanos, como resultó ser, no necesitan la protección de los Fieros; ellos usan a los americanos para preservar su revolución, pero están perfectamente capacitados para planearla cuidadosamente, y ejecutarla. Esto aparece aclarado por la rápida acción de retirar los rifles que Ángel había prometido. Los campesinos no le piden a los Fieros (como en *Los siete magníficos)*, que hagan la guerra por ellos; todo lo que quieren son armas. Los viejos del pueblo dicen, "En México, señor, éstos son los años de tristezas, ¿pero si tenemos rifles como éstos...?"

Las mujeres mexicanas pobres son vistas en la cinta exclusivamente como prostitutas. Cuando Ángel ve a su novia con el General Mapache, el hombre responsable por la muerte de sus padres, grita "puta", y la mata de un tiro al corazón. Mapache muy pronto la reemplaza por otra mujer. Los Fieros buscan solaz con las prostitutas, y el sexo y la muerte están irremediablemente ligados a ellos. Una prostituta asesina a Pike al final, de un tiro en la espalda. Las mujeres

Ernest Borgnine como Dutch y William Holden como Pike salen de un pueblo mexicano en una escena de *The Wild Bunch*, un *western* clásico dirigido por Sam Peckinpah.

de la aldea de Ángel, aunque no son rameras, parecen ser muy fáciles para los americanos. Como su novia viene de la aldea, la repercusión es clara, especialmente cuando ella le dice a Ángel que es mejor tener una posición como la mujer de Mapache, que morir de hambre en su propia aldea. Resulta irónico que Emilio Fernández, quien como director contribuyó —con el cameraman Gabriel Figueroa— a las imágenes más hermosas de México y su pueblo, y a una identidad nacional a través del cine, más tarde en su carrera presentara algunos de los más indeseables y memorables personajes de bandidos mexicanos en películas americanas. La personalidad exageradamente arquetípica de Fernández fuera del cine, forjada en peleas entre borrachines, tiroteos y encuentros con funcionarios del gobierno mexicano, finalmente se convirtió en una caricatura, tanto dentro como fuera de la industria del cine.

La película fue filmada en Parras, Coahuila, México. La refriega final fue filmada en La Ciénega de Santa Carmen, una bodega de 300 años que sirvió de escenario para el cuartel militar de Mapache. El guión, del director Peckinpah y Walon Green, está basado en una historia original de Green y Roy Sickner, inspirada en un incidente fronterizo real de 1913, cuando una pandilla de bandidos americanos, haciéndose pasar por soldados de los Estados Unidos, asaltó un tren de armamentos que iba dirigido a Pancho Villa. *The Wild Bunch* toca uno de los temas favoritos de Peckinpah: el oeste cambiante y su impacto en el hombre solitario inmutable, de una frontera que la civilización está reemplazando.

Jaime Sánchez, un actor nativo de Puerto Rico, es Ángel, el único mexicano del grupo de los bandidos. Los actores mexicanos constituyen la reunión de algunos de los más talentosos actores mexicanos. Éstos incluyen a Chano Urrueta, como el principal de la aldea, Sonia Amelio, como la amante de William Holden, Alfonso Arau, como uno de los militares ayudantes de Mapache (él hizo una versión cómica del personaje más tarde, en la parodia fílmica *¡Three Amigos!*), Fernando Wagner, como un ayudante militar alemán, y Jorge Russek, como el Teniente Zamorra, un ayudante militar y guardaespaldas.

Charles Champlin, en *Los Angeles Times* (6/15/69), dijo, "Todo está enmarcado dentro de las cómodas convenciones familiares de un oeste clásico, incluso, yo diría, la caracterización de los mexicanos como aniñados y simples, ya sean buenos (pobres explotados pero rebeldes), malos (bandidos o ejército), o indiferentes (señoritas que les encanta divertirse)".

The Wild Wild West (1999, Warner Bros.)

DIRECTOR: Barry Sonnenfeld
GUIÓN: Jeffrey Price y Peter S. Seaman
PRODUCTOR: Jon Peters y Barry Sonnenfeld
ELENCO: Will Smith, Kevin Kline, Salma Hayek, Kenneth Branagh, Gary Cervantes

En el Viejo Oeste, el agente especial del gobierno, James West (Smith), con encanto e inteligencia sobrante, y el agente especial del gobierno, Gordon (Kline), un maestro del incógnito, y un brillante inventor de trastos, pequeños y grandes, sigue los pasos a un genio diabólico, el Dr. Arliss Loveless (Branagh), que maquina asesinar al presidente de los Estados Unidos. La bella y misteriosa artista, Rita Escobar (Hayek), complica la situación del dúo, al inmiscuirse en los planes existentes para apresar a Loveless.

La cinta está basada ligeramente en la serie televisada en los años 60.

The Winged Serpent

Ver Q

Wings of the Hawk (1953, Universal)

DIRECTOR: Budd Boetticher
GUIÓN: James E. Moser y Kay Lenard, basado en la novela de Gerald Drayson Adams
PRODUCTOR: Aaron Rosenberg
ELENCO: Van Heflin, Julie Adams, Rodolfo Acosta, Abbe Lane, Antonio Moreno, Pedro González-González

Heflin aparece como Irish Gallagher, un explorador yanqui de minerales valiosos, que tiene problemas con las tropas del gobierno bajo el mando del Coronel Ruiz (George Dolenz), y se pone de parte de un ejército revolucionario que dirige la bella Teniente Raquel (Adams) y Arturo (Acosta). Los padres de Raquel han sido asesinados por las tropas del presidente Díaz y su hermana Elena (Lane) está aliada con el Coronel. Gallagher se convierte en el líder de los insurrectos después de deponer a Arturo, quien más tarde traiciona a lo insurrectos. Las hazañas de Gallagher van desde asesinar a muchos miembros de las tropas del presidente Díaz, hasta volar una mina de oro.

Esta historia de acción y aventura al estilo del "gringo en México", en Technicolor, está bien dirigida por Boetticher, con una fuerte gracia personal. González-González sale airoso en un papel cómico. Aparecen también en el reparto Paul Fierro, Felipe Turich, Joe Domínguez, Rocky Ybarra y Rubén Padilla.

Woman on Top (2000, Fox Searchlight)

DIRECTOR: Fina Torres
GUIÓN: Vera Blasi
PRODUCTOR: Alan Poul
ELENCO: Penélope Cruz, Murilo Benício, Mark Feuerstein, Harold Perrineau Jr.

Situada en Brasil, esta película es una comedia picante y sensual acerca de la magia de la comida, el amor y las relaciones. Penélope Cruz, muy popular en su nativa España, y ahora una estrella pugnante de Hollywood, aparece como Isabella, una talentosa chef. Dirigida por la venezolana Fina Torres, la cinta fue rodada en Brasil y San Francisco.

The Wonderful Country (1959, United Artists)

DIRECTOR: Robert Parrish
GUIÓN: Robert Ardrey, basado en la novela de Tom Lea
PRODUCTOR: Chester Erskine
ELENCO: Robert Mitchum, Pedro Armendáriz, Víctor Mendoza

El "Mestizo" Martin Brady (Mitchum) es un asesino mexicano a sueldo de los poderosos Hermanos Castro (Armendáriz y Mendoza), uno, un dictador insignificante, y el otro un líder del ejército. "¿Por qué no empiezas tu vida de nuevo en este lado de la frontera?", un americano sugiere a Brady. El prejuicio que le espera no es de parte de los anglos, que resienten sus orígenes mexicanos, sino de parte de los hermanos Castro, quienes lo han catalogado como gringo porque, "No es fácil borrar la herencia de la sangre".

Brady, simbólicamente, depone su pistola al lado de Lágrimas, su caballo muerto, cruza Río Grande y vuelve a su amante para reclamar su herencia.

Mitchum, quien también ejerció la función de productor, trabaja de una manera poco característica, con acento mexicano y los gestos de un peón. La película fue rodada en los exteriores de México.

THE WONDERFUL ICE CREAM SUIT (1999, BUENA VISTA)

DIRECTOR: Stuart Gordon
GUIÓN: Ray Bradbury
PRODUCTOR: Roy Edward Disney y Stuart Gordon
ELENCO: Joe Mantegna, Esai Morales, Edward James Olmos, Clifton González-González, Gregory Sierra, Liz Torres, Mike Moroff, Lisa Vidal

The Wonderful Ice Cream Suit de Ray Bradbury tiene como protagonistas a Joe Mantegna, Edward James Olmos, Gregory Sierra, Clifton González-González y Esai Morales en una película dirigida por Stuart Gordon.

Cinco hombres jóvenes, de poca suerte, y con solo $100 entre ellos, compran un traje mágico blanco que transformará sus vidas. Gómez (Mantegna), el hablador; Vamanos (Olmos), el vagabundo; Martínez (González-González), el inocente; Villanazul (Sierra), el intelectual; y Domínguez (Morales), el romántico, forman un grupo variado de americanos que viven en un vecindario de Los Ángeles contemporáneo. El traje despierta sus más íntimos deseos y convierte sus sueños en realidad. Cada uno de ellos planea vestirlo una noche de la semana, pero la impaciencia los inquieta de tal manera que deciden llevarlo puesto cada uno por una hora esa misma noche. Sus aventuras son tan maravillosas que sus vidas cambian de manera cómica y significativa.

Basado en una historia original del eminente escritor americano Ray Bradbury, *The Wonderful Ice Cream Suit* es una estilizada, suave, cómica y conmovedora cinta, que parece un cartón animado de acción. El grupo magnífico de actores presenta a Edward James Olmos, en un rol cómico poco usual, como Vamanos, el vagabundo.

The Wrath of God (1972, Metro-Goldwyn-Mayer)

DIRECTOR: Ralph Nelson
GUIÓN: Ralph Nelson, basado en la novela de James Graham
PRODUCTOR: Ralph Nelson
ELENCO: Robert Mitchum, Rita Hayworth, Frank Langella, Victor Buono

Mitchum es un cura americano borracho, que trafica en armas en una ficticia nación suramericana. Hayworth, en esta su última película, aparece como la madre de un contra-revolucionario medio loco (Langella). Gregory Sierra hace de Jurado, un rebelde tuerto. Fue filmada en México, e incluye el surtido usual de estereotipos.

Wrestling Ernest Hemingway (1993, Warner Bros.)

DIRECTOR: Randa Haines
GUIÓN: Steve Conrad
PRODUCTOR: Todd Black y Joe Wizan
ELENCO: Robert Duvall, Richard Harris, Shirley MacLaine, Piper Laurie, Sandra Bullock

Walter (Duvall), un circunspecto inmigrante cubano que siempre está ensayando triunfos futuros, y Frank (Harris), un pimentoso ex-capitán irlandés, son dos hombres diferentes, de setenta y cinco años de edad, quienes se conocen en el parque de un tranquilo pueblo de la Florida y comienzan una frágil amistad que insufla nueva vida en cada uno de ellos.

You Were Never Lovelier (1942, Columbia)

DIRECTOR: William A. Seiter
GUIÓN: Michael Fessier, Ernest Pagano y Delmer Daves, basado en la historia y guión "The Gay Señorita", de Carlos Olivari y Sixto Pondal Ríos
PRODUCTOR: Louis F. Edelman
ELENCO: Fred Astaire, Rita Hayworth, Adolphe Menjou, Adele Mara, Leslie Brooks, Xavier Cugat, Lina Romay

You Were Never Lovelier, que sitúa la acción en Buenos Aires, es una encantadora comedia musical que une a Hayworth con Astaire, cuando estaban en la cúspide de su forma, por segunda y última vez. Anteriormente lo habían hecho en *You'll Never Get Rich* (1941).

Un bailarín de un cabaret de Nueva York (Astaire), que siente pasión por los caballos de carreras, conoce a la hija (Hayworth) de un rico hotelero suramericano (Menjou).

Xavier Cugat y su orquesta, acompañado de la cantante/actriz Romay, están presentes para darle el sabor latino a la película, enteramente rodada en Hollywood.

YOUNG GUNS (1988, TWENTIETH CENTURY FOX)

DIRECTOR: Christopher Cain
GUIÓN: John Fusco
PRODUCTOR: Joe Roth y Christopher Cain
ELENCO: Emilio Estévez, Kiefer Sutherland, Lou Diamond Phillips, Charlie Sheen, Casey Siemaszko, Dermot Mulroney, Jack Palance, Terence Stamp

El año es 1878, y el lugar es el Condado de Lincoln, Nuevo México. John Tunstall (Stamp), un ranchero inglés, contrata a seis muchachos rebeldes como "reguladores" (pistoleros) para proteger el rancho de una banda de crueles ganaderos. Cuando Tunstall perece en una emboscada, los reguladores, dirigidos por Billy the Kid (Estévez), declaran la guerra a los ganaderos, y su venganza se convierte en un violento baño de sangre. Lou Diamond Phillips aparece como un pistolero porta cuchillos apellidado Chávez y Chávez, al que llaman "mestizo", quien es parte de la pandilla de Billy.

YOUNG GUNS II (1990, TWENTIETH CENTURY FOX)

DIRECTOR: Geoff Murphy
GUIÓN: John Fusco
PRODUCTOR: Paul Schiff e Irby Smith
ELENCO: Emilio Estévez, Kiefer Sutherland, Christian Slater, William Petersen, Lou Diamond Phillips, James Coburn

Un viejo en una carretera desierta de Nuevo México, cerca del año 1940, acuerda encontrarse con un periodista y contarle la historia verdadera de Billy the Kid (Estévez) y Pat Garrett (Petersen). Según cuenta la historia, los sucesos se desenvuelven en retrospectiva. El espectador llega a convencerse lentamente que Billy no encontró su fin a manos de Garrett, como está documentado, sino que Garrett ayudó a tramar la muerte de Billy, para él poder continuar con su vida y doblar la hoja. El viejo resulta ser Billy the Kid.

Este efectivo oeste lleno de acción, presenta como estrellas a muchos de los actores jóvenes del momento. Es una de las secuelas que resulta tan buena, si no mejor, que *Young Guns* (1988), el original. Lou Diamond Phillips repitió su rol de Chávez y Chávez.

The Young Land (1959, Columbia)

DIRECTOR: Ted Tetzlaff
GUIÓN: Norman Shannon Hall, basado en la historia "Frontier Frenzy" de John Reese
PRODUCTOR: Patrick Ford
ELENCO: Patrick Wayne, Yvonne Craig, Dennis Hopper

La historia de un pueblo de California, después de la revolución mexicana de 1848, que es adquirido por los Estados Unidos, y el sheriff del pueblo, Jim Ellison (Wayne).

Un temerario pistolero americano, Hatfield Carnes (Hopper), incita a un mexicano respetable a un duelo que es obviamente desproporcionado. Esto conduce al primer juicio por asesinato que involucra a un americano acusado de matar a un mexicano, y en los ojos de los mexicanos, "la justicia americana es sometida a juicio". Después del veredicto de culpable, el juez federal del caso, enfrenta la difícil tarea de dictar sentencia al criminal, cuyos esbirros están preparando salvarlo, mientras unos vaqueros mexicanos se preparan a lincharlo. El juez, citando que las leyes de California no han sido establecidas, reserva una sentencia de veinte años a por vida, y condena a Carnes, en su lugar, a vivir sin el privilegio de portar un revólver. Esto pone furioso a Carnes, hasta el punto que arranca la pistola de la funda de un ayudante del sheriff, e invita a Ellison a un duelo fuera del tribunal. Ellison mata a Carnes en la refriega. El filme finaliza con el compromiso de Ellison con Elena de la Madrid (Craig), la hija de un acaudalado mecenas de la región.

El elenco también incluye a Roberto de la Madrid, Pedro González-González, John Quijada, Miguel Camacho, Carlos Romero y la banda de mariachis Los Reyes de Chapala.

The Young Savages (1961, United Artists)

Salvajes jóvenes

DIRECTOR: John Frankenheimer
GUIÓN: Edward Anhalt y J.P. Miller, basado en la novela *A Matter of Conviction*, de Evan Hunter
PRODUCTOR: Pat Duggan
ELENCO: Burt Lancaster, Dina Merrill, Edward Andrews, Shelley Winters, José Pérez

Un melodrama social americano que aborda varios temas importantes del momento: la delincuencia juvenil, el prejuicio racial, la pena de muerte, drogas y pandillas.

Son los finales de la década de los 50, y la sección del Harlem hispano está controlada por pandillas juveniles. Dos de estas pandillas son los Thunderbirds (Pájaros de Trueno), de un barrio italiano, y los Horsemen (Jinetes), de un barrio puertorriqueño. Tres miembros de los Thunderbirds, apuñalan y matan a un puertorriqueño ciego. Los tres jóvenes son detenidos por la policía, y el caso es entregado a Hank Bell (Lancaster), de la oficina del Fiscal del Distrito.

La investigación de Bell lo lleva a dos vecindarios, en donde él habla con los testigos y varios miembros de la pandilla, y allí se entera que el "inocente" puertorriqueño era, de hecho, un miembro de la pandilla y el chulo de su hermana. Los muchachos son condenados de asesinato en varios grados, y sentenciados.

La cinta, basada en un libro de Evan Hunter, que obtuvo fama por *Blackboard Jungle*, tiene el conocido tema del "hombre blanco que salva a las minorías pobres a pesar de ellas mismas", con la excepción que el "hombre blanco" en este filme resulta ser minoría.

Hank Bell es en realidad el ítaloamericano Henry Bellini, quien está tratando de subir en la escala social, y olvidar su pasado, del cual él en realidad nunca puede escapar. Desafortunadamente, esta bien intencionada cinta amplía aún más los estereotipos de los puertorriqueños que viven en la ciudad, y los hace parecer a todos como miembros de pandillas, madres dolientes y mujeres fáciles. Vivian Nathan interpreta a la señora Escalante, la sufrida madre del muchacho ciego (Rafael López) y su hermana Louisa (Pilar Seurat). Luis Arroyo hace de Zorro, el líder de la pandilla, y Pérez aparece como Roberto Escalante. La película fue filmada en el exterior del Harlem hispano en la ciudad de Nueva York, donde Lancaster creció. Era una área predominantemente italiana durante la juventud de Lancaster, pero cuando la cinta fue hecha, el área alrededor de las avenidas Primera y Pleasant, era todo lo que quedaba del área italiana, con los puertorriqueños que habitaban el área desde la Segunda avenida hasta la Quinta.

Zandy's Bride (1974, Warner Bros.)

La novia de Zandy

DIRECTOR: Jan Troell
GUIÓN: Marc Norman, basado en la novela *The Stranger*, de Lillian Bos Ross
PRODUCTOR: Harvey Matofsky
ELENCO: Gene Hackman, Liv Ullmann, Susan Tyrrell, Joe Santos, Fabian Gregory Córdova

Zandy (Hackman) es un hombre de la frontera quien manda a buscar una novia, Hannah (Ullmann), a través del correo. La película es la historia de dos personas muy diferentes, que tratan de hacer unir sus vidas en el duro ambiente del oeste, en Monterrey, California, en los años 1860. Zandy echa una cana al aire en una parrillada, cuando se deja seducir por la celosa y ardiente María Córdova (Tyrrell). Santos hace del ranchero español llamado Frank Gallo. El filme fue dirigido por el cineasta sueco, Jan Troell, quien ganó prestigio por The Emigrant Saga, que incluye *The Emigrants* (1971) y su secuela, *The New Land* (1972).

"Susan Tyrrell personifica la fogosa María Córdova, una audaz muchacha a quien Zandy rechaza, pero uno no puede dejar de pensar por qué [María] no fue interpretada por una actriz chicana", Kevin Thomas, *Los Angeles Times* (6/26/74).

Zoot Suit (1981, Universal)

DIRECTOR: Luis Valdéz
GUIÓN: Luis Valdéz, basado en su obra teatral
PRODUCTOR: Peter Burrell, Kenneth Brecher y William P. Wingate
ELENCO: Edward James Olmos, Daniel Valdéz, Rose Portillo, Lupe Ontiveros, Abel Franco, Tyne Daly, Charles Aidman, John Anderson, Mike Gómez, Alma Beltrán, Sal López, Robert Beltrán, Alma Rosa Martínez, Tony Plana

Luis Valdéz fue el primer mexicano-americano o chicano en escribir y dirigir un largometraje respaldado por uno de los importantes estudios, con la adaptación al cine de su éxito teatral, *Zoot Suit*.

El drama musical fue estrenado en 1978, en el Mark Taper Forum de Los Ángeles, y tuvo una enorme acogida entre el público y los críticos, rompiendo todos los récords de taquilla. La presentación fue extendida, y la obra pasó al teatro Aquarius, en Hollywood, donde continuó rompiendo los récords de asistencia de público. Con *Zoot Suit*, Valdéz se convirtió en el primer escritor chicano que vio su trabajo montado en los escenarios de Broadway, cuando la producción pasó al teatro Winter Garden de Nueva York.

Situada en los años 40, *Zoot Suit* es la historia de un grupo de jóvenes mexicano-americanos acusados falsamente de asesinar a otro muchacho en una fiesta en Los Ángeles. Basado en hechos reales, la historia cuenta de nuevo los sucesos del asesinato ocurrido en Sleepy Lagoon, y los disturbios que tuvieron lugar en 1942 y 1943 (*zoot suits* era un estilo de ropa de hombre que fue muy popular en todo el país, entre la juventud mexicano-americana y afroamericana, durante la Segunda Guerra Mundial). El caso del asesinato de Sleepy Lagoon, marca un hito en los anales de la jurisprudencia americana, porque estableció un precedente en contra de los juicios en masa. El juicio se convirtió en una burla de los tribunales de justicia, en este caso presidido por un juez prejuiciado, quien condenó a doce de los acusados a cadena perpetua en la prisión de San Quintin, a pesar de que no había evidencia conclusiva, ni testigos presenciales, del asesinato. Incitados por el racismo, la crónica amarilla y la histeria de tiempos de guerra, los soldados anglos, estacionados en Los Ángeles, invadieron los barrios bajos del centro, apaleando a todos los mexicanos que usaban un *zoot suit*. La policía no pudo o no quiso parar los disturbios, que se extendieron a otras localidades, y duraron cinco días.

En 1981, Universal Pictures acordó filmar la obra durante un período de catorce días, en el escenario del teatro Aquarium, usando la mayoría del elenco original. El presupuesto era de $2.5 millones.

Edward James Olmos creó de nuevo su premiada y críticamente aclamada interpretación (Los Ángeles Drama Critics Circle Award y una nominación a los Tony), del personaje del Pachuco para la pantalla de plata. El Pachuco, blandiendo una gigantesca navaja automática, corta las páginas de los titulares de la prensa ampliados que en efecto penetran en los estereotipos, usando una de las imágenes más potentes. Olmos se mueve y camina con gracia controlada, como el definitivo Pachuco que simboliza el orgullo mexicano, así como a un elemento más amenazante. Con el chasquido de los dedos, el Pachuco lleva la película de un suceso a otro, ofreciendo un comentario ladino, ocurrente y perspicaz sobre la grave situación de los mexicano-americanos.

La acción se centra alrededor de Henry Reyna (interpretado por Daniel Valdéz), el líder de los jóvenes, su familia, sus seguidores y sus novias, y la gente con la que él se pone en contacto, durante su arresto y juicio. El drama está bañado en los panoramas y sonidos del folclore americano durante la Segunda Guerra Mundial, como el de las grandes orquestas de Glenn Miller y Harry James, las banderas que el patriotismo hace agitar al viento, los bailes del jitterbug y el swing y los hombres uniformados.

Zoot Suit combina hábilmente técnicas cinematográficas, como cortar dentro del movimiento y el sonido, y hace un filme radicalmente innovador de una obra teatral, que unas veces resulta bueno y otras veces no. A través de la historia de los cuatro chicanos, narra las tensiones raciales y los disturbios que acosaron a Los Ángeles durante la Segunda Guerra Mundial. Como es un musical, sin embargo, mezcla algunos sucesos sombríos con un espíritu exaltado y conmemorativo. Fue durante la era del *zoot suit* que los mexicano-americanos reconocieron por primera vez su herencia cultural, y mostraron orgullo en su identidad. Algo de la música y las canciones de la obra y la cinta fueron contribución de Valdéz y Lalo Guerrero.

Valdéz explica el desarrollo de *Zoot Suit* de esta manera: "*Zoot Suit* es [una] obra extremadamente política y espiritual, que nunca fue entendida. La gente pensó que era sobre delincuentes juveniles, y que yo situaba al Pachuco en

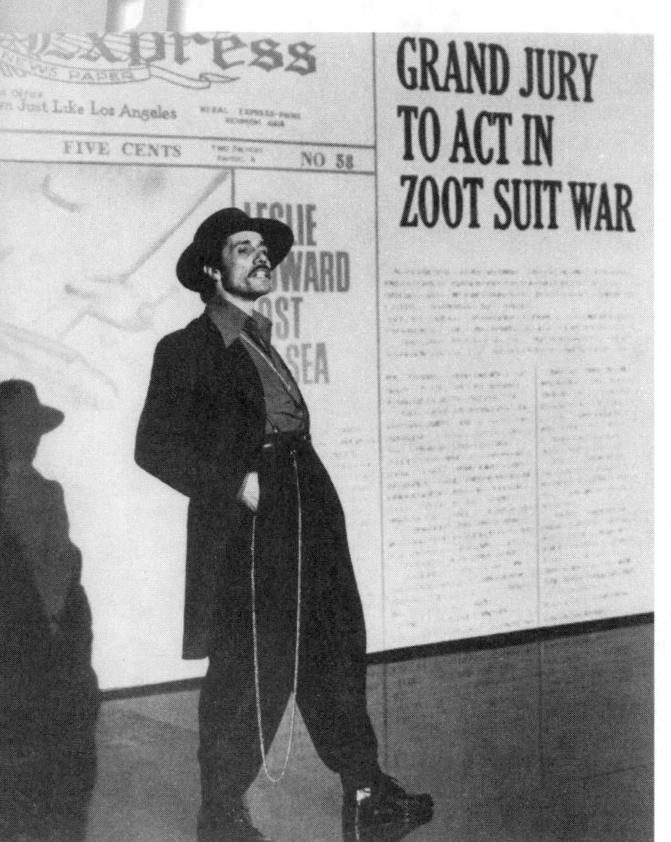

Edward James Olmos es El Pachuco en un traje zoot en el filme de Luis Valdéz, *Zoot Suit*, la primera película con el apoyo de un estudio de cine que fue escrita y dirigida por mexicano-americanos.

escena simplemente por sarcasmo. Pero el joven, Henry Reyna, obtiene su liberación al ponerse en contacto con su autoridad interna. El Pachuco es la imagen propia del jungiano, el super-ego, si se me permite, el poder que está dentro de cada individuo, más grande que institución alguna. El Pachuco dice, 'Se necesitará más que la armada de los Estados Unidos para vencerme [refiriéndose a los marineros cuando arrancaban la ropa a los que llevaban los trajes Zoot de los años 40], a mí me importa [un pito] lo que me hagan, tú... toma [esto]... escóndete de mí y eso me reafirma en mi disfraz.'

"El hecho que los críticos no aceptaran el disfraz, fue muy lamentable, pero no cambia la naturaleza de lo que trata la obra. Es la salvación del individuo. Y puedes seguir al guionista a través de la historia. Yo también fui uno de esos dos tipos. Con *Zoot Suit* pude trascender finalmente las condiciones sociales, y la manera como lo hice en el escenario, fue dando al Pachuco poder absoluto, como si fuera el maestro de ceremonias. Él podía chasquear los dedos y parar la acción. Era un instrumento brechtiano que permitía al argumento ir hacia delante, pero física y simbólicamente, de la manera correcta. Los chicanos lo absorbieron. Es por eso que medio millón de personas acudieron a ver la obra en Los Ángeles, porque yo había devuelto su religión a la gente carente de todo privilegio. Vestí al Pachuco en los colores de Testatipoka, el dios Azteca de la educación, el decano de la escuela de los golpes duros. Hay otro dios de la cultura, Quetzalcoatl, la serpiente de cuero, que es mucho más considerada. Ella reaparece en *La Bamba*, en la figura de Ritchie Valens. Él es un artista y poeta, es gentil, y no tiene miedo alguno. Cuando el público ve *La Bamba*, su espíritu positivo agrada. El Pachuco es un poco más difícil de aceptar. Pero éstas son evoluciones".

"Drama musical de aclaración y reto, que recorre toda la gama, desde la tragedia griega, hasta llegar a *West Side Story*", Mark Kane, *Film Journal* (1/16/82).

LA TELEVISIÓN / INTRODUCCIÓN

A simple vista parece que los hispanos han estado tan poco representados como los afroamericanos y otras minorías en los canales de televisión. Nombres típicos como Ricky Ricardo, el Cisco Kid, Zorro o José Jiménez son recordados fácilmente, pero es difícil acordarse de otros apelativos o modelos de conducta. Esta es una conclusión engañosa, sin embargo, porque han entrado en nuestras casas y en nuestras vidas a través de la televisión más hispanos de los que quizás hayamos podido darnos cuenta.

Por ejemplo, ahí estaban Henry Darrow y Linda Cristal en *The High Chaparral* (1967–1971), Elena Verdugo en *Marcus Welby, M.D.* (1969–1976) al final de los años 60 y comienzos de los 70 y también Freddie Prinze en *Chico and the Man* (1974–1978), aunque este último no fuera una imagen hispana extremadamente positiva. En época más reciente, el talentoso John Leguizamo obtuvo un enorme triunfo con sus tres programas especiales para HBO, cada uno adaptado de su espectáculo de Broadway hecho en solitario.

Como ha sucedido en numerosas series exitosas de afroamericanos, muchos de los primeros logros de la televisión hispana estaban centrados en imágenes cómicas dentro de un marco americano. Es solamente en los años 80 y comienzos de los 90—con programas como *Miami Vice* (1984–1989),

L.A. Law (1986–1994), y más tarde *NYPD Blue* (1993–) y *Chicago Hope* (1994–2000) particularmente– que ha ocurrido alguna mejoría en el formato dramático, si bien únicamente en los roles secundarios, como el del Teniente Castillo a cargo de Edward James Olmos; o con Jimmy Smits en el rol de Víctor Sifuentes, dinámico abogado de Los Ángeles, y más tarde como el detective Bobby Simone, de *NYPD Blue.* Héctor Elizondo como el Dr. Philip Watters, el abrumado Jefe de Personal del hospital de *Chicago Hope*, es otro ejemplo, como también lo es, aunque de menor importancia, René Enríquez, que aparecía como el atribulado segundo jefe de la policía, Teniente Calletano, en el valiente programa sobre los barrios deprimidos del área metropolitana de la ciudad, titulado *Hill Street Blues* (1981–1987).

Chips (1978–1983), que tenía a Erik Estrada como un policía de la Patrulla de Caminos de California, fue una excepción, porque con el jovial estilo combativo predominante en el sur de California, estos episodios no pueden situarse ni como comedia ni como drama cómodamente.

Pero si miramos más de cerca, uno encuentra que una cantidad sorprendente de talentos hispanoamericanos ha estado trabajando en la televisión americana constantemente, tanto enfrente de la cámara como detrás de ella. Sin embargo, a pesar de que los hispanos han aparecido en varias series desde que comenzó la televisión, ha habido muy pocos vehículos compulsivos de estrellas o caracteres hispanos. Muchos de los programas que presentaban personajes hispanos no duraron mucho, y las caracterizaciones resultaban muy poco logradas o eran simplemente poco populares con el público.

La primera presencia hispana de importancia en la televisión americana fue, sin duda, Desi Arnaz, como Ricky Ricardo, en *I Love Lucy* (1952–1957). Aunque el *Cisco Kid* (1950–1955) fue anterior a *I Love Lucy*, llegó a la televisión como resultado del éxito obtenido por ser una de las primeras películas del oeste que había sido exhibida en la matinée de los sábados, transformada al nuevo medio. *I Love Lucy*, con Arnaz como el esposo de Lucy, resultó ser un concepto contemporáneo único que no había sido ensayado antes. Arnaz no era solamente el actor, sino también el productor, y su influencia persiste todavía, aun después de haber transcurrido casi cincuenta años. Por ejemplo, él fue el primero en usar la técnica de tres cámaras para filmar comedias que todavía es usada en el presente. Por filmar *I Love Lucy* y conservar la propiedad de los episodios existentes, Arnaz estaba creando el estándar de la industria para las reposiciones sindicalizadas. A través de la compañía productora Desilú, de la que él era dueño con su entonces esposa Lucille Ball, Arnaz supervisó el desarrollo de las memorables series de televisión *The Untouchables* (1959–1963), *Star Trek* (1966–1969), *Lou Grant* (1977–1982) y otras muchas, además de que un número de los programas de la época eran filmados en los Estudios Desilú.

El músico con el "acento cómico", llamado casi con tolerancia "Cuban Pete" (Pedro el Cubano), probó ser no sólo un actor capacitado, sino también un astuto hombre de negocios. Arnaz continuó la serie original de *I Love Lucy,* con *The Lucy-Desi Comedy Hour* (1957-1960), que cesaría de producir el mismo año que Fidel Castro se apoderó de Cuba, coincidiendo con el año que Lucy y Desi, la pareja cómica favorita de América, decidió divorciarse. Dos años después, Castro se declaró comunista; de repente, la imagen del simpático, amistoso y romántico revolucionario cubano se convirtió en la de un feroz barbudo, fumador de puros y comunista rabioso. En unas pocas horas, la figura del hispano en televisión quedaría transformada por los noticieros de la noche.

Lucille Ball y Desi Arnaz en *I Love Lucy.*

Los medios de comunicación americanos bombardearon las ondas televisadas con imágenes del dictador y sus guerrilleros antiamericanos, y constantes alusiones al fracaso de la invasión de Bahía de Cochinos. El público se horrorizó ante el prospecto de una tercera guerra mundial, esta vez nuclear, durante la crisis cubana de los misiles. Las llamadas "repúblicas bananeras", con dictadores revolucionarios o militares, que lucían en su mayoría barbas como la de Castro y uniformes militares de faena o las estampas de generalísimos pulcros, se convertirían en un retrato constante en los programas de acción. Desde *Twilight Zone* (1959-1965), hasta *I Spy* (1965-1968), y de *Hart to Hart* (1979-1984) a *The A-Team* (1983-1987) y *MacGyver* (1985-1992), el cómico payaso con acento del sur de la frontera se había vuelto terriblemente peligroso.

Durante los años 50, Duncan Renaldo, como el Cisco Kid, y Leo Carrillo, como Pancho, su compinche, siguieron el molde del tradicional héroe del oeste. Unos 156 episodios de media hora fueron filmados en color entre 1950 y 1955. Vistiendo sus respectivos disfraces en incontables apariciones, Renaldo y Carrillo llevaron la magia del vaquero latino como héroe a los pequeños pueblos de América, igualmente que a los grandes. A fines de 1960, los activistas chicanos consideraron excesiva la interpretación abufonada de Carrillo como Pancho, y la serie fue suprimida de los programas sindicalizados durante muchos años, principalmente en los estados del suroeste del país.

Al final de la década de los 50, cuando existía una preponderancia de series de vaqueros del oeste, como *Wagon Train* (1957–1965), *Gunsmoke* (1955–1975), *Maverick* (1957–1962), *Cheyenne* (1955–1963) y *Bonanza* (1959–1973), los hispanos eran caracterizados en la trama como bandidos de serie, personas coléricas o peones, aunque fueran o no interpretados por hispanos. Cuando los estudios más importantes comenzaron a dejar sin trabajo a muchas de las estrellas y actores bajo contrato en los años 1950, la televisión representó una manera de escapar de la rígida clasificación que habían sufrido muchos de ellos mientras sus contratos estuvieron en vigor.

Ricardo Montalbán, Fernando Lamas y Rita Moreno trabajaban todos regularmente en televisión durante los años 50 en una variedad más amplia de papeles que los que habían encontrado en las cintas fílmicas. En una entrevista publicada en la Guía de televisión (enero 24 de 1970), Montalbán dijo, "Debo a la televisión haberme liberado de la esclavitud de la imagen del amante latino. La televisión llegó y me facilitó muchos papeles sobre los que pude rumiar. Me dio alas como actor". Sus créditos televisivos incluyen una variedad de papeles en series añejas, tales como *Playhouse 90* (1956–1961), *Climax!* (1954–1958), *Wagon Train, Ben Casey* (1961–1966), *Star Trek* y *Fantasy Island* (1978–1984).

Las mujeres hispanas han sido a veces relegadas a aparecer como distintas versiones de la corpulenta mamacita, la sexual apasionada, la sufrida madre o la dulce novia. La imagen de la mujer latina, fuerte, independiente y atractiva, fue memorablemente representada en dos series de televisión por Linda Cristal, como Victoria Cannon, en *The High Chaparral*, y por Elena Verdugo, como la enfermera Consuelo, en *Marcus Welby, M.D.*

Aunque estas dos figuras estaban subordinadas a hombres anglos (Victoria estaba casada con John Cannon y la enfermera Consuelo trabajaba bajo las órdenes del Dr. Welby) esto tenía tanto que ver con la manera que las mujeres eran presentadas en televisión en general, como con lo que los productores pensaban que el público "aceptaría". Estos personajes fueron tan suficientemente desarrollados a través de las series, que se hizo posible darles cierta dimensión y control sobre los sucesos en muchas parte de la historia. En ocasiones, uno podía reírse de sus ardientes temperamentos cuando entraban en frustradas diatribas en un español rápido (algo parecido a lo que Ricky Ricardo solía hacer una década antes, cuando se desesperaba con las payasadas de Lucy), pero eran presentadas con dignidad y con una aceptación generalmente implícita de igualdad en lo referente al sexo y a sus respectivos orígenes que resultaba muy refrescante. Ellas eran, en otras palabras, tan buenas como los anglos de la trama y esto era un reflejo del fructuoso impacto del movimiento de los derechos civiles y del de los derechos de la mujer, en 1960 y 1970.

A partir de la serie policíaca *Dragnet* (1952–1959), los hispanos comenzaron a ser reconocidos como parte de una población urbana moderna. Uno de los compañeros detectives del Sargento Friday (personificado por Jack Webb), era un mexicano-americano. *Naked City* (1958–1963), una serie policíaca filmada en los exteriores de la ciudad de Nueva York, así como *East Side/West Side* (1963–1964), que trataba sobre trabajadores sociales y también fue rodada en Nueva York, presentaron unos cuantos episodios referentes a puertorriqueños.

Sin embargo, otra imagen comenzaba a traslucir en los programas de los 70, como *Baretta* (1975–1978), *Kojak* (1973–1978), *Starsky & Hutch* (1975–1979), *Police Story* (1973–1977), y los de 1980, como *Hill Street Blues* (1981–1987), *T.J. Hooker* (1982–1986) y *Hunter* (1984–1991). En esta imagen, los hispanos eran definidos como una clase baja, habitantes de un gueto empobrecido, incapaces e indispuestos a comunicarse en el inglés correcto, cuyas vidas estaban dominadas por las drogas, la violencia de las pandillas y extremas crisis familiares. Un desfile virtual de sirvientas, prostitutas, maleantes, pandilleros y sus sufridas mamacitas y amiguitas, ha sido la predominante imagen contemporánea del hispano, según se ha presentado en la televisión americana.

En 1969 fue fundada Nosotros, una organización hispanoamericana de actores, dedicada a mejorar la figura, tanto de los hispanoamericanos, como la de los hispanoparlantes en los medios publicitarios. (Sobre Nosotros se comenta ampliamente en la introducción de la sección del Cine de este libro). Las protestas de la comunidad le dieron un enfoque al nivel nacional a la preponderancia de los estereotipos hispanos negativos vistos en los medios de comunicación, y pequeños, pero significantes cambios comenzaron a tener lugar.

Las películas hechas para la televisión que tratan de caracteres hispanos, han sido relativamente pocas, comparadas con el número total que se hace cada año. Ahora, después de casi treinta años, la película de televisión se ha convertido en un producto básico en la programación de la red de emisoras. Todas las emisoras y varias otras estaciones del cable, como son Lifetime, USA, Showtime y HBO, producen un promedio de 150 películas al año hechas especialmente para ese medio.

Probablemente las cintas fílmicas de televisión más significativas en que intervienen hispanos, son aquellas que han sido producidas por el hispano Antonio Calderón para NBC, que incluyen *The Deadly Tower* (1975) y *Three Hundred Miles for Stephanie* (1981). A excepción de las dos miniseries de *Drug Wars* (1990 y 1992), no ha habido todavía ni una sola miniserie dedicada a la experiencia hispanoamericana. Mientras tanto, hay varias series encauzadas hacia los afro-americanos (e.g: *Roots* [1977], *The Autobiography of Miss Jane Pittman* [1974], etc.) y un número de "películas de la semana" acerca de la experiencia asiática-americana (i.e: *Farewell to Manzanar* [1976], *Kung Fu* [1972], *Kung Fu: The Legend Continues* [1992]).

Los hispanos continúan apareciendo en roles en los que no son percibidos como tales; ése es el caso de Joe Santos, el policía amigo del investigador espe-

Ricardo Montalbán es el señor Roarke en *Fantasy Island.*

cial Jim Rockford (James Garner), en *The Rockford Files* (1974–1980); Lynda Carter en *Wonder Woman* (1976–1979); Catherine Bach, como Daisy, en *The Dukes of Hazzard* (1979–1985); y más notablemente, Martin Sheen, como el presidente de los Estados Unidos, en *The West Wing* (1999-). Ricardo Montalbán personificó a un hombre de origen no especificado, el misterioso Mr. Roarke, en *Fantasy Island* (1978–1984). Montalbán ha contribuido a la imagen glamorosa televisiva de los hispanos con su donaire, estilo impecable y una presencia que lo llevaría a desempeñar el rol del millonario playboy Zach Powers en *The Colbys* (1985–1987), un programa derivado de *Dynasty* (1981–1989).

Montalbán ganó un premio Emmy por su caracterización de un jefe indio Cheyenne, en la miniserie, *How the West Was Won* (1978), y encontró fama imperecedera hacia el final de su carrera como el genio archivillano de la cinta *Star Trek: The Wrath of Khan* (1982), repitiendo un papel que él había creado originalmente en la televisión en los años 1960 para la serie original de *Star Trek.*

Rita Moreno recibió un premio Emmy por la caracterización de una prostituta polaca en un episodio de *The Rockford Files.* El niño actor Brandon Cruz hizo el papel de Eddie en la popular pero corta serie *The Courtship of Eddie's Father* (1969–1972), al lado de Bill Bixby que hacía de un padre soltero. Alfonso Ribeiro, que llegó a la televisión por la vía de Broadway como un niño estrella de la danza, es dominicano-americano y ha desempeñado personajes afroamericanos en series como *Silver Spoons* (1982–1987) y *The Fresh Prince of Bel Air* (1990–1996).

Enrique Castillo, un joven actor mexicano-americano, fue invitado a aparecer en un episodio de *The Waltons* (1972–1981), como el Sargento Eddie Ramírez, héroe de la Segunda Guerra Mundial, quien tiene un breve amorío con Mary Ellen, cuando él trae al hogar la Medalla de Valor del fallecido esposo.

Tour of Duty (1987–1990), fue el único programa que consistentemente reconocía la participación hispanoamericana en los conflictos armados de la nación —en este caso, Vietnam— a través del personaje de Ruiz, un puertorriqueño de Nueva York.

Como ha sido mencionado con anterioridad, los actores hispanos tuvieron cortas intervenciones como invitados en programas que mencionaban brevemente la participación hispanoamericana, pasando de los programas *Combat* (1962–1967) y *The Gallant Men* (1962–1963) que trataban de la Segunda Guerra Mundial, al escenario de la guerra de Corea en *M*A*S*H* (1972–1983) y a *China Beach* (1986–1991), en la era de la guerra de Vietnam.

En la televisión diurna, A Martínez atrajo una enorme cantidad de admiradores con su papel de Cruz Castillo, en la telenovela *Santa Barbara* (1984–1992). Ganó en 1990 un premio Emmy como Mejor Actor en una Serie Dramática de la programación diurna, y Henry Darrow ganó el Emmy de la televisión diurna como Mejor Actor Secundario por su papel como el padre de Castillo.

Geraldo Rivera, un galardonado reportero de las cadenas de televisión, de posición prominente, anfitrión de la televisión nacional y productor, ha contribuido durante casi treinta años a crear una imagen positiva de los hispanos en el periodismo de los Estados Unidos.

Entre los hispanoamericanas notables que trabajan detrás de la escena, están Claudio Guzmán, más conocido como el productor y director de *I Dream of Jeannie* (1965–1970); Lalo Schifrin, pianista de jazz y compositor de, entre otras piezas, el tema de la serie *Mission: Impossible* (1966–1973); Jaime Rogers, coreógrafo y director de musicales especiales y episodios de la serie *Fame* (1982–1987); y Vincent Gutiérrez, uno de los escritores de *Little House on the Prairie* (1974–1983), de Michael Landon, y de la serie *Highway to Heaven* (1984–1989).

Uno de los episodios más interesantes de *Highway to Heaven*, titulado "La gente de al lado", fue escrito por Gutiérrez. La trama se centraba en un médico hispano que se hace pasar por anglo para mejorar de posición y cómo sus mentiras afectan a los que están más cerca de él.

The Cosby Show (1984–1992), introdujo a muchos personajes hispanos en una variedad de roles, entre los que había médicos, enfermeras, asistentes de servicio social, estudiantes y hasta un padre que vivía alejado de su familia. Algunos de estos caracteres fueron interpretados por artistas tan importantes como Sonia Braga, Tony Orlando y Anthony Quinn. Un episodio en particular, con Tony Orlando que aparecía como un trabajador de la comunidad, se pretendía fuera piloto de la serie, pero ésta no fue adquirida por la estación. Se puede oír a Tito Puente en la banda sonora de las primeras temporadas, tocando el tema musical que abría el programa.

Las series de comedias *227* (1985–1990) y el drama familiar de una hora, *Life Goes On* (1989–1993), trataron sin éxito de introducir a las familias hispanas al nuevo formato establecido para las series. El dramaturgo José Rivera, co-creador de *Eerie, Indiana* (1991–1992), logró llevar su serie al aire, pero ésta no fue escogida para una segunda temporada.

Tony Orlando fue la estrella de una variedad musical en CBS, en los años 70, y José Feliciano trabajó en varios especiales de música en NBC, cuando estaba en la cúspide de su popularidad, a fines de los años 60 y principios de los 70. Feliciano interpretó también la canción tema de la serie *Chico and the Man* (1974–1978).

Dolores Del Río y César Romero fueron los anfitriones de un especial sobre México en la mediania de los años 1960, al igual que lo fueron Ricardo Montalbán, Gilberto Roland y Janet Blair, en el especial "Fiesta Mexicana", de *The Chevy Show*, en 1960. Los episodios de la popular serie *Madigan* (1972–1973), y muchas de las "películas semanales" de Columbo, fueron filmados en la Ciudad de México a principios de los años 70, con un reparto predominantemente latino.

Por muchos años, las series de la televisión episódica siempre tenían, al menos, un episodio que presentaba al protagonista anglo en un entorno latino, que igual podía ser los Estados Unidos que cualquier otro país. En *The Fugitive* (1963–1967), el Dr. Kimble fue escondido con algunos granjeros mexicanos; en un episodio de las series del oeste *The Rifleman* (1958–1963), un pistolero mexicano y su pandilla se apoderan de un pueblo. Un episodio de *Ironside* (1967–1975) reflejaba la inquietud social existente en los barrios de los estudiantes chicanos activistas de 1970; Buddy Ebsen, en *Barnaby Jones* (1973–1980), ayuda a un anciano policía chicano involucrado en actividades ilegales, quien está dispuesto a vengarse de los que asesinaron a su hijo. En *Medical Center* (1969–1976), los galenos tuvieron que enfrentarse a un curandero mexicano, a cargo de Gilbert Roland. Más recientemente, *Beverly Hills, 90210* (1990–2000), ofreció un episodio en el cual una adolescente mexicano-americana se presenta en Beverly Hills High. Resulta que ella ha abandonado su casa de Pomona, a la que estaba confinada, para ir al lado este de Los Ángeles, por estar en un programa de protección de testigos. Allí atrae la atención amorosa de uno de los jóvenes anglos en una historia intercultural de amor escrita con madurez y sensibilidad.

Ya en los años 80 y en los 90, mientras el número de personajes hispanos parecía disminuir (con algunas notables excepciones), los actores hispanos, contradictoriamente, aparecen en más roles principales positivos convencionales. Al mismo tiempo, irónicamente, ha disminuido el número de actores y actrices latinas en papeles secundarios. Los mejores ejemplos de actores hispanos en roles principales, como se ha mencionado anteriormente, son Jimmy Smits, en su interpretación del abogado Víctor Sifuentes, en *L.A. Law*, que le mereció un galardón Emmy, y más tarde como el Detective Bobby Simone, en *NYPD Blue*; Edward James Olmos, que también ganaría un Emmy por su caracterización como el brusco y práctico Teniente Castillo, en la serie de vanguardia *Miami Vice* (1984–1989); Jon Seda, como un detective de la muy alabada serie *Homi-*

cide: Life on the Street (1993–1999); Héctor Elizondo como el Dr. Phillip Watters, Jefe de Personal de *Chicago Hope*; Martin Sheen como el presidente de los Estados Unidos, en *The West Wing*; y Cheech Marín en *Nash Bridges* (1996–). Mientras tanto, Robert Beltrán y Roxann Dawson fueron los primeros latinos en las series de ciencia-ficción, *Star Trek: Voyager* (1995–1999), en llegar a donde nadie había llegado antes; Leonor Varela desempeñó en la serie de ABC, *Cleopatra* (1999), el rol de una de las más poderosas y bellas mujeres de la historia, y John Leguizamo ganó un premio Emmy cuando HBO llevó al aire su programa en solitario titulado *Freak* (1999).

Quizás la serie más tajante y avanzada de todas, por más que no parece haber llegado al conocimiento de la crítica, ha sido *Law & Order* (1990–), un drama hip-hop original policiaco de Dick Wolf, *New York Undercover* (1994–1998), en la novata cadena Fox, que presentaba al latino Michael DeLorenzo en el papel de Eddie Torres, y a la afroamericana Malik Yoba, como su compañera. En el programa también aparecían Lauren Vélez como la detective latina, Nina Morena, y José Pérez, como el padre músico y antiguo adicto a las drogas, que ahora sufre de SIDA. El programa tuvo el impacto deseado sobre la cultura de la juventud urbana, además de traer a la televisión potentes caracteres puertorriqueños muy bien logrados.

Cuando ABC, CBS, NBC y Fox anunciaron su programación para el otoño de 1999, ninguna minoría estaba representada en papeles principales de los nuevos programas, y las organizaciones que simbolizaban los latinos, asiático-americanos, afroamericanos e indios, se unieron. Como respuesta, en septiembre de 1999, dieciséis grupos minoritarios de derechos civiles y de arte se unieron bajo una organización que les serviría de amparo, y pidieron no sintonizar a las cuatro principales cadenas de emisión.

Los efectos combinados de este nuevo grupo de cabildeo y las noticias favorables a sus esfuerzos reportadas por la prensa, motivó que las cadenas respondieran añadiendo personajes minoritarios a muchos de los programas del otoño, aunque en roles de menor importancia. Al menos eso creó una presencia hispana ante el público y dio trabajo a un número de artistas latinos.

Desi Arnaz llegó a la televisión en 1951, y más de cincuenta años después, todavía no hay ninguna cadena que presente programas en donde aparezca un hispanoamericano en un rol estelar o en uno que gire alrededor de una familia hispana, a pesar de que la población hispanohablante de los Estados Unidos se estima pasa de los 30 millones (una población igual a la de todo Canadá) y continúa creciendo.

En la próxima sección, las partidas aparecen en orden alfabético, con créditos generales e información sobre las series orientadas hacia los hispanos que aparecen en las cadenas principales y la televisión de cable de mayor audiencia, que pueden ser consideradas de gran importancia. También se incluyen comentarios, créditos e información sobre las cadenas de mayor audiencia y las miniseries presentadas en cable, así como las películas hechas especialmente para la televisión o programas especiales que reflejan la experiencia hispana. Los artistas hispanos que han desempeñado personajes que no son hispanos en episodios de series televisadas, no aparecen en la lista. Algunos ya han sido mencionados en esta introducción (ej.: Lynda Carter en *Wonder Woman*, las varias caracterizaciones de Martin Sheen como John F. Kennedy y otros roles y Catherine Bach como Daisy en *The Dukes of Hazzard*). No hay tampoco una clasificación de episodios individuales en las series que, de tiempo en tiempo, han presentado un argumento de temática hispana o los personajes han aparecido solamente como invitados.

LOS HISPANOAMERICANOS EN LAS CADENAS DE TELEVISIÓN AMERICANA

Esta sección enfoca la manera como las imágenes y talentos de los hispanoamericanos han sido presentados en las cadenas de la televisión americana, desde 1951 hasta el año 2000: La American Broadcasting Company (ABC), la Columbia Broadcasting System (CBS), National Broadcasting Company (NBC), Fox Broadcasting Company (FOX), el canal de la Warner Bros. (WB) y la cadena United Paramount (UPN). De 1949 a 1956, hubo una cuarta estación de televisión de poco alcance que operaba bajo el nombre de Cadena Dumont. La programación de la televisión de cable también aparece aquí, incluyendo HBO, TNT y Showtime, igualmente que la no comercializada Public Broadcasting System (PBS).

Series de televisión

Air America (1998, Sindicalizada)

ELENCO: Lorenzo Lamas

Lorenzo Lamas trabaja como un agente del gobierno que dirige un compañía privada de servicio aéreo en un país similar a Costa Rica, en América Central.

A.E.S. Hudson Street (1978, ABC)

ELENCO: Gregory Sierra, Rosana Soto

En esta comedia de media hora de duración de corta vida, Sierra aparece como el Dr. Tony Menzies, quien trabaja en un pabellón de emergencia de un hospital de Nueva York, en el lado bajo del este de la ciudad.

A.K.A. Pablo (1984, ABC)

ELENCO: Paul Rodríguez, Katy Jurado, Héctor Elizondo, Maria Richwine

La oportunidad de un joven comediante con dificultades de ser la estrella de su propio programa de televisión, deleita a su extensa familia mexicana, pero produce un choque dramático con su orgulloso padre, que no está de acuerdo con el estilo de vida del hijo.

Esta comedia de media hora, creada por Norman Lear y Rick Mitz, refleja todos los estereotipos conocidos en su historia de una familia hispana de diecisiete miembros, que viven juntos en la misma casa. El programa fue creado para servir de plataforma a Paul Rodríguez, quien había sido descubierto por Lear. No duró mucho tiempo en el aire, pero sí logró introducir a muchos artistas hispanos. El actor Héctor Elizondo hizo su debut como director en un episodio de la serie.

Acapulco (1961, NBC)

ELENCO: Ralph Taeger, James Coburn, Telly Savalas

Este programa de media hora, fue transmitido solamente durante cuatro semanas. Dos veteranos de la guerra de Corea se hacen cargo de proteger a un abogado criminólogo, quien ahora reside en el soleado Acapulco. Es muy similar a *Magnum, P.I.*, un exitoso programa posterior.

The Addams Family (1964–1966, ABC)

ELENCO: Carolyn Jones, John Astin, Jackie Coogan

Basado en un pícaro y sombrío cómic de Charles Addams, publicado en la revista *The New Yorker* desde los años 1930. El programa fue convertido por David Levy, productor ejecutivo y creador, en un extravagante y estrafalario espectáculo cómico para toda la familia. John Astin interpreta a Gómez Addams, el intrépido y romántico trigueño que tiene un nombre hispano. En 1991, los personajes fueron convertidos a una cinta fílmica de gran éxito, *The Addams Family,* con Raúl Juliá como Gómez. (*Ver* la lista de las películas).

The Adventures of Kit Carson (1951–1955, Sindicalizado)

ELENCO: Bill Williams, Don "El Toro" Diamond

Don Diamond, un nativo de Brooklyn, fue el secuaz mexicano de Kit.

All in the Family (1971–1980, CBS)

ELENCO: Carroll O'Connor, Jean Stapleton, Rob Reiner, Sally Struthers

Normal Lear desarrolló *All in the Family* de un guión de Johnny Speight, sobre la exitosa comedia inglesa, *Till Death Do Us Part* (1966–1974), y cambió el curso de la historia de la televisión por su dura y despiadada mirada a un fanático de la clase media, Archie Bunker (O'Connor). Archie desprecia a todos los grupos minoritarios, y dice en alta voz lo que otros que sienten como él sólo se atreven a pensar de los estereotipos étnicos negativos. En la temporada de 1976–1977, Archie pierde el empleo temporalmente, y los Bunker se ven obligados a aceptar una inquilina puertorriqueña, Teresa Betancourt, interpretada por Liz Torres. Cuando el programa cambió el formato para *Archie Bunker's Place* (1979–1980), después que la sufrida esposa de Archie, Edith (Stapleton) desapareció del programa, Abraham Álvarez se unió al reparto como José, un ayudante de camareros puertorriqueño.

America's Funniest Home Videos (1990–, ABC)

En 1998, Daisy Fuentes se convirtió en maestra de ceremonias de la popular serie, que presenta videos caseros enviados por los televidentes de todo el país.

Amigo (1959, MGM-TV)

ELENCO: Gilbert Roland

Este filme de prueba tiene a Gilbert Roland de estrella, como el detective de la policía, Johnny Domingo, quien lucha contra el crimen en el área fronteriza de El Paso–Juárez.

The A-Team (1983–1987, NBC)

ELENCO: George Peppard, Dirk Benedict, Mr. T., Dwight Schultz

Una serie de episodios de una hora de duración, creada por Frank Lupo y Stephen J. Cannell, llena de acción, explosiones y escapatorias casi mortales. Hannibal Smith y tres compañeros huyen de una prisión militar, poco antes del fin de la guerra de Vietnam. De vuelta en los Estados Unidos, bajo identidades falsas, forman un team, y por un precio están dispuestos a hacerse cargo de cualquier misión. En su última temporada, Eddie Vélez formó parte del elenco como Frankie Santana, un experto en demoliciones.

At Ease (1983, ABC)

ELENCO: David Naughton, Jimmie Walker, John Vargas

Esta comedia sobre el ejército en tiempos de paz en la que John Vargas hacía el papel de Cardinel, duró solamente unos pocos meses.

Baywatch (1987, Sindicalizada)

ELENCO: David Hasselhoff, Pamela Anderson, Yasmine Bleeth

El programa más popular del mundo entre los sindicalizados, tiene temas que giran alrededor de las vidas, amoríos y aventuras de un grupo de salvavidas de Santa Mónica, California. José Solano se unió en 1996 al reparto de la serie como el salvavidas Manny Gutiérrez, por dos temporadas.

B.L. Stryker (1989–1990, ABC)

ELENCO: Burt Reynolds, Rita Moreno, Ossie Davis

Este episodio de dos horas de duración, presenta a un detective privado, ahora retirado del departamento de la policía de Nueva Orleáns, quien vive en una casa-bote de Palm Beach, Florida. Rita Moreno trabaja como Kimberly Baskin, la extravagante ex esposa de Stryker.

BAKERSFIELD P.D. (1993, FOX)

ELENCO: Giancarlo Esposito, Brian Doyle-Murray, Tony Plana, Jack Hallett, Chris Mulkey, Ron Eldard

Esta serie gira alrededor de miembros del departamento de la policía de Bakersfield, California, y tiene a Tony Plana como el policía Luke Ramírez.

BARNEY MILLER (1975–1982, ABC)

ELENCO: Hal Linden, Jack Soo, Ron Glass, Abe Vigoda

En esta larga serie de conjunto, de episodios cómicos de media hora que suceden en una estación de policía de Nueva York. Linden es Barney Miller, el capitán del precinto. Gregory Sierra aparece como Chano, un detective puertorriqueño. La serie fue creada por Danny Arnold y Theodore J. Flicker.

Bill Dana en su memorable caracterización cómica de José Jiménez en *The Bill Dana Show.*

BAY CITY BLUES (1983, NBC)

ELENCO: Michael Nouri, Bernie Casey, Dennis Franz

Esta serie de una hora de duración de Steven Bochco, creador de *Hill Street Blues* (1981–1987), trata de los éxitos y fracasos de un team de pelota de liga menor. Salió al aire por solamente dos meses (octubre y noviembre), antes que la emisora la cancelara. Marco Rodríguez y Eddie Vélez aparecen como miembros del equipo.

BERENGER'S (1985, NBC)

ELENCO: Sam Wanamaker, Ben Murphy

Esta comedia de conjunto sucede en una gran tienda por departamentos. Eddie Vélez actúa como Julio Morales, un diseñador de ropa.

THE BILL DANA SHOW (1963–1965, NBC)

ELENCO: Bill Dana

La caracterización cómica de Bill Dana como José Jiménez un inmigrante que busca el sueño americano, es un cruce entre Chaplin y Cantinflas. En esta serie, él era el botones de un hotel de lujo.

El personaje de José Jiménez nació del chiste de una parodia que Bill Dana escribió para *The Steve Allen Show* (1956–1961). Él escogió el nombre de José Jiménez porque el sonido de la "J" aumentaría el chiste de la parodia, en la cual un latinoamericano está dando una clase sobre cómo ser un Santa Claus y confunde el "Ho, Ho, Ho," por "Jo, Jo, Jo," como se hubiera dicho en español. Dana tenía un buen oído para los dialectos y le pidieron que él mismo representara el personaje. La reacción al personaje, según lo interpreta Dana, fue fenomenal. Dana es un escritor, y si no hubiera aparecido en televisión previamente, muchos pensarían que él era de verdad José Jiménez.

Según Bill Dana, "Había dos caracterizaciones de José Jiménez que surgieron de ahí. La primera es un personaje parecido a Walter Mitty, el astronauta del álbum de los discos que vendieron más de un millón de copias, tanto del álbum como el disco suelto. El segundo es el personaje del *The Danny Thomas Show* (1957–1963), el portero jacarandoso que manejaba el elevador, quien era una persona más real. Un tipo dulce que trata de integrarse a la sociedad americana. Era también una caracterización latina peculiar, no estereotipada, porque hasta ese momento los hispanos eran presentados solamente como jóvenes bailadores de cha-cha-chá, o como bandidos, blandiendo cuchillas automáticas".

El elenco de *The Brothers Garcia* incluye Ada Maris y Carlos LaCámara como los padres, y Jeffrey Licón, Alvin Álvarez, Bobby González y Vaneza Leza Pitynski como los hijos.

José Jiménez es un latinoamericano, pero, a propósito, nunca es identificado con una nacionalidad definida. Los hispanoamericanos asumían que era puertorriqueño, cubano o mexicano-americano, y todo el mundo sentía que era uno de su propia clase.

Después de *The Danny Thomas Show,* José Jiménez tuvo su propio programa, llamado *The Bill Dana Show,* del cual se produjeron cuarenta y dos episodios. La serie duró dos años y medio, comenzando en el otoño de 1963. José Jiménez también apareció como actor principal de varios especiales de televisión. El personaje quedó atrapado en el fuego cruzado del movimiento de los derechos civiles de los años 1960, cuando los activistas políticos encontraron que el personaje era ofensivo, debido a la realidad de los tiempos, y la vena positiva más integral como querían ser percibidos. Los anunciantes se apartaron del personaje de José Jiménez y Dana pasó a escribir y producir la serie televisada, *Get Smart* (1965–1970). Hasta el momento, el personaje continúa siendo favorito del público, y Dana, de vez en cuando, lo trae de nuevo a trabajos en clubes nocturnos y en espectáculos de premios o variedades.

The Brothers Garcia (2000, Nickelodeon)

ELENCO: Ada Maris, Jeffrey Licón, Alvin Álvarez, Carlos LaCámara, Bobby González, Vaneza Leza Pitynski

The Brothers García sigue las vidas de tres activos jóvenes, quienes pelean y hacen chistes mientras, entre aventuras y contratiempos, crecen en un hogar latino de San Antonio, Texas. La narración es de John Leguizamo. Jeff Valdéz funge de productor ejecutivo.

Cade's Country (1971–1972, CBS)

ELENCO: Glenn Ford, Víctor Campos

Esta serie presenta a Ford como el sheriff Sam Cade, del Nuevo México del presente, y a Víctor Campo como Rudy Davillo, su asistente.

Carrascolendas (1972–1977, PBS)

ELENCO: Mike Gómez, Pete Leal

Esta serie bilingüe estaba dirigida a los niños hispanoparlantes en edades entre kindergarten y el segundo grado, para ayudarlos a desarrollar y aumentar su orgullo en la herencia hispana y alentarlos a comprender mejor el idioma inglés.

Cassie and Company (1982, NBC)

ELENCO: Angie Dickinson, A Martínez

Angie Dickinson aparece como Cassie Holland, una investigadora privada quien se hace cargo de una agencia de detectives. A Martínez trabaja como Benny Silva, un tipo "listo" de la calle que administra un gimnasio cercano. La serie fue transmitida entre enero y agosto.

Checking In (1981, CBS)

ELENCO: Marla Gibbs, Liz Torres

En esta comedia Marla Gibbs repite su popular role de Florence Johnston, derivado de *The Jeffersons* (1975–1978), que a su vez proviene de *All in the Family* (1971–1979), donde Gibbs aparece como la ama de llaves de un elegante hotel de Nueva York. Liz Torres es Elena, su eficiente ayudante, quien se contenta con permanecer como la ayudante, siempre que el trabajo le permita poder cuidar de su pequeño hijo. El programa salió al aire durante tres semanas solamente, antes de ser cancelado.

Héctor Elizondo (segundo a la der.) es parte del elenco de la serie de televisión *Chicago Hope*.

The Cheech Show (1988, NBC)

ELENCO: Cheech Marín, Jackée

Marín desarrolló y también trabajó como estrella en este programa de prueba, que no llegó a convertirse en una serie, saliendo al aire una sola vez, como una comedia y especial de variedad musical.

Chicago Hope (1994–2000, CBS)

ELENCO: Héctor Elizondo, Christina Lahti, Mandy Patinkin, Rocky Carroll

Héctor Elizondo ganó un premio Emmy como Actor de Reparto Sobresaliente de una Serie Dramática, por su rol como Dr. Phillip Watters, Jefe de Personal del hospital. Como tal, él tiene la suerte de contar con un equipo de médicos talentosos, pero llenos de problemas personales. Este es un drama de una hora de duración, de las Producciones David E. Kelley.

Chico and the Man (1974–1978 NBC)

ELENCO: Freddie Prinze, Jack Albertson, Scatman Crothers

Esta comedia de media hora de duración, creada por James Komack, y con Freddie Prinze y Jack Albertson como estrellas, fue en realidad otra variante de las comedias al estilo de Archie Bunker. Un joven chicano callejero, del lado este de la ciudad de Los Ángeles, encuentra empleo trabajando en un garaje que es manejado por un viejo anglo lleno de prejuicios. La comedia gira alrededor de las impresiones estereotípicas de muchos de los grupos étnicos que componen los Estados Unidos. Siendo medio puertorriqueño y medio húngaro, Prinze hizo que su etnia fuera el centro de sus chistes. Albertson, un actor bien conocido de la escena y el vodevil, fue Ed, el saleroso viejo dueño del garaje, que resultó ser la pareja ideal para el agalludo chiquillo de la calle. La mezcla de estilos de comedia antiguos y nuevos, demostró ser tan popular que el programa obtuvo un éxito inmediato.

Prinze era definitivamente una figura hispanoamericana. No era un inmigrante y no hablaba el inglés con acento, excepto cuando exageraba para demostrar un punto. Era un americano y logró que los americanos se rieran de sí mismos.

Hubo una pequeña reacción contra la serie cuando grupos de chicanos y mexicano-americanos protestaron de la caracterización de Prinze de chicano. El personaje de Prinze era un mexicano-americano criado en Los Ángeles, pero él se proyectaba como un puertorriqueño de Nueva York, lo que era en realidad. Todavía no era un actor o intérprete suficientemente hábil como para transmitir las sutilezas necesarias que lograrían un Chico real y étnicamente correcto en su caracterización. Al público no parecía importarle o estar enterado, pero los grupos chicanos temían no estar bien representados.

El ascenso meteórico de Prinze como superestrella terminó trágicamente en suicidio, en 1977. El programa continuó después de su muerte con un joven pilluelo de la calle interpretado por Gabriel Melgar reemplazando a Chico, el personaje de Prinze. Pero el recuerdo de Prinze dejó un gran vacío muy difícil de llenar. Varios actores de carácter hispanoamericanos aparecieron en el programa, incluyendo a Danny Núñez, Alma Beltrán, Danny Mora y Tina Menard, con Charo en la temporada final.

CHiPs (1977–1983, NBC)

ELENCO: Erik Estrada, Larry Wilcox

Esta serie sigue las aventuras de dos jóvenes Patrulleros de Autopistas de California, que vigilan en las carreteras a los que conducen con demasiada velocidad. La interpretación desenvuelta y altanera de Frank "Ponch" Poncherello, es una de las mejores y más positivas hechas en la televisión de esa época sobre los hispanoamericanos.

Ponch es parte de la sociedad americana convencional y de la vida. Es joven, bien parecido y muy americano. Muy poco se menciona su herencia hispana. Es un personaje de fantasía que vive rodeado de vehículos rápidos, aventuras, y bellas mujeres. Es también un oficial que impone la ley, dedicado a ayudar a la gente, y como tal, es un modelo de conducta positivo. El 6 de agosto de 1979, Estrada resultó herido en un accidente de motocicleta durante la filmación del episodio que abriría la programación del tercer año de la serie. Sus lesiones fueron usadas en el programa y un doble reprodujo el accidente para las cámaras. Rick Rosner fue el creador de la popular serie de la MGM-TV.

The Cisco Kid (1950–1956, Sindicalizada)

Ver Zorro & the Cisco Kid

City (1990, CBS)

ELENCO: Valerie Harper

En esta serie cómica de media hora, de corta vida, una administradora enérgica de la ciudad (Harper), hace juegos malabares entre el caos del Ayuntamiento de la ciudad, y su vida como una madre soltera. Liz Torres y LuAnne Ponce aparecieron con frecuencia en la serie.

Common Law (1997, ABC)

ELENCO: Greg Giraldo, Gregory Sierra

Una comedia de media hora sobre un graduado de la escuela de leyes de Harvard, quien trabaja en un prestigioso bufete de abogados de Nueva York.

Condo (1983, ABC)

ELENCO: Luis Ávalos, McLean Stevenson, Yvonne Wilder, Julie Carmen, James Victor

Esta comedia de media hora está centrada en una familia hispanoamericana que vive al lado de una familia WASP (blanca, americana, sajona y protestante), en un nuevo edificio de condominios y quiere mejorar socialmente. Hay constantes choques cómicos, basados en los prejuicios raciales y las diferencias culturales entre las dos familias. El cabeza de familia hispanoamericano es Jesse Rodríguez (Ávalos), y el de la WASP, es James Kirkridge (Stevenson). Yvonne Wilder, que hace de la señora Rodríguez, fue una de las bailarinas bajo el nombre de Yvonne Othon, que apareció en la versión fílmica de *West Side Story* (1961). Con la ayuda del maquillaje, el actor James Victor, de cuarenta y tres años de edad, y con gran efectividad, interpreta el papel memorable de un abuelo de setenta años de edad. John Rich dirigió la telenovela original, que fue creada y escrita por Sheldon Bull.

The Cowboys (1974, ABC)

ELENCO: Jim Davis, Diana Douglas

Basado en la película de gran éxito del mismo título, de John Wayne donde siete muchachos sin hogar van a trabajar a un rancho que maneja un viudo. Este programa presenta a muchos de los actores jóvenes que intervinieron en el filme original, incluyendo a Clay O'Brien, Robert Carradine y A Martínez, como Cimarrón, un joven mexicano-americano.

CPO Sharkey (1976–1978, NBC)

ELENCO: Don Rickles, Harrison Page

Esta serie cómica de media hora tiene como estrellas a Don Rickles, como el sargento jefe de la marina, Sharkey, y a Richard Beauchamp, como Rodríguez.

Crime and Punishment (1993, NBC)

ELENCO: Rachel Ticotin, Jon Tenney

Un serie limitada de episodios de una hora, que centra la atención en las vidas profesionales y privadas de los detectives de la policía de Los Angeles, Ken O'Donnell (Tenney), y Annette Rey (Ticotin). Rey es una madre soltera que está criando a una hija adolescente. Situar en igualdad de condiciones a un anglo con una hispana en una serie, y mostrarlos como miembros positivos del cumplimiento de la ley, significó un gran paso hacia caracterizaciones más variadas y redondeadas de los hispanos en la televisión.

Crisis Center (1997, NBC)

ELENCO: Kellie Martin, Matt Roth, Nia Peeples, Dana Ashbrook, Clifton González-González

Un fascinante drama de una hora, situado en el Centro de Asistencia de San Francisco, que presenta a Clifton González-González como el consejero Nando Taylor. Esta fue una serie de corta duración que sirvió de substituto en mitad de temporada.

The D.A. (1971–1972, NBC)

ELENCO: Robert Conrad, Harry Morgan, Ned Romero

Esta serie dramática de programas de media hora, que duró poco en cartelera, presenta a Ned Romero como el investigador Bob Ramírez.

Dangerous Minds (1997, ABC)

ELENCO: Annie Potts, Tamala Jones, Michael Jace, Jenny Gago, Greg Serano, María Costa

Una serie dramática de una hora, basada en el exitoso largometraje de 1995 del mismo nombre, escrita por Ron Bass. *Dangerous Minds* es la historia de Louanne Johnson (Potts), una ex infante de la Marina, quien viene a enseñar inglés a los peligrosos y complicados estudiantes de un programa especial del

Instituto. Jenny Gago es la directora del colegio, la señora Bardales. Entre los alumnos están Gusmaro López (Serano), quien se considera un Casanova, y Blanca Guerrero (Costa), una estudiante más interesada en su guardarropa que en lo que sucede en la clase.

Dallas (1978–1991, CBS)

ELENCO: Larry Hagman, Patrick Duffy, Victoria Principal, Linda Gray, Barbara Bel Geddes, Charlene Tilton, Jim Davis

Dallas salió por vez primera al aire el 2 de abril de 1978, y se convirtió en una institución americana, al contar los anales de la vida personal y profesional de la acaudalada familia Ewing, y el rancho South Fork de Texas, y teniendo como tema principal las luchas entre el despiadado J.R. Ewing (Hagman), y su hermano, el amoroso Bobby Ewing (Duffy). Victoria Principal, en un papel no hispano, es Pamela Ewing, la extranjera de cara impávida, amante esposa de Bobby. La popularidad de *Dallas* transcendió más allá de la frontera doméstica; el programa fue una sensación internacional en más de los cincuenta y seis países donde fue transmitido, trayendo reconocimiento internacional, fama y riquezas a todos los miembros del reparto regular. Después de trece temporadas y un total de 356 episodios filmados, terminó de transmitirse en 1991. Muchas estrellas hispanas de fama que aparecieron en los episodios incluyen a Bárbara Carrera, Mel Ferrer y Henry Darrow.

Dan August (1970–1971, ABC)

ELENCO: Burt Reynolds, Ned Romero

Producida por Quinn Martin, este programa de acción de una hora tiene a Burt Reynolds como estrella, interpretando al detective policiaco Dan August. Ned Romero aparece como el sargento detective José Rivera. La trama se desarrolla en la ciudad ficticia de Santa Luisa, California.

The Danny Thomas Show (1953–1957, ABC; 1957–1964, CBS)

ELENCO: Danny Thomas, Marjorie Lord

En 1960, el personaje de José Jiménez, de Bill Dana, presentado por vez primera en 1959 en *The Steve Allen Show* (1956–1961), fue expandido e incorporado al elenco del *Danny Thomas Show* (llamado originalmente *Make Room for Daddy)*, como un alegre portero y operador del elevador. Jiménez es un latinoamericano que habla muy poco inglés y se enfrenta con cualquier situación tranquilamente, con la ahora legendaria frase, "Mi nombre, José Jiménez". El personaje de José Jiménez fue tan popular que tuvo su propia serie (*The Bill Dana Show* [1963–1965]), y también apareció en especiales de televisión.

DEA—Drug Enforcement Agency (1990–1991, Fox)

ELENCO: Jenny Gago, Tom Mason, Byron Keith Minns, Chris Stanley, David Wohl

Jenny Gago es Teresa Robles —un de los cinco funcionarios de DEA, en guerra contra los narcóticos— en esta violenta serie de episodios de una hora, que duró poco y estaba inspirada en sucesos reales. Pepe Serna tiene un rol secundario como el guardaespaldas de la hija de un personaje del mundo de la droga. También aparecen John Vargas, Miguel Sandoval y Ron Henríquez. El programa, situado en los Estados Unidos y América del Sur, fue creado por Richard Dilello.

Disney Presents The 100 Lives of Black Jack Savage (1991, NBC)

ELENCO: Daniel Hugh-Kelly, Steven Williams, Bert Rosario

En esta serie parte fantasía, comedia y aventura de una hora de duración, Barry Tarberry (Hugh-Kelly), mago de Wall Street y billonario fugitivo, huye a la isla caribeña de San Pietro, donde alquila un antiguo castillo, y allí encuentra un fantasma como compañero de habitación: Black Jack Savage, un malvado pirata del siglo XVII, que ronda el castillo. Bert Rosario aparece como el General Abel Vásquez, corrupto gobernador de la isla.

Doctors' Hospital (1975–1976, NBC)

ELENCO: George Peppard

En esta serie de médicos, de una hora, George Peppard interpreta a un neurocirujano y Víctor Campos aparece como uno de los médicos.

Dr. Quinn: Medicine Woman (1991–1998, CBS)

ELENCO: Jane Seymour, Joe Lando, Chad Allen, Orson Bean, Jonelle Allen

La doctora Michaela Quinn (Seymour), una médica de Boston, se enfrenta al proceso personal y profesional que significa ser una doctora en Colorado Springs, durante los años 1870.

En la sexta temporada, Alex Meneses se unió al elenco como la maestra de escuela Teresa Morales. Cuando ella consiente en casarse con un barbero anglo, la idea de un matrimonio mixto entre una mexicana-americana y un anglo es motivo de mucha discusión y choques entre las gentes del pueblo.

Dudley (1993, CBS)

ELENCO: Dudley Moore, Lupe Ontiveros

Esta comedia de seis episodios de media hora, tuvo como estrella a Dudley Moore, un compositor y pianista muy solicitado de Nueva York. Lupe Ontiveros es Marta, su hispanohablante ama de llaves.

E/R (1984–1985, CBS)

ELENCO: Elliott Gould

Esta comedia de media hora, sobre el personal y los pacientes de la sala de emergencia de un hospital de Chicago, presenta a Luis Ávalos como el doctor Thomas Esquivel.

Eisenhower And Lutz (1988, CBS)

ELENCO: Scott Bakula, Henderson Forsythe, DeLane Matthews

Un joven y ambicioso abogado es el director de un bufete de Palm Springs. Esta serie cómica de corta duración, de programas de media hora, fue creada por Allan Burns, ganador de ocho premios Emmy. Rose Portillo aparece como la atormentada secretaria Millie Zamora.

The Electric Company (1971–1985, PBS)

ELENCO: Bill Cosby, Rita Moreno, Irene Cara, Morgan Freeman

El Taller de Televisión de Niños (Children's Television Workshop) diseñó esta serie para enseñar a leer a niños entre siete y diez años de edad. Incluía comedias rápidas, canciones y secuencias animadas, que varios de ellos incluían lo mejor de la técnica actual para pasar impresos en la pantalla. Los programas originales aparecieron entre 1971 y 1977; durante las siguientes ocho temporadas, los programas fueron repetidos. Ganó seis de los premios Emmy, igual que otros premios importantes.

Empire (1962–1963, NBC; 1964, ABC)

ELENCO: Richard Egan

Este serie moderna del oeste tiene a Richard Egan interpretando a Jim Redigo, el capataz de un enorme rancho de ganado de Nuevo México. Durante la temporada de 1963, Charles Bronson se unió al reparto como Paul Moreno, un peón mexicano-americano del rancho.

Falcon Crest (1981–1990, CBS)

ELENCO: Jane Wyman, Lorenzo Lamas, Ana Alicia

Creado por Earl Hamner, autor también de *The Waltons* (1972–1981), *Falcon Crest* era la historia de una rica familia de vinateros encabezada por Angela Channing (Wyman), la matriarca de la familia, en el ficticio Valle de Toscana, en California. La familia de un conserje hispano, con Gus Nunouz como cabeza de familia, interpretado por Nick Ramus, fue eliminada después de la primera temporada. A través de los años, el programa incluyó actores hispanos haciendo igualmente roles de hispanos, como de no hispanos. El programa convirtió en estrella a un personaje regular de la serie: Lorenzo Lamas (hijo del actor de cine Fernando Lamas), en el papel de Lance Cumson, nieto de Angela, y Ana Alicia, como Melissa Agretti, la hija de una familia de vinateros rivales. Victoria Racimo aparece como Corene Powers; Apollonia Kotero es un personaje llamado Apollonia; César Romero hace del magnate griego Peter Stavros; y Julie Carmen es Sofía, la hija de Romero.

Durante la temporada de 1988–1989, un capataz del viñedo y su familia fueron reintegrados a la trama. Pilar Ortega (Kristian Alfonso), la hija del capataz, y poderosa ejecutiva de un banco, regresa al hogar después de muchos años de ausencia, y se encuentra en conflicto directo con Angela Channing. Cástulo Guerra, es César, el patriarca de la familia hispana; Don Ferro aparece como su hijo Tommy, y Danny Nucci, es Gabriel, su otro hijo.

Fame (1982–1983, NBC; 1983–1987, Sindicalizada)

ELENCO: Debbie Allen, Gene Anthony Ray

Basada en la exitosa cinta del mismo nombre, la serie salió al aire primeramente durante un año en NBC, y entonces fue escogida para aparecer en presentaciones simultáneas en 1983 respaldada por los anunciantes. Este musical dramático de una hora gira alrededor de estudiantes de múltiples etnias del Instituto de las Artes Escénicas de Nueva York (New York City's High School for the Performing Arts). Coco Hernández, una talentosa estudiante de danza, está a cargo de Erica Gimpel. De 1984 a 1987, Jesse Borrego aparecía como el bailarín mexicano-americano, Jesse Velásquez. Estos personajes son parte integral del argumento que trataba, aunque algunas veces sin éxito, de reflejar sus etnias. Jaime Rogers hizo la coreografía y dirigió algunos de los episodios.

Family Law (1999–2002, CBS)

ELENCO: Kathleen Quinlan, Dixie Carter, Julie Warner, Christopher McDonald

Una serie dramática de una hora, con Dixie Carter como Randi King, una próspera abogada de derecho familiar, quien se encuentra que tiene que empezar de nuevo después de un devastador divorcio y la acometida del ex esposo contra su bufete.

The Family Martinez (1986, CBS)

ELENCO: Robert Beltrán, Daniel Faraldo, Anne Betancourt, Karla Montana

Esta comedia doméstica de media hora, dirigida por Oz Scott, y producida y escrita por Tommy Chong (del afamado dúo Cheech y Chong), acerca de una familia contemporánea hispana, no llegó a ser una serie en la programación regular, pero su programa de prueba fue transmitido como un especial. La historia trata de Héctor Martínez (Beltrán), antiguo miembro de una pandilla, ahora graduado de la escuela de leyes, quien regresa al hogar para vivir con su familia.

Fantasy Island (1978–1983, ABC)

ELENCO: Ricardo Montalbán, Herve Villechaize

En esta serie dramática antológica de una hora, los invitados llegan a una isla que es el paraíso tropical del misterioso señor Roarke (Montalbán), y su socio, Tattoo (Villechaize), buscando realizar sus fantasías.

La serie dio comienzo como una película de televisión de dos horas que atrajo una enorme cantidad de televidentes en 1977. Entonces, otra cinta de dos horas, *Return to Fantasy Island,* obtuvo igualmente enorme público en enero de 1978. La serie comenzó sus exitosas presentaciones regulares el 28 de enero de 1978.

Vistiendo un traje blanco planchado inmaculadamente, Roarke acompaña a los invitados a entrar y salir de la isla, intercalando discursos explicativos entre las historias. Muchas veces las fantasías no resultan ser lo que uno esperaba, pero los visitantes siempre adquieren perspicacia mientras están en la isla, usualmente ayudados por el consejo de Montalbán, quien como Roarke, representaba elegancia y clase en su interpretación de un hombre de origen no especificado. La figura formal de Roarke y el vigoroso y franco Tattoo constituían una pareja rara, que no obstante resultaba bien dentro del concepto de la serie. La cadena de televisión quería originalmente a Orson Welles para el papel del señor Roarke, pero cuando éste estuvo indeciso o no quiso comprometerse, el productor Aaron Spelling llamó a Montalbán, que resultó ser perfectamente adecuado para el papel del enigmático personaje.

Father Knows Best (1954–1955, CBS; 1955–1958, NBC; 1958–1962, CBS; 1962–1963, ABC)

ELENCO: Robert Young, Jane Wyatt

Natividad Vacío aparece ocasionalmente como Frank Smith, el jardinero mexicano de este programa para la familia en el cual Young hace del agente de seguros, Jim Anderson.

Flamingo Road (1981–1982, NBC)

ELENCO: Howard Duff, Morgan Fairchild, Mark Harmon

Basada ligeramente en la obra de Joan Crawford del mismo título, que data de 1949, esta telenovela presentada a la hora de mayor público, sucede en una erótica ciudad ficticia llamada Truro. La serie se refiere a la búsqueda de poder y placeres de ciudadanos ricos y de clase trabajadora. Hay personajes hispanos secundarios que aparecen como refugiados cubanos. Fernando Allende interpreta a Julio Sánchez y Gina Gallego aparece como su hermana, Alicia, en escenas que tratan del barrio cubano de la ciudad.

The Flying Nun (1967–1970, ABC)

ELENCO: Sally Field, Alejandro Rey

Esta serie cómica, con Sally Field como la Hermana Bertrille, sucede en el convento ficticio de San Tanco, en las lomas de Puerto Rico. Alejandro Rey aparece como el frívolo playboy Carlos Ramírez, a quien Bertrille continuamente confunde con sus diabluras. La obra está basada en el libro, *The Fifteenth Pelican*, de Tere Ríos. Shelley Morrison interpreta a la Hermana Sixto, una monja que llena el inglés de gran comicidad.

Foley Square (1986, CBS)

ELENCO: Héctor Elizondo

Elizondo aparece en esta refrescante y diferente interpretación de un personaje no hispano, como un fiscal judío asistente de la ciudad de Nueva York.

For Love and Honor (1983, NBC)

ELENCO: Cliff Potts, Yaphet Kotto

Esta serie dramática de una hora de duración trata de las vidas privadas y profesionales de los nuevos pilotos de la escuadra. Rachel Ticotin interpreta al Cabo Grace Pavlik.

Ann-Margret (izq.) y Sonia Braga (der.) en la serie de televisión de corta duración de CBS *Four Corners*.

Fort Figueroa (1988, CBS)

ELENCO: Pepe Serna, Charly Heard, Evelyn Guerrero

Luis Valdéz dirigió este episodio de prueba de una hora de duración para Warner Bros. Una familia anglo del medio oeste pierde la finca y se muda a Los Ángeles, a un edificio que habían heredado de un pariente fallecido. Cuando llegan a Los Ángeles, descubren que el edificio es un inmueble dilapidado, en pleno corazón de los barrios deprimidos de la ciudad. Entre los inquilinos hay una familia hispana y otra vietnamita. La familia del medio oeste se muda al apartamento vacío y tiene que enfrentarse a los problemas de aprender a vivir en una comunidad multi-étnica del área pobre de la ciudad.

Four Corners (1997, CBS)

ELENCO: Ann-Margret, Sonia Braga, Kamar de los Reyes

Una saga de gran envergadura de dos familias rancheras del suroeste que se encuentran en una disyuntiva. Ann-Margret aparece como Amanda Wyatt, y Sonia Braga, como su amiga Carlota Álvarez. La ambiciosa serie comenzó como un programa de dos horas, pero salió al aire solamente dos veces antes de ser cancelada debido al poco interés del público.

Frannie's Turn (1992, CBS)

ELENCO: Miriam Margolyes, Tomás Milián

Esta comedia de media hora, de corta duración, está centrada en una mujer de mediana edad de Brooklyn. Tomás Milián hace del esposo cubano, José Escobar.

Freak (1998, HBO)

DIRECTOR: Spike Lee
GUIÓN: John Leguizamo
PRODUCTOR: Denis Giggs, David Bar Katz, John Leguizamo, Robert Morton
ELENCO: John Leguizamo

Este programa de un hombre en solitario, que ganó un premio Emmy, fue adaptado para la televisión del exitoso espectáculo de Broadway de John Leguizamo. HBO había presentado dos espectáculos de Leguizamo con anterioridad: *Mambo Mouth* (1991) y *Spic-O-Rama* (1993), que fueron aclamados tanto por el público como por la crítica.

Freebie and the Bean (1980–1981, CBS)

ELENCO: Héctor Elizondo, Tom Mason

Este programa de crimen, comedia y drama de una hora, está basado en la cinta fílmica del mismo nombre. La serie presenta a Elizondo como Dan "The Bean" Delgado y Mason como Tim "Freebie" Walker.

From Here to Eternity (1979–1980, NBC)

ELENCO: Barbara Hershey, William Devane, Will Sampson

Esta serie de una hora, que duró poco, comenzó con éxito como una miniserie de televisión, basada en una cinta clásica de 1953 de Columbia Pictures, que a su vez había sido adaptada de la novela de James Jones del mismo nombre. La trama sigue las vidas de varios miembros de las fuerzas armadas en Hawaii, en los días anteriores al ataque a Pearl Harbor. Rocky Echevarría, quien más tarde cambiaría su nombre a Steven Bauer, aparece como el Soldado de Primera Clase, Ignacio Carmona.

F/X: The Series (1996–1998, Sindicalizada)

ELENCO: Cameron Daddo, Christina Cox, Jacqueline Torres

El espectáculo ofrece a los televidentes una mirada al interior del mundo de la alta tecnología de la industria del cine, combinado con personajes interesantes y un tema intrigante. Cox interpreta a Angie Ramírez, la ayudante muy entendida en la cibernética. En la segunda temporada, Jacqueline Torres se unió al elenco como Mira Sánchez, una detective sabihonda y afilada como una navaja, que siempre consigue lo que se propone.

Gavilán (1982–1983, NBC)

ELENCO: Robert Urich, Fernando Lamas

Este serie de acción de una hora, presenta en sus primeros episodios a Fernando Lamas en el rol de César de Portago. Lamas se enfermó y falleció poco después de haber comenzado la serie, siendo sustituido por Patrick Marnee, en un papel similar.

Going to Extremes (1992–1993, ABC)

ELENCO: Erika Alexander, June Chadwick, Roy Dotrice, Camilo Gallardo

Esta serie dramática de una hora trata de jóvenes americanos que asisten a una escuela de medicina en un lugar ficticio de las indias occidentales. Camilo Gallardo aparece como el estudiante Kim Selby procedente de una distinguida familia chilena, aunque Gallardo es nativo de Miami.

The Golden Palace (1992–1993, CBS)

ELENCO: Betty White, Rue McClanahan, Estelle Getty, Cheech Marín

Las "prometedoras" muchachas (Golden Girls) favoritas de América: Rose Nylund (White), Blanche Deveraux (McClanahan) y Sophia Petrillo (Getty) compran un hotel en Miami de estilo art-deco, y se dedican a administrarlo. Las tres continúan haciendo los personajes del programa de más de siete años de duración y tanto éxito, titulado *The Golden Girls* (1985–1992), por el que cada una de ellas obtuvo un premio Emmy. Cheech Marín hace de Chuy Castillo, un chef del lado este de Los Ángeles, recientemente divorciado, quien encuentra su cocina a la merced de la tiránica Sophia.

Grand Slam (1990, CBS)

ELENCO: John Schneider, Paul Rodríguez

Una serie de aventura de acción, de una hora, sobre dos cazafortunas rivales de San Diego que deciden unirse para salir adelante. La serie comenzó después del Super Bowl de 1990, pero el interés del público nunca alcanzó lo que se esperaba y fue cancelada enseguida.

Hangin' with Mr. Cooper (1992–1997, ABC)

ELENCO: Mark Curry, Dawnn Lewis, Holly Robinson

En esta comedia de media hora creada por Jeff Franklin, Mark Cooper (Curry), es un maestro de un colegio secundario de la localidad, quien comparte su casa con dos mujeres. Luis Ávalos repite el rol de Rivera, el director del colegio.

Harry O (1974–1976, ABC)

ELENCO: David Janssen, Henry Darrow

Esta serie detectivesca de una hora, creada por Howard Rodman, y el productor ejecutivo, Jerry Thorpe, tiene a David Janssen como estrella, en el rol de un detective policíaco retirado que abandonó la policía para convertirse en investigador privado. Henry Darrow aparece como el Teniente Manny Quinlan, en la primera temporada de la serie. En la segunda, el programa cambió la escena de San Diego a Los Ángeles y algunos de los personajes fueron suprimidos.

Harts of the West (1993, CBS)

ELENCO: Beau Bridges, Lloyd Bridges

Un programa contemporáneo de una hora, acerca de un hombre que está atravesando la "crisis de los cincuenta", y muda a su familia del este, a vivir en un rancho cerca de un pueblo pequeño de Nevada. Talisa Soto, como una india-americana, es una de las actrices que aparece en la serie.

The Hat Squad (1992, ABC)

ELENCO: Néstor Serrano

Néstor Serrano aparece en esta serie como Rafael Martínez, el miembro latino de un módulo especial contra el crimen, consistente de tres jóvenes y el padre de acogida, quien es al mismo tiempo el jefe militar. Todos los muchachos han perdido a sus padres en actos de violencia y han jurado luchar contra el crimen.

Lynda Carter y Lee Horsley en la serie de aventura histórica *Hawkeye*.

Hawkeye (1997, sindicalizada)

ELENCO: Lee Horsley, Lynda Carter, Rodney A. Grant

Una serie de una hora, que tiene como trasfondo la historia del legendario Hawkeye, personaje de las guerras entre los franceses y los indios, y la noble patricia de Virginia, Elizabeth Shields (Lynda Carter), enfrentándose juntos a aventuras, contratiempos y la belleza de la vida de la frontera, mientras buscan al marido de Elizabeth, que ha sido secuestrado.

Head of the Class (1986–1991, ABC)

ELENCO: Howard Hesseman

En esta comedia de serie de media hora, creado por Michael Elias y Rich Eustis, Charlie Moore (Hesseman) es un maestro suplente de un colegio secundario de la ciudad de Nueva York, que tiene que hacer frente y alentar a los alumnos brillantes que no se sienten estimulados. Entre 1986 y 1989, Leslie Bega desempeñó el rol de la estudiante muy preocupada por las notas, y entre 1989 y 1991, Michael DeLorenzo fue el estudiante Alex Torres.

HERNÁNDEZ, HOUSTON P.D. (1973, NBC)

ELENCO: Henry Darrow

Darrow, como Juan Hernández, un detective del departamento de la policía de Houston, es la estrella de este episodio de prueba de una hora, que tenía la posibilidad de ser convertido en una serie.

THE HIGH CHAPARRAL (1967–1971, NBC)

ELENCO: Leif Erickson, Cameron Mitchell, Linda Cristal, Frank Silvera, Henry Darrow

Una serie de aventuras del oeste, situada en el territorio de Arizona en 1870, que destaca prominentemente a una familia hispana, junto a otra familia anglo. Fue concebido por David Dortort, creador de *Bonanza* (1959–1973). Frank Silvera interpreta al magnate ranchero mexicano, Don Sebastián Montoya, con gracia, dignidad y una crueldad que resulta exactamente igual a la de su contrafigura anglo, John Cannon (Erickson). Henry Darrow, como Manolito, el hijo de Montoya, es un apuesto caballero poco valiente y algo sucio, que capturó la imaginación de los televidentes con una actuación animada que lo elevó al estrellato y a obtener fama internacional. Linda Cristal, una actriz de cine ya establecida, aparece como Victoria Cannon, la hija de Montoya, que llega a ser la esposa de John Cannon. La inquieta alianza de las dos familias parecía ser el simbolismo que caracterizaba las relaciones de los Estados Unidos y México. Varios actores hispanos aparecen en el programa como personajes, incluyendo a Rodolfo Acosta y Roberto Contreras. En el último año, Rudy Ramos se unió al programa en el rol de un mestizo y Gilberto Role asumió el papel del hermano de Montoya, cuando Frank Silvera murió inesperadamente.

HIGH INCIDENT (1996, ABC)

ELENCO: David Keith, Cole Hauser, Catherine Kellner, Julio Oscar Mechoso

Un programa dramático de una hora, lleno de acción, acerca de policías que patrullan los suburbios de una metrópolis de California.

High Mountain Rangers (1988, CBS)

ELENCO: Robert Conrad

Una serie de aventuras y acción de una hora, que destaca a una selecta patrulla de rescate de las High Sierras (Sierras Altas) de California. Jesse Hawks (Conrad), un guardabosque veterano, está a la cabeza del grupo de mujeres y hombres de la patrulla. Tony Acierto hace el papel del guardabosques Frank Avila.

High Sierra Search and Rescue (1995, NBC)

ELENCO: Robert Conrad, Dee Wallace Stone

Una serie de aventuras de una hora referente a un equipo de rescate montañero compuesto de civiles. Ramón Franco hace el papel de Enrique Cruz, el único maestro del pueblo, quien está siempre listo a preparar su equipo y responder a los que necesitan ayuda de la patrulla dedicada al rescate.

Highcliff Manor (1979, NBC)

ELENCO: Shelley Fabares

Esta parodia cómica de horror presenta a Luis Ávalos como el doctor Sánchez, un malvado científico.

René Enríquez (izq.) es el teniente Calletano y Daniel J. Travanti (der.) es el capitán Frank Furillo en *Hill Street Blues*.

Hill Street Blues (1981–1987, NBC)

ELENCO: Daniel J. Travanti, Bruce Weitz, Michael Conrad, Veronica Hamel, Michael Warren, Betty Thomas, René Enríquez, Kiel Martin, Barbara Bosson

Steven Bochco y Michael Kozoll crearon esta celebrada serie de una hora, ganadora de premios Emmy, acerca de la práctica, a veces brutal, y los lados humorísticos ocasionales del trabajo policíaco, que estuvo en cartelera largo tiempo. Situada en una sección deteriorada de una importante ciudad americana, el precinto tenía a un policía hispano, el teniente Ray Calletano, interpretado por René Enríquez, entre un extenso grupo de actores regulares. Su importancia como personaje principal en el programa fue aminorado por el diálogo indiferente diseñado para él, que le dio poca oportunidad de lucimiento y a veces presentaba la imagen de los hispanos como víctimas o autores de una variedad de crímenes.

A través de los siete años que duró la serie, hay personajes repetidos, como sucede con el líder de una pandilla llamado Jesús, interpretado por Trinidad Silva, quien se vuelve un trabajador social y un abogado, al final de la séptima temporada. Otro personaje que reaparece es Héctor Ruiz, un atribulado joven, a cargo de Panchito Gómez, quien al final es encarcelado después que un robo se convierte en una situación de rehenes. Andy García, una futura estrella entonces, tuvo un pequeño papel en el primer episodio de la serie.

Home Free (1988, NBC)

ELENCO: Michael Warren, Trinidad Silva

Este programa de prueba de una hora, presenta a un trabajador social que dirige un hogar para muchachos con problemas. Él recibe ayuda de un cocinero mexicano-americano, Benny, interpretado por Trinidad Silva.

Homicide: Life on the Streets (1991–1999, NBC)

ELENCO: Yaphet Kotto, Andre Braugher, Kyle Secor, Reed Diamond

Aclamada por los críticos de televisión del país, la serie cuenta la brutalidad con la que se tienen que enfrentar los detectives que pertenecen a una patrulla de homicidio del departamento policíaco de Baltimore. Jon Seda se unió al talentoso elenco en el otoño de 1997, como el detective Paul Falsone.

Hotel Baltimore (1975, NBC)

ELENCO: James Cromwell, Richard Masur, Al Freeman Jr.

Esta serie cómica, de media hora, está basada en la obra *off-Broadway* de gran éxito de los años 1970. Jeannie Linero aparece como un miembro del elenco.

Hotel Malibu (1994, CBS)

ELENCO: Joanna Cassidy, Cheryl Pollack, John Dye, Pepe Serna, Jennifer López

Una serie transmitida durante corto tiempo, y que fue un resultado a su vez de otra serie corta, *Second Chances* (1993–1994), producida por Lynne Marie Latham y Bernard Lechowick. Un drama contemporáneo de conjunto que muestra las intrigas interiores y exteriores de la familia dueña de un hotel de lujo en la costa sur de California. Jennifer López aparece como Melinda López, una joven estudiante universitaria que trabaja en el hotel. Pepe Serna hace de su padre, Sal López.

House Of Buggin' (1994, Fox)

ELENCO: John Leguizamo, Tammi Cubilette, Jorge Luis Abreu, Luis Guzmán, Yelba Osorio

Una comedia de media hora, que es una mezcla de humor satírico y bosquejos extravagantes de personajes creados por Leguizamo, basados en experiencias propias. El programa tiene un fuerte enfoque latino contemporáneo de las áreas pobres de la ciudad.

John Leguizamo (centro) fue el creador y también la estrella de la serie de comedia de FOX premiada con un Emmy, *House of Buggin'*.

Houston Knights (1987–1988, CBS)

ELENCO: Michael Pare, Michael Beck

Este drama sobre el crimen, de una hora, es referente a dos detectives de la policía, uno de Texas, y otro de Chicago, que son compañeros en Houston, Texas. Efraim Figueroa interpreta al teniente Esteban Gutiérrez. La serie duró solamente una temporada.

Hunter (1984–1991, NBC)

ELENCO: Fred Dryer, Stephanie Kramer

En este drama de acción policíaca creado por Frank Lupo, Erik Estrada apareció como invitado en un episodio de tres partes, "City of Passion", en la temporada de 1987, haciendo el papel del detective Brad Navarro, quien se une a los personajes principales de la serie, Hunter y McCall, para perseguir a un violador en serie. También en la temporada de 1987–1988, Rudy Ramos aparece como un personaje repetido, llamado Rubén García.

I Had Three Wives (1985, CBS)

ELENCO: Victor Garber

Esta comedia de aventuras de una hora, presenta a un encantador detective privado, a quien ayudan sus tres ex esposas. Luis Ávalos aparece como el teniente Gómez.

I Love Lucy (1951–1957, CBS)

ELENCO: Lucille Ball, Desi Arnaz, William Frawley, Vivian Vance

Esta serie de larga duración en el aire, introdujo Ricky Ricardo al mundo. Desi Arnaz, como Ricky, fue la primera presencia de un hispano aceptada por el público convencional americano y las cadenas de televisión. La clásica serie fue inicialmente rechazada por la CBS, por más que Lucille Ball había ya triunfado tanto en el cine como en la radio. Ella tenía una exitosa serie radial en CBS titulada *My Favorite Husband,* que la estación quería transferir a la televisión. Pero Ball estaba interesada en continuar una familia y quería que su esposo en la vida real, Desi Arnaz, fuera la estrella de la serie junto a ella. La CBS entendía que el concepto de una pelirroja totalmente americana, ama de casa, casada con un nervioso director de orquesta cubano, no atraería a un gran segmento del público americano. Por lo tanto, Desi y Lucy, con la ayuda del comediante Buster Keaton, y el payaso Pepito Pérez, usaron el concepto de la serie para montar una pieza en la escena. La pareja representó ante públicos en vivo por todo el país y la acogida entusiasta que recibieron demostró que eran aceptados como un equipo de marido y mujer del ambiente teatral. Arnaz y Ball financiaron ellos mismos el episodio de prueba del programa. Fue producido en marzo de 1951, con Lucy y Desi interpretando los personajes llamados Lucy y Desi López.

Lucille Ball y Desi Arnaz.

Más tarde, los vecinos, Ethel y Fred Mertz, fueron añadidos al programa y los personajes principales cambiaron los nombres por Lucy y Ricky Ricardo. La cadena y los patrocinadores aprobaron el espectáculo y el primer episodio salió al aire en el15 de octubre de 1951, filmado ante un público en vivo en el estudio, con tres cámaras de 35mm que capturaban la acción simultánea desde ángulos diferentes. El programa entonces era editado y unido como si fuera una película. *I Love Lucy* obtuvo un triunfo inmediato, y desde entonces, ver un programa de televisión se convirtió en un acontecimiento de cultura popular. Durante los seis años que duraron los episodios originales, el programa raramente estuvo por debajo del tercer lugar en el índice de la preferencia del público televidente. La interpretación de Arnaz del director de orquesta cubano bien parecido, excitable, de genio revoltoso, que hablaba inglés con un acento y decía de corrido exclamaciones en español, quedó tan bien grabada en la conciencia del espectador que creó una imagen del hispanoamericano que podría considerarse un arquetipo. El personaje de Ricky era una exagerada caracterización cómica que creció hasta cierto punto durante la vida de la serie. En comparación con programas similares y formatos de la misma época, *I Love Lucy* tenía mucho realismo. (En *The Adventures of Ozzie and Harriet* [1952–1966], por ejemplo, Ozzie nunca fue visto yendo a trabajar y la familia nunca tuvo problemas financieros.) Durante una entrevista televisiva de 1990, Lucille Ball dijo: "Nosotros queríamos concentrarnos en todos los problemas que la mayoría de la gente experimenta. No queríamos ser una pareja de Hollywood con la que nadie pudiera tener algo en común".

El público de la televisión de los años 1950 tuvo algo en común inmediatamente con las circunstancias tan humanas de la vida de los Ricardo. Los hispanos veían algo propio de ellos en la caracterización de Ricardo, como el esposo trabajador y padre de familia que trata de ajustarse a la cultura americana. La música española y cubana que alternaban con las melodías populares del programa ofrecían un entendimiento y creaban una consciencia cultural, por muy superficial que ésta fuera, a millones de televidentes. Las dificultades de Ricky con el inglés y hablar español en el programa eran motivo de diversión para muchos, pero los hispanoamericanos bien que agradecían lo que se convertiría en un lazo verdadero, honesto y personal con ellos. De vez en cuando, parientes de Cuba y otros personajes hispanoparlantes aparecían en los episodios.

Cuando los Ricardo fueron presentados al público por vez primera, vivían en un apartamento en Nueva York. Después tuvieron un bebé y se mudaron a los suburbios, y Ricky finalmente llegó a ser dueño del club nocturno donde trabajaba. La pareja se convirtió para millones de televidentes en la personificación del sueño americano de los años 1950, posterior a la guerra mundial.

Detrás de la escena, Arnaz era responsable del desarrollo de las técnicas de cámaras múltiples que aún son usadas hoy en día en la mayoría de comedias filmadas o grabadas. Como *I Love Lucy* era filmada, y Arnaz y Ball retenían la propiedad del programa después de la corrida de las temporadas iniciales en CBS, crearon como consecuencia una industria estándar para repeticiones sindicalizadas. La pareja compró los estudios RKO y cambió el nombre por Estudios Desilú que serían convertidos en un establecimiento de alquiler, y producirían también muchas series televisadas, incluyendo *The Untouchables* (1959–1963) y la serie original de *Star Trek* (1966–1969). En una entrevista de televisión de Arnaz, en 1984, él dijo, "*I Love Lucy* es algo que solamente sucede una vez en la vida, si tienes la suerte de que en realidad llegue a suceder".

Lucy y Desi son parte de la cultura popular americana, y una parte importante de nuestras vidas. Después de más de cuarenta años, estos programas todavía pueden verse en repeticiones a través del mundo entero, y han dado inspiración a autores de ficción de libros y cintas fílmicas como *The Mambo Kings* (1992).

I Married Dora (1987–1988, ABC)

ELENCO: Elizabeth Peña, Daniel Hugh-Kelly

Esta seria cómica de media hora trata de un arquitecto viudo, con tres hijos, que se casa con su ama de llaves centroamericana, para que ella no sea deportada como una inmigrante ilegal.

The Jackie Guerra Show / First Time Out (1995, WB)

ELENCO: Jackie Guerra, Tracy Vilar, Mia Cottet, Leah Remini, Craig Anton

Una serie cómica de media hora, construida alrededor de la vida de una latina soltera y sus dos compañeras de cuarto, según como ellas tratan de arreglárselas con la vida de Los Ángeles en los años 90.

Jesse (1998–1999, NBC)

ELENCO: Christina Applegate, Bruno Campos

En esta comedia de media hora, Bruno Campos es Diego Vásquez, novio del personaje de Christina Applegate, Jesse.

The John Larroquette Show (1993–1997, NBC)

ELENCO: John Larroquette, Liz Torres

Torres interpreta a Mahalia Sánchez, la gerente de una estación de buses urbana, la aliada más cercana de John Hemingway (Larroquette). Su caracterización como la ayudante lista y práctica resulta dura y sarcástica, pero sus años de experiencia en la estación la hacen muy útil para Hemingway. En 1995, fue nominada para un premio Emmy como Actriz Destacada en una Serie de Comedia por su trabajo en el programa.

Juarez (1987, ABC)

ELENCO: Benjamin Bratt, Ada Maris

Este programa de prueba para una serie de una hora de duración, sobre un detective policiaco de El Paso, tiene a Benjamin Bratt de estrella. Las historias iban a desarrollarse en el área alrededor de El Paso y Juárez, México. La serie tenía una orden inicial de seis episodios, como reemplazo de mitad de temporada, pero solamente se filmaron dos episodios. Por diferencias creativas entre los productores y la emisora, *Juarez* fue cancelado antes de que fuera llevado al aire. No había escritores, productores o directores hispanos como parte del equipo creativo y los guiones presentaban prominentemente estereotipos de la frontera. El piloto de prueba finalmente fue transmitido como un especial.

Kay O'Brien (1986, CBS)

ELENCO: Patricia Kalember, Lane Smith

Este drama de hospital de una hora está centrado en una residente de cirugía, de veintiocho años de edad, de un hospital de la ciudad de Nueva York, según como ella lucha por sobresalir en el mundo de la cirugía dominado por los hombres. Priscilla López interpreta a la enfermera Rosa Villanueva.

Knight & Daye (1989, NBC)

ELENCO: Jack Warden

Este reemplazo veraniego de cuatro semanas de duración, de una serie de programas de media hora, presenta a una familia hispana, los Escobar, muchos de los cuales son interpretados por actores no hispanos.

Knightwatch (1988–1989, ABC)

ELENCO: Benjamin Bratt, Don Franklin, Ava Haddad, Joshua Cadman

Una serie de una hora acerca de un grupo de dedicados jóvenes de barrios pobres de la ciudad —hombres y mujeres, hispanos, afroamericanos y anglos— que se han unido voluntariamente para combatir el crimen que está arrasando la ciudad. Son llamados los Caballeros (Knights) y están dirigidos por el fundador de Knightwatch, Tony Maldonado (Bratt).

L.A. Law (1986–1994, NBC)

ELENCO: Corbin Bernsen, Jill Eikenberry, Richard Dysart, Susan Dey, Susan Ruttan, Michael Tucker, Larry Drake, Jimmy Smits, Blair Underwood, Harry Hamlin

Esta serie de una hora, acerca de un bufete de abogados, creada por Steven Bocho y Terry Louise Fisher, ganó catorce premios Emmy en sus cinco primeros años, incluyendo el de Serie Dramática Sobresaliente de 1987, 1989, 1990 y 1991. Con la trama situada en un edificio alto de apartamentos del centro de Los Ángeles, los colegas y demás socios de la firma McKenzie, Brackman, Chaney y Kuza, constituyen un bufete de servicio completo, si bien caótico, que lucha con las contradicciones que van en aumento en el sistema legal moderno.

La serie presenta un personaje importante hispanoamericano en la figura del abogado Víctor Sifuentes, a cargo de Jimmy Smits. Sifuentes es un mexicano-americano, en igualdad de condiciones a los anglos del bufete. Él forma parte de las corrientes actuales de buena educación, trabajo intenso, y perseverancia, y por ende, actúa socialmente con responsabilidad. Muchos de los episodios giran alrededor de Sifuentes, sus batallas legales y su vida privada.

Tomás Milián y Miriam Colón hacen de los padres de Sifuentes en un episodio; los actores Tony Plana y Joaquín Martínez aparecen como artistas invitados en el programa. Jimmy Smits abandonó la serie en mayo de 1991 para perseguir una carrera en el cine, después de su triunfo en uno de los roles principales de *Gringo viejo*, que le dio la oportunidad de trabajar junto a Jane Fonda. Smits tuvo un programa de trabajo intenso, al aparecer simultáneamente en *L.A. Law* y *Gringo viejo*, volando cada tres semanas entre Los Ángeles y México, para poder completar la producción.

En 1990, Smits ganó un Emmy como Actor de Reparto Sobresaliente de una Serie Continua, por su trabajo durante la temporada de 1989–1990.

En 1992, A Martínez se unió al elenco, como David Morales, un padre soltero picapleitos de visión certera.

Law & Order (1990–, NBC)

ELENCO: Jerry Orbach, Benjamin Bratt, S. Epatha Merkerson, Carey Lowell, Sam Waterston, Steven Hill

Filmada enteramente en los exteriores de la ciudad de Nueva York, este programa realista mira al orden público desde una perspectiva doble. En la primera media hora, los detectives Lennie Briscoe (Orbach) y Reynaldo "Rey" Curtis (Bratt), investigan los crímenes y atrapan a los infractores de la ley; en la segunda, el enfoque es dirigido a los tribunales de justicia.

Live Shot (1995, UPN)

ELENCO: Sam Anderson, David Birney, Wanda de Jesús, Hill Harper, Eddie Vélez

Un drama de conjunto de acción movida, de una hora, sobre las gentes y personalidades dentro y fuera del frenético mundo de perro-come-perro, del buró de noticias de la televisión. Wanda de Jesús interpreta la reportera investigadora y presentadora de televisión, Liz Vega, con inteligencia y determinación. Eddie Vélez aparece como Ricardo Sandoval, un presentador de televisión y reportero, conocido por poner más atención en la línea de sus lujosos pantalones que a la historia que debe cubrir.

En un episodio especial de la serie de televisión *Law and Order*, los miembros del elenco Jerry Orbach (izq.) y Benjamin Bratt (der.) se juntan con Richard Belzer y Michael Michele (centro), invitados especiales en sus papeles de *Homicide: Life on the Streets.*

Love Boat: The Next Wave (1998, UPN)

ELENCO: Robert Urich, Phil Morris, Joan Severance, Heidi Mark, Corey Parker

Randy Vásquez aparece como el incontenible administrador de un bar, Paolo Kaire, quien puede mezclar bebidas para curar cualquier dolencia. En un episodio, Ricardo Montalbán, como estrella invitada, actúa como el padre de Paolo, que ha estado separado de su hijo por largo tiempo.

The Lucie Arnaz Show (1985, CBS)

ELENCO: Lucie Arnaz

Arnaz (hija de Desi Arnaz y Lucille Ball), actúa en su propia serie cómica, como Jane Lucas, una psicóloga que comparte ser maestra de ceremonias de un popular programa de entrevistas de Nueva York.

The Lucille Ball–Desi Arnaz Show (1957–1960, CBS)

También llamada The Lucy–Desi Comedy Hour

ELENCO: Lucille Ball, Desi Arnaz

Trece episodios de una hora fueron producidos para esta serie, que era una continuación de las caracterizaciones de Lucy y Desi. Desi Arnaz dirigió algunos de los episodios.

Mama Malone (1984, CBS)

ELENCO: Lila Kaye

Esta poco convencional serie de comedia, de media hora, acerca del presentador de un programa de cocina, tiene a Richard Yñiguez como el Padre Joe Silva, un personaje regular.

The Man and the City (1971–1972, ABC)

ELENCO: Anthony Quinn

En su primera incursión en una serie televisada, Anthony Quinn aparece como Thomas Jefferson Alcalá, el alcalde mexicano-americano con conciencia social, de una metrópolis del suroeste. Esta serie dramática de una hora, después de su presentación inicial, duró solamente media temporada.

Marblehead Manor (1987–1988, Sindicalizada)

ELENCO: Paxton Whitehead, Linda Thorson, Phillip Morris, Dyana Ortelli

En esta serie cómica sindicalizada, Dyana Ortelli hace de la estrafalaria sirvienta Lupe, y su hijo, Humberto Ortiz, aparece como Elvis. La serie fue sindicalizada en los Estados Unidos y también fue vista en Inglaterra, Francia, Israel y España, donde la llamaron *Casa de Locos*. Rod Dames y Bob Fraser fueron los creadores, escritores y productores de la serie.

MARCUS WELBY, M.D. (1969–1976, ABC)

ELENCO: Robert Young, James Brolin, Elena Verdugo

En esta serie médica, Elena Verdugo es Consuelo López, la enfermera sabelotodo y bromista, quien trabaja para el Dr. Welby (Young). Infinidad de guiones completos fueron escritos para aprovechar el talento cómico y dramático de Verdugo. Dolores del Río aparece como su madre en un episodio, en el cual Del Río se estaba muriendo de cáncer. Un episodio amoroso presenta a Verdugo con el actor invitado Joseph Campanella, que sufre de un malestar de la espalda. Verdugo fue nominada dos veces para el Emmy de Mejor Actriz de Reparto en una Serie Dramática de Continuidad.

Robert Young (izq.), Elena Verdugo (centro) como la enfermera Consuelo y James Brolin (der.) en la serie de televisión *Marcus Welby, M.D.*

MEET MILLIE (1952–1956, CBS)

ELENCO: Elena Verdugo

En esta serie cómica de media hora, Elena Verdugo es Millie Branson, una típica muchacha americana, que vive y trabaja como secretaria en Manhattan.

MICHAEL HAYES (1997–, CBS)

ELENCO: David Caruso, Rubén Santiago Hudson

Caruso es el personaje titular; un recién nombrado Fiscal en funciones de la ciudad de Nueva York. Santiago Hudson aparece como Eddie Díaz, el dedicado investigador jefe de Hayes.

MIAMI VICE (1984–1989, NBC)

ELENCO: Don Johnson, Phillip Michael Thomas, Edward James Olmos, Saundra Santiago

Original de Anthony Yerkovich y un equipo creativo que tenía a la cabeza al productor ejecutivo Michael Mann, éste fue un drama policiaco innovador, situado en Miami, en 1980, en un estilo art-deco, integrado por vistas similares a los programas de MTV, edición y música, con un elenco multiracial.

El detective Sonny Crockett (Johnson) y el detective Ricardo Tubbs (Thomas), son dos policías llamativos contra la corrupción que trabajan en el bullicioso Miami, luchando contra los narcotraficantes que operan en las movidas avenidas, y escasamente iluminados callejones de los hoteles art-deco, mansiones y canales abiertos. El programa ganó cuatro Emmys en 1984–1985, su primer año en el aire. *Miami Vice* fue caracterizado por el *New York Times* como "agresivamente contemporáneo", y celebrado en *Newsweek* por su "estilo visual y tono auditivo", y por su "cinematografía impresionista de corte rápido", y por *USA Today* como una "pintura popular, llena de imágenes encantadoras, complejas, surrealistas".

Aunque el programa tenía algunos papeles como modelos positivos, presentaba de manera contundente a los afroamericanos e hispanos en roles de narcotraficantes, chulos y prostitutas, en una ciudad exótica y plagada de crímenes. Muchos actores hispanos aparecen a través del lustro que duró la serie, incluyendo a Tito Goya, Miguel Piñero, Esai Morales, Pepe Serna, Luis Guzmán, Rosana de Soto, Lou Diamond Phillips, Daniel Lugo, Francesca Quinn y Alfonso Arau.

Edward James Olmos creó el rol del difidente y práctico teniente Martín Castillo. Olmos ganó el premio Emmy como Mejor Actor de Reparto en una Serie Dramática, igual que un premio Golden Globe de la Prensa Extranjera de Hollywood. Olmos también dirigió un episodio llamado "Bushida", que fue uno de los que tuvo mejor índice de espectadores de la serie. Saundra Santiago aparece como la detective Gina Calabrese, una policía secreta. Gregory Sierra hizo del teniente Lou Rodríguez en los episodios iniciales de prueba, pero el personaje fue eliminado y sustituido por el teniente Castillo, de Olmos.

My So-Called Life (1994, ABC)

ELENCO: Bess Armstrong, Claire Danes, Wilson Cruz

Wilson Cruz es Rickie Vásquez, un adolescente homosexual sensible, en esta serie acerca de los diversos lados de la adolescencia en el colegio secundario.

Nash Bridges (1996–2001, CBS)

ELENCO: Don Johnson, Cheech Marín, Jaime P. Gómez

Don Johnson, la estrella de la serie como Nash Bridges, es un inspector de la policía de San Francisco; Cheech Marín aparece como Joe Domínguez, su chistoso compañero. Jaime P. Gómez interpreta a Evan Cortéz.

Esta serie policíaca de una hora es filmada enteramente en los exteriores de San Francisco.

Nasty Boys (1990, ABC)

ELENCO: Dennis Franz, Benjamin Bratt, Don Franklin

Esta serie de aventuras, de programas de una hora de duración, fue inspirada por los verdaderos "Nasty Boys" del norte de Las Vegas, una unidad que combate el crimen, cuyos miembros protegen su anonimato vistiendo capuchas negras al estilo ninja. Bratt es Cruz, un policía secreto que sigue sus propias reglas.

The New Dick Van Dyke Show (1971–1974, CBS)

ELENCO: Dick Van Dyke

En su tercera y última temporada, el programa cambió el lugar de Phoenix, Arizona, a Los Ángeles. En la temporada aparecieron Chita Rivera como Connie Richards, la vecina de la casa de al lado, Henry Darrow como Alex, el director de escena, y Carmen Zapata como la sirvienta.

The New Odd Couple (1982–1983, ABC)

ELENCO: Ron Glass, Demond Wilson

En esta versión afroamericana de la popular obra de teatro, película y serie, *The Odd Couple*, original de Neil Simon, Liz Torres interpreta el rol de María.

New York Undercover (1994–1998, Fox)

ELENCO: Malik Yoba, Michael DeLorenzo, Patti D'Arbanville, Lauren Vélez

Un drama de una hora, sobre un pelotón de detectives policíacos jóvenes de la ciudad de Nueva York, que luchan por limpiar las calles de criminales, mientras tratan de hacer algo concreto con sus vidas. Al ritmo de música contemporánea y filmada en un estilo visual subyugador, la serie ofrece un primer plano de las vidas de muchos de los jóvenes de áreas urbanas de América, que tienen que resolver asuntos complicados como el racismo, conflictos familiares, drogas y portar armas de fuego. El detective policiaco afroamericano J.C. Williams (Yoba), tratando de aceptar el ilógico asesinato de su novia, siente que su fe en la humanidad ha sido puesta a la máxima prueba. Su compañero, Eddie Torres, es un temerario puertorriqueño, con emociones que a veces nublan su sentido de justicia. Juntos, los dos han apresado bandas peligrosas de narcotraficantes, denunciado la corrupción, y clandestinamente, han sido basureros, sirvientes, abogados o travestís. En la segunda temporada se unió a ellos la detective Nina Moreno (Vélez), una avispada policía que quiere probar a Torres y a Williams de lo que ella es capaz. Filmada en las calles de la ciudad de Nueva York, el programa tiene un sentido verídico y trae a la televisión fuertes caracterizaciones de puertorriqueños. José Pérez interpreta al ausente padre de Torres, un narcómano, paciente de SIDA.

Nick Freno: Licensed Teacher (1997, WB)

ELENCO: Mitch Mullany, Stuart Pankin, Charles Cypher, Jonathan Hernández

Jonathan Hernández es el estudiante Orlando, en esta comedia que sucede en una escuela de primaria.

NIGHTINGALES (1989, NBC)

ELENCO: Suzanne Pleshette

Roxann Biggs representa a una enfermera hispana, Yolanda Puente, en esta controvertida serie, de poco tiempo en la cartelera, sobre las vidas profesionales y privadas de jóvenes estudiantes de enfermería.

THE NINE LIVES OF ELFECO BACA (1958–1960, NBC)

ELENCO: Robert Loggia, Robert F. Simon, Néstor Paiva, Rica Alaniz

Walt Disney produjo esta serie de diez episodios en colores que contaban la historia de Elfeco Baca, un sheriff iberoamericano convertido en abogado, en el territorio de Nuevo México del Viejo Oeste. Rogert Loggia hace de Elfeco Baca; la serie fue dirigida por Norman Foster, basada en su telenovela. James Pratt fue el productor.

El programa se apoya en la fórmula de aventuras del oeste que rebaja al protagonista con personajes anglos vociferando frases como, "No le va a gustar este trabajo; va en contra de uno de sus compatriotas", a lo que Elfeco responde, "Un hombre como ése da mal nombre a nuestra gente".

9 TO 5 (1982–1983, ABC)

ELENCO: Rita Moreno, Valerie Curtin, Rachel Dennison

En esta serie cómica de media hora, Rita Moreno es la oficinista Violeta. Ella representa la moderna mujer hispana, que habla inglés sin acento; un modelo de conducta a imitar, quien pertenece a las corrientes actuales. Violeta es parte integral del guión que gira alrededor de ella y de dos de sus compañeras de trabajo, dentro y fuera de la oficina. Ella es también una madre soltera, con un hijo pequeño. La serie presentó una imagen diferente muy refrescante. El programa estuvo basado en la exitosa cinta del mismo título, en la cual el personaje de Violeta no era hispano originalmente y fue interpretado por Lily Tomlin. Moreno pidió que el papel de Violeta usara el apellido de soltera Fernández, en vez de Newslead, ya que el esposo de Violeta había muerto.

NOTHING SACRED (1997, ABC)

ELENCO: Devin Anderson, José Zúñiga

Esta serie de programas de una hora, se centra en las actividades diarias de un joven cura poco convencional, quien está siempre luchando con balancear su fe en Dios, con las tentaciones y problemas de la vida moderna. José Zúñiga viste el hábito en su papel de J.A. Ortiz.

Nurses (1991–1994, NBC)

ELENCO: Stephanie Hodge, Arnetia Walker, Mary Jo Keenen, Markus Flanagan, Ada Maris

Susan Harris (*Soap* [1977–1981]), creó esta comedia de grupo, que presenta a cinco enfermeras que se enfrentan a la vida profesional con frívola camaradería, a pesar de estar cargadas de trabajo, recibir poco sueldo y ser poco apreciadas. La historia presenta a Gina Cuevas (Maris), una joven de alta moral, inmigrante centroamericana, quien estudia celosamente para convertirse en una buena ciudadana americana, y a Paco Ortiz (Carlos LaCámara), el ordenanza que sabe cómo pulsa la vida del hospital.

NYPD Blue (1993–, ABC)

ELENCO: Dennis Franz, Jimmy Smits, Nick Turturro, Esai Morales, Kim Delaney

Una serie dramática de una hora que abrió nuevas fronteras, y gira alrededor de las vidas profesionales y privadas de los hombres y mujeres de la patrulla de detectives del precinto 15, de la ciudad de Nueva York.

Jimmy Smits, como el detective Bobby Simone, se unió al elenco en la segunda temporada. Él y su nuevo compañero, Andy Sipowicz (Franz), no siempre están de acuerdo, mayormente por sus conflictivas personalidades —Andy es brusco y grosero, mientras Bobby es tranquilo y muchas veces introvertido— pero Simone se las arregla para demostrar a Andy la clase de obstinado investigador que es. Simone tenía a veces amoríos con la compañera detective, Diane Russell (Delaney), pero, por estar ella recuperándose de su alcoholismo, la relación era inestable. Nicholas Turturro hace del detective puertorriqueño, James Martínez.

Smits estuvo con la serie durante cuatro temporadas, hasta que su personaje murió de una enfermedad del corazón, al principio de la quinta temporada. El episodio en el que Bobby Simone fallece fue uno de los de mayor espectadores de la serie.

Jimmy Smits es Bobby Simone y Dennis Franz es Andy Sipowicz en *NYPD Blue*.

OHARA (1987–1988, ABC)

ELENCO: Pat Morita, Kevin Conroy, Madge Sinclair

Pat Morita es la estrella de esta serie de aventuras de crimen, de una hora, en la que aparece como un detective policiaco poco convencional de Los Ángeles. La primera temporada presenta a Richard Yñiguez como el detective policiaco Jesse Guerrera, en un rol del reparto regular. En la segunda temporada, Rachel Ticotín actúa como la fiscal asistente del distrito, Teresa Storm.

ON THE ROCKS (1975–1976, ABC)

ELENCO: José Pérez, Buddy Sandler, Hal Williams

Esta comedia de media hora sucede en una prisión del suroeste y solamente salió al aire durante una temporada.

100 CENTRE STREET (1984, ABC)

ELENCO: Len Cariou, Dee Wallace, J.A. Preston, Lela Ivey, Henry Darrow

Este programa de prueba, de media hora, sobre la vida en el despacho de un juez, muestra que todo no es orden público. El juez supervisor Charles Felt quisiera que sus colegas se adhirieran más a la ley y dejaran de quejarse sobre los casos que les son asignados. Su propia vida se ve desorientada cuando su esposa le presenta una demanda de divorcio. Henry Darrow tiene un rol estelar como el juez Ramón Robledo.

ONE OF THE BOYS (1989, NBC)

ELENCO: María Conchita Alonso, Robert Clohessy

Alonso hizo su debut en la televisión americana en esta comedia de media hora, como María, una vivaracha inmigrante venezolana, quien espera tener su parte en el sueño americano, trabajando como una tenedora de libros de una firma de construcción totalmente masculina. La serie duró solamente unos cuantos episodios.

OYE WILLIE (1979, PBS)

ELENCO: Fernando López, Alfonso Ribeiro

Esta serie de siete partes, de media hora cada una, es acerca de un niño puertorriqueño de doce años, Willie, y sus aventuras mientras crece en el Harlem hispano de Nueva York. La serie fue filmada enteramente en Nueva York y ofreció la mayor concentración de hispanos que había hasta ese momento, frente y detrás de las cámaras. Olivia Pérez dirigió tres segmentos, igual que Luis Soto. El productor ejecutivo y creador fue Lou de Lemos.

Oz (1997–2002, HBO)

ELENCO: Ernie Hudson, Terry Kinney, Tony Musante, Rita Moreno, Lauren Vélez, Kirk Acevedo, Chris Rock

La ficticia Prisión de Máxima Seguridad de Oswald, provee el ambiente para esta serie dramática que examina las relaciones entre los funcionarios del local, y los presos. Rita Moreno interpreta a la monja consejera Hermana Peter Marie, Lauren Vélez es la doctora de la cárcel y Kirk Acevedo es un preso cuyos padre y abuelo también cumplen condena en Oz.

Passport to Danger (1954–1956, Sindicalizada)

ELENCO: César Romero

Romero fue la estrella de treinta y nueve episodios de esta serie de programas semanales de media hora, en la que aparecía como Steve McQueen, un mensajero diplomático enviado en una misión a diferentes países.

Phyllis (1975–1977, CBS)

ELENCO: Cloris Leachman

En esta serie nacida de *The Mary Tyler Moore Show* (1970–1977), Leachman es Phyllis y Liz Torres es Julie Erskine, una fotógrafa.

The PJs (1999, Fox)

ELENCO: Eddie Murphy, Pepe Serna

En esta serie cómica de media hora que sucede en un proyecto para familias pobres de Chicago, Pepe Serna hace la voz del personaje de Sánchez, uno de los inquilinos.

Popi (1976, CBS)

ELENCO: Héctor Elizondo, Edith Díaz, Anthony Pérez, Dennis Vásquez

Esta serie que duró poco tiempo, sobre un viudo puertorriqueño (Elizondo) que vive con sus dos hijos en el Harlem hispano de Nueva York, está basada en la película del mismo nombre, de 1969 (ver la lista de las películas). El episodio de prueba salió al aire en mayo de 1975, en CBS, pero la serie no comenzó a transmitirse hasta enero de 1976.

Profiler (1996–2000, NBC)

ELENCO: Ally Walker, A Martínez

En febrero de 1997, A Martínez se convirtió en un regular de la serie al asumir el papel de Cooper, un mandamás experto en terrorismo y explosivos que siempre masca chicle, y le deleita verse en peligro. Después de haber aparecido como invitado en dos episodios previos, el personaje forma un lazo afectuoso con la Dra. Sam Waters (Walker), una talentosa psicóloga forense.

Qué Pasa, U.S.A.? (1978, PBS)

ELENCO: Velia Martínez, Luis Oquendo, Ana Margarita Menéndez, Rocky Echevarría [Steven Bauer], Manolo Villaverde

Situada en la comunidad de los exiliados de Miami, llamada La Pequeña Habana, esta serie sigue las vidas de los cubano-americanos que tratan de triunfar en su nueva patria. Tres generaciones —abuelos, padres e hijos adolescentes— cada uno con sus propias necesidades y deseos, componen el centro de la historia. Varios artistas invitados de distintas razas y nacionalidades intervienen en roles de reparto, creando situaciones únicas que causan tensiones con resultados tanto cómicos como serios.

El programa fue la primera serie de comedia y drama hispana nacional, escrita, dirigida, producida y con estrellas cubano-americanas. La idea se originó en WPBT, la estación de la televisión pública de Miami, donde fue filmada. Rocky Echevarría obtendría después el estrellato, cuando le fue encomendado el rol de Manny en *Caracortada* (1983), junto a Al Pacino. Rocky más tarde cambió su nombre por el de Steven Bauer.

Rawhide (1959–1966, CBS)

ELENCO: Eric Fleming, Clint Eastwood

Esta serie del oeste fue creada por Charles Marquis Warren y trataba sobre las aventuras de vaqueros en los largos viajes de Texas a Kansas para mover el ganado. Uno de los vaqueros es un mexicano llamado Hey Soos, seguramente una cómica interpretación gringa del sonido del nombre de Jesús. El personaje fue interpretado por Robert Cabal, de 1961 a 1964.

The Real McCoys (1957–1962, ABC; 1962–1963, CBS)

ELENCO: Walter Brennan, Richard Crenna

Esta serie de comedia rural, de media hora, es referente a una familia ranchera moderna de California, con Walter Brennan y Richard Crenna de estrellas. También presenta al personaje de Pepino García, un peón mexicano trabajador de la finca al que le interesa la música, interpretado de una manera memorable por Toni Martínez. Pepino, un personaje de una sola dimensión que reside en la finca, habla el inglés mal y con exageración.

Realidades (1975–1976, PBS)

Este programa en formato de magazine, fue producido localmente por WNET-TV, Canal 13 de Nueva York. Durante el primer año, tuvo un enfoque predominantemente puertorriqueño, que luego fue ampliado a todos los temas hispanos y sus respectivas culturas de los Estados Unidos, cuando comenzó a transmitirse nacionalmente en 1975 y 1976. Fue el primer espectáculo hispano bilingüe en la historia de la televisión, un adelanto para los hispanoamericanos de la media. *Realidades* presentaba todos los temas: de drama (cintas fílmicas y segmentos grabados en video, y programas completos) a documentales, y noticieros. Fue uno de los primeros programas en presentar El Teatro Campesino de Luis Valdéz y otros prominentes actores y grupos teatrales. Jesús Treviño y José Luis Ruiz produjeron los segmentos de varios episodios referentes a los chicanos del suroeste. Willie Colón fue el director musical, el productor ejecutivo fue Humberto Cintrón, y la producción estuvo a cargo de Lou de Lemos.

The Redd Foxx Show (1986, ABC)

ELENCO: Redd Foxx, Rosana de Soto, Pamela Segall

En esta comedia de media hora, creada por Rock Kellard y Bob Comfort, Foxx hace el papel de Al Hughes, dueño de una combinación de quioscos de periódicos y cafetines, en el corazón de la ciudad de Nueva York. La comedia estuvo subrayada por la graciosa actuación de Diana Olmos (De Soto), la poco seria y sensual cocinera y camarera puertorriqueña, que igual servía chistes que los especiales del almuerzo.

Resurrection Blvd. (2000, Showtime)

ELENCO: Tony Plana, Ruth Livier, Nicholas González, Michael DeLorenzo, Elizabeth Peña, Mauricio Mendoza, Marisol Nichols, Daniel Zacapa

Este es un drama de conjunto, de una hora, acerca de la familia Santiago y sus luchas por vivir el sueño americano. La acción sucede en el lado este de la ciudad de Los Ángeles, donde sus historias se entremezclan según surgen las

El elenco de la aclamada serie de Showtime *Resurrection Blvd.*, la primera serie de drama de televisión enfocada en gente latina, detrás y delante de la cámara. (Parados, izq. a der.) Elizabeth Peña, Mauricio Mendoza, Tony Plana, Nicholas González, Daniel Zacapa; (sentados, izq. a der.) Ruth Livier, Michael DeLorenzo y Marisol Nichols.

demandas de la tradición de la familia, y como esto afecta carreras, amistades y la familia propiamente.

Esta es la primera serie dramática de la televisión americana en presentar prominentemente a hispanos, tanto frente a la cámara como detrás de ella. Dennis E. Leoni fue el creador del programa, sirviendo igualmente de productor, junto a Robert Eisele. Jesús Treviño dirigió el primer programa de la serie, de dos horas de duración, y sirve además como el productor supervisor.

Rhoda (1974–1978, CBS)

ELENCO: Valerie Harper

Rhoda surgió de *The Mary Tyler Moore Show* (1970–1977), donde Rhoda apareció por primera vez como un personaje secundario. Ahora en su nueva serie, Rhoda regresa de Minnesota a vivir en Nueva York. Uno de los actores regulares durante la temporada de 1977–1978 fue Rafael Campos, que aparece como un despreocupado trabajador hispano. Esta serie cómica de media hora, fue creada por James L. Brooks y Allan Burns.

The Rita Moreno Show (1976, ABC)

ELENCO: Rita Moreno

Este filme de media hora de duración que sirvió de prueba, tuvo como estrella a Rita Moreno en el papel de Googie Gómez, el alocado personaje creado por ella en Broadway, y en el largometraje *The Ritz* (*Ver* las listas de las películas), por el que recibió un premio Tony.

Roseanne (1988–1997, ABC)

ELENCO: Roseanne, John Goodman

Evelina Fernández representó el pequeño rol de Juanita Herrera, trabajadora de una factoría, en la primera temporada de esta serie cómica, de media hora, referente a una familia obrera que apenas puede sobrevivir económicamente.

Ryan Caulfield: Year One (1999, Fox)

ELENCO: Sean Maher, Michael Rispoli, Roselyn Sánchez

Un drama de una hora, sobre la vida de Ryan Caulfield, un adolescente de diecinueve años que decide ingresar en la policía antes que ir al colegio universitario. La serie fue cancelada después de salir al aire solamente tres veces. Roselyn Sánchez hacía del policía Kim Veras.

Sabrina: The Teenage Witch (1996–, ABC)

ELENCO: Melissa Joan Hart, Caroline Rhea

Un programa cómico de media hora, referente a una joven con poderes sobrenaturales.

Jon Huertas se unió al elenco en 1999, como Brad, el mejor amigo de Sabrina que se interpone entre ella y su novio.

Sanchez of Bel Air (1986, USA Cable)

ELENCO: Reni Santoni, Marcia Del Mar, Richard Coca, Alitzah Wiener, Alma Beltrán

Esta serie cómica de trece episodios, fue creada por April Kelley y Dave Hackel, que también fungieron como productores. El negocio de ropa de Ricardo Sánchez (Santoni) al fin tiene éxito después de veinte años, y la familia puede abandonar el barrio situado al este de Los Ángeles donde viven y mudarse a Beverly Hills. Sin embargo, el nuevo domicilio causa una crisis en la familia, mientras tratan de adaptarse a su nueva vida en el afluente vecindario de Beverly Hills.

Esta serie fue en esencia *The Beverly Hillbillies* (1962–1971) y *The Jeffersons* (1975–1985), con un título diferente, y arreglada para latinos. Los dos escritores no hispanos que tenían un conocimiento limitado de la vida y cultura de los latinoamericanos, nunca fueron capaces de transmitir una graciosa identidad cultural; por lo que el público encontró falsedad en el programa. Actores latinos interpretaron a las tres generaciones de la familia Sánchez; el único actor regular del programa que no era hispano fue el "vecino de la casa de al lado", Frankie Rondell, interpretado por Bobby Sherman.

Sanford and Son (1972–1977, NBC)

ELENCO: Redd Foxx, Demond Wilson

Esta comedia de media hora fue desarrollada por Ray Galton y Alan Simpson, de la exitosa serie cómica inglesa, *Steptoe and Son* (1962–1974). *Sanford and Son* tenía de estrella a Redd Foxx, como el viejo refunfuñón Fred Sanford, y a Demond Wilson como Lamont, su hijo soltero de treinta años de edad. Los dos manejan un negocio de chatarra desde su casa en el lado sur del centro de Los Ángeles. Gregory Sierra aparecía con regularidad en el rol de Julio Fuentes, el vecino puertorriqueño, cuya etnia provocaba innumerables chistes que exponían la fea cara del prejuicio entre las mismas minorías. Sierra creó un personaje muy humano y carismático.

SANTA BARBARA (1984–1992, NBC)

ELENCO: Dame Judith Anderson, Marcy Walker, Lane Davies, Todd McKee, A Martínez

La progresista y espléndida comunidad playera de Santa Bárbara, California, provee el escenario para esta telenovela dramática diurna de serie continua, de NBC-TV, creada por Jerome y Bridget Dobson, que presenta las vidas y amoríos de cuatro familias residentes del área: los Lockbridge, Perkins, Andrade y Capwell.

Los Andrades son una familia mexicano-americana que trata de alcanzar el sueño americano. La tozuda hija, Santana (Ava Lazar), está determinada a elevarse sobre la posición de su familia, y encontrar el bebé que ella fue obligada a entregar en adopción años atrás. Los miembros de la familia son interpretados por Ismael "East" Carlo, Margarita Córdova, y Rupert Ravens.

Santa Barbara fue la primera serie dramática diurna que presentaba en sitio prominente a una familia mexicano-americana con importantes personajes hispanos, y la primera en destacar una relación entre un personaje mexicano-americano y un anglo.

Durante el curso de las primeras cinco temporadas, la serie se centró casi exclusivamente en la vida y amores de la familia Cadwell. A Martínez fue uno de los miembros del elenco original. Su personaje, Cruz Castillo, es un galán de primera clase que se relaciona con todos los otros miembros de la historia. Cruz llegó a casarse con la heroína de la serie, Eden Capwell, culminando así un romance de cuatro años que fue uno de los momentos más esperados de la televisión diurna.

Debido a que el programa fue sindicalizado fuera de los Estados Unidos, Martínez conquistó un incontable número de admiradores fanáticos en más de treinta países. Cuando la producción de *Santa Barbara* se trasladó a los exteriores de París, Francia, para filmar varios segmentos, Martínez y otros miembros del reparto se veían asediados donde quiera que iban. Martínez obtuvo un Emmy como Actor Principal Sobresaliente de una Serie Dramática, por su rol de Castillo. Henry Darrow representó a Rafael, el padre de Cruz Castillo, y obtuvo el Emmy como Actor de Reparto Sobresaliente de una Serie Dramática, de la programación diurna. La serie finalizó sus transmisiones el 15 de enero de 1993.

Saved by the Bell (1989–1993, NBC)

ELENCO: Mario López, Mark-Paul Gosselaar, Tiffani-Amber Thiessen

Mario López, nativo de California, de origen mexicano, aparece como el musculoso Slater, en esta comedia de las mañanas sabatinas, acerca de un grupo de estudiantes de un colegio secundario. La serie fue producida por Peter Engel.

Saved by the Bell: The College Years (1993, NBC)

ELENCO: Mario López, Mark-Paul Gosselaar, Tiffani-Amber Thiessen

Mario López repite su papel de Slater de la serie de las mañanas del sábado de tanto éxito, *Saved by the Bell* (1989–1993). En estos programas transmitidos en horas de mayor público televidente, Slater es de nuevo un estudiante de primer año, esta vez en la Universidad de California. A pesar de que tiene una beca como luchador, descubre que vivir lejos del hogar no es tan fácil como él esperaba.

Saved by the Bell: The New Class (1993–2000, NBC)

ELENCO: Jonathan Angel

Esta continuación de la serie anterior, *Saved by the Bell* (1989–1993), con un nuevo grupo de estudiantes, presenta al estudiante hispano Tommy DeLucca (Ángel).

seaQuest DSV (1993–1995, NBC)

ELENCO: Roy Scheider, Stephanie Beacham, Don Franklin, Marco Sánchez

Este serie de aventuras de acción futurista, que sucede en el año 2018, trata de un submarino espectacular y su tripulación multinacional, que explora y fiscaliza el expansivo confín oceánico. Marco Sánchez hace de Mundo Ruiz, un tripulante a cargo del sistema informativo de alta tecnología del submarino, modelo de conducta ejemplar en la persona de un hispano responsable, respetado e inteligente.

Second Chances (1993–1994, CBS)

ELENCO: Connie Sellecca, Matt Salinger, Jennifer López, Ronnie Cox, Megan Follows, Michelle Phillips, Pepe Serna

Esta serie de dramas de una hora, sigue a un grupo de personajes cuyas vidas están unidas por la investigación de un crimen. Pepe Serna hace de Sal López, un orgulloso chicano de la clase media, funcionario del buró de libertad condicional, cuya hija Melinda (López), una bella estudiante universitaria, va a contraer matrimonio con el hijo de una familia anglo de sangre azul.

The Second Half (1993–1994, NBC)

ELENCO: John Mendoza, Wayne Knight

Esta serie cómica tiene de estrella al comediante John Mendoza, como un reportero de deportes recién divorciado, quien cría a dos hijas, al mismo tiempo que se enfrenta a una crisis de madurez.

Sesame Street (1969–, PBS)

El programa de *Sesame Street,* creado por el Taller de Televisión para Niños (Children's Television Workshop) ha estado en el aire por más de treinta temporadas, y ganado más de cincuenta premios Emmy. Durante dos décadas, María (Sonia Manzano) y Luis (Emilio Delgado) han sido una presencia vital (puertorriqueña y mexicana), en este programa nacional para niños, que presenta un surtido de actuaciones en vivo, música, canciones y baile, filmadas como segmentos, dibujos animados, y títeres para instruir a niños pequeños. Muchos de los espacios son bilingües y bi-culturales, para introducir a los niños en la cultura hispana de los Estados Unidos. También trajo a la pantalla chica a Big Bird, y el mundo de los famosos títeres de Jim Henson, como Kermit, la rana. Manzano es una puertorriqueña que creció en el lado sur del Bronx, de la ciudad de Nueva York. Delgado es nativo de Calexico, California, y estudió en Los Angeles, antes de trasladarse a Nueva York.

Shannon's Deal (1990–1991, NBC)

ELENCO: Jamey Sheridan, Elizabeth Peña

Esta serie dramática de una hora, fue creada por el cineasta independiente, escritor y director, John Sayles. Está centrada en un abogado de Filadelfia, con grandes deudas de juego, cuyos hábitos le han costado su familia y un lucrativo negocio como socio de un prestigioso bufete de abogados corporativos. Shannon regresa a sus raíces para comenzar de nuevo, y como un abogado practicante en solitario, devenga una mísera ganancia. Elizabeth Peña aparece como su leal secretaria, Lucy Acosta, en una caracterización no estereotípica. Wynton Marsalis interpreta el tema musical.

Slattery's People (1964–1965, CBS)

ELENCO: Richard Crenna, Ed Asner

Esta serie enfoca los conflictos profesionales y personales de un representante idealista del estado (Crenna). En la primera temporada, Paul Geary aparecía como el ayudante de policía, Ramos. Alejandro Rey, que hizo el papel de Mike Valera, remplazó a Geary en la segunda temporada.

La serie de televisión *Star Trek: Voyager* incluye Robert Beltrán como Chakotay y Roxann Dawson como Torres.

Star Trek: Voyager (1994–2000, UPN)

ELENCO: Kate Mulgrew, Robert Beltrán, Roxann Dawson

Robert Beltrán aparece como el primer oficial, Chakotay, temerario antiguo capitán del Marquis. Cuando los rebeldes del Marquis se unen a la tripulación de la Federación, de la nave-estrella *USS Voyager*, Chakotay acepta ser el primer oficial del capitán Janeway. Roxanne Dawson es la ingeniera en jefe, B'Elanna Torres, una bella mujer que es mitad humana y mitad Klingon.

The Steve Allen Show (1956–1960, NBC; 1961, ABC)

ELENCO: Steve Allen

En 1959, este show de variedad introdujo a Bill Dana, como el personaje de José Jiménez, un inmigrante mexicano.

Suddenly Susan (1996–2000, NBC)

ELENCO: Brooke Shields, Néstor Carbonell, Judd Nelson, David Strickland

Una comedia de conjunto que acontece en una moderna revista de San Francisco. El programa está centrado en Susan (Shields), una bella, pero algo protegida escritora de la revista, que renuncia a la oportunidad de casarse con un rico, para aprender algo más de la vida y sobre ella misma. Néstor Carbonell aparece como Luis Rivera, un agradable fotógrafo de la revista *The Gate*.

Sword of Justice (1978–1979, NBC)

ELENCO: Dack Rambo, Bert Rosario

En esta serie de aventuras de una hora, Héctor Ramírez (Rosario), es un ex presidiario que persigue a los que faltan a la ley, ayudado por su ex compañero de celda.

T.H.E. Cat (1966–1967, NBC)

ELENCO: Robert Loggia, Robert Carricart

Esta serie de media hora es acerca de un antiguo trapecista de circo y ladrón nocturno, que ahora lucha contra el crimen como un guardaespaldas privado. Su amigo Pepe (Carricart), un gitano español que maneja el club La Casa del Gato, donde El Gato tiene su oficina, lo ayuda a desempeñar su trabajo.

Tarzan (1966–1969, NBC)

ELENCO: Ron Ely, Manuel Padilla Jr.

Esta serie de *Tarzan* fue filmada enteramente en México, aunque la acción supuestamente sucede en África. La atmósfera era decididamente latina, y presentó a Manuel Padilla Jr. como Jai, el joven compañero nativo de Tarzán.

That '70s Show (1998–, Fox)

ELENCO: Topher Grace, Mila Kunis, Ashton Kutcher, Danny Masterson, Laura Prepon y Wilmer Valderrama

Una comedia de media hora de los años 1970, sobre adolescentes y sus padres, que se desarrolla en los suburbios de Wisconsin. Valderrama aparece como Fez, un alumno de intercambio.

Third Watch (1999, ABC)

ELENCO: Bobby Cannavale, Kim Raves, Eddie Cibrián

Una serie de una hora acerca de los bomberos, policías y paramédicos de la ciudad de Nueva York, que componen el personal de "Third Watch", del turno entre las once de la noche hasta las tres de la mañana.

Time of Your Life (1999, Fox)

ELENCO: Jennifer Love Hewitt, Pauley Perette, Diego Serrano

Diego Serrano hace de J.B. en esta serie que sigue las aventuras de Sarah en la Gran Manzana. El programa nació del inmensamente popular *Party of Five* (1994–2000).

María Canals (centro atrás) con el elenco de *The Tony Danza Show*.

The Tony Danza Show (1997, NBC)

ELENCO: Tony Danza, María Canals, Majandra Delfino

María Canals interpreta a la ocurrente y bella joven prodigio de la computadora y editora asistente, Carmen Cruz, quien le encanta bromear con su jefe (Danza), un padre soltero y reportero deportivo que le tiene aversión a las computadoras.

Tony Orlando and Dawn (1974–1976, CBS)

ELENCO: Tony Orlando

Este programa variado musical de una hora, comenzó como un programa de reemplazo veraniego y continuó cuando fue acogido con interés, y encontró un buen índice de público televidente.

Total Security (1997, Abc)

ELENCO: Jim Belushi, Tony Plana

Tony Plana interpreta al gerente de un hotel donde Total Security basa su operación.

Touched by an Angel (1994–, CBS)

ELENCO: Della Reese, Roma Downey

Durante la cuarta temporada, Alexis Cruz fue presentado en un papel que se repite como Rafael, el ángel sabelotodo que ayuda a jóvenes necesitados.

Tough Cookies (1986, CBS)

ELENCO: Robby Benson, Lainie Kazan

En este drama policíaco de media hora, Robby Benson aparece como Cliff Brady, un joven detective de la policía de Chicago, quien vive y trabaja en el peligroso barrio donde creció. Elizabeth Peña, en su primera actuación en una serie televisada, es Connie Rivera, una joven policía secreta.

Tour of Duty (1987–1990, CBS)

ELENCO: Terence Knox, Stephen Caffrey, Joshua Maurer, Ramón Franco

La historia de los soldados americanos de la base Ladybird que consolidaron amistades mientras peleaban en Vietnam, en 1967, es original de L. Travis Clark y Steve Duncan. Ruiz, interpretado por Ramón Franco, es un puertorriqueño de las calles de Nueva York. Las sutilezas sobre los orígenes de los personajes puertorriqueños neoyorquinos, son puestas de relieve con gran éxito por los escritores y por el actor Franco. A través del personaje de Ruiz, *Tour of Duty* es el único programa de televisión que reconoce la participación hispanoamericana en los conflictos armados de la nación. Desde *Combat* hasta *M*A*S*H* y *China Beach*, los hispanos nunca habían sido reconocidos en roles principales. Miguel Núñez aparece como un recluta, pero no específicamente de raíces hispanas.

Trial and Error (1988, CBS)

ELENCO: Eddie Vélez, Paul Rodríguez

En esta comedia de media hora que duró muy poco tiempo, un joven abogado, John Hernández (Vélez), y un vendedor de camisetas, Tony Rivera (Rodríguez), son compañeros de cuarto en Los Ángeles.

Union Square (1997, NBC)

ELENCO: Michael Landes, Harriet Sansom Harris, Jim Pirri, Constance Marie

Una comedia de media hora, en la que Marie hace de Gabriela Valdéz, una actriz tejana de El Paso, que se muda a Nueva York con la esperanza de ser descubierta.

The Untouchables (1959–1963, ABC)
Los intocables

ELENCO: Robert Stack, Paul Picerni, Nicholas Georgiade, Abel Fernández

En 1959, este programa salió al aire originalmente como un drama de dos partes en el programa *Desilu Playhouse* (1958–1960), con un estilo cinemático muy potente. Alcanzó tanto público televidente que ABC y las Producciones Desilú lo convirtieron en una serie semanal. Abel Fernández apareció como Bill Youngfellow, uno de *Los intocables* en la serie regular, que estaba basada en las hazañas verdaderas de Elliot Ness y su grupo de los incorruptibles agentes del tesoro que lucharon contra Al Capone y otras figuras pandilleras durante la era de la prohibición, en el Chicago de la década de los 20.

Robert Stack (izq.) y Abel Fernández (der.) en la serie de televisión *The Untouchables*.

Villa Alegre (1974–1981, PBS)

ELENCO: Gilbert Duron, Julio Medina, Carmen Zapata

Esta serie bilingüe (español/inglés), estaba dirigida a los niños entre 4 y 10 años, para darles conocimiento sobre las relaciones humanas, el entorno natural, comunicaciones, energía y objetos hechos por el hombre. Claudio Guzmán fue el productor ejecutivo.

Viva Valdez! (1976, ABC)

ELENCO: Carmen Zapata, Rudolfo Hoyos, Jaime Víctor, Jorge Cervera Jr.

Esta serie acerca de una familia mexicano-americana de Los Angeles, que duró de mayo a septiembre de 1976, ni fue bien recibida, ni bien concebida. El programa es solamente notable por tratar de producir una serie sobre una familia hispana, y porque le dio oportunidad a un número de talentosos artistas hispanos.

The West Wing (1999–, NBC)

ELENCO: Martin Sheen, Rob Lowe, Moira Kelly, Bradley Whitford

Una serie dramática de una hora, que da una mirada detrás de escena a las interioridades de la Oficina Oval de la Casa Blanca, a través de los ojos de un selecto grupo de sus empleados. Martin Sheen es el presidente Josiah Bartlett, quien desde su oficina, dirige la nación más poderosa de la tierra.

Welcome Back, Kotter (1975–1979, ABC)

ELENCO: Gabriel Kaplan, Marcia Strassman, John Sylvester White, John Travolta, Robert Hegyes, Lawrence Hilton-Jacobs

Esta comedia de media hora gira alrededor de un joven maestro, Gabe Kotter (Kaplan), que regresa al colegio secundario de la ciudad, del que es graduado, y trata de dar clases a estudiantes atrasados que tienen poco interés en estudiar. Los miembros de la clase, reacios a matricularse en el colegio, eran conocidos afectuosamente como "Los Sweathogs". Robert Hegyes aparece como Juan Epstein, un estudiante mitad hispano y mitad judío. La serie fue creada por Gabriel Kaplan y Alan Sacks.

WHAT A COUNTRY (1986–1987, SINDICALIZADA)

ELENCO: Garrett M. Brown, Yakov Smirnoff, Gail Strickland, George Murdock, Ada Maris, Julián Reyes, Leila Hee Olsen

Esta fue una comedia sindicalizada en la primera tanda, acerca de las aventuras humorísticas de una clase para obtener la ciudadanía, que es ofrecida por un maestro nocturno algo reacio, pero dedicado. Ada Maris interpreta a María Conchita López, una mexicana sensual que trabaja como sirvienta para una pareja rica de Beverly Hills. María Conchita cree que ha encontrado la tierra prometida en Rodeo Drive. Julián Reyes aparece como Víctor Ortega, un chiquillo bravucón de la calle, quien tiene los mismos ensueños e inseguridades de muchos de los inmigrantes.

THE WHITE SHADOW (1978–1981, CBS)

ELENCO: Kent Howard, Kevin Hooks, Thomas Carter

Esta serie de una hora, acerca de un entrenador anglo de baloncesto, de un Instituto de Los Ángeles de estudiantes de varias razas, presenta a Ira Angustain, como Ricardo Gómez, un miembro hispano del equipo. Varios episodios giran alrededor de ese personaje.

WICHITA TOWN (1959–1960, NBC)

ELENCO: Joel McCrea, Jody McCrea, Carlos Romero

En este episodio del oeste de 26 programas de media hora de duración cada uno, el policía Mike Dunbar (Joel McCrea), mantiene el orden público en Wichita, Kansas, en los años posteriores a la guerra civil. Carlos Romero interpreta un rol de reparto como Rico Rodríguez, un personaje regular de la serie.

WISEGUY (1986–1990, CBS)

ELENCO: Steven Bauer

En su cuarta y última temporada, esta serie dramática críticamente aclamada, de Stephen J, Cannell, introdujo a un nuevo galán, Steven Bauer, después de la partida de su estrella original, Ken Wahl. Bauer interpreta al fiscal federal acusador Michael Santana, que ha sido expulsado del colegio de abogados, y se une al Buró del Crimen Organizado del FBI, para poder infiltrar las filas de las poderosas organizaciones criminales. Estos seis episodios de cinco horas, en la primera parte de la temporada 1990–1991, fueron filmados en los exteriores de Miami. Se trata de una investigación de Santana sobre la muerte del agente secreto Vinnie Terranova (el personaje de Wahl), por un escuadrón de la muerte latinoamericano.

La historia tiene de invitado a Maximilian Schell, ganador de un premio de la Academia, como el cubano Areado Guzmán, y también a Manolo Villaverde. Este *Wiseguy* reencarnado, nos ofrece un Miami donde dos de los personajes principales son veteranos de la invasión de Bahía de Cochinos, donde el padre del héroe estuvo prisionero en una cárcel de la Cuba comunista, y donde el interés amoroso lo representa una cantante cubano-americana. La cinta trajo reconocimiento, de una manera realista, a las contribuciones hechas por los cubano-americanos en los últimos treinta años a la cultura americana, historia política y crimen, particularmente en Miami y el sur de la Florida, con personajes centrales nativos de Cuba, y criados en Miami. Los televidentes de las encuestas Nielsen, sin embargo, no aceptaron esta nueva reencarnación de *Wiseguy*, y la serie terminó después de los episodios de Miami.

The Xavier Cugat Show (1957, NBC)

ELENCO: Xavier Cugat

Este programa variado musical, de solamente quince minutos de duración, apareció junto al noticiero nocturno diario de NBC, también de quince minutos, y duró desde febrero a mayo de 1957, con Cugat y su entonces esposa, Abbe Lane.

The Yellow Rose (1983–1984, NBC)

ELENCO: Sam Elliott, Cybill Shepherd, Susan Anspach, David Soul

Esta serie dramática de una hora se centra en una familia anglo ranchera contemporánea de Texas, que lucha por mantener los valores y tradiciones establecidos un siglo antes. Uno de los hijos, un abogado medio mexicano llamado Quisto Champion, es representado por Edward Albert, quien es por su parte medio hispano. Varios de los guiones tienen que ver con el contrabando de la frontera y la explotación de los trabajadores latinos indocumentados.

You Again (1986–1987, NBC)

ELENCO: Jack Klugman

Un divorciado de mediana edad es sorprendido por la reaparición de un hijo en su vida. Luis Ávalos representa al personaje de Luis Robles.

Zorro (1957–1959, ABC)

Ver Zorro & the Cisco Kid

Zorro and Son (1983, CBS)

Ver Zorro & the Cisco Kid

Películas para televisión y miniseries

ALAMBRISTA! (1977, PBS)

Ver *la lista de las películas*

THE ALAMO: THIRTEEN DAYS OF GLORY (1987, NBC)

DIRECTOR: Burt Kennedy
GUIÓN: Clyde Ware y Norman McLeod Morrill
PRODUCTOR: Bill Finnegan, Pat Finnegan y Sheldon Pinchuk
ELENCO: James Arness, Brian Keith, Raúl Juliá, Alec Baldwin, Isela Vega, Fernando Allende

Esta es una versión rutinaria de la historia de El Álamo que mostró la participación de los defensores mexicanos en la batalla de El Álamo, incluyendo a Juan Seguín y Gregorio Esparza, igual que las mujeres hispanas; también ahonda en el personaje del General Santa Anna, que fue interpretado por Raúl Juliá. Los otros actores hispanos que aparecen en el reparto son Eloy Casados, Laura Martínez Herring, Loyda Ramos, Laura Fabián, Sol Castillo y Bel Sandre.

ALL STAR FIESTA AT FORD'S (1992, ABC)

ELENCO: Ricardo Montalbán

Esta gala de dos horas, grabada en el Teatro Ford de Washington, D.C., destaca al Presidente y la señora Bush en un saludo a la herencia hispana y los logros del Fondo Nacional de Becas para Hispanos. También tomaron parte en el programa Paul Rodríguez, Rita Moreno, Tito Puente, Vicki Carr y muchas otras celebridades.

ANTONIO AND THE MAYOR (1976, CBS)

DIRECTOR: Jerry Thorpe
GUIÓN: Howard Rodman
PRODUCTOR: Jerry Thorpe
ELENCO: Gregory Sierra

Esta historia de un joven mexicano quien desafía la autoridad del alcalde del pueblo, fue filmada en México.

Asteroid (1998, NBC)

DIRECTOR: Bradford May
GUIÓN: Robbyn Burger, Scott Sturgeon
PRODUCTOR: John Davis, Merrill H. Karpf, Phil Margo, Christopher Morgan
ELENCO: Annabella Sciorra, Michael Biehn, Carlos Gómez, Don Franklin

En esta miniserie de cuatro horas que resultó un acontecimiento, un astrónomo de Colorado descubre un enorme fragmento de un cometa que se desintegra mientras va en un curso peligroso de choque con la tierra. Gómez aparece como Adam Márquez, director ayudante de FEMA, quien es el dedicado administrador de la agencia de subsidios a los necesitados.

Atomic Train (1999, NBC)

DIRECTOR: Dick Lowery
GUIÓN: D. Brent Mote y Phil Penningroth
PRODUCTOR: Mike Joyce y Dennis Hammer
ELENCO: Rob Lowe, Esai Morales

Esta miniserie de cuatro horas es acerca de un tren fuera de control que va en dirección a un centro de gran población, con cabezas nucleares como carga y los esfuerzos hechos para detenerlo. Morales hace de Mac, un entusiasta capitán de la policía de Denver, que se sacrifica para poder salvar a su hijo.

The Ballad of Gregory Cortez (1983, PBS)

Ver *la lista de las películas*

The Boy and the Turtle (1971, PBS)

GUIÓN: Eugene Poinc
PRODUCTOR: Earl Miller
ELENCO: Gilbert Roland, Katy Jurado, Henry Calvin, Enrique Lucero, Manuel Padilla Jr.

Este drama, escrito especialmente para programas especiales de niños de WNET y filmado en la península de Yucatán, es referente a un niño mexicano de doce años, quien descubre una reliquia maya y una tortuga amistosa en extremo.

Brotherhood of the Gun (1992, CBS)

DIRECTOR: Vern Gillum
GUIÓN: Robert Ward
PRODUCTOR: Robert Ward
ELENCO: Brian Blessed, Jorge Cervera Jr.

Jorge Cervera Jr. hace el papel del sheriff Charlie Sánchez, quien puede lucir como un estereotipo, pero es también recto, listo y autosuficiente. Sánchez además está subido de peso, viste un sombrero mexicano de alas anchas y come tamales mientras caza a maleantes. Él también está dispuesto a ayudar al héroe en cualquier situación peligrosa.

Burden of Proof (1992, ABC)

DIRECTOR: Mike Robe
GUIÓN: John Gay
PRODUCTOR: John Pertin Flynn.
ELENCO: Héctor Elizondo, Brian Dennehy, Stephanie Powers, Victoria Principal, Mel Harris

Elizondo hace el rol de Sandy Stern (el personaje que Raúl Juliá interpretó en 1990, en la obra teatral, *Presumed Innocent*), un abogado judío criminólogo de mediana edad, de origen argentino y alemán, quien encuentra que su ordenado mundo se vira al revés cuando su esposa se suicida. Elizondo es lo mejor que tiene esta débil obra de misterio, por otra parte demasiado larga, que salió al aire en dos partes.

The Burning Season: The Chico Mendes Story (1994, HBO)

DIRECTOR: John Frankenheimer
GUIÓN: Ron Hutchinson
PRODUCTOR: David Puttnam, Thomas M. Hammel, John Frankenheimer
ELENCO: Raúl Juliá, Edward James Olmos, Sonia Braga, Esai Morales, Kamala Dawson, Luis Guzmán, Nigel Havers, Tomás Milián, Tony Plana, Carlos Carrasco, Marco Rodríguez

Edward James Olmos (izq.) y Raúl Juliá (der.) como Chico Mendes, papel que fue premiado con un Emmy, en *The Burning Season: The Chico Mendes Story*, dirigido por John Frankenheimer.

La verdadera historia de Chico Méndes, asesinado mientras luchaba por proteger su hogar y su gente en la selva tropical del Amazonas brasileño. Raúl Juliá ganó póstumamente un premio Emmy como Mejor Actor de una Miniserie, por su trabajo como el fallecido protector del medio ambiente.

Can You Hear the Laughter? The Story of Freddie Prinze (1979, CBS)

DIRECTOR: Burt Brinckerhoff
GUIÓN: Dalene Young
PRODUCTOR: Roger Gimbel
ELENCO: Ira Angustain, Kevin Hooks, Julie Carmen

Ira Angustain fue seleccionado para representar al brillante pero trágico joven comediante Freddie Prinze en esta cinta fílmica que trata de la vida y el suicidio de Prinze, ocurrido en 1977.

A Martínez apoya al herido Rafael Campos en la miniserie *Centennial.*

Centennial (1978-1979 NBC)

DIRECTOR: Paul Krasny, Virgil W. Vogel, Harry Falk y Bernard McEveety
GUIÓN: John Wilder
PRODUCTOR: John Wilder
ELENCO: Robert Conrad, Richard Chamberlain, Bárbara Carrera, Dennis Weaver, David Janssen, Karmin Murcelo, A Martínez, Rafael Campos

La influencia cultural mexicano-americana para ganar el oeste americano es presentada de manera significante en esta miniserie épica de veintiséis horas, basada en la novela de James A. Michener. Las vidas de los fundadores del pueblo ficticio Centennial, Colorado, y sus descendientes, son trazadas desde los comienzos de los aborígenes indios americanos hasta el presente.

La miniserie presenta un número de actores hispanos en papeles importantes. En los primeros episodios donde aparecen los tramperos, e indios, la bella Bárbara Carrera hace el rol de Clay Basket, una india americana. El rol del cocinero que ayudaba en los enormes transportes del ganado entre Texas y Colorado durante la época de 1870, está a cargo de Rafael Campos. La intranquilidad política de México de finales del siglo, junto con el comienzo de la explotación de los trabajadores inmigrantes, es traído a colación en la historia de Tranquilino Márquez, a cargo de A Martínez. El racismo y la injusticia que encuentran los descendientes de Tranquilino, y su lucha por lograr una vida decente como ciudadanos americanos, también se menciona. Un matrimonio anglo-chicano del final contemporáneo del último episodio, entre Flor Márquez (Murcelo) y Paul Garret (Janssen), representa un adelanto mayor en las relaciones de las gentes. Julio Medina, Silvana Gallardo, Henry Darrow, René Enríquez, Alex Colón y David Yanez aparecen también en el reparto.

CHiPs '99 (1999, TNT)

DIRECTOR: John Cassar
GUIÓN: Morgan Gendel
PRODUCTOR: Erik Estrada, Larry Wilcox
ELENCO: Erik Estrada, Larry Wilcox

Después de quince años de un retiro de *CHiPs* impuesto a sí mismo, Ponch (Estrada), se reúne con su compañero, Jon (Wilcox), para acabar con una banda de ladrones de autos. El dúo muy pronto entra de nuevo en acción, esta vez deslizándose por las autopistas de California en lustrosas motocicletas BMW. *CHiPs '99* es como una ráfaga del pasado, con una sensibilidad de los 90, fabricada sobre la misma combinación a prueba de equivocación, de bicicletas a la moda, pantalones apretados y total indiferencia por las leyes de tráfico de California, que enmarcaron la serie original.

Choices of the Heart (1983, NBC)
También llamada In December the Roses Will Bloom Again

DIRECTOR: Joseph Sargent
GUIÓN: John Pielmeier
PRODUCTOR: Joseph Sargent y David W. Rintels
ELENCO: Melissa Gilbert, Martin Sheen, Mike Farrell, Rene Enríquez, Pamela Bellwood

Esta película basada en hechos reales, se refiere a la vida de Jean Donovan, la misionera de veintisiete años, que fue asesinada junto a tres monjas americanas en El Salvador, en 1980. Gilbert interpreta a Donovan y Sheen es el Padre Corcoran, un sacerdote irlandés quien sirvió de inspiración a Donovan. Enríquez aparece como el Arzobispo Romero, líder de la iglesia salvadoreña martirizado por sus ideas.

Copacabana (1986, ABC)

DIRECTOR: Waris Hussein
GUIÓN: James Lipton
PRODUCTOR: Dick Clark
ELENCO: Barry Manilow, Annette O'Toole, Joseph Bologna

Un drama musical basado en la canción popular de Barry Manilow, el filme enfoca los caracteres que trabajan y habitan el club nocturno legendario Copacabana en los años 40, en Nueva York. Todos los personajes principales son anglos o italianos, y los caracteres latinos son de poca importancia. Silvana Gallardo hace de una estrella de cabaret envejecida, y Dyana Ortelli es una corista.

Corridos! Tales of Passion and Revolution (1987, PBS)

DIRECTOR: Luis Valdéz
GUIÓN: Luis Valdéz
PRODUCTOR: Janis Blackschleger
ELENCO: Clancy Brown, Evelyn Cisneros, George Galván, Sal López, Alma Martínez, Linda Ronstadt, Daniel Valdéz, Luis Valdéz (como el Maestro)

La estación KQED San Francisco, en asociación con El Teatro Campesino, produjo este espectáculo grabado en cinta, de una hora. La producción escrita, dirigida y teniendo como estrella a Luis Valdéz, fundador del Teatro Campesino, destaca el potencial dramático de las más famosas y melodiosas baladas folclóricas mexicanas o corridos. Traídas a la vida de nuevo, a través de combinaciones ricas en drama, música, baile y dirección artística imaginativa, estas baladas transportan al espectador al México del siglo XIX a la América de los 20. Fue adaptada para televisión por la aclamada producción escénica del Teatro Campesino, que incluía miembros del elenco original. El especial, producción bilingüe de canciones en español y diálogo en inglés, presenta los talentos de quince músicos, incluyendo Los Camperos, el primer grupo de Mariachi de América, todos bajo la dirección musical de Daniel Valdéz.

Crazy from the Heart (1991, TNT)

DIRECTOR: Thomas Schlamme
GUIÓN: Linda Voorhees
PRODUCTOR: R.J. Louis
ELENCO: Christine Lahti, Rubén Blades, William Russ, Tommy Muñiz, Kamala López

En este encantador cuento de amor inesperado que desafía la lógica y los prejuicios raciales de pueblos pequeños, una mojigata directora de un colegio del sur de Texas, se enamora de un portero mexicano-americano.

Durante siete años, Charlotte Bain (Lahti), ha estado satisfecha con su carrera y la relación sin compromiso que tiene con el entrenador Dewey Whitcomb. La burbuja se revienta cuando ella se entera que su mejor amiga de la infancia va a ser pronto abuela, una noticia que le recuerda a Charlotte su propia edad.

Deseando poder sacar más de su existencia, Charlotte le da a Dewey un ultimátum para casarse, y la relación se resquebraja. De rechazo, ella conoce a Ernesto Ontiveros (Blades), un granjero mexicano-americano quien una racha de mala suerte lo pone a trabajar de portero en el colegio secundario donde Charlotte trabaja, para evitar que su granja sea intervenida por el hipotecario. Ernesto le pide a Charlotte que salga con él, y ella acepta, aun en contra de su voluntad, y el amor no se hace esperar.

Tommy Muñiz hace de Tomás, el padre de Ernesto, y Kamala López aparece como Alcira, la hija de Ernesto, una abogada de carácter fuerte, dispuesta a ocupar un lugar importante en el pueblo. Rubén Blades fue nominado para un Emmy en 1992, por su papel en esta comedia dramática.

Curacao (1993 Showtime)

DIRECTOR: Carl Schultz
GUIÓN: James David Buchanan
PRODUCTOR: Art Levinson
ELENCO: George C. Scott, William Petersen, Julie Carmen

Dos hombres solitarios son arrojados al mar en Curazao, una isla caribeña situada en las Antillas Holandesas, fuera de la costa de Venezuela, en la época de carnaval. Julia Fernández (Carmen), la jefa del puesto caribeño de un servicio de inteligencia americano, añade el elemento de intriga y romance a la trama, cuando es enviada de Puerto Rico a Curazao para investigar a los dos hombres.

Dead Man Out (1989, HBO)

DIRECTOR: Richard Pearce
GUIÓN: Ran Hutchinson
PRODUCTOR: Forrest Murray
ELENCO: Danny Glover, Rubén Blades, Tom Atkins

El psiquiatra Alex Marsh (Glover) es contratado para "curar" a Ben (Blades), un preso loco, para que el estado pueda ejecutarlo. Este es un valiente drama acerca de la batalla de inteligencias que se desarrolla entre el psiquiatra y el condenado a muerte, cuando se enfrentan el uno al otro sin la protección de las barras de la celda.

Larry McMurtry's Dead Man's Walk (1996, ABC)

DIRECTOR: Yves Simoneu
GUIÓN: Larry McMurtry y Diana Ossana
PRODUCTOR: Robert Halmi Jr., Larry Levinson, Larry McMurtry, Diana Ossana, Suzanne De Passe
ELENCO: F. Murray Abraham, Keith Carradine, Edward James Olmos

En esta miniserie que trata de la temprana historia del personaje central de *The Lonesome Dove*, Edward James Olmos interpreta al Capitán Salazar, un oficial del ejército mexicano, quien va al frente de Woodrow, Gus, y el resto de los vaqueros cuando se lanzan a través de un atemorizante desierto llamado "la jornada del muerto".

The Deadly Tower (1975, ABC)

DIRECTOR: Jerry Jameson
GUIÓN: William D. Lansford
PRODUCTOR: Antonio Calderón
ELENCO: Kurt Russell, Richard Yñiguez

La cinta vuelve a crear la masacre de la torre de Texas, el 4 de agosto de 1966, durante la cual un estudiante perturbado de la Universidad de Texas, Charles Whitman (Russell), abrió fuego contra los estudiantes. Un policía de Texas, Ramiro Martínez (Yñiguez), lo mató.

The Desperate Mission (1971, ABC)

DIRECTOR: Earl Bellamy
GUIÓN: Jack Guss
PRODUCTOR: David Silver
ELENCO: Ricardo Montalbán, Roosevelt Grier, Slim Pickens, Ina Balin, Miriam Colón

Esta es una historia ficticia del legendario bandido Joaquín Murieta (Montalbán) y cómo él ayuda a un grupo de pioneros.

DOUBLE CROSSED (1991, HBO)

DIRECTOR: Roger Young
GUIÓN: Roger Young
PRODUCTOR: Albert J. Salzer
ELENCO: Dennis Hopper, Robert Carradine, Adrienne Barbeau

Este filme está basado ligeramente en la historia real del narcotraficante Barry Seal (Hopper). Cuando Seal piloteaba su avión para entregar una carga ilícita de Suramérica a las manos de ansiosos americanos, lo hacía por un sentido aventurero. Sin embargo, Seal cambió su lealtad e identificó a los principales traficantes, al mismo tiempo que acumuló evidencia para el gobierno federal mientras continuaba con su operación contrabandista; este nuevo giro hacía el juego aún más atractivo.

Pero entonces el gobierno lo traicionó, dejándolo completamente fuera, y Barry Seal resultó un blanco fácil para los narcotraficantes que él había traicionado. Fue abatido a tiros en Baton Rouge, Luisiana, el 18 de febrero de 1986, después de que el FBI confiscó todas sus pertenencias por falta de pago de los impuestos que debía sobre sus ganancias en el negocio de contrabando. Su viuda e hijos quedaron en la miseria. La cinta fue filmada parte en Luisiana y parte en Puerto Rico.

DRUG WARS: THE CAMARENA STORY (1989, NBC)

DIRECTOR: Brian Gibson
GUIÓN: Christopher Canaan, Mel Frohman, Ann Powell y Rose Schacht
PRODUCTOR: Branko Lustig
ELENCO: Steven Bauer, Elizabeth Peña, Craig T. Nelson, Treat Williams, Miguel Ferrer

Esta es una miniserie poderosa acerca de "Kit" Camarena, miembro de la DEA de los Estados Unidos, quien en 1985 fue torturado y asesinado en México, porque sus investigaciones amenazaban a los capos más importantes del tráfico de la droga, los que supuestamente estaban conectados con miembros importantes del gobierno de México. En su lucha por traer a los tribunales de justicia a los culpables, sus compañeros agentes y su esposa, Mika, están decididos a identificar y desenmascarar a los asesinos. Para lograrlo, tienen que luchar contra funcionarios mexicanos corruptos, la inactividad de diplomáticos americanos y frustraciones personales. Este drama sincero está basado en *Desperados*, un libro de la reportera de *Time*, Elaine Shannon, quien denuncia la ambición y corrupción que se extiende desde los que están detrás del cartel de la droga hasta funcionarios altos del gobierno. Michael Mann (*Miami Vice*) fue el productor ejecutivo de la miniserie que contó con la actuación de los siguientes actores hispanos: Pepe Serna, Tony Plana, Benicio del Toro, Tomás Goros, Eddie Vélez, Mike Moroff, Jacob Vargas, Joaquín Martínez, Geoffrey Rivas y Tomás Milián. Fue filmada en Los Angeles y España, porque el gobierno mexicano no permitió hacer la filmación en México, ya que la cinta coloca al gobierno mexicano en una luz poco favorable y a la controvertida política que aún rodea el asesinato de Camarena.

Drug Wars: The Cocaine Cartel (1992, NBC)

DIRECTOR: Paul Krasny
GUIÓN: Gordon Creisman y Gail Morgan Hickman
PRODUCTOR: Richard Brams y Gordon Greisman
ELENCO: Alex MacArthur, Dennis Farina, Julie Carmen, John Glover

Este es un recuento dramático de la lucha por derrocar a dos poderosos capos del cartel de Medellín, Colombia, y la historia interior de la valiente filtración de la DEA de los Estados Unidos dentro del imperio multimillonario de narcoterroristas. Fue filmada en México y España.

Dying to be Perfect: The Ellen Hart Peña Story (1996, ABC)

DIRECTOR: Jan Egleson
GUIÓN: Susan Arnout Smith
PRODUCTOR: Karen Shapir
ELENCO: Crystal Bernard, Esai Morales, Casey Sander, Shirley Knight

Crystal Bernard aparece como Hart, una corredora al nivel mundial aspirante a participar en las Olimpiadas, quien mantuvo en secreto su bulimia, hasta que salió embarazada. Esai Morales, como el esposo, Federico Peña, es la otra protagonista.

El baquine de angelitos negros (1977, PBS)

DIRECTOR: Mike Cuesta
GUIÓN: Lou de Lemos
PRODUCTOR: Lou de Lemos y Livia Pérez
ELENCO: Brunilda Ruiz, Héctor Mercado, Beatriz Rodríguez

La primera producción latina de baile hecha para ser distribuida en la televisión nacional; apareció como parte de la serie de televisión, *Realidades (1975-76).* El director de orquesta, Willie Colón, compuso expresamente para el programa un ballet completo. Es una versión moderna del folclore latinoamericano, situado en la comunidad neoyorquino-puertorriqueña del Harlem hispano.

Cuando un niño negro puertorriqueño muere en la isla, se celebra un festival para el tránsito del alma del niño hacia el cielo, donde Dios le da la bienvenida e inmediatamente es transformado en un ángel. Amigos y familiares bailan hasta bien entrada la noche, para asegurarse del ascenso del espíritu. Esta celebración de alegría es llamada Baquine. Brunilda Ruiz fue la bailarina principal, procedente del Ballet Harkness. El bailarín Héctor Mercado era miembro del Alvin Ailey American Dance Theatre, y más tarde aparecería en Broadway y en largometrajes.

El corrido: La gran carpa de los rasquachis (1976, PBS)

DIRECTOR: Kirk Browning
GUIÓN: Luis Valdéz
PRODUCTOR: Barbara Schultz
ELENCO: Félix Álvarez, Lily Álvarez, Socorro Cruz, José Delgado, Phil Esparza, Andrés Gutiérrez, Diane Rodríguez, Daniel Valdéz

Esta producción grabada, de setenta minutos, fue transmitida como parte de la serie "Visiones". Escrita y montada por Luis Valdéz, se desenvuelve como parodias por miembros del grupo teatral El Teatro Campesino, durante los días lejanos de las huelgas de los que laboraban en el campo. Este trabajo está centrado en las aventuras de un labriego ficticio, Kose Pelado Rasguachi, un personaje en la tradición del comediante mexicano, Cantinflas.

El diablo (1990, HBO)

DIRECTOR: Peter Markle
GUIÓN: Tommy Lee Wallace, John Carpenter y Bill Phillips
PRODUCTOR: Mickey Borofsky y Todd Black
ELENCO: Anthony Edwards, Robert Beltrán, Lou Gossett Jr.

Un oeste cómico con un pequeño viraje. Cuando un bandido mexicano, El Diablo (Beltrán), llega al pueblo con su banda de forajidos armados, roba el banco y secuestra a una dulce estudiante de la frontera. Para poder rescatar a la joven, un maestro apacible y novato, Billy Ray (Edwards), toma un curso de emergencia en como manejar las pistolas al estilo del "fiero oeste" del avezado veterano Van Leek (Gossett Jr.).

Evita Perón (1981, NBC)

DIRECTOR: Marvin L. Chomsky
GUIÓN: Ronald Harwood
PRODUCTOR: Marvin L. Chomsky
ELENCO: Faye Dunaway, James Farentino, Rita Moreno, José Ferrer, Michael Constantino, Katy Jurado, Pedro Armendáriz Jr.

La carismática primera dama de Argentina, Evita Perón (Dunaway), surge de los barrios bajos de Buenos Aires, para convertirse en una actriz de cine y ganar el corazón del dictador Juan Perón y las gentes del país. Esta miniserie fue filmada en México.

Finding the Way Home (1991, ABC)

DIRECTOR: Rod Halcomb
GUIÓN: Scott Swanton
PRODUCTOR: Peter K. Duchow y Ron Halcomb
ELENCO: George C. Scott, Héctor Elizondo, Julie Carmen, Beverly Garland

Un viejo dueño de una ferretería se encuentra a sí mismo y su salvación entre algunos labriegos latinos del suroeste.

Florida Straits (1986, HBO)

DIRECTOR: Mike Hodges
GUIÓN: Roderick Taylor
PRODUCTOR: Stuart B. Rekant
ELENCO: Raúl Juliá, Fred Ward, Daniel Jenkins

Un trío de aventureros desafían las traicioneras selvas de Cuba en busca de una enterrada fortuna en oro.

Carlos (Juliá) acaba de ser puesto en libertad después de haber pasado veinte años en la cárcel, por el papel que jugó en la invasión de Bahía de Cochinos. Durante la invasión, Carlos era el piloto de un avión que transportaba $2 millones en oro para el gobierno de Estados Unidos. Cuando el avión se estrella en la selva cubana, Carlos va a la cárcel y el oro queda en la selva. Ahora él quiere regresar a rescatarlo. Carlos alquila el bote *White Witch* y convence a la tripulación, Lucky (Ward) y Mac (Jenkins), que se unan a la búsqueda del enorme tesoro.

For the Love of My Child: The Anissa Ayala Story (1993, NBC)

DIRECTOR: Waris Hussein
GUIÓN: Anna Sandor
PRODUCTOR: Michelle Maxwell MacLoren
ELENCO: Priscilla López, Teresa DiSpina, Tony Pérez, Danny Nucci

En 1990, Anissa Ayala, una paciente de leucemia, apareció en los titulares de la prensa, cuando sus padres concibieron una criatura con la esperanza de lograr un transplante de médula ósea compatible con Anissa, y de esa manera salvarle la vida. Los sucesos que los llevaron a esta decisión y la controversia nacional que despertó, son dramatizados en esta película hecha para la televisión. La nueva hija de los Ayala, milagrosamente, resulta tener una compatibilidad medular perfecta con su hermana, y Anissa triunfa valientemente sobre la leucemia. Priscilla López, ganadora de un premio Tony, aparece como la madre en esta historia sobre una familia hispanoamericana de clase media, sin adornos estereotípicos. Los actores de poca experiencia, y no muy conocidos que componen el reparto, le dan gran veracidad a la cinta.

Gangs (1988, CBS)

DIRECTOR: Jesús Treviño
GUIÓN: Paul Cooper
PRODUCTOR: Howard Metzer y Eli Johnson
ELENCO: David Labiosa, Gabriel González, Raymond Cruz, Will Gotay, Kamala López, Panchito Gómez

Un antiguo miembro de una pandilla regresa a su hogar en el lado este de Los Ángeles, después de haber pasado un corto tiempo en el ejército, y encuentra a su hermano menor involucrado en su antigua pandilla. El director Jesús Treviño obtuvo el premio del Gremio de Directores de América, como Mejor Dirección de un Drama en la Televisión Diurna por su película, que fue escrita y dirigida con gran sensibilidad, sin ofrecer soluciones fáciles al serio problema de las pandillas y la violencia que tienen que confrontar las familias que viven en barrios pobres.

Gaucho (1978, ABC)

DIRECTOR: Rob Lieberman
GUIÓN: Arthur Heinemann
PRODUCTOR: Martin Tahse
ELENCO: Panchito Gómez, Alma Beltrán

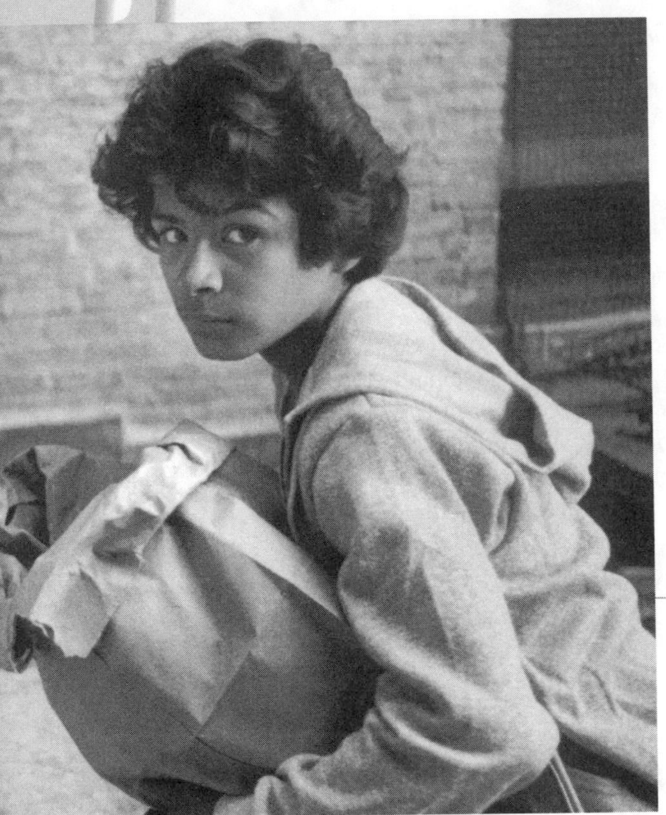

Panchito Gómez protagoniza la película para televisión de ABC para niños *Gaucho*.

Un muchacho puertorriqueño de catorce años de edad, Gaucho, se muda a la ciudad de Nueva York con su madre y hermano mayor, y tiene que enfrentarse con los valores conflictivos de su nuevo entorno. Ángel, su hermano mayor, se casa con una muchacha angla y olvida su promesa de llevar a su madre de regreso a Puerto Rico. Gaucho está determinado a ganar dinero de cualquier forma para colmar el deseo de su madre. Esta película está basada en el libro *Gaucho*, de Gloria González.

Glitz (1988, NBC)

DIRECTOR: Sandor Stern
GUIÓN: Alan Trustman y Steve Zito
PRODUCTOR: Steve McGlothen
ELENCO: Jimmy Smits, Markie Post, John Diehl, Geno Silva

Esta adaptación de la novela detectivesca de Elmore Leonard de gran éxito, trata de un policía radicado en Miami, Vicente Mora (Smits), que persigue al asesino de una prostituta que concierta sus citas por teléfono. La persecución lo guía a través de los casinos de Atlantic City y Puerto Rico, sin percatarse de que él ha sido en realidad, todo el tiempo, el verdadero objetivo.

Gore Vidal's Billy the Kid (1989, TNT)

DIRECTOR: William A. Graham
GUIÓN: Gore Vidal
PRODUCTOR: Frank Von Zerneck y Robert M. Sertner
ELENCO: Val Kilmer, Duncan Regehr, Julie Carmen, Wilford Brimley

El guión de la cinta de dos horas, acerca de Billy the Kid, el legendario bandido del territorio de Nuevo México en la época de 1870, fue escrito por Gore Vidal, uno de los más prolíficos y respetados escritores americanos. Julie Carmen hace de Celsa, el interés romántico de Billy. Una telenovela anterior de Vidal, *The Death of Billy the Kid*, fue convertida en un largometraje en 1958, bajo el título de *The Left Handed Gun* (*ver* la lista de las películas).

Gryphon (1988, PBS)

DIRECTOR: Mark Cullingham
GUIÓN: Manuel Arce y Carl Haber
PRODUCTOR: Manuel Arce y Carl Haber
ELENCO: Amanda Plummer, Sully Díaz, Alexis Cruz

Basada en una historia corta de Charles Baxter, ésta es la historia de un joven bravucón hispano, cuya vida cambia por la magia que una maestra sustituta obra en él. Esta fue una presentación de la serie "WonderWorks".

Hollywood Confidential (1997, UPN)

DIRECTOR: Ray Villalobos
GUIÓN: Anthony Yerkovich
PRODUCTOR: Anthony Yerkovich
ELENCO: Edward James Olmos

Este programa de prueba para una serie, de dos horas, logró llegar a la programación regular.

Edward James Olmos es Stan Navarro, un veterano que lleva veinte años en la policía de Los Angeles, quien dirige una agencia de detectives privada, con un personal donde la mayoría son parias que no encajan en el mundo convencional de representantes de la ley.

Honeyboy (1982, NBC)

DIRECTOR: John Berry
GUIÓN: John Berry y Lee Gold
PRODUCTOR: Erik Estrada y John Berry
ELENCO: Erik Estrada, Morgan Fairchild, Héctor Elizondo

Erik Estrada produjo esta película para la televisión, acerca de la grandeza y decadencia de Rico "Honeyboy" Ramírez, un boxeador de las calles del Harlem hispano de Nueva York, hecha en el estilo de la tradición clásica melodramática que la Warner Bros. usaba en las cintas de John Garfield.

The House of Ramón Iglesias (1986, PBS)

DIRECTOR: Luis Soto
GUIÓN: José Rivera
PRODUCTOR: Laura Mola
ELENCO: Jaime Sánchez, Robert Badillo, Annie Golden, Nick Corri, Marina Durell

Adaptada por Rivera de su propia obra escénica, es la historia de una familia puertorriqueña de Nueva York, que, después de diecinueve años, decide regresar a Puerto Rico. El hijo mayor protesta, y el conflicto que sobreviene pone de manifiesto los temas de asimilación y el regreso a la patria. La película fue presentada en la serie *American Playhouse*, en abril de 1986.

JACOBO TIMERMAN: PRISONER WITHOUT A NAME, CELL WITHOUT A NUMBER (1983, CBS)

DIRECTOR: Linda Yellen
GUIÓN: Linda Yellen, Jonathan Platnick y Oliver Drexell Jr
PRODUCTOR: Terry Ellis y Richard Dorso
ELENCO: Roy Scheider, Liv Ullman, Sam Robards

Situado en Argentina, este suspenso político está basado en la verdadera historia del franco editor de periódico Timerman (Scheider), quien fue preso y torturado por un régimen político represivo. En este filme que fue rodado en Nueva Jersey, no aparece ningún actor latino en roles de importancia.

LA CARPA (1993, PBS)

DIRECTOR: Carlos Ávila
GUIÓN: Carlos Ávila y Edit Villareal
PRODUCTOR: Michael Zapanta y Carlos Villareal
ELENCO: Jaime Gómez, Nicolás Coster, E.J. Castillo, Bel Sandre, Karla Montana

En 1938, en Florencia, California, un labriego presencia en un callejón obscuro, la muerte accidental a tiros de un amigo, por el sheriff local. Molesto por la muerte del amigo, y la actitud de indiferencia acerca del incidente, el labriego incurre en la ira de las autoridades locales, tanto mexicanas como anglos, por su abierta indignación, y preguntas constantes. Él encuentra empleo y ayuda espiritual en La Carpa, una barraca de feria de artistas que viajan divirtiendo a los labriegos mexicanos. En un encuentro fortuito en el mismo callejón obscuro donde su amigo encontró la muerte, el labriego y el sheriff hallan comprensión mutua y la verdad. La película salió al aire en la serie del *American Playhouse*, en junio de 1993.

LA PASTORELA (1991, PBS)

DIRECTOR: Luis Valdéz
GUIÓN: Luis Valdéz
PRODUCTOR: Richard Soto
ELENCO: Paul Rodríguez, Cheech Marín, Linda Ronstadt, Karla Montana

Este film contemporáneo de una hora, adaptado de una obra tradicional de los días festivos, y presentado en la PBS como parte de la serie *Great Performances*, fue ofrecido por El Teatro Campesino de Luis Valdéz, en la Misión San Juan Bautista de California, con música de Los Lobos y Lalo Guerrero. La Pastorela es un recuento de la jornada del pastorcillo a Belén para ver al Niño Dios. Valdéz abre el desfile de la televisión trayéndolo al aire libre, y añadiendo más comedia, música y efectos especiales. La representación es vista a través de los ojos de una joven chicana, quien accidentalmente pierde el sentido al recibir un golpe durante una escenificación bulliciosa. En su sueño surrealista, ella repite la jornada a través de su propia perspectiva contemporánea.

The Last Prostitute (1991, Lifetime)

DIRECTOR: Lou Antonio
GUIÓN: Carmen Culver
PRODUCTOR: Peter Bogart
ELENCO: Wil Wheaton, Sonia Braga, David Kaufman, Cotter Smith

Unos jóvenes marchan del hogar en busca de una prostituta, de la cual supieron a través del diario de su difunto abuelo. Su meta es perder la virginidad. Ellos encuentran a la mujer que ya no es tan atractiva y vive sola en un rancho. Muy pronto son instruidos en las lecciones importantes de la vida.

Lifestories: Families in Crisis, P.O.W.E.R.: The Eddie Matos Story (1994, HBO)

DIRECTOR: Jesús Treviño
GUIÓN: José Rivera
PRODUCTOR: Howard Meltzer
ELENCO: Alexis Cruz, Socorro Santiago, Rafael Álvarez, Lydia Montes, Néstor Serrano

La niñez de Matos fue continuamente dolorosa (su padre abandonó la familia cuando él tenía dos años; su madre, una adicta a las drogas y a la bebida, lo dejó con su abuela, quien muy pronto murió). A la edad de catorce años, Matos traficaba en drogas para poder sobrevivir y mantener además a su tía.

Sin embargo, sucumbió a la atracción de las enormes cantidades de dinero que se consigue en la calle traficando en drogas, en el vecindario del lado este de la ciudad de Nueva York donde vivía. Una pandilla rival quería vengar la muerte de uno de sus miembros, y Matos fue el desgraciado recipiente de un tiro en la parte de atrás de la cabeza que lo convirtió en parapléjico de por vida. Ahora paralizado del cuello hacia abajo, matos se siente inspirado —junto a otras víctimas de la violencia de la juventud— a dirigirse a una asamblea de los estudiantes del Instituto, para instarlos a no usar armas de fuego ni drogas.

Lucy and Desi: Before the Laughter (1991, CBS)

DIRECTOR: Charles Jarrott
GUIÓN: William Luce y Cynthia Cherback
PRODUCTOR: John Lenox
ELENCO: Frances Fisher, Maurice Bernard

Esta película cuenta la íntima y a veces borrascosa vida privada de Lucille Ball y Desi Arnaz. Comenzando en vísperas del extraordinario éxito de sus carreras, la noche que el primer episodio del programa *I Love Lucy* va a ser filmado ante un público en vivo, sus historias se desarrollan a través de una serie de escenas retrospectivas, que cuentan su relación desde 1940 a 1951. Fisher y Bernard ofrecen ambos interpretaciones verídicas como Lucy y Desi.

Mambo Mouth (1991, HBO)

DIRECTOR: Thomas Schlamme
GUIÓN: John Leguizamo
PRODUCTOR: Jeff Ross
ELENCO: John Leguizamo

Esta es una interpretación estelar de la obra de teatro en solitario, de gran éxito, de John Leguizamo. *Mambo Mouth* fue inspirada en un personaje con el que Leguizamo tuvo contacto durante sus años de crecimiento en Jackson Heights, Queens. Como respuesta a la imagen negativa de los latinos en los medios de comunicación, el espectáculo es la declaración de Leguizamo que "los latinos pueden ser graciosos y fuertes ante la adversidad". La presentación original en el escenario del American Place Theatre de Nueva York, en 1990, mereció un premio Obie y un premio del Outer Critics Circle.

Manhunt: Search for the Night Stalker (1989, NBC)

DIRECTOR: Bruce Seth Green
GUIÓN: Joe Gunn
PRODUCTOR: Ron Gilbert
ELENCO: A Martínez, Richard Jordan, Julie Carmen

En este drama basado en hechos reales, Gil Carrillo (Martínez), y Frank Salerno (Jordan), detectives de Los Ángeles, son asignados a encabezar la investigación de varios asesinatos brutales. Su trabajo los lleva a arrestar a Richard Ramírez, un asesino en serie que aterrorizó al estado de California durante el verano de 1985.

Maricela (1984, PBS)

DIRECTOR: Christine Burrell
GUIÓN: Nancy Audley
PRODUCTOR: Richard Soto
ELENCO: Linda Lavin, Carlina Cruz, Irene Du Bari

Una joven salvadoreña lucha por encontrar un lugar en América, cuando ella y su madre comienzan a trabajar para una familia rica de Malibú, California. Esta presentación fue parte de la serie *WonderWorks.*

Menéndez: A Killing in Beverly Hills (1994, CBS)

DIRECTOR: Larry Ellikan
GUIÓN: Philip Rosenberg
PRODUCTOR: Zev Braun y Vahan Moosekian
ELENCO: Edward James Olmos, Beverly D'Angelo

La historia de Lyle y Erik Menéndez, quienes asesinaron a sus acaudalados padres en un crimen sensacional, y el circo que crearon los medios de comunicación alrededor del proceso legal.

Mrs. Cage (1992, PBS)

DIRECTOR: Robert Allan Ackerman
GUIÓN: Nancy Barr
PRODUCTOR: Dan Lupovitz
ELENCO: Ann Bancroft, Héctor Elizondo

Este poderoso drama de dos personajes, fue adaptado de la obra teatral de Barr, acerca del interrogante que significa ser una ama de casa quien, por causas ignoradas, mata a una mujer en el estacionamiento de autos de un supermercado de la localidad. Ella es interrogada por el teniente de la policía, Rubén Ángel, a cargo de Héctor Elizondo. La película salió al aire en la serie *American Playhouse*, en mayo de 1992.

Ned Blessing: The Story of My Life and Times (1993, CBS)

DIRECTOR: Jack Border
GUIÓN: William D. Wittliff
PRODUCTOR: William D. Wittliff
ELENCO: Brad Johnson, Wes Studi, Luis Ávalos

Esta película de dos horas, de una serie de cuatro episodios, es acerca de un bandido del oeste que se vuelve en el sheriff Ned Blessing (Johnson), y de su compinche, Crecencio (Ávalos), en Plum Creek, Texas. Fue creada y escrita por William D. Wittliff.

Nostromo (1996, PBS)

DIRECTOR: Alastair Reid
GUIÓN: John Hale
PRODUCTOR: Fernando Ghia
ELENCO: Claudio Armendola, Colin Firth, Albert Finney, Claudia Cardinale, Joaquím de Almeida, Ismael E. Carlo, Emiliano Diez, Nelson E. Guerrero, Mario E. Sánchez

Una producción internacional pródiga en amor, honor, obsesión y codicia, situada en una nación mítica suramericana de la época de 1890, de la obra *Nostromo,* de Conrad, una de las grandes novelas de nuestro tiempo, convertida en una miniserie de seis horas de duración. Fue rodada enteramente en Cartagena de Indias, Colombia, para el Mobil Masterpiece Theatre.

The Old Man and the Sea (1990, NBC)

DIRECTOR: Jud Taylor
GUIÓN: Roger O. Hirson
PRODUCTOR: Bill Storke y Robert Fuisz
ELENCO: Anthony Quinn, Gary Cole, Patricia Clarkson, Francesco Quinn, Valentina Quinn

Anthony Quinn ofrece una poderosa representación como Santiago en *The Old Man and the Sea*, de Ernest Hemingway, basada en la novela clásica sobre un viejo pescador cubano que lucha contra un enorme pez aguja en las corrientes del Golfo. Fue filmada en Tortola, en las Islas Vírgenes, y es la segunda versión que se ha hecho sobre el libro ganador del premio Pulitzer, siguiendo la obra de teatro original, en la que Spencer Tracy interpretaba a Santiago.

One Man's War (1991, HBO)

DIRECTOR: Sergio Toledo
GUIÓN: Mike Carter y Sergio Toledo
PRODUCTOR: Ann Skinner
ELENCO: Anthony Hopkins, Norma Aleandro, Rubén Blades

Cuando las autoridades brutalizan a los coterráneos del Dr. Joel Filartaga (Hopkins), él valientemente se manifiesta en contra de la injusticia y la represión. Pero cuando la policía secreta secuestra, tortura y asesina a su hijo adolescente, él declara una guerra muy personal.

Basada en un caso real, *One Man's War* es la historia sorprendente de una familia suramericana que resiste una dictadura brutal en Panamá. Los Filartaga solicitan la ayuda de un abogado criminalista, Perrone (Blades), para que los ayude. La familia finalmente lleva su lucha a los Estados Unidos, donde, mientras trabajan con el Centro de Derechos Constitucionales, presentan un pleito legal en la corte federal. El resultado fue una victoria decisiva para los derechos internacionales, sentando un precedente que continúa en el presente.

Prison Stories: Women on the Inside—"Esperanza" (1991, HBO)

DIRECTOR: Donna Deitch
GUIÓN: Martin Jones
PRODUCTOR: Gerald T. Olson
ELENCO: Rachel Ticotín, Talisa Soto, Francesca Roberts

Prison Stories es una trilogía dramática convertida en largometraje, que da una mirada velada a las luchas de las mujeres que cumplen prisión, presentando la tragedia familiar que significa cuando una madre es condenada a la cárcel. "Esperanza" es la historia de una hija que sigue los pasos criminales de su madre. Iris Martínez (Ticotin), que ha sido sentenciada a una larga condena por un negocio de drogas ideado por el esposo, debe dejar a Mico, su hija, al cuidado de su hermana Rosina (Soto), por todo el tiempo que dure su encarcelamiento. A pesar de los esfuerzos de su tía, Mico continúa el ciclo criminal de la familia, vendiendo drogas y termina siendo arrestada y sentenciada a un centro de internamiento de delincuentes juveniles.

Return of the Gunfighter (1967, ABC)

DIRECTOR: James Neilson
GUIÓN: Robert Buckner
PRODUCTOR: Frank King y Maurice King
ELENCO: Robert Taylor, Chad Everett, Ana Martin, Rudolfo Hoyos Jr.

Un boxeador de edad y un cuatrero herido se unen para ayudar a una mexicana a vengar la muerte de sus padres, que ocurrió para robar sus tierras.

Rita Hayworth: The Love Goddess (1983, CBS)

DIRECTOR: James Goldstone
GUIÓN: E. Arthur Kean
PRODUCTOR: Andrew Susskind
ELENCO: Lynda Carter, Michael Lerner, Alejandro Rey

Esta cinta fílmica de televisión, dramatiza la historia excepcional de la legendaria actriz, desde el principio de su carrera como bailarina, a través de su evolución como una de la más glamorosas y populares estrellas de Hollywood.

River of Promises (1977, NBC)

DIRECTOR: Lee Katzin
GUIÓN: Michael Mann
PRODUCTOR: David Gerber
ELENCO: Richard Yñiguez, Joe Santos, Julio Medina, Jaime Sánchez, Rose Portillo, Gregory Sierra, Edward James Olmos

Este "Show Policiaco" especial, de un episodio dos horas, presenta a Richard Yñiguez como Ratazza, un policía que trabaja de agente secreto para descubrir a una banda que trae de contrabando a extranjeros ilegales al área este de la ciudad de Los Angeles. Este drama de gran sensibilidad tiene como actores a un magnífico elenco predominantemente hispano.

The Sacketts (1979, CBS)

DIRECTOR: Robert Totten
GUIÓN: Jim Byrnes, basado en las novelas *The Day Breakers* y *Sackett*, de Louis L'Amour
PRODUCTOR: Douglas Netter y Jim Byrnes
ELENCO: Sam Elliott, Tom Selleck, Jeff Osterhage, Glenn Ford, Ben Johnson, Gilbert Roland, Ana Alicia

Esta miniserie de cuatro horas, dividida en dos partes, está basada en una historia del afamado escritor del oeste, Louis L'Amour, acerca de las aventuras de los tres hermanos Sackett, en el territorio de Nuevo México, después de la Guerra Civil. Gilbert Roland aparece como Don Luis Alvarado, un ranchero enfermo de muerte, quien desea librar las tierras del territorio de Nuevo México, de los anglos que la merodean. Su nieta Drusilla Alvarado, interpretada por Ana Alicia, se enamora del más joven de los hermanos Sacket, Tyrel (Osterhage), quien es reclutado a la causa de Alvarado por el propio Don Luis.

Santiago's America (1973, ABC)

DIRECTOR: Albert Waller
GUIÓN: Albert Waller
PRODUCTOR: Albert Waller
ELENCO: Rubén Figueroa, Alex Colón, René Enríquez, Miriam Colón

Esta cinta en colores de una hora, secuela de la muy exitosa *Santiago's Ark* (ver debajo), fue diseñada como prueba para una serie, pero nunca fue escogida. Se refiere a las futuras aventuras del joven Santiago, quien, junto a un basurero de Nueva York, se dispone a recorrer América en un taxi dilapidado.

El escritor, productor y director Albert Waller unió ambas, *Santiago's Ark* y *Santiago's America*, basándola en una historia de ideas originales de Waller, quien veía a Santiago como un "moderno Huckleberry Finn hispano". Waller más tarde escribió, dirigió y produjo *La Raza*, una serie de tres documentales de una hora, que fueron presentados en televisión en todo el país. Estos programas, narrados por Ricardo Montalbán, trazan la historia de los mexicano-americanos en los Estados Unidos.

Santiago's Ark (1972, ABC)

DIRECTOR: Albert Waller
GUIÓN: Albert Waller
PRODUCTOR: Albert Waller
ELENCO: Rubén Figueroa, Alex Colón, René Enríquez

Santiago's Ark fue la cinta dramática en colores, de una hora, que dio inicio a los ABC Afterschool Specials, bajo los auspicios de los productores ejecutivos Michael Eisner y Brandon Stoddard.

Es la historia de un muchacho del Harlem hispano de Nueva York, quien sueña con construir un bote de desperdicios de madera, en la azotea de su dilapidado edificio de apartamentos del lado este de Manhattan. El arca se convierte en el símbolo de esperanzas y ensueños de todo el vecindario.

La cinta tiene a Rubén Figueroa de estrella, quien ya era conocido por su trabajo en el filme *Popi* (1969), con Alan Arkin, y en esta cinta su padre fue representado por René Enríquez, quien una década después sería el famoso teniente Calletano en *Hill Street Blues* (1974-80).

El *New York Times* señaló *Santiago's Ark* como uno de los diez mejores espectáculos del año. Ganó numerosos premios, incluyendo el Premio Gabriel, el Premio Christopher, Premio Peabody y el Golden Gate, del Festival Internacional de Cine de San Francisco.

Seguin (1982, PBS)

DIRECTOR: Jesús Treviño
GUIÓN: Jesúe Treviño
PRODUCTOR: Severo Pérez
ELENCO: A Martínez, Henry Darrow, Rose Portillo, Pepe Serna, Danny de la Paz, Enrique Castillo, Lupe Ontiveros, Edward James Olmos

Seguín es la historia de Juan Seguín, un héroe anónimo de las guerras de la independencia de Texas, y uno de los defensores mexicanos de El Álamo. Don Erasmo Seguín, junto a Stephen Austin, trajo a los primeros colonizadores anglos para que ayudaran a desarrollar el estado de Texas. Su hijo, Juan, tuvo conflictos con su padre porque él simpatizaba igualmente con la lucha de los colonizadores mexicanos, que con la de los americanos por adueñarse de Texas.

Esta sensible cinta fílmica presenta cinematografía de colores evocadores, una buena actuación central de A Martínez, y un reparto que incluye a muchos de los más prominentes actores hispanoamericanos de su generación. Edward James Olmos hace de un gruñón y maligno General Santa Anna.

Filmada como parte de una futura serie de PBS llamada *La Historia*, que nunca consiguió el respaldo económico necesario, *Seguín* fue exhibida en los festivales de cine de Estados Unidos y España. También fue transmitida como parte de *American Playhouse* de la PBS. Fue filmada en Bracketville, Texas, en 16mm, y con un calendario de veintiún días, a un coste de $500.000, usando muchos de los escenarios que John Wayne usara en *The Alamo* (1960).

Spic-O-Rama (1993, HBO)

DIRECTOR: Peter Askin
GUIÓN: John Leguizamo
PRODUCTOR: Jeff Ross
ELENCO: John Leguizamo

En este segundo especial Hora de Comedia (Comedy Hour) de HBO, basado en su propia producción escénica, el aclamado y talentoso John Leguizamo interpreta a los cinco miembros de una desajustada familia latina que incluyen desde un niño de nueve años que se autoproclama un genio, a un veterano de la Guerra del Desierto con graves problemas, a una madre cínica; todo esto hecho con una actuación de *tour-de-force*, filmada frente a un público en vivo, en el teatro American Place de la ciudad de Nueva York. *Spic-O-Rama* fue estrenada en el teatro Goodman de Chicago, pasando después al West Side Arts Theatre de Nueva York, manteniéndose en cartelera durante tres meses de llenos completos. La revista *Time* la llamó una de las mejores obras escénicas de 1992, alabando a Leguizamo por sus "cómicos monólogos que van más allá del arte escénico, para convertirse en una verdadera, y profundamente conmovedora obra de teatro".

Steambath (1973, PBS)

DIRECTOR: Burt Brinckerhoff
GUIÓN: Bruce Jay Freeman, basado en su obra teatral
PRODUCTOR: Norman Lloyd
ELENCO: Bill Bixby, José Pérez, Valerie Perrine

La producción grabada en cinta magnética y transmitida en la serie *Hollywood Playhouse* de la estación KCTE, resultó ser muy controvertida debido al lenguaje usado y desnudos que aparecían en ella. Bruce Jay Friedman adaptó esta extraña e inventiva obra de teatro referente a personas recientemente fallecidas, quienes se encuentran en un baño de vapor, descubriendo después que están en el purgatorio. Mucho más tarde, ellos se enteran que Dios es el puertorriqueño a cargo del baño.

Stones for Ibarra (1988, NBC)

DIRECTOR: Jack Gold
GUIÓN: Ernest Kinoy
PRODUCTOR: Bruce Pustin
ELENCO: Glenn Close, Keith Carradine, Alfoso Arau, Jorge Cervera Jr., Ron Joseph, Lupe Ontiveros, Trinidad Silva

Este drama contemporáneo del *Hallmark Hall of Fame* es referente a una pareja americana que se muda a una pequeña aldea mexicana, y se adapta a los diferentes valores y percepciones sobre la vida y la muerte. El filme presenta a los mexicanos como simples, supersticiosos y emocionalmente impredecibles. A excepción de los dos personajes principales, casi todo el elenco es hispano.

The Streets of L.A. (1979, CBS)

DIRECTOR: Jerrold Freedman
GUIÓN: Marvin A. Gluck
PRODUCTOR: George Englund
ELENCO: Joanne Woodward, Fernando Allende, Pepe Serna, Isela Vega

Una mujer anglo (Woodward), de mediana edad, marcha sola en busca de tres gángsters adolescentes del barrio de Los Ángeles, debido a que sus maliciosas travesuras la han enfurecido. La estrella del cine en español, Fernando Allende, hizo su debut en la televisión americana como el principal maleante del trío. La actriz mexicana Isela Vega ofrece una magnífica caracterización como su madre. El filme muestra imágenes estereotípicas de violencia urbana, de mexicanos y mexicano-americanos.

Streets of Laredo (1995, CBS)

DIRECTOR: Joseph Sargent
GUIÓN: Larry McMurtry, basado en su novela
PRODUCTOR: Robert Halmi, Jr., Larry Levinson, Suzanne De Passe, James Lee Barrett
ELENCO: James Garner, Sissy Spacek, Sam Shepard, Sonia Braga, Alexis Cruz, James Victor

Esta es una miniserie de cuatro horas transmitida en dos partes. El Capitán Woodrow Call (Garner), ahora retirado de los Guardabosques, es un cazafortunas que viaja a México en busca del malvado asesino Joey Garza (Cruz). Sonia Braga aparece como María Garza, la madre de Joey.

Sudden Terror: The Hijacking of School Bus #17 (1996, ABC)

DIRECTOR: Paul Schneider
GUIÓN: Jonathan Rintels
PRODUCTOR: S. Bryan Hickox, Jonathan Rintels, Diane Jacques, Laurie Hannan-Anton
ELENCO: María Conchita Alonso, Marcy Walker, Michael Paul Chan, Bruce Weitz

Una valiente mujer chófer del bus de un colegio, Marta Caldwell (Alonso), se enfrenta a un secuestrador medio loco, quien toma el mando del bus que va lleno de niños con problemas mentales y lleva a la policía en una persecución de más de veinticinco millas. El drama de dos horas es un cuento ficticio sobre un suceso real.

Sweet 15 (1990, PBS)

DIRECTOR: Victoria Hochberg
GUIÓN: Sharon Weil
PRODUCTOR: Richard Soto
ELENCO: Karla Montana, Jenny Gago, Susan Ruttan, Tony Plana, Panchito Gómez, Liz Torres

Marta, una jovencita de catorce años mexicano-americana, nunca ha tomado en serio las tribulaciones de los indocumentados. A ella únicamente le interesa su próxima fiesta quinceañera. Para prepararse, tiene que desempeñar algún trabajo en servicio de la comunidad, lo que en consecuencia la lleva a trabajar en la oficina de amnistía de la iglesia, y allí descubre con horror que su padre es un inmigrante ilegal. El programa fue otra presentación de la serie *WonderWorks*. *Sweet 15* recibió un premio Emmy.

Swing Vote (1999, ABC)

DIRECTOR: David Anspaugh
GUIÓN: Ron Bass y Jean Rusconi
PRODUCTOR: Chad Oman y Jonathan Litman
ELENCO: Andy García, Ray Walston, James Whitmore, Robert Prosky, Harry Belafonte

Cuando una próspera afroamericana es condenada por asesinato después que pone fin a su embarazo, es el voto del nuevo y más joven miembro de la Corte Suprema de Justicia, Joseph Kirkland (García), el que decidirá el caso. Mientras él y los demás jueces abordan el controvertido caso que ha polarizado a la nación, Kirkland tiene que reconocer el interés personal que tiene en el asunto.

Texas (1995, ABC)

DIRECTOR: Richard Lang
GUIÓN: Sean Meredith
PRODUCTOR: Aaron Spelling, E. Duke Vincent, y John Wilder
ELENCO: María Conchita Alonso, Benjamin Bratt, Patrick Duffy, Chelsea Field, Anthony Michael Hall, Stacy Keach, John Schneider

Basada en la novela de James A. Michener, la miniserie de *Texas* comienza en 1821 y cuenta cómo un pequeño grupo de anglos ("Texicanos") viaja a México para establecerse en una tierra inhóspita que había estado habitada durante miles de años por indios, y dos siglos antes, había sido reclamada para México por exploradores españoles. Con el empresario Stephen F. Austin a la cabeza, cuyo padre había recibido una comisión real para colonizar la tierra, los colonos coexistían pacíficamente con el gobierno mexicano, hasta que el ejército, bajo el mando del General Santa Anna, comenzó a restringir sus libertades. La lucha que suscitó la colonización de la tierra y poder vivir siendo libres —incluyendo la defensa de El Álamo y la batalla de San Jacinto— se convirtió en leyenda. Alonso aparece como Lucha López Garza, una bandida, esposa de Benito Garza. Bratt es Benito Garza, un orgulloso y valiente vaquero, descendiente de la realeza española.

Texas apareció primero en 1994 como una cinta de video, y fue exhibida por primera vez en 1995 como una miniserie de dos partes, en ABC Televisión. Fue filmada en los exteriores del sur de Texas, y dentro y alrededor de Brackettville, Texas.

Things You Can Tell Just by Looking at Her (2000, Showtime)

DIRECTOR: Rodrigo García
GUIÓN: Rodrigo García
PRODUCTOR: John Avnet, Lisa Lindstrom, Marsha Oglesby
ELENCO: Kathy Baker, Glenn Close, Cameron Díaz, Calista Flockhart, Gregory Hines, Holly Hunter

Una comedia romántica acerca de las complejidades físicas y emocionales que afectan diariamente las vidas de un grupo diverso de mujeres, y las estrategias que ellas adoptan para poder hacer frente a los acontecimientos, grandes y pequeños, evidentes o escondidos, que dan forma a sus vidas respectivas. La cinta, basada en su propio guión, marca el debut como director del cineasta Rodrigo García.

Three Hundred Miles for Stephanie (1981, NBC)

DIRECTOR: Clyde Ware
GUIÓN: Clyde Ware
PRODUCTOR: Antonio Calderón
ELENCO: Tony Orlando, Julie Carmen, Edward James Olmos, Pepe Serna, Gregory Sierra

Este filme está basado en la historia verdadera de un policía (Orlando) de San Antonio, Texas, quien juró correr más de 300 millas, como un agotador acto de fe por su hija enferma de gravedad, y con daño cerebral. Esta cinta que marcó el debut dramático de Orlando, tuvo la sensibilidad de presentar a los mexicano-americanos en las corrientes predominantes de la sociedad, con las sutilezas de sus orígenes latinos.

Victims for Victims: The Theresa Saldaña Story (1984, NBC)

DIRECTOR: Karen Arthur
GUIÓN: Arthur Heinemann
PRODUCTOR: Harry R. Sherman
ELENCO: Theresa Saldaña, Adrian Zmed

Este es un recuento basado en la realidad de la lucha de una mujer para sobrevivir, tanto física como mentalmente, después de una agresión personal que casi le cuesta la vida. Atacada una vez por un admirador medio loco, quien la apuñala repetidamente, la actriz Theresa Saldaña se autorepresentó en esta cinta

(Izq. a der.) Edward James Olmos, Tony Orlando y Pepe Serna en la película de televisión *Three Hundred Miles for Stephanie.*

fílmica para la televisión. Como resultado de su larga y dolorosa recuperación, Saldaña formó una organización (Victims for Victims), dedicada a ayudar a las víctimas de crímenes violentos, a enfrentarse con su dolor y su furia.

The Wall (1998, Showtime)

DIRECTOR: Joseph Sargent
GUIÓN: Scott Abbott, Patrick Sheane Duncan, Charles Fuller
PRODUCTOR: Edgard J. Scherick, Lynn Raynor
ELENCO: Edward James Olmos, Michael DeLorenzo, Ruby Dee, Savion Glover

Tres historias de la guerra de Vietnam, y los efectos causados sobre lo sobrevivientes.

Olmos aparece en esta historia como un coronel de alta graduación del ejército de los Estados Unidos, y Michael DeLorenzo interpreta en otra a un soldado que es un brillante guitarrista. La película reconoce la participación de los latinos en la guerra de Vietnam.

WANTED: THE SUNDANCE WOMAN (1976, ABC)

DIRECTOR: Lee Philips
GUIÓN: Richard Fielder
PRODUCTOR: Stan Hough
ELENCO: Katharine Ross, Steve Forrest, Héctor Elizondo

Después que se da la noticia de que Butch Cassidy y el Sundance Kid han perecido en Bolivia, Etta Place (Ross), vaga alrededor del suroeste, perseguida por Charlie Stringo (Forrest). Ella termina en México con Pancho Villa, rol interpretado por Héctor Elizondo.

THE YOUNG INDIANA JONES CHRONICLES: YOUNG INDIANA JONES AND THE CURSE OF THE JACKAL (1992, ABC)

DIRECTOR: Carl Schultz
GUIÓN: Jonathan Hale
PRODUCTOR: Rick McCallum
ELENCO: Sean Patrick Flannery, Mike Moroff, Francesco Quinn

La segunda parte de esta cinta de dos horas, que comienza en Egipto, en una expedición arqueológica a la tumba de Tutankhamen, lleva al joven Indiana Jones a México, en 1916, donde conoce y se une a Pancho Villa. El general y sus hombres están huyéndole al general Pershing y sus tropas americanas, dirigidas por el joven George Patton, quien ya da muestras de su fuerte estilo individualista de mando. Esta es una cinta bien hecha, balanceada con propiedad, con penetración, y sin ningún episodio estereotípico, con Moroff interpretando a Villa con cabalidad, y presentando a Quinn como uno de sus soldados. Filmada en España, la película tuvo como productor ejecutivo a George Lucas, responsable por la trilogía de Indiana Jones que tuvo a Harrison Ford de estrella.

EL ZORRO Y EL CISCO KID

A pesar de las imágenes negativas y estereotipadas presentadas por la prensa americana convencional, dos héroes positivos hispanoamericanos lograron adueñarse de la cultura popular americana: El Zorro y el Cisco Kid.

Antonio Banderas es el Zorro en *The Mask of Zorro.*

Duncan Renaldo (izq.) es Cisco y Leo Carillo (der.) es su compinche, Pancho.

El Zorro

El Zorro, fue mencionado por primera vez en *The Curse of Capistrano*, original de Johnston McCulley, publicada en 1919, en la revista de pacotilla, *All Story*. Aunque estaba basado en la historia de California y el romanticismo que rodeaba el período iberomexicano, Zorro es un personaje puramente ficticio. Su historia es la amalgama de dos períodos históricos diferentes (la cumbre de los períodos de la Misión y el Rancho estaban separados por muchos años), y los hechos están situados en el período de los años 1820, cuando California era todavía una posesión territorial fronteriza de España.

Aunque la trama sucede en el pueblo de Los Angeles, McCulley usó el título de Capistrano solamente por su atracción aliterada, ya que él tenía un conocimiento superficial de la historia de California. El autor pudo haber sido también influenciado por otra obra literaria sobre un galán valiente, *The Scarlet Pimpernel*, escrita en 1905.

Zorro y su álter ego, Don Diego de la Vega, aparentemente el hijo malcriado de aristócratas españoles, es uno de los caracteres más conocidos de la ficción popular. Cuando encuentra injusticias, Don Diego se transforma en el Zorro, defensor al estilo Robin Hood de sus compatriotas. Zorro se identifica ante los villanos con su látigo, antifaz de color negro, capa y su firma, usando su florete para hacer la letra "Z" dondequiera que se encuentra. La popularidad del Zorro, alimentada por las historias continuas publicadas en revistas, libros, folletines cómicos, películas y la televisión, se ha mantenido en su apogeo a través de los años. Las historias del Zorro han sido publicadas en 26 idiomas diferentes. El personaje continúa siendo el más popular entre los personajes ficticios en los países que hablan español. Durante las décadas de los 60 y 70, un número de cintas fílmicas de aventuras del Zorro, de bajo presupuesto, fueron hechas por compañías productoras italianas, españolas y mexicanas; todas tenían muy poco parecido con el concepto original o el personaje, a excepción del traje negro y el antifaz. Frank Latimore, un actor nativo americano, hace de Zorro en varias de las cintas italianas; Sean Flynn (hijo de Errol Flynn, que se convirtió en un fotógrafo de la guerra de Vietnam y quien hasta hoy es uno de los MIAS [perdido en acción]), hace de Zorro, en *Mark of Zorro* (1963). Gordon Scott (un Tarzán del pasado) fue el Zorro de *Zorro and the Three Musketeers* (1963) que sitúa la trama en España y Francia en el siglo XVII, donde el Zorro y los Tres Mosqueteros pelean contra los hombres del Cardenal Richelieu y defienden a Isabel, Duquesa de Sevilla. En 1990, en un programa de entrevistas de sindicalización nacional, el dibujante Bob Kane dijo que Zorro había sido la inspiración para su Batman, héroe moderno y luchador contra el crimen.

El 23 de abril de 1991, una historia en el *Hollywood Reporter* contaba que

Steven Spielberg produciría y dirigiría un largometraje de poco costo sobre el Zorro, con la firma productora TriStar. En 1994, Spielberg cedió las riendas de la dirección a Michael Solomon, pero continuó como productor ejecutivo, mencionándose Andy García como Zorro y Sean Connery, como el viejo Don Diego. La premisa estaba ahora basada ligeramente en *Pigmalión*: siendo el Zorro un ladrón común, es convertido por el Zorro viejo en un luchador por la libertad y buscador de justicia— a Don Diego ya le había pasado su época. Salomon abandonó el proyecto, y en 1995, se anunció que Robert Rodríguez dirigiría la película, con Antonio Banderas como el personaje titular. El papel del Zorro atrajo a Banderas porque era una oportunidad para interpretar el único héroe español creado por Hollywood. "Yo conocía el personaje porque había visto la serie de Disney, televisada en España en 1960, con Guy Williams en el papel principal", dijo Banderas en una entrevista de prensa. "A mí me encantaba ver el programa cuando era niño, y pretendía ser el Zorro. Cuando tuve la oportunidad de desempeñar el papel, no dudé en decir que sí". Más tarde en ese año, Rodríguez abandonó el proyecto por problemas monetarios y diferencias artísticas con los productores. Después de muchas versiones de libretos diferentes y escribir de nuevo las escenas, Banderas continuó como estrella, y Martin Campbell, quien acababa de obtener un gran triunfo con su cinta de suspenso de James Bond, *Golden Eye* (1995), con Pierce Brosnan, fue escogido para dirigir el filme, ahora llamado *The Mask of Zorro*. Después de su estreno, en 1998, *Zorro* se convertiría en un sensacional triunfo de taquilla en el mundo entero.

Douglas Fairbanks en *The Mark of Zorro*.

Películas del Zorro

Las películas y listas de televisión que aparecen a continuación, están en orden cronológico, siguiendo el desarrollo de la popularidad del personaje.

The Mark of Zorro (1920, United Artists)
La marca del Zorro

DIRECTOR: Fred Niblo
GUIÓN: Elton Thomas [Douglas Fairbanks], basado en el cuento "The Curse of Capistrano", de Johnston McCulley
PRODUCTOR: Douglas Fairbanks
ELENCO: Douglas Fairbanks

Película muda. Douglas Fairbanks fue el primero en reconocer el potencial cinematográfico del Zorro. Él compró los derechos fílmicos en 1920 y enseguida produjo la película.

La marca del Zorro, la primera cinta fílmica de United Artists (compañía fundada por Douglas Fairbanks en 1919, con Mary Pickford, Charlie Chaplin y

D.W. Griffith), dio la oportunidad a Fairbanks de interpretar un papel diferente. El éxito sin precedentes de la cinta inició su carrera como un héroe espadachín de la pantalla en dramas de aventura. Fairbanks continuó en esa vena hasta 1934, cuando esta estrella madura no era ya aceptada como un héroe viril y vigoroso por el público. Errol Flynn, Tyrone Power y su propio hijo, Douglas Fairbanks, Jr., siguieron sus pasos en roles similares.

Fairbanks trajo su aptitud atlética al rol del Zorro y sus reconocidas cualidades cómicas al del petimetre Don Diego. Toda la trama y escenografía estaban diseñadas para glorificar las cualidades atléticas de Fairbanks. El énfasis de la película estaba puesto en la acción. Hay varias escenas de duelos emocionantes y una persecución en la que el Zorro elude a sus perseguidores ejecutando una serie de sorprendentes trucos de atletismo. Fairbanks estableció el modelo clásico sobre el que todas las interpretaciones del Zorro posteriores estarían basadas.

Muchos de los personajes de la historia son estereotipos que están presentes solamente para darle continuidad a la acción.

El aristocrático Don Diego, que regresa de España donde ha sido educado, se horroriza ante la tiranía que predomina en la California española. Como el Zorro, Diego se embarca en una guerra solitaria contra el villano Capitán Ramón (Rober McKim), quien está en contubernio con el corrupto gobernador para desviar sospechas contra él mismo. Diego asume el disfraz de un dandi cabezahueca y afeminado, con el que engaña a todos, incluso a su amada Lolita, y a su padre. La base del argumento es igual a varias obras moralistas americanas del siglo XIX, en las que el héroe salva a la familia de la ruina y, por lo tanto, gana el corazón de la hija. Tanto Fairbanks como el director, Niblo (un antiguo actor), llegaron a la pantalla procedentes del teatro.

The Mark of Zorro fue la primera en una serie de dramas de época en las que Fairbanks actuaría y produciría para United Artists.

Don Q, Son of Zorro (1925, United Artists)

DIRECTOR: Donald Crisp
GUIÓN: Jack Cunningham, basado en *Don Q's Love Story* de Hesketch Prichard y Kate Prichard
PRODUCTOR: Douglas Fairbanks
ELENCO: Douglas Fairbanks, Mary Astor, Jack MacDonald, Enrique Acosta

Película muda. Esta secuela de *La marca del Zorro* (1920) repite el éxito de la original. Igual que hizo Valentino en *El hijo del Sheik* (1926), Fairbanks interpreta un papel doble, como el hijo y el padre que va en ayuda de su hijo a España. Enrique Acosta hace del villano Capitán Ramón.

Bold Caballero (1936, Republic Pictures)

DIRECTOR: Wells Root
GUIÓN: Wells Root
PRODUCTOR: Nat Levine
ELENCO: Robert Livingston, Heather Angel, Ferdinand Munier, Chris-Pin Martin, Carlos de Valdéz

Después de *Don Q, Son of Zorro* (1925), Zorro no volvió a aparecer en la pantalla hasta esta película de Republic, de 1936. La estrella fue Robert Livingston, un actor popular de las series del oeste de la Republic.

El guión trata de cómo Diego, enfurecido por la crueldad y los impuestos asignados a los indios de Santa Cruz por los comandantes de la guarnición de la localidad, decide corregir la situación. Cuando llega a California el gobernador recién nombrado por el rey de España para hacerse cargo de la provincia, el comandante lo asesina y acusa al Zorro del crimen.

The Phantom of Santa Fe (1937, Burroughs-Tarzan Pictures)

DIRECTOR: Jacques Jaccard
GUIÓN: Charles Royal
PRODUCTOR: Ashton Dearholt
ELENCO: Norman Kerry, Frank Mayo

Esta película pseudo-Zorro, fue en realidad filmada seis años antes, en 1931, bajo el título de *The Hawk.*

Este largometraje fue originalmente engavetado, debido a dificultades técnicas, de las que no fue la menor la desagradable voz de la estrella, Norman Kerry. Kerry, que había sido galán de las películas mudas, encontró que sus pobres habilidades vocales darían al traste con su carrera en la era del sonido.

Ashton Dearholt, un antiguo actor vuelto productor y uno de los socios de la compañía Burroughs-Tarzan, se interesó en el metraje de *The Hawk*, en 1936, y logró convertirlo en una propiedad vendible.

Editándola de nuevo y con pista completamente nueva de sonido, igual que diferente partitura musical de fondo, el esfuerzo que resultaría fue llamado *The Phantom of Santa Fe,* y vendido como una cinta totalmente nueva. Aunque no era una imitación exacta del Zorro en lo referente a que el héroe no usa antifaz, el guión seguía la clásica historia diseñada por McCulley. Kerry usó la manera displicente de un petimetre como disfraz, para convertirse en el misterioso Hawk, y así poder vengar todas las fechorías perpetradas por el villano (Mayo), y su banda de renegados.

Zorro Rides Again (1937, Republic Pictures)

DIRECTOR: William Witney y John English
GUIÓN: Barry Shipman, John Rathmell, Franklyn Adreon [escrito también como Franklin], Ronald Davidson y Morgan Cox
PRODUCTOR: Sol C. Siegel
ELENCO: John Carroll, Duncan Renaldo, Noah Berry, Dick Alexander

Republic Pictures siguió *Bold Caballero* (1936) con una serie de doce partes. Estos episodios eran de treinta minutos, más o menos, y eran presentados en los teatros junto a la cinta principal. Con el deseo de atraer a los públicos jóvenes, las películas estaban llenas de acción y suspense de último momento, para hacer que el público volviera semana tras semana.

Zorro Rides Again era un oeste contemporáneo en el que el Zorro ya no era más Don Diego, sino su biznieto, Jaime Vega (Carroll). La historia gira alrededor de los intentos de sabotear el edificio de la línea de ferrocarril California-Yucatán. Yakima Canutt hizo todos los doblajes y trabajos peligrosos de Carroll.

Zorro's Fighting Legion (1939, Republic Pictures)

DIRECTOR: William Witney y John English
GUIÓN: Ronald Davidson, Franklyn Andreon [también escrito Franklin], Morgan Cox, Sol Shor y Barney A. Sarecky
PRODUCTOR: Hiram S. Brown Jr.
ELENCO: Reed Hadley

Este serie de doce episodios que prosiguió a la anterior fue la primera de las aventuras del Zorro que sucedería en México, en vez de California. La historia también tendría lugar cuarenta años después de la original. En ella, la Legión es organizada para combatir las actividades de un falso indio Yaqui, quien está robando el oro que es muy necesario para ayudar a Benito Juárez.

The Mark of Zorro (1940, Twentieth Century Fox)

DIRECTOR: Rouben Mamoulian
GUIÓN: John Taintor Foote, Garrett Ford y Bess Meredyth
PRODUCTOR: Raymond Griffith
ELENCO: Tyrone Power, Basil Rathbone, Linda Darnell, Gale Sondergaard, Eugene Pallette, Chris-Pin Martin, George Regas, Frank Puglia, Pedro de Córdoba

The Mark of Zorro

En noviembre de 1940, Twentieth Century Fox estrenó la primera reposición oficial de *Zorro* que llevaba el título original. Dirigida por el notable estilista Rouben Mamoulian, el filme tiene como estrellas a Tyrone Power, Basil Rathbone y Linda Darnell.

Tyrone Power en la película clásica *The Mark of Zorro.*

Muchos críticos opinaron que la actuación de Power sufría en la comparación con la de Fairbanks. Si bien Power era un actor muy capacitado, él no era un atleta al estilo de Fairbanks y Flynn; sin embargo, era bien parecido, romántico y gallardo. La nueva cinta probó tener éxito y ser popular con el público, y convirtió a Power en una estrella en Sudamérica. Un final imponente, en la forma de un duelo lleno de acción entre el Zorro sin antifaz (Power) y el sinvergüenza capitán Esteban (Rathbone), continúa siendo uno de los mejores ejemplos de esgrima de la pantalla. Además de la lista de hispanos en el elenco que arriba aparece, Fortunio Bonanova desempeña un papel pequeño en el filme.

Rathbone era un actor inglés que había sido entrenado clásicamente, además de ser un consumado esgrimista y atleta. Él también había interpretado al maligno Sir Guy de Gisbourne en *The Adventures of Robin Hood* (1938), en el cual ofreció otra memorable demostración de esgrima, esta vez contra Errol Flynn. Las escenas del duelo fueron creadas por Albert Cavens, quien también había sido el instructor de Fairbanks.

Mamoulian escogió sus extras como si fueran actores principales. Insistió en que todos fueran españoles o mexicanos. Cuando Mamoulian comenzó a trazar los planes para el filme, descubrió a través del departamento de investigación del estudio que Los Ángeles, en 1820, era un lugar caluroso y polvoriento, una colonia de adobe habitada por indios, españoles y solamente un americano. Las peleas callejeras eran una cuestión diaria y la gente usaba los cueros de los animales como una manera de intercambio. El director decidió que un lugar tan primitivo y sucio, no le venía bien a sus planes.

En el Rancho Agoura de la Fox, en California, mandó construir un pueblo que brillaba por su blancura, era agradable a la vista por su verdor y alardeaba de preponderancia en apuestos caballeros, nobles hombres aventureros y bellas señoritas, un clásico ejemplo de que Hollywood nunca deja que la realidad de los hechos interfiera con una buena trama. La historia fue seguida fielmente en la copia que fue hecha de la plaza del pueblo y la iglesia.

Un monje franciscano donó la música original de ese período para ser usada en el filme, que tuvo una partitura musical original de Alfred Newman. Power y Darnell tuvieron que practicar durante varias semanas una secuencia de baile que ambos interpretan. Ante la insistencia de Darryl F. Zanuck, jefe principal de la Fox, Ernesto A. Romero, antiguo cónsul de México en Los Ángeles, fue contratado como asesor técnico.

Zorro's Black Whip (1944, Republic Pictures)

DIRECTOR: Spencer Bennet y Wallace Grisell
GUIÓN: Basil Dickey, Jesse Duffey, Grant Nelson y Joseph Poland
PRODUCTOR: Ronald Davidson
ELENCO: George J. Lewis, Linda Sterling

Esta serie de doce capítulos tiene una mujer en el papel principal, vestida en ropa de cuero negro y usando un látigo. El nombre de Zorro es utilizado, pero no hay otra relación con el personaje.

Son of Zorro (1947, Republic Pictures)

DIRECTOR: Spencer Bennet y Fred C. Bannon
GUIÓN: Franklyn Adreon (también escrito Franklin), Basil Dickey, Jesse Duffy y Sol Shor
PRODUCTOR: Ronald Davidson
ELENCO: George Turner, Peggy Stewart

Turner es un descendiente del Zorro que asume el nombre para luchar contra las injusticias que tienen lugar en el oeste, después de la guerra civil.

Ghost of Zorro (1949, Republic Pictures)

DIRECTOR: Fred C. Bannon
GUIÓN: Royal Cole, William Lively y Sol Shor
PRODUCTOR: Franklyn Adreon (también escrito Franklin)
ELENCO: Clayton Moore, Pamela Blake

Una serie de doce capítulos, con Clayton Moore en el papel principal, quien fue famoso como el Guardabosques Solitario en la televisión varios años después. En 1959, una nueva versión de la serie volvió a ser editada.

Moore aparece como el nieto del Zorro original, quien pelea contra una pandilla que quiere parar la extensión de las líneas del telégrafo, desde San José a Twin Bluffs, California. Alex Montoya aparece en un pequeño papel como Yellow Hawk (Halcón amarillo).

Don Daredevil Rides Again (1951, Republic Pictures)

DIRECTOR: Fred C. Bannon
GUIÓN: Royal Davidson
PRODUCTOR ASOCIADO: Franklyn Adreon (también escrito Franklin)
ELENCO: Ken Curtis

En esta serie de doce capítulos, Ken Curtis interpreta al héroe del antifaz, quien está vestido de manera que fuera posible utilizar metraje en reserva de viejas series de Zorro.

Curtis, que tuvo una larga asociación con el director John Ford cuando apareció en varias cintas del oeste, es más conocido como el personaje de Festus en la larga serie *Gusnmoke* (1955–1975), en los años 60 y 70.

The Man with a Steel Whip (1954, Republic Pictures)

DIRECTOR: Franklin Adreon
GUIÓN: Donald Davidson
PRODUCTOR ASOCIADO: Franklin Adreon
ELENCO: Richard Simmons

Usando un disfraz idéntico al del Zorro, Simmons fue llamado El Látigo. Viejo metraje fue usado de nuevo en esta última serial del oeste producida por Republic Pictures.

The Sign of Zorro (1960, Buena Vista)

DIRECTOR: Norman Foster y Lewis R. Foster
GUIÓN: Norman Foster, Lowell S. Hawley, Bob Wehling y John Meredyth Lucas
PRODUCTOR: Walt Disney y William H. Anderson
ELENCO: Guy Williams, Henry Calvin, Gene Sheldon, Britt Lomond, George J. Lewis, Romney Brent

Guy Williams es el espadachín aventurero Zorro, en la película de Walt Disney *The Sign of Zorro*, un filme de 1960 que fue basada en los primeros episodios de la aclamada serie de televisión.

La primera serie televisada del *Zorro*, de Walt Disney, sirvió para que dos largometrajes teatrales se inspiraran en ella. *The Sign of Zorro*, de los episodios 1 al 13, fue estrenada mundialmente en junio de 1960.

Don Diego, que se educa en España, regresa a su casa para encontrar a la gente del pueblo de Los Ángeles víctimas de grandes injusticias. Como el Zorro, él lucha por derrocar al gobierno corrupto del Capitán Monasterio (Lamond). Con la ayuda de su sirviente mudo (Sheldon), y montado en su extraordinario caballo, Tornado, Zorro frustra y finalmente derrota al maligno oficial y a sus hombres en una serie de aventuras completas con encuentros emocionantes de esgrima y hazañas ecuestres.

ZORRO, THE AVENGER (1961, BUENA VISTA)

DIRECTOR: Charles Barton
GUIÓN: Lowell S. Hawley y Bob Wehling
PRODUCTOR: William H. Anderson
ELENCO: Guy Williams

Tomada de los episodios 27 al 39 de la serie televisada *Zorro*, de Walt Disney, *Zorro, the Avenger*, fue estrenada mundialmente en abril de 1961. La historia sitúa al Zorro en contra de El Águila, interpretado por Charles Corvin. El Águila es un renegado español de la época de 1820, que planea derrocar al gobierno de España y vender California al mejor postor.

ZORRO (1975)

DIRECTOR: Duccio Tessart
GUIÓN: Giorgio Arlorio
PRODUCTOR: Luciano Martino
ELENCO: Alain Delon, Stanley Baker

Este filme nunca fue estrenado en teatros americanos, pero aparece con bastante frecuencia en la televisión estadounidense, primeramente porque fue filmado a color. Alain Delon, un actor principal francés y estrella internacional, es el Zorro de esta historia situada curiosamente en América Latina. Este "spaghetti Zorro" de España, es divertido a su modo.

ZORRO, THE GAY BLADE (1981, TWENTIETH CENTURY FOX)

DIRECTOR: Peter Medak
GUIÓN: Hal Dresner
PRODUCTOR: George Hamilton y C.O. Erickson
ELENCO: George Hamilton, Brenda Vaccaro, Ron Leibman

El hijo del Zorro, Don Diego, regresa a California para encontrar a su padre muerto misteriosamente y que su antiguo amigo, Esteban (Leibman), es ahora el nuevo y feroz alcalde. El padre tuvo un último deseo: que la leyenda de Zorro continúe, bien de parte de Don Diego o de su hermano gemelo, Ramón, desaparecido desde hace mucho tiempo. Diego acepta el llamado y asume la capa y antifaz que son las características del padre.

Todo va bien para el nuevo Zorro hasta que se fractura un pie en una caída y se ve forzado a retirarse. En su ausencia, los aldeanos sufren, pero cuando el futuro se presenta aún más lúgubre, aparece el hermano Ramón. Durante su ausencia, él se ha vuelto un atleta remilgado, muy parecido a un llamativo homosexual estereotípico. Diego le dice a Ramón (quien ha cambiado el nombre por el de Bunny Wigglesworth), que debe obedecer los deseos del padre y hacerse cargo del trabajo del Zorro, una idea que no emociona a Bunny. Sin embargo, él ve esto como una oportunidad de arreglar la imagen rústica de Zorro. Vestido de seda color malva y con un látigo, Bunny sale en la noche a pelear por el pueblo. Dos mujeres que se han estado disputando la atención del Zorro, confunden a los dos Zorros, con resultados cómicos predecibles.

En esta parodia que no agradó al público, George Hamilton hace de Zorro. No puede decirse quien exageró más, si Liebman o Hamilton. La interpretación de homosexual de Hamilton es aburrida a la par que ofensiva, y no tuvo tanto éxito parodiando al Zorro y el género aventurero, como lo fue parodiando a Drácula, en *Love at First Bite* (1979). *Zorro, the Gay Blade,* fue producida sin escatimar dinero y filmada en los exteriores de Cuernavaca, México, simulando la ciudad de Los Ángeles de antaño. La cinta fue dedicada con afecto a Rouben Mamoulian, director de *The Mark of Zorro,* de 1940.

George Hamilton protagoniza *Zorro, the Gay Blade*, una comedia aventurera como el hijo del héroe legendario de la antigua California, quien combate los enemigos de los agobiados.

THE MASK OF ZORRO (1998, TRISTAR)

DIRECTOR: Martin Campbell
GUIÓN: John Eskow y Ted Elliott & Terry Rossio
PRODUCTOR: Doug Claybourne y David Foster
ELENCO: Antonio Banderas, Anthony Hopkins, Catherine Zeta-Jones, Stuart Wilson, Matt Letscher, Maury Chaykin, Tony Amendola, Pedro Armendáriz, L.Q. Jones, William Márquez, José Pérez, Victor Rivers, Julieta Rosen

The Mask of Zorro es una aventura romántica de amor y honor, de tragedia y triunfo, de gran envergadura, que tiene como fondo la lucha de México por independizarse de la mano de hierro de España. Es también una conmovedora y a veces cómica fábula aventurera acerca de un bandido picaresco, cuyo único conocimiento de la espada es que "la punta sirve para penetrar a otro hombre", y llega a transformarse en un elegante héroe.

Han transcurrido veinte años desde que Don Diego de la Vega (Hopkins), triunfó como el romántico héroe Zorro, en su lucha en Alta California contra la opresión de España. Encarcelado durante veinte años, tiene ahora que encontrar a un sucesor para detener a Don Rafael Montero (Wilson), el poderoso y antiguo gobernador de Alta California, por quien le costó a de la Vega su libertad, su esposa, Esperanza (Rosen), y su hija, Elena (Zeta-Jones). Montero planea ahora comprar California al presidente de México, General Santa Anna. Alejandro Murieta (Banderas), un bandido con un pasado turbulento, es transformado por Don Diego en el nuevo Zorro, con la esperanza de que él ayude a frustrar los planes de Montero de una vez y por todas. Trazando la historia de estas dos

Anthony Hopkins (izq.), Catherine Zeta-Jones (centro) y Antonio Banderas (der.) en *The Mask of Zorro.*

relaciones cargadas de emoción, la cinta sigue los pasos del Zorro, cuando asume la posición de Don Diego, y comienza una relación amorosa con una mujer que está muy cerca del corazón de su predecesor.

The Mask of Zorro marca el primer largometraje teatral de Hollywood de importancia sobre el Zorro, en más de cuarenta años, y resultó un encantador espectáculo romántico de aventura. Banderas fue el actor perfecto para caracterizar el gallardo Zorro. Hopkins impartió dignidad al maduro Zorro/Don Diego. Catherine Zeta-Jones resultó igualmente insuperable en el papel de la bella Elena. Es una cinta bellamente realizada que resuelve el rompecabezas de muchos elementos históricos.

Filmada totalmente en los exteriores del centro de México, la producción comenzó el rodaje en los estudios Churubusco de la Ciudad de México, y continuó en la hacienda San Blas, en las afueras de la ciudad de Tlaxcala, la hacienda Telapayac, fuera de Pachuca y Santa María Regla, ambas en el estado de Hidalgo y a lo largo de las playas de Guaymas.

Las series de televisión del Zorro

ZORRO (1957–1959, ABC)

ELENCO: Guy Williams

El estreno de la serie de *Zorro*, tuvo lugar en ABC en el otoño de 1957 y duró dos temporadas de 39 episodios cada una. Completó la segunda serie con un promedio de 26.6 en el índice de popularidad del sistema Nielsen. Tuvo tanto éxito, que Walt Disney produjo cuatro especiales de una hora –"Adiós El Cuchillo", "Auld Acquaintances", "El Bandido" y "The Postponed Wedding"– después que la serie formó parte de su programación. Cuando Disney quiso cambiar el programa de ABC a CBS, comenzó a desarrollarse una batalla legal. La disputa, que no fue resuelta por dos años, puso fin al espectáculo.

Guy Williams, un atractivo ítaloamericano neoyorquino, de más de seis pies de estatura, cuyo verdadero nombre era Armando Catalano, obtuvo un gran triunfo personal interpretando al Zorro. Su magnética personalidad, atractivo físico y buenas facultades, tanto para actuar como físicas, lo convirtieron en una estrella de inmediato. A su muerte, ocurrida en 1989, cuando contaba sesenta y cinco años de edad, continuaba íntimamente ligado con el personaje.

Cuando Williams hizo su prueba para los estudios Walt Disney en 1957, era sólo un esforzado actor de Nueva York. Unos pocos meses después debutaba en la televisión como Zorro, el legendario bandido enmascarado de la California española. Henry Calvert fue su contra figura, en el papel del sargento García, el robusto y saleroso cómico villano, con Gene Sheldon como Bernardo, el sirviente y compinche mudo del Zorro. George J. Lewis era el padre de Zorro, Don Alejandro de la Vega, y Britt Lomond hacía de Monastario, el gobernador archienemigo del pueblo de Los Ángeles. Muchos actores hispanos encontraron trabajo en la serie, y tanto Gilbert Roland, como César Romero, aparecieron en distintos episodios como invitados. *Zorro*, como serie de televisión, fue más allá de los confines de la historia de cintas fílmicas anteriores, aunque siempre siguiendo la fórmula clásica.

El caballo Tornado, el talentoso alazán negro de Zorro, fue representado por tres caballos distintos, porque era imposible que uno solo pudiera realizar todas las hazañas requeridas. Uno se portaba estupendamente ante las cámaras, otro trabajaba sin ninguna inhibición con otros caballos en las secuencias de las peleas y un tercero era usado para los largos y peligrosos galopes sobre las lomas.

Zorro se convirtió en un fenómeno que lograría una de las más largas campañas de mercadeo de su tiempo. La serie motivó una locura por el Zorro entre la juventud del país. Los niños escribían la letra "Z" en sus tareas del colegio y llevaban el almuerzo en fiambreras del Zorro. Las jugueterías vendían capas, sombreros, antifaces y espadas del Zorro. La Twentieth Century Fox volvió a exhibir en los cines la versión de Tyrone Power de *The Mark of Zorro* (1940) y la Republic Pictures transmitió de nuevo la serie del Zorro para sacar partido del tremendo interés que el programa televisado había creado.

La historia de Disney da comienzo con Don Diego de la Vega (Williams), en viaje de España a su hogar en el pueblo de Los Ángeles. Él pronto se entera de la injusta dictadura militar impuesta en el pueblo por el villano Monastario (Diamond) y jura luchar contra el despótico gobierno.

Haciéndose pasar por un afectado intelectual, Don Diego y su sirviente, Bernardo, (Sheldon), llegan a tiempo para sentir en carne propia el odio que Monastario siente por la familia de la Vega, cuando sus esbirros acusan injustamente de traición a un vecino, Torres, y lo encarcelan. Convencido de que una resistencia abierta contra la tiranía resultaría fatal, Diego se convierte en el Zorro, un ser vengativo vestido de negro, quien pelea contra la tiranía con una espada centelleante, superior equitación y bravura escalofriante. Bernardo, el mudo —quien a veces se hace pasar también por sordo— le sirve a Don Diego de poste auditivo.

Don Diego es muy cuidadoso en esconder su identidad de su padre y construye un pasadizo secreto en el rancho que lo lleva de la casa principal a una caverna bajo tierra, donde guarda su caballo, Tornado, y sus disfraces de Zorro. Esta caverna conduce a una entrada de la cueva cubierta de yerba, no lejos del camino principal de salida y entrada a Los Ángeles.

Norman Foster, quien también dirigió el fenomenalmente exitoso filme de televisión, *Davy Crockett*, con Fess Parker de estrella, fue el director de la serie de Walt Disney sobre *Zorro*. Foster, quien había sido antes actor, se hizo primeramente de un nombre cuando dirigió a Charlie Chan y la serie de gran éxito del mismo nombre, para Twentieth Century Fox. Después se unió al teatro Mercury de Orson Welles, y fue codirector de *Journey into Fear* (1942) para la RKO. Luego pasó algunos años en México haciendo películas, antes de regresar a los Estados Unidos, donde dirigía cintas fílmicas a petición de los estudios Disney, dando comienzo con *Davy Crokett*, que lo colocaría al frente de los directores de las cintas hechas para televisión. Por haber vivido y trabajado en México, Foster tenía amplio conocimiento de la cultura y el estilo latino, que sirvió grandemente en la serie del *Zorro*.

La decoración principal de *Zorro* comprendía varios acres del estudio anexo de Disney, en Burbank, California, incluso la fortaleza del gobernador, las barracas, un patio interior, establos, la hacienda de don Diego, la plaza y la iglesia. Gran atención fue puesta en dar autenticidad y añadir detalles a los diseños del escenario, y su construcción, para dar al pueblo entero una apariencia de adobe viejo gastado por el tiempo. Las escenas de los exteriores fueron filmadas en el Rancho Disney, y en la Misión San Luis Rey, cerca de Oceanside, California, donde fue construida una arcada especial que se añadió a la verdadera estructura existente, que treinta años después todavía sigue en pie.

Albert Cavens, el maestro de esgrima que había instruido en ese arte a Fairbanks y a Tyrone Power, fue contratado nuevamente para trabajar con Williams, quien a su vez era un hábil esgrimista. Dave Sharpe, que había trabajado como doble en las escenas de riesgo de las series de Republic, también vino a coreografiar las excitantes escenas de esgrima. William Lava proveyó la música, y el director Foster escribió la letra de la canción tema de la cinta, que se convertiría en un disco de gran venta.

THE MARK OF ZORRO (1974, TWENTIETH CENTURY FOX)

DIRECTOR: Don McDougall
GUIÓN: Brian Taggert
PRODUCTOR: Robert C. Thompson y Rodrick Paul
ELENCO: Frank Langella, Ricardo Montalbán, Gilberto Roland

Frank Langella se hizo cargo de la posición de Zorro en este filme inferior, hecho para la televisión por la Twentieth Century, que llegó a tanto como a pedir prestada la insinuante música de Alfred Newman, de la versión de 1940 del mismo nombre. Ricardo Montalbán interpreta al maligno capitán Esteban y Gilbert Roland hace de padre del Zorro.

ZORRO AND SON (1983, CBS)

DIRECTOR: Varios
ELENCO: Henry Darrow, Paul Regina, Bill Dana, Gregory Sierra

Henry Darrow, de fama televisiva en *The High Chaparral* (1967–1971), fue el primer hispanoamericano o latino en interpretar el Zorro, en esta serie cómica de corta duración, producida por los estudios Walt Disney. Paul Regina hace del joven hijo, quien quiere seguir los pasos del padre.

Zorro, the Legend Continues (1990, New World Television)

DIRECTOR: Varios
ELENCO: Duncan Regehr, Henry Darrow, Patrice Camhi [también conocida como Patrice Martínez]

Duncan Regehr es el defensor aventurero de la antigua California española, que blande su espada para defender la bella señorita, Victoria Escalante (Patrice Camhi), en la serie de televisión *Zorro.*

En 1990, en España, New World Television comenzó la producción de veintidós episodios de una serie de Zorro de sindicalización internacional. Esta serie, el primer compromiso de importancia para la televisión de Zorro, que sería filmada en colores, trajo el espíritu clásico del paladín enmascarado a una nueva generación. Don Diego no es interpretado como un petimetre o un dandi, sino como un hombre educado, conocedor de las artes igual que las ciencias, quien usa sus conocimientos para resolver los problemas que encuentra en sus aventuras.

La serie tiene como estrella a Duncan Regehr (quien había anteriormente representado a otro aventurero, Errol Flynn, en una película de la televisión basada en su vida), cuyo estilo particular y personalidad, realzaron el papel. Regehr es nativo de Canadá y fue una vez contendiente a campeón olímpico de boxeo y campeón de patinaje artístico; además, él había sido adiestrado en el teatro clásico de Shakespeare. Peter Diamond, coordinador veterano de esgrima y de dobles para escenas de riesgo, sirvió de tutor a Regenhr, y se hizo cargo de las escenas de esgrima, las persecuciones a caballo, y de los saltos de los balcones y las paredes de la guarnición. Diamond, que se había forjado un nombre como director de escenas arriesgadas para la televisión inglesa, cuenta entre sus créditos con las espectaculares batallas con rayos láser de la trilogía de *Star Wars*, y las más tradicionales aventuras de *The Princess Bride* (1987).

En contraste con la serie de Walt Disney, este personaje del Zorro tenía un interés amoroso constante en la bella Victoria Escalante (interpretada por Patrice Camhi). Ella se siente atraída al apuesto Zorro, pero no a Don Diego, en una variante de los amoríos de Lois Lane y Superman/Clark Kent. También aparecen en el reparto James Victor, como el alegre sargento Mendoza, y Efrem Zimbalist, Jr., como el padre de Zorro. En la segunda temporada, Henry Darrow reemplazó a Zimbalist. Darrow, a la misma vez, era el único hispano que hasta la fecha había interpretado a Zorro (en la serie de poca duración, *Zorro and Son* [1983]), y también fue la voz del Zorro en una serie animada sindicalizada, de trece episodios.

Zorro, the Legend Continues, fue producida durante un período de cuatro años, con un total de ochenta y ocho episodios, cuatro de los cuales fueron convertidos en una cinta de televisión de dos horas que se exhibe en el Family Channel del cable de los Estados Unidos, y a través de todo el mundo en sindicalización.

The Cisco Kid

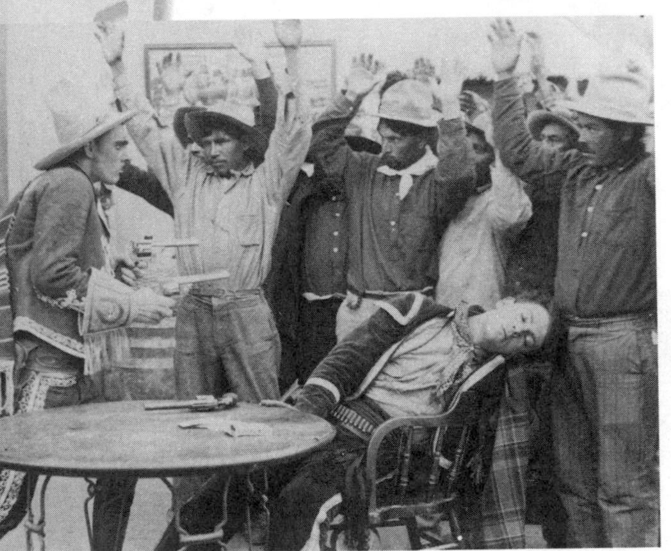

Herbert Stanley Dunn (izq.), el Cisco Kid original, domina a sus enemigos en esta escena de *The Caballero's Way*, la primera película del Cisco Kid, filmada en 1914 en Tucson, Arizona, por la productora Éclair Film Co. Se ha dicho que Dunn fue la primera estrella de las películas del oeste que usó dos revólveres de seis tiros, como se ve aquí. Los guantes de cuero fueron tan grandes e incómodos que Dunn tenía que hacer un hueco en ellos para disparar los revólveres. El disfraz de cuero ajustado provenía de El Paso, Texas. Dunn dijo una vez que éste fue tan apretado que tenía que usar un calzador para ponérselo.

O. Henry, el Robin Hood del oeste, nació de una historieta llamada "The Caballero's Way", publicada originalmente en la colección *Heart of the West*, en 1904, y tres años después en la revista *Everybody*.

El personaje de O. Henry es el de un bandido anglo más bien antipático, quien mata "por gusto porque tiene mal genio, para evitar ser arrestado, para divertirse; cualquier razón serviría igual". En la historia, el Cisco Kid engaña a un guardabosques para que éste mate a la novia infiel del Cisco Kid, y después desaparece en el chaparral.

Nadie está seguro de cómo O. Henry descubrió al Cisco Kid. O. Henry (William Sidney Potter) ha pasado la mayor parte de su vida como un jugador, trabajando en empleos sueltos y ambulando alrededor de Nueva Orleáns, Texas y América Central. Comenzó a escribir historias mientras estaba preso cerca de Cisco, Texas. El personaje parece ser una combinación del legendario Billy the Kid y el bandido mexicano Blas. El desarrollo del Cisco Kid dentro del personaje que hoy conocemos es mayormente el trabajo de muchas personas diferentes, a través de un siglo de aparecer en películas, tiras cómicas, radio y televisión.

Una vez más, la lista de la carrera fílmica aparece en orden cronológico.

Las películas del Cisco Kid

The Cisco Kid (1914–1916, Éclair Films)

ELENCO: Herbert Stanley Dunn

Película muda. Cuando el Cisco Kid apareció en la pantalla por vez primera, la imagen de O. Henry se mantuvo intacta. Durante la era del cine mudo, la compañía francesa Éclair Films produjo innumerables cintas de un solo carrete, que presentaban a un individuo agridulce, que no era ni tan bueno ni tan malo. Stan Dunn fue el primer actor en interpretar al Cisco Kid.

In Old Arizona (1929, Fox Film Corporation)

DIRECTOR: Raoul Walsh y Irving Cummings
GUIÓN: Tom Barry, basado en la historia corta de O. Henry
PRODUCTOR: William Fox
ELENCO: Warner Baxter, Edmund Lowe, Dorothy Burgess

Warner Baxter (izq.), como el Cisco Kid, Dorothy Burgess (centro) y Edmund Lowe (der.) en *In Old Arizona.*

Esta película de 1929 que marcó un hito y fue filmada cerca del parque nacional Zion, en Utah, fue el primer oeste hablado hecho al aire libre. Como tal, causó gran impacto en el público, igual que la interpretación de Warner Baxter como el Cisco Kid, que le mereció un premio de la Academia.

Baxter y el director, Raoul Walsh, se tomaron ciertas libertades con el personaje de O. Henry, en particular, eliminando mucha de la malignidad existente en el original, y para hacer una buena labor, Baxter se enfrascó en la cultura latina. (Esta era la época de los galanes latinos de Hollywood.)

Walsh, un vaquero del pasado, quería interpretar él mismo el papel, pero perdió un ojo en un accidente mientras filmaba un exterior, cuando un conejo saltó a través del parabrisas de su auto, rompiendo el cristal en mil pedazos. Durante la ausencia de Walsh, Irving Cummings tomó las riendas de la dirección y Warner Baxter fue contratado para desempeñar al Cisco Kid. Duncan Renaldo, un Cisco tardío, también fue considerado para el papel, pero él estaba en África en ese momento, filmando *Trader Horn* (1931).

Una gran cantidad de metraje todavía podía usarse, y Walsh regresó a tiempo de completar la película. Se escondieron micrófonos bajo la maleza de la pradera, se colgaron del follaje o se escondieron detrás de las piedras. Poder escuchar el silbido del tocino mientras hervía, o seis pistolas disparando, los cascos de caballos al galope, o canciones de los vaqueros, significaron una gran diferencia para el público.

La película sucede en los finales de 1890 y la bella muchacha mestiza, Tonia María (Burgess), una coqueta temperamental, vive en una pequeña casa de adobe, de una colonia mexicana cerca de Wolf Crossing, un pueblo cercano al Gran Cañón. El notorio Cisco Kid (Baxter), que la adora, es un bandido encantador, atrevido y a veces excéntrico, que es además un asesino, y a la propia vez un gran amante, con un precio de $5.000 sobre su cabeza. El Cisco Kid tiene una reputación tal que, para poder obtener ilegalmente una caja fuerte de Wells Fargo, simplemente tiene que disparar dos tiros como aviso y los que guían la diligencia la entregan prontamente.

El sargento Mickey Dunn (Lowe), un irlandés de Brooklyn, miembro de la Caballería 17, es enviado a capturar al Cisco Kid. Dunne es tan enamoradizo como el Kid, y comienza a galantear a Tonia María, ofreciéndole una remuneración en efectivo si ella traiciona al Kid y se lo entrega a él, que la está esperando en su casa.

El Cisco Kid, mientras tanto, ha estado involucrado con cuatreros de Guadalupe. Cuando regresa a Wolf Crossing, encuentra a Tonia María en brazos de Dunn. Kid entonces entona una canción, que comienza, "No te tomes libertades con mi niña Lulú, o te diré lo que te voy a hacer".

El Kid escucha a la amante infiel y el hombre que se la quitó planear asesinarlo, y decide poner fin al asunto. Tonia María envía una nota a Dunn pidiéndole que regrese a su choza; el Kid la intercepta y falsifica una nota adicional, donde le dice que el bandido estará allí disfrazado de mujer. Dunn llega y accidentalmente mata a Tonia María. El Kid escapa acto seguido.

Diferente a otros bandidos del cine, el Kid ni es capturado ni asesinado al final. Se cree generalmente que Warner Baxter hizo cinco filmes del Cisco Kid, por más que, en realidad, solo hizo cuatro largometrajes, y uno corto, en el cual interpretaba un personaje parecido a Cisco. *Romance of the Rio Grande* (1929) está citada equivocadamente como una película del Cisco Kid, y aparece en muchos libros y listas de películas como tal, porque Baxter interpreta a un personaje latino, y fue hecha en la misma época de las otras cintas. *Romance of the Rio Grande* estuvo dirigida por Alfred Santell, quien dirigió otra cinta de Baxter, *The Arizona Kid* (1930). *Romance of the Rio Grande* también fue usada como el título de la cinta del Cisco Kid de César Romero, en 1941, por lo que muchos historiadores pensaron que era una reposición del filme de 1929.

Baxter recuerda en un artículo de *Saturday Evening Post*, en 1948: "Tengo que admitir que yo considero la primera cinta del Kid, *In Old Arizona*, como mi favorita. Me gusta el rol por su cordialidad y color. Yo disfruté mucho usando el lenguaje de un mexicano, y pensé que la mezcla de comedia y drama de la historia era muy apropiada... Al mismo tiempo, el hecho de recibir un Oscar por mi trabajo no me disgustó para nada".

Soledad Jiménez aparece en la cinta como una cocinera.

The Arizona Kid (1930, Fox Film Corporation)

DIRECTOR: Alfred Santell
GUIÓN: Ralph Block
ELENCO: Warner Baxter, Mona Maris, Carole Lombard

El Cisco Kid tiene una mina de oro secreta en Utah, que es su fuente principal de ganancias. Nick Hoyt (Theodore Von Eltz) roba la mina y trata de entregar el Kid al jefe de policía local.

CISCO KID (1931, FOX FILM CORPORATION)

DIRECTOR: Irving Cummings
GUIÓN: Alfred Cohn, basado en una historia de O. Henry
ELENCO: Warner Baxter, Edmund Lowe, Conchita Montenegro, Nora Lane

El Cisco Kid roba dinero a un banco para salvar el rancho de una viuda de ser intervenido por el banco, lo que hace que el sargento Mickey Dunn (Lowe) vaya en su busca. Esta cinta reunió de nuevo a Baxter y Lowe en una secuela bastante pobre de *In Old Arizona* (1929).

THE STOLEN JOOLS (1931, FOX FILM CORPORATION.)

DIRECTOR: Víctor Heernan, William McGann y otros
PRODUCTOR: National Variety Artists
ELENCO: Warner Baxter, Edmund Lowe, Richard Barthelmess, Wallace Berry, Garay Cooper, Fay Wray, Joan Crawford

Warner Baxter aparecía como el Cisco Kid, y Edmund Lowe era el sargento Dunn, en este cortometraje de dos carretes, producido por el Fondo de la Asociación Nacional de Vodevil. Cincuenta artistas principales de la era representando a cada estudio importante, aparecieron en actuaciones especiales.

El filme es una divertida pieza, en la cual las joyas de Norma Shearer han sido supuestamente robadas y un inspector de la policía, con disfraces diferentes, visita a varios actores, todos los cuales estuvieron presentes en el baile donde las joyas fueron vistas por última vez.

THE RETURN OF CISCO KID (1939, TWENTIETH CENTURY FOX)

DIRECTOR: Herbert I. Leeds
GUIÓN: Milton Sperling
PRODUCTOR: Kenneth MacGowan
ELENCO: Warner Baxter, Lynn Bari, César Romero, Chris-Pin Martin

El Cisco Kid (Baxter), ayuda a una joven a mantener su rancho en esta aparición final de Baxter como el Cisco Kid. El actor que lo siguió en ese rol, César Romero, trabaja en esta cinta como López, un papel de reparto.

THE CISCO KID AND THE LADY (1939, TWENTIETH CENTURY FOX)

DIRECTOR: Herbert I. Leeds
GUIÓN: Frances Hyland
PRODUCTOR: John Stone
ELENCO: César Romero, Marjorie Weaver, Chris-Pin Martin

Esta es la primera cinta de Romero como Cisco Kid. Con Chris-Pin Martin como su compinche Gordito. Cisco pelea contra bandidos que quieren robar el oro de una mina de la que es dueño un huérfano, cuyo padre fue asesinado por el líder de los bandidos.

Cuando Romero, que en aquella época estaba bajo contrato con la Twentieth Century Fox, reemplazó a Baxter, el Cisco Kid se volvió decididamente más latino. Romero, un cubano-americano con experiencia de Broadway, trajo al personaje un aire más sofisticado.

El departamento de estado pidió a Darryl F. Zanuck, cabeza del estudio, cambiar el formato, o parar la producción de la cinta, porque algunas naciones suramericanas objetaban la caracterización del "grasoso" gordito, de Chris-Pin Martin. Zanuck decidió abandonar la cinta (rodada cerca de Lone Pine, California) y vendió los derechos a los estudios Monogram.

The Gay Caballero (1940, Twentieth Century Fox)

DIRECTOR: Otto Brower
GUIÓN: Albert Duffy y John Larkin, basado en una historia de Walter Bullock, Duffy y caracteres creados por O. Henry
PRODUCTOR: Walter Morosco y Ralph Dietrich
ELENCO: César Romero, Chris-Pin Martin

Cisco busca limpiar su nombre después que una serie de crímenes han sido cometidos usando su nombre.

Lucky Cisco Kid (1940, Twentieth Century Fox)

DIRECTOR: H. Bruce Humberstone
GUIÓN: Robert Ellis y Helen Logan, basado en una historia de Julian Johnson
PRODUCTOR: Sol M. Wurtzel
ELENCO: César Romero, Chris-Pin Martin

El Cisco Kid pelea contra una banda de ladrones, capitaneados por un juez deshonesto.

Viva Cisco Kid (1940, Twentieth Century Fox)

DIRECTOR: Norman Foster
GUIÓN: Samuel C. Engel y Hal Long
PRODUCTOR: Sol M. Wurtzel
ELENCO: César Romero, Jean Rogers, Chris-Pin Martin

El Cisco Kid rescata a una diligencia de un intento de robo, y se enamora de una de las bellas pasajeras cuando descubre que el padre de ella está involucrado en una cadena de crímenes y tiene de socio a un malvado.

Cesar Romero es el Cisco Kid en la serie de películas de Twentieth Century Fox.

Ride On, Vaquero (1941, Twentieth Century Fox)

DIRECTOR: Herbert I. Leeds
GUIÓN: Samuel G. Engel
PRODUCTOR: Sol M. Wurtzel
ELENCO: César Romero, Mary Beth Hughes, Chris-Pin Martin

El Cisco Kid trabaja con las autoridades para poder apresar a una banda de secuestradores.

Romance of the Rio Grande (1941, Twentieth Century Fox)

DIRECTOR: Herbert I. Leeds
GUIÓN: Harold Buchman y Samuel G. Engel, basado en la novela *Conquistador*, de Katharine Fullerton Gerould
PRODUCTOR: Sol M. Wurtzel
ELENCO: César Romero, Patricia Morison, Ricardo Cortéz, Chris-Pin Martin, Pedro de Córdoba, Inez Palange

Un hacendado maduro pide a su nieto que venga a ayudarlo en el rancho. El nieto perece en el camino y el Cisco Kid toma su lugar, para poder apresar al culpable.

The Cisco Kid Returns (1945, Monogram)

DIRECTOR: John P. McCarthy
GUIÓN: Betty Burbridge
PRODUCTOR: Philip N. Krasne
ELENCO: Duncan Renaldo, Martín Garralaga

El Cisco Kid se convierte en protector de una niña de cuatro años, cuyo padre ha sido asesinado.

Mientras los derechos a las películas del Cisco Kid cambiaban de Fox a Monogram, había un interés creciente en América Latina sobre cómo presentar a los latinos en las cintas de Hollywood. Las de Cisco Kid no eran ofensivas en ese respecto (haciendo un héroe de Cisco y usando a muchos actores secundarios en ellas), pero el nuevo productor y la estrella, Duncan Renaldo, querían asegurarse de que su interpretación fuera justa y aceptable.

Después de muchas entrevistas y discusiones en Washington, D.C., la Ciudad de México y Hollywood, a Renaldo se la ocurrió la idea de adaptar más el personaje original de O. Henry al clásico Don Quijote de Cervantes. Inventó, por lo tanto, el personaje de Pancho sobre el original Sancho Panza y el actor Martín Garralaga, cantante de ópera mexicano, fue escogido para este papel de reparto. Sus tres primeras películas obtuvieron gran éxito en los Estados Unidos y América Latina, y fueron filmadas con la velocidad asociada a los programas de televisión del presente.

In Old New Mexico (1945, Monogram)

DIRECTOR: Phil Rosen
GUIÓN: Betty Burbridge
PRODUCTOR: Philip N. Krasne
ELENCO: Duncan Renaldo, Martín Garralaga, Pedro de Córdoba

El Cisco Kid viene en ayuda de una bella joven enfermera, quien ha sido falsamente acusada de asesinato.

South of the Rio Grande (1945, Monogram)

DIRECTOR: Lambert Hillier
GUIÓN: Victor Hammond y Ralph Bettinson
PRODUCTOR: Philip N. Krasne
ELENCO: Duncan Renaldo, Martín Garralaga, George J. Lewis, Armida, Lillian Molieri, Pedro Regas, Soledad Jiménez, Tito Renaldo

El Cisco Kid persigue a un deshonesto funcionario mexicano.

Beauty and the Bandit (1946, Monogram)

DIRECTOR: William Nigh
GUIÓN: Charles S. Belden
PRODUCTOR: Scott R. Dunlap
ELENCO: Gilbert Roland, Martín Garralaga, Ramsay Ames, Felipe Turich, Alex Montoya, Frank Yaconelli

El Cisco Kid conoce a una bandida (Ames), y logra regenerarla.

The Gay Cavalier (1946, Monogram)

DIRECTOR: William Nigh
GUIÓN: Charles S. Belden
PRODUCTOR: Scott R. Dunlap
ELENCO: Gilbert Roland, Martín Garralaga

El Cisco Kid tiene dos metas primordiales: rescatar a una doncella que está a punto de casarse con un pretendido enamorado rico para poder salvar la hacienda de la familia; y apresar a los bandidos que asaltaron una diligencia que transportaba oro a una misión.

Gilbert Roland como el Cisco Kid.

Gilbert Roland tomó el papel temporalmente, cuando Duncan Renaldo fue a luchar por el esfuerzo bélico, que ya estaba finalizando. Roland, un mexicano-americano que creció en El Paso, Texas, tenía sus propias ideas acerca del carácter del Cisco Kid y las había incorporado libremente a su caracterización. Durante el curso de las cintas siguientes, restó importancia a Pancho. Martín Garralaga abandonó el papel un poco después de su primera película con Roland, porque era alérgico a los caballos. Pero Garralaga logró mantenerse en la serie, interpretando usualmente un surtido de aristócratas españoles, en escenas interiores, lejos de los caballos. Entonces fue reemplazado por Yaconelli, como un personaje al estilo de Pancho, llamado Baby, al que siguió el regreso de Chris-Pin Martin como Pancho.

No había ningún Pancho en la historia corta original de O. Henry; Cisco estaba solo. Tomando de la costumbre usual de Hollywood que cada héroe tiene que tener un compinche, un compañero de fechorías llamado Gordito fue introducido en la primera serie de César Romero.

La caracterización de Roland también agrandaba el aspecto de Robin Hood y lo hacía parecer más un Cisco a lo Casanova con las damas.

Gilbert Roland dijo, "Mi Cisco Kid puede haber sido un bandido, pero él luchó en favor de los pobres y era un hombre civilizado en el verdadero sentido de la palabra". También describió de esta manera una situación que ocurrió en el escenario: "Una vez yo insistí en un tipo de diálogo que como resultado mostraba a Cisco leyendo Shakespare al lado de un río. Yo quería estar seguro que el mexicano no era presentado como un payaso salvaje, sucio y poco educado".

Riding the California Trail (1947, Monogram)

DIRECTOR: Willliam Nigh
GUIÓN: Clarence Upton Young
PRODUCTOR: Scott R. Dunlap
ELENCO: Gilbert Roland, Martín Garralaga, Inez Cooper, Alex Montoya, Rosa Turich, Gerald Echeverría, Frank Yaconelli

El Cisco Kid ayuda a una joven mujer que ha perdido su herencia al ser engañada por un tío.

Robin Hood of Monterey (1947, Monogram)

DIRECTOR: Christy Cabanne
GUIÓN: Bennett Cohen
PRODUCTOR: Jeffrey Bernerd
ELENCO: Gilbert Roland, Chris-Pin Martin, Pedro de Córdoba, Néstor Pavia, Julián Rivero

El Cisco Kid toma cartas en el asunto cuando una mujer mata a su esposo y acusa falsamente al hijastro del crimen.

South of Monterey (1947, Monogram)

DIRECTOR: William Nigh
GUIÓN: Charles S. Belden
PRODUCTOR: Scott R. Dunlap
ELENCO: Gilbert Roland, Martín Garralaga, Frank Yaconelli

El Cisco Kid se propone frenar un plan de robo de tierras, en el que están involucrados el capitán de la policía y el recaudador de impuestos de un pequeño pueblo del oeste.

King of the Bandits (1948, Monogram)

DIRECTOR: Christy Cabanne
GUIÓN: Bennett R. Cohen, basado en una historia original de Cabanne Diálogo adicional original de Gilbert Roland
PRODUCTOR: Jeffrey Bernerd
ELENCO: Gilbert Roland, Chris-Pin Martin

El Cisco Kid persigue al ladrón de una diligencia, quien se ha estado haciendo pasar por él.

The Valiant Hombre (1948, United Artists)

DIRECTOR: Wallace Fox
GUIÓN: Adele Buffington
PRODUCTOR ASOCIADO: Duncan Renaldo
PRODUCTOR: Philip N. Krasne
ELENCO: Duncan Renaldo, Leo Carrillo

Cuando John James, quien acaba de encontrar oro, desaparece y sus socios son asesinados, Cisco y Pancho se disponen a arreglar las cosas.

Barbara Billingsley, que aquí es la damisela con problemas, triunfó después como June Cleaver, madre de Beaver, en la serie televisada *Leave it to Beaver* (1957–1963), al final de los años 50 y principios de los 60.

En 1948, Duncan Renaldo volvió al rol y, en un breve período de tiempo, se convirtió en el Cisco Kid más popular de todos. Con su amigo Leo Carrillo, como Pancho, hizo cinco largometrajes entre 1948 y 1950, para United Artists, producidos por Philip Krasne. Renaldo tomó parte activa como productor asociado y en desarrollar aún más el personaje.

El Cisco Kid cambió dramáticamente cuando Renaldo regresó a la serie. "Tuve la idea de convertir a Cisco en un Don Quijote, aunque un poco más razonable, y de que luchara contra los molinos de viento de los problemas de la humanidad; y de hacer también a Pancho un ser compasivo y de buen corazón, quien, sin querer, causa problemas a su socio".

El vestuario de Cisco también cambió, y Renaldo perdió el bigote. El próximo traje reflejaba algo de varios países latinos en estilo y apariencia. El sombrero de Cisco es de la California antigua, las botas y el cinturón, del gaucho argentino y la camisa es de México, con una influencia afrancesada del diseño de la flor de Lis. El nuevo caballo de Cisco se llamaba Diablo.

Garralaga no volvió a hacer el papel de Pancho. Leo Carrillo, veterano actor de carácter, complementaba mejor a Renaldo como Pancho, en lo que respecta a que no era solamente un compinche, sino una recia personalidad por sí misma. Renaldo dice que él advirtió a Carrillo acerca de la exagerada comicidad del personaje de Pancho por el acento, pero Carrillo simplemente continuó haciendo la caracterización igual, y los niños lo adoraban.

The Daring Caballero (1949, United Artists)

DIRECTOR: Wallace Fox
GUIÓN: Betty Burbridge
PRODUCTOR: Philip N. Krasne
ELENCO: Duncan Renaldo, Leo Carrillo, Kipper Vélez, Pedro de Córdoba

Cuando el padre de un niño pequeño es falsamente acusado de asesinato y malversación, Cisco y Pancho deben ayudarlo a limpiar su nombre.

The Gay Amigo (1949, United Artists)

DIRECTOR: Wallace Fox
GUIÓN: Doris Schroeder
PRODUCTOR: Philip N. Krasne
ELENCO: Duncan Renaldo, Leo Carrillo, Armida

Una comunidad del oeste es aterrorizada por una serie de atracos a las diligencias, asaltos a ranchos y asesinatos. El comandante de un puesto del ejército sospecha de Cisco y de Pancho del bandolerismo, y ambos tienen que dedicarse a limpiar sus nombres, y a capturar a los verdaderos bandidos.

Satan's Cradle (1949, United Artists)

DIRECTOR: Ford Beebe
GUIÓN: Jack Benton
PRODUCTOR: Philip N. Krasne
ELENCO: Duncan Renaldo, Leo Carrillo

Chico y Pancho vienen a la defensa de un predicador que ha recibido una paliza de parte de una banda de ladrones quienes gobiernan el pueblo.

The Girl from San Lorenzo (1950, United Artists)

DIRECTOR: Derwin Abrahams
GUIÓN: Ford Beebe
PRODUCTOR: Philip N. Krasne
ELENCO: Duncan Renaldo, Leo Carrillo

Cisco y Pancho son acusados de varios crímenes cometidos por un dúo de imitadores.

The Cisco Kid (1994, TNT)

DIRECTOR: Luis Valdéz
GUIÓN: Michael Kane y Luis Valdéz
PRODUCTOR: Moctesuma Esparza y Robert Katz
ELENCO: Jimmy Smits, Cheech Marín, Sadie Frost, Bruce Payne, Ron Perlman, Tim Thomerson, Yareli Arizmendi, Pedro Armendáriz Jr.

Una nueva interpretación del héroe clásico de Hollywood, filmada en exteriores reales de México, con Jimmy Smits (*L.A. Law* [1986–1994]) como Cisco, y

Cheech Martin (*Born in East L.A.* [1987]), como Pancho. Dirigida por Luis Valdéz (*La Bamba* [1987], *Zoot Suit* [1981]), quien también fue el co-autor del guión. La historia sucede durante la ocupación francesa de México, en 1867. Cisco pasa armas de contrabando por la frontera para ayudar a los Juaristas y encuentra una causa y un amigo en quien creer.

The Cisco Kid, filmado para la televisión, es un oeste divertido de dos horas, lleno de escenas de rápidos tiroteos, aventuras difíciles, cabalgatas descabelladas, ejércitos en guerra y romance. Es también un estudio personal cómico y poco común del comienzo de la sorprendente amistad que se desarrolla entre Cisco y Pancho; es también la primera cinta de Cisco Kid producida en treinta y ocho años.

Jimmy Smits (izq.) como el Cisco Kid y Cheech Marín (der.) como Pancho en la producción de 1994 de TNT.

En esta versión, Cisco es un californiano nacido en Los Ángeles en 1836, cuando era todavía parte de México. Él vive durante la lucha de California por ser un estado en 1850 y todos los cambios drásticos que tienen lugar.

Cisco es un hombre en busca de su propia identidad. Pancho es un Juarista, hombre de familia, cuya causa es liberar a México de los franceses. Distinto a presentaciones previas de esta pareja, Cisco y Pancho son socios en igualdad de circunstancia en esta aventura.

El director Luis Valdéz dijo en una entrevista, "Yo quería apartarme de los estereotipos de bandidos, por lo que hice a Cisco independientemente rico, como Batman, para que fuera libre de vagar por los campos mientras busca su propia identidad y lucha contra las injusticias donde quiera que éstas se encuentren", y añadió, "también he tratado de situar a los personajes en un ambiente histórico, sin perder la diversión, el romance y el atractivo de lo que el público espera de una aventura del Cisco Kid".

Las series de televisión del Cisco Kid

El Cisco Kid fue transferido a la televisión en 1950, y se produjeron 156 episodios en color hasta 1955. Los programas eran originalmente presentados en blanco y negro, en parte porque la transmisión en colores no estuvo disponible hasta el final de la década. Casi de la noche a la mañana, el Cisco Kid se convirtió en la figura popular más importante, junto a otros héroes del cine y la televisión como el Llanero Solitario, Roy Rogers, Hopalong Cassidy y Gene Autry, todos los cuales saltaron a la televisión en sus años formativos.

Renaldo y Carrillo hacían más de 100 apariciones personales al año en rodeos, ferias del pueblo, hospitales e inauguración de mercados. Mientras los programas de televisión eran exhibidos alrededor del mundo, un programa radial salía al aire semanalmente. Una serie de cintillos cómicos de Dell comenzó a surgir. Una tira cómica magistralmente dibujada por José Luis

Duncan Renaldo (izq.) como el Cisco Kid y Leo Carrillo (der.) como su compinche Pancho en la serie de televisión *The Cisco Kid.*

Salinas, aparecía asiduamente en los periódicos diarios. Los niños llevaban al colegio fiambreras de Cisco Kid con el almuerzo, igual que libros para colorear y cinturones. Renaldo, que pensaba que la televisión jugaba un papel importante en la formación del carácter, se oponía desde muy temprano a que hubiera violencia innecesaria en la televisión, y hacía campaña en contra de ella. La popularidad de Renaldo llegó a tal punto que él todavía hacía giras en 1965, diez años después que el último episodio había sido filmado.

Situado en el viejo oeste, el Cisco Kid representa las cualidades épicas del héroe clásico, combinadas con la gentileza latina. Duncan Renaldo, un huérfano que no tenía más patria que la adoptiva, veía a Cisco como un príncipe azul de la era moderna, "un hombre generoso, amigo de un mundo mejor". El Cisco de Gilbert Roland era "el amigo de los pobres", y un amante impetuoso, mientras Warner Baxter y César Romero le daban la actitud de un irresponsable, así como una gallarda suavidad.

El programa de televisión nunca ha desaparecido en realidad. A través de los canales del cable y videos, el Cisco Kid continúa rompiendo corazones a las señoritas, luchando contra las injusticias, riéndose en la cara del peligro y galopando hacia horizontes interminables.

Al final de los años 70, MGM anunció un futuro largometraje del Cisco Kid, con el popular actor Erik Estrada de estrella, pero la cinta nunca llegó a producirse.

BIOGRAFÍAS

A continuación aparece la lista de actores, actrices y profesionales hispanoamericanos tanto los que trabajan frente a las cámaras, como los que están detrás de ellas. También aparecen incluidas las biografías de un número de individuos no hispanos, quienes, no obstante, se identifican en la mente del público como tales, basándose en los papeles que han interpretado o por nombres que suenan hispanos. Las fechas de nacimiento y muerte aparecen cuando ha sido posible conseguirlas, seguidas de una breve biografía y, en algunos casos, con créditos selectivos de televisión y cine. No ha sido fácil obtener datos de los artistas de menor prominencia. Si no aparecen los datos de nacimiento o muerte, es porque no estaban disponibles, a pesar de la investigación realizada en el *Motion Picture and Television Almanac*, los obituarios del *Daily Variety, Theater World, Screen World*, varios *Who's Who* del cine, artículos de periódicos y revistas, así como biografías de los estudios, o cada vez que fue posible, a través de entrevistas personales. El Gremio de Actores de la Pantalla (Screen Actors Guild), agentes y gerentes personales, también fueron contactados para obtener información sobre las historias de sus clientes.

Enrique Acosta

NACIMIENTO: 1870
DEFUNCIÓN: 1949

Nacido en la Ciudad de México, Acosta abandonó su país para los Estados Unidos en tiempos de la revolución. Pasó a Los Angeles, donde encontró trabajo como actor de menor categoría en las películas mudas de Hollywood, como *Don Q Son of Zorro* (1925).

Con la llegada de las películas de sonido, comenzó a trabajar en las versiones en español de las cintas, igual que en las producciones originales del comienzo de los años 30. Con Laurel y Hardy, los créditos de Acosta incluyen *Ladrones* (*Night Owls*, 1929), *Tiembla y titubea* (*Below Zero*, 1930), *De bote en bote* (Pardon Us, 1931) y *Politiquerías* (*Chickens Come Home*, 1931).

Rodolfo Acosta

También escrito como Rodolpho, Rudolpho, Rodolfo

NACIMIENTO: 29/7/1920
DEFUNCIÓN: 7/11/1974

Acosta era un actor de carácter con facciones de indio mexicano, cuerpo fornido y cambios rápidos de expresión que usualmente lo obligaban a interpretar exclusivamente bandidos e indios en dramas del oeste americano. Nació cerca de El Paso, Texas, en la entonces comunidad americana de Chamizac, a mitad de camino entre El Paso y Juárez, México, devuelta a México desde entonces. Cuando tenía tres años de edad, su familia se trasladó a California, donde asistió al colegio universitario de Los Angeles y a UCLA. Le fascinaba actuar, profesión que estudió en el colegio, igual que en Pasadena Playhouse. Su éxito en los estudios dramáticos llegó al cenit cuando tenía diecinueve años, al aceptar un preciado galardón: la beca para estudiar en el Palacio de Bellas Artes de la Ciudad de México, donde estudió por tres años. Con el inicio de la Segunda Guerra Mundial, Acosta se alistó en la Marina de los Estados Unidos, donde fue destacado a inteligencia naval. Después de la guerra, el director John Ford lo vio en una producción teatral y le ofreció un papel estelar en *The Fugitive* (1947). A continuación, en 1948, el famoso actor y director mexicano, Emilio Fernández, escribió el papel de Paco, el gigoló, para él, en la clásica cinta mexicana, *Salón México* (1948). El papel le ganó a Acosta el premio más alto de México, el Ariel. Inmediatamente después fue contratado por Hugo Fregonese para actuar junto a James Mason en la producción *One Way Street*, en 1950, que lo llevaría a un contrato con la Universal. Acosta trabajó con una galería de estrellas, incluso John Wayne, Robert Mitchum, Marlon Brando y Dean Martin. También aparecía periódicamente en muchas series del oeste de la televisión, incluso *Have Gun*

Will Travel (1957–1963), *The Big Valley* (1965–1969) y *The High Chaparral* (1967–1971). Otros créditos incluyen, *Pancho Villa Returns* (1950), *Hondo* (1953), *Wings of the Hawk* (1953), *A Life in the Balance* (1955), *The Littlest Outlaw* (1955), *Bandido* (1956), *The Proud Ones* (1956), *The Tijuana Story* (1957), *One-Eyed Jacks* (1961), *How the West Was Won* (1962), *The Sons of Katie Elder* (1965), *Return of the Seven* (1966) y *Pat Garrett and Billy the Kid* (1973).

Tony Aguilar

NACIMIENTO: 13/6/1922

Un popular charro (vaquero mexicano) cantante de películas, hizo su única aparición en filmes de Hollywood como el Juarista general Rojas, en *The Undefeated* (1969), con John Wayne como estrella. También conocido como Antonio.

Carlos Alazraqui

De padres argentinos, Alazraqui nació y creció al norte de California. Como artista del doblaje, ha hecho el papel titular de *Rocko's Modern Life* (1993–1996), de Nickelodeon; en el largometraje *A Bug's Life* (1998) y ha aparecido como invitado varias veces, en *The Family Guy* (1999–). Su voz es probablemente más fácil de reconocer como el "Chihuahua" hablador del anuncio de Taco Bell.

Como actor, ha recibido infinidad de invitaciones para presentarse en programas como *That '70s Show* (1999–) y en el largometraje *The Dirt Merchant* (1999).

Jessica Alba

NACIMIENTO: 28/5/1981

Alba hizo el personaje de Kirsten, en la comedia para adolescentes *Never Been Kissed* (1998), junto a Drew Barrymore. Otros créditos fílmicos incluyen *Idle Hands* (1999) y *Paranoid* (2000). Alba hizo su debut en el cine en un pequeño papel cuando tenía doce años, en la cinta *Camp Nowhere* (1994). Recientemente protagonizó la serie televisiva de Fox *Dark Angel* (2000–2002).

Edward Albert

NACIMIENTO: 20/2/1951

Edward Alberto, hijo de Margo y Eddie Albert, hizo su debut fílmico en *Butterflies Are Free* (1972). Trabajando regularmente en el cine, su carrera teatral ha comprendido también actuaciones en televisión, películas de televisión, igual que largometrajes de los más importantes estudios.

Norma Aleandro es Edie Costello en la comedia romántica *Cousins*.

Félix Enríquez Alcalá

Director de fotografía, Alcalá hizo su debut como director de un largometraje, en *Fire Down Below* (1998), con Steven Seagal en el papel estelar, después de pasar dos décadas como cineasta y director de televisión, documentales y comerciales. Nacido en Bakersfield, California, y criado en Christoval, Texas, Alcalá se graduó de la escuela de cine de la Universidad Metodista de Dallas. Alcalá ganó una nominación de ASC, por su cinematografía en el programa de prueba *Earth II* (1994), de la Amblin/NBC. También ha trabajado en programas de gran éxito de la televisión, como la serie dramática *I'll Fly Away* (1991–1993), *Going to Extremes* (1992), *Homefront, South Beach* (1993) y *ER* (1994–). Ganó una nominación del Gremio de Directores por su trabajo en la exitosa serie *ER*.

Norma Aleandro

NACIMIENTO: 2/5/1936

Aleandro, actriz argentina, ganó aplausos de la crítica, incluso el Premio de los Críticos de Cine de Nueva York como mejor actriz, por su papel en la cinta argentina, *La Historia Oficial*, que obtuvo el Oscar de Mejor Película Extranjera, en 1985. Actuó como una sirvienta india en *Gaby: A True Story* (1987), por la que recibió una nominación de la Academia como Mejor Actriz de Reparto. Hizo el papel de Edie Costello, en *Cousins* (1989) y también actuó en *Vital Signs* (1990).

Ana Alicia

NACIMIENTO: 12/12/1956

Nacida en la Ciudad de México, Alicia asistió al colegio secundario de El Paso, Texas, y se graduó con una licenciatura en Drama de la Universidad de Texas. Después se trasladó a Nueva York y fue contratada para actuar en una telenovela, prosiguiendo a Los Ángeles, donde también logró ser contratada por Televisión Universal, apareciendo en muchos programas. En 1980 consiguió el papel de Melissa Cumson, trabajando junto a Jane Wyman y Lorenzo Lamas, entre otros, en la exitosa serie televisada, *Falcon Crest* (1981–1990). Su única aparición en un largometraje hasta la fecha ha sido en 1989, en *Romero*, en el que apareció como una aristócrata, junto a Raúl Juliá.

Fernando Allende

NACIMIENTO: 10/11/1954

Allende, galán nativo de Cuba y criado en México, trabajó ampliamente en México en cintas de éxito al final de los años 70 y 80. Trató de llegar, sin suerte, a una posición principal en los Estados Unidos, en el largometraje independiente *Heartbreaker* (1983), actuando junto a Joanne Woodward, y como el rudo miembro de una pandilla, en la cinta para televisión, *The Streets of L.A.* (1979). Allende ha seguido apareciendo como artista invitado de la televisión americana y en producciones internacionales.

Laurindo Almeida

NACIMIENTO: 2/9/1917
DEFUNCIÓN: 26/7/1995

Nativo de Brasil, guitarrista insigne y compositor, Almeida inmigró a los Estados Unidos en 1947, después de obtener éxitos extraordinarios en su país natal. Con una carrera de grabaciones a través de cincuenta años, haber ganado cinco premios Emmy, dieciséis nominaciones Emmys y varios cientos de películas en su hoja de vida, Almeida ha contribuido a las partituras musicales de muchas películas, que incluyen *A Star Is Born* (1948), *El viejo y el mar* (1958), *Camelot* (1967), *The Adventurers* (1970) y la cinta triunfadora de la Academia como Mejor Película de 1992, *Unforgiven*, en la que su solo de guitarra es destacado prominentemente.

Néstor Almendros

NACIMIENTO: 30/10/1930
DEFUNCIÓN: 4/3/1992

Nacido en España, pero criado en Cuba, el distinguido cineasta Almendros obtuvo el premio de la Academia de Mejor Cinematografía, por *Days of Heaven* (1978). Fue nominado cuatro veces más por Mejor Cinematografía de las cintas *Kramer vs Kramer* (1979), *The Blue Lagoon* (1980), *Sophie's Choice* (1982) y *Places in the Heart* (1984). *Madame Rosa* (1977), de la que fue el director de fotografía, ganó el premio de la Academia como Mejor Cinta Extranjera. Almendros sirvió como director de fotografía en ocho películas del director francés, François Truffaut. Sus otras cintas incluyen *Goin' South* (1978), *Nadine* (1987) y *Billy Bathgate* (1991). Murió de SIDA en 1992.

Chelo Alonso

NACIMIENTO: 1933

Nacida en Cuba, Alonso marchó a Italia y fue estrella en un número de espectáculos italianos de 1960, que eran doblados al inglés y estrenados en los Estados Unidos. Sus créditos incluyen *Goliath and the Barbarian* (1960), junto a Steve Reeves, *Sign of the Gladiators* (1960) y una pequeña parte en un *spaghetti western* de Sergio Leone titulado *The Good, the Bad and the Ugly* (1967).

John Alonzo

NACIMIENTO: 3/1/1934
DEFUNCIÓN: 13/3/2001

El cineasta Alonzo fue nominado para un premio de la Academia por su trabajo en *Chinatown* (1974). Comenzó su carrera como actor en *Los siete magníficos* (1960), en donde aparecía como uno de los bandidos de Calvera.

Alonzo nació en Dallas, Texas, de padres mexicanos. Trabajó como el camarógrafo de una estación local antes de trasladarse a Los Ángeles, en 1957. Allí encontró trabajo haciendo papeles pequeños en el cine y la televisión, usualmente como un bandido mexicano. Alonzo trabajó con algunos de los grandes camarógrafos antiguos, incluyendo a Joe MacDonald, quien filmó *Invitation to a Gunfighter* (1964), en la que Alonzo trabajaba de actor. Fue precisamente MacDonald quien le dio ánimo al joven Alonzo a seguir la carrera de cineasta. Alonzo filmó unos pocos asuntos cortos y documentales, pero su gran oportunidad llegó cuando ayudó al camarógrafo James Wong Howe y al director John Frankenheimer, en la cinta *Seconds* (1966). Impresionados por su trabajo, Howe y Frankenheimer hicieron posible que Alonzo entrara en la unión de camarógrafos. Frankenheimer más tarde contrató a Alonzo como su camarógrafo particular para *Black Sunday* (1971), *Lady Sings the Blues* (1972), *Sounder* (1972), *Norma Rae* (1979), *Blue Thunder* (1983), *Scarface* (1983), *Runaway Train* (1985) y *Steel Magnolias* (1989).

María Conchita Alonso

María Conchita Alonso en *Moscow on the Hudson.*

NACIMIENTO: 29/6/1957

La hermosísima Alonso hizo su memorable debut fílmico como la vendedora italiana inmigrante que acoge y se enamora de un desertor ruso (interpretado por Robin Williams), en la cinta de Paul Mazursky, *Moscow on the Hudson* (1984). Desde entonces ha aparecido en *Touch and Go* (1986), en la que hace de madre de un niño de once años que la involucra con un jugador de hockey; *A Fine Mess* (1986), como la esposa chilena de un gángster; y el suspense de Arnold Schwarzenegger, *The Running Man* (1987), como la muchacha que huye con él. Aparece como la cantante de una cantina en *Extreme Prejudice* (1987), una chicana en *Colors* (1988) y una policía latina en *Predator 2* (1990). Sus más recientes créditos fílmicos son *Roosters* (1995) y *Caught* (1996). Alonso tiene la distinción de haber trabajado con las más conocidas estrellas del mundo, incluyendo a Robin Williams, Robert Duvall, Sean Penn, Michael Keaton, Danny Glover y Gary Busey.

Nacida en La Habana poco antes de la llegada de Castro al poder, Alonso inmigró con su familia a Venezuela, a la edad de cinco años, y se instaló en Caracas, la capital. A los quince, ganó el título de Miss Teenager del Mundo; más tarde fue coronada Miss Venezuela, y comenzó la carrera de modelo, que la llevó a hacer comerciales de televisión, frecuentes apariciones en espectáculos de variedades, un trabajo de dos años como estrella de una telenovela y una carrera de cantante que produjo varios álbumes.

Aunque tuvo mucho éxito en Sudamérica, Alonso no estaba completamente satisfecha con su carrera. A ella le fascinaba la idea de regresar a los Estados Unidos (había pasado un año solamente en un colegio católico de Spokane, Washington, años antes), aunque eso significara comenzar de nuevo. En 1982 fue a vivir a Miami y después se mudó a la ciudad de Nueva York. Al final del primer año allí, después de pasar por incontables audiciones, comenzó a conseguir pequeños papeles en la televisión que la llevaron a su debut en *Moscow on the Hudson*. Otras películas en su crédito incluyen *Vampire's Kiss* (1989) y *McBain* (1991).

Carlos Alvarado

Nacido Carlos Page

NACIMIENTO: 22/6/1901
DEFUNCIÓN: 22/6/1983

Hermano del actor Don Alvarado, Carlos se convirtió en un agente notable de talentos latinos de Hollywood, fundando su propia agencia en 1943. Nació y creció en México, bajo su nombre verdadero de Page.

Don Alvarado

Nacido Don Page

NACIMIENTO: 1904
DEFUNCIÓN: 1967

Don Alvarado

Nativo de Albuquerque, Nuevo México, Alvarado vino a Hollywood de adolescente. Comenzó su carrera como extra en 1924 y se convirtió en galán al comienzo de 1930, apareciendo en cintas como *The Loves of Carmen* (1927), con Dolores del Río, *Breakfast at Sunrise* (1927), con Constance Talmadge, *The Bridge of San Luis Rey* (1929), *Captain Thunder* (1931) y *Black Beauty* (1933). Cambió el nombre de Page por el de Alvarado (tomado de una calle de Los Angeles) cuando se pusieron de moda los galanes latinos.

Logró sobrevivir la transición de las películas mudas a las habladas, pero su carrera nunca consiguió impulso. Alvarado apareció como un gigoló junto a Katharine Hepburn en *Morning Glory* (1933), y tuvo un papel en *La Cucaracha* (1934), el primer cortometraje en Technicolor. En la década de los años 40, él aparecía asiduamente en cintas y llegó a ser un director asistente de la Warner Bros., donde administraba un rancho para la familia Warner, bajo su nombre propio.

Sus trabajos como director asistente bajo el nombre de Don Page, incluyen *Rebel Without a Cause* (1955), *El Viejo y el Mar* (1958) y *Auntie Mame* (1958).

Su ex esposa, Ann Page, más tarde contrajo matrimonio con el jefe del estudio, Jack L. Warner. Con Ann, Alvarado tuvo una hija, Joy, quien también llegó a ser una actriz. Carlos, hermano de Alvarado, fue el primer agente teatral de Hollywood dedicado a manejar talentos hispanos exclusivamente.

Fernando Alvarado

Un mexicano-americano niño actor, que apareció en un número de películas durante la primera mitad de los años 40, en varios papeles étnicos. También tiene en su haber *A Medal for Benny* (1946), *Tycoon* (1947) y *Wake of the Red Witch* (1948).

Magali Alvarado

Nacida en Puerto Rico y criada en Nueva Jersey, Alvarado hizo su debut en el cine en *Salsa* (1988), seguida de *Mi Vida Loca* (1993).

Trini Alvarado

NACIMIENTO: 1967

Alvarado trabajó junto a Bette Midler y John Goodman en *Stella* (1989), y con Goodman en *The Babe* (1991), como la primera esposa de Ruth.

Una actriz profesional y bailarina desde la niñez, tuvo papeles principales en la producción de Broadway, *Runaways* (1978) de Joseph Papp, y el papel de Anne Frank en *Yours, Anne* (1989).

Nacida en Nueva York en el seno de una familia teatral, Alvarado comenzó a presentarse en el escenario a la edad de siete años, como una bailarina de flamenco con el grupo de baile de sus padres. Después de graduarse del Professional Children's School de Nueva York, ingresó en la Universidad de Fordham.

Alvarado debutó en el cine cuando tenía once años en la cinta *Rich Kids* (1979), de Robert M. Young, y posteriormente hizo de hija de Diane Keaton, en *Mrs. Soffel* (1984). Más tarde tuvo papeles principales en *Times Square* (1980), *Sweet Lorraine* (1987), *The Chair* (1987) y *American Blue Note* (1991).

Domingo Ambriz

NACIMIENTO: 29/2/1948

Actor mexicano-americano nativo de Texas, Ambriz apareció en el film *Alambrista!* (1978), en el que aparecía como un inmigrante ilegal. Entre sus otros créditos aparecen *Walk Proud* (1981), *Young Guns II* (1990) y *American Me* (1992).

Ramsay Ames
Nacida Rosemary Phillips

Ramsay Ames.

NACIMIENTO: 30/3/1924
DEFUNCIÓN: 30/3/1998

Nacida en Nueva York de madre española y padre inglés, Ames se hizo notar en Hollywood como corista de cabaret con sus ojos color azul-gris, cabello castaño y cutis leonado. Era cantante y directora de su propia orquesta de rumba e hizo su debut fílmico en un papel pequeño en *Two Señoritas from Chicago* (1943). También apareció como la belleza de un harén en *Ali Baba y los cuarenta ladrones* (1944), y en tres series, *Black Widow* (1954), *G-Men Never Forget* (1948), de Republic, y en *The Vigilante* (1947), para Columbia. Ames había actuado también en *Beauty and the Bandit* (1946), de la Monogram, y mucho más tarde en *Alexander the Great* (1956). Murió en 1998, en Santa Mónica, California.

Ira Angustain

NACIMIENTO: 6/8/1958

Nacido en Glendale, California, Angustain es mejor conocido por su interpretación de Gómez en la serie televisada de CBS, *The White Shadow* (1978–1981). También representó al comediante Freddie Prinze en la cinta para televisión, *Can You Hear the Laughter? The Story of Freddie Prinze* (1979). Su carrera de actor dio comienzo a la edad de tres años, cuando se presentó en la serie, *Pete and Gladys* (1960–1962). Cuando niño estuvo muy activo como actor, apareciendo también en los programas *Dan August* (1970–1971), *Ironside* (1967–1975) y *Lancer* (1968–1970).

Marc Anthony

NACIMIENTO: 1969

Anthony es un artista de variados talentos, que está abriéndose paso tanto como actor que como cantante.

Como actor, Anthony recientemente hizo el papel de Noel, en *Bringing Out the Dead* (1999) de Scorsese, y recibió muy buenas críticas por el papel del camarero mudo que representaba el alma de la cinta, *Big Night*, en 1996. Ese mismo año apareció en *The Substitute*, con Tom Berenger. También ha actuado en Broadway. Además, Marc Anthony grabó la canción tema de *La máscara del Zorro* (1998), ayudó a escribir y compuso "You Sang to Me", la canción en la primera pista de audio de la cinta *Runaway Bride* (1999), y ha estrenado cuatro álbumes.

El álbum más reciente, la autotitulada *Marc Anthony*, ha pasado al mercado popular americano y se ha convertido varias veces en un disco de platino.

Apollonia

Ver *Apollonia Kotero.*

Alfonso Arau

NACIMIENTO: 1932

Nativo de Cuba, este actor y director, cuya vida profesional se desarrolló en el cine mexicano, representó a un narcotraficante suramericano en *Romancing the Stone* (1984), a un oficial del ejército mexicano en *Los Fieros* (1969), un vendedor fanático de carros usados en *Used Cars* (1980), un bandido en *El Topo* (1971) y el bandido cacique El Guapo en *¡Three Amigos!* (1986). Sus otros filmes incluyen *Posse* (1975), *Scandalous John* (1971) y más de veinte cintas mexicanas. Arau también dirigió la aclamada película mexicana de arte, *Como agua para chocolate*, estrenada en los Estados Unidos en 1993, y ganadora de más de cuarenta premios internacionales. El debut de Arau como director en el cine americano fue en *A Walk in the Clouds* (1995), aclamada por la crítica.

Yareli Arizmendi

Coprotagonista de la exitosa cinta *Como agua para chocolate* (1993), Arizmendi interpreta la hermana mayor de Rosaura. En *The Cisco Kid* (1994), filme de la Cadena Turner de Televisión, ella hace de Rosa, la independiente, cabeza dura y cariñosa esposa de Pancho. Arizmendi desempeña el papel de una madre latina en *Beverly Hills Cop II* (1994) junto a Eddie Murphy. Nativa de México, asistió al colegio en los Estados Unidos, y ahora reside en San Diego, donde enseña drama en el colegio universitario San Marcos.

Pedro Armendáriz

NACIMIENTO: 12/5/1912
DEFUNCIÓN: 18/6/1963

Armendáriz, una de las más populares estrellas dramáticas del cine, llegó a simbolizar el alma y corazón de la nación mexicana y su hombría, de la misma manera que John Wayne simbolizara la de América. Como Wayne, Armendáriz hizo algunas de sus mejores películas bajo la dirección de John Ford. Estas incluían sus papeles como el teniente policíaco que persigue a Henry Fonda en *The Fugitive* (1947), un bandido mexicano en *The Three Godfathers* (1948) y un sargento de caballería sureño en *Fort Apache* (1948). Armendáriz pudo escabullir el rígido encasillamiento que sufrían algunos actores en ciertos tipos de papeles durante esa época y desempeñó una diversa selección de ellos, porque él no poseía las facciones atractivas típicas de un amante latino, y al mismo tiempo podía hablar el inglés sin acento. Sin embargo, en los filmes americanos, estuvo relegado a trabajar como artista de reparto y nunca fue la estrella que era en las cintas mexicanas.

Pedro Armendáriz

Por la línea de su padre, Pedro Armendáriz Sr., descendía de una de las más antiguas familias de México, si bien su madre, Della Hastings, era americana. Nacido en la Ciudad de México, el actor recibió su educación en San Antonio, Texas y en la Politécnica de California, donde se graduó de ingeniero.

El joven actor comenzó su carrera en las tablas de la Ciudad de México, ingresando al cine en 1935, e inmediatamente alcanzó el éxito y se elevó del anonimato al estrellato en unas pocas películas. De *María Elena* en 1935 a *María Candelaria* en 1946, hizo cuarenta y dos películas en español, estableciéndose como uno de los más grandes actores y una figura relevante en el desarrollo de la industria del cine mexicano. El director Emilio Fernández y el cineasta Gabriel Figueroa trabajaron junto a Armendáriz y Dolores del Río, en una serie de filmes que fueron instrumentales en crear un cine nacional que llegó a ser reconocido a nivel internacional.

Armendáriz marchó a Hollywood en 1947 bajo contrato con Argosy Pictures, e hizo su debut en la meca del cine en *The Fugitive*, de John Ford, para RKO Pictures. En 1948, apreció en el papel estelar del pescador en *The Pearl*, de John Steinbeck, dirigida por Emilio Fernández, que fue brillantemente fotografiada por Gabriel Figueroa en los exteriores de México. El actor interpretó a un funcionario de la policía cubano, en *We Were Strangers* (1949), un aborigen norteamericano en *Tulsa* (1949), un general mexicano en *Border River* (1954) y un guerrero mongol en *The Conqueror* (1956).

Como estrella internacional, Armendáriz trabajó en cintas fílmicas a través de todo el mundo. Su última película fue el suspense de James Bond, *From Russia with Love* (1964), en la que él representaba al agente Kerim Bey, junto a Sean Connery. Mientras filmaban, cayó gravemente enfermo con cáncer avanzado de las glándulas linfáticas. Cuando recibió la noticia de que sólo le quedaba un año de vida, Armendáriz se suicidó de un tiro en su habitación de un hospital de Los Angeles.

Algunas de sus otras cintas en inglés fueron: *The Torch* (1950), *Lucretia Borgia* (1953), *Diane* (1955), *The Littlest Outlaw* (1955), *The Big Boodle* (1957), *Stowaway Girl* (1957), *The Little Savage* (1959), *The Wonderful Country* (1959), *Francis of Assisi* (1961), *Captain Sinbad* (1963) y *My Son, the Hero* (1963).

Pedro Armendáriz Jr.

NACIMIENTO: 1940

Hijo del fallecido actor internacional e ídolo mexicano de la pantalla del mismo nombre, Armendáriz Jr. ha forjado su propia personalidad a través de más de 130 películas en México y Hollywood. En su haber peliculero están *The Undefeated* (1969), *Earthquake* (1974), *Walker* (1987), *Licence to Kill* (1989) y *El gringo viejo* (1989). Además, Armendáriz ha aparecido como artista invitado en muchos programas televisados, que incluyen *The High Chaparral* (1967–1971), *Knight Rider* (1982–1986) y *Murder, She Wrote* (1984–1996).

Armida

Nacida Armida Vendrell

Armida en *Always in My Heart* (1942)

NACIMIENTO: 29/5/1913
DEFUNCIÓN: 23/10/1989

Nacida en Sonora, México, Armida se trasladó a Arizona, donde creció. Es hija de Joaquín Venrell, un conocido actor de teatro de principios de los años 20. A la edad de dieciséis años, trabajando en una obra de danza con sus dos hermanas, fue vista por el productor y director de variedades, Gus Edwards, quien la llevó al circuito de los teatros Orpheum. Apareció en muchos cortometrajes a través de los años 30, antes de llamar la atención del actor, director y productor John Barrymore, quien la contrató para tomar parte en *General Crack*, en 1929. Trabajó en muchos filmes durante los años 30, usualmente haciendo de princesa de la selva, de belleza isleña o de cantinera. Sus créditos incluyen *Border Romance* (1930), *On the Border* (1930), *Under a Texas Moon* (1930), *Border Café* (1937), *La Conga Nights* (1940), *Always in My Heart* (1942), *The Girl from Monterey* (1943), *Machine Gun Mama* (1944), *Jungle Goddess* (1948) y *Rhythm Inn* (1951). Murió en California en 1989 de enfermedad cardíaca.

Desi Arnaz

NACIMIENTO: 2/3/1917
DEFUNCIÓN: 2/12/1986

Lo llamaban "Cuban Pete" y "Mr. Babalú", pero Desi Arnaz siempre será recordado como Ricky Ricardo, el excitable director de orquesta cubano, esposo de la pelirroja americana, Lucille Ball, de la popular serie de televisión, *I Love Lucy* (1951–1957).

El inmensamente talentoso Arnaz asumió muchos papeles en su carrera teatral, incluyendo los de músico, cantante, actor, director de orquesta (banda), empresario, productor, director y jefe de estudio. Durante las décadas de los 30 y 40, junto a Xavier Cugat y otros músicos, ayudó a popularizar la música latina y afroamericana en los Estados Unidos. En el programa *I Love Lucy*, fue el primero en usar tres cámaras para filmar comedias presentadas ante un público en vivo, técnica que estableció el estándar que aún se usa. Por filmar los programas en cinta y retener los derechos de propiedad, Arnaz, mediante el pago de honorarios por parte de las estaciones, estaba señalando el camino para que los programas fueran repetidos en sindicalización. Como productor y cabeza del estudio Desilú, que ocupaba los antiguos estudios de RKO, era responsable del desarrollo y producción de innumerables cintas para televisión, que incluían *The Untouchables* (1959–1963), *Make Room for Daddy* (1953–1965), *Star Trek* (1966–1969) y *The Mothers-in-Law* (1967–1969).

Desi Arnaz

Nacido en Santiago de Cuba, donde su padre fue alcalde de la ciudad, Desi y su familia abandonaron la revolución que tenía lugar en Cuba en 1933 y se establecieron en Miami. Desi desempeñó infinidad de trabajos, hasta que su entrenamiento musical hizo posible que trabajara de guitarrista con una orquesta de rumba; finalmente fue a vivir a Nueva York y se unió a la orquesta de Xavier Cugat.

Arnaz comenzó la primera "fila de la conga" de América, tomada de los bailes de los festivales religiosos afrocubanos. La locura de la "fila de la conga" arrasó los Estados Unidos. Su popularidad lo llevó a Broadway, donde pronto aparecería como Manuelito, un futbolista suramericano en *Too Many Girls*, de George Abbott. Arnaz fue llevado a Hollywood en 1940, para hacer el mismo papel en la versión fílmica del musical. Conoció a Lucille Ball en RKO durante la filmación de la cinta, y contrajeron matrimonio en noviembre de ese mismo año. Entonces consiguió un papel en *Father Takes a Wife* (1941) y en la MGM actuó como uno de los defensores mexicano-americanos en *Bataan* (1943, con Robert Taylor). Giras constantes con su orquesta, papeles en el cine y la vida familiar lo mantuvieron muy ocupado durante los años 40.

Arnaz fue la primera presencia hispanoamericana en las cadenas de televisión de los Estados Unidos. Cuando la CBS propuso llevar a la televisión *My Favorite Husband*, la popular serie radial de Lucille Ball, ella pidió que Arnaz apareciera como su esposo. CBS tuvo dudas de que los televidentes aceptaran a Arnaz como el compañero de una americana regular. Pero después de que los dos trabajaron juntos en una gira de la orquesta por todo el país, y fueron aclamados, probando que eran aceptados públicamente como pareja, la CBS finalmente accedió. Arnaz y Ball formaron Producciones Desilú, y *I Love Lucy* salió al aire por primera vez el 15 de octubre de 1951 continuando hasta la temporada 1956–1957.

Desi, como Ricky Ricardo, se basó en sus raíces cubanas, haciendo el papel de Ricky un director de orquesta luchador en busca del triunfo. Arnaz y Ball aprovecharon su éxito en la televisión para intentar dos aventuras teatrales, *The Long, Long Trailer* (1954) y *Forever Darling* (1956).

Con el triunfo de *I Love Lucy*, Desi y Lucy crearon su propia compañía productora y compraron los espacios de los estudios RKO, que estaban en bancarrota. Desilú muy pronto se convertiría en una de las proveedoras principales de programas grabados para la televisión.

Arnaz y Ball se divorciaron en 1960. En 1962, Arnaz vendió sus intereses en Desilú a Ball. Se presentó como artista invitado en varias series de televisión a través de los años y fue el productor de la serie *The Mothers-in-Law*. Su última aparición fílmica fue en *The Escape Artist* (1982), de Francis Ford Coppola. Arnaz murió de cáncer en diciembre de 1986, en su residencia de Del Mar, California. Otros de sus créditos fílmicos incluyen, *Four Jacks and a Jill* (1941), *The Navy Comes Through* (1942) y *Cuban Pete* (1946).

Desi Arnaz Jr.

NACIMIENTO: 19/1/1953

Arnaz Jr., hijo de Lucille Ball y Desi Arnaz, primeramente apareció en la serie *Here's Lucy* (1968–1974) con su mamá y su hermana, Lucie. Después formó una banda de *rock 'n' roll* llamada Dino, Desi y Billy al final de los años 60. Hizo su debut en el cine en *Red Sky at Morning* (1971), que le mereció aplausos, y a continuación apareció en una cinta del oeste filmada en Israel, *Billy Two Hats* (1973, junto a Gregory Peck). Actuó también en el teatro, en el musical *Marco Polo*, con Zero Mostel. Entre 1983 y 1984, actuó en televisión en su propia serie titulada *Automan*. Problemas de alcoholismo y drogas lo mantuvieron apartado de la pantalla por muchos años, pero después de una completa recuperación, ingresó en un seminario protestante. Ha trabajado en producciones veraniegas como *Sunday in New York, Grease* y *Promises, Promises* en el teatro Melody Top y en el Sacramento Music Circus. Hizo una aparición especial, interpretando a su propio padre en el largometraje *The Mambo Kings*, en 1992.

Lucie Arnaz

NACIMIENTO: 17/7/1951

Hija de Lucille Ball y Desi Arnaz, Lucie comenzó su carrera en el teatro en los programas de televisión, *Here's Lucy* (1968–1974). Entre sus créditos de cine aparecen *The Jazz Singer* (1980), una nueva versión con Neil Diamond y *Second Thoughts* (1983). También apareció en 1985, en una efímera serie de televisión titulada, *The Lucie Arnaz Show*, y también en *Sons and Daughters* (1991). En Broadway, actuó en el musical de Neil Simon–Marvin Hamlisch–Carole Bayer Sager, *They're Playing Our Song*, y también se hizo cargo del papel principal de *Lost in Yonkers*, de Simon, mientras la obra estuvo en cartelera.

ISAAC ARTENSTEIN

NACIMIENTO: 5/12/1954

Artenstein sirvió como director, escritor y productor, en el film dramático independiente, *Break of Dawn* (1989), basada en un documental de televisión, *Ballad of an Unsung Hero* (1983). Artenstein dirigió y editó *Ballad*, que estaba basada en la vida de Pedro J. González, la primera personalidad radial de habla española del sur de California. *Ballad of an Unsung Hero* comenzó a transmitirse nacionalmente en 1983, en PBS, y obtuvo numerosos premios y honores, incluso un Emmy. Artenstein es nativo de San Diego, y creció en Tijuana. Estudió en el Departamento de Bellas Artes de UCLA y recibió su licenciatura en filme y video del Instituto de las Artes de California, en 1977.

MIGUEL ARTETA

NACIMIENTO: 1965

Nacido en Puerto Rico, de padre peruano y madre española, Arteta es el escritor y director del largometraje independiente, *Star Maps* (1997). También dirigió algunos episodios de *Homicide: Life on the Street* (1993–1999), *Freaks and Geeks* (1999), muy aclamada por la crítica y el largometraje, *Chuck and Buck* (2000).

JOE AUBEL

NACIMIENTO: 10/11/1939

Director de arte de *Dead and Buried* (1981) y *La guerra del campo de frijoles de milagro* (1988), y diseñador de la producción de *American Me* (1992), Aubel nació en el lado este de la ciudad de Los Angeles. Creció hablando español y asegura haber aprendido el inglés viendo las películas de Hollywood. Tratando de unir sus inclinaciones artísticas con una carrera práctica, Aubel decidió hacerse arquitecto, estudiando en una escuela universitaria mientras trabajaba de interno en una firma de arquitectos. Uno de sus jefes sugirió que su talento podía ser usado mejor en el cine y la televisión. En 1964, consiguió su primer trabajo como un escenógrafo subalterno en *The Adventures of Ozzie and Harriet* (1952–1966). En los próximos seis años, trabajó como asistente de escenografía en los programas televisados *The Danny Thomas Hour* (1967–1968), *The Fugitive* (1963–1967), *The Mod Squad* (1968–1973) y en filmes tan prestigiosos como *The Chase* (1966), *Camelot* (1967), *Cool Hand Luke* (1967) y *Los Fieros* (1969). Sus otros créditos fílmicos incluyen *Viva Max!* (1969), *Close Encounters of the Third Kind* (1977) y *Star Trek IV: The Voyage Home* (1986).

Luis Ávalos (centro frente) con el elenco de *Condo* (izq. a der.) Julie Carmen, James Victor e Yvonne Othon.

Luis Ávalos

NACIMIENTO: 2/9/1946

Actor de carácter nativo de Cuba, Ávalos ha aparecido en numerosos filmes y espectáculos de televisión. Su primer personaje de éxito fue como un adicto en *Insignia 373* (1973), a la que siguió un papel principal en la diablura cómica titulada *Hot Stuff* (1979). Sus otros créditos fílmicos incluyen *Love Child* (1982), *The Hunter* (1980), *The Butcher's Wife* (1991) y *Fires Within* (1991).

Dirigió dos filmes en México y un programa de prueba en Venezuela. Ha aparecido como invitado en muchas series de episodios de la televisión y fue la estrella de la serie de corta duración, *Condo* (1983). Ha actuado como actor regular de *Hangin' with Mr. Cooper* (1992–1997) y también regularmente en la serie de CBS, *Ned Blessing* (1993). Mas recientemente, ha participado en el elenco de las películas *Spy Kids* (2001) y *Spy Kids II* (2002).

Elizabeth Avellán

Avellán es la coproductora de la cinta *Desperado* (1995), de Robert Rodríguez, de *From Dusk Till Dawn* (1996) y *The Faculty* (1998). También ha hecho *From Dusk Till Dawn 2: Texas Blood Money* (1999) y *From Dusk Till Dawn 3: The Hangman's Daughter* (2000), ambas para ser estrenadas en video y más recientemente, *Once upon a Time in Mexico* (2002). Ella fue la productora asociada de *El Mariachi* (1992) cinta con la que Rodríguez debutó como director. Avellán nació en Caracas, Venezuela, y se trasladó con su familia a Houston, donde se graduó de la Universidad de Rice.

Carlos Ávila

NACIMIENTO: 26/6/1961

Escritor y director laureado de *La Carpa*, que obtuvo un Emmy cuando fue presentada en *American Playhouse* de PBS. Ávila nació en Lima, Perú, pero vino a vivir al área de Echo Park de Los Ángeles a una edad temprana. Su trabajo ha sido presentado internacionalmente en festivales de cine y museos. Su cinta corta, *Distant Water*, ganó el Gran Premio del Festival de Cine Internacional de Estudiantes de Tokio, Japón. Posee una Maestría de Bellas Artes de la Escuela de Filme y Televisión de UCLA.

Ángel Avilés

Entre los créditos fílmicos de esta joven actriz está *Equinox* (1993) y la aclamada *Mi Vida Loca* (1993).

Rick Avilés

NACIMIENTO: 1952
DEFUNCIÓN: 17/4/1995

Actor de comedia, Avilés apareció en la película *Ghost* (1990), como el asesino de Patrick Swayze, y en *The Saint of Fort Washington* (1993), *Carlito's Way* (1993) y *Waterworld* (1995). Avilés hizo su debut en la pantalla en *The Cannonball Run*, en 1981.

Hank Azaria

NACIMIENTO: 25/4/1964

Azaria, nativo del condado de Queens, de la ciudad de Nueva York, hizo una indeleble impresión en el público y los críticos por su papel como Agador Spartacus, el mozo de servicio guatemalteco que se roba la escena en *The Birdcage* (1995). Ha trabajado en otras películas como *Pretty Woman* (1990), *Quiz Show* (1994), *Heat* (1995), *Grosse Pointe Blank* (1997), *Godzilla* (1998) y *Mystery Men* (1999). Fue uno de los actores que participó en la presentación televisada en directo de *Fail Safe* (2000). El multifacético actor es también la voz de varios personajes de importancia en la serie cómica de larga duración, *The Simpsons* (1988–).

Héctor Babenco

NACIMIENTO: 7/2/1946

El aclamado director Babenco conquistó la atención del público internacional en 1981 con su filme *Pixote*, que trata de un jovencito desamparado, obligado a una vida de crimen en los barrios bajos de São Paulo. En el *Beso de la mujer araña* (1985), Babenco cuenta la historia de una amistad naciente entre un revolucionario político y un homosexual pervertidor de menores, presos ambos en una cárcel suramericana. En *Ironweed* (1987), la primera producción de importancia de Babenco en Hollywood, dirigió a Jack Nicholson y Meryl Streep en la versión del cine sobre la obra de William Kennedy, novela ganadora del Premio Pulitzer, situada en la era de la depresión en América, acerca de un hombre que pasa veintidós años de su vida como un vagabundo callejero alcohólico. En 1991, Babenco dirigió *At Play in the Fields of the Lord*, la historia de un grupo de misioneros en la selva del Amazonas, en la que aparecía un reparto estelar.

Babenco nació en Buenos Aires, Argentina. Su padre, quien murió cuando su hijo contaba sólo un año de edad, era sastre y bordador de la ópera. La madre, quien tenía una educación clásica, le enseñó a apreciar la música y la literatura, y en su juventud él leía todos los grandes autores tanto latinos como americanos.

Buenos Aires, una de las ciudades sudamericanas más europeas, también ofreció a Babenco la oportunidad de ver las películas de todos los cineastas de la época.

Cuando fue adulto, Babenco se percató de la amenaza inmensa que el ejército representaba para la democracia en su patria natal. A los dieciocho años, rehusó servir en el ejército y pasó cinco años en España, trabajando en varios empleos serviles, antes de colaborar en un *spaghetti western*. En vista de la larga estadía que le aguardaba en la cárcel por haber evadido el servicio militar, Babenco no pudo regresar a Argentina, y finalmente se radicó en Brasil al comienzo de los años 70.

El primer documental fílmico de Babenco fue hecho en 1972, con dinero prestado de amigos. *The King of the Night* (1975) fue su primer largometraje, al que seguiría *Lucia Flavio* (1977), que tuvo muy buena acogida. Basado en un suceso real, éste fue el primer filme de Brasil en exponer la maquinaria completa de los pelotones de la muerte y la relación entre los paramilitares y la policía oficial envuelta en el tráfico de drogas y la prostitución. Su próximo filme, *Pixote* (1981), surgió de la implicación de Babenco con los delincuentes juveniles. Trabajó con casi 500 muchachos de la calle, ninguno de los cuales era actor profesional, filmando por un período de cinco meses dificultosos durante 1979 y 1980. Los críticos llamaron *Pixote, Los Olvidados* (1950) de Buñuel y *Los 400 Golpes* (1959) de Truffaut, las películas más importantes que jamás se hayan hecho sobre niños desposeídos. *Pixote* fue escogido por las asociaciones de críticos de Nueva York y Los Angeles como la mejor cinta extranjera de ese año.

Imposibilitado de conseguir dinero para la cinta en los Estados Unidos, hizo *El beso de la mujer araña* (1985), su primera cinta en inglés, con un presupuesto de $l,2 millones, con fondos conseguidos en Brasil. La cinta, en la que aparecen William Hurt, Raúl Juliá y Sonia Braga, recibió cuatro nominaciones de la Academia: Mejor Director, Mejor Película, Mejor Guión y Mejor Actor para William Hurt, quien ganó el Oscar.

Catherine Bach

NACIMIENTO: 1/3/1954

Una actriz de raíces alemana-mexicanas, Bach apareció como Daisy Duke, en la popular serie de televisión, *The Dukes of Hazzard* (1979–1985). Entre sus créditos fílmicos están *The Midnight Man* (1974), *Thunderbolt and Lightfoot* (1974), *Hustle* (1975) y *Cannonball Run II* (1984).

Antonio Banderas

NACIMIENTO: 10/8/1960

Natural de España, Banderas, actor y estrella internacional, llamó la atención del público por vez primera en 1982 en una serie de películas del excéntrico escritor

Antonio Banderas

y director español, Pedro Almodóvar, que incluían *Átame* (1990), *Mujeres al borde de un ataque de nervios* (1988), *La ley del deseo* (1987), *Matador* (1986) y *Laberinto de pasión* (1982). El éxito internacional de estos filmes trajo a Banderas al conocimiento del público americano. Su debut fílmico americano tuvo lugar en el documental de Madonna, *Truth or Dare* (1991), al que siguió un papel principal en *The Mambo Kings*, como un joven músico cubano. De ahí tuvo importantes papeles como actor de reparto en cuatro cintas de primera clase: *Philadelphia* (1993), *Interview with a Vampire* (1994), *Miami Rhapsody* (1995) y *La casa de los espíritus (1994).* Su primer papel estelar en una cinta americana fue en *Desperado* (1995), de Robert Rodríguez, a la que siguieron *Four Rooms* (1995), *Never Talk to a Stranger (1995), Two Much (1996) y Assassins* (1997). Banderas consiguió ser aclamado por la crítica por sus talentos histriónicos y como cantante, al interpretar el papel del Ché Guevara, junto a Madonna, en la adaptación de Alan Parker del musical *Evita* (1996) a la pantalla grande. Su estrellato internacional fue consumado cuando aceptó el papel de Zorro y Don Diego, en el éxito taquillero de 1998, *The Mask of Zorro.* A esto siguió *The* 13th *Warrior* (1999), e hizo su debut como director en *Crazy in Alabama* (1999). Su proyecto más reciente es *Spy Kids* (2001), dirigido por Robert Rodríguez, *Original Sin* (2001), *Spy Kids II* (2002) y *Once upon a Time in Mexico* (2002).

Norberto Barba

NACIMIENTO: 12/9/1963

Barba dirigió el largometraje, *Solo* (1996), con Mario Van Peebles, y *Blue Tiger,* en la que aparecía Harry Dean Stanton. Dirigió para la televisión un episodio de la serie de transmisión limitada, *Vanishing Son* (1995), un filme para el Family Channel, *Apollo II* (1996), basado en el aterrizaje de Apollo II y el film de televisión *Terror in the Mall* (1998). Barba es nativo del Bronx y obtuvo una beca para estudiar dirección en el Instituto Fílmico Americano. Dirigió *Chávez Ravine* (1992) para el Programa del Cine Hispánico de Televisión Universal.

Lita Baron

También conocida como Isabelita
Nacida Isabel Beth Castro

NACIMIENTO: 11/8/1929

Nativa de Almería, España, Baron vino a los Estados Unidos con su familia cuando contaba cuatro años de edad. Al principio adoptó un nombre solo, siguiendo el precedente de la actriz mexicana, Margo. Cuando actuaba como cantante con la orquesta de Xavier Cugat en el Trocadero de Hollywood, fue contratada para su primer filme corto, un musical de la RKO titulado *Pan-Americana*

(1945). Apareció luego en varios números en cintas de cortometrajes musicales en Technicolor de la Paramount; uno de ellos, *Champagne for Two* (1947), fue nominado para un premio de la Academia. También trabajó en seis películas, *That's My Baby* (1944), *A Medal for Benny* (1945), *Club Havana* (1946), *The Gay Señorita* (1946), *Slightly Scandalous* (1946) y *Border Incident* (1949).

Steven Bauer
Nacido Rocky Echevarría

NACIMIENTO: 2/12/1956

Nacido en La Habana, el galán Bauer tuvo su primera gran oportunidad en la pantalla cuando el director Brian de Palma le asignó el papel de Manny Rivera, el gángster colega de Al Pacino en la nueva versión de *Caracortada* (1983). Después vino *Thief of Hearts* (1984); también actuó en *Running Scared* (1988), *Two Moon Junction* (1988) y la cinta para la televisión, *The Drug Wars: The Camarena Story* (1989).

La familia de Bauer huyó del régimen de Castro en 1959, mudándose a Miami, donde él creció. Asistió a la Universidad de Miami durante dos años antes de trasladarse a Los Angeles. Bauer hizo su debut como actor en la serie de la estación de Miami de la PBS, *¿Qué Pasa, USA?*, usando su nombre propio, Rocky Echevarría. Cambió su nombre a Steven Bauer, justamente antes de empezar a rodar *Scarface*. En Los Angeles, firmó un contrato a corto plazo con Columbia Televisión y trabajó en varias series, como *The Rockford Files* (1974–1980), *Hill Street Blues* (1981–1987), *From Here to Eternity* (1980) y *Wiseguy* (1987–1990). Bauer personificó a un jefe rebelde afgano, en *The Beast* (1988), y un detective en *Gleaming the Cube* (1989).

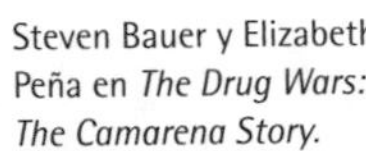
Steven Bauer y Elizabeth Peña en *The Drug Wars: The Camarena Story.*

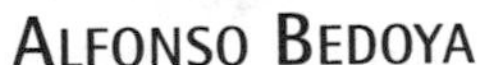

Alfonso Bedoya

NACIMIENTO: 1904
DEFUNCIÓN: 1957

Bedoya se colocó en un nicho permanente de la historia del cine americano, cuando le dijo a Bogart la frase memorable, "¿Insignias? No necesitamos estas estúpidas insignias", en *The Treasure of the Sierra Madre* (1948). Con esa frase solamente, su caracterización de Gold Hat convertiría al estúpido y amenazante bandido en un momento histórico del cine.

El director John Huston conoció a Bedoya y le dio el papel mientras estaba filmando en los exteriores de México. Bedoya actuó en muchas de las cintas de Hollywood de la década, casi todas del Oeste, usualmente como un bandido mexicano. Bedoya no había sido entrenado formalmente para ser actor pero trabajó en más de setenta filmes mexicanos, siendo la más notable, la caracterización cómica de *Las Abandonadas* (1944). Sus otras cintas incluyen *The Pearl* (1948), *Streets of Laredo* (1949), *The Black Rose* (1950), *California Conquest* (1952), *Border River* (1954), *Ten Wanted Men* (1955) y *The Big Country* (1958).

Alma Beltrán

NACIMIENTO: 1927

Una veterana actriz de carácter, Beltrán es más conocida por su papel como la sirvienta de la cinta de 1980, *Oh God! Book II*, con George Burns de estrella. También ha actuado en filmes como *Red Sky at Morning* (1971), *The Marathon Man* (1976), *Zoot Suit* (1981), *Nobody's Fool* (1986), *Ghost* (1990) y *Luminarias* (2000), igual que en otros filmes para la televisión. Ha trabajado extensamente en el teatro de Los Ángeles y en la radio en español. También ha actuado en la serie para la televisión de cable, *Sanchez of Bel Air (1986)*, e hizo de la tía de Freddie Prinze en *Chico and the Man* (1974–1978) y de la madre de Julio Fuentes en *Sanford and Son* (1972–1977). Beltrán es nativa de México y fue criada en California y Arizona.

Robert Beltrán

NACIMIENTO: 19/11/1953

Mejor conocido por su papel como el primer oficial Chacotay, el temerario capitán del Maquis, en la serie sindicalizada de televisión *Star Trek: Voyager* (1995–1999), Beltrán nació y creció en Bakersfield, graduándose de la Universidad del Estado de Fresno con una licenciatura en Arte Teatral. Su amor por el teatro comenzó en la escuela primaria y su pasión ha florecido a través de los años, convirtiéndose en una impresionante lista de logros.

Hizo su debut fílmico en un pequeño papel en *Zoot Suit* (1981), y su reputación en el cine se basa también en una representación aclamada por la crítica, como Raúl, en el filme que se convertiría en un culto de 1982 titulado *Eating Raoul*, además de papeles importantes en *Gaby* (1987) y *Kiss Me a Killer* (1991). También ha actuado en *Lone Wolf McQuade* (1983), *Latino* (1985), *Scenes from the Class Struggle in Beverly Hills* (1989), *Nixon* (1996) y *Luminarias* (2000).

Maurice Benard

Los créditos fílmicos de Benard incluyen papeles en *Mi vida loca* (1993), de Allison Anders, y *Ruby* (1992), dirigida por John MacKenzie. Interpretó a Desi Arnaz en el filme para la televisión, *Lucy and Desi: Before the Laughter* (1991). Quizás sea mejor conocido por su interpretación como Sonny en la telenovela dramática diurna de larga duración en el aire, *General Hospital* (1963–).

Jellybean Benítez
Nacido John Benitez

Benítez comenzó su carrera como disc-jockey del afamado club nocturno de Manhattan, Studio 54. Era un joven cuando descubrió a Madonna, y produjo su álbum que alcanzaría el lugar más alto de las listas disqueras. Desde entonces, Benítez ha sido el productor de varios artistas importantes y en la actualidad tiene su propia firma de discos.

A principios de los noventa, Benítez comenzó a expandirse, trabajando como supervisor musical de películas y juntando las pistas de sonido de distintos álbumes. Como supervisor, tiene en su haber *Mi Vida Loca* (1993), *The Perez Family* (1995), *2 Days in the Valley* (1996), *Table One* (1999), y *Havana Nocturne* (2000), como supervisor musical ejecutivo.

Benítez también ha compuesto temas para varios programas de televisión, como el triunfante *House of Buggin'* (1995) y *The Ricki Lake Show* (1990).

En la actualidad, Benítez ha pasado al campo de los productores, sirviendo de productor ejecutivo de varios largometrajes, ente ellos el documental *Nuyorican Dream* (2000); *Angel Eyes* (2000) con Jennifer López, y *Get Carter* (2000), con Sylvester Stallone.

Gabriel Beristain

Fue honrado con el Oso Plateado de Cinematografía en el Festival de Cine de Berlín de 1987, por su trabajo en *Caravaggio*, dirigida por Derek Jarman. Beristain tiene otros numerosos créditos fílmicos en América Latina, Europa y los Estados Unidos. Nacido en México, creció en el seno de una familia de teatro; su padre, Luis Beristain, era un sobresaliente actor mexicano (su último filme fue *The Exterminating Angel* [1962], obra maestra de Luis Buñuel). Las cintas americanas de Beristain incluyen *Waiting for the Light* (1990), que tenía de estrella a Shirley MacLaine; *The Distinguished Gentleman* (1992), de Jonathan Lynn, con Eddie Murphy; y *Bound by Honor* (1993), de Taylor Hackford.

Anne Betancourt
También conocida como Yolanda Márquez

Nacida en Los Ángeles, Anne ha sido invitada a la televisión, apareciendo como invitada en series como *The Rockford Files* (1974–1980), *Lou Grant* (1977–1982), *Fantasy Island* (1978–1984), *Babylon 5* (1994–1998), *Seventh Heaven* (1996–), *Cagney and Lacey* (1982–1988) y *NYPD Blue* (1993). Ella hizo de madre de Salma Hayek en la comedia romántica *Fools Rush In* (1997) y recientemente acaba de aparecer junto a Kim Basinger y Jimmy Smits en *Bless the Child* (2000). Betancourt fue por cinco años maestra de ceremonias del programa nacional de PBS, *Storytime*, ganador de un premio Emmy, para que los niños aprendan a leer.

Rubén Blades

NACIMIENTO: 6/7/1948

Nacido y criado en la ciudad de Panamá, Panamá, Blades creció oyendo una mezcla de música latina, rock americano y calipso de las Indias Occidentales. Mientras trabajaba con un grupo de orquestas latinas, estudió derecho en la Universidad de Panamá. Vivió en la ciudad de Nueva York por un corto período de tiempo y regresó a Panamá, recibió su doctorado en abogacía, y volvió a Nueva York, donde comenzó a actuar con varias orquestas de salsa.

Rubén Blades en *The Milagro Beanfield War.*

Blades, cantante y compositor de salsa vuelto actor, hizo su debut fílmico como estrella en *Crossover Dreams* (1985), de León Ichaso, como una estrella latina que abandona sus raíces de salsa en un fallido intento por conseguir el estrellato popular. Vincent Canby, en su crítica del *New York Times*, llamó a Blades, "un estupendo actor de cine, con un talento natural para la pantalla".

Blades continuó su carrera en los filmes *The Milagro Beanfield War* (1988), *The Two Jakes* (1990), *The Super* (1991), *A Million to Juan* (1994), *The Devil's Own* (1997), *Cradle Will Rock* (1999) y *All the Pretty Horses (2000).* También escribió e interpretó la partitura musical del filme *Q & A* (1990).

Para televisión, Blades obtuvo el premio de CableAce como Mejor Actor, por su interpretación de un preso de la galería de los condenados a muerte, en *Dead Man Out* (1989), para HBO, e hizo el papel de un conde italiano en *The Josephine Baker Story* (1990), también para HBO. Fue nominado para un premio Emmy, por su papel de conserje, en el film de la Cadena de Televisión Turner, *Crazy from the Heart* (1991).

Vicente Blasco Ibáñez

NACIMIENTO: 1867
DEFUNCIÓN: 1928

Las novelas de este escritor español estuvieron muy de moda durante los años 1920, e inevitablemente, muchas de ellas aparecieron en la pantalla grande, incluyendo *Los Cuatro Jinetes del Apocalipsis, Sangre y arena* y *Mare Nostrum.* Las dos primeras películas americanas de Greta Garbo, *The Torrent* (1926) y *The Temptress* (1926), fueron adaptaciones de las novelas de Blasco Ibáñez. Era escritor desde los comienzos del siglo XX, pero su reputación internacional comenzó con *Los Cuatro Jinetes del Apocalipsis* (publicada originalmente en 1916; y en inglés, en 1918), que se convirtió en un éxito de venta que rompió todos los récords. *Sangre y arena* (1908) había sido publicada en inglés en 1911 como *Blood in the Arena*, pero fue editada de nuevo bajo el título de *Blood and Sand.*

FORTUNIO BONANOVA

NACIMIENTO: 1895
DEFUNCIÓN: 1969

Bonanova, actor de carácter de las películas americanas, es conocido mayormente por sus papeles como el maestro de canto de la poco talentosa esposa de Kane, en *Citizen Kane* (1941); como un guerrillero de las montañas, en *Por Quién Doblan las Campanas* (1943); y como un amante de la ópera cuyo raro disco clásico es roto en dos ante sus ojos por el investigador privado Mike Hammer, en *Kiss Me Deadly* (1955).

Bonanova, actor y cantante de ópera, nació en Palma de Mallorca, España, hijo del abogado Nicolás Bonanova. Estudió en el Instituto de Barcelona, en la facultad de derecho de la Universidad de Madrid, el Conservatorio Real de Madrid, con maestros privados en Milán, Italia y en el Conservatorio de París. A los diecisiete años, el joven barítono ya era solista del coro de la Capilla Real de Madrid, cuando el gran Feodor Chaliapin lo oyó y alentó sus ambiciones musicales. Bonanova hizo su debut operístico en París, como el torero de Carmen, y más tarde pasó a formar parte de compañías de ópera internacionales.

A los diecinueve años de edad, escribió, produjo, dirigió y apareció en la primera versión fílmica de *Don Juan*, en su tierra natal. Compuso obras dramáticas, operetas y novelas, además de viajar con su propia compañía teatral a través de América Latina. Actuó en las tablas americanas junto a Katharine Cornell, en Broadway y en 1927 hizo su debut en el cine americano en *The Love of Sunya*, con Gloria Swanson. Fue la estrella, el escritor, el productor y director de doce cortometrajes en español, hechos en los estudios de Fort Lee, en Nueva Jersey.

Entre 1932 y 1935, Bonanova apareció en papeles importantes de muchas cintas en español hechas en España, México y América del Sur. En 1935, comenzó a aparecer en filmes de Hollywood, actuando en muchas versiones en español de cintas en inglés, desempeñando también muchos papeles en producciones en inglés de Hollywood. Cuando se hizo *La Inmaculada* en 1939, adaptó la historia, compuso la música, y produjo, dirigió y apareció en la cinta. Sus otros filmes fueron, *Bulldog Drummond in Africa* (1938), *Romance in the Dark* (1938), *Tropic Holiday* (1938), *Sangre y arena* (1941), *Allá en Argentina* (1940), *I Was an Adventuress* (1940), *La marca del Zorro* (1940), *Aquella noche en Río* (1941), *Double Indemnity* (1944), *Going My Way* (1944).

Arturo Bonilla

Los trabajos fílmicos de Bonilla como actor, incluyen *Salvador* (1986), *Bestseller* (1987), el telefilme *Drug Wars: The Camarena Story* (1990), *American Me* (1992) y *The Coneheads* (1993).

Jesse Borrego

NACIMIENTO: 1962

Nacido en San Antonio, Texas, a Borrego se le puede encontrar en papeles principales de *Bound by Honor* (1993), *Mi Vida Loca* (1993); el segmento de Martin Scorsese, de *New York Stories* (1989); *I Like it Like That* (1994); *Lone Star* (1997) y *Con Air* (1997). Interpretó al bailarín mexicano-americano, Jesse, durante cuatro años, en la serie sindicalizada de televisión, *Fame* (1982–1987); también actuó en el telefilme *Tecumseh: The Last Warrior* (1995) y *Hell Swarm* (2000).

Sonia Braga

NACIMIENTO: 16/6/1950

Nativa del Brasil, la actriz Braga ha atraído la atención del público en varias cintas americanas, por su belleza trigueña, sensualidad y talento teatral. Su amplio potencial nunca ha sido utilizado al máximo en los filmes americanos como ha sucedido en los brasileños. Los de su país natal han sabido aprovechar su genio cómico, en yuxtaposición con su ardiente sensualidad. *Kiss of the Spider Woman* (1985) fue su primera cinta en inglés, y la que le trajo el mayor reconocimiento internacional. "Cuando yo hice la película, todavía no podía hablar bien el idioma. Algunas veces decía una frase y no sabía lo que quería decir", la actriz admitió en una entrevista. En el filme hizo tres papeles diferentes: la novia de Raúl Juliá, una cantante francesa quien se enamora de un oficial nazi, en una cinta dentro de otra, y la Mujer Araña misteriosa, en otra de las secuencias de fantasía de la película.

Sonia Braga hace el papel de Madonna, el amante del dictador de Parador en *Moon Over Parador.*

El público americano por primera vez se percató de la artista en la cinta brasileña *Doña Flor y sus Dos Maridos*, de 1977, dirigida por Bruno Barreto, a la que siguió *I Love You* (1981), de Arnaldo Jabor, y *Gabriela* (1983), también de Barreto, basada en la novela de mayor venta del mismo nombre, en la que Braga apareció con Marcelo Mastroianni.

En los Estados Unidos, fue Ruby Archuleta en *The Milagro Beanfield War* (1988), dirigida por Robert Redford; y en *Moon Over Parador* (1988), dirigida por Paul Mazursky, en la que actúa con Raúl Juliá y Richard Dreyfuss, aparece como la sensual amante del dictador. Sus otros trabajos incluyen *Lady on the Bus* (1978) y *The Rookie* (1990).

Benjamin Bratt

El ascenso de Braga al estrellato internacional dio comienzo en Marinaga, Parán, al sur de Brasil, donde su infancia fue sacudida por la muerte de su padre cuando tenía ocho años de edad. Tuvo que dejar la escuela a los catorce y trabajar en distintos empleos de oficina. Un papel de figurante como la pequeña princesa de un programa infantil de televisión inició su carrera de actriz. A los dieciocho, Braga trabajaba en el teatro, y creaba una sensación menor en *Hair* al quitarse la ropa en la escena.

En 1968, apareció como actriz principal de la telenovela, *The Girl of the Blue Sailboat.* A eso siguieron una serie de telenovelas para TV Globo, la cadena principal del Brasil. Dos de ellas, *Gabriela* y *Dancin' Days,* la convirtieron en estrella.

Benjamin Bratt
Nacido Benjamín Bratt Banda

NACIMIENTO: 16/12/1963

Uno de cinco hijos, Bratt creció en San Francisco, California, graduándose del Instituto Lowell. Su madre es una india peruana, quien inmigró a los Estados Unidos cuando tenía catorce años de edad.

Bratt desarrolló sus habilidades teatrales mientras estudiaba en la Universidad de California, en Santa Bárbara, continuando sus estudios en el programa de maestría del prestigioso American Conservatory Theater de San Francisco. A él se le conoce mejor como el detective Reynaldo "Rey" Curtis, de la laureada serie televisada *Law and Order* (1995–), a la que se unió como miembro regular de 1995 a 1999. Los trajabos de Bratt en producciones de largometraje incluyen *One Good Cop* (1991), *Bound by Honor* (1993), *Demolition Man* (1993), *Clear and Present Danger* (1994) y *Follow Me Home* (1997). En el año 2000, dio el gran salto al estrellato cuando apareció en *The Next Best Thing* (2000), *Red Planet* (2000), *Miss Congeniality* (2000), y *Piñero* (2001).

Peter Bratt

Escritor, director y productor de *Follow Me Home* (1997), es hermano de Benjamin Bratt.

J. Robert Bren

NACIMIENTO: 1903

Productor y escritor de cine, Bren hizo su debut como escritor en 1934 con *Looking for Trouble*. Es autor del guión de las cintas *In Old California* (1942), *The Great Sioux Uprising* (1942) y *The Siege at Red River* (1943). Bren nació en Guanajuato, México.

Romney Brent

Nacido Rómulo Larralde

NACIMIENTO: 21/1/1902
DEFUNCIÓN: 24/9/1976

Actor y productor nativo de Saltillo, México, Brent era un actor de teatro en Londres y Nueva York. Hizo su debut en la pantalla en la producción británica *East Meets West*, en 1936. Otros trabajos cinematográficos incluyen *Dreaming Ups* (1937), *The Dormant Sex* (1937), *Under the Red Robe* (1937) y *The Adventures of Don Juan* (1949).

Ruth Britt

Actriz de raíces puertorriqueñas, fue una de las últimas artistas en tener contrato con Universal, a fines de 1970. Actuó en *The Nude Bomb* (1980) y *Night School* (1981). Britt era una regular de la serie de televisión, *Operation Petticoat* (1977–1979), donde representaba a una isleña nativa, y ha hecho innumerables apariciones como invitada en series de episodios y en cintas de televisión. Recientemente se ha presentado como artista de voz en cintas como *Reality Bites* (1994) y *Dead Bridge* (1995).

George Stanford Brown

NACIMIENTO: 1944

Actor y director nacido en La Habana, Cuba, y criado en el barrio neoyorquino de Harlem, Brown es quizás mejor conocido por su papel como un policía tosco en la serie televisada, *The Rookies* (1972–1976), y como el estoico Tom, en la serie fílmica que hizo historia, *Roots* (1977), y la miniserie, *Roots: The Next Generation* (1979). Sus trabajos fílmicos incluyen *The Comedians* (1967), *Bullitt* (1968), *The Man* (1972) y *Stir Crazy* (1980). Brown ha dedicado la mayor parte de sus energías a dirigir para la televisión, donde tiene en su haber la dirección de *Starsky and Hutch* (1975–1979), *Charlie's Angels* (1976–1981), *Hill Street Blues* (1981–1987) y *Cagney & Lacey* (1982–1988).

Argentina Brunetti

NACIMIENTO: 31/8/1907

Actriz de carácter veterana, nacida en Argentina, Brunetti ha trabajado en más de sesenta cintas. Usualmente aparecía como digna señorona latina o como madre. Sus trabajos incluyen cintas clásicas tales como *California* (1946); *Miracle on 34th Street* (1947); *Broken Arrow* (1950), en la cual interpretó la mujer india de Cochise (Jeff Chandler); *The Lawless* (1950), como la madre de un joven mexicano que huye de la ley; *The Caddy* (1953), en la que fue la madre italiana de Dean Martin (y a quien él dirige la famosa canción, "That's Amore"); *King of the Khyber Rifles* (1953), que hacía de mujer hindú; *Three Violent People* (1956); *The Brothers Rico* (1957) y *The Appaloosa* (1966), con Marlon Brando. Brunetti también trabajó en 1980, por tres años, en la popular telenovela diurna, *General Hospital* (1963–). La madre de Brunetti era la conocida actriz de las tablas, Mimi Aguglia, quien en los 30, tardíamente en su carrera, apareció en varias cintas de Hollywood habladas en español.

Luis Buñuel

NACIMIENTO: 22/2/1900
DEFUNCIÓN: 29/7/1983

El cineasta español, Luis Buñuel, fue un gigante en el mundo del cine. En 1929, colaboró con el pintor Salvador Dalí en la producción de *Un Chien Andalou*, uno de los filmes más escandalosos de su tiempo. La película, que trata de sueños, contiene imágenes inexplicables como son un burro muerto sobre un piano de cola, y una escena en la que el globo del ojo es cortado con una navaja. En 1940, Buñuel trabajó como asesor técnico de una cinta nunca terminada en apoyo de los españoles leales a la República, en los estudios MGM de Hollywood. De 1941 a 1944, Buñuel trabajó en el departamento de cine del Museo de Arte Moderno de la ciudad de Nueva York. A él le correspondía dirigir *The Beast with Five Fingers* (1946), con Peter Lorre de estrella, pero la dirección pasó a Robert Florey. Buñuel regresó a Francia después de la guerra por un corto tiempo y más tarde se trasladó a México.

El período mexicano de Buñuel, que duró hasta 1961, fue uno de los más prolíficos. Trabajó regularmente por primera vez, y dirigió alrededor de veinte producciones, incluso *Los Olvidados* (1950), *Robinson Crusoe* (1952) y *El Bruto* (1952), un melodrama acerca de un carnicero quien se enamora de la hija de un rico, que tuvo de estrellas a Pedro Armendáriz y Katy Jurado. Buñuel regresó a España e hizo *Viridiana* (1961), que prontamente fue prohibida por el régimen de Franco. Desde entonces trabajó en Francia, donde hizo los filmes, *Belle de Jour* (1967) y *Tristana* (1970). Su última película fue *That Obscure Object of Desire* (1977).

Robert Cabal

De origen filipino, Cabal trabajó en los filmes, *Crisis* (1950), *Mara Maru* (1952, con Errol Flynn) y *The Man Behind the Gun* (1952), con Randolph Scott. Interpretó a Hey Soos por dos años en la serie televisada, *Rawhide* (1959–1966).

David Cadiente

Actor y extra de escenas de riesgo, Cadiente ha aparecido en los filmes, *Donovan's Reef* (1963), *Ride the Wild Surf* (1964), *The Sting II* (1983) y *Stick* (1985). Sus numerosos trabajos televisivos incluyen *Adventures in Paradise* (1959–1962), *The Gallant Men* (1962–1963) y *The A-Team* (1983–1987).

Paul Calderón

La labor cinematográfica de Calderón incluye *Pulp Fiction* (1994), de Quentin Tarantino, *Clockers* (1995), de Spike Lee, *The Addiction* (1995), de Abel Ferrara, *Cop Land* (1997), de James Mangold y *Out of Sight* (1998), de Steven Soderbergh. También apareció en varias series de episodios y en varias cintas para la televisión.

Joseph Calleia

NACIMIENTO: 4/8/1897
DEFUNCIÓN: 31/10/1975

Nacido en la isla de Malta, de padre inglés y madre española, Calleia era un actor de carácter de alcance extraordinario, que fue mejor conocido por sus papeles como un gángster sádico, que siempre blandía un revólver, o caracterizaciones de hombre malo. El público también lo identificaba por sus innumerables papeles de latino, en filmes como *Juárez* (1939), *Por quién doblan las campanas* (1943), *Gilda* (1946), *Branded* (1950), *The Treasure of Pancho Villa* (1955), *The Littlest Outlaw* (1955), *Serenade* (1956), *Touch of Evil* (1958), *Cry Tough* (1959) y *The Alamo* (1960). En 1936, Calleia escribió el guión para MGM de *The Robin Hood of El Dorado*, que tuvo como estrella a Warner Baxter.

Jacqueline Cambas

Como editora de filmes, ha colaborado con el director Richard Benjamin, en *City Heat* (1984), *Racing with the Moon* (1984), *The Money Pit* (1986), *Little Nikita* (1988), *My Stepmother is an Alien* (1988), *Downtown* (1990), *Mermaids* (1990) y *Made in America* (1993). Cambas nació en Nueva York. Originalmente era maestra, pero abandonó su profesión para matricularse en la escuela de cine de la Universidad de Los Angeles. Su primer trabajo en el cine fue como una aprendiz de editor en *Billy Jack* (1971). Sus otros trabajos fílmicos incluyen *School Ties* (1992), *Zoot Suit* (1981) y *Cat People* (1992), de la que fue coeditora.

Bruno Campos

De ascendencia alemana-portuguesa, Campos nació en Río de Janeiro, Brasil, y es mejor conocido como el personaje chileno, Diego Vásquez, en la serie de televisión, *Jesse* (1998–2000), junto a Christina Applegate. Apareció de invitado en las series, *Suddenly Susan* (1996–2000), *Chicago Sons* (1997), *Cybill* (1995–1998) y la miniserie, *The Last Don* (1997).

Rafael Campos

NACIMIENTO: 13/5/1936
DEFUNCIÓN: 9/7/1985

Actor sonriente y entusiasta, Campos es mejor conocido por su interpretación del joven puertorriqueño, Pete Morales, en la cinta clásica de MGM, de 1955, *Blackboard Jungle*, que tenía a la estrella, Glenn Ford, como el abrumado maestro de un colegio de las áreas pobres de la ciudad. A este trabajo prosiguió el papel del mexicano-americano que es acusado de asesinato en la cinta de MGM, *Trial* (1955) con Ford y Katy Jurado. Campos fue un indio americano en dos cintas de Disney, *The Light in the Forest* y *Tonka*, ambas en 1958. Más tarde en su carrera, desempeñó papeles de carácter en *The Appaloosa* (1966), con Marlon Brando y *Oklahoma Crude* (1973), con George C. Scott. Otros filmes suyos incluyen *The Sharkfighters* (1956) y *This Could Be the Night* (1957).

Campos trabajó asiduamente en la televisión en importantes series de los primeros años, como *Studio One* (1948–1958), *Playhouse 90* (1956–1961) y *Alcoa Theatre* (1957–1960). Como Ramón Díaz, aparecía como regular en *Rhoda* (1974–1978), que tenía a Valerie Harper de estrella. La miniserie épica *Centennial* (1978) le dio a Campos un papel importante como Nacho Gómez, que servía de cocinero a los que transportaban el ganado.

Campos, natural de la República Dominicana, llegó a los Estados Unidos con su familia en 1949. Estudió en el Instituto de las Artes Escénicas de la ciudad de Nueva York, donde fue descubierto por el guionista y director, Richard Brooks, quien lo incluyó en el elenco —junto a otros entonces poco conocidos actores como Vic Morrow, Paul Mazursky, Jamie Farr y Sidney Poitier— de *Blackboard Jungle*. Campos se reunió con Brooks en su último filme, *Fever Pitch* (1985). Murió de cáncer a la edad de cuarenta y nueve años.

Víctor Campos

Campos tuvo un papel principal en *Newman's Law* (1974) y en *Five Days from Home* (1978), junto a George Peppard y en *The Master Gunfighter* (1975), con

Tom Laughlin. También tuvo un papel relevante en la serie *Doctors' Hospital* (1975–1976) y *Cade's County* (1971–1972).

María Canals

Actriz cubano-americana, nacida y criada en Miami, Canals hizo su debut fílmico en *Cop and a Half* (1993), junto a Burt Reynolds. Canals después hizo el papel de Irene, en *Mi Familia* (1995). En televisión ha trabajado junto a Tony Danza, en *The Tony Danza Show* (1997) y en *Beggars and Choosers* (1999) y *American Family* (2002).

María Canals

Larry Cano

Cano fue el productor ejecutivo del largometraje *Silkwood*, en 1983.

Cantinflas
Nacido Mario Moreno

NACIMIENTO: 12/8/1911
DEFUNCIÓN: 20/4/1993

Charlie Chaplin una vez dijo, "Cantinflas es el actor cómico más grande del mundo". Cantinflas hizo reír a la gente del mundo hispanohablante durante cincuenta años, y a veces era la estrella número uno de las taquillas. Era el héroe del hombre corriente, un símbolo y un ídolo para las gentes de México y Latinoamérica.

Trabajó solamente en dos películas en inglés: *La vuelta al mundo en ochenta días* (1956), como Passepartout, el mayordomo de Phileas Fogg (David Niven) y su compañero de viaje, premiada por la Academia, y en *Pepe* (1960), en la que interpreta al peón de un rancho quien por el cariño que siente por su caballo conoce a muchas celebridades. Cantinflas llegó a Hollywood por primera vez en 1944, bajo un arreglo con los estudios RKO para hacer una serie de películas, pero los detalles nunca fueran arreglados a la satisfacción de Cantinflas o el estudio.

Michael Todd, el productor de *La vuelta al mundo en ochenta días*, dijo en una entrevista de la época, "Yo lo escogí para el papel porque es un experto en pantomima. Esta película será tan internacional como podamos hacerla, y por lo tanto, conseguir actores de países diferentes, si sirven al guión, es lo que hay que hacer". También dijo, "El hecho de que a Cantinflas siempre le ha agradado el personaje de Passepartout, lo hace doblemente deseable. En estos tiempos modernos, es fácil convertir al criado de Phileas Fogg en un mexicano, y por lo tanto, el personaje puede ser arreglado a las necesidades".

Cantinflas por su parte, dijo, "El Sr. Todd demostró sus intenciones excelen-

Cantinflas

tes sobre la historia de Jules Verne, cuando me permitió ver su método. También me dejó hacer el personaje como un mexicano, mejor que como un francés. Por lo tanto, yo seguía siendo Cantinflas para mi público latinoamericano". En una entrevista de *Los Angeles Times*, muchos años después, Cantinflas señaló que le costó mucho trabajo convencer a Todd de ver el papel como él lo había descrito en esas entrevistas.

Cantinflas nació Mario Moreno, en 1911, en un pobrísimo distrito de la Ciudad de México llamado Tenampa. Se escapó de la casa cuando era muy joven para unirse a las *carpas*, un circo itinerante. Para evitar que su familia se avergonzara de él, adoptó el nombre de Cantinflas.

A través de los años, el nombre ha llegado a significar, "el hombre bajito con el bigote cómico partido a la mitad, y pantalones holgados que difícilmente los sostiene una cuerda". El personaje siempre quiere ayudar a sus semejantes, a pesar de que él mismo necesita ayuda.

El personaje de Cantinflas representa el hombre común, quien lucha contra el hambre, los sufrimientos, las enfermedades y las injusticias, mientras encuentra bondad, amor y esperanza en la humanidad y en la vida. Cantinflas, como Chaplin, es un comediante que representa al desvalido. Una vez observó que la diferencia crucial entre su vagabundo y el de Chaplin era que el de Chaplin parecía indefenso ante los golpes de la vida, mientras que el de Cantinflas, con suerte, agudeza y una flexibilidad de carácter sin paralelo, puede y hace algo acerca de los golpes que recibe. El vagabundo de Chaplin es una figura semitrágica, mientras que el de Cantinflas resulta ser una figura de esperanza.

Cantinflas el artista siempre transmitió un mensaje social y humanista. En todas sus cintas mostró un camino positivo a la gente. Cantinflas abrió tales surcos en el afecto de las gentes que hablan español, que su nombre se ha convertido en parte del idioma, significando "hablar mucho, decir poco y darse el lujo de discursear frenéticamente".

Cantinflas debutó en el cine en 1936 y fue la estrella de cuarenta y nueve cintas mexicanas. Dos años después de sus inicios, estableció su propia compañía productora, que le dio completa propiedad de la mayoría de sus películas y lo convirtió en multimillonario.

Irene Cara

NACIMIENTO: 18/3/1959

Actriz versátil, cantante y bailarina, Cara se destacó en *Aaron Loves Angela* (1975), *Sparkle* (1976), *Fame* (1980), *City Heat* (1984) y *Certain Fury* (1985). En 1984 ganó un premio de la Academia por ser coautora de la canción original de *Flashdance* (1983), titulada "Flashdance...What a Feeling". Cara también grabó la canción que se convirtió en uno de los primeros 40 más populares. Hija de padres de Cuba y Puerto Rico, Cara trabaja desde los siete años de edad en los escenarios de Broadway, televisión y películas.

Néstor Carbonell

Néstor Carbonell

Nacido en la ciudad de Nueva York, de padres cubanos, Carbonell encontró el éxito como el suave fotógrafo Luis Rivera, en la serie de televisión *Suddenly Susan* (1996-2000), de la NBC, después de haber actuado antes en la cinta hecha para la televisión, *Ray Alexander: A Taste for Justice* (1994) y en la serie de corta duración, *Muscle* (1995) y en la película *The Tick* (2001).

Annette Cardona
También conocida como Annette Charles

Esta talentosa actriz apareció como Cha Cha, en el filme *Grease* (1978). También tuvo un papel estelar en *Latino* (1985), de Haskell Wexler.

Elsa Cárdenas

NACIMIENTO: 3/8/1935

Nacida en Tijuana, México, y criada en la Ciudad de México, Cárdenas hizo su debut en la pantalla mexicana en marzo de 1954, en *Magdalena*. Su primera cinta americana fue *The Brave One*, en 1956. A ésta siguió un papel en *Giant* (1956), en el que hizo el papel de Juana Benedict, la esposa del hijo del ranchero de un campo petrolero. Cárdenas estuvo apartada de la pantalla americana durante seis años, hasta 1963, cuando apareció junto a Elvis Presley, en *Fun in Acapulco*, como una dama torera. En 1964, la actriz fue contratada para un papel menor en un oeste de la Universal, titulado *Taggart*, y luego le fue asignado el de Elsa, en *Los Fieros* (1969).

Silvia Cárdenas

NACIMIENTO: 1972

Graduada de Loyola Marymount College en 1992, se interesó en ser escritora cuando trabajaba como directora de escena en *El Show de Paul Rodríguez* de Univisión, y de ahí pasó a ser ayudante de escritores de comedias televisadas como *The Sinbad Show* (1993–1994), *The Wayans Brothers* (1995–1999) y *The Nanny* (1993–1999). Cárdenas es productora de la serie *Moesha* (1996–).

Ismael ("East") Carlo

NACIMIENTO: 19/1/1942

Actor de carácter nacido en Puerto Rico y criado en Nueva York, Carlo usualmente trabaja como policía corrupto, capo de la droga y padre preocupado o negociante, en televisión y en largometrajes. Sus trabajos fílmicos incluyen *A Piece of the Action* (1977) y *Defiance* (1980), y entre los episodios televisados aparecen *The A-Team* (1983–1987), *Murder, She Wrote* (1984–1996), *Crime Story* (1986–1988) y *Fidel* (2002), una película de televisión de Showtime.

Julie Carmen

NACIMIENTO: 4/4/1960

Carmen obtuvo el premio como Mejor Actriz de Reparto en el Festival de Venecia, por su papel como la joven madre de la cinta *Gloria*, de John Cassavetes. Actuó junto a Raúl Juliá y Armand Assante en *The Penitent* (1988), y apareció como la decidida esposa de un campesino en *The Milagro Beanfield War* (1988). Carmen fue una vampiro bella y extravagante en *Fright Nights* (1988).

Nacida en la ciudad de Nueva York, se graduó de la Universidad del Estado de Nueva York y estudió actuación con Uta Hagen, Sanford Meisner y José Quintero. Muy pronto estaba haciendo papeles principales en las tablas y en cintas de televisión, como *Can You Hear the Laughter?: The Story of Freddie Prinze* (1979) y *Fire on the Mountain* (1981), junto a Ron Howard. Hizo su debut en el cine en *Night of the Juggler* (1980). Sus otros trabajos fílmicos incluyen *Blue City* (1986) y *Last Plane Out* (1983).

Carlos Carrasco

Nativo de Panamá, Carrasco ha actuado en largometrajes que incluyen, *Crocodile Dundee II* (1988), *The Fisher King* (1991) y *Bound by Honor* (1993).

Bárbara Carrera

NACIMIENTO: 31/12/1945

Nativa de Nicaragua y modelo vuelta actriz, Carrera ha puesto su exótica apariencia a buen uso en una variedad de papeles principales, en varias cintas importantes y producciones de televisión, interpretando usualmente a mujeres cabeza duras.

Carrera llegó a los Estados Unidos cuando tenía diez años de edad, asistiendo a la Academia San José, de Memphis, Tennessee. A los quince se trasladó a la ciudad de Nueva York y unos meses después fue descubierta en la Quinta Avenida por la diseñadora Lily Daché, quien sugirió que Carrera tenía una cara muy fresca y la figura ideal para modelar. Firmó contrato con la Agencia Ford, pero después de tratar varias veces de adaptarse a los requisitos que la profesión exige, decidió sacar partido de su apariencia indígena peculiar; en menos de un año había aparecido en la cubierta de *Harper's Bazaar* y en cuatro años era una de las modelos mejor pagadas.

Su debut cinematográfico en una cinta importante ocurrió en 1975, como una señorita española en *The Master Gunfighter*, junto a Tom Laughlin, quien vio su retrato en una revista y concertó una prueba en el cine para ella.

Carrera muy pronto actuaba en otra cinta, *Embryo* (1976), donde aparecía Rock Hudson. Después hizo papeles como una misteriosa mujer isleña, junto a Burt Lancaster, en *The Island of Dr. Moreau* (1977), una hawaiana en la estelar *When Time Ran Out* (1980), seguida del principal papel femenino en *I, the Jury* (1982), junto a Armand Assante, como Mike Hammer, de Mickey Spillane.

Fue alabada por la crítica y el público por su papel como Fátima Bush, la villana y asesina de la aventura de James Bond, *Never Say Never Again* (1983), con Sean Connery. En la televisión, Carrera ha aparecido como la india Clay Basket, en la miniserie epopeya de 24 horas, *Centennial* (1978–1979), con Robert Conrad y Richard Chamberlain. Personificó también a una bella doncella, en la miniserie *Masada* (1981), con Peter O'Toole.

Edward Carrere

NACIMIENTO: 1905
DEFUNCIÓN: 1979

Director de arte, producción y diseñador, nativo de la Ciudad de México, de madre española, y padre francés. Carrere obtuvo un premio de la Academia por su trabajo en *Camelot* (1967) y colaboró en otros filmes durante su larga permanencia en la Warner Bros., que incluían *The Adventures of Don Juan* (1949), *The Fountainhead* (1949), *White Heat* (1949), *Sunrise at Campobello* (1960) y *Los Fieros* (1969). Trabajó con Hecht-Hill-Lancaster en *Mesas Separadas* (1958) y *Run Silent, Run Deep* (1958). Era hermano de Fernando Carrere y padre de León Carrere.

Fernando Carrere

NACIMIENTO: 31/12/1910

Director de arte y diseñador de producción, Carrere nació en México, de madre española y padre francés. Fue el diseñador de muchas de las producciones de Hollywood, como *The Pride and the Passion* (1957), *Birdman of Alcatraz* (1962),

The Great Escape (1963) y varias de las cintas de la Pantera Rosada. En 1961 recibió una candidatura de la Academia por *The Children's Hour*, de William Wyler. Es hermano de Edward Carrere.

León Carrere

NACIMIENTO: 26/2/1935

Hijo de Edward Carrere, León Carrere es editor de televisión y director, quien ha trabajado en programas como *Charlie's Angels* (1976–1981), *The Rookies* (1972–1976) y *In the Heat of the Night* (1988–1994).

Robert Carricart

NACIMIENTO: 18/1/1917
DEFUNCIÓN: 3/3/1993

Un veterano actor de carácter que ha aparecido en filmes como *Black Orchid* (1959), *Follow the Dream* (1962), *Fun in Acapulco* (1963), *Robin and the Seven Hoods* (1964), *Villa Rides* (1968) y *The Milagro Beanfield War* (1988). Carricart nació en Burdeos, Francia, de madre española y padre francés. Trabajó regularmente en los escenarios de Broadway, en producciones importantes como *Antony and Cleopatra*, con Katharine Cornell, *Detective Story*, con Ralph Bellamy, *The Rose Tattoo* y *Annie Get Your Gun*, hasta 1957, cuando se dedicó a actuar en el cine y se mudó a Hollywood. Apareció en un papel estelar de la serie televisada, *T.H.E. Cat* (1966–1967).

Elpidia Carrillo
También conocido como Elpedia

NACIMIENTO: 16/8/1961

Actriz mexicana, Carrillo se ha convertido en la nativa favorita a quien desde 1981 le han asignado diversos papeles en Hollywood. Hizo su debut en el cine junto a Jack Nicholson en *The Border* (1982), como una inmigrante guatemalteca a quien le roban el bebé en la frontera de los Estados Unidos–México. Representó el interés amoroso de Michael Caine y Richard Gere en *Beyond the Limit* (1983), y fue una rebelde centroamericana capturada en *Predator* (1987), donde aparecía Arnold Schwarzenegger. En *Salvador* (1986), de Oliver Stone, era la novia salvadoreña de un fotógrafo americano desempeñado por James Woods. En 1995 apareció en *Mi Familia* y en 1997 trabajó en *The Brave*, junto a Johnny Depp.

Leo Carrillo

NACIMIENTO: 6/8/1881
DEFUNCIÓN: 11/9/1961

Leo Carrillo, "el Señor California".

Un actor de carácter muy versátil quien tuvo una larga carrera en los escenarios, el cine y la televisión, Carrillo es más conocido por su papel del compinche leal y digno de confianza, Pancho, de la serie de películas del Cisco Kid y programas de televisión. Su caracterización bufonada de Pancho, quien estaba pasado de peso y hablaba el inglés con términos inapropiados, estaba tan bien delineada, que se hizo muy querido del público del mundo entero y eclipsó sus otros trabajos fílmicos y teatrales.

Era llamado "Señor California", por su profundo orgullo de la historia mexicano-española de California y el importante papel que su familia había tenido en ella. Leo Antonio Carrillo nació en un edificio de adobe de Los Angeles, el quinto de ocho hijos en la familia, que podía trazar su linaje hasta la colonización de California por los conquistadores. Su tatarabuelo, Joe Reimundo Carrillo, había acompañado al padre Junípero Serra y al explorador Gaspar de Portola, en la expedición hacia el norte de Baja California en 1769 para colonizar San Diego. Su bisabuelo Carlos Antonio Carrillo, fue nombrado en México, en 1837, gobernador provisional de California. Carlos Antonio una vez controlaba un tramo de 70.000 acres, de lo que es en el presente el oeste de Los Angeles. El hermano de Carlos Antonio, José Antonio Esquivel, fue signatario del Tratado de Cahuenga, durante el cual las fuerzas mexicanas capitularon a las americanas en 1847. El abuelo de Leo, Pedro C. Carrillo, fue un juez de Los Angeles de los primeros tiempos y el padre del actor, Juan José, fue una vez alcalde de Santa Mónica.

Leo Carrillo recordó en una entrevista periodística lo siguiente: "En mi familia, yo nunca necesité de *Las Mil y Una Noches*; nosotros teníamos las nuestras propias. Había que añadir también la saga de sacerdotes, soldados con chaquetas de cuero, cazadores de osos feroces, vaqueros que galopaban a caballo más rápidos que el viento, hombres que tiraban la reata con la precisión del tiro de un rifle, gente grande entre los rancheros y jóvenes bailarinas con castañuelas, quienes entonaban los cantos de sirena de California al compás de una guitarra española en un patio que tenía aroma de jazmines", (*Los Angeles Times* Calendar, 10/29/61).

El futuro actor recibió sus primeras enseñanzas en el Instituto de California, y en San Vicente (ahora Universidad Marymount de Loyola). Carrillo decidió dedicarse a las tablas. Para ganar dinero para estudios adicionales, se colocó en el departamento de ingeniería del ferrocarril Southern Pacific. Fue destinado a la construcción, a lo largo de la costa de California. Trabajaba con hombres de diferentes nacionalidades y aprendió distintos dialectos que servirían luego para usar en la escena. Carrillo después fue contratado por el *San Francisco Examiner* como dibujante. Hizo su primera aparición en la escena en una función benéfica. Después, cuando un número del circuito Orpheum no apareció a tiempo, Carrillo lo sustituyó y tuvo un éxito enorme.

Continuó actuando en variedades por algunos años más como acto principal, pero su carrera como actor legítimo comenzó cuando, mientras jugaba polo en un elegante club de Long Island, improvisó a un cómico italiano, fue escuchado por un productor teatral, y le fue ofrecido un papel de italiano en una producción de Broadway, titulada *Twin Beds* (1914).

Esto lo llevó a presentarse en varios éxitos de Broadway, después de la Primera Guerra Mundial. Su mayor éxito en el teatro fue en *Lombardi, LTD.*, escrita especialmente para él por Frederic y Fanny Hatton, y data de 1917.

Carrillo hizo su debut en el cine en *Mr. Antonio*, en 1929. Apareció en más de 100 cintas fílmicas, siendo las más notables *Girl of the Rio* (1932), *Viva Villa* (1933), *Love Me Forever* (1935), *The Gay Desperado* (1936), *Twenty Mule Team* (1940), *Crazy House* (1943), *Follow the Band* (1943), *Frontier Badmen* (1943), *Phantom of the Opera* (1943), *Bowery to Broadway* (1944), *Gypsy Wildcat* (1944), *Moonlight and Cactus* (1944), *Crime, Inc.* (1945), *The Girl from San Lorenzo* (1950) y *Pancho Villa Returns* (1950).

Lynda Carter

NACIMIENTO: 24/7/1951

Nativa de Phoenix, Arizona, de herencia inglesa-mexicana, Carter es más conocida por el papel titular de la serie televisada, *Wonder Woman* (1976–1979). Carter se convertiría de una superheroína de los cómics en una actriz principal en tales películas de televisión como *Born to be Sold* (1981), el codiciado papel titular en *Rita Hayworth: The Love Goddess* (1983), *Mike Hammer: Murder Tales All* (1989), *When Friendship Kills* (1996), *Jack Reed: Death and Vengeance* (1996), *Someone to Love Me* (1998) y *Family Blessings* (1999). También tuvo un papel estelar en la serie de corta duración, *Partners in Crime* (1984) con Loni Anderson, y en *Hawkeye* (1994).

Movita Castenada

Ver *Movita.*

Antonio Castillo

Español nativo, diseñador de modas y del teatro, Castillo obtuvo un premio de la Academia por su trabajo en *Nicholas and Alexandra* (1971).

Enrique Castillo

También conocido como E. J. Castillo

NACIMIENTO: 10/12/1949

Actor mexicano-americano, Castillo apareció en *Borderline* (1980), *Losin' It* (1983), *Bound by Honor* (1993) y *The Hi-Lo Country* (1998). Sus trabajos en la televisión incluyen *The Waltons* (1972–1981) y el telefilme *Fighting Back: The Ricky Blier Story* (1980), con Robert Urich.

Eduardo Castro

Diseñador de vestuario para el cine y el teatro, Castro es el autor del vestuario de época para la cinta *Shout* (1991) y fue diseñador conjunto de *Bird on a Wire* (1990). En 1987 diseñó por una temporada completa el vestuario de la serie televisada, *Miami Vice* (1984–1989). Sus otros trabajos incluyen *La Familia Pérez* (1995), *A Thin Line Between Love and Hate* (1996), *A Fare to Remember* (1998), *Jazz Night* (1999), *Till the End of Time* (2000) y *What's Cooking'* (2000). Castro posee una maestría en bellas artes de la Universidad Carnegie Mellon, y fue ayudante en teatros de prueba de la Western Costume Company en Hollywood, trabajando con los más importantes diseñadores.

Lumi Cavazos

NACIMIENTO: 1968

Nacida en Monterrey, México, Cavazos ganó atención internacional por su animada interpretación del papel de Tita, una mujer que nació en la cocina y cuya habilidad para transmitir su pasión a través de sus comidas transforman el destino de una familia, en *Como agua para chocolate* (1992), el aclamado filme de Alfonso Arau. Cavazos comenzó su carrera artística a la edad de quince años, trabajando con una compañía de teatro de la vanguardia. Sus trabajos fílmicos incluyen *Bottle Rocket* (1996), de Wes Anderson, *Sugar Town* (1999) y *Bless the Child* (2000).

Larry Ceballos

NACIMIENTO: 21/10/1887
DEFUNCIÓN: 12/9/1978

Uno de los más destacados directores de baile de Hollywood en los años 20 y principios de 30, Ceballos, nacido y criado en Chile, trabajó en varios cortos de Vitaphone, y largometrajes de la Warner Bros. y RKO. Las secuencias de danza que montaba eran típicos arreglos teatrales al estilo de la época, adaptadas directamente a la pantalla. Algunos de éstos incluyen *Gold Diggers of Broadway* (1929), *On with the Show* (1929), *Show of Shows* (1929), *Hold Everything* (1930), *No, No, Nanette* (1930) y *Sally* (1930).

Ara Celi

Nacida Araceli Valdéz

NACIMIENTO: 31/5/1974

Antigua Miss Texas (1994), Araceli hizo su debut teatral en la telenovela de Televisa, *Valentina*. Muy pronto después fue artista invitada de la televisión americana en la hora de mayor audiencia, del programa de gran éxito, *Buffy the Vampire Slayer* (1997–). A continuación se unió al elenco de la telenovela, *All My Children* (1970–) y apareció en *Magdalena* (1998), para Showtime, y en el estreno del vídeo, *From Dusk Till Dawn 3: The Hangman's Daughter* (2000).

Gary Cervantes

Actor de carácter mexicano-americano, Cervantes usualmente interpreta tipos sombríos y criminales. Tiene la distinción de haber sido asesinado en la pantalla por estrellas de la calidad de Al Pacino en *Scarface* (1983), Arnold Schwarzenegger en *Commando* (1985), Burt Reynolds en *Stick* (1985), Nick Nolte en *Extreme Prejudice* (1987) y Whoopi Goldberg en *Fatal Beauty* (1987). Sus otros méritos fílmicos incluyen *Colors* (1988), *Grand Canyon* (1991), *Bound by Honor* (1993), *A Low Down Dirty Shame* (1994), *Under the Hula Moon* (1995) y *Last Chance* (1999). Cervantes también tiene a su favor muchos episodios de televisión.

Jorge Cervera Jr.

Este actor ha trabajado en *Papillon* (1973), *The Big Fox* (1978), *Black Marble* (1979), *True Confession* (1981) y *¡Three Amigos!* (1986). Su extenso trabajo en televisión incluye trece episodios como estrella adjunta de *Viva Valdéz* (1976).

Damián Chapa

Joven actor de raíces mexicano-americana y alemana. El primer trabajo como galán fue como Miklo, en *Bound by Honor* (1993). Ha trabajado además en largometrajes como *Money Talks* (1997), *Kill You Twice* (1998) y *Hitman's Run* (1999); en los telefilmes, *Menéndez: A Killing in Beverly Hills* (1994), *Rockford Files: Godfather knows Best* (1996) y la popular serie, *Melrose Place* (1992–1999).

Charo

NACIMIENTO: 15/1/1941

Esta vivaracha cantante española, actriz, y a veces comediante, ha aparecido en los filmes *Airport '79* (1979) y *Moon Over Parador* (1988). Tuvo sus comienzos profesionales en los Estados Unidos, con Xavier Cugat, con el cual estaba casada. Charo ha aparecido como invitada de numerosos espectáculos de variedad en la televisión y en muchas comedias. También estuvo invitada en un papel algo dramático de un episodio de la serie televisada *Fantasy Island* (1978–1984), con Ricardo Montalbán como estrella.

Richard Chaves

Un actor para quien la experiencia de la guerra de Vietnam ha sido catalítico, Chaves ayudó a escribir la exitosa obra teatral, *Tracers*. También actuó en la cinta *Predator* (1987), como Poncho, y estuvo también en *Cease Fire* (1985), junto a Don Johnson. Trabajó al lado de Buddy Ebsen en el filme de televisión, *Fire on the Mountain* (1981) y apareció como actor invitado en numerosas series populares.

Linda Christian
Nacida Blanca Rosa Welter

NACIMIENTO: 13/11/1924

Nativa de México, de padres holandeses, Christian fue contratada por un cazatalentos de la MGM en 1945 para *Holiday in Mexico* (1946) y *Green Dolphin Street* (1947). Después, decidió trabajar por cuenta propia y apareció en *Tarzan and the Mermaids* (1948), que fue rodada en México y en *The Happy Time* (1952), con Louis Jordan. Christian fue más conocida cuando contrajo matrimonio con Tyrone Power en 1949. Después que su matrimonio con Power terminó en divorcio en 1955, volvió a reanudar su carrera teatral en Europa.

Cynthia Cidre

NACIMIENTO: 1957

Guionista nativa de Cuba, los trabajos de Cidre incluyen *Fires Within* (1991) y *The Mambo Kings* (1992). También ayudó a escribir *In Country* (1989), con Bruce Willis de protagonista, y dirigida por Norman Jewison.

Alex Colón

NACIMIENTO: 26/1/1941
DEFUNCIÓN: 6/1/1995

Nacido en Puerto Rico, el actor Colón creció en Nueva York. Ha trabajado extensamente en el teatro, la televisión y en el cine. Colón actuó en Broadway en *The Gingerbread Lady* (1970), de Neil Simon, con Maureen Stapleton.

Se le ha visto en filmes como *Invasion U.S.A.* (1952), *The Cross and the Switchblade* (1970), *The Hospital* (1971), *Harry and Tonto* (1974), *The Super Cops* (1974), *The Taking of Pelham 1, 2, 3* (1974), *The Ultimate Warrior* (1975), con Yul Brynner, *Special Delivery* (1976), *When You Comin' Back, Red Ryder?* (1979), *Back Roads* (1981), *Deal of the Century* (1983), *Death of an Angel* (1985), *Deep Cover* (1988), *The Mighty Quinn* (1989) y *Red Scorpion* (1989). Sus filmes para televisión incluyen *The Law* (1974), *Hustling* (1975), con Jill Clayburgh, *Raid on Entebbe* (1977), *Women of San Quentin* (1983) y el programa épico de 24 horas, *Centennial* (1978–1979).

Miriam Colón

NACIMIENTO: 1925

Nativa de Puerto Rico, Colón apareció como una mexicana en cintas como *One-eyed Jacks* (1961) y *The Appaloosa* (1966), ambas junto a Marlon Brando. Tuvo un importante y fuerte papel como la madre de Tony Montana (Al Pacino), en *Scarface* (1983), de Brian DePalma. Sus otros filmes incluyen *The Possession of Joe Delaney* (1972), *Back Roads* (1981) y *La Casa de los Espíritus* (1994).

Descubierta como un verdadero talento cuando estudiaba arte dramático en la Universidad de Puerto Rico, Colón ingresó en el prestigioso Estudio de Actores de la ciudad de Nueva York en su primera audición. Después de estudiar con Lee Strasberg y Elia Kazan, se presentó en los escenarios de Nueva York en *Summer House, The Innkeepers, The Wrong Way Light Bulb* y *The Oxcart.*

Colón ha aparecido como invitada en más de 100 programas de televisión, y es la fundadora y directora artística del Teatro Itinerante Puertorriqueño de Nueva York, que fundó hace más de veinte años.

Anjanette Comer

Actriz de gran potencial, Comer ha trabajado en filmes como *Quick, Before it Melts* (1964), *The Loved One* (1965), *The Appaloosa* (1966), *Banning* (1967), *Guns for San Sebastian* (1968), *Lepke* (1975) y *Fire Sale* (1978).

James Contreras

NACIMIENTO: 1923
DEFUNCIÓN: 1990

Sonidista por más de cuarenta años, los créditos de Contreras incluyen *Easy Rider* (1969) y *La Noche de la Iguana* (1964). En televisión, trabajó en las series de *Kung Fu* (1972–1975) y *The Streets of San Francisco* (1972–1977). Era hermano del actor Roberto Contreras e hijo del director Jaime Contreras.

Luis Contreras

NACIMIENTO: 18/9/1950

Actor de carácter mexicano-americano, Contreras usualmente interpreta personajes desagradables y sombríos en el cine y en episodios televisados. Entre su multitud de créditos fílmicos aparecen, *Coming Home* (1978), *Borderline* (1980), *The Long Riders* (1980), *Barbarosa* (1982), *Pee-Wee's Big Adventure* (1985), *Red Heat* (1985), *Blues City* (1986), *Extreme Prejudice* (1987), *Walker* (1987) y *Bound by Honor* (1993). Su trabajo en televisión incluye programas como *Gunsmoke* (1955–1975) (su primera aparición fue en 1969), la original *Mission: Impossible* (1966–1973), *Hill Street Blues* (1981–1987), *Dallas* (1978–1981), el nuevo *Adam-12* (1989–1990) y *MacGyver* (1985–1992). Es hijo del actor Roberto Contreras y sobrino de Jaime Contreras.

Roberto Contreras

NACIMIENTO: 12/12/1928
DEFUNCIÓN: 18/7/2000

Nativo de San Luis y criado en la Ciudad de México, Contreras, hijo del director Jaime Contreras, comenzó su carrera de actor a la edad de ocho años, apareciendo en filmes mexicanos y producciones de televisión. Sus trabajos fílmicos incluyen *El sol sale para todos* (1957), *Los siete magníficos* (1960), *Ship of Fools* (1965), *The Appaloosa* (1966), *The Professionals* (1966), *Topaz* (1969), *Barbarosa* (1982), *Caracortada* (1983) y *Streets of Fire* (1984). Entre sus numerosos trabajos para la televisión aparece en un papel regular como el peón de un rancho en la serie de *The High Chaparral* (1967–1971). Su hijo, Luis Contreras, es también actor.

César Córdova

NACIMIENTO: 16/5/1936

Actor de carácter puertorriqueño, los primeros trabajos fílmicos de Córdova incluyen *Shark's Treasure* (1975), dirigida por Cornel Wilde, que también apareció en el filme, *Where the Buffalo Roams* (1980), *Nighthawks* (1981) y *Caracortada* (1983), junto a Al Pacino. Sus trabajos en la televisión incluyen *East Side/West Side* (1963–1964) y *Kojak* (1973–1978).

MAPY CORTÉS
Nacida María del Pilar; también conocida como Mapy Cortez

NACIMIENTO: 1/3/1919
DEFUNCIÓN: 2/8/1998

Nacida en Puerto Rico, Cortés entró en el mundo de la comedia musical de los teatros en español, trabajando por toda América Latina y España. Hizo filmes en España y México, donde era enormemente popular. Vino a Hollywood en 1942 y en RKO hizo *Seven Days Leave*, un gran espectáculo musical con muchas estrellas, entre las que aparecían Victor Mature y Lucille Ball. Ella esencialmente se representaba a sí misma, una corista puertorriqueña, que actuaba con Les Brown y su Banda de Renombre.

RICARDO CORTEZ
Nacido Jacob Krantz

NACIMIENTO: 19/9/1899
DEFUNCIÓN: 28/4/1977

Nacido en Viena, Cortez inmigró a la ciudad de Nueva York con su familia a la edad de tres años. Comenzó como extra del cine a los diecisiete años de edad en Nueva York. En 1922, Jesse Lasky, cabeza de los estudios Paramount, se fijó en él por su atractiva apariencia trigueña y la secretaria de Lasky escogió el nombre de Ricardo Cortez cuando acordaron que necesitaba un nombre latino. Ricardo estaba en camino al estrellato como un amante latino de la pantalla y sucesor de Valentino, que era la gran estrella de Lasky en aquel tiempo. Valentino amenazaba abandonar el estudio y Lasky dio entonces a Cortez el papel de Valentino en su próxima película, para así dejarlo partir y ayudar a Ricardo a alcanzar prominencia. Cortez estuvo con Lasky por seis años más, y entonces cambió para MGM, donde fue el único actor cuyo nombre apareció por encima del de la Garbo, en *The Torrent* (1926, silencio), la primera cinta americana de la actriz sueca. Con el advenimiento del sonido, la carrera de Cortez disminuyó.

Cortez está incluido aquí porque, aunque no es latino, estuvo identificado como tal, además de haber adoptado un nombre hispano.

Stanley Cortez
Nacido Stanley Krantz

NACIMIENTO: 4/11/1908
DEFUNCIÓN: 23/12/1998

Stanley Cortez adoptó el apellido teatral de su hermano, Ricardo Cortez. Como cineasta, pudo crear imágenes poderosas en *The Magnificent Ambersons* (1942), de Orson Welles, por lo que recibió una nominación para el Oscar; *Since You Went Away* (1944), *The Night of the Hunter* (1955) y *The Three Faces of Eve* (1957).

Trabajó como retratista en la ciudad de Nueva York durante los años 20, e ingresó en el cine como un ayudante de cámara de D.W. Griffith en dos de sus últimas películas. Es reconocido por haber sido un factor decisivo en definir la cinematografía como una forma artística por el magnífico ejemplo de su trabajo.

María Costa

Costa trabajó en la serie televísiva de corta duración, *Dangerous Minds* (1996), basada en el largometraje del mismo nombre. De raíces cubano-húngaras, nacida en Detroit, produjo una serie al estilo de MTV, titulada *Club Connect*, para PBS, a la edad de diecinueve años.

Oscar L. Costo

NACIMIENTO: 1954

Costo ha sido productor, director y gerente de producción en la televisión. Fue coproductor de la serie *Sins of the City* (1998) y produjo *Vanishing Son* (1994) y *Hitz* (1996). Dirigió episodios de *SeaQuest DSV* (1993–1995), *New York Undercover* (1994–1998), *Sliders* (1995–2000), *Dark Skies* (1996–1997) y *Soldier of Fortune, Inc.* (1997).

Manny Cota

Escritor y director, Cota dirigió el largometraje teatral de 1992, *Dr. Giggles.* Ha dirigido para la televisión episodios de *Tales from the Crypt* (1989), y la serie sindicalizada, *Monsters* (1988–1990). Cota es nativo de La Habana, Cuba, y creció en Orlando, Florida.

Linda Cristal.

Linda Cristal

NACIMIENTO: 24/2/1935

Nacida en Argentina, Cristal conquistó popularidad en los Estados Unidos en los años 50 y principios de los 60. Su papel fílmico más importante fue en *The Alamo* (1960), con John Wayne (sin embargo, en presentaciones posteriores en los cines y en la televisión, su parte ha sido recortada considerablemente), y actuó mucho más tarde en la serie televisada *The High Chaparral* (1967–1971) como la terca y bella Victoria Cannon.

La actriz nació en Buenos Aires, Argentina. Quedó huérfana a los trece años, y a los diecisiete, mientras estaba de vacaciones en México, atrajo la atención del productor y director mexicano, Raúl de Anda, en un concierto. Él la persuadió de que hiciera una prueba para la pantalla. Después de ver el resultado, la contrató y le dio el papel principal en su producción siguiente, *Genio y Figura.* Fue estrella de filmes en español durante los próximos seis años, y entonces fue a Hollywood con un contrato de la Universal International, que explotó su origen latino, como puede verse en la siguiente nota de prensa: "La mejor apuesta de Universal-International para el estrellato es una belleza argentina con más picante que un ají, más belleza que una puesta de sol en Buenos Aires, y más curvas que un mapa de la cordillera de los Andes".

Cristal comenzó la fase americana de su carrera, representando a señoritas virginales y sirvientas indias en varios filmes. Desempeñó el papel de mexicana en *The Last of the Fast Guns* (1958), una estrella de cine italiana en *The Perfect Furlough* (1958), con Tony Curtis, la anfitriona cubana de una academia de baile en *Cry Tough* (1959) y una mexicana capturada por indios, en *Two Rode Together* (1961), de John Ford. Su última película importante hasta la fecha fue en *Mr. Majestyk* (1974), con Charles Bronson, como una activista chicana preocupada por los problemas sociales. Sus otras películas incluyen *Comanche* (1956) y *The Friend Who Walked the West* (1958).

Su papel de Victoria Cannon en la serie de larga duración, *The High Chaparral* (1967–1971), demostró su habilidad como actriz, y una madurez que le trajo gran popularidad. Recibió dos nominaciones de Emmy como Mejor Actriz de una Serie Dramática.

Alexis Cruz

NACIMIENTO: 1974

Cruz ha aparecido en un papel regular de la serie *Touched by an Angel* (1994–), ha sido invitada a muchos episodios de series de televisión, y actuado en varias películas. Sus películas en el cine incluyen *The Pick-Up Artist* (1992), *Stargate*

(1994), *Why Do Fools Fall in Love* (1998), *Learning to Swim* (1999) y *Tortilla Heaven* (2000).

Penélope Cruz

NACIMIENTO: 1974

Penélope Cruz hizo su debut fílmico americano como la intuitiva Josepha O'Neil en *The Hi-Lo Country* (1998). La actriz, natural de Madrid, está considerada una de las más brillantes estrellas de España. Actual veterana de más de doce películas, la actriz actuó en *Todo sobre mi madre* (1999), de Pedro Almodóvar, cinta triunfadora del premio de la Academia, y en *Carne trémula* (1997), también de Almodóvar. Sus otros méritos fílmicos incluyen *Jamón, Jamón* (1992), de Bigas Luna; *Belle Époque* (1992), de Fernando Trueba; *Abre los ojos* (1997), de Alejandro Amenábar; *La niña de tus ojos* (1998), de Trueba, igual que *Twice Upon a Yesterday* (1998), de María Ripoll. Más recientemente, ha aparecido en *Blow* (2000), *All the Pretty Horses* (2000), *Woman on Top* (2000) y *Vanilla Sky* (2002).

Raymond Cruz

Cruz ha desempeñado muchos papeles importantes en *Justice* (1991), *Under Siege* (1992), *Clear and Present Danger (1994)*, *Up Close and Personal* (1996), *The Substitute* (1996), *Alien Resurrection* (1997) y en el estreno del vídeo *From Dusk Till Dawn: Texas Blood Money* (2000). Cruz comenzó su carrera con apariciones como invitado en series de televisión tales como *Cagney & Lacey* (1982–1988), *Hill Street Blues* (1981–1987) y *Beauty and the Beast* (1987–1990).

Wilson Cruz

NACIMIENTO: 27/12/1973

Cruz tiene en su haber un personaje que aparecía varias veces en la serie *Party of Five* (1994–2000) y un papel en *Supernova* (2000). Su primer trabajo regular en una serie fue en la aclamada cinta *My So-Called Life* (1994–1995), como un perturbado adolescente homosexual. También actuó en la producción teatral de *Rent*.

Alfonso Cuarón

Cuarón hizo su debut como director de una cinta americana en el exitoso filme, *A Little Princess* (1995), por el que obtuvo un premio del Film Critics New Generation Award de Los Angeles. A esto siguió *Great Expectations* (1998), con Gwyneth Paltrow en el papel estelar. Nacido y criado en la Ciudad de México, Cuarón estudió el arte del cine y filosofía en la Universidad Nacional de México.

Trabajó como ayudante de director en muchas cintas americanas filmadas en México y dirigió programas de la televisión mexicana antes de ponerse al frente de su primer largometraje, *Solo Con Tu Pareja* (1991). Esta comedia poco usual acerca del SIDA fue hecha con un presupuesto de solo medio millón de dólares y se convirtió en la cinta que más recaudó en México en 1992. Cuarón compartió un premio Ariel (galardón de la Academia Mexicana), por el guión. En Hollywood, el filme hizo que se le prestara gran atención al trabajo de Cuarón. Su dirección en "Murder Obliquely", un episodio de la serie *Fallen Angels* (1993), de Showtime, con Laura Dern y Alan Rickman como principales, obtuvo el premio CableAce de Mejor Dirección, en 1995. Más recientemente, Cuarón dirigió la exitosa película mexicana *Y tu mamá también* (2002).

Xavier Cugat

Xavier Cugat y Carmen Miranda añaden el sabor latino en el musical *A Date with Judy*.

NACIMIENTO: 1/1/1900
DEFUNCIÓN: 27/10/1990

Español de nacimiento y director de orquesta, Cugat fue instrumental en la popularidad de la música latinoamericana en los Estados Unidos durante los años 30 y 40. A través de presentaciones en clubes nocturnos, radio, grabaciones, películas y televisión, Cugat se convirtió en un nombre que todo el mundo conocía en América. Más que ninguna otra persona, a él se le acredita haber impulsado la locura por la rumba en los Estados Unidos. Su don para presentar bellas cantantes con su orquesta, ayudaron a lanzar las carreras de Lina Romay, Margo, Abbe Lane y Charo.

Cuando estaba bajo contrato con la MGM, Cugat apareció en varios musicales de fines de los años 30 y de los 40, en suntuosas producciones que lo destacaban a él y a su orquesta: *Go West, Young Man* (1936), *Bathing Beauty* (1944), *Two Girls and a Sailor* (1944), *Holiday in Mexico* (1946), *No Leave, No Love* (1946), *This Time for Keeps* (1947), *A Date with Judy* (1948), *Luxury Liner* (1948), *On an Island with You* (1948) y *Neptune's Daughter* (1949).

Nacido en Barcelona un día de año nuevo, Cugat descubrió a una edad temprana que se esperaba de todos los miembros de su familia artística que ayudaran a mantener el grupo. Sus tres hermanos luchaban por salir adelante como artistas y sus padres eran músicos. Su padre se convirtió en un refugiado político de España y la familia se mudó a Cuba, cuando Cugat tenía tres años de edad. Vivían frente a un fabricante de violines y cuando Cugat recibió uno de regalo, muy pronto aprendió a tocar el instrumento. A los doce años, Cugat, tocando el violín con una orquesta sinfónica en La Habana, ganaba dinero suficiente para mantener a toda la familia. Finalmente, el talento de los hermanos fue reconocido y todos triunfaron.

Mucho más tarde, de regreso en España, Cugat estudió con Tulio Serafín.

Entonces vino a América y se matriculó en la escuela Frank Damrosch, tomando clases de Frank Kniesel. En Italia conoció a Enrico Caruso, quien lo contrató para que tocara el violín como intermedio entre los números de canto en sus giras de concierto. Fue Caruso quien animó a Cugat a pintar, un logro que traería a Cugat tanta fama como su música.

De regreso a Estados Unidos, Cugat encontró que el campo de los conciertos no era muy lucrativo. Guardando el violín en su estuche, fue a California, donde se convirtió en dibujante del equipo de *Los Angeles Times*, de 1924 a 1925. La música era su primer amor, sin embargo, y pronto encontró trabajo como compositor en un estudio de cine. Encontró también a otros seis músicos para tocar música comercialmente. "Bueno, casi comercialmente", dijo una vez Cugat en una entrevista publicada en el obituario de *Los Angeles Times* (10/28/90). "Era un orquesta de música latina y en los años 1920 (a pesar de Rodolfo Valentino), tales ritmos eran considerados 'música de gigoló' y la demanda era limitada".

Esto lo llevó a organizar una pequeña orquesta, con la que hizo un cortometraje con Rita Cansino (luego conocida como Rita Hayworth). Llevó la misma orquestal Café Montmartre de Hollywood, y fueron una sensación dondequiera que tocaron. Su gran oportunidad llegó cuando fue contratado para aparecer en el Starlight Café del Hotel Waldorf-Astoria, en la ciudad de Nueva York. Allí continuó con largos contratos durante casi una década. En 1941, la limusina de Louis B. Mayer paró frente al Palladium de Hollywood, un famoso salón de baile frecuentado por la generación joven. Mayer se dio cuenta del nombre de Cugat en la marquesina, y del alboroto del público, y contrató a Cugat inmediatamente. Hayworth y Cugat fueron reunidos en 1942, para actuar en el musical *You Were Never Lovelier* (1942), en la que Hayworth trabajó junto a Fred Astaire. Cugat usualmente aparecía en las cintas junto a su orquesta bajo su nombre verdadero.

Bertila Damas

Actriz cubano-puertorriqueña, Damas ha actuado junto a Jimmy Smits en *Fires Within* (1991) y también apareció en *Nothing But Trouble* (1991), con Chevy Chase, y en *Stop! Or My More Will Shoot* (1992). Desde entonces, ha aparecido en varias cintas de televisión, incluso *Mr. Murder* (1998) de Dean Koontz.

Henry Darrow
Nacido Henry Delgado

NACIMIENTO: 1931

Actor puertorriqueño nacido en Nueva York, Henry Darrow creció en el área de Washington Heights de Manhattan. Decidió buscar oportunidad de trabajo en California, y estudió en Pasadena Playhouse. El productor David Dortort lo

Henry Darrow

había visto en una producción de Ray Bradbury, *The Wonderful Ice Cream Suit*, en el teatro Coronet; un año después Dortort recordó la movida interpretación del joven actor, y pensó que él sería perfecto para el papel de Manolito, en el programa de televisión que Dortort estaba creando, titulado *The High Chaparral* (1967–1971). Se envió un aviso para reclutarlo para el reparto, pero Delgado no aparecía por ningún lado, porque había cambiado su nombre por Darrow, para mejorar sus oportunidades como actor. Finalmente se enteró que Dortort lo buscaba y consiguió el papel que lo haría escalar el estrellato de la televisión, como el hijo bribonzuelo de un rico hacendado mexicano. Después trabajó junto a David Janssen en la serie *Harry-O* (1974–1976) y en *The New Dick Van Dyke Show* (1971–1974). Hizo su debut en el cine en un papel pequeño de *Holiday for Lovers* (1959), junto a Clifton Webb. Darrow ha desempeñado papeles importantes en filmes tales como *Insignia* 373 (1973), *Walk Proud* (1979) y *Losin' It* (1983).

HOWARD DA SILVA

NACIMIENTO: 4/5/1909
DEFUNCIÓN: 16/2/1986

Muchas veces asignado para papeles sombríos, da Silva, nativo de Cleveland, Ohio, hijo de Benjamin y Bertha da Silva, era de origen ruso-portugués. Hizo su debut en el cine en 1940, en *I'm Still Alive*, y se dio a conocer como el cantinero de *The Lost Weekend* (1945), de Billy Wilder y el capitán sádico de *Two Years Before the Mast* (1946). Su trabajo en más de cuarenta películas incluye *Duffy's Tavern* (1945), *Unconquered* (1947), *David and Lisa* (1962), *Topkapi* (1964) y *Nevada Smith* (1966). Él creó el papel de Jud, en la producción teatral original de *Oklahoma!* en Broadway, y trabajó en las versiones, tanto de las tablas como del cine (1972), de *1776*, como Ben Franklin. Ganó su primer Emmy por Actuación Destacada de un Actor de Reparto en el especial de televisión *Verna, USO Girl* (1978). También dirigió la producción original de Broadway de *Purlie Victorious* (1961), que tuvo como estrellas a Ruby Dee y Ossie Davis.

ROSARIO DAWSON

Nacida en Coney Island, y criada en Nueva York, Dawson actuó como Lala Bonilla, en *He Got Game* (1998), de Spike Lee. También ha actuado en *Light It Up* (1999), *Down to You* (2000), *Josie and the Pussycats* (2000) y *Men in Black II* (2002). Hizo su debut fílmico en el controvertido semi-documental de culto de gran éxito, *Kids* (1995), y vivió en Texas hasta que regresó a Nueva York para estudiar arte dramático en el Instituto Lee Strasberg.

ROXANN DAWSON

NACIMIENTO: 11/9/64

Roxann Dawson es mejor conocida como la Ingeniero Jefe B'Elanna Torres, una bella mujer quien es mitad humana, mitad Klingon, en el show sindicalizado *Star Trek: Voyager* (1995–1999). Nacida y criada en Los Ángeles, California, Dawson se especialió en estudios de arte dramático en la Universidad de California, en Berkeley. La actriz pronto encontró un trabajo muy importante cuando consiguió el papel de Diana Morales, en la producción de Broadway, *A Chorus Line*. Sus trabajos fílmicos incluyen *Guilty by Suspicion* (1991) y *Darkman III: Die Darkman Die* (1995).

FRANCISCO ("CHICO") DAY

Nacido Francisco Alonso

NACIMIENTO: 1907
DEFUNCIÓN: 11/4/1995

Nacido en Juárez, México, y criado en El Paso y Los Angeles, Day fue uno de los primeros hispanoamericanos asistentes de director en Hollywood. Trabajó por más de treinta años en los estudios Paramount en filmes tales como *The Big Broadcast of 1938* (1938), *Lady in the Dark* (1944), *Whispering Smith* (1948), *Streets of Laredo* (1949), *Samson and Delilah* (1949), *Los Diez Mandamientos* (1956), *Teacher's Pet* (1958) y *Pícaros de un Solo Ojo* (1961). Más tarde se convirtió en gerente de un módulo de producción de filmes tales como *The Magnificent Seven* (1960), *Hello, Dolly!* (1969) y *Patton* (1970).

Director asistente Francisco "Chico" Day (izq.) con Cecil B. DeMille (der.) en la escena de *The Ten Commandments.*

JOAQUIM DE ALMEIDA

Nacido en Portugal, De Almeida es una estrella muy conocida internacionalmente. Alguno de sus trabajos fílmicos americanos incluyen *The Soldier* (1982), *Beyond the Limit* (1983), *Good Morning Babylon* (1987), *Only You* (1994), *Clear and Present Danger* (1994), *Desperado* (1995), *Vendetta* (1999) y *No Vacancy* (1999). Ganó el galardón como Mejor Actor del Festival de Cine de Cairo por su trabajo en *Portrait de Famille*, en 1992. En la televisión, se le ha visto en la miniserie *Nostromo* (1996) y en el telefilme *Dead Man's Walk* (1996).

PEDRO DE CÓRDOBA

NACIMIENTO: 28/9/1881
DEFUNCIÓN: 1950

Actor de carácter de alta estatura y ceño adusto, apareció en numerosas cintas mudas y sonoras. De Córdoba nació en la ciudad de Nueva York, de padres cubano-franceses. Entre sus películas figuran la versión muda de 1915, de *Carmen*, en la que hizo de Escamillo, *Temptation* (1915, muda), *Ramona* (1936), *The Garden of Allah* (1936), *The Sea Hawk* (1940), *The Mark of Zorro* (1940), *Aloma of the South Seas* (1941), *The Song of Bernadette* (1941), *The Keys of the Kingdon* (1944), *Samson and Delilah* (1949) y *Crisis* (1950).

Arturo de Córdova
Nacido Arturo García Rodríguez

NACIMIENTO: 1908
DEFUNCIÓN: 1973

Arturo de Córdova tenía una personalidad muy agradable en la pantalla, pero nunca tuvo éxito con el público americano. Después de trabajar en numerosos filmes de la Paramount, decidió regresar a México y Suramérica, donde empezó su carrera, y se convirtió en un ídolo, y continuó como estrella en papeles principales hasta su muerte.

Nacido en Mérida, México, inicialmente trabajaba como escritor deportivo para UPI y como anunciador de radio. Cuando trabajaba en Argentina como reportero de deportes, conoció al director escénico ruso Aready Boytler, quien sugirió a De Córdova que se hiciera actor. De Córdova no lo tomó en serio hasta que los dos se encontraron años después en la Ciudad de México donde Boytler estaba a punto de producir una cinta con Fernando Soler. Boytler pidió a De Córdova que hiciera el galán romántico. Él aceptó el trabajo, pensando que ayudaría a su carrera radial de anunciante. En 1935, actuó en la cinta de gran éxito, *Cielito Lindo*, adoptando el nombre De Córdova en ese momento.

En 1938, De Córdova hizo su primera película en español en Hollywood, *Son's Command*, a la que siguió *The Miracle of Main Street*, con Margo, en 1939. La gran oportunidad de De Córdova en un filme americano llegó con el papel de Agustín, en la adaptación de *Por Quién Doblan las Campanas*, de Hemingway (1943), de la Paramount, con Gary Cooper e Ingrid Bergman.

Bajo contrato con Paramount Pictures, tuvo importantes papeles en filmes tales como *Duffy's Tavern* (1945), *A Medal for Benny* (1945), *Incendiary Blonde* (1945) y *Masquerade in Mexico* (1945). Paramount corrió el riesgo y le asignó el papel principal junto a Joan Fontaine, en la importante y costosa producción, *Frenchman's Creek* (1944). Aunque no tuvo éxito, De Córdova logró una impresionante actuación como el pirata francés. Abandonó Paramount para ir a México, donde trabajó en una versión de *El Conde de Montecristo* (1944), logrando un éxito sin precedente que lo convirtió en el ídolo de millones de mujeres en diecisiete países latinos. De Córdova se convirtió en una de las estrellas de la Era Dorada del Cine Mexicano (1942–1952) como un galán romántico en una amplia variedad de papeles. Sus otros filmes en Estados Unidos incluyen *New Orleans* (1947) y *Las Aventuras de Casanova* (1948).

Frederick de Córdova

NACIMIENTO: 27/10/1910
DEFUNCIÓN: 15/9/2001

De Córdova nació en la ciudad de Nueva York y llegó al cine procedente del teatro en 1944, como director de diálogo de Warner Bros. Dirigió muchas películas rutinarias entretenidas de coste mediano, hasta la medianía de los años 60, pero ha estado activo mayormente en televisión desde 1950. Desde 1971 hasta su retiro, en mayo de 1992, fue productor del *Tonight Show Starring Johnny Carson.*

Josie de Guzmán

Actriz puertorriqueña del teatro de Broadway, De Guzmán apareció en el filme *F/X* (1986), con Bryan Brown y luego otra vez en *F/X 2* (1991). Sus trabajos escénicos incluyen un papel en la nueva versión de *Guys and Dolls*, en 1992, que mereció una nominación para el Tony.

Wanda de Jesús

De Jesús ha trabajado en el filme *Flawless* (1999), junto a Robert De Niro, como Karen, su sensual amiga bailarina; *The Insider* (1999), al lado de Al Pacino; *Once in a Lifetime* (1999), actuada y dirigida por Laurence Fishburne; y en *Bloodwork* (2000), al lado de Clint Eastwood. Otras labores fílmicas incluyen *Executive Decision* (1996), *Glass Shield* (1995), de Charles Burnett, *Robocop* 2 (1990) y *Countdown* (1989).

El impresionante trabajo en la televisión de De Jesús, incluye su actuación estelar como la reportera investigadora Liz Vega, en la serie *Live Shot* (1995), para UPN, y la miniserie *Lucky/Chances* (1990). Sus múltiples apariciones como artista invitada incluyen espectáculos tales como *Civil Wars* (1991–1993), *Equal Justice* (1990–1991), *L.A. Law* (1986–1994), *Diagnosis Murder* (1993–), *Babylon 5* (1995–1998), *NYPD Blue* (1993–), *Nash Bridges* (1996–) y *Promised Land* (1996–1999). Actuó junto a David Caruso en *Gold Coast* (1997), de Elmore Leonard, para Showtime.

Wanda de Jesús

Joe (José) de la Cruz

NACIMIENTO: 19/3/1892
DEFUNCIÓN: 24/12/1965

Actor de reparto de filmes del oeste de los años 20 hasta los 40, nativo de México, De la Cruz usualmente representaba a un bandido mexicano o a un vaquero. Sus filmes incluyen *The Bearcat* (1922, muda), con Hoot Gibson, *A Devil with Women* (1930), con Victor McLaglen y Mona Maris, *The Cactus Kid* (1935), con Jack Perin, *Zorro's Fighting Legion* (1939, una serie de doce capítulos), con Reed Hadley, y *Oklahoma Frontier* (1939), con Johnny Mack Brown. La última película de De la Cruz fue *The Black Scorpion* (1957).

Cristián de la Fuente

NACIMIENTO: 1974

Nacido y criado en Chile, el ascenso de este joven actor a la fama ha sido rápido con su papel de Andrés Díaz, el escribano legal de la serie de la CBS, *Family Law* (1999–) y en la película *Driven* (2002), en donde aparece junto con Sly Stallone.

Danny de la Paz

NACIMIENTO: 13/4/1957

De la Paz, actor muy expresivo, ha aparecido en películas como *Boulevard Nights* (1979), en el papel de Chuco, un pandillero joven y con problemas; *Cuba* (1979), como un cubano rebelde; *Barbarosa* (1982), como el hijo mexicano-americano quien se sacrifica acatando los deseos del padre; y *American Me* (1992), como Puppet, miembro de una pandilla de presos que se ve forzado a matar a su propio hermano por mantener un código mortal. También actuó en *Miracle Mile* (1989) y en *Freejack* (1992). Después tomó un descanso del cine de cuatro años, regresando en el 2000, con papeles en *Gabriela, Two Coyotes, Road Dogz* y *Picking Up the Pieces.*

George de la Peña

NACIMIENTO: 1958

Nacido en Nueva York, de padres ruso-argentinos, De la Peña, distinguido bailarín del elenco del American Ballet Theatre por varios años, personificó a *Nijinsky* en 1980, el legendario bailarín ruso que deslumbró al mundo, en la cinta fílmica dirigida por Herbert Ross.

Marcus de León

Director y escritor del largometraje independiente, *Kiss Me a Killer* (1991), De León es hijo de un prominente artista mexicano-americano y una educadora alemana. Natural de Los Ángeles, asistió a la escuela de cine de UCLA, y escribió y dirigió el cortometraje *Xavier*, que ganó el prestigioso premio de Mejor Película otorgado por la escuela. De León y varios de sus compañeros de clase de UCLA, hicieron una película llamada *Border Radio* (1988).

Marcel Delgado

NACIMIENTO: 1900
DEFUNCIÓN: 1976

Con el genio de efectos especiales Willis O'Brien, Delgado trabajó en varias películas, más notablemente como hacedor de modelos y escultor en la producción RKO de 1933, *King Kong*. Natural de La Parrita, México, se mudó con su familia a California en 1909. Escultor autodidacta, trabajó en filmes tales como *The Lost World* (1925, muda), *Song of Kong* (1934), *Mighty Joe Young* (1949), *Jack the Giant Killer* (1962), *It's a Mad Mad Mad Mad World* (1963) y *Fantastic Voyage* (1966).

Marcia del Mar

El trabajo fílmico de la actriz incluye papeles en *Under Fire* (1983) y *Body Double* (1984). También actuó en la serie *Sanchez of Bel Air* (1986), de la televisión de cable USA.

Maria del Mar

Actriz versátil de cine y televisión, del Mar nació en Madrid, España, hija de un diplomático, y creció en Ottawa, Canadá. Del Mar trabajó como Rita, junto a Jimmy Smits, en *Price of Glory* (2000). Tuvo un papel constante en la serie televisada de UPN, *Mercy Point* (1998–1999) y ha aparecido como invitada en series tales como *Frasier* (1993–), *The Practice* (1997–) y *The Outer Limits* (1995). Del Mar tiene en su crédito varias películas y programas de televisión hechos en Canadá.

Michael DeLorenzo

Además de su papel principal como Detective Eddie Torres en la serie de la cadena Fox, *New York Undercover* (1994–1998), DeLorenzo actúa en el pre-

Michael DeLorenzo en *New York Undercover.*

sente, en la serie de Showtime, *Resurrection Blvd.* (2000–), y fue miembro del elenco de la serie *Head of the Class* (1986–1991). Ha trabajado en episodios de *A Different World* (1987–1993), *Miami Vice* (1984–1989), *Crime Story* (1986–1988), *Bronx Zoo* (1987–1988) y *Fame* (1982–1987). Su debut fílmico tuvo lugar en el largometraje *Fame* (1980); sus otros trabajos desde entonces incluyen *A Few Good Men* (1992), *Judgment Night* (1993), *Alive* (1993), *Mi Familia* (1995), *Phantoms* (1998) y *Gun Shy* (2000). Nacido y criado en el Bronx, DeLorenzo es graduado del afamado Instituto de Artes Escénicas de Nueva York.

Kamar de los Reyes

Es probablemente más conocido por su papel de Antonio Vega en la serie dramática diurna de televisión *One Life to Live* (1968–). Oriundo de Puerto Rico, vino a los Estados Unidos continentales a la edad de dos años y creció en Las Vegas. Su trabajo en el cine incluye *Nixon* (1995) y *Mambo Café* (1999). Ha trabajado en producciones teatrales de off-Broadway, igual que aparecido como invitado en series de televisión como *E.R.* (1994–), *New York Undercover* (1994–1998) y *Promised Land* (1996–1999).

Nancy de los Santos

Nacida y criada en Chicago, de los Santos fue productora asociada de *Selena* (1997) y *Mi Familia* (1995). Anteriormente había trabajado como productora asociada, luego como productora de *Siskel and Ebert at the Movies* (1986–), programa sindicalizado de televisión. Más recientemente ha sido la guionista de la serie televisada *Resurrection Blvd* (2001) y productora de la serie de HBO *Bronze Images* (2002).

Pilar del Rey

Del Rey hizo su debut fílmico como actriz siendo niña todavía en *The Miracle of Our Lady of Fatima*, junto a Gilbert Roland, en 1952. Después trabajó en programas televisados de aquellos primeros tiempos y en filmes tales como *Black Horse Canyon* (1954), con Joel McCrea, *Mark of the Renegade* (1951), con Ricardo Montalbán, y *And Now Miguel* (1966), con Michael Ansara. Del Rey hizo de madre de Sal Mineo y esposa de Victor Millán, en *Giant* (1956), de George Stevens. Sus otras participaciones fílmicas incluyen *The Naked Jungle* (1953) y *Lonely Are the Brave* (1962).

DOLORES DEL RÍO

Nacida Dolores (Lolita) Martínez Asúnsolo López Negrete

NACIMIENTO: 3/8/1905
DEFUNCIÓN: 11/3/1983

Dolores Del Río

Dolores Del Río fue una de las bellezas legendarias de la pantalla de plata, y su carrera de cincuenta años abarcó la transición de películas mudas a las de sonido, y a la televisión. Si bien trabajó en un número de cintas clásicas de Hollywood mudas y habladas, como *What Price Glory* (1926 muda), *Resurrection* (1927, muda), *The Loves of Carmen* (1927, muda), *Ramona* (1928, muda), *Flying Down to Rio* (1933) y *Bird of Paradise* (1932), la mayor parte de su carrera desde 1943 la hizo en su México nativo, donde se convirtió en una estrella de inmensa magnitud después de filmar *María Candelaria* (1943). Su belleza luminosa y dignidad natural, combinadas con su habilidad teatral, lograron para ella una amplia variedad de papeles estelares en filmes mexicanos.

Nació en Durango, México, donde su padre era un banquero. A la edad de cuatro años, Dolores y su familia se vieron forzados a abandonar Durango y trasladarse a la Ciudad de México cuando Pancho Villa los amenazó. A los 15, contrajo matrimonio con Jaime Martínez del Río y tomó su nombre, poniendo en mayúscula la letra D de la contracción *del*, para usar en su carrera que empezó casi por casualidad, después que ella comenzó a estudiar danza y actuar en varias galas de sociedad y en festivales.

El director de cine Edwin Carewe, estando de luna de miel en México, vio a Del Río bailar un tango en una fiesta en su honor e inmediatamente se sintió cautivado por su belleza y habilidad de danza. Los Del Río y los Carewe se hicieron amigos, y finalmente Dolores accedió a su petición de ir a Hollywood en 1925. "Él me dijo que yo era la Valentino femenina", dijo Del Río en una entrevista de 1981. "Él continuó enviándome telegramas y finalmente mi esposo y yo decidimos ir. Yo no sabía qué iba a pasar, pero pensé que sería divertido conocer a toda la gente que yo idolatraba, como Chaplin y Valentino" Bridget Byrne, *San Francisco Chronicle* (11/20–27/81).

Del Río desempeñó un pequeño papel como una vampiresa de sociedad, en una historia de jazz menor, en *Joanna* (1926, muda). Después de esto, hizo un segundo filme con Carewe, *High Steppers* (1926, silente), en la cual su papel estaba subordinado a la estrella Mary Astor. Su primer papel principal fue en *Pals First* (1926, silente), y luego filmó *The Whole Town is Talking* (1926, silente). Su primer éxito verdadero, sin embargo, fue como la provocativa coqueta francesa Charmaine, en *What Price Glory?* de Raoul Walsh, ese mismo año. El filme fue muy celebrado y le trajo fama inmediata. También probó no solamente que ella era hermosa, sino que igualmente podía hacer comedia, en especial junto a dos galanes que podían robarse las escenas, como Edmund Lowe y Victor McLaglen.

El filme siguiente de Del Río fue *Resurrection* (1927, muda), de la novela de Tolstoy, dirigida por Carewe, y con Rod La Rocque como galán. Ella representó a Katusha, quien se convierte en prostituta después de una aventura amorosa infeliz con un hombre casado. Ese mismo año hizo *The Loves of Carmen*, para Raoul Walsh, y al año siguiente hizo el primero de una serie de papeles nativos, como una mestiza enamorada de un rudo administrador de una línea de trenes (Walter Pidgeon) en *The Gateway of the Moon* (1928, silente). En 1928, Carewe también la dirigió en *Ramona*, la famosa historia de amor de una india y un español, que se convertiría en uno de sus triunfos más notables. Su galán era Warner Baxter. Debido a su gran éxito, el estudio estrenó una cinta hecha rápidamente dos años atrás, con Don Alvarado, titulada *No Other Woman* (1926, silente), y después continuaron sus triunfos con *Revenge* (1928, silente), también para Carewe. Raoul Walsh volvió a dirigirla en *The Red Dance* (1928), en la que interpretó el papel de la bailarina roja de la revolución rusa. En *The Trail of '98* (1928, muda), junto a Harry Carey, hizo la parte de bailarina de una academia de baile. *Evangeline*, en 1929, con Roland Drew, la historia de jóvenes enamorados quienes se reúnen en la vejez, resultó un dramón. Del Río cantó dos canciones y habló una línea de diálogo al final de este filme, que de otra manera era muda.

Su primera película hablada en su totalidad, fue *The Bad One* (1930), con Don Alvarado y Edmund Lowe, y Del Río como una interna de un burdel. Después del filme, rompió el contrato con Carewe y firmó con Joseph Schenck, de United Artists. Después de haber firmado, sufrió un colapso nervioso que la mantuvo alejada de las cámaras por casi dos años. Regresó en 1931 a RKO con un nuevo contrato, y filmó *Girl of Rio* (1932), en la que interpretaba a una cantinera, junto a Leo Carrillo y Norman Foster. El filme fue más tarde prohibido en México por el retrato poco atractivo que pintaban de los mexicanos y los latinos.

Hizo el papel de Luana, una nativa de las islas Hawaii, en *Bird of Paradise* (1932), dirigida por King Vidor, que fue mayormente rodada en los exteriores de Hawaii. Se comenta que el productor David O. Selznick, más tarde dijo a Vidor, "No me importa qué historia vas a usar, siempre y cuando llamemos la cinta *Bird of Paradise*, y Del Río salte dentro de un volcán en erupción al final". Su galán fue Joel McCrea, en aquel momento el epítome del nuevo galán atlético que estaba en gran demanda. El filme obtuvo un gran éxito con el público, la fotografía era sobresaliente, y la dirección de Vidor mantuvo una mano fuerte en las endebles estratagemas sobre amor y levantamientos en los Mares del Sur, del argumento.

En 1933, aceptó un papel en la cinta musical *Flying Down to Rio*. Según el contrato, tenía el papel principal junto a Gene Raymond, pero Fred Astaire y Ginger Rogers se robaron la cinta con sus bailes. Su baile al compás del tango "Orchids in the Moonlight" con Astaire, fue visto en la cinta antes de las famosas rutinas de

Astaire con Ginger Rogers. En una entrevista muchos años después, ella dijo, "Por primera vez yo iba a hacer el papel de una mujer moderna inteligente, con mucha música y comedia a mi alrededor. Yo sabía que eso era un signo de que yo podía interpretar un papel sofisticado. Ya yo no era más una Luana o una Ramona. La película tuvo un gran éxito. El reconocimiento mayormente lo recibieron otros, pero mi batalla privada fue ganada en parte", *Film Weekly* (julio de 1972).

En 1934, Del Río hizo tres películas para Warner Bros. que, de acuerdo con su contrato (localizado en los archivos Warner Bros. de la biblioteca de la Universidad de Southern California) le pagaron un total de $100.000, una suma bastante buena para la época de la Depresión, cuando un trabajador regular, si era lo suficientemente afortunado de tener trabajo, ganaba solamente $12 semanales. En *Wonder Bar* (1934), fue la compañera de baile de Ricardo Cortez y fue la estrella de *Madame du Barry* (1934), con Reginald Owen y Anita Louise. Esta comedia de alcoba resultó ser una decepción para la estrella, quien la consideró como su mejor trabajo de la época. El filme sufrió en manos de la censura y el público no estuvo interesado en el resultado. *In Caliente* y *Live for Love* (ambas en 1935), marcaron el cambio en la imagen que ella había estado tratando de obtener, pero fue usada para propósitos más decorativos en estas fantasías musicales. Del Río continuó trabajando en filmes tales como *The Widow from Monte Carlo* (1936), *Accused* (1936), *Ali Baba Goes to Town* (1937), *Devil's Playground* (1937), *Lancer Spy* (1937), *International Settlement* (1938) y *The Man from Dakota* (1940).

A comienzos de 1940, entre hacer películas y problemas matrimoniales, tanto su carrera como su vida personal estaban en apuros. Ya se había divorciado de su primer esposo y su matrimonio con el afamado director de arte de la MGM, Cedric Gibbons, también tenía problemas. Mientras tanto, estaba comprometida en una estrecha relación con Orson Welles, y aparecía como una bailarina de cabaret en los dos primeros carretes de su *Journey Into Fear* (1942), un suspenso de espionaje, con Joseph Cotten de estrella. Insatisfecha con su propio trabajo y con su vida en Hollywood, Del Río regresó a México. Ella recuerda en una entrevista de 1981, "Yo no quería seguir siendo estrella. Quería ser una actriz y con toda esa ropa que me ponen encima, todos esos millones de plumas, no podía serlo. Escogí en cambio la oportunidad de ser una pionera en la industria cinematográfica de mi país, un nuevo y emocionante incentivo". Herb Michelson, *Variety* (10/15/81).

La industria fílmica mexicana se había desarrollado grandemente desde que ella había partido en 1926, y era en técnica, tan competente y consumada como Hollywood. En México, Del Río encontró un director, Emilio Fernández quien pudo apreciar todo su potencial como actriz y estrella. *Flor Silvestre*, el primer filme de Del Río con Fernández, la estableció como una gran estrella, al mismo tiempo que le concedía el primero de sus cuatro Arieles (los Oscar mexicanos) que recibiría como Mejor Actriz. Pedro Armendáriz, el director Fernández, el cineasta Gabriel Figueroa, y Del Río serían conocidos como el equipo de la industria del cine mexicano. *María Candelaria*, dirigida por Fernández, mostró a Del Río en su plenitud, como una campesina sencilla, de profunda espiritualidad, quien es apedreada hasta la muerte por los habitantes de la aldea que no se fían de ella y al mismo tiempo la temen. Como resultado de haber sido exhibida en el Festival de Cine de Cannes, la cinta se convirtió en la primera película mexicana en lograr un impacto en la comunidad del cine internacional inmediatamente después de la Segunda Guerra Mundial. En el estilo folclórico realzado por la brillante fotografía en blanco y negro de Gabriel Figueroa, la cinta reflejaba una identidad nacional enraizada en la cultura mexicana. El "equipo" continuó junto durante varias cintas más, incluyendo *Bugambilia* (1944), *Las Abandonadas* (1944) y *La Malquerida* (1949).

The Fugitive (1947), de John Ford, aunque era una cinta americana, fue filmada mayormente en México por Figueroa, teniendo a Henry Fonda de estrella, como un sacerdote alcohólico que está huyendo; y en la que también aparecían Pedro Armendáriz, Del Río y Leo Carrillo. Del Río continuó trabajando en cintas mexicanas como una estrella principal durante los años llamados la Edad Dorada del Cine Mexicano (1941–1952) y más tarde aun.

En 1960, regresó a Hollywood para hacer el papel de la madre india de Elvis Presley en *Flaming Star*, de Don Siegel. Los críticos tomaron nota de su sentida actuación y su perdurable belleza. Había planeado regresar antes a Hollywood para trabajar con Spencer Tracy en *Broken Lance* (1954), pero el departamento de estado demoró la visa hasta cerciorarse de que ella no había sido influenciada por su asociación con comunistas de la industria del cine mexicano, y ya para entonces la producción había comenzado con la actriz Katy Jurado, quien acababa de obtener un triunfo rotundo en *Mero Mediodía*.

En 1964, Del Río representó a una india en *Otoño de los Cheyennes*. Como el personaje se llamaba Mujer Española, Del Río, con muy poco diálogo, logró sobresalir en un reparto que incluía a Gilbert Roland, Richard Widmark, Sal Mineo y James Stewart. Mientras estuvo en los Estados Unidos, hizo varias apariciones en televisión como invitada, en programas tales como *I Spy* (1965–1968), *Marcus Welby, M.D.* (1969–1976), *Schlitz Playhouse of Stars* (1951–1959), *U.S. Steel Hour* (1953–1963) y en su propio especial, *Dolores Del Rio's Mexico* (1968). También llevó sus aspiraciones a la escena donde recibió más elogios como la "Primera Dama del Teatro Mexicano", por haber trabajado en numerosas producciones teatrales en la Ciudad de México. Su última actuación en el cine fue en el breve papel de la abuela en la cinta poco vista, *The Children of Sánchez* (1978), de Hal Bartlett, en la que la esencia de la dignidad de Del Río fue captada por el cineasta y colaborador de mucho tiempo, Gabriel Figueroa. En un tributo en honor a Del Río en el Festival de Cine de San Francisco de 1981, dijo, "Yo dediqué cincuenta años a mi carrera. Ocupaba el primer, segundo y tercer lugar en mi vida, era para lo que yo vivía. Todo lo que yo hacía lo hacía con mi carrera en mente. Fui muy honesta con mi trabajo, pero tuve que hacer muchos sacrificios personales". Dolores Del Río murió en 1983, en su hogar de Newport Beach, California, de causas naturales.

Benicio del Toro

NACIMIENTO: 1967

Nacido y criado en Santurce, Puerto Rico, Del Toro ha actuado en, *Christopher Columbus: The Discovery* (1992), *The Usual Suspects* (1995), *Basquiat* (1996), *Fear and Loathing in Las Vegas* (1998), como Dr. Gonzo; *The Pledge* (2000) y *Snatch'd* (2000). También escribió, dirigió y produjo la cinta *Submission* (1995) y sus actuaciones en televisión incluyen *Miami Vice* (1984–1989), y la miniserie *Drug Wars: The Camarena Story* (1989).
Benicio Del Toro ganó el Oscar en el año 2000 como mejor actor de reparto en *Traffic.*

Nick de Ruiz

De Ruiz trabajó en veintisiete películas, entre 1920 y 1930, interpretando una variedad de papeles que iban desde bandidos mexicanos hasta sultanes. Sus papeles más conocidos incluyen *The Hunchback of Notre Dame* (1923) con Lon Chaney, *Old Ironsides* (1926) y *The Unknown* (1927), todas las cuales son silentes.

Rosana de Soto

NACIMIENTO: 1947

Nacida en San José, California, De Soto estudió drama en la Universidad de San José, y se unió a la compañía de Ópera Ligera de California. Después de hacer la transición del teatro de repertorio a la televisión y al cine, De Soto recibió muy buenas críticas por su papel como la madre de Ritchie Valens, en el exitoso filme, *La Bamba* (1987). Apareció también en *Párate y Recita* (1988), como Fabiola Escalante, y desempeñó el papel esencial de la traductora en *The Ballad of Gregorio Cortez* (1983). Su actuación fílmica incluye *Family Business* (1989), *Star Trek VI: The Undiscovered Country* (1991), *Mambo Café* (1999) y *The 24 Hour Woman* (1999). En la televisión ha sido invitada a actuar en muchas series y ha aparecido en varios telefilmes como *Child of Rage* (1992), *Kissing Miranda* (1995), la miniserie *Invasion* (1997) y *Thicker than Blood* (1998).

Rosana de Soto es la madre de Ritchie Valens en *La Bamba.*

Steven E. de Souza

De Souza es un escritor de origen español y portugués, autor de guiones que incluyen *48 HRS.* (1982), *Die Hard* (1988), *Die Hard 2* (1990), *Ricochet* (1991), *The Flintstones* (1994), *Judge Dredd* (1995) y *Knock Off* (1998). Estuvo varios años bajo contrato con la Universal, como escritor de guiones de series televisadas.

Carlos J. de Valdez

NACIMIENTO: 19/3/1894
DEFUNCIÓN: 30/10/1939

Actor de la escena y el cine, nativo de Perú, De Valdez apareció en filmes tales como *The Robin Hood of El Dorado* (1936), *Conquest* (1937), *Lancer Spy* (1937), *Suez* (1938), *The Girl from Mexico* (1939), *Juarez* (1939) y *The Llano Kid* (1940).

José de Vega, Jr.

NACIMIENTO: 1935
DEFUNCIÓN: 1991

José de Vega, Jr. hizo el papel de Chino en las versiones de Broadway y del cine, de *West Side Story* (1961). También actuó como una de los cantantes hawaianos que acompañan a Elvis Presley en *Blue Hawaii (1962).* Sus filmes incluyen *A Covenant with Death* (1966) y *Ash Wednesday* (1973). De Vega nació en San Diego, de padre filipino y madre colombiana.

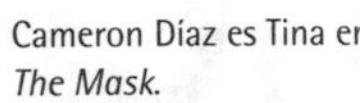

Cameron Díaz es Tina en *The Mask.*

Don Diamond

NACIMIENTO: 1917

Nacido en Brooklyn, Diamond interpretó el papel de El Toro, el secuaz mexicano de Bill Williams en la serie televisada *The Adventures of Kit Carson* (1951–1955). También actuó como el Cabo Reyes, en la serie de *Zorro* (1958–1959), de Disney, y en el papel de Crazy Cat en *F Troop* (1965–1967).

Cameron Díaz

NACIMIENTO: 1972

Díaz debutó en el cine cuando tenía veinte y dos años de edad en el film de Jim Carrey, *The Mask* (1994). Aunque ella no tenía realmente ninguna experiencia en las tablas, siguió el consejo de su agente de modelaje y se presentó a una audición para un papel pequeño en la película, y estaba escrito en las cartas: el director Chuck Russell vio algo especial en ella y pidió que leyera el papel de la intérprete principal, ganándolo para sí. En *The Mask,* Cameron hizo el papel de Tina Carlyle, una pelandusca quien da un plantón a su novio por un comebolas vuelto superhéroe sabelotodo, Stanley Ipkiss (Carrey). El filme se convirtió en uno de los mayores éxitos de Jim Carrey, y fue la cinta que inició la carrera de Díaz en películas. Díaz obtuvo otro gran triunfo en 1998, en la comedia de gran éxito, *There's Something About Mary* (1998), y desde entonces ha trabajado sin interrupción, dando muestras de una versatilidad única frente a las cámaras en gran cantidad de papeles.

Interpretó a una estudiante universitaria liberal en *The Last Supper,* que obtuvo gran éxito en los teatros de estudio; una debutante comprometida en matrimonio en *My Best Friend's Wedding* (1997), con Julia Roberts y Rupert Everett; la manipuladora ex prostituta de *She's the One* (1996); la novia chusma quien se enamora de su cuñado en *Feeling Minnesota* (1996); y la víctima de un secuestro fuera de lo usual en la comedia romántica de Danny Boyle, *A Life Less Ordinary* (1997). La actuación fílmica de Díaz también incluye una nominación de la Academia por *Being John Malkovich (1999), Any Given Sunday* (1999), junto a Al Pacino, *Charlie's Angels* (2000), junto a Lucy Liu y Drew Barrymore, *Vanilla Sky* (2001), junto a Tom Cruise y Penélope Cruz, y más recientemente en *The Sweetest Thing* (2002). Díaz nació en Long Beach, California. Su padre tiene raíces cubanas y su madre tiene ascendencia alemana, inglesa y de aborigen norteamericano.

Edith Díaz

Natural de Puerto Rico, Edith Díaz apareció como una de las monjas cantantes de *Sister Act* (1992). Sus otros trabajos fílmicos incluyen *Scenes from the Class Struggle in Beverly Hills* (1989) y *Born on the Fourth of July* (1989). También actuó en *Popi* (1976), e hizo el papel de la madre de Desi Arnaz, en el telefilme *Lucy and Desi: Before the Laughter* (1991).

Ken Díaz

Artista del maquillaje, Díaz recibió una candidatura para un premio de la Academia por su trabajo en *Dad* (1989), que tenía a Jack Lemmon de estrella. A través del maquillaje, Díaz convirtió a Lemmon en un hombre viejo que padecía de una enfermedad mortal. Díaz estuvo muy ocupado en los años 90, trabajando en proyectos tales como *My Family* (1995) –por el que recibió una nominación de la Academia junto a Mark Sánchez– *Heat* (1995), con Al Pacino y Robert De Niro; *Anaconda* (1997), con Jennifer López; *The Mask of Zorro* (1998), con Antonio Banderas, que convirtió en estrella a Catherine Zeta-Jones; *Why Do Fools Fall in Love* (1998), culminando con *Luminarias* y *The Perfect Storm* (2000).

Joe Domínguez (der.) con Rosita Ballestero (izq.) y Juan Verona (centro) en *El Hombre Malo.*

Plácido Domingo

NACIMIENTO: 21/1/1941

Nacido en España y criado en México, Domingo, estrella de la ópera y de discos, fue alentado a estudiar música siendo muy joven por sus padres, quienes junto a otros miembros de la familia, actuaban en Zarzuelas, forma operística de España que existe desde hace tres siglos. Fue la estrella en las cintas fílmicas de Franco Zeffirelli, *La Traviata*, en la que hizo el papel de Alfredo junto a la Violeta de Teresa Stratas; y el trágico Moro de Verdi, en *Otello*, junto a la Desdémona de Katia Ricciarelli, teniendo de magnífica contrafigura al bajo puertorriqueño Justino Díaz, en el papel de Iago. Domingo se anotó otro tanto junto a Julia Migenes Johnson, en la versión fílmica de *Carmen*, de Bizet, una producción de Francisco Rosi.

Joe Domínguez

NACIMIENTO: 19/3/1894
DEFUNCIÓN: 11/4/1970

Un actor de carácter, nativo de México, Domínguez actuó en innumerables cintas a través de su carrera, que comenzó en la década de los 20 y duró cincuenta años. Trabajaba tan a menudo de mexicano, que era dueño de su propio traje de bandido mexicano, porque el estudio remuneraba a los actores que traían su propio vestuario. Domínguez también ha actuado en *Suicide Fleet* (1930), *The Broken Wing* (1932), *Viva Villa* (1933), *Under the Pampas Moon* (1935), *Stagecoach* (1939), *Northwest Passage* (1940), *A Medal for Benny* (1945), *Red River* (1948), *The Furies* (1950), *Ride Vaquero* (1953), *The Hitch Hiker* (1953), *Man of the West* (1958), *Pícaros Con un Solo Ojo* (1961) y *I Love You, Alice B. Toklas* (1968).

Marta du Bois

Actriz de herencia francesa y panameña, criada en los Estados Unidos, Du Bois hizo su debut en el cine como Shady en *Noches en el Bulevar* (1979), y también ha aparecido en numerosos telefilmes que incluyen *Tales of the Gold Monkey* (1982), *Grace Kelly* (1983), *Johnnie Mae Gibson: FBI* (1986), *Deadline Madrid* (1988), *Fear* (1990) y *Trials of Life* (1997). Sus película más reciente son *Dead Badge* (1995), *Black Out* (1996) y *Luminarias* (2000).

Larry Durán

NACIMIENTO: 29/7/1925

Actor mexicano-americano, y de papeles de riesgo, nativo de Los Angeles, Durán ha aparecido en *Viva Zapata!* (1952), *The Magnificent Seven* (1960) y

Pícaros Con un Solo Ojo (1961). Su padre trabajó de extra y era un corredor (persona que recluta extras) para los estudios y Durán trabajaba ocasionalmente como extra cuando era joven, antes de entrar en el ejército, donde se hizo boxeador amateur. Después del servicio militar, continuó boxeando, y en una pelea en el cuadrilátero conoció a Marlon Brando. Se hicieron muy amigos inmediatamente y Brando le ofreció trabajo como su propio suplente. Muy pronto Durán comenzó a hacer papeles pequeños, y por sus habilidades atléticas y de boxeo, enseguida aprendió cómo eran en el cine las peleas a puñetazos, las caídas de los caballos, choques de autos y explosiones, sirviendo de doble de Brando en una caída de la motocicleta, en *The Young Lions* (1958). Después de eso, hizo casi todos los doblajes de riesgo de Brando en el cine. Durán trabajó también como uno de los bailarines que hacían de fondo en *Guys and Dolls* (1955), donde Brando era la estrella. Según él fue conociendo a los productores y a otros actores de riesgo, comenzó a trabajar en películas que no estaban asociadas con Brando. Su hijo, Larry Durán Jr., ha seguido los pasos de su padre y es en la actualidad un actor de riesgo.

"No estaba en mis planes ser estrella de cine", dijo Durán en una entrevista de 1992. "No está mal para un tipo que solamente llegó hasta la secundaria intermedia, sin ninguna habilidad. He podido viajar alrededor del mundo, y ahora estoy retirado, soy dueño de mi casa, pero le debo todo a Marlon Brando".

Chuy Elizondo

NACIMIENTO: 25/12/1942

Afamado cineasta de la televisión americana y de películas, Elizondo nació en Torreón, México, y fue traído a los Estados Unidos a la edad de doce años. Aprendió fotografía en una casa productora comercial y comenzó como ayudante de cámara en los estudios Universal. Llegó a asociarse con el cineasta John Alonzo, con quien trabajó como operador de cámara en filmes tales como *Chinatown* (1974), *Conrack* (1974), *Farewell, My Lovely* (1975) y *The Bad News Bears* (1976). Elizondo fue el director de fotografía en el largometraje, *Shadow of Kilimanjaro* (1987). Su extenso trabajos televisivo incluye *La Pastorela* (1991), *Bodies of Evidence* (1992) y *Terror in the Towers* (1993).

Héctor Elizondo es el doctor Phillip Watters en *Chicago Hope*.

Héctor Elizondo

NACIMIENTO: 22/12/1936

Bien conocido por su trabajo como actor de reparto, tanto en cine como en televisión, Elizondo, natural de Puerto Rico, de orígenes puertorriqueño y vasco, creció en la ciudad de Nueva York, por lo que se siente neoyorquino. Su memorable interpretación como gerente del hotel en *Pretty Woman* (1990), consiguió para él una nominación del Golden Globe. Sus créditos más recientes incluyen *Turbulence* (1996), *The Other Sister* (1999), *Entropy* (1999), la cinta para la televisión en cable, *Picking Up the Pieces* (2000), *Tortilla Soup* (2002) y *Princess Diaries* (2002).

Elizondo recibió un premio Emmy, como Sobresaliente Actor de Reparto en una Serie Dramática, por su caracterización del Dr. Phillip Watter, en la aclamada serie de televisión de la CBS, *Chicago Hope* (1994–2000), que hasta la fecha, ha merecido para el actor cinco nominaciones más. Sus otros trabajos televisivos incluyen la miniserie *The Burden of Proof* (1992) y el telefilme, *Borrowed Hearts* (1997).

Elizondo, quien comenzó su carrera de actor en el teatro, recibió un premio Obie por su trabajo en el papel de Dios en *Steambath*, y una nominación para el premio del Drama Desk, por *Sly Fox*. También actuó en Broadway en *The Prisoner of Second Avenue*, *The Great White Hope* y la nueva versión de *The Price*, de Arthur Miller, en 1992.

René Enríquez

NACIMIENTO: 25/11/1933
DEFUNCIÓN: 23/3/1990

Actor natural de San Francisco y criado en Nicaragua, Enríquez es más conocido por su papel del Teniente Calletano en la miniserie televisiva de larga duración, *Hill Street Blues* (1981–1987). Su labor fílmica incluye además *Bananas* (1971), *Under Fire* (1973) y *The Evil That Man Can Do* (1984).

Moctesuma Esparza

NACIMIENTO: 12/3/1947

Laureado productor de cine y televisión, Esparza produjo *The Milagro Beanfield War* (1988) y *Only Once in a Lifetime* (1979). Esparza tiene un impresionante récord de logros, tanto como responsable de la cinematografía como activista político.

Nacido en Los Angeles, asistió a la escuela pública y a UCLA, donde recibió un título de Bachiller en Arte y una Maestría de Arte en Cine. Durante sus años en el colegio universitario, Esparza se involucró con grupos de varios movimientos contra la guerra y en favor de los derechos civiles, y fue igualmente fundador del Centro de Investigación Chicana de la Universidad de la Ciudad de Los Ángeles. Cuando todavía estaba estudiando, produjo filmes bilingües para *Sesame Street* (1969–). Su tesis para la maestría fue convertido en 1973 en un documental para NBC, titulado *Cinco Vidas*, una mirada muy mordaz a cinco personas que viven en un barrio del lado este de la ciudad de Los Angeles. Esparza ganó un Emmy con *Cinco Vidas*, en 1973. Después de eso, Esparza fue contratado para producir una serie infantil de PBS titulada, *Villa Alegre* (1970), e hizo una serie de documentales para unas transmisiones de *La Raza*, de McGraw-Hill, por la que obtuvo el premio de periodismo, John F. Kennedy. En 1974, formó las Producciones Moctesuma Esparza y continuó trabajando en el campo de documentales y de programas infantiles. En 1977 hizo su primer largometraje, *Only Once in a Lifetime*, de Alejandro Grattan, la historia de un pintor chicano con poca suerte. Ese mismo año, Esparza fue nominado por la Academia en la categoría de Mejor Documental Corto, por *Águeda Martínez*, el retrato de una anciana del norte de Nuevo México.

Después de decidirse a encaminar sus energías a producir largometrajes, Esparza se unió al Consejo Nacional de La Raza, un grupo de derechos civiles, para desarrollar una serie de películas que exploraran la literatura e historia de los chicanos en los Estados Unidos. La primera fue *The Ballad of Gregorio Cortéz* (1983), de Robert M. Young, la historia real de un joven vaquero chicano (Edward J. Olmos), quien mata a un sheriff de Texas en defensa propia y es perseguido por los Guardabosques de Texas. La cinta fue estrenada en los teatros por Embassy Pictures en 1983, y transmitida en la serie *American Playhouse*, de la PBS. La segunda fue *La Guerra del Campo de Frijoles de Milagro* (1988), de la que Esparza había comprado los derechos en 1979. A través de las Producciones Esparza/Katz, ha producido cintas de gran éxito de público y de taquilla, como *Lorca* (1997) con Edward J. Olmos, Andy García y Esai Morales; la aplaudida *Selena*, de la Warner Bros., con Jennifer López; y *Price of Glory* (2000), con Jimmy Smits. Para la televisión, la firma produjo el estreno de televisión, en TNT, de la miniserie *Gettysburg* (1994), *The Cisco Kid* (1994), con Jimmy Smits de estrella; *Rough Riders* (1997), para la TNT, con Tom Berenger en el papel estelar, y más reciente, *Introducing Dorothy Dandridge* (1999), para HBO, con Halle Berry.

Richard Espinoza

NACIMIENTO: 4/4/1948

Espinoza, que trabaja como asistente de director, es nativo de Texas, y surgió del Programa de Capacitación del Gremio de Directores, ha trabajado en filmes tales como *Dallas Forty* (1979), *The Border* (1982), *Remo Williams* (1985), *American Me* (1992) y *Dr. Giggles* (1992). Sus trabajos en la televisión incluyen *Jake and the Fatman* (1987–1992), *Baywatch* (1989–), *Beauty and the Beast* (1987–1990), además de haber estado cuatro temporadas con *Dr. Quinn, Medicine Woman* (1993–1998), y *Resurrection Blvd* (2000).

Emilio Estévez

Emilio Estévez

NACIMIENTO: 12/5/1962

Hijo de Martin Sheen (cuyo nombre verdadero es Ramón Estévez), Emilio decidió usar el apellido de la familia, y muy pronto se estableció como una pujante estrella. Apenas terminó sus estudios en el Instituto de Santa Mónica, Estévez hizo su debut profesional en un especial de televisión, y muy pronto comenzó a trabajar en varios dramas fílmicos de televisión, entre los que figura *In the Custody of Strangers* (1982), en el que aparecía junto a su padre.

El debut de Estévez en un largometraje fue en *Tex* (1982), basado en la novela de S.E. Hinton, junto a Matt Dillon. La adaptación fílmica de la novela de Hinton, *The Outsiders* (1983), dirigida por Frances Ford Coppola, ofreció a Estévez su segunda actuación en el cine, como Two Bit Matthews. Después hizo el papel de un joven gamberro que se involucra en requisar autos, y con extraterrestres, en el film de "culto", *Repo Man* (1984).

Su experiencia adicional como actor incluye un papel como un obstinado campeón de juegos de vídeo en *Nightmares* (1983), el cuentista de un Instituto en *The Breakfast Club* (1985), y un estudiante de jurisprudencia obsesionado con una mujer mayor en *St. Elmo's Fire* (1985).

Estévez escribió el guión y apareció en *That Was Then...This is Now* (1985), que adaptó de una historia de S.E. Hinton, y *Wisdom* (1987), que protagonizó y en la que hizo su debut como director, convirtiéndose a los veintitrés años de edad en la persona más joven en dirigir y actuar en una película de primera magnitud.

Estévez fue parte del reparto estelar de la enormemente exitosa comedia, *Stakeout* (1987), con Richard Dreyfuss, y la menos popular secuela, *Another Stakeout* (1993), y en la cinta del oeste, *Young Guns* (1988), y *Young Guns II* (1990), como Billy the Kid. *Young Guns* ofreció la oportunidad al actor de trabajar junto a su hermano, Charlie Sheen. A esto siguió otra producción en que aparecieron juntos, *Men at Work* (1990), que Estévez también dirigió. En 1992, protagonizó *The Mighty Ducks;* la secuela, *D2: The Mighty Ducks*, fue estrenada en 1994. Completando esta trilogía en 1996, Estévez apareció en *D3: The Mighty Ducks*.

De regreso a las labores de director, hizo *The War at Home* (1996), *The Bang Bang Club* (1998) y el telefilme para Showtime, *Rated X*, en el que apareció nuevamente con Sheen.

Angelina Estrada

NACIMIENTO: 28/2/1932

Veterana actriz de carácter, Estrada inició su carrera como extra en el cine cuando era muy pequeña. Dijo su primer parlamento en *Only Angels Have Wings* (1939), como una niña vendedora de tortillas, quien dice "Tortilla" a Cary

Grant. Estrada baila las danzas hawaianas con gran soltura y bailó con Elvis Presley en *Blue Hawaii* (1961). Su labor fílmica incluye *Aloma of the South Seas* (1941), *The Jungle Book* (1942), con Sabú, *Tortilla Flat* (1942), *A Medal for Benny* (1945), *Pícaros con un Solo Ojo* (1961), *Paint Your Wagon* (1969), *Ghost* (1990), con Patrick Swayze, *My Family* (1995), *The Big Squeeze* (1996) y *Luminarias* (2000), en la cual hace de Concha.

Erik Estrada

NACIMIENTO: 16/3/1949

Nacido en el Harlem Hispano de Nueva York de padres puertorriqueños, Estrada fue elevado al estrellato de la televisión en el papel de Ponch Poncherello, un policía motorizado extrovertido, durante los seis años que duró la popular serie *CHiPs*, de 1978 a 1983.

Erik Estrada (der.) y Larry Wilcox (izq.) en *CHiPS*.

La primera oportunidad de Estrada llegó cuando el actor y director Don Murray estaba buscando una cara nueva para aparecer conjuntamente con Pat Boone, en *The Cross and the Switchblade* (1970), en la que Estrada consiguió el papel estelar como líder de una pandilla.

Cuando Estrada se enteró de que el director Richard Fleitcher estaba en Nueva York para elegir el elenco de su nuevo filme, *The New Centurions* (1972), sabía, después de haber leído el libro, que el importante papel del novato policía mexicano-americano, era correcto para él, y que una experiencia fílmica junto a George C. Scott y a Stacy Keach sería extremadamente beneficiosa para su carrera. Sin inmutarse, Estrada fue a Hollywood en busca del director y consiguió el papel.

Estrada ha estado activo trabajando en numerosos filmes y proyectos de televisión como, *Airport 1975* (1974) y *Trackdown* (1976), en el cual trabajó junto a James Mitchum. También hizo un papel en *Honeyboy* (1982) y *A Show of Force* en 1990, con Robert Duvall. Apareció como él mismo en *Loaded Weapon I* (1993) y como Joe, en *Tom Sawyer* (1998).

Antonio Fargas

Vistoso dueño de club nocturno, villano malévolo, mariposón de cantinas, curandero poderoso, todos estos caracteres están dentro de la providencia creativa de Antonio Fargas, quien ha actuado en filmes tales como *Shaft* (1971), *Across 110th Street* (1972), *Conrak* (1974), *Car Wash* (1976), *Next Stop, Greenwich Village* (1976), *Pretty Baby* (1978), *I'm Gonna Get You Sucka* (1989) y *Whore* (1991).

Nacido y criado en el Harlem hispano, Fargas se sintió atraído primeramente al teatro cuando estudiaba en el Instituto, y pasó a estudiar con distintos grupos teatrales de la ciudad de Nueva York. Su gran oportunidad vino cuando consiguió el papel de curandero en la producción de Broadway, *The Great White Hope*, que tenía a James Earl Jones de estrella.

João Fernández

Cineasta nativo del Brasil, Fernández ha fotografiado un gran número de producciones internacionales de Hollywood, incluso *Invasion, U.S.A.* (1952), *Missing in Action* (1984), *Red Scorpion* (1989), *Hellbound* (1993), *Sprung* (1997) y *Gideon* (1999). También ha trabajado en varios telefilmes entre los que están, *Love Kills* (1991), *Deconstructing Sarah* (1994), *Road to Galveston* (1996) y *Silencing Mary* (1998).

Abel Fernández

NACIMIENTO: 14/7/1930

Fernández es más conocido por su interpretación del agente indio americano del Tesoro, Youngfellow, de la serie de televisión *The Untouchables*, de 1959 a 1963. Nacido y criado en el lado este de Los Angeles, de herencia mexicano-americana, Fernández apareció en muchas series clásicas de televisión de los años 50, incluso en *Rin Tin-Tin* (1954–1959) y *Lassie* (1954–1974), usualmente como un indio americano.

Benjamín Fernández

Natural de España, Fernández se siente igualmente cómodo como diseñador de producción de películas de acción futurista, que trabajando en epopeyas de época. Comenzó su carrera como dibujante en clásicos tales como *Rey de Reyes* (1961), del productor Samuel Bronston, y *El Cid* (1961), así como en la monumental producción *Lawrence of Arabia* (1962), dirigida por David Lean. En 1964, cambió a la posición de asistente del director de arte en *Doctor Zhivago* (1964), de David Lean, a la que siguieron *Patton* (1970) y *Nicholas y Alexandra* (1971), *Los Tres Mosqueteros* (1973), de Richard Lester y *Alien* (1979), de Ridley Scott. Pasando a la posición de director de arte, Fernández trabajó en *Revenge of the Pink Panther* (1978), *Conan the Barbarian* (1982), *Indiana Jones and the Last Crusade* (1989) y *Gladiator* (2000). Sirvió como diseñador de la producción de *Revenge* (1990), *True Romance* (1993) y *Dragonheart* (1996).

EMILIO "EL INDIO" FERNÁNDEZ

NACIMIENTO: 26/3/1904
DEFUNCIÓN: 6/8/1986

John Huston (der.) dirige a Emilio Fernández (izq.) en *Under the Volcano*.

La percepción cinemática respecto a México de Emilio "El Indio" Fernández, el único y más importante director mexicano de los años 40, forjó una visión para su gente, el folclore y el país. Años más tarde, su trabajo se convirtió en una caricatura propia, con caracterizaciones exageradamente arquetípicas de bandidos mexicanos estereotipados, o generales en películas americanas, en las cuales él trabajó como actor desde el comienzo de los años 60.

Emilio Fernández, director, actor y guionista, nació en el pueblo minero llamado El Hondo, en el área de Sabina, Coahuila, México, hijo de un padre ibero-mexicano y una madre india (de ahí su apodo, "El Indio"). Cuando su padre partió a unirse a los ejércitos revolucionarios, Emilio, a la edad de nueve años, se convirtió en la cabeza de la familia. Casi inmediatamente, mató de un tiro a un hombre por asaltar a su madre. Llevado a un reformatorio, se escapó y se unió a la revolución. Peleó contra Pancho Villa bajo el mando del general Carranza; fue capturado, y sentenciado a morir al amanecer, pero logró escapar de un guardia que estaba borracho. Más tarde peleó con Obregón contra Carranza, luego contra Obregón, con el general de la Huerta. Encarcelado nuevamente, voló su celda con dinamita robada, se apropió de un caballo y marchó hacia el norte y la frontera.

En San Antonio trabajaba de día y estudiaba inglés en una escuela nocturna. Recogía algodón, cuidaba de un rebaño, pillaba cerdos, hacía cualquier cosa para mantenerse. Un día, el ojo crítico de Emilio salvó a una joven de ahogarse en una playa de Chicago. Ella resultó ser una bailarina de Earl Carroll. Indio fue acogido por el grupo teatral de Edgewater Beach donde su capacidad como bailarín de música latina atrajo la atención de Rodolfo Valentino, quien se convirtió en su amigo. Después de la muerte de Valentino, El Indio montó en el tren funeral hasta Los Angeles, a donde llegó sin un centavo y desempleado. Consiguió trabajo en los estudios United Artists, como ayudante de camarero, y de vez en cuando trabajaba de extra e hizo pequeños papeles de malo en cintas del oeste. Regresó a México con el deseo de hacer películas y encontró trabajo como actor.

Hizo su debut en el cine en *Janitzio* (1934), como un indio quien pierde el amor de su vida, porque la dama se ha enamorado de un español. El filme sirvió como una influencia mayor para dos cintas que él después dirigiría. Su carrera como director comenzó en 1943, con *Isla de la Pasión*. Muy pronto se convertiría en el más importante director fílmico de la Era Dorada del Cine de México (1942–1952).

La industria del cine mexicano acababa de ser establecida como una fuerza creadora, igual que comercial, desde los finales de la década de los 20, y a la par con Argentina y Cuba, era una de las tres productoras fílmicas predominantes del mundo que hablaba español.

María Candelaria (1941) ganó el Gran Premio del Festival de Cine de Cannes, en 1947. *Flor Silvestre* (1943) ganó en Locarno ese mismo año y *La Perla* (1945), ganó en San Sebastián en 1946. Él recordó en un simposio en California, "Yo trabajé con John Steinbeck en el guión de *La Perla*, que dirigí en español. Fue estrenada en una versión en inglés al mismo tiempo, con los mismos actores doblando las voces".

Las películas de Fernández fueron consideradas de inmediato como únicamente mexicanas, tanto en estilo como en tema. Aunque Fernández y su constantemente presente cameraman, Gabriel Figueroa, habían trabajado ambos en filmes americanos mientras que estuvieron en Hollywood por un tiempo a principios de sus carreras, El Indio resolvió divorciarse de la influencia americana, y darle a sus películas un sentido de conciencia social mexicana, nacionalismo y una glorificación de populismo poético. El color del folclore mexicano, los vastos paisajes, el diseño de la costa, cielos dramáticos, nubes de dibujos vibrantes, y más importante aún, la presencia etérea y apasionada belleza indígena de los actores —más notables entre todos, Dolores del Río, Pedro Armendáriz, María Félix y María Elena Marqués— fue capturada por la sorprendente fotografía de Gabriel Figueroa. Fernández y el escritor adjunto, Mauricio Magdaleno, sintetizaron y diseñaron una visión cinemática mexicana única y fácil de identificar.

Fernández ayudó al director John Ford, a quien admiraba grandemente, en la producción de *The Fugitive* (1947), que fue filmada en México.

Es irónico que Emilio Fernández, quien como director dio a los mexicanos una identidad forjada en imágenes de su gente y su pasado, como actor, más tarde en su carrera en filmes americanos, usualmente interpretaba a detestables generales mexicanos o bandidos. Quizás sea mejor conocido por su papel como el borracho, exagerado y malvado general Mapache, en *Los Fieros* (1969), de Sam Peckinpah. Su otra participación en el cine americano consiste en *The Reward* (1965), *A Covenant with Death* (1966), *Return of the Seven* (1966), *Pat Garrett and Billy the Kid* (1973), *Bring Me the Head of Alfredo García* (1974) y *Under the Volcano* (1984).

Años después, alcoholismo, comportamiento irracional, violencia, mala salud, desavenencias políticas y una acusación de un supuesto asesinato menguaron su capacidad de dirigir filmes en México. La última película escrita y dirigida en México fue *La Choca*, hecha en 1973. Fernández murió en 1986.

Esther Fernández

NACIMIENTO: 23/4/1920
DEFUNCIÓN: 1999

Nacida en la Ciudad de México, donde consiguió un inmenso éxito en películas, Fernández fue traída a los Estados Unidos bajo contrato con los estudios Paramount en 1941. Durante un año y medio, no aparecieron papeles propios para ella, debido mayormente a que hablaba muy poco inglés. Pasó a RKO durante seis meses, pero nada sucedió allí tampoco. Entonces marchó a México, pero regresó de nuevo a los Estados Unidos un año más tarde, después de su éxito en el filme mexicano, *Santa* (1943), que fue dirigido por Norman Foster donde aparecía Ricardo Montalbán. Paramount prontamente encontró entonces un papel para ella, como María Domínguez y Peralta, la belleza española quien es una pasajera del infernal barco, Pilgrim, en *Two Years Before the Mast* (1946), en la que ella se enamora de la estrella Alan Ladd. Fernández regresó a México después de esa cinta y no volvió a hacer ninguna otra película en Hollywood.

Evelina Fernández

NACIMIENTO: 28/4/1954

Fernández trabajó junto a Edward James Olmos, haciendo de Julie en *American Me* (1992). Ella también ha aparecido en filmes tales como *Downtown* (1989), *Flatliners* (1992) y *Postcards from the Edge* (1990). En televisión ha trabajado como el personaje de Juanita Herrera, la trabajadora de una fábrica, en la primera temporada de la serie de larga duración, *Roseanne* (1988–1997), y últimamente en *Luminarias* (2000).

Juan Fernández

Fernández ha aparecido como un personaje siniestro en filmes tales como *Kinjite: Forbidden Subjects* (1989), con Charles Bronson, y *Salvador* (1986), de Oliver Stone, junto a James Woods. También ha actuado en *Uncommon Valor* (1983), *Fear City* (1984), *Crocodile Dundee* (1986) y *Cat Chaser* (1990), con Kelly McGillis.

José Ferrer

NACIMIENTO: 8/1/1912
DEFUNCIÓN: 26/1/1992

José Ferrer, en su carrera tripartita como actor, director y escritor, ha recibido tres premios del New York Drama Circle, cinco premios Tony, dos candidaturas

¿Qué hay en una nariz? José Ferrer sonríe como el protagonista de Cyranno de Bergerac (1950) por el cual ganó el premio de Oscar como mejor actor.

para el Oscar como Mejor Actor, y una de Actor de Reparto, y un premio Oscar de la Academia como Mejor Actor, por su *Cyrano de Bergerac* (1950). Fue el primer hispanoamericano en recibir ese codiciado premio.

Ferrer nació en Puerto Rico. Su padre era abogado y la familia materna era dueña de campos de caña. Ferrer dijo una vez de su padre: "Quizás fue la mayor influencia en mi vida. Él y sus amigos me inculcaron una sed de aprender, ser inquisitivo, el deseo de crecer y desarrollarme al máximo, y ser lo mejor que uno ser".

Tanto él como sus dos hermanos aprendieron francés e inglés, igual que español, y recibieron educación en escuelas privadas de los Estados Unidos. Ferrer asistió a la Universidad de Princeton, graduándose en 1933 de arquitectura. En su último año en Princeton, no obstante, fue invitado a aparecer en una obra de teatro. "Yo comencé a reunirme con gentes del teatro. Finalmente, comprendí que lo único que me importaba era ser actor. Se convirtió en una obsesión. Claro, mis padres me habían llevado al teatro desde edad muy temprana, seis o siete años, y aún recuerdo aquellos primeros espectáculos. Pero sin la obra teatral de Princeton, yo nunca me hubiera empeñado en una carrera en las tablas".

Se ha dicho que Ferrer una vez dijo que él nunca hubiera servido para arquitecto, y por eso fue a la Universidad de Columbia a estudiar lenguas modernas, con la intención de ser profesor. Sin embargo, para Ferrer no hubo la usual lucha del actor principiante. "Yo no podía creerlo. Al comienzo, yo recibía trabajo por todos lados. Fue un poco más difícil después que me hice famoso. Entonces tenía que tener más cuidado. Tenía que escoger; cuando uno es joven, lo único que desea es ser visto y aprender".

Aunque *Brother Rat* (1936) fue el primer triunfo de Ferrer, su debut profesional en las tablas vino en realidad un año después (el mismo año que se unió a Actor's Equity), con *A Slight Case of Murder* (1935), en el que solamente tenía que recitar una línea. Tuvo su primer papel importante en una nueva versión de *Charley's Aunt* (1940). En 1941 debutó como director en *The Admiral Had a Wife*, pero fue su caracterización de lago, contrafigura del *Otello* de Paul Robeson, en 1942, que mereció gran atención de parte del público.

Los otros trabajos teatrales de Ferrer incluyen *Cyrano de Bergerac* (1947), *The Silver Whistle* (1948) y *Man of La Mancha* (1970).

Él produjo, dirigió y apareció en una nueva versión de *Twentieth Century* (1951), y dirigió también *The Four Posters* (1952), recibiendo un Tony por cada una. También produjo, dirigió y protagonizó *The Shrike* (1955), la obra de Joseph Kramm ganadora del premio Pulitzer, y por la que Ferrer recibió tres premios de New York Drama Critics Circle, al igual que dos Tony. Ferrer también fue director de *My Three Angels* (1952), *Stalag 17* (1952) y *The Andersonville Trial* (1959).

Joan of Arc (1948), en la que hizo el papel del Delfín, junto a la Juana de Arco de Ingrid Bergman, marcó su primera aparición en la pantalla, igual que su primera candidatura al Oscar. Después hizo el papel de mentiroso y asesino en *Whirlpool* (1949), con Gene Tierney, y tuvo un pequeño papel en *The Secret Fury* (1950). Ferrer después desempeñó el papel de un dictador latinoamericano, Raoul Farrargo, en *Crisis* (1950), escrita y dirigida por Richard Brooks.

Por la versión fílmica de *Cyrano de Bergerac*, Ferrer obtuvo el premio de la Academia como Mejor Actor de 1950. "Mi vida cambió por ello. Hicimos [la cinta] con muy poco dinero, en cuatro semanas de seis días. Michael Gordon fue el director. Creo que costó hacerla alrededor de $400.000", Ferrer dijo en una entrevista. Recibió otra nominación de Mejor Actor, por su papel del diminuto pintor francés, Toulouse Lautrec, en *Moulin Rouge* (1952), dirigida por John Huston.

Otros filmes a través de los años incluyen, *Miss Sadie Thompson* (1953), *The Caine Mutiny* (1954), *Deep in My Heart* (1954), *Lawrence of Arabia* (1962), *Nine Hours to Rama* (1963), *The Greatest Story Ever Told* (1965), *Ship of Fools* (1965), *Enter Laughing* (1967), *Behind the Iron Mask* (1977), *Fedora* (1978) y *The Big Brawl* (1980).

Ingresó en el rango de director de cine por su dirección en filmes tales como *Cockleshell Heroes* (1955), *Return to Peyton Place* (1961) y *State Fair* (1962). Fue director y apareció también en *The Shrike* (1966), *The Great Man* (1957), *The High Cost of Living* (1958) y *I Accuse* (1958).

Entre sus muchas apariciones en la televisión están el programa de prueba inicial para la serie de *Kojak*: *The Marcus Nelson Murders* (1973), *Kismet* (1967), *A Case of Libel* (1968), *The Amazing Captian Nemo* (1978), *The Dream Merchants* (1980), *Evita Peron* (1981) y la miniserie, *Blood & Orchids* (1986).

La profesión preferida de Ferrer fue siempre la de director, y el teatro su forma preferida. A pesar de la diversidad de su trabajo y a pesar de todos esos honores recibidos, Ferrer veía con pesar las cosas que él aún no había hecho, según reveló en una entrevista antes de morir. "En verdad, en veinte años o más, yo no he desempeñado muchos de los papeles que creo debiera haber hecho. Fueron una serie de equivocaciones. Fui a California con mi esposa, Rosemary Clooney, quien triunfaba en el cine y en grabaciones, y me quedé allí alrededor de quince años. Mi agente me dijo que yo también podía tener una carrera allá, pero la clase de actor que yo era no compaginaba con el sistema de escoger a los actores de los estudios, como era entonces. O bien yo no les daba lo que ellos querían, o yo hice muy malas selecciones. Cuando finalmente regresé a Nueva York, había perdido la posición que antes ocupaba. Mi carrera fue cuesta abajo y se ha mantenido descendiendo por un largo tiempo" David Galligan, *Drama Logue* (10/8/87).

Las últimas actuaciones fílmicas de Ferrer incluye *A Midsummer Night's Sex Comedy* (1982), *To Be or Not to Be* (1983) y *Dune* (1984).

"Yo estoy muy agradecido del trabajo que me ha sido asignado en los últimos veinte o treinta años. Agradezco mucho el hecho de que he podido sobrevivir y vivir muy bien", dijo el actor. Ferrer tiene seis hijos, uno de los cuales,

Miguel, es actor. José Ferrer dirigió una gira nacional de la producción de *The Best Man* (1987), protagonizada por su colega y amigo, Mel Ferrer. José Ferrer murió después de una corta enfermedad el 16 de enero de 1992.

Mel Ferrer

Nacido Melchior Gaston Ferrer

NACIMIENTO: 25/8/1917

Director, actor y productor, Mel Ferrer ha desplegado sus talentos en diversos medios teatrales, como el cine, las tablas, radio y televisión.

Nacido y criado en Nueva York, de padres de España y Cuba, asistió a la Universidad de Princeton, y un premio de escritura recibido proporcionó un viaje a México. Ferrer comenzó su carrera como un actor en Broadway y la radio, donde más tarde sería productor. En 1945 fue contratado como supervisor de diálogo y director de la RKO. Su primer esfuerzo como director fue *The Girl of the Limberlost* (1945). También ayudó a fundar La Jolla Playhouse, de San Diego.

Después de dos años, regresó a Broadway y consiguió el papel protagónico en *Strange Fruit* (1947) y ese mismo año dirigió a José Ferrer en la producción teatral de *Cyrano de Bergerac.*

Después marchó a México como ayudante de John Ford en *The Fugitive* (1947). Dirigió dos obras teatrales en México con Margo y Eddie Albert. Como actor, protagonizó filmes tales como *The Brave Bulls* (1951), en el cual resultó muy efectivo como un campesino mexicano que se eleva a una posición eminente, y como torero se convierte en un ídolo del ruedo; *Scaramouche* (1952), *Lili* (1953), como un titiritero cojo; *Knights of the Round Table* (1953) y *War and Peace* (1956), con Henry Fonda y Audrey Hepburn. Ha dirigido filmes tales como *The Secret Fury* (1950), *Vendetta* (1950) y *Green Mansions* (1959), con Audrey Hepburn de estrella. Ferrer también produjo la exitosa obra de suspense, *Wait Till Dark* (1967), protagonizada por Audrey Hepburn y Alan Arkin. En la televisión, Ferrer hizo el papel de Phillip Erickson, un personaje que aparecía varias veces en la serie *Falcon Crest* (1981–1990), y dirigió también varios episodios.

Miguel Ferrer

Hijo de José Ferrer y Rosemary Clooney, Miguel Ferrer ha aparecido en películas tales como *Heartbreaker* (1983), *RoboCop* (1987), *Valentino Returns* (1987) y *Revenge* (1990). En televisión ha protagonizado dos series de poca duración: *Broken Bridges* (1990) y *UnSub* (1989); por otra parte, su presencia ocasional en la serie *Twin Peaks* (1990–1991), como el nervioso agente del FBI, Albert Rosenfield, causó muy buena impresión. Ha estado activo en películas para la televisión y miniseries, apareciendo en más de una docena en la última década, incluyendo *The*

Stand (1994) y *The Shining* (1997). Recientemente, ha añadido a su repertorio hacer doblaje de voces, proveyendo la voz de Shan-Yu, en *Mulan* (1998), de Disney.

Pablo Ferro

NACIMIENTO: 15/1/1935

Nacido en La Habana, Cuba y criado en la ciudad de Nueva York, Ferro es un destacado director de efectos especiales ópticos para comerciales del cine y la televisión. Su trabajo ha podido ser admirado en *The Thomas Crown Affair* (1968), en la que Ferro introdujo por vez primera el efecto de imágenes *split-screen*; *A Clockwork Orange* (1971), en la que usó *split second intercutting*; y *Midnight Cowboy* (1969). Sus trabajos más recientes incluyen, *Darkman* (1990) y *Mobsters* (1991). En 1992, dirigió su primera película, la íntima comedia, *Me, Myself, and I*, protagonizada por George Segal. Desde entonces, ha diseñado titulares para películas tales como las aclamadas, *Philadelphia* (1993), *That Thing You Do!* (1996), *L.A. Confidential* (1997), *Good Will Hunting* (1997), *Beloved* (1998), *Psycho* (1998), de Gus Van Sant, y *For Love of the Game* (1999).

Efraín Figueroa

El actor Figueroa ha trabajado en *Tequila Sunrise* (1998), *Pretty Woman* (1990), *Drug Wars: The Cocaine Cartel* (1992), la aclamada cinta *Star Maps* (1997) y *Desperate Measures* (1997), con Andy García y Michael Keaton.

Gabriel Figueroa

NACIMIENTO: 24/4/1907
DEFUNCIÓN: 27/4/1997

Mundialmente conocido y maestro de los cineastas mexicanos, Figueroa estudió por corto tiempo con Gregg Toland, en los estudios RKO. Realizó la fotografía del filme de John Ford, *The Fugitive* (1947); *La Noche de la Iguana* (1964), de John Huston, y *Under the Volcano* (1984), por la que fue nominado por la Academia. Para el director Don Siefel, hizo en México *Two Mules for Sister Sara* (1970) y *Kelly's Heroes* (1971), filmada en Yugoslavia.

William Fraker

NACIMIENTO: 1923

Nominado seis veces por la Academia, el cineasta William Fraker es oriundo de Los Angeles, de madre mexicana y padre americano.

Es graduado de la escuela fílmica de la Universidad de Southern California.

Después de trabajar en televisión continuadamente, Fraker entró en el mundo del cine como operador de cámara y ayudante del famoso cineasta, Conrad Hall.

Fraker es uno de los pocos cineastas en haber dirigido una película. Hizo su debut como director en *Monte Walsh* (1970), y a eso siguió *A Reflection of Fear* (1973), y posteriormente, *The Legend of the Lone Ranger* (1981). Ha trabajado como director de fotografía en filmes tales como *Rosemary's Baby* (1968), *Bullitt* (1968), *Paint Your Wagon* (1969), *Looking for Mr. Goodbar* (1977) y *Heaven Can Wait* (1978).

Abel Franco

NACIMIENTO: 1922
DEFUNCIÓN: 2000

Maestro de escuela en Pasadena, California, y actor, Franco ha participado en filmes tales como *The Searchers* (1956), *Zoot Suit* (1981), *El Norte* (1984), *The Falcon and the Snowman* (1985) y *¡Three Amigos!* (1986). Recibió un premio Emmy como escritor del drama diurno de la PBS, *Canción de la Raza.*

Ramón Franco en *Tour of Duty.*

Ramón Franco

NACIMIENTO: 1963

Nacido en Caguas, Puerto Rico, Franco comenzó su carrera de actor a la edad de catorce años. Sus filmes incluyen *Boardwalk* (1979), *Heartbreak Ridge* (1986), *Bulletproof* (1988), *Kiss Me a Killer* (1991) y *Street Knight* (1993). Ha aparecido también en varios telefilmes, entre los que se encuentran *Chains of Gold* (1991), *Shattered Image* (1994), *Search and Rescue* (1994) y *Justice* (2000). Es más conocido por su papel como el soldado Ruiz, en la serie televisiva de la guerra de Vietnam, *Tour of Duty* (1987–1990).

Hugo Fregonese

NACIMIENTO: 8/4/1909
DEFUNCIÓN: 25/1/1987

Natural de Argentina y director internacional de cintas de suspense y del oeste, Fregonese trabajó en Hollywood a fines de los 40, y a través de los 50.

Hijo de un vinatero de Venecia que se estableció en Mendoza, cerca de Buenos Aires, Fregonese estudió economía en el colegio universitario. Se convirtió en un reportero de deportes para una revista argentina, y poco después se trasladó a la ciudad de Nueva York y se convirtió en agente de prensa.

Durante el tiempo que estuvo en Nueva York, actuó como consejero técnico de un productor sobre un guión cinematográfico que tenía un fondo suramericano. Vino a Hollywood, pero la película nunca fue hecha, y Fregonese entonces trabajó de extra en el cine. Esa carrera fue de corta duración, porque constantemente perdía el trabajo, debido a que nunca podía mantenerse en el lugar que el ayudante del director le asignaba. En cambio, estaba siempre cerca de la cámara, tratando de aprender cómo se hacían las películas. Como extra, apareció de prisionero en *The Hurricane* (1937) y como pirata en *The Bucaneer* (1938), con Fredric March.

El director Hugo Fregonese (izq.) habla sobre una escena de amor entre los protagonistas Cyd Charisse y Ricardo Montalbán durante la filmación de *Mark of the Renegade*, una historia de aventura en la antigua California.

En Los Ángeles, asistió a una escuela de artes y oficios del cine para aprender el arte de editar. Fregonese regresó a Argentina, donde comenzó la carrera de ayudante de director en la industria fílmica. Tuvo la oportunidad de dirigir conjuntamente una cinta llamada *Pampa Barbara,* en 1943. Después dirigió *Hardly a Criminal* (1949), la historia de un oficinista que trata de esconder y conservar medio millón de dólares que él había robado. La cinta fue comprada y estrenada en los Estados Unidos con el diálogo doblado al inglés. Fregonese hizo otro filme, *Where Words Fail* (1948), filmada totalmente en exteriores, a la que fueron añadidas las voces de los actores y efectos de sonido en la producción posterior. Por la solidez de su trabajo, recibió un contrato de la MGM. Estuvo con la Metro por un año, pero sin tener nada que hacer. Universal International lo contrató para dirigir el suspense, *One Way Street* (1950), protagonizada por James Mason. Continuó dirigiendo varios oestes, que incluían *Saddle Tramp* (1950), con Joel McCrea, *Apache Drums* (1951), *Mark of the Renegade* (1951), con Ricardo Montalbán y Gibert Roland, *y Untamed Frontier* (1952).

Cambió para Columbia Pictures y dirigió una comedia que sucedía en una prisión, titulada, *My Six Convicts* (1952), producida por Stanley Kramer, y en la que aparecía Gilbert Roland. Aunque fue más bien conocido por sus cintas de categoría B, Fregonese también hizo algunas con estrellas de mucho renombre, entre ellas, *Blowing Wild,* con Barbara Stanwyck, Gary Cooper y Anthony Quinn, en 1953.

Durante el resto de los años 50, hizo varias películas para la Twentieth Century Fox, incluso, *Man in the Attic* (1953), con Jack Palance, una versión muy respetada de la historia de Jack el Destripador.

La carrera de Fregonese se hizo internacional en ese tiempo e incluyó proyectos tales como *Decameron Nights* (1953), para RKO, la epopeya italiana, *The Beast of Marseilles* (1957), y la cinta italiana *Marco Polo* (1962), con Rory Calhoun. En los años 60, él dirigió el oeste europeo, *Old Shatterhand* (1964), con Lex Barker, *Secrets of Dr. Mabuse* (1964) y *Savage Pampas* (1966), nueva versión de la cinta con que él hizo su debut, *Pampa Barbara,* con Robert Taylor, filmada en los exteriores de Argentina.

En los años 70, dirigió *La Mala Vida* (1973) y *Más Allá del Sol* (1975). Fregonese se casó con la actriz Faith Domergue. Murió de un ataque al corazón en Buenos Aires a la edad de setenta y siete años.

Jimmy Smits y Daisy Fuentes son los presentadores de los premios Alma.

Julie Friedgen

Nacida Julietta Martha María del Pilar Francesconi-Sánchez, la escritora Friedgen fue criada en el lado este de Los Angeles. Ha escrito múltiples episodios de programas de televisión tales como *In the Heat of the Night* (1988–1994), *Walker: Texas Ranger* (1990–), *21 Jump Street* (1987–1992), *Magnum P.I.* (1980–1988) y *Knight Rider* (1982–1986).

Daisy Fuentes

NACIMIENTO: 17/11/1966

Nacida en La Habana, Cuba, Fuentes primero encontró la fama como animadora en MTV, donde era inmensamente popular. De ahí pasó a animar *House of Style*, de MTV (1989–) en 1997, y entonces entró al programa *America's Funniest Home Videos* (1990–), como anfitriona. Ha sido invitada a aparecer en numerosos episodios de televisión y últimamente ha sido designada para protagonizar el programa *Shutterspeed* (2000).

Jenny Gago

Los trabajos fílmicos de Gago incluyen *Under Fire* (1983), *No Man's Land* (1987), *Irreconcilable Differences* (1984), *Innerspace* (1987), *Best Seller* (1987), *Gringo Viejo* (1989) y *Mi Familia* (1994). Ha protagonizado programas tales como *Cagney & Lacey* (1982–1988) y *Falcon Crest* (1981–1990), y obtuvo papeles que continuaban apareciendo en *Dallas* (1987–1991) y *Knots Landing* (1979–1993), en el que hizo el personaje de María durante tres años.

Nacho Galindo

NACIMIENTO: 22/6/1973

Actor de carácter, Galindo ha aparecido en películas desde los años 40 hasta los 60, incluso en *Tycoon* (1946), *South of St. Louis* (1949), *Borderline* (1950), *Border River* (1954), *Broken Lance* (1954), *Pícaros de un Solo Ojo* (1961) y *El Dorado* (1967).

Sylvana Gallardo

NACIMIENTO: 13/1/1953

Actriz nativa de la ciudad de Nueva York de padres de Venezuela y Cuba, Gallardo apareció en *Windwalker* (1980), *Death Wish II* (1982) y *Solar Crisis* (1993). En la televisión ha participado en los telefilmes, *Copacabana* (1986), *The Calendar Girl Murders* (1984), *Prison Stories: Women on the Inside* (1991) y *The*

Corpse Had a Familiar Face (1994), además de haber aparecido como invitada en numerosas series episódicas.

Gina Gallego

NACIMIENTO: 30/10/1959

Actriz de orígenes mexicanos, nacida y criada en Los Angeles, en el cine, Gallego ha tomado parte en *The Men's Club* (1986), con Treat Williams; *My Demon Lover* (1987), con Scott Valentine; y *Lust in the Dust* (1985), con César Romero. Ella quizás sea mejor conocida por haber aparecido durante dos años en la telenovela diurna *Santa Barbara* (1984–1992) en el papel de Santana, y por su trabajo en la telenovela *Rituals* (1984–1985). Gallego también trabajó regularmente en la serie televisada, *Flamingo Road* (1981–1982) y apareció en la película de Showtime, *Keeper of the City* (1991).

Joaquín Garay II

NACIMIENTO: 1911
DEFUNCIÓN: 1990

Veterano de revistas de variedades, cantante y bailarín, Garay compartió las carteleras con artistas como Jack Benny, y más tarde, Martin y Lewis, además de proveer la voz de Panchito (el papagayo que cargaba pistola) para *Los Tres Caballeros* (1944), de Walt Disney. Fue también uno de los artistas que aparecían en el autobús de *It Happened One Night* (1934). Su hijo, Joaquín Garay III, actuó como un pilluelo callejero de once años en la cinta *Herbie Goes Bananas* (1980), de Disney.

Allan García

NACIMIENTO: 18/3/1887
DEFUNCIÓN: 4/9/1938

Teniendo en su haber el haber trabajado como director de reparto en los estudios Chaplin, García tuvo su primer papel de importancia en la cinta muda de Chaplin, *The Circus* (1923), donde apareció como el propietario del circo. Hizo de mayordomo en *City Lights* (1923, muda), de Chaplin, y apareció en *Modern Times* (1936, muda), también de Chaplin, como el jefe de la fábrica. Sus otros trabajos fílmicos incluyen, *The Idle Class* (1921, muda), *Pay Day* (1922, muda), *Morgan's Last Raid* (1929), *Under the Tonto Rim* (1933), *The California Trail* (1933), de Columbia, y *The Gay Desperado* (1936).

Andy García

Andy García

NACIMIENTO: 12/4/1956

Nacido en Cuba, García vino a los Estados Unidos con sus padres cuando tenía cinco años de edad. Creció en Miami Beach, Florida, donde comenzó su carrera de actor, trabajando en producciones teatrales de la región. Después de mudarse a Los Angeles, García debutó en televisión en el programa de prueba de la serie *Hill Street Blues* (1981–1987), y apareció de invitado en otras series de televisión y en telefilmes. García hizo su debut en el cine como un detective de la policía en el filme de Philip Borsos, *The Mean Season* (1985) que protagonizaban Kurt Russell y Mariel Hemingway.

Se convirtió en una estrella internacional con el papel del italiano-americano policía novato, George Stone, en la exitosa cinta de Brian De Palma, *The Untouchables* (1987), al que seguiría su notable interpretación del peligroso y suave narcotraficante, Ángel Maldonado, en *8 Million Ways to Die* (1986), de Hal Ashby. De Palma quería que García hubiera interpretado al asesino secuaz de Capone, Frank Nitti, pero García persuadió al director que lo dejara interpretar Stone, aunque el tipo no lo favorecía. Su estrella continuó ascendiendo con el papel de detective compañero de Michael Douglas, en *Black Rain* (1989), y como el investigador policíaco Ray Avila, junto a Richard Gere, en *Internal Affairs* (1990). El estrellato máximo llegó a él con la epopeya de Francis Ford Coppola, *The Godfather, Part III* (1990), en la que caracterizó a Vincent Mancini, el hijo ilegítimo de Sonny Corleone, que le mereció una nominación como Mejor Actor del Globo de Oro y de la Academia. De ahí pasó a trabajar en *Hero* (1993), protagonizada por Dustin Hoffman, y después, *When a Man Loves a Woman* (1994), con Meg Ryan. En años más recientes ha interpretado el papel titular de *The Disappearance of Garcia Lorca* (1997) y después actuó en *Desperate Measures* (1998), junto a Michael Keaton. García produjo la comedia romántica *Just the Ticket* (1999) en la que apareció junto a Andie MacDowell. Últimamente apareció en el film *Ocean's Eleven* (2001), en la película de televisión de HBO *For Love or Country* (2000), y en *Swing Vote*, de la cadena ABC.

Rick García

Actor nativo de los Estados Unidos con numerosas actuaciones fílmicas en su haber. Es mejor recordado por decir la frase inmortal de Alfonso Bedoya, "¿Insignias? No necesitamos esta porquería de insignias", en la película, *The Treasure of the Sierra Madre* (1948); por aparecer como un bandido mexicano en la parodia, *Blazing Saddles* (1974), de Mel Brooks, y como el guardafronteras mexicano que recibe una patada de Kirk Douglas en la entrepierna, en la cinta *Tough Guys* (1986), que también protagonizaba Burt Reynolds.

Rodrigo García

Director de fotografía mexicano, García asistió a la Universidad de Harvard, y al Instituto de Cine Americano. La labor de García incluye *Danzón* (1991), de María Novaro; *The Minister's Wife* (1992), de Robert Spera; *Mi Vida Loca* (1994), de Allison Anders; el aclamado telefilme, *Gia* (1998), y *Body Shots* (1999). Hizo su debut como director y guionista de películas en *Things You Can Tell Just by Looking at Her* (2000), estrenada en el circuito de los festivales de cine y adquirida para su distribución por la emisora de la cadena de cable, Showtime.

Ron García

Entre las películas de largometraje de este notable cineasta aparecen, *Disorganized Crime* (1989), *Side Out* (1990), *Twin Peaks: Fire Walk With Me* (1992) y *The Great White Hype* (1996). La participación de García en la televisión incluye las series *Crime Story* (1986–1988), *Hunter* (1984–1991) y numerosas películas. Fue nominado para un premio Emmy por su trabajo en el miniserie televisiva, *Murder in the Heartland* (1993), y conquistó otra candidatura por su trabajo en *The Day Lincoln Was Shot* (1998).

Stella García

La actriz ha aparecido en los filmes, *The Last Movie* (1971), con Dennis Hopper, y *Joe Kidd*, con Clint Eastwood.

Carlos Gardel

NACIMIENTO: 11/12/1890
DEFUNCIÓN: 24/6/1935

Cantante argentino, compositor y estrella del cine, Gardel fue inmensamente famoso en el mundo hispanoparlante y en Francia, dando gran popularidad al tango. Era natural de Francia, pero creció en Argentina desde la edad de un año, donde estuvo expuesto al contacto con la música que lo haría famoso mundialmente. Hizo cuatro cintas fílmicas en español, en Nueva York, para Paramount, en 1934 y 1935: *Tango en Broadway* (1934), *Cuesta Abajo* (1935), *Tango Bar* (1935), *El Día que me Quieras* (1935). Anterior a ellas, había hecho varias cintas fílmicas en los estudios Paramount, en Joinville, Francia. Su carrera meteórica fue abruptamente cortada cuando pereció en un accidente de aviación en Colombia en 1935.

Martín Garralaga

NACIMIENTO: 10/11/1898
DEFUNCIÓN: 12/6/1981

Cantante y actor natural de España, Garralaga protagonizó muchos personajes españoles y mexicanos de la pantalla. Su carrera comenzó en Barcelona como cantante, y sus facultades lo llevaron a los escenarios de concierto y ópera, en Norte y Sudamérica, y finalmente a los estudios de películas de Hollywood.

Hizo su debut en el cine en la versión en español de *El Rey del Jazz* (1930), en la que apareció como maestro de ceremonias, y después trabajó en muchas más cintas en español, tanto en caracteres sombríos, como en cómicos. Garralaga tuvo su primer papel de importancia en una cinta hablada en inglés en 1936, en *A Message to Garcia*. Sus otros trabajos incluyen *Rose of the Rio Grande* (1938), *Starlight Over Texas* (1938), *The Fighting Gringo* (1939), *Juarez* (1940), *Rhythm of the Rio Grande* (1940), *Stage to China* (1940), *In Old California* (1942), *The Lady Has Plans* (1942), *For Whom the Bell Tolls* (1943), *Man in the Shadow* (1957), *The Left-Handed Gun* (1958) y *The Last Angry Man* (1959). Hizo de Pancho, el compinche del Cisco Kid, en varias de las cintas de Duncan Renaldo.

John Gavin es Julio César en *Spartacus*.

John Gavin

Nacido John Anthony Golenar

NACIMIENTO: 8/4/1931

Natural de Los Angeles, Gavin, de padre americano y madre mexicana, es graduado de la Universidad de Stanford. Se enlistó en el ejercito y se interesó en el teatro mientras estaba de licencia, a las instancias de un amigo. Muy pronto hizo su debut fílmico con la Universal Pictures en *Behind the High Wall* (1956), con Sylvia Sidney. Dos de sus más importantes actuaciones fílmicas son *Psycho* (1960), de Alfred Hitchcock, y como Julius Caesar, en *Spartacus* (1960), junto a Charles Laughton y Sir Laurence Olivier. La atractiva elegancia de Gavin lo convirtió en un galán al estilo de Cary Grant. Sus otros filmes incluyen *Back Street* (1961), *Tammy, Tell Me True* (1961) y *The Madwoman of Chaillot* (1969).

A fines de 1970, abandonó la pantalla por la política y fue nombrado Embajador de los Estados Unidos en México.

Tony Genaro

Actor de reparto, los créditos de Genaro incluyen *The Milagro Beanfield War* (1988), *Tremors* (1989), *Bound by Honor* (1993), *Speechless* (1994), *Phenomenon* (1996), *The Mask of Zorro* (1998) y *Mighty Joe Young* (1998).

Carlos Gómez

NACIMIENTO: 1957

Nacido en Nueva York y criado en Miami de padres cubanos inmigrantes, Gómez ha actuado en más de veinte telefilmes y proyectos originales. Sus trabajos fílmicos incluyen *The Mambo Kings* (1992), *Desperado* (1995), *Fools Rush In* (1997), *The Peacemaker* (1997), *The Replacement Killers* (1998), *Enemy of the State* (1998) y *That Summer in L.A.* (1999). Ha aparecido en la televisión en *Friends* (1994–), *New York Undercover* (1994–1998), *E.R.* (1994–) y la miniserie, *Asteroid* (1997).

Ian Gómez

NACIMIENTO: 1965

Gómez ha aparecido en largometrajes tales como *Rookie of the Year* (1993), *'Til There Was You* (1997), *EDtv* (1999) y *The Big Tease* (2000). Su participación en la televisión incluye *The Drew Carey Show* (1995–), *Felicity* (1998–) y *The Norm Show* (1999).

Jaime Gómez

Gómez es mejor conocido por su interpretación de Evan Cortez, en la serie de televisión *Nash Bridges* (1996–2001). El joven actor hizo su debut en el cine en *Clear and Present Danger* (1994), con Harrison Ford, y a continuación tuvo un papel en *Crimson Tide* (1995), junto a Gene Hackman y Denzel Washington. Ha aparecido en televisión como huésped en *21 Jump Street* (1987–1992), (1995–1996) y *Picket Fences* (1992–1997). También protagonizó la presentación de *La Carpa* (1992) en *American Playhouse*, transmitido por PBS.

Mike Gómez

NACIMIENTO: 18/4/1951

Nacido y criado en Dallas, Gómez, actor de carácter, ha aparecido en filmes tales como *The Border* (1982), como mexicano tipo grasoso, junto a Jack Nicholson; *Heartbreak Ridge* (1986), como un marinero acabado de reclutar, junto a Clint Eastwood; y *Zoot Suit* (1981), como Joey, uno de los Pachucos más importantes.

Panchito Gómez

NACIMIENTO: 1964

Nativo de Nueva York, Gómez ha estado trabajando como actor desde que tenía cuatro años. Por más de veinticinco años, ha interpretado un latino de hablar fuerte de la ciudad, o del campo en muchos programas de televisión, ya sean dramas o comedias. Recibió gran atención por su papel como el adolescente Santana en la cinta *American Me*, de Edward James Olmos, hecha en 1992 para Universal, y de ahí pasó a hacer *Mi Vida Loca* (1993), y *Selena* (1997), con Jennifer López. Sus trabajos para la televisión incluyen *Barney Miller* (1975–1982), *CHiPs* (1978–1983), *Simon & Simon* (1981–1988) y *Baretta* (1975–1978). Ha trabajado en los filmes, *Uncle Joe Shannon* (1978), *Run for the Roses* (1978), *Walk Proud* (1979) y *Borderline* (1980).

Thomas Gómez es Louvain, el jefe de la policía francesa, en *Casbah*.

Thomas Gómez

Nacido Sabina Thomas Gómez

NACIMIENTO: 10/7/1905
DEFUNCIÓN: 20/6/1971

Actor de carácter muy versátil, Gómez podía adaptarse a toda clase de papeles de carácter, desde variados tipos de la urbe hasta personajes de época o clásicos. En 1942, el actor firmó con la Universal International, después de una carrera en la escena que fue resaltada por haber pasado siete años al lado de Alfred Lunt y Lynn Fontanne. Además, Gómez abrió el teatro Guild en 1925, con Helen Hayes.

El abuelo paterno de Gómez vino a los Estados Unidos desde Santander, España, en 1842, para manejar una tienda de café y una flotilla de botes de pescar ostras en Nueva Orleáns. Su abuela paterna era nativa de Gibraltar y vino a Nueva Orleáns alrededor de la misma época que su futuro marido. El abuelo materno de Gómez, Frank Thomas, estaba al frente de un barco, bajo el mando del Almirante David Farragut, cuando el famoso militar capturó Nueva Orleáns para la Unión, durante la guerra civil americana.

Nacido en la ciudad de Nueva York, asistió a la escuela pública número 77, y luego fue al Instituto de Jamaica en Long Island. Allí ganó un concurso nacional de lenguaje. Gómez continuó estudiando actuación y se unió a un grupo teatral, haciendo su debut profesional en *Cyrano de Bergerac*, en 1924. Después de intervenir en una infinidad de papeles en los años que siguieron, Gómez se unió a un grupo de teatro en Cleveland, Ohio. En tres años apareció en el teatro en cuarenta papeles protagónicos. Después marchó de gira y al año siguiente, 1934, se unió a los Lunt.

Las muchas actuaciones del actor en la escena atrajeron a cazatalentos de los estudios. Su iniciación en el cine fue como Sherlock Holmes en *Voice of Terror* en 1942. A partir de entonces hizo sus mejores caracterizaciones en cintas tales como *Ride the Pink Horse*, que le ganó una nominación al Oscar en 1947, como Mejor Actor de Reparto; *Pittsburgh* (1942), *White Savage* (1943), *Captain from Castile* (1947) y *Casbah* (1948), por nombrar sólo unas pocas.

Otros trabajos fílmicos de Gómez incluyen *Phantom Lady* (1944), *Key Largo* (1948), *Kim* (1950), *The Magnificent Matador* (1955), *Summer and Smoke* (1961), *Stay Away, Joe* (1968) y *Beneath the Planet of the Apes* (1970).

Vicente Gómez

NACIMIENTO: 1915

Gómez, que rasgueaba en la guitarra melodías flamencas en el café de su padre en Madrid cuando sólo tenía diez años de edad, es uno de los pocos compositores de música española gitana. En 1941, cuando contaba veintiséis años, después de estar de gira por Europa y Centro y Sudamérica con una orquesta sinfónica, fue traído a Hollywood por el director Rouben Mamoulian para componer música gitana y tocar la guitarra en películas.

Myrtle Gonzáles

NACIMIENTO: 23/9/1891
DEFUNCIÓN: 22/10/1918

Gonzáles creció en Los Angeles y fue una actriz que subió rápidamente en los estudios Vitagraph, en 1913. Ella apareció como figura estelar junto a William Duncan, en muchas películas del oeste, y también actuó en otro tipo de películas. Su carrera terminó abruptamente cuando sucumbió a la edad de veintisiete años.

Nicholas González

Nativo de San Antonio, Texas, González ha aparecido en el programa de televisión *Dharma and Greg* (1997–), y también en *Undressed* (1999), de MTV, además de aparecer en el telefilme *My Little Assassin* (1999). Es uno de los miembros originales de *Resurrection Blvd.* (2000–), presentada en Showtime, primera serie dramática del cable que presenta en sitio prominente a personajes hispanos.

Pedro González-González (der.) con John Wayne (izq.) en *Río Bravo.*

PETER GONZÁLES

Nacido Peter Gonzales Falcon

Actor nativo de Texas, Gonzáles representó a Fellini, joven, en *Roma* (1972), de Fellini. También actuó en *The End* (1973), de Burt Reynolds.

CLIFTON GONZÁLEZ-GONZÁLEZ

También conocido como Clifton Collins Jr.

Nieto del veterano actor de carácter, Pedro González-González, este joven fue aclamado por la crítica por su papel del pandillero César, en la controvertida cinta de Burt Reynolds, *187* (1997). A partir de ahí, su carrera ha subido como la espuma, con más de diez proyectos en los últimos dos años. Sus otras participaciones fílmicas incluyen *Menace II Society* (1993), *Dead Presidents* (1995), *The Replacement Killers* (1998), *The Wonderful Ice Cream Suit* (1998), *Light It Up* (1999), *Price of Glory* (2000), *Traffic* (2000) y *The Last Castle* (2001).

JOSÉ GONZÁLEZ-GONZÁLEZ

NACIMIENTO: 25/5/1925
DEFUNCIÓN: 2000

Hermano mellizo idéntico de Pedro, José siguió a su hermano a Hollywood y persiguió una exitosa carrera como actor, asumiendo la caracterización de su hermano del mexicano cómico de corta estatura. Ha tomado parte también en *Cha-Cha-Cha Boom* (1956), *Panama Sal* (1957) y en varias actuaciones de televisión.

PEDRO GONZÁLEZ-GONZÁLEZ

NACIMIENTO: 25/5/1925

Cómico de San Antonio, González-González fue lanzado a una carrera en el cine y en cabaret, por su actuación en el programa de juego de los años 50, *You Bet Your Life* (1950–1961), junto a Groucho Marx. En los espectáculos de media hora, Pedro cómicamente mejoraba cada línea que el experto cómico Groucho le decía, con una exagerada y estereotípica caracterización al estilo "Sí, Señor", de un mexicano estúpido. Después de la transmisión original, a Pedro le llovieron las ofertas de clubes nocturnos y estudios de cine. Finalmente se decidió por un contrato personal de John Wayne e hizo su debut como un revolucionario cómico en *Wings of the Hawk* (1953). Entonces siguieron *The High and the Mighty* (1954), *I Died a Thousand Times* (1955), *Strange Lady in Town* (1955),

The Sheepman (1958), *Rio Bravo* (1959) y *Hostile Gun* (1967). González-González también hizo numerosas apariciones en la televisión y en cabarets.

José Greco

NACIMIENTO: 1919

Nacido en Italia y criado en Brooklyn, Greco, gran maestro de la danza española, hizo sus primeras apariciones como un gitano chulo español en *Ship of Fools* (1965), y en una secuencia de baile español en *Alrededor del Mundo en Ochenta Días* (1956), y también en *Sombrero* (1953).

Greco vino a los Estados Unidos a la edad de ocho años y comenzó a aprender pasos de baile flamenco cuando contaba diez. "Mi vecindario tenía diversidad étnica, y desde el principio me sentí atraído a todo lo que fuera español", recordó en una entrevista (Walter Price, *Los Angeles Times* [10/19/86]). Trabajando en un cabaret en Nueva York, recibió una invitación para hacer pareja con Argentinita, una de las grandes bailarinas españolas de ese tiempo, lo cual hizo de 1941 hasta la inesperada muerte de la artista, ocurrida en 1945. Greco después visitó España, donde causó sensación y formó allí su propio grupo de baile. En la misma entrevista, Greco cuenta, "Los españoles no podían creer que yo no lo era; simplemente rechazaban la idea de que un italiano de Brooklyn pudiera dominar este arte español de esa forma. Nadie lo había hecho antes y pensaban que yo estaba mintiendo".

En 1946, Greco fue invitado a coreografiar y dirigir una secuencia bailable en una cinta española titulada *Manolete*, basada en la vida de uno de los toreros más grandes de España. Cada vez que la cinta era exhibida, los asistentes al teatro paraban el espectáculo y pedían al administrador que repitiera el carretel con la escena de baile. Greco hizo varias giras a través de Europa y regresó triunfalmente a los Estados Unidos en 1948.

Castulo Guerra

Actor profesional de Argentina hasta 1971, Guerra vino a Estados Unidos con una beca Fullbright, para hacer investigación teatral en la ciudad de Nueva York. Apareció como una figura clave del bajo mundo en *Stick* (1985); como un habitante del desierto en *Terminator 2: Judgment Day* (1991); en la críticamente aclamada, *The Usual Suspects* (1995), y en *Amistad* (1997), de Steven Spielberg, igual que en un número de series de televisión semanales, así como fue actor regular por una temporada en *Falcon Crest* (1981–1990).

Dan Guerrero

Guerrero es productor veterano de la televisión, con extensa experiencia tanto en la prensa en español como en inglés, en los Estados Unidos y América Latina. Produjo un musical especial para PBS con Vicki Carr, y fue productor ejecutivo de los programas de variedades de la actriz María Conchita Alonso, en Telemundo. En la Televisión Guber-Peters, Guerrero se convirtió en el escritor principal y productor adjunto de *The Paul Rodriguez Show*, programa hablado bilingüe que sería un acontecimiento decisivo en la cadena Univisión. Guerrero también ha trabajado como agente teatral y director de reparto en Nueva York.

Jackie Guerra

Humorista de actuación solitaria quien protagonizó una serie propia de corta duración, *First Time Out* (1995), para la cadena WB. Guerra ha aparecido también en el largometraje, *Selena* (1997), y la cinta del cable, *Picking Up the Pieces* (2000).

Evelyn Guerrero

NACIMIENTO: 24/2/1949

Actriz mexicano-americana, Guerrero apareció como la niña de los sueños de Cheech Marín, la sensual, impredecible y esquiva Donna, en *Cheech and Chong's Next Move* (1980), *Cheech and Chong's Nice Dreams* (1981) y *Things Are Tough All Over* (1982).

Nacida en un barrio del este de Los Angeles, Guerrero se mudó a Hollywood a la edad de tres años, cuando su madre comenzó a trabajar de maestra en una escuela de baile en Hollywood. Ella fue motivada a ser actriz por su madre y su tía, Sally Marr. También apareció en *Lenny* (1974), *On the Nickel* (1980), de Ralph Waite y *Bound by Honor* (1993). Hizo de Marisol, la hermana de Dora, en la serie televisiva *I Married Dora* (1987–1988), y también actuó como Lupe Cordera en el programa de prueba de la serie dirigida por Luis Valdés, *Fort Figueroa* (1988).

Tito Guizar, tenor mexicano, guitarrista y estrella de cine.

Tito Guizar

Cantante latino, compositor y estrella del cine y de grabaciones, Guizar hizo una docena de películas americanas en los años 30 y los 40. Es mejor recordado por los números musicales de gran colorido que interpretaba en Paramount Pictures, estudio con el que estaba bajo contrato, comenzando con *The Big Broadcast of 1938*, con Bob Hope, y *Tropic Holiday* (1938). Es responsable de haber solidificado la imagen romántica en la pantalla del vaquero mexicano, tanto en el cine mexicano como americano.

Guizar nació en la Ciudad de México, de herencia francesa e italiana. Después de haber tomado clases en su ciudad natal, estudió canto en Milán, Italia, y después debutó en las tablas del Hippodrome de la ciudad de Nueva York, con la Chicago Opera Company. Trabajó en el Ritz Carlton y en el Central Park Casino, y se convirtió en un artista popular de la radio. Cuando Guizar cambió de la música clásica a la popular, hizo un número de cortos musicales. Más tarde regresó a su tierra natal y protagonizó la primera película musical de éxito en el cine mexicano, *Rancho Grande* (1936), creando un tipo de musical que fue íntimamente identificado con el cine mexicano por más de cincuenta años.

Su carrera tuvo un corto estímulo en Paramount Pictures, de 1938 a 1940. Además de *The Big Broadcast of 1938*, también filmó una película del oeste, *The Llano Kid* (1940). Más tarde fue a Republic, donde apareció en *Brazil* (1944), *On the Old Spanish Trail* (1947) y *The Gay Ranchero* (1948), con Roy Rogers. Trabajó en espectáculos musicales americanos repletos de estrellas a través de la década de los 40, donde apareció muchas veces como él mismo.

Vincent R. Gutiérrez

Escritor de dramas de televisión, Gutiérrez estuvo asociado por mucho tiempo con las Producciones Michael Landon, para las que escribió un número de episodios para *Little House on the Prairie* (1974–1983), igual que muchos de los episodios de la serie de Landon que proseguiría, *Highway to Heaven* (1984–1989).

Claudio Guzmán

NACIMIENTO: 1931

Guzmán produjo y dirigió cuatro años de la exitosa serie popular, *I Dream of Jeannie* (1965–1970), protagonizada por Barbara Eden y Larry Hagman. También dirigió episodios de *The Wackiest Ship in the Army* (1965–1966), *Love on a Rooftop* (1966–1967), *The Flying Nun* (1967–1970) y *The Iron Horse* (1966–1968).

Nacido en Santiago, Chile, asistió a la escuela de arquitectura de la Universidad de Chile. Vino a los Estados Unidos en 1952 y continuó sus estudios en la Universidad de Southern California, y más tarde, en el Instituto de Arte Chouinard. Un instructor en la universidad quedó tan impresionado con su trabajo, que sugirió que Guzmán trabajara en los decorados de las películas, y de esa manera nació una nueva carrera. En los estudios Desilú, Guzmán trabajó como director de arte de *The Danny Thomas Show* (1957–1965), *Official Detective* (1957), *The Life and Legend of Wyatt Earp* (1955–1961), *December Bride* (1954–1959), *I Love Lucy* (1951–1957) y *Our Miss Brooks* (1952–1956). Durante su estadía en los estudios Desilú, creó, produjo y dirigió *The Victor Borge Show* (1957). También dirigió segmentos de *I Love Lucy, The Dick Van Dyke Show* (1961–1966), *The Fugitive* (1963–1967), *The Patty Duke Show* (1963–1966) y *The Untouchables* (1959–1963). Es hermano de Pato Guzmán.

Luis Guzmán

Guzmán ha tenido una larga carrera como actor. Tuvo su debut fílmico en *Short Eyes* (1977) y ha trabajado en más de cuarenta proyectos de largometraje, además de aparecer como invitado en diferentes series de episodios. Entre las obras en las que ha participado se encuentran, *Crocodile Dundee II* (1988), *Rooftops* (1989), *Q&A* (1990), *McBain* (1991), *Innocent Blood* (1992), *Mr. Wonderful* (1993), *The Cowboy Way* (1994), *Boogie Nights* (1997), *Out of Sight* (1998), *The Limey* (1999), *Magnolia* (1999), *The Bone Collector* (1999) y *Traffic* (2000). Además, ha aparecido regularmente en las series de televisión, *House of Buggin'* (1995) y *Oz* (1997–).

Pato Guzmán

NACIMIENTO: 1934
DEFUNCIÓN: 2/1/1991

Productor y diseñador de producción de once películas con Paul Mazursky, la asociación de Guzmán con el director dio comienzo en 1967: "Yo estaba diseñando *I Love You, Alice B. Toklas*, que Paul había escrito con Larry Tucker; Paul venía al escenario a menudo y hablamos sobre lo que podíamos hacer cuando trabajáramos juntos. Cuando *Bob & Carol & Ted & Alice* (1969) apareció, nos empatamos", recuerda Guzmán durante una entrevista con el publicista Vic Heutschy, mientras hacía *Enemies, a Love Story* (1989), en los exteriores de Nueva York.

Natural de Santiago, Chile, Guzmán estudió arquitectura y vino a los Estados Unidos al final de los años 50. Después de trabajar en obras teatrales durante el verano y tres meses en el departamento de diseño de la MGM, comenzó a trabajar en la televisión. Por muchos años laboró felizmente en Desilú, haciendo todos los programas de prueba, igual que en *The Danny Thomas Show* (1957–1965), *The Dick Van Dyke Show* (1961–1966) y otros, incluso *Star Trek* (1966–1969), que lo inspiró y le dio la pauta para explorar las posibilidades de diseño existentes en el medio del cine.

Abandonó la televisión y viajó extensamente, regresando a Los Angeles para visitar a su hermano Claudio, donde encontró trabajo en *The President's Analyst* (1967), dirigida por el parodista social, Ted Flicker. "Yo suelo ser muy serio", dijo Guzmán. "La casa Weidman, en *Down and Out in Beverly Hills* (1986), por ejemplo, era tan grande en tamaño, que se convirtió en monumental y cómica". Guzmán citó una química especial con Mazursky como la llave de la inmensa colaboración entre ambos, que ha existido por veinte años. "Nosotros ponemos toda nuestra energía en el trabajo", dijo Guzmán. "No hay batalla de egos y es divertido". Sus otros éxitos incluyen *Blume in Love* (1973), *An Unmarried Woman* (1978), *Tempest* (1982) y *Moscow on the Hudson* (1984). Guzmán también diseñó *The In-Laws* (1979) y *Hide in Plain Sight* (1990).

Daniel A. Haro

NACIMIENTO: 27/5/1955

Actor natural de Los Angeles, Haro ha hecho de miembro de una pandilla de la cárcel en *American Me* (1992), de maestro de escuela en *Párate y Recita* (1988), y del jugador de pelota, Burns, en *Talent for the Game* (1993).

Salma Hayek

NACIMIENTO: 2/9/1966

Salma Hayek en *From Dusk Till Dawn*.

Hayek abandonó una triunfante carrera como estrella principal de la televisión mexicana y latinoamericana, y se mudó a los Estados Unidos para empezar de nuevo, aunque en ese momento no hablaba inglés. Desde entonces, la bella y talentosa Hayek domina el inglés y ha acumulado una impresionante experiencia fílmica. Debutó en el cine en un pequeño rol en *Mi Vida Loca* (1994), de Allison Anders, y tuvo su primer rol estelar en *Desperado* (1995), de Robert Rodríguez, junto a Antonio Banderas. Sus otros trabajos en la pantalla incluyen, la exitosa *Midaq Alley* (1995); *From Dusk Till Dawn* (1996), en la que ella hacía de la reina de los vampiros; *Fools Rush In* (1996), una comedia romántica acerca de una bella mexicano-americana y su inesperado romance con un profesional del este del país, a cargo de Matthew Perry; *54* (1998); *Wild Wild West* (1999), como Rita Escobar, junto a Will Smith y Kevin Kline; *Time Code* (2000), de Mike Figgis; *In the Time of the Butterflies* (2001), un film de televisón de Showtime; y está en lista para aparecer en el rol de *Frida Kahlo* (2002) y en *Once upon a Time in Mexico* (2002). Su trabajos en la televisión incluye *Roadracers* (1994), de Rodríguez, para Showtime, y *The Hunchback* (1997), para TNT. Hayek ha actuado como invitada en la serie de HBO, *Dream On* (1999–1996), *Jack's Place* (1992–1993), *Nurses* (1991–1994), y tuvo un rol regular en la serie de corta duración, *Sinbad* (1993).

Hayek nació y creció en Coatzacoalcos, un pueblo pequeño al sureste de México, comenzando su carrera de actriz en los teatros infantiles. Fue descubierta por un productor de televisión quien le dio un rol en su primera serie televisada, *Nuevo Amanecer*, que conquistó para ella el premio Novela de TV de 1989 como la mejor "cara nueva". A esto siguió para Hayek el personaje titular de la serie en horas de mayor público televidente, *Teresa* (1989–1991), que fue un triunfo inmediato en México, y sindicalizada en más de treinta países, que convertiría a Hayek en una estrella internacional.

Dick Haymes

NACIMIENTO: 13/9/1916
DEFUNCIÓN: 1980

Nacido en Buenos Aires, Argentina, de origen escocés e inglés, fue educado en Francia e Inglaterra antes de venir a los Estados Unidos en 1936. Haymes comenzó su carrera teatral como anunciador de radio, cantante, ocasional extra del cine y actor de menor cuantía. A principios de los años 40, se convirtió en un triunfante artista de cabaret y la industria del disco, llegando a ser uno de los baladistas de la época. En 1943 firmó un contrato con Twentieth Century Fox, y disfrutó de gran popularidad entre 1944–1947. Su personalidad como cantante, sin embargo, no fue más allá de la pantalla. En 1953 contrajo matrimonio con Rita Hayworth, pero se divorciaron en 1955.

Entre los créditos fílmicos de Haymes aparecen, *Four Jills in a Jeep* (1943), *State Fair* (1945), *Diamond Horseshoe* (1945), *Do You Love Me?* (1946), *The Shocking Miss Pilgrim* (1947), *Carnival in Costa Rica* (1947) y *One Touch of Venus* (1948).

Rita Hayworth

Nacida Margarita Cansino

NACIMIENTO: 17/10/1918
DEFUNCIÓN: 14/45/1987

Llamada "la diosa del amor", Rita Hayworth fue una de las mujeres más hermosas y excitantes que han aparecido en la pantalla.

Rita Hayworth es en realidad una de las primeras estrellas hispanoamericanas en trascender sus orígenes étnicos y convertirse en la etérea muchacha ultra americana, para una generación de fanáticos del cine en todo el mundo. Su popularidad alcanzó la cima en la década de los años 40, a través de una sucesión de roles, comenzando con *Solo los Ángeles Tienen Alas* (1939), *Sangre y Arena* (1941), *The Strawberry Blonde* (1941), *You Were Never Lovelier* (1944) y terminando con *Gilda* (1946).

Nació Margarita Cansino, en Brooklyn, Nueva York, hija de Eduardo Cansino, un reputado bailarín español, y su esposa irlandesa, Volga Hayworth. Eduardo era uno de los siete hijos del famoso maestro andaluz, Don Antonio Cansino. Eduardo era un bailarín renombrado en revistas de variedades, en donde aparecía con una rutina bailable con su hermana Elisa, actuando a través de los Estados Unidos y Europa. Cuando Margarita tenía cuatro años, ya estaba aprendiendo pasos de baile con su padre. La familia aparecía y viajaba como Los Bailadores Cansinos. Estableciéndose en California, Eduardo abrió una escuela de baile en Hollywood, y consiguió trabajo en los estudios cada vez que necesitaban números de baile españoles o mexicanos.

Él vio un gran potencial en su hija adolescente, e hizo pareja con ella en un número de baile para trabajar en cabaret al sur de la frontera en Tijuana y Agua Caliente. Estos pueblos fronterizos estaban llenos de salas de juego, bebida abundante, mujeres fáciles y drogas. Los ricos y poderosos de Hollywood, a veces se aventuraban a cruzar la frontera para conseguir un poco de expansión de fin de semana, o diversión nocturna. El arte de la pareja de padre e hija inmediatamente atrajo atención. Winfield S. Sheehan, vicepresidente a cargo de la producción de los estudios Fox, fue atraído por la belleza de Margarita y sus movimientos como bailarina, y pensó que sus buenas cualidades fotografiarían bien en una película. Ella comenzó a tomar clases de actuación y elocución en el estudio, y en menos de un mes ya hacía su primera cinta, un cortometraje en español.

Su debut cinematográfico fue en *Dante's Inferno* (1935), en una secuencia de danza montada por su padre. De este período ella recordó en una entrevista, años después, "Tenía una ambición que ardía dentro de mí, como sólo una chica de diecisiete años puede arder, de convertirme en una buena actriz". A su debut siguió *Under the Pampas Moon* (1935), y entonces comenzó a trabajar con regularidad en películas. Tuvo roles en *Charlie Chan in Egypt* (1935), *Paddy O'Day* (1935) y *Human Cargo* (1936).

Cuando Fox y Twentieth Century Fox se unieron, Darryl Zanuck abrogó su contrato, por más que ella estaba lista para aparecer en *Ramona* (1936). "Lloré y grité. Juré que le daría una lección. Me haría famosa y ellos tendrían que arrepentirse", dijo en la entrevista de una revista.

Tuvo varios roles de señoritas mexicanas en películas de segunda categoría, y entonces fue contratada por Columbia Pictures. Trabajó en filmes corrientes, pero el estudio la estaba entrenando para el estrellato. Recortó su nombre al de Rita, y adoptó un apellido similar a Hayworth, el de su madre. La actriz se sometió a una dieta para perder peso, y a tratamientos dolorosos de electrolisis para ensanchar la frente y definir su "pico de viuda". Su cabello negro azabache fue cambiado a castaño, y más tarde al famoso rojo cobrizo.

Continuó en papeles poco distinguidos, hasta que pasó a la Warner Bros en calidad de préstamo, donde trabajó junto a James Cagney en el romance de fin de siglo, *The Strawberry Blonde* (1941).

Rita fue lanzada al estrellato después de interpretar el papel de la tentadora Doña Sol en *Sangre y Arena* (1941), dirigida por Rouben Mamoulian, junto a Tyrone Power. Twentieth Century Fox pagó a Harry Cohn, a la cabeza de Columbia, cinco veces el salario que ella recibía en Columbia por sus servicios. "Uno no debe ser una persona vengativa para saborear lo que eso significa", comentó Rita,

Rita Hayworth (como Rita Cansino, 1935; 1944; 1964).

quien al pararse ante las cámaras por vez primera, comprendió la ambición que Fox había mitigado años atrás. *The Hollywood Reporter* (5/20/41) dijo del filme en su comentario crítico, "Para nosotros había dos cosas sobresalientes, Rita Hayworth y Rouben Mamoulian. En su actuación, Miss Hayworth, quien ha sido ampliamente aplaudida por su belleza, trasciende con una maestría bien definida que la hace merecedora de interpretar los mejores papeles del cine". *Daily Variety* (5/20/41) comentó: "Miss Hayworth da otro gran paso hacia una segura posición entre las estrellas de gran demanda. Su inolvidable actuación como la apetitosa pero sin corazón Doña Sol, está entre sus mejores logros en el cine".

Era imposible leer una revista de ese tiempo que no tuviera a la Hayworth en la portada o en un artículo. Columbia, comprendiendo lo que tenían, la unió a Fred Astaire para un musical de Cole Porter, *You'll Never Get Rich* (1941), que le dio la oportunidad de mostrar su talento en el baile con el maestro supremo de la danza del cine. Fue prestada a Twentieth Century Fox una vez más, para *My Gal Sal* (1942), con Victor Mature. Hayworth no podía cantar, por lo que su voz tuvo que ser doblada; ella podía bailar, no obstante, y fue convertida en pareja de Fred Astaire de nuevo en *You Were Never Lovelier* (1942), y de Gene Kelly en *Cover Girl* (1944).

"Bailar", dijo ella una vez, "es mi herencia natural, y yo siempre he amado el baile, pero al mismo tiempo he odiado practicar. Cuando era más joven estudié ballet, baile español y zapateado, bailando de cuatro a cinco horas diarias, y no era fácil, especialmente teniendo un padre tan estricto como el mío. Era un trabajo duro y tedioso, y había momentos cuando yo pensaba que no podría continuar. Pero lo hice y, por supuesto, resultó que el esfuerzo lo merecía".

En 1946, Hayworth obtuvo su mayor triunfo en el papel por el que ella es ahora más conocida, la bella aventurera *Gilda,* una mujer perdida en un país latino, que compite por el afecto de Glenn Ford y George Macready. Los anuncios del filme proclamaban: "¡Nunca hubo otra mujer como Gilda!", en su traje de satén negro de escote bajo, con guantes hasta el codo, hizo un número de striptease, mientras cantaba "Put the Blame on Mame".

Hayworth fue a Acapulco con su entonces esposo, Orson Welles, a filmar *The Lady from Shanghai* (1948), que él dirigió, y en la que también aparecía. La cinta no tuvo éxito taquillero. Columbia entonces le dio el papel de Carmen, en *The Loves of Carmen* (1948), junto a Glenn Ford como Don José. El padre de Hayworth hizo la coreografía de varias de las secuencias bailables. A continuación volvió a trabajar al lado de Ford, en *Affair in Trinidad* (1952), tratando de capturar la magia de *Gilda.* La cinta no tuvo el mismo éxito de la original, pero fue popular con el público y un éxito taquillero, ganando más que *Gilda.* Algunos de sus mejores trabajos más tarde incluyen el papel titular en *Miss Sadie Thompson* (1953), *Pal Joey* (1957) y *Separate Tables* (1958).

Durante los años 60, su carrera estuvo vacilante, y apariciones en películas de segunda categoría hicieron poco para revivirla. Hubo reportes de borracheras en público, y a menudo parecía perdida y rechazaba papeles que le ofrecían. Su comportamiento se volvió errático; nadie sabía qué le pasaba. Su hija se sorprendía cuando su madre tenía lapsos de memoria, durante los cuales no podía recordar nombres o sus amigos más cercanos. Después de ver a varios médicos, fue diagnosticada con Alzheimer. Su última película fue *The Wrath of God* en 1972.

Hayworth murió de complicaciones de la enfermedad el 14 de mayo de 1987, en su casa de Nueva York, bajo los cuidados de su hija Yasmin (fruto de su matrimonio con el Príncipe Aly Khan). En un tributo a su madre en el Festival de Cine de Deauville, Francia, Yasmin dijo: "De haber sabido cuáles eran los síntomas del Alzheimer en los comienzos, hubiéramos podido salvarla de su mala fama y publicidad adversa. Pero al menos, su sufrimiento sirvió de catalizador en conocer más de la enfermedad e investigarla".

Ron Henríquez

Oriundo de Panamá, Henríquez comenzó la carrera de boxeo a la edad de quince años, llegando a ser un aspirante al peso mediano, además de servir en el cuerpo de Infantes de Marina de los Estados Unidos, antes de perseguir la carrera de actor. Sus trabajos fílmicos incluyen *Hickey and Boggs* (1972), *The Main Event* (1979) y *Code of Silence* (1985). En la televisión, Henríquez ha aparecido como invitado en más de 400 series de episodios que incluyen, *The High Chaparral* (1967–1971), *Adam-12* (1968–1975), *Falcon Crest* (1981–1990) y la miniserie *Drug Wars: The Camarena Story* (1990).

Pepe Hern

Nacido Pepe Hernández

Nacido en España, Hern vino a los Estados Unidos a una temprana edad. Apareció en muchas películas de los años cincuenta incluso en *Borderline* (1950), *The Ring* (1952), *Los Siete Magníficos* (1960) y *Joe Kidd* (1972).

George F. Hernández

NACIMIENTO: 6/6/1893
DEFUNCIÓN: 19/12/1922

Actor del cine y del teatro de 1912 a 1922, Hernández tuvo papeles importantes en cintas mudas tales como, *When Helen Was Elected* (1912), *Arabia* (1922) y *Flaming Hearts* (1922). En 1917, fue coprotagonista de cinco películas mudas de la Universal: *Mutiny, God's Crucible, Southern Justice, The Showdown* y *The Greater Law.*

Juano Hernández es Njogu, el jefe del Mau Mau, en *Something of value.*

Juano Hernández

NACIMIENTO: 1898
DEFUNCIÓN: 19/7/1970

Un actor puertorriqueño, Hernández con frecuencia interpretaba personajes afroamericanos o africanos en el cine. Su voz profunda y resonante y presencia digna, fueron usadas muy efectivamente en su debut fílmico en 1949 en *Intruder in the Dust*, de la MGM.

Hernández nació en Puerto Rico, hijo de un marino puertorriqueño, y quedó huérfano desde pequeño. Fue a vivir con su tía en Río de Janeiro, donde adquirió un primer nombre portugués. De niño, se unió a un grupo de golfillos callejeros que cantaban, bailaban y hacían acrobacias. Huyó con una feria que estaba de gira por América Latina y el Caribe, y llegó a Nueva Orleáns en 1915.

Aunque no tenía educación formal, Hernández se enseñó a sí mismo a leer y escribir en varios idiomas. "Una cosa aprendí muy pronto", dijo el actor, "que si hablas el inglés con cualquier tipo de acento, la gente siente deseos de burlarse de uno" Gladwin Hill, *New York Times* (5/28/50).

Como resultado de eso, cultivó perfecta dicción, y a lo largo del camino adquirió algún conocimiento de las obras de Shakespeare, y otros dramas clásicos. Trabajó en ferias, circos y espectáculos de juglares; apareció en apuntes cómicos de las revistas de variedades, y actuó en lecturas dramáticas. Se instaló en la ciudad de Nueva York, donde encontró trabajo de actor en el teatro. Su primer papel de Broadway fue en *Show Boat*, seguido de *Strange Fruit* y *Let My People Free*. Su interés en cánticos extranjeros exóticos, lenguas y costumbres, se convirtió en trabajo para la radio.

Por su debut fílmico como el pobre sureño aparcero de *Intruder in the Dust*, Hernández recibió muy buenos comentarios. Entregó una caracterización muy emotiva en el papel de un envejecido músico de jazz en *Young Man With a Horn* (1950), en la que aparecía Kirk Douglas. En *The Breaking Point*, fue el compinche de John Garfield, y en *Trial* (1955), fue un juez afroamericano, mientras en *Something of Value* (1957), representó a un líder africano Mau Mau.

Siguió apareciendo en filmes tales como, *Stars in my Crown* (1950), *Kiss Me Deadly* (1955), *St. Louis Blues* (1958), *The Sins of Rachel Cade* (1960), *Sergeant Rutledge* (1960) y *Uptight* (1968).

Laura Martínez Herring

También conocida como Harring

NACIMIENTO: 3/3/1967

Una antigua Miss USA, Herring apareció en el filme *Lambada—The Forbidden Dance* (1990). Ha trabajado como invitada en muchas series de episodios, incluso *Baywatch* (1989–) y las cintas de televisión, *The Alamo: Thirteen Days of Glory* (1987), *Desperado 2* (1991) y *Rio Diablo* (1993). Natural de Los Mochis, Sinaloa, México, se mudó con su familia a Texas cuando tenía once años.

Miguel Higuera

Higuera ha dirigido exclusivamente para los estudios NBC desde 1993, a través de las producciones Peter Engel, los populares programas del sábado en la mañana, *Saved by the Bell* (1989–1993) y *Hang Time* (1995). Cuando la serie de comedias *Solo en América* fue creada para la Sony/Telemundo, él dirigió catorce episodios. Nacido en la Ciudad de México, Higueras empezó su carrera en los Estados Unidos en 1975 como cameraman de televisión. Ya en 1984 había cosechado dos premios Emmy, y ascendido paulatinamente como director técnico y director asistente de programas tales como *Punky Brewster* (1984–1986) y *Days of Our Lives* (1965–).

LANCE HOOL

Productor independiente por más de dos décadas, Hool nació en la Ciudad de México y fue educado en México y los Estados Unidos. Hool ha producido, escrito y dirigido una variedad de largometrajes en exteriores, y a través de todo el mundo. Sus trabajos incluyen *Missing in Action* (1984) y *Missing in Action II* (1985), protagonizadas ambas por Chuck Norris; *The Evil That Men Do* (1984); *10 to Midnight* (1983) con Charles Bronson en ambas; y *Steel Dawn* (1987), con Patrick Swayze. Hool también fue el productor de la comedia, *Pure Luck* (1991), con Martin Short y Danny Glover.

RODOLFO HOYOS SR.

También conocido como Rudolfo

NACIMIENTO: 1896
DEFUNCIÓN: 24/5/1980

Considerado el mejor barítono de México, Hoyos llegó a los Estados Unidos por primera vez en los años 20, para actuar con la Ópera Metropolitana de Nueva York. Durante los años 30 y los 40, apareció en películas y también se dedicó a entrenar a actores de la talla de Nelson Eddy y Paul Lukas. Las cintas en las que Hoyos intervino como cantante incluyen, *A Night at the Opera* (1935), que protagonizaron los hermanos Marx, y *One Night of Love*, con la diva Grace Moore, esposa del actor español, Valentín Parera. Los fanáticos de la edad de oro de la televisión recuerdan la caracterización de Hoyos como el tío de Ricky Ricardo en un episodio de *I Love Lucy* (1951–1957). Su hijo, Rudolfo Hoyos, Jr., fue actor también.

RODOLFO HOYOS JR.

También conocido como Rodolpho Hoyos Jr.

NACIMIENTO: 14/3/1916
DEFUNCIÓN: 15/4/1983

Actor de carácter mexicano, Hoyos usualmente dejaba sentir su presencia en papeles de padre estricto o sombrío, en películas tales como *The Americano* (1955) y *The Brave One* (1956).

Rudolfo Jr., nació en la Ciudad de México, y fue traído a los Estados Unidos por su familia a fines de los años 20. Hizo su debut fílmico como un adolescente de catorce años junto a Jean Harlow, en *Hell's Angels* (1930), de Howard Hughes.

De adulto, Rudolfo no podía conseguir papeles de mexicano hasta que se dejó crecer el bigote, porque los directores que escogían los repartos decían que él no lo parecía. Hoyos interpretó a Pancho Villa en un filme de menor importancia titulado, *Villa!,* producido en 1958.

Jon Huertas

Huertas se unió al elenco de la serie de televisión, *Sabrina, the Teenage Witch* (1996–), de ABC, en 1999. Sus trabajos fílmicos incluyen *Why Do Fools Fall in Love?* (1998), *Buddy Boy* (1999) y la cinta para la televisión del cable, *Picking Up the Pieces* (2000).

León Ichaso
Nacido León Rodríguez Ichaso

NACIMIENTO: 1949

Nativo de Cuba, Ichaso es autor de las laureadas cintas independientes, *El Super* (1979), *Crossover Dreams* (1985), *Harlem* (1994) y *Piñero* (2001). La carrera de Ichaso comenzó haciendo comerciales, documentales y producciones fílmicas industriales. Ascendió en el mundo de la radio, la televisión y el cine; su padre, Justo Rodríguez Santos, era un conocido director y escritor de la televisión cubana. León salió de Cuba a la edad de catorce años, y terminó su educación en los Estados Unidos. Desde entonces ha dirigido episodios de series televisadas como *Miami Vice* (1984–1989), *Crime Story* (1986–1988), *The Equalizer* (1985–1989), y de media docena de películas para la televisión.

Eugene Iglesias

NACIMIENTO: 3/12/1926

Actor de carácter durante los años 50, Iglesias apareció como el alegre Pepe Bello en *The Brave Bulls* (1951), y en filmes tales como *The Naked Dawn* (1955), *War Cry* [también llamada *Indian Uprising*] (1952), *The Mask of the Avenger* (1951), con John Derek, y *East of Sumatra* (1953), junto a Jeff Chandler, en un tipo de personaje parecido a Gilbert Roland.

Nació en Puerto Rico, y a los siete años de edad se convirtió en un niño actor de dramas radiales. Abandonó la isla, y asistió a la Universidad de Columbia. Iglesias ha actuado con compañías de teatro en Puerto Rico, Nueva York y México, antes de entrar en el cine.

Gloria Irizarry

Actriz de carácter puertorriqueña, Irizarry apareció como la madre boricua de Maria Holly, en *The Buddy Holly Story* (1978), y como otra madre puertorriqueña en *Q & A* (1990). Ha participado en otras obras para el cine y la televisión.

Isabelita

Ver *Lita Baron*

Al Israel

Actor y músico, Israel nació en la ciudad de Nueva York. Sus créditos fílmicos incluyen *Scarface* (1983), *Body Double* (1984), *Carlito's Way* (1993) y *Dangerous Minds* (1995).

José Iturbi en *That Midnight Kiss.*

José Iturbi

Nacido José De Iturbi

NACIMIENTO: 28/11/1895
DEFUNCIÓN: 28/6/1980

Pianista mundialmente famoso y director de orquesta, Iturbi apareció como él mismo en varias cintas musicales de la MGM, durante los años 40, incluso en *Thousands Cheer* (1943) y *Two Girls and a Sailor* (1944). Fue quien dobló la parte de piano de Cornel Wilde, como Chopin, para la pista de audio de la película, *A Song to Remember* (1945). Su grabación de "Polonaise in A Flat" de Chopin, tomada de la película, fue el primer disco de música clásica en vender un millón de ejemplares.

Durante la medianía de los años 40, Iturbi era uno de los más famosos pianistas de la pantalla, rivalizando únicamente con Oscar Levant.

Nacido en Valencia, España, Iturbi fue un niño prodigio. A la edad de siete años, daba clases de piano para mantener a toda la familia. Su primer trabajo constante fue como pianista en las salas de teatro de su ciudad natal. Comenzaba a las 2 de la tarde y tocaba hasta las dos de la madrugada, un trabajo de doce horas diarias. En el lenguaje vasco, el nombre Iturbi significa "fuentes mellizas". Su nombre original era De Iturbi, pero suprimió la preposición De. La gente de Valencia reunió dinero para enviarlo a Barcelona a estudiar con Joaquín Malats.

Tocaba el piano de noche en los cafés para ganar dinero para su manutención. Después de graduarse con honores a los diecisiete años, finalmente consiguió trabajo en el Conservatorio de Zurich, para ocupar la plaza vacante dejada por Liszt. Allí estuvo durante cuatro años, y entonces se embarcó en la carrera pianística como virtuoso, presentándose en conciertos en todas las mayores capitales del mundo, y haciendo también extensas giras por Sudamérica.

Más tarde en su carrera, recibió críticas adversas por su trabajo en el cine. Algunos lo acusaban de haberse comercializado. Iturbi comentó, "Yo no caminaría por esa senda otra vez si tuviera que empezar de nuevo. Mis críticos no lo han entendido. Ellos creen que abandoné trabajos serios, pero otros piensan que resultó bueno que yo trajera ante un público diferente un nuevo estilo de música que ellos desconocían".

A la edad de ochenta y tres años, un año antes de morir, Iturbi fue muy aplaudido en un concierto lleno hasta los topes, en el auditórium Ambassador de Pasadena, California.

Marabina Jaimes

Jaimes obtuvo un premio Emmy como animadora del programa *Storytime*, de la PBS. También ha aparecido como invitada en *Beverly Hills, 90210* (1990–2000), *Melrose Place* (1992–1999), *Unhappily Ever After* (1995–1999) y *Murder, She Wrote* (1984–1996). Sus otros trabajos incluyen *Mi Vida Loca* (1993), *High School High* (1996), con Jon Lovitz, y *Steel* (1997), con Shaquille O'Neill.

Neal Jiménez

NACIMIENTO: 22/5/1960

El guionista Neil Jiménez lanzó su propia carrera de director en 1992, con su película autobiográfica *The Waterdance*, dirigida en conjunción con Michael Steinberg. La cinta trataba de las experiencias de Jiménez después que un serio accidente durante una excursión lo dejó paralizado de por vida, y confinado a una silla de ruedas. Él también ha escrito el guión de *River's Edge* (1987), y ayudó a escribir *For The Boys* (1991), con Bette Midler y James Caan.

Soledad Jiménez

También conocida como Solidad

NACIMIENTO: 1872
DEFUNCIÓN: 17/10/1966

Soledad Jiménez era una actriz de carácter quien apareció en muchas cintas mudas y habladas incluso en *Old Arizona* (1929), con Warner Baxter, la primera cinta del oeste con sonido filmada al aire libre, y *The Robin Hood of El Dorado* (1936), también con Warner Baxter.

Raúl Juliá en *Romero*

RAÚL JULIÁ

NACIMIENTO: 9/3/1940
DEFUNCIÓN: 24/10/1994

Juliá definitivamente será mejor recordado por su caracterización memorable y exuberante de Gómez Addams, en el enormemente exitoso largometraje, *The Addams Family* (1991) y *Addams Family Values* (1993). Brindó todos sus años de experiencia y amor a la escena, y su propia actitud juguetona al papel de Gómez Addams, que sería un triunfo para él, con gran reconocimiento de parte de Hollywood, convirtiéndolo en una de las estrellas más respetadas y solicitadas, tanto en la escena como en la pantalla. Su primer reconocimiento internacional llegó a través de su caracterización de un prisionero político suramericano en *El Beso de la Mujer Araña* (1985), cinta que recibió un premio de la Academia. Otros roles incluyeron el detective hispano de *Compromising Positions* (1985); el rol titular de *Romero* (1985), el mártir salvadoreño; y el abogado Sandy Stern, en *Presumed Innocent* (1990).

Después de demostrar su talento en las tablas en *Arms and the Man*, de Shaw; *Othello*, de Shakespeare; *Design for Living*, de Coward, y *Betrayal*, de Pinter, igual que en el rol titular de *Dracula* y *Where's Charley?*, Juliá completó su ambición como actor con su regreso a Broadway interpretando los personajes de Cervantes y Don Quijote, en el musical *Man of La Mancha* (1991), y por su enorme triunfo fílmico en el personaje de Gómez Addams, en *The Addams Family* y *Addams Family Values*.

Nativo de San Juan, Puerto Rico, Juliá era el mayor de cuatro hermanos, hijo de un hombre prominente en el negocio de restaurantes. Después de graduarse de la secundaria, y a petición de sus padres, se matriculó en la Universidad de Puerto Rico para estudiar jurisprudencia. Pero después de obtener su licenciatura como Bachiller en Artes Liberales, decidió trabajar con diferentes grupos teatrales locales, y ocasionalmente en la revista teatral de un cabaret.

Llegó a la ciudad de Nueva York desde Puerto Rico en 1964. "Yo vine (a los Estados Unidos) a ser actor", explicó Juliá en una rueda de prensa para promover la cinta *Romero*. "No vine a ser un estereotipo. Por eso siempre buscaba la oportunidad de hacer algo que fuera estimulante. A mí nunca me gustó tomar el camino fácil.

"Un actor debe ser considerado como tal, y dársele la oportunidad de que pueda desempeñar cualquier papel, ya sea parte de su vida o no. Desafortunadamente, mucha de la gente que escoge el reparto y produce y dirige, ve a los actores solamente como tipos. Por lo que el actor debe luchar constantemente contra las limitaciones que otros quieren imponerle".

Después de su llegada a Nueva York, estudió drama en el teatro American Palace, y comenzó una larga y fructífera asociación con el productor teatral

Joseph Papp y el Festival Shakespeare de Nueva York, en 1966. Hizo su debut en Broadway en 1968, después de un drama que duró poco tiempo en cartelera, acerca de la revolución cubana, titulado *The Cuban Thing.* Fue nominado para un premio Tony de Broadway, por sus roles en *Two Gentlemen from Verona, Where's Charley?, The Three Penny Opera* y *Nine.*

La carrera de Juliá en el cine comenzó en 1971, con roles en *The Organization* y *Panic in Needle Park.* Desde entonces sus filmes han incluido *Gumball Rally* (1976), *Eyes of Laura Mars* (1978), *The Escape Artist* (1982), *One From the Heart* (1982), *The Morning After* (1986) *y The Penitent* (1988). Para el director Paul Mazursky, trabajó en *Moon Over Parador* (1988) y *Tempest* (1982). También tuvo un rol estelar en *Tequila Sunrise* (1988), *The Rookie* (1990), *Havana* (1990), y su último largometraje, *Streetfighter* (1994).

La labor televisiva de Juliá incluye la miniserie *Mussolini* (1985), el telefilme *Onassis: The Richest Man in the World* (1988), en el cual desempeñó el rol titular; *The Alamo: Thirteen Days of Glory* (1987), haciendo del General Santa Anna; y la cinta para HBO, *Florida Straits* (1986).

Recibió un premio Emmy, por su rol en otro filme de HBO, *The Burning Season: The Chico Mendes Story* (1994), en la que interpretó al ecologista asesinado. Su último telefilme fue para Showtime, *Down Came a Blackird* (1995). Juliá falleció en 1994 de un paro cardíaco, después de una corta enfermedad.

Katy Jurado

Nacida María Cristina Estela Marcela Jurado García

NACIMIENTO: 16/1/1927
DEFUNCIÓN: 5/7/2002

Actriz mexicana, Jurado es más conocida por su extraordinaria belleza trigueña, y por sus variados y potentes roles en dramas clásicos del oeste, tales como *Mero Mediodía* (1952) y *Broken Lance* (1954).

Nacida en la Ciudad de México, era hija de un ranchero y una cantante de ópera. Siendo una adolescente, a pesar de las objeciones de sus padres, Jurado se convirtió en actriz e hizo su primera cinta, *No Matarás.* Su amistad con el connotado director mexicano, Emilio Fernández, la ayudó a entrar en la industria del cine mexicano, donde se convertiría de la noche a la mañana en una sensación. Su tercera película, *La Vida Inútil de Pito Pérez* (1943), le trajo una infinidad de premios.

Katy Jurado (izq.) y Rita Moreno (der.) en una fiesta después del programa de Ed Sullivan *Toast of the Town.* Jurado había recién ganado el premio Ariel de México, equivalente a los premios Oscar.

En las cintas mexicanas siempre aparecía como una joven glamorosa, o una damita rica de sociedad, en las que a veces cantaba y bailaba. En las cintas americanas casi siempre aparecía como una belleza sensual mexicana, una india o una madre sufrida.

Jurado hizo su debut fílmico americano en 1951 en *The Bullfighter and the Lady*, en donde hizo el rol de la esposa de un envejecido torero, desempeñado por Gilbert Roland. Stanley Kramer la contrató después para el rol de Helen Ramírez en *Mero Mediodía* (1952), junto a Gary Cooper, que atrajo la atención de los críticos y el público en general. Con muy poco conocimiento de inglés, aprendió sus diálogos fonéticamente. A esto siguió un papel en *Arrowhead* (1953), cinta protagonizada por Charlton Heston, en la que hizo el papel de una india mestiza; en *Broken Lance* fue la esposa india de Spencer Tracy, rol que le mereció una nominación de la Academia como Mejor Actriz de Reparto en 1954. Sus muchos trabajos fílmicos incluyen además *San Antone* (1953); *The Racers* (1955); *Trial* (1955); *The Man from Del Rio* (1956); *Trapeze* (1956); *The Badlanders* (1958); *Pícaros de un Solo Ojo* (1961), protagonizada y dirigida por Marlon Brando; *Barabbas* (1962); *A Covenant with Death* (1966), *Stay Away, Joe* (1968), *Pat Garrett and Billy the Kid* (1973), *Under the Volcano* (1984) y *The Hi-Lo Country* (1998). También ha sido invitada a varios programas de la televisión americana.

Tichi Wilkerson Kassel

Innovadora mujer de negocios, Tichi Wilkerson Kassel fue publicitaria *emeritus* del periódico comercial The *Hollywood Reporter* hasta 1991.

Ella adquirió el rotativo después que su esposo murió en 1963. Bajo su guía y liderazgo el periódico creció y fue una publicación de la farándula muy leída y respetada internacionalmente. A través de la Fundación Wilkerson y sus varias labores cívicas, ella se distinguió por su devoción continua al servicio de la industria del espectáculo. Kassel tiene una estrella en el Camino de la Fama de Hollywood.

Natural de Los Angeles, California, e hija de la familia Verdugo, cuyos antepasados vinieron a América Latina con Cortés en 1520, Tichi creció en la Ciudad de México, y regresó a Los Angeles de adolescente.

Pancho Kohner

NACIMIENTO: 7/1/1939

Hijo del agente Paul Kohner, y la actriz Lupita Tovar, y hermano de la actriz Susan Kohner, Pancho ha producido cintas tales como *St. Ives* (1976), *The White Buffalo* (1977), *The Evil That Men Do* (1984), *Death Wish 4: The Crackdown* (1987), *Kinjite: Forbidden Subjects* (1989) y *Madeline* (1998).

Susan Kohner

NACIMIENTO: 11/11/1936

Como hija de la actriz mexicana Lupita Tovar, y el agente de Hollywood, Paul Kohner, no era extraño que Susan Kohner fuera actriz. Recibió una nominación para el Oscar de Mejor Actriz de Reparto por su trabajo como una joven de la raza negra que trata de pasar por blanca, en la nueva versión de *Imitación a la Vida*, de la Universal, en 1959.

Hizo su debut fílmico en el rol de María en *To Hell and Back*, en la que aparecía Audie Murphy en 1955. Sus otras películas incluyen *Trooper Hook* (1957), *All the Fine Young Cannibals* (1960), *By Love Possessed* (1961) y *Freud* (1962). Ella estaba semiretirada en 1964, cuando contrajo matrimonio con John Wurtz. La actriz es graduada de UCLA, y ha aparecido en los escenarios de Broadway.

Apollonia Kotero

Actriz, cantante y bailarina mexicano-americana, Kotero apareció junto a Prince en el exitoso filme *Purple Rain* (1984), e interpretó un personaje llamado Apollonia en *Falcon Crest* (1981–1990), durante una temporada.

Carlos LaCámara

NACIMIENTO: 1957

Mejor conocido por su rol de Paco en la serie televísiva de NBC, *Nurses* (1991–1994), LaCámara continuó su carrera apareciendo en *Independence Day* (1996) y en *10 Things I Hate About You* (1999). Nacido en La Habana, Cuba, LaCámara vino con su familia a Washington, D.C. cuando tenía dos años de edad, cuando Fidel Castro llegó al poder. Él acredita su interés en el teatro, que dice empezó en la escuela primaria, a la influencia de su padre, un artista gráfico, y su madre, cantante de ópera en Cuba. A los siete años, la familia se trasladó a Los Angeles. Asistió a la Universidad de California en Los Angeles, donde obtuvo su licenciatura de Bachiller en Artes.

Fernando Lamas

NACIMIENTO: 9/1/1915
DEFUNCIÓN: 8/10/1982

Atractivo, viril, atlético; así era Lamas, estrella de la MGM de los años 50, quien trabajó al lado de las actrices más hermosas de Hollywood, incluso Lana Turner, Elizabeth Taylor, Esther Williams, Arlene Dahl y Rhonda Fleming.

Natural de Buenos Aires, Argentina, era hijo de Emelio Lamas, de profesión

Fernando Lamas protagonizó el papel de un patriota francés buscando asilo de los Nazis durante los años 40 en *The Cheap Detective* (1978).

ingeniero eléctrico, y de su esposa, María, quien murió cuando Fernando tenía apenas cuatro años. Fue criado por su tía y su abuela. Pronto se unió a un grupo teatral, y se convirtió en una importante estrella del celuloide, tanto en Europa como en Argentina, antes de venir a la MGM en 1950.

En una entrevista con Burt Prelutsky, publicada en *Los Angeles Times* (3/19/78), Lamas describió de esta manera sus primeros años en MGM: "No podía romper la imágen de amante latino, por mucho que tratara. Era una gran imagen para tener fuera de la pantalla, pero un verdadero dolor de cabeza en el cine". Pasó diez años bajo contrato con MGM, donde ganaba $2.500 semanales, con un bono adicional de $25.000.

En otra entrevista con Paul Rosenfield, también para *Los Angeles Times*, en 1977, Lamas comentó, "Yo era el muchacho en Technicolor; tráeme la guitarra, el caballo, la muchacha, y termina pronto. Éramos embotellados y vendidos como simples productos. El público entonces lo que compraba era fantasía, no la verdad".

Cuando su contrato terminó, Lamas protagonizó y dirigió un número de películas que no tuvieron éxito en Europa. Dirigió más de sesenta episodios de programas de televisión a través de los años, incluso varios episodios de la popular serie, *Falcon Crest* (1981–1990), en la que su hijo Lorenzo, nacido de su unión con Arlene Dahl, tuvo un rol estelar. Lamas posteriormente contrajo matrimonio con Esther Williams. Murió de cáncer en 1982, poco después de haber comenzado a trabajar de coprotagonista de Robert Urich, en una nueva serie de televisión titulada *Gavilan* (1982–1983). Una caricatura de su personalidad fue hecha famosa para una nueva generación, por el comediante Billy Crystal, en el programa de televisión, *Saturday Night Live* (1975–), por un personaje cuya muletilla era "¡Qué bien luuuuuces!".

Sus cintas fílmicas incluyen *The Law and the Lady* (1951), *Rich, Young and Pretty* (1951), *The Merry Widow* (1952), *Dangerous When Wet* (1953), *The Girl Who Had Everything* (1953), *Rose Marie* (1954), *The Girl Rush* (1955), *The Lost World* (1960), *100 Rifles* (1969) y *The Cheap Detective* (1978).

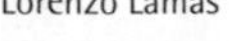
Lorenzo Lamas

LORENZO LAMAS

NACIMIENTO: 20/1/1958

Mejor conocido por su rol de Lance Cumson en la serie de larga duración de CBS, *Falcon Crest* (1981–1990), Lamas ha aparecido en numerosos programas de televisión, y en largometrajes que incluyen *Grease* (1978), *Take Down* (1979), *Body Rock* (1984) y *Final Impact* (1991). En los 90 trabajó como anfitrión de filmes de acción de aventura, al igual que apareció en la popular serie sindicalizada, *Renegade* (1992–1997). También dirigió varios episodios de *Renegade*.

Natural de Santa Mónica, California, es hijo de Fernando Lamas y Arlene Dahl.

Dorothy Lamour

NACIMIENTO: 10/12/1914
DEFUNCIÓN: 22/9/1996

Trigueña, tentadora, y de ojos azules, Lamour es de origen francés, escocés-irlandés, y español. Nativa de Nueva Orleáns, no podía nada menos que ser coronada Miss New Orleáns, en 1931.

Su primera cinta fílmica fue *The Jungle Princess* en 1936. Cuando la cinta fue estrenada, se convirtió en una estrella en Paramount Pictures, de la noche a la mañana, por la exigua ropa que vestía: el sarong, que se convertiría en su sello característico como la sirena nativa de una isla, impulsando una tendencia en la moda internacional. Hizo de latina en *A Medal for Benny* (1948), *Masquerade in Mexico* (1945) y *The Road to Rio* (1947). Apareció también como española en *El Último Tren de Madrid* (1937). El primer gran triunfo fílmico de Lamour ocurrió con *The Hurricane* (1937), de Samuel Goldwyn. Sus talentos como cantante y comediante fueron muy bien usados como coprotagonista femenina de una serie de filmes de gran éxito de los titulados *Road to...* con Bob Hope y Bing Crosby. En algunas de sus cincuenta y dos cintas trabajó al lado de Ray Milland, Alan Ladd, Tyrone Power, William Holden y Fred MacMurray.

William Douglas Lansford

NACIMIENTO: 13/7/1922

Escritor de cine y televisión, Lansford nació y creció en el lado este de Los Angeles, de madre mexicana y padre anglo. Ha colaborado en series tales como *Bonanza* (1959–1973), *The Virginian* (1962–1971), *The High Chaparral* (1976–1981), *Fantasy Island* (1978–1984), *The Rookies* (1972–1976), *Matt Houston* (1982–1985) y *CHiPs* (1978–1983). Es autor de un libro de gran éxito sobre Pancho Villa, del que surgió una idea que Sam Peckinpah convirtió en un guión. Peckinpah fue despedido del proyecto que él planeaba dirigir, y Robert Towne arregló la historia. El filme fue finalmente hecho en España por el productor Ted Richmond, con Yul Brynner en el rol de Villa, y titulado *Villa Rides* (1968). Lansford también escribió las cintas para televisión, *The Deadly Tower* (1975) y *Don't Look Back: The Story of Leroy "Satchel" Paige* (1981).

Mario Larrinaga

Californiano nativo, Larrinaga era un artista de efectos escénicos de fondo. Trabajó en RKO y contribuyó de manera significante a la producción clásica de 1933, *King Kong*. Fue también un connotado pintor y artista.

John Leguizamo en el papel principal de *The Pest*

John Leguizamo

NACIMIENTO: 22/7/1964

Leguizamo ha establecido una carrera que resiste toda clasificación en el cine, teatro, televisión o en literatura. Como un joven aspirante a actor y escritor, Leguizamo comenzó su carrera en películas tales como *Casualties of War* (1989), *Regarding Henry* (1991), *Super Mario Bros.* (1993) y *Whispers in the Dark* (1993). Pero fue su rol como una reina de belleza travestí, de risita tonta, en *To Wong Foo, Thanks for Everything, Julie Newmar* (1995), que obtuvo el premio Golden Globe para él, como Mejor Actor de Reparto, y que fuera conocido ampliamente. Desde entonces ha aparecido con Kurt Russell, en el filme de acción, *Executive Decision* (1996); en *Romeo and Juliet* (1996), de Baz Luhrman, donde hizo el papel de Teobaldo; en el rol titular de *The Pest* (1997), y en *Summer of Sam* (1999), de Spike Lee. Otros proyectos recientes incluyeron *Moulin Rouge* (2001), con Nicole Kidman, la voz de Genie, en el dibujo animado *Titan A.E.* (2000) y *Ice Age* (2002).

En 1991, Leguizamo se convirtió en una sensación de off-Broadway como escritor y actor de uno de sus espectáculos de actuación en solitario, *Mambo Mouth.* Recibió un Obie, y premios de Critics Circle y Vanguarde por la obra en donde él caracterizaba a siete personajes diferentes. El espectáculo fue transmitido luego por la cadena de cable HBO. Su segundo espectáculo en solitario titulado *Spic-O-Rama* tuvo una larga vida en Chicago a teatro totalmente lleno antes de ser estrenado en Nueva York con magníficas críticas y teatros vendidos a capacidad. Luego de éste, le siguió el más reciente, e igualmente exitoso, *Sexaholic* (2002). Ambas obras fueron también grabadas para aparecer en HBO más adelante.

El último espectáculo en que actuó en solitario de Leguizamo, titulado *Freak* y nominado para un Tony, tuvo gran éxito en Broadway. Fue escrito por el propio Leguizamo, y obtuvo el premio del Drama Desk como Destacado Show de un solo personaje, así como el premio de Outer Critics Circle. Spike Lee dirigió la presentación de *Freak* en el HBO, premiada en 1999 con un Emmy.

Leguizamo sentó un precedente cuando creó y protagonizó el primer espectáculo latino de comedia y variedad, *House of Buggin'* (1995), en la cadena Fox, que también mereció un Emmy. Otros trabajos de televisión incluyen el papel de Calderone Jr., en *Miami Vice* (1984–1989). Leguizamo es natural de Bogotá, Colombia, y fue criado en Nueva York.

Dennis E. Leoni

Nacido y criado en Tucson, Arizona, Leoni es el escritor, creador y productor ejecutivo de la serie original de Showtime, *Resurrection Blvd.* (2000), la primera serie dramática de la televisión en cable, en tener un foco hispano. Leoni comenzó su carrera en el mundo del espectáculo, trabajando como actor y doble de escenas de riesgo, antes de volverse escritor. Ha escrito episodios de varias series televisadas que incluyen, *The Commish* (1991–1995), *Covington Cross* (1992), *Raven* (1992–1993) y *McKenna* (1994).

George J. Lewis

NACIMIENTO: 10/12/1904
DEFUNCIÓN: 1995

Veterano actor de carácter, natural de Guadalajara, México, Lewis tiene en su haber más de 250 largometrajes americanos, comenzando en 1924 con *Captain Blood,* para Vitagraph, y terminando con *Los Comancheros,* en 1961. Es quizás más recordado como el padre de Zorro, en la serie de televisión de Walt Disney, protagonizada por Guy Williams.

Lewis apareció en innumerables cintas del oeste, y series para estudios tales como Monogram, Republic y Columbia. También actuó en muchas cintas habladas en español, producidas en Hollywood en los años 30. Sus actuaciones fílmicas más conocidas incluyen *Gilda* (1946), *Crisis* (1950), *Branded* (1951), *The Bad and the Beautiful* (1952), *The Iron Mistress* (1952), *¡Viva Zapata!* (1952), *Shane* (1953) y *Hell on Frisco Bay* (1956).

Ruth Livier

Natural de Guadalajara, México, Livier ha aparecido como invitada en varios episodios de series de televisión, incluso *Weird Science* (1994–1997), *Soldier of Fortune, Inc.* (1997) y la muy aclamada *NYPD Blue* (1993–). Apareció como Joy Taylor en *Beverly Hills, 90210* (1990–2000), durante la temporada 1996–1997, y tuvo un rol protagónico en *Resurrection Blvd.* (2000), de Showtime.

Luis Llosa

Cineasta peruano, Llosa comenzó su carrera en Perú como crítico de cine en un diario local y escritor de revista. Entonces pasó a dirigir documentales, y una revista semanal noticiosa en la televisión. Hizo su debut como director en una producción teatral en el cine americano, con *Sniper,* en la que aparecía Tom Berenger. Desde entonces ha dirigido *The Specialist* (1994), con Sylvester Stallone y Sharon Stone, y *Anaconda* (1997), con Jennifer López.

Gerry López

NACIMIENTO: 1948

López es un practicante del deporte surf hawaiana, además de ser actor y empresario, quien apareció representándose a sí mismo en *Big Wednesday* (1978), y actuó en *Conan the Barbarian* (1982) como Subtotal el Mongol, leal socio de Conan. También ha trabajado en *North Shore* (1987), *Farewell to the King* (1989) y *The Endless Summer 2* (1994).

López es nativo de Honolulú, donde creció. Su padre es neoyorquino de raíces cubano-alemanas, quien llegó a Hawaii como soldado durante la Segunda Guerra Mundial. Su madre es de ascendencia japonesa.

Jennifer López

NACIMIENTO: 24/7/1970

Jennifer López en el papel estelar de *Selena*.

En 1995, López hizo su debut en la pantalla en el aclamado filme *Mi Familia* (1995), que mereció la nominación al premio Spirit, por su rol de la joven madre María Sánchez. A continuación apareció en el rol estelar de Grace McKenna, al lado de Sean Penn y Nick Nolte, en la cinta de Oliver Stone, *U-Turn* (1997). López entonces pasó a interpretar el rol titular de *Selena* (1997), que le ganó gran reconocimiento por su caracterización de la trágica desaparición de la cantante tejana. Por ese rol recibió la suma de un millón de dólares— en ese entonces la mayor cantidad pagada a una artista latina en Hollywood. Una vez más fue muy celebrada por su trabajo como la agente federal, Policía Karen Sisco, junto a George Clooney, en *Out of Sight* (1998). Ese mismo año ella dobló la voz de Azteca en el dibujo animado de Dreamworks, titulado *Antz.* En el año 2000, apareció en *The Cell,* y en la comedia romántica, *The Wedding Planner,* y más recientemente en *Angel Eyes* (2001) y *Enough* (2002).

Sus otras colaboraciones fílmicas incluyen *Money Train* (1995), donde hizo de Grace Santiago, una policía de tránsito de Nueva York, atrapada entre dos hermanos celosos, Woody Harrelson y Wesley Snipes; *Jack* (1996), de Francis Ford Coppola, como maestra, la señora Márquez, junto a Robin Williams; *Blood and Wine* (1996), en la que interpretaba a Gabriela, una sirvienta involucrada en un atraco y en un triángulo amoroso, donde aparecía también Jack Nicholson; *Anaconda* (1997), como una cineasta de documentales, contrafigura de Jon Voight y Eric Stoltz.

López comenzó su carrera en 1990, después de ganar una competencia nacional para convertirse en una Fly Girl en la exitosa serie de la Fox, *In Living Color* (1990–1994). Poco después, consiguió trabajo en otras series televisadas, incluso un rol estelar como coprotagonista regular de *Second Chances*

(1993–1994), y de *Hotel Malibu* (1994), programa derivado del anterior. La actriz nació y creció en el Bronx, de padres puertorriqueños.

Kamala López

También conocida como Kamala López Dawson

NACIMIENTO: 1965

López hizo su debut en el cine como Dolores, la protagonista femenina principal de *Born in East L.A.* (1987). Nacida en la ciudad de Nueva York, de madre india y padre venezolano, pasó dos temporadas en el programa televisado de *Sesame Street* (1969–), antes de ingresar en la Universidad de Yale. Sus trabajos en la televisión incluyen actuaciones en *Spenser: For Hire* (1985–1988), *Miami Vice* (1984–1989) y *The Cosby Show* (1984–1992), donde apareció como invitada.

Mario López

López hizo el rol del hombre fuerte A.C. Slater, en la serie televisada de larga duración para adolescentes, *Saved by the Bell* (1989–1993). López también trabajó como el personaje titular del filme de televisión, *Breaking the Surface: The Greg Louganis Story* (1996), y tiene un papel regular en la serie *Pacific Blue* (1996–), de la cadena USA. López hizo su debut en televisión como un adolescente en la serie de corta duración de ABC, *A.K.A. Pablo* (1984).

Perry López

Nacido Julius Caesar López

NACIMIENTO: 31/7/1931

En una carrera que cubre más de cuarenta años, López ha trabajado para directores tan distinguidos y legendarios como Roman Polanski, quien le dio su rol más notable, el detective Luis Escobar, en el filme clásico, *Chinatown* (1974); John Ford, en *Mister Roberts* (1955); y Raoul Walsh, quien lo dirigió en su debut fílmico, como Spanish Joe, en *Battle Cry* (1954).

Warner Bros. contrató a López en 1953, y el actor apareció a continuación en *Drum Beat* (1954) y *The McConnell Story* (1955). Hizo el rol de un joven ex presidiario en *The Steel Jungle* (1956) y coprotagonizó *Taras Bulba* (1962), con Tony Curtis y Yul Brynner.

Nacido en la ciudad de Nueva York de Esther y Alfonso López, ambos puertorriqueños, fue bautizado como Julius Caesar. Sin embargo, pocos años después, sus padres decidieron cambiar el nombre por el de Perry. Asistió a la escuela pública número 57 y 172, y al Instituto George Washington, en Nueva York, y después asistió a la Universidad de Nueva York. Fue allí donde un encuentro fortuito con el director Joshua Logan, en 1950, lo llevó a una carrera en el teatro. Fue en el teatro donde Logan ensayaba la compañía nacional de *South Pacific*, porque tenía una cita para almorzar con la actriz Diosa Costello. Cuando Logan lo vio, le pidió que leyera unas líneas del libreto, y consiguió trabajo como un Seabee (miembro del batallón de construcción de la Armada).

Dejó la universidad y estuvo de gira con *South Pacific* por tres años. López abandonó el musical, regresando a Nueva York, donde viajó con el elenco de producciones de verano. Entonces, en 1953, tuvo un accidente de tránsito que casi le cuesta la vida. Mientras se recuperaba de las heridas con familiares en Los Angeles, tuvo una entrevista que hizo posible una prueba en el cine, terminando en contrato, y en el papel de *Battle Cry*. Recientemente ha repetido el rol del detective Luis Escobar en *The Two Jakes* (1990), secuela de *Chinatown*, y coprotagonizó *Kinjite: Forbidden Subjects* (1989), con Charles Bronson. Sus otros filmes incluyen *I Died a Thousand Times* (1955), *Hell on Frisco Bay* (1956), *The Young Guns* (1956), *Omar Khayyam* (1957), *Cry Tough* (1959), *Flaming Star* (1960), *McLintock!* (1963), *Bandolero!* (1968), *Ché!* (1969) y *Deadlock* (1969).

Priscilla López

Nativa del Bronx y criada en Brooklyn, López es bailarina, cantante y actriz. Ganó un premio Obie, y una nominación para un Tony, por su actuación en *A Chorus Line*, en Broadway, y ganó el Tony como Mejor Actriz de un Musical, en 1980, por *A Day in Hollywood, A Night in Ukraine*. En televisión ha aparecido regularmente en la serie, *In the Beginning* (1978), como la Hermana Agnes, y en *Kay O'Brien* (1986), como la enfermera Rosa Villanueva. También ha actuado en las series *All in the Family* (1971–1979), *Trapper John, M.D.* (1979–1986) y *Family* (1976–1980).

Rafael López

También conocido como Raphael

NACIMIENTO: 1948

López era un actor juvenil de películas de Hollywood durante los años 60. Ha actuado en películas como *The Young Savages* (1961), *Dime with a Halo* (1963) y *Trackdown* (1976).

Sal López

NACIMIENTO: 8/11/1954

Actor mexicano-americano, López hizo de joven recluta en *Full Metal Jacket* (1987), de Stanley Kubrick, y apareció en *American Me* (1992), de Edward James Olmos. Hizo su debut en largometraje en la versión fílmica de Luis Valdéz, *Zoot*

Suit (1981). Muy activo en el cine, López ha aparecido en numerosos filmes de televisión y en varios proyectos, siendo los más recientes, *Selena* (1997), *Out to Sea* (1997), *Gabriela* (1999), *Luminarias* (2000) y *Price of Glory* (2000).

Sylvia López

Actriz española, López participó en filmes italianos epopéyicos de los años 60 que fueron doblados al inglés y estrenados en los Estados Unidos. Sus trabajos incluyen *Hercules* (1960) y *Herod the Great* (1961).

Trini López

NACIMIENTO: 15/4/1935

Cantante y estrella del disco, mexicano-americano, nativo de Dallas, López tuvo un importante rol como el soldado Raso Pedro Ramírez, uno de los *Dirty Dozen* de la exitosa cinta de acción de 1967 sobre la Segunda Guerra Mundial, de igual título. López actuó como él mismo en el filme, *Marriage on the Rocks* (1965) y en *The Poppy is Also a Flower* (1960). En 1964 firmó un contrato de cinco películas con Twentieth Century Fox, pero no aparecieron roles apropiados para él.

López creció en una casa de una sola habitación, de un gueto de Dallas, con sus padres, cuatro hermanas y un hermano. No terminó sus estudios secundarios, pero su padre le enseñó a tocar guitarra y a cantar. López fue descubierto por Frank Sinatra, quien lo contrató para su firma disquera, Reprise Records, para la que López grabó una cantidad de discos de gran éxito. Pronto se convirtió en una estrella internacional a través de grabaciones de gran éxito como "If I Had a Hammer" y "La Bamba".

José López Rodero

NACIMIENTO: 20/10/1937

Nacido en Madrid, España, el mayor de cuatro hijos, Rodero ingresó en el cine a la edad de quince años, y desde entonces ha aparecido en más de 100 películas en varias capacidades, mayormente en Europa. Las más conocidas entre las cintas internacionales en las que sirvió de primero o segundo ayudante del director fueron, *Solomon and Sheba* (1959), *Spartacus* (1960), *King of Kings* (1961), *55 Days at Peking* (1963), *Cleopatra* (1963), *Patton* (1970), *Papillon* (1973), *The Boys from Brazil* (1978) y *Conan the Barbarian* (1982). También fue productor asociado de *Dune* (1984).

Eduardo López Rojas

NACIMIENTO: 1937
DEFUNCIÓN: 1/8/1999

Nacido en Nueva York y criado en México, López Rojas apareció en casi dos docenas de largometrajes, antes de su muerte en 1999. Su labor incluye, *Romero* (1989), *Mi Familia* (1995) y *Herod's Law* (1999).

Linda Loredo

Nacida Herlinda Loredo

NACIMIENTO: 1908
DEFUNCIÓN: 11/8/1931

Nacida en Los Angeles de una familia mexicana prominente, Loredo hizo pequeños roles en películas mudas y apareció en roles prominentes de varios cortometrajes cómicos en español de Laurel y Hardy y Charley Chase. Loredo trabajó en la versión en español de *The Shrimp* (1930), con Henry Langdon, y en la versión en inglés de *Come Clean* (1931), como la esposa de Stan Laurel. Murió a una temprana edad, después de una larga enfermedad.

Jorje Luke

Uno de los principales galanes mexicanos, Luke ha aparecido en cintas americanas tales como, *Outpost* (1944), *The Return of a Man Called Horse* (1976), *Ulzana's Raid* (1972) y *The Evil That Men Do* (1984).

Bárbara Luna

NACIMIENTO: 1939

Actriz de cabello negro, de gran belleza, Luna ha trabajado como latina en tantas películas y espectáculos de televisión a través de los años 50, 60 y 70, que está íntimamente identificada con bailarinas, cantineras, y apasionadas o virginales mexicanas, o latinas. De padre filipino-español, y madre húngara-italiana y judía, Luna creció en un vecindario puertorriqueño de la ciudad de Nueva York. Su padre mantenía la familia trabajando de camarero en el club Copacabana. Ella llamó la atención del público cuando apareció de niña en la producción original de Broadway, de *South Pacific* (1949).

Su belleza exótica la llevó a una activa carrera en el cine y la televisión, en la que además representó a geishas japonesas, jóvenes de las islas de los mares del sur y doncellas chinas o mexicanas. Luna hizo su debut en la televisión como invitada en *Westinghouse Desilu Playhouse* (1958–1960). Como joven adulta, tuvo gran éxito como la enfermera ciega que ayuda a Frank Sinatra en la cinta, *The Devil at 4 O'Clock* (1961). También apareció en *Ship of Fools* (1965) y en *Dime with a Halo* (1963). Otros filmes en los que actuó incluyen *Five Weeks in a Balloon* (1962), *Firecreek* (1968), *Che!* (1969), *Synanon* (1965) y *The Concrete Jungle* (1982). Su actuación televisiva incluye más de 400 roles en series episódicas y en películas de la semana entre ellas, la película de televisión *Noriega* (2000), televisada por Showtime.

Julio Macat

Cineasta nativo de Argentina, Macat inmigró con su familia a los Estados Unidos a la edad de catorce años. Macat fotografió el gran éxito taquillero de 1990, *Home Alone*, para el director Chris Columbus, y continuó trabajando en proyectos como *Ace Ventura: Pet Detective* (1994), *Moonlight and Valentino* (1995), *The Nutty Professor* (1996), *Home Alone 3* (1997), *Crazy in Alabama* (1999) y *The Wedding Planner* (2001), con Jennifer López en el papel principal.

Bill Maldonado

NACIMIENTO: 25/5/1921

Maldonado fue coordinador de construcción y supervisor de un número de películas para los hermanos Mirisch, incluso producciones internacionales de gran envergadura como, *Some Like It Hot* (1959), *The Great Escape* (1963), *Kings of the Sun* (1964, filmada en México), *Hawaii* (1966), *Hour of the Gun* (1967, filmada en México), *Gaily Gaily* (1969) y *Fiddler on the Roof* (1971).

Maldonado sirvió en las fuerzas armadas durante la Segunda Guerra Mundial y después de ser retirado del ejército, fue a trabajar de carpintero en uno de los estudios, donde pasó algún tiempo antes de ser admitido en el sindicato. Consiguió trabajo como utilero que lo llevó a ser constructor. Su primera cinta fue un oeste de Gary Cooper, titulado *Man of the West* (1958). La última cinta de Maldonado antes de su retiro fue, *The Milagro Beanfield War* (1988).

Luis Mandoki

NACIMIENTO: 17/8/1954

Nacido en la Ciudad de México, Mandoki asistió al colegio universitario en San Francisco y Londres, antes de abrirse paso en el cine con el drama *Gaby: A True Story* (1987). El éxito del filme lo trajo a Hollywood, donde hizo *White Palace* (1990), y una nueva versión de la comedia clásica, *Born Yesterday* (1993), con Melanie Griffith. También ha dirigido *When a Man Loves a Woman* (1994), protagonizada por Andy García y Meg Ryan, *Message in a Bottle* (1999), con Kevin Costner y Robin Wright Penn, y *Angel Eyes* (2001), con Jennifer López.

Adele Mara
Nacida Adelaide Delgado

NACIMIENTO: 28/4/1923

Nacida en Dearborn, Michigan, Mara era una actriz principiante de la Republic Pictures, cuando apareció con John Wayne en dos éxitos mayores a fines de los años 40: *Wake of the Red Witch* y *Sands of Iwo Jima* (ambas en 1949).

Al finalizar la Segunda Guerra Mundial, fue coronada la nueva chica "pinup" de Hollywood, pasando por alto a la reina actual, Betty Grable, por la revista de las fuerzas armadas, *Yank*.

En 1941, Harry Cohn la vio con la orquesta de Xavier Cugat, en el Waldorf-Astoria de Nueva York, y le dio el rol de la hermana menor de Rita Hayworth en *You Were Never Lovelier* (1942). Más tarde fue contratada por Republic Pictures, donde trabajó en muchos filmes del oeste de segunda categoría, tales como *Bells of Rosarita* (1945), con Roy Rogers, *Girls of the Big House* (1945), *The Tiger Woman* (1945) y *Vampire's Ghost* (1945). También tuvo un rol estelar en la costosa cinta *The Avengers* (1950), hecha para el mismo estudio, y *California Passage* (1950).

Margo
Nacida María Margarita Guadalupe Teresa Estella Castillo Bolado y O'Donnell

NACIMIENTO: 10/5/1918
DEFUNCIÓN: 17/7/1985

Margo siempre será recordada como la chica de la cinta de Frank Capra, *Lost Horizon* (1937), quien se marchitó y murió como una mujer de cien años, cuando huyó del valle imaginario de Shangri-La.

Nacida en la Ciudad de México y educada en los Estados Unidos, Margo aprendió baile con Eduardo Cansino, padre de Rita Hayworth, y cuando tenía diez años de edad, comenzó su carrera profesional, bailando y cantando en varios espectáculos locales.

Su tía se casó con Xavier Cugat, y Margo se unió a ellos en la orquesta cuando, durante un año y medio, tocaban en el Waldorf-Astoria de Nueva York.

Fue descubierta en Nueva York por un cazatalentos, e hizo su debut fílmico a la edad de dieciséis años como Carmen Brown, la amante desechada de un fiscal de distrito en *Crime Without Passion* (1934), producida por Ben Hecht y Charles

MacArthur. Después fue a Hollywood y apareció en *Rumba* (1935), con George Raft y Carole Lombard, y *The Robin Hood of El Dorado* (1936), con Warner Baxter.

En Broadway, hizo *Winterset* (1935), una representación por la que recibió críticas magníficas, y que repitió en una versión fílmica memorable en 1936.

Tomó un breve descanso de actuar, y luego se presentó en películas a través de los 40 y principios de los 50, de las que fueron más notables, *Cat People* (1942), *The Leopard Man* (1943), *A Bell for Adano* (1945) y *Viva Zapata!* (1952). Ella recordó en una entrevista, "Yo estaba expuesta a gran cantidad de prejuicios ignorantes que me herían", y añadió, "La situación en el estudio me asustaba enormemente. Yo no parecía adaptarme a aquel ambiente. Era muy joven e inexperta. La gente pensaba que yo era mayor, ya que di la impresión en la pantalla de ser mucho más madura en mi primera película, pero nadie se daba cuenta que sólo tenía dieciocho años de edad".

Margo contrajo matrimonio con el actor Eddie Albert en 1945, y se dedicó mayormente a criar a su familia. Estuvo muy envuelta en asuntos comunitarios mexicano-americanos, y fundó Plaza de la Raza, un teatro y centro cultural en un barrio del este de Los Angeles. Ella fue la madre del actor Edward Albert.

Constance Marie

Nativa de California, Marie apareció en el drama que abarca varias generaciones, *Mi Familia* (1995), de Gregory Nava, haciendo el papel de Toni Sánchez, una ex monja y activista política. Trabajó con Nava dos años después en *Selena* (1997), como Marcela Quintanilla, la fuerte y comprensiva madre de Selena. Las actuaciones adicionales de Marie incluyen, *Body Rock* (1984), *Back to the Beach* (1987) y *Salsa* (1988). También ha trabajado en un número de telefilmes y series episódicas, tales como *Union Square* (1997–1998), la exitosa serie cómica, *Spin City* (1996–), y actualmente en la serie televisada por PBS, *American Family* (2002), y en el *George Lopez Show* (2002) de la cadena ABC.

Constance Marie.

Cheech Marín

NACIMIENTO: 13/7/1946

Cheech Marín y su compañero, Tommy Chong, como Cheech y Chong, fueron uno de los dúos cómicos de más éxito de los años 70, con sus chistes sobre las drogas y contra las normas establecidas.

Cheech (diminutivo de "chicharrón") nació en el centro de Los Angeles. Era uno de los cuatro hijos de un policía de Los Angeles, que creció en el Valle de San Fernando.

Estudiante aventajado en la secundaria, Cheech también buscaba el tiempo para cantar con las bandas de rock del vecindario. Después de pagar por sus

Cheech Marín como Joe Domínguez el la serie de televisión *Nash Bridges*.

estudios trabajando como lavaplatos y conserje, obtuvo el título de Bachiller en Inglés de la Universidad Estatal de Northridge del Estado de California.

La gran oportunidad de Cheech como cómico llegó cuando fue a Vancouver, Canada, para una prueba en comedia improvisada de un grupo llamado City Works, dirigido por Tommy Chong. Cuando el grupo se deshizo en 1970, Cheech y Chong formaron su propio dúo cómico. Su primer álbum, *Cheech y Chong*, se convirtió en oro. El segundo, *Big Bamboo*, fue escogido como álbum número uno de comedia de 1972. El tercero, *Los Cochinitos*, ganó un premio Emmy para ellos.

Cheech y Chong hicieron juntos ocho largometrajes. El primero, *Cheech y Chong's Up in Smoke*, fue la comedia que más dinero ganó en 1979, generando más de $100 millones en la taquilla. Sus otros filmes, *Cheech and Chong's Next Movie* (1980), *Cheech and Chong's Nice Dream* (1981), *Cheech and Chong: Things are Tough All Over* (1982), *Cheech and Chong: Still Smokin'* (1983) y *Cheech and Chong's The Corsican Brothers* (1984). Ellos también hicieron apariciones especiales en *Yellowbeard* (1983) y en *After Hours* (1985), de Martin Scorsese.

En 1985, después de estar quince años juntos, Cheech y Chong decidieron continuar con otros proyectos y perseguir cada uno sus propias ideas creativas. Dos años después, Cheech escribió, dirigió y protagonizó *Born in East L.A.* (1987), para la Universal Pictures. Fue la voz de Tito, el sabihondo chihuahua del dibujo animado de Disney, *Oliver and Company* (1988), y en 1994, trabajó como la voz de Banzal la hiena en *The Lion King*, de Disney. Marín fue el anfitrión del Festival Latino de la Risa de 1997, y ha aparecido en *Desperado* (1995), con Antonio Banderas, *From Dusk Till Dawn* (1996), con George Clooney, y *Tin Cup* (1996), con Kevin Costner. Marín también ha personificado a Pancho en *The Cisco Kid* (1994), de TNT, y a Joe Domínguez en la serie *Nash Bridges* (1996–2001).

Ada Maris

NACIMIENTO: 13/6/1963

Maris trabajó durante cuatro temporadas como Gina Cuevas, la enfermera inmigrante de la serie de NBC, *Nurses* (1991–1994). Maris nació y creció en el lado este de Los Ángeles, y comenzó su carrera artística después de asistir a la Universidad de Boston y la Universidad de California, en Los Ángeles. Fue coprotagonista con Tony Orlando, del programa de prueba de una serie, que salió al aire posteriormente como un episodio de *The Cosby Show* (1984–1992). Más recientemente Maris apareció en la película para la cadena de cable Nickelodeon titulada *The Brothers Garcia* (2000).

Mona Maris

NACIMIENTO: 8/11/1908
DEFUNCIÓN: 22/3/1992

Nacida en Buenos Aires, Argentina, en el seno de una familia española, Maris hizo su debut en el cine en Inglaterra, en 1936. En Europa conoció a Dolores Del Río, quien la alentó a ir a Hollywood. Después de pasar un tiempo breve con United Artists, Maris hizo *Romance of the Rio Grande* (1929), como contrafigura de Warner Baxter, a la que siguió *Under the Texas Moon* (1930) y *The Arizona Kid* (1930), también con Baxter. Filmó *One Mad Kiss* (1930) simultáneamente en inglés y español, que marcó la primera aparición de José Mojica, tenor lírico de la compañía de ópera de Chicago. Maris hizo muchas cintas en español en las que aparecía frecuentemente como una mujer sofisticada. Sus últimas películas incluyen *I Married an Angel* (1942), *The Falcon in Mexico* (1944), *Tampico* (1944), *Heartbeat* (1946), *Monsieur Beaucaire* (1946) y *The Avengers* (1950). Murió en 1992, retirada desde muchos años antes.

William Márquez

NACIMIENTO: 14/3/1943

Actor nativo de Cuba, Márquez ha actuado en más de una docena de filmes hasta la fecha. Sus cintas de largometraje incluyen, *Deal of the Century* (1983), *8 Million Ways to Die* (1986), *Wrestling Ernest Hemingway* (1993), *Steal Big, Steal Little* (1994), *Dance With Me* (1998), *The Mask of Zorro* (1998) y *Forces of Nature* (1999). Ha trabajado en numerosas series de episodios para la televisión como, *Quincy* (1976–1983), *CHiPs* (1978–1983) y *Hart to Hart* (1979–1984).

Chris-Pin Martin

NACIMIENTO: 19/11/1893
DEFUNCIÓN: 27/6/1968

Afamado actor de carácter, Martin usualmente representaba mexicanos carentes de todo. Fue mejor conocido por su papel como el secuaz del Cisco Kid, en las series de Cisco Kid que protagonizó César Romero.

Martin comenzó su carrera en la industria del cine en 1911. Por algún tiempo hizo de extra, después se convirtió en lo que es conocido como "corredor", reclutando extras mexicanos e indios. Cuando los estudios querían conseguir un número específico de estos tipos, llamaban a Chris. Cuando se fundó la oficina central para reclutar artistas, el negocio de Martin terminó, y se volvió actor. Su primer papel de alguna consecuencia fue en *The Gay Desperado*, en 1936. Sus otros filmes incluyen, *Under the Pampas Moon* (1935), *The Cisco Kid and the Lady* (1939), *Frontier Marshall* (1939), *The Return of the Cisco Kid* (1939), *Stagecoach* (1939), *The Mark of Zorro* (1940), *Romance of the Rio Grande* (1941), *Robin Hood of Monterey* (1947) y *The Beautiful Blonde from Bashful Bend* (1949).

Martin nació en Tucson, Arizona, hijo de Toro Martin, un indio yaqui, y su esposa, Florence Morales Martin, mexicana. Su padre se unió a su tribu de nuevo durante los problemas entre mexicanos y yanquis, al comienzo del siglo, y se cree murió en una batalla.

Con muy poca educación formal, Martin muy pronto aprendió mucho sobre la vida cuando trabajaba en las minas de Silver Bell, y otros campos mineros de Arizona. En algún momento de su vida, adquirió algunos conocimientos del oficio de barbero y sirvió en el ejército como tal, en Fort Snelling, Minnesota. En 1911 regresó a Arizona y se unió a un grupo de indios que eran llevados a Hollywood por los estudios Universal, para trabajar en el cine. El sueldo era $5,00 a la semana y una ración de comida. Martin incitó a un levantamiento, cuando fue descubierto que la carne servida era de caballo. En 1912, contrajo matrimonio con Margaret Avell en Pomona, California, y vivió cerca de Chávez Ravine, en Los Angeles.

Richard Martin
Nacido Herbert Pinney

NACIMIENTO: 12/12/1919
DEFUNCIÓN: 13/9/1994

Nacido en Spokane, Washington, de raíces escocesa-irlandesas, Martin es más conocido por su papel de Chito José González Bustamante Rafferty, compinche mexicano-irlandés de Tim Holt, héroe de cintas del oeste de segunda categoría en veintinueve filmes de la RKO a fines de los años 40 y comienzos de los 50. Chito era de alta estatura, bien parecido, simpático, y podía robarle el corazón a cualquier señorita, o derrotar a cualquier hombre en una pelea. Martin, en realidad, creó el papel en la cinta de la Segunda Guerra Mundial, *Bombardier* (1943), con Randolph Scott y Pat O'Brien, como un personaje llamado simplemente Chito Rafferty. El personaje fue después cambiado al escenario de un oeste, y aparecía en cintas de vaqueros junto a Robert Mitchum y James Warren, y después Chito fue emparejado con gran éxito con Tim Holt. Estuvo encasillado en el papel por tiempo, y cuando la serie terminó en 1952, decidió abandonar la industria y continuar por otra senda, convirtiéndose en un próspero agente de seguros.

Martin creció en el área predominantemente mexicano-americano de Los Angeles, a donde la familia se había mudado de Washington durante la gran depresión. Él recogió el acento que supo poner a buen uso en su caracterización fílmica, de la gente del vecindario. Aunque no era latino, Martin aparece aquí por su identificación con el papel de Chito, y porque hizo a Chito diferente de los compinches estereotípicos. De hecho, Chito era más alto y mucho mejor parecido que el vaquero héroe a quien él acompañaba, aunque quizás no fuera tan listo.

Ricky Martin

NACIMIENTO: 24/12/1971

Superestrella mundial, Martin irrumpió en la escena musical americana en 1999, con el éxito rotundo de "Viviendo la Vida Loca". Anterior a su triunfo musical en los Estados Unidos, había vendido más de 15 millones de álbumes mundialmente.

Nacido Enrique Martín Morales, en Hato Rey, Puerto Rico, Martin ingresó en 1983 en el grupo de adolescentes llamado Menudo. En 1994 consiguió un papel en la telenovela *General Hospital* (1963–), como Miguel Moretz, un cantante puertorriqueño convertido en cantinero. Martin también proveyó la voz de la versión en español de *Hercules* (1997), de Walt Disney. Fue la estrella de su propio especial musical de televisión para CBS en 1999.

A Martínez

Nacido Adolpho Martínez

NACIMIENTO: 27/9/1948

Nativo californiano, Martínez tenía doce años de edad cuando hizo su debut profesional como cantante en el Hollywood Bowl, donde había ganado una competición de talento. Más tarde, mientras estudiaba en UCLA, tuvo su primera experiencia en el cine en *The Young Animals* (1968). Debutó en la pantalla como el vaquero mexicano-americano Cimarrón, en *The Cowboys* (1972), que tenía a John Wayne de estrella.

Esto fue seguido inmediatamente de *Once Upon a Scoundrel* (1973), *Joe Panther* (1976), *Shoot the Sundown* (1981), *Beyond the Limit* (1983), con Michael Caine, y *Walking the Edge* (1983), entre otras. Su extensa experiencia en televisión incluye dos telenovelas diurnas: *Santa Barbara* (1984–1992), por la que obtuvo un Emmy de programas diurnos en 1990; y más recientemente, *General Hospital* (1963–), igual que numerosos telefilmes y durante dos años, el aparecer en la galardonada serie *L.A. Law* (1998) y *What's Cookin'* (2000).

A Martinez en *L.A. Law.*

Alma Martínez

NACIMIENTO: 18/3/1953

Martínez ha actuado en filmes tales como *Zoot Suit* (1981), de Luis Valdéz, en el que hizo el papel de Della, la hermana más joven; en *Under Fire* (1983), de Roger Spottiswoode, como una humilde secretaria que en realidad es una rebelde, y en *Barbarosa* (1982), de Fred Schepisi, en el papel de la hija de Willie Nelson. En la televisión, Martínez ha aparecido como sargento de la policía de la serie sindicalizada, el nuevo *Adam-12* (1989–1990).

Carmen Martínez

NACIMIENTO: 1933

Intérprete de *Heartbreaker* (1983) y *Fires Within* (1992), Martínez también ha aparecido en incontables episodios de series de televisión.

Joaquín Martínez

NACIMIENTO: 5/11/1932

Actor nativo de México, Martínez abandonó su país para trabajar en filmes americanos. Hizo el papel del renegado indio del título en *Ulzana's Raid* (1972), donde aparecía Burt Lancaster, y que estaba dirigida por Robert Aldrich. También ha actuado en *Joe Kidd* (1972), con Clint Eastwood, y tuvo un papel importante como el campesino mexicano Mauro en *Revenge* (1990), con Kevin Costner de estrella. Asimismo, ha sido invitado a docenas de programas de televisión a través de los años.

Patrice Martínez

También llamada Patrice Camhi

NACIMIENTO: 12/6/1963

Nacida en Albuquerque, Nuevo México, Martínez es mejor conocida por el papel de Carmen en *¡Tres Amigos!* (1983). Como Patrice Camhi, protagonizó durante cuatro temporadas la serie televisada del nuevo *Zorro* (1990–1993), con Duncan Regehr como estrella. Su primera aparición en el cine fue en *Convoy (1978)*, cinta que dirigió Sam Peckinpah, quien la animó a estudiar drama. Después que se graduó de la secundaria, obtuvo una beca para estudiar en la Real Academia de Arte Dramático de Londres. Martínez actuó dos veces como invitada en *Magnum, P.I.* (1980–1988), junto a Tom Selleck, y también apareció en la película *Beetlejuice* (1988).

Ron Martínez

NACIMIENTO: 17/11/1943

Oriundo de Santa Ana, California, Martínez, director ayudante de cine, subió a la cima en los estudios Universal, comenzando a trabajar en filmes tales como *Red Sky at Morning* (1971), *Dillinger* (1973), *Walk Proud* (1979), *Little Miss*

Marker (1980) y *The Yakuza* (1975). Sus trabajos de televisión episódica incluyen *Quincy* (1976–1983) y *Little House on the Prairie* (1974–1983). Fue administrador ejecutivo de producción, y después vicepresidente de producción televisada de Universal Televisión, donde era responsable de espectáculos tales como, *Murder, She Wrote* (1984–1996), *Major Dad* (1989–1993), *Coach* (1989–1997) y *Quantum Leap* (1989–1993). Esto lo llevó a asociarse con Viacom Productions y a proyectos como *Diagnosis Murder* (1993–) y *Sabrina, the Teenage Witch* (1996–). En el presente es el productor de *Resurrection Blvd.* (2000–) para Showtime.

Tony Martínez

Actor cómico de carácter, de origen puertorriqueño, Martínez es mejor conocido por su caracterización de Pepino, el peón mexicano de la serie televisada, *The Real McCoys* (1957–1963). A fines de los setenta, se unió a la gira de la nueva versión de *Man of La Mancha,* haciendo de Sancho Panza, con Richard Kelly como Cervantes y Don Quijote. Repitió el papel en 1992, con Raúl Juliá en el papel principal.

Ricardo Méndez Matta

Natural de Puerto Rico, Méndez Matta dirigió diez episodios de la serie de la cadena USA, *Weird Science* (1994–1997), para el productor John Landis. Ha trabajado como primer asistente de director en filmes tales como *Bread and Roses* (2000), de Ken Loach, *The Wonderful Ice Cream Suit* (1999), de Stuart Gordon, *Price of Glory* (2000), de Carlos Ávila, y el telefilme de la Fox, *Ali* (2000). Matta es graduado de USC y de Assistant Directors Training Program.

Graciela Mazón

Mazón ha trabajado como diseñadora del vestuario en *Desperado* (1995); *From Dusk Till Dawn* (1996); *The Mask of Zorro* (1998); *Crazy in Alabama* (1999), debut de Antonio Banderas como director, y *Vertical Limit* (2000). Natural de México, Mazón es una artista consumada, cuyas pinturas, dibujos y esculturas han sido exhibidas en galerías de México, Francia y los Estados Unidos. Mazón trabajó con el director Luis Valdéz en varios proyectos, incluso la presentación de *The Cisco Kid* (1997) en TNT, con Jimmy Smits. Su actuación en películas mexicanas incluye *Miroslava* (1993) y *Queen of the Night* (1994).

Benny Medina

Medina fue el coproductor de la serie de televisión de NBC de gran éxito, *The Fresh Prince of Bel Air* (1990–1996), protagonizada por Will Smith. Medina ha trabajado como productor ejecutivo de la serie *Getting Personal* (1998), y se acredita como productor y haber contribuido a la historia del largometraje, *Above the Rim* (1994).

Laura J. Medina

Después de haber trabajado en una amplia variedad de películas, documentales y en la televisión, Medina comenzó a especializarse en los aspectos de producción de las películas independientes. Miembro del Gremio de Directores de América, ha avanzado rápidamente de jefa de equipo, a jefa de producción, y más tarde a productora o coproductora de filmes tales como *Frankenstein Unbound* (1990), *Born in the Wild* (1995), *Race the Sun* (equipo de Hawaii, 1996) y *The Wonderful Ice Cream Suit* (1998).

Patricia Medina

NACIMIENTO: 19/7/1920

Hija de un abogado inglés nacido en España, Laureano Medina, y una dama inglesa, Gouda Strode, Medina fue a la escuela en Inglaterra y Francia. Esta belleza trigueña hizo su debut en el cine americano en *The Secret Heart*, en 1946. Ha aparecido en más de cuarenta filmes incluyendo *The Foxes of Harrow* (1947), *Fortunes of Captain Blood* (1950), *Valentino* (1951), *Desperate Search* (1952), *Botany Bay* (1953), *Snow White and the Three Stooges* (1961) y *The Killing of Sister George* (1968).

Bill Meléndez
Nacido José Cuauhtemoc (Bill) Meléndez

NACIMIENTO: 1917

Meléndez, animador de profesión, es mejor conocido como el productor de los especiales de los muñequitos "Peanuts" de televisión. Ha producido cuarenta y nueve especiales, y es considerado uno de los mejores animadores independientes de la industria.

Nativo de México, Meléndez comenzó a trabajar para Walt Disney en 1938 durante la producción de *Fantasia* (1940), y ha estado en Hollywood desde entonces.

Tina Menard

Actriz de carácter y de papeles pequeños por más de cincuenta años, Menard es más recordada por su participación en *Giant* (1956), de George Steven, en la que fue responsable de la coordinación de extras mexicanos y actores menores.

Sam Mendes

Hoy día uno de los más celebrados directores de teatro, Mendes hizo su debut como director de cine en la laureada cinta de la Academia, *American Beauty* (1999). Nacido en Inglaterra, de raíces peruanas, y educado en la Universidad de Cambridge, dirigió la aclamada nueva versión de *Cabaret*, y la reciente producción de *The Blue Room*, que protagonizó Nicole Kidman.

John Mendoza

NACIMIENTO: 1953

Este comediante medio puertorriqueño y medio irlandés, nació en el condado del Bronx, Nueva York. Apareció en un papel estelar en la comedia *The Second Half* (1993).

Mauricio Mendoza

Natural de Davis, California, Mendoza creció en Colombia. Ha sido un actor permanente de la serie *Angeles* (1999), una coproducción entre Sony, TriStar y Telemundo, y ha coprotagonizado la serie *Babylon 5* (1994–1998). Mendoza es actor principal de la serie dramática de Showtime, *Resurrection Blvd.* (2000–), y acaba de actuar en el largometraje *Blow* (2000), junto a Johnny Depp.

Ramón Menéndez

Natural de Cuba, Menéndez dirigió la aclamada cinta de 1988, *Párate y Recita*, su único trabajo importante hasta el presente, y escribió el guión de la cinta *Tortilla Soup* (2001). Estudió en el American Film Institute, donde hizo varios cortometrajes.

Alex Meneses

Nacida y criada en Chicago, Meneses es probablemente más conocida por su papel de Teresa, la maestra de escuela de *Dr. Quinn, Medicine Woman* (1993–). También ha aparecido en largometrajes tales como *Kissing Miranda* (1995), *Selena* (1997), *My Father's Love* (1998) y *The Flintstones in Viva Rock Vegas* (2000).

Héctor Mercado

NACIMIENTO: 1953

Mercado, actor puertorriqueño, puede ser visto en *Slow Dancing in the Big City* (1978) y *Delta Force 2: Operation Strangehold* (1990).

Ricardo Mestres

NACIMIENTO: 23/1/1958

Antiguo presidente de las películas hechas por Disney en Hollywood, Mestres es graduado de la Universidad de Harvard. Mestres comenzó como ayudante de producción, llegando a ser un ejecutivo de creatividad de Paramount Pictures, en 1981. En 1982, fue promovido a director ejecutivo de producción de Paramount; en 1984, vicepresidente de producción, Motion Picture Group; en 1985, vicepresidente de producción, Walt Disney Pictures; en 1986, vicepresidente ejecutivo de la producción de películas, Walt Disney Pictures, en 1988, cabeza principal de Hollywood Pictures, posición que mantuvo hasta 1994.

Como productor, los méritos de Mestres se deben a *Jack* (1996), con Robin Williams; *101 Dalmatians* (1996), con Glenn Close; *Flubber* (1997), otra vez con Robin Williams, y *Reach the Rock* (1998). Como productor ejecutivo, intervino en *Home Alone 3* (1997).

Tomás Milián

NACIMIENTO: 3/3/1937

Nacido en Cuba, Milián inmigró a los Estados Unidos en la mediania de los años 50. Ha aparecido en cintas americanas tales como, *Cat Chaser* (1989), *Revenge* (1990) y *Havana* (1990). Milián ha trabajado en más de 100 filmes italianos, y casi exclusivamente en Europa por más de dos décadas. Es el recipiente del premio Nostro d'Argento, equivalente en Italia al Oscar, por su trabajo como el maestro de escuela en *Luna* (1979), de Bernardo Bertolucci. También trabajó junto a Rod Steiger y Shelley Winters en *Time of Indifference* (1965), de Francesca Maseli, y apareció en *Identification of a Woman* (1983), de Michelangelo Antonioni.

Víctor Millán

NACIMIENTO: 1/8/1920

Actor mexicano-americano, Millán ha hecho caracterizaciones dignas en *Battle Cry* (1954), de Raoul Walsh; *Giant* (1956), de George Stevens, y *Touch of Evil* (1958), de Orson Welles. Sus otros trabajos fílmicos incluyen *Drum Beat* (1954); *Walk the Proud Land* (1956); *The Ride Back* (1957), que coprotagonizó con Anthony Quinn; *The FBI Story* (1959) y *Boulevard Nights* (1979).

Nacido y criado en Los Angeles en el lado este de la ciudad, Millán sirvió en la Segunda Guerra Mundial y siempre tuvo deseos de ser actor. Usó la ley llamada en inglés, G.I. Bill (ayuda a los veteranos de la guerra), para estudiar en el Pasadena Playhouse, y en UCLA, donde fue condiscípulo de James Dean. Hizo su debut profesional como actor en 1951, apareciendo en una producción de Schlitz Playhouse, titulada *A Pair of Shoes*. Por más de cuarenta años ha sido estrella invitada de las más importantes series de la televisión. Era un actor permanente de la serie *Ramar of the Jungle* (1953–1954) y en la de *Broken Arrow* (1956–1960), hizo el papel de Taza, hijo de Cochise. Durante treinta años fue profesor de arte dramático y decano de este departamento en la universidad de Santa Mónica.

Yvette Mimieux

NACIMIENTO: 8/1/1931

Bella actriz rubia, Mimieux se especializó en papeles de ingenua, bajo su largo contrato con MGM, al principio de los años 60. Su padre, René Mimieux, de raíces francesas, nació en Londres. Su madre, Carmen, es oriunda de México. Hizo su debut fílmico en 1960 en la cinta clásica de ciencia-ficción, *The Time Machine*, como contrafigura de Rod Taylor. Sus otras actuaciones incluyen *Where the Boys Are* (1960), *The Four Horsemen of the Apocalypse* (1962), *Light in the Piazza* (1962), *Diamond Head* (1962) y *Toys in the Attic* (1963).

Aurora Miranda

La hermana más joven de Carmen Miranda, Aurora trabajó en las cintas *Phantom Lady* (1944), *Brazil* (1944) y *The Three Caballeros* (1945).

Carmen Miranda

NACIMIENTO: 9/2/1909
DEFUNCIÓN: 5/8/1955

"La Bomba Brasileña", como llamaban a Miranda, combinaba una sonrisa radiante y agradable personalidad, con sus caderas giratorias y ritmos de samba,

Carmen Miranda en *The Gang's All Here.*

que la convirtieron en una de las más recordadas artistas de los años 40. Sus rutinas eran resaltadas por adornos de cabeza extravagantes, cargados de frutas tropicales, sayas de colores llamativos y zapatos de plataforma. Su triunfo en Hollywood fue instantáneo, y muchas veces fue imitada y parodiada.

Miranda apareció en cuatro filmes de Hollywood, varios de los cuales eran musicales en tecnicolor, diseñados para dar pábulo a la política del "Buen Vecino" entre los Estados Unidos y América Latina. Hizo muchas apariciones como invitada de programas de televisión de aquellos primeros tiempos, y fue la mayor atracción de los cabaret a lo largo del país.

De 1932 a 1939, fue la más popular artista femenina de toda Sudamérica, donde cantaba en la radio, trabajaba en clubes nocturnos, hizo nueve giras de conciertos a través de la región, y protagonizó cuatro películas musicales. Fue traída a los Estados Unidos por el productor teatral, Lee Shubert, y debutó en Broadway en 1939, en el musical, *The Streets of Paris.* También actuó en un espectáculo en el hotel Waldorf-Astoria, y debutó en el cine en *Allá en Argentina*, en 1940. Aunque era identificada como brasileña, ella en realidad había nacido cerca de Lisboa, Portugal. Sus padres se mudaron a Río de Janeiro cuando ella era un bebé. La artista murió de un ataque al corazón después de grabar un número de mambo para el programa de Jimmy Durante, de la televisión americana, en 1955. Entre sus películas figuran *Aquella Noche en Río* (1941), *Weekend in Havana* (1941), *Springtime in the Rockies* (1942), *The Gang's All Here* (1943), *Doll Face* (1945), *If I'm Lucky* (1946), *Copacabana* (1947), *A Date with Judy* (1948), *Nancy Goes to Rio* (1950) y *Scared Stiff* (1953).

Robert Miranda

Antiguo estudiante de la Universidad de Carolina del Sur, Miranda comenzó su carrera de actor en el colegio universitario, cuando un profesor se lo sugirió como una manera de compensar una dislexia que no había sido nunca diagnosticada. Entonces decidió mudarse a Nueva York para perseguir la carrera de actor. La lista de filmes de Miranda incluye *Tbe Untouchables* (1987), *Midnight Run* (1988), *My Blue Heaven* (1990), *The Rocketeer* (1991), *Sister Act* (1992), *Lost in Yonkers* (1993), *Eraser* (1996), *Blue Streak* (1999) y el telefilme, *The Rat Pack* (1998). Él se ha ganado una gran reputación televisiva, incluso por un papel que reaparecía a menudo en la serie de *Roseanne* (1988–1997).

Susan Miranda

NACIMIENTO: 1949

Nacida en el este de Los Angeles, Miranda hizo su debut fílmico a la edad de veintiún años en *Flap* (1970), trabajando como contrafigura de Anthony Quinn.

Miranda bailó con la compañía de José Greco, y en la serie televisada de *Rowan & Martin's Laugh-In* (1968–1973).

MIROSLAVA
Nacida Miroslava Stern

NACIMIENTO: 1928
DEFUNCIÓN: 10/3/1955

Nacida en Praga, República Checa, Miroslava y su familia inmigraron a México después de escapar de la ocupación nazi a comienzos de la Segunda Guerra Mundial. Aprendió a hablar español con fluidez, y después de ganar un concurso de belleza, entró en la industria del cine mexicana como actriz en 1946. Muy pronto estuvo a la altura de Dolores Del Río como una de las primeras actrices del cine mexicano. Miroslava coprotagonizó dos filmes en Hollywood, *The Brave Bulls* (1951), con las estrellas Mel Ferrer y Anthony Quinn, que dirigió Robert Rossen, y en el oeste de aventura, *Stranger on Horseback* (1955), junto a Joel McCrea. Miroslava se suicidó tomando veneno después de unos desastrosos amoríos con el famoso torero español, Luis Miguel Dominguín.

JOSÉ MOJICA

NACIMIENTO: 1896
DEFUNCIÓN: 20/9/1974

Cantante de ópera internacional, natural de Argentina, Mojica apareció como estrella de cintas musicales en español de los años 30, producidas en Hollywood, incluyendo la cinta americana *One Mad Kiss* (1930). Abandonó la carrera y entró en una orden religiosa.

VÍCTOR MOJICA

NACIMIENTO: 15/7/1940

Puertorriqueño nacido en Nueva York, Mojica apareció en los filmes, *The Final Countdown* (1980), *Ghost Dance* (1983) y *Bound by Honor* (1993). Su labor televisiva incluye papeles principales como invitado de *Murder, She Wrote* (1984–1986), *Hill Street Blues* (1981–1987) y *The Streets of San Francisco* (1972–1977).

ALFRED MOLINA

Nacido en Inglaterra, Molina tiene una extensa hoja de vida en la escena y la pantalla. Fue nominado para un premio Tony por su maestría artística en Broadway. Sus méritos fílmicos incluyen *Raiders of the Lost Ark* (1981), *Prick Up Your Ears* (1987), *Enchanted April* (1992), *Maverick* (1994), *The Perez Family*

(1995), *Boogie Nights* (1997), *The Imposters* (1998), *Magnolia* (1999), *Chocolat* (2000), y *Frida Kahlo* (2002).

CARLOS MONTALBÁN

NACIMIENTO: 28/3/1904
DEFUNCIÓN: 4/4/1991

El hermano mayor de Ricardo Montalbán, Carlos trabajó de actor a principios de los años 30, en filmes tales como *Flying Down to Rio* (1933). Después tuvo un papel en *The Harder They Fall* (1956), con Humphrey Bogart, y es quizás más conocido como el general en la cinta *Bananas* (1971), de Woody Allen. Trabajó en comerciales en español e hizo doblaje de voces por muchos años.

Ricardo Montalbán

RICARDO MONTALBÁN

NACIMIENTO: 25/11/1920

Actor, caballero y estrella, estas palabras describen a Ricardo Montalbán, quien se ha convertido en un símbolo viviente de la resistencia y longevidad del artista hispanoamericano en Hollywood. Pocos actores de hoy en día pueden mirar hacia atrás, a una carrera exitosa durante los días del apogeo de los estudios MGM como artista bajo contrato, a través de la excitante infancia de la televisión, hasta llegar al presente.

Además del éxito de sus siete años como intérprete del misterioso Mr. Roarke, de la serie televisiva *Fantasy Island* (1978–1984), y su caracterización del jefe Satangkai, en la miniserie *How the West Was Won (1977),* que mereció un Emmy, Montalbán disfrutó de enorme popularidad entre el público, igual que entre los críticos, como Khan, en *Star Trek II: The Wrath of Khan* (1982), (papel que él hacía de nuevo y que provenía de su aparición en la serie *Star Trek* [1966–1969]), y como el villano, en *Naked Gun* (1988). Ambas películas tuvieron un rotundo éxito en taquilla.

Cuando ha sido requerido para describir sus atributos más positivos, Montalbán contesta, "Tenacidad". Esto, junto a la devoción que siente hacia su oficio, su familia y su fe católica, han sido su piedra de toque. Su constancia le ha permitido sobrevivir durante los años magros, cuando los papeles eran escasos, contribuyendo a que creciera como persona y como actor. Si no aparecían papeles en el cine, Montalbán recurría a la escena, siguiendo el axioma: Un actor no es un actor cuando no está actuando.

En escena, Montalbán ha interpretado a Don Juan, en *Don Juan in Hell*, de George Bernard Shaw, un papel que todavía considera el más demandante de su carrera. Críticos destacados dijeron que su interpretación era "superior", "impresionante", "apasionante" y además, era "apuesto". Fue de gira con la producción en tres ocasiones diferentes, de 1972 a 1976, en giras que a veces duraban varios meses visitando 150 ciudades, en intercambios con talentos de la talla de Agnes Moorehead y el director John Houseman. Fue también muy celebrado por su actuación en el Centro de Música de Los Angeles en la producción *The King and I* (1967), y el musical de Broadway, *Jamaica* (1957), en el que apareció por dos años junto a Lena Horne.

Nacido en la Ciudad de México, hijo de Jenaro y Ricarda Montalbán, es el más joven de cuatro hijos. La familia se mudó a Torreón, al norte de México, lejos de la bulliciosa ciudad que había sido el primer hogar de Ricardo. El joven Ricardo aprendió a montar a caballo y nadar, teniendo los espacios abiertos como su campo de juego.

Después de recibir su educación básica en México, llegó a los Estados Unidos con su hermano mayor, Carlos. Ricardo terminó de educarse en el Instituto Fairfax de Hollywood, donde también hizo su debut teatral en un número de producciones colegiales. Fue allí donde atrajo la atención de un cazatalentos del estudio, y recibió una oferta de la MGM para hacer una prueba en la pantalla después de su graduación. No obstante, su hermano lo convenció de que se uniera a él en Nueva York, para continuar sus estudios. Una vez en Nueva York, Ricardo se sintió deslumbrado por el teatro legítimo y convenció a su hermano que le permitiera estar un año ausente del colegio universitario, para tratar de buscar oportunidades de trabajar en la escena.

Pronto estaría entre miles de jóvenes aspirantes a actor, visitando a los agentes teatrales, presentándose a audiciones con docenas de otros para el mismo papel. Pero su oportunidad llegó cuando obtuvo un pequeño papel junto a Tallulah Bankhead, en la pieza teatral *Her Cardboard Lover*. Desde ese momento se convirtió en un actor de teatro muy solicitado.

En 1943 regresó a su país natal e hizo trece cintas en español en cuatro años. Montalbán fue nominado para el Ariel, el equivalente mexicano del premio de la Academia, por la película, *Santa* (1943), en la que aparecía como un torero. Era el galán más importante de México en ese momento y Louella Parsons, afamada columnista de la época, lo llamó, "el Tyrone Power de México".

Montalbán fue entonces descubierto de nuevo por MGM, a través del productor Jack Cummings, quien fue a México buscando a un joven actor mexicano para un papel protagónico junto a Esther Williams, en *Fiesta* (1947). Después que la película fue estrenada, Montalbán enseguida recibió un contrato de diez años. Hizo tres películas con la Williams y bailó con Cyd Charisse en varios musicales.

En *Neptune's Daughter* (1949), él y Williams introdujeron la canción, "Baby, It's Cold Outside", que tuvo un gran éxito. Varios números bailables de importancia con Cyd Charisse en *On an Island with You* (1948) y en *The Kissing Bandit* (1948), convencieron al público que Montalbán era un bailarín, cuando en realidad él nunca había bailado antes profesionalmente.

Montalbán apareció en tres filmes de William Wellman: *Battleground* (1949), *Across the Wide Missouri* (1951), con Clark Gable, y *My Man and I* (1952), con Shelley Winters. Mientras filmaba *Across the Wide Missouri*, resultó herido de gravedad en las montañas de Colorado. El caballo que montaba se asustó por el ruido de un cañón y comentó a galopar cuesta abajo. Montalbán cayó sobre unas piedras, recibiendo heridas graves en el espinazo. Las heridas causaban dolor constante y tuvo una pierna paralizada parcialmente durante años, pero con ejercicios, terapia y gran fuerza de voluntad, recobró el uso completo de la pierna.

En sus primeras cintas fílmicas para MGM, Montalbán a veces interpretada al arquetípico amante latino; hasta apareció en un cinta llamada *Latin Lovers* (1952), con Lana Turner. El actor igualmente entregó actuaciones dramáticas sólidas en cintas tales como *Border Incident* (1949), *Right Cross* (1950), con June Allyson y Dick Powell, y *Mystery Street* (1950). Fue exento de su contrato (junto a otras grandes estrellas de MGM) en 1953.

Como actor autónomo, Montalbán apareció en *A Life in the Balance* (1955), con Anne Bancroft y Lee Marvin; como un bailarín japonés Kabuki, en *Sayonara* (1957), junto a Marlon Brando; *Adventures of a Young Man* (1962), para el director Martin Ritt; *The Money Trap* (1966), con Glenn Ford y Rita Hayworth; *The Singing Nun* (1966), con Debbie Reynolds, y *Sol Madrid* (1968).

Su papel junto a Shirley McLaine en *Sweet Charity* (1969), como un ídolo latino de la pantalla, cinta dirigida por Bob Fossse para Universal, obtuvo un gran triunfo, "Era en realidad una sátira al amante latino", recuerda Montalbán. "El papel era básicamente comedia, y las circunstancias desarrolladas resultaron verdaderamente desternillantes".

Montalbán tuvo un papel importante como Little Wolf, en la epopeya del oeste, *Otoño de los Cheyenne* (1964), de John Ford, en la que trabajó por primera y única vez con dos grandes artistas mexicanos del cine, Dolores del Río y Gilbert Roland.

Sus otras cintas en inglés incluyen, *Mark of the Renegade* (1951), *Sombrero* (1953), *The Saracen Blade* (1954), *The Queen of Babylon* (1956), *Let No Man Write My Epitaph* (1960), *The Reluctant Saint* (1962), *Love is a Ball* (1963), *The Longest Hundred Miles* (1967), *Blue* (1968), *The Deserter* (1971), *The Train Robbers* (1973) y *Spy Kids II* (2002).

Montalbán cuenta con más de 300 obras en las que ha actuado en televisión, incluso muchos filmes hechos específicamente para la pantalla chica. Anterior a la serie *Fantasy Island* y después de varios años de inactividad artística, Montalbán obtuvo nuevos triunfos como portavoz del automóvil Chrysler Cordova, en una serie de comerciales televisados nacionalmente, y anuncios impresos, que convirtió el carro en uno de los más vendidos del mercado. Después de *Fantasy Island*, apareció en *The Colbys* (1985–1987), donde hizo el papel de un magnate griego; serie derivada de la popular telenovela nocturna, *Dynasty* (1981–1989).

Conchita Montenegro

NACIMIENTO: 11/9/1912

Montenegro apareció como actriz en películas tanto mudas como habladas, y también en otras en español, producidas por Hollywood en los años 30. Sus actuaciones incluyen *Carmen* (1934), *Handy Andy* (1934), *Hell in the Heavens* (1934), con Warner Baxter, e *Insure Your Wife*, (1935), con Raoul Roulien.

María Montez

Nacida María García Van Dahl de Santa Silas

NACIMIENTO: 6/6/1919
DEFUNCIÓN: 7/9/1951

María Montez

Una de las más bellas y lucrativas estrellas de la Universal durante los años 40, María Montez es famosa por reducir la danza de los siete velos a uno solo en *Arabian Nights* (1942), y por haber entusiasmado al público en *Alí Baba y los Cuarenta Ladrones* (1944) con sus movimientos sinuosos en un harén de baños de burbujas. Montez hizo dieciocho filmes para Universal, catorce de ellos en colores. Su nombre se convirtió en sinónimo de aventuras exóticas como "Reina de las Epopeyas en Technicolor" de la Universal.

Nació en Ciudad Trujillo, Barahona, en la República Dominicana. Su padre era un cónsul español, y ella fue educada en las islas Canarias, donde asistió al convento del Sagrado Corazón. Durante su adolescencia, María viajó por toda Europa. Su padre desempeñó puestos diplomáticos en Sudamérica, Francia, Inglaterra e Irlanda. Después de adquirir alguna experiencia escénica en Irlanda, y de un corto matrimonio, Montez vino a Nueva York, donde fue descubierta en Manhattan en 1940 por un cazatalentos quien había visto su retrato en una revista. Su progreso en la pantalla fue gradual. Universal le ofreció un contrato en el cine de $150 semanales, y la actriz comenzó su carrera en Hollywood en papeles pequeños en *The Invisible Woman* (1941), y en un oeste de Johnny Mack Brown titulado *Boss of Bullion City* (1941).

Su acento español causó problemas en los repartos, y Universal la prestó a la Fox para un papel pequeño como un tipo de latina volcánica en *Aquella Noche en Río* (1941), en colores que protagonizaban Alice Faye, Don Ameche y Carmen Miranda.

La bella estrella naciente atrajo la atención del público en *South of Tahiti* (1941), en la que aparecía como una belleza selvática, y *White Savage* (1943). Universal muy pronto descubrió que en un sarong, Montez podía ser una seria competencia para Dorothy Lamour de la Paramount, Montez sabía el valor de la publicidad, y muy pronto actuaba como una estrella de cine genuina, recibiendo más publicidad que muchas de las estrellas establecidas. Se convirtió en la modelo favorita de las fuerzas armadas durante la Segunda Guerra Mundial. Obtuvo el papel principal de *Arabian Nights* (1942), un espectáculo exótico para escapar de la realidad, donde lucía despampanante como Scheherazade. La descripción de un crítico de su actuación en la cinta, puede ser aplicada a casi toda su carrera: "María Montez muestra ser muy apta para un papel que consiste mayormente en lucir deslumbrante, en escaso ropaje oriental".

En *Cobra Woman* (1944), Montez tuvo dos papeles como hermanas mellizas, una buena y otra mala, envueltas en cultos de serpientes. A eso siguió *Alí Baba y los Cuarenta Ladrones* y *Gypsy Wildcat* (1944). Sus limitaciones como actriz fueron aparentes cuando Universal le dio papeles en *Bowery to Broadway* (1944) y *Tangier* (1946). Su última película para Universal, mientras estuvo bajo contrato, fue *Pirates of Monterey* en 1947, en la que ella apareció como una dama española, en un drama de la California de los primeros tiempos.

Sus otros filmes incluyen, *Moonlight in Hawaii* (1941), *Raiders of the Desert* (1941), *Bombay Clipper* (1942), *The Mistery of Marie Roger* (1942), *Follow the Boys* (1944), *Sudan* (1945), *The Exile* (1947) y *Siren of Atlantis* (1948).

Ella se casó con el actor francés, Jean-Pierre Aumont, y vivió durante varios años en Europa, donde hizo un par de cintas franco-italianas. Montez murió en septiembre de 1951, aparentemente de un ataque al corazón.

Cecilia Montiel

Distinguida arquitecta nativa del Perú. Cuando diseñaba el decorado del filme de Alex Cox, *Walker* (1984), Montiel comprendió que ella podía aplicar todas sus habilidades como diseñadora al campo del cine. Desde entonces se ha hecho reconocer internacionalmente como una diseñadora de producción. Sus créditos fílmicos incluyen, *Desperado* (1995), *From Dusk Till Dawn* (1996), *The Mask of Zorro* (1999) y *Crazy in Alabama* (1999).

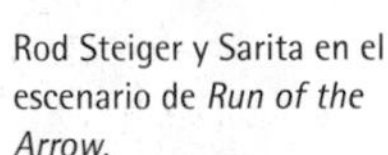

Rod Steiger y Sarita en el escenario de *Run of the Arrow.*

Sarita Montiel
Nacida Antonia María Abad

NACIMIENTO: 10/3/1928

Sarita Montiel nació en un pequeño pueblo cerca de La Mancha, España, de una madre española y un padre moro. En sus años adolescentes, ganó un concurso de belleza que la llevó a Madrid y a trabajar en el cine. Debido a su éxito en películas españolas, fue contratada para una cinta americana, *That Man From Tangiers* (1953). Hizo catorce películas en México entre 1951 y 1954.

Warner Bros. la trajo a Hollywood para un papel estelar junto a Mario Lanza, en *Serenade*, en 1956. Fue presentada al público del cine americano en 1954 en *Veracruz,* compartiendo el estrellato con Gary Cooper y Burt Lancaster.

También apareció como una doncella india, junto a Rod Steiger, en *Run of the Arrow* (1957), de Sam Fuller.

Alex Montoya

NACIMIENTO: 19/10/1907
DEFUNCIÓN: 25/9/1970

Actor de carácter, Montoya apareció en infinidad de películas y programas de televisión, usualmente como un personaje sombrío o un bandido. Nacido en El Paso, Texas, entre las obras en las que actuó están, *Conquest of Cochise* (1953), *Escape from Fort Bravo* (1953). *Apache Ambush* (1955), *Escape to Burma* (1955), *Los Siete Magníficos* (1960) y *The Flight of the Phoenix* (1965), en el papel de Carlos Reyes, un trabajador mexicano del campo de petróleo.

Danny Mora

Un cómico y escritor de comedia, Mora comenzó su carrera de escritor en la serie televisada *Laverne & Shirley* (1976–1983).

Esai Morales

NACIMIENTO: 1963

Esai Morales es más conocido por su intensa interpretación de Bob Morales, medio hermano de Ritchie Valens en *La Bamba* (1987), y como el némesis de Sean Penn en *Bad Boys* (1983).

Nacido en Brooklyn, Nueva York, Morales huyó de la casa cuando contaba 15 años de edad, porque su madre no lo dejaba estudiar arte dramático. Asistió al prestigioso Instituto de las Artes Escénicas de Nueva York, mientras vivía en una residencia colectiva como custodia del estado. Él recuerda, "Nunca me gradué de la escuela porque paré de asistir a todas las clases, excepto mis clases de actuación".

Apareció como un inadaptado en la producción teatral de *Short Eyes*, y en *Forty Deuce* (1982), de Paul Morrissey, que fue su primera cinta fílmica. También fue visto en la pantalla en *Rainy Day Friends* (1985) y *Bloodhounds of Broadway* (1989).

Entre sus mayores logros está su papel al lado de Burt Lancaster, en la miniserie de televisión, *On Wings of Eagles* (1986), en la cual interpretó a un iraní. Durante los años 90, apareció en más de media docena de filmes, y más de quince largometrajes, incluyendo, *Freejack* (1992), *Rapa Nui* (1994), *Mi Familia* (1995), *The Disappearance of García Lorca* (1997) y *The Wonderful Ice Cream Suit* (1998). Más recientemente, en la televisión ha aparecido en *NYPD Blue* (2000), American Family (2002) y en *Resurrection Blvd* (200–2001).

Esai Morales.

JACOBO MORALES

Puertorriqueño nativo, actor, escritor y director, Morales apareció brevemente como actor en *Up the Sandbox* (1972), con Barbra Streisand, y en *Bananas* (1971), de Woody Allen. Sus actuaciones más recientes incluyen *Linda Sara* (1994) y *Angelito Mío* (1998).

Morales fue la estrella de muchas telenovelas de televisión y producciones teatrales en Puerto Rico. Él dirigió su primer filme, *Dios los Cría,* una mirada crítica y satírica al Puerto Rico moderno, en 1980, y su segunda película, *Nicolás y los Demás*, un triángulo romántico que involucraba a dos amigos, en 1985. *Whatever Happened to Santiago* (1989), la historia de un contador viudo, cuya vida comienza de nuevo cuando se retira, fue el primer trabajo de Morales en 35mm. y obtuvo una nominación para el Oscar, como Mejor Cinta Fílmica en Lengua Extranjera, en 1990. Desde entonces ha dirigido *Linda Sara*, que también protagonizó, y *Enredando Sombras* (1998).

SANTOS MORALES

NACIMIENTO: 1/6/1935

Actor de carácter, nativo puertorriqueño, Morales es más notable por sus papeles como el infante de Marina instructor de entrenamiento, en el drama de la guerra de Vietnam, *The Boys in Company C* (1978), y como Joseph, en *Cannery Row* (1982), de Mary Rivas. Él también ha aparecido en numerosas producciones de televisión, incluso en la telenovela, *Santa Barbara* (1984–1992).

Antonio Moreno y John Wayne en *The Searchers.*

ANTONIO MORENO
Nacido Antonio García Moreno Mantaugudo

NACIMIENTO: 27/9/1887
DEFUNCIÓN: 15/2/1967

El primero de los galanes latinos suaves de Hollywood de la era muda, Moreno alcanzó su mayor triunfo en los años 20, cuando era considerado como segundo, después de Valentino, como el amante más grande de la pantalla.

Nacido en Madrid, España, estaba destinado a ser panadero en el negocio de la familia, y comenzó su aprendizaje cuando tenía nueve años de edad. Un día, dos turistas americanos llegaron a la panadería y se quedaron impresionados con el chico. Cuando preguntaron su nombre, él contestó, "Antonio García Moreno Mantaugudo, para servir a Dios y a usted".

Su madre permitió que los dos hombres llevaran al joven Moreno a Nueva York, y lo pusieran en una escuela. Moreno comenzó su carrera de actor en los escenarios de Nueva York varios años después, pero finalmente abandonó las tablas neoyorquinas en favor de Hollywood. Cuando trabajaba en pequeños papeles en los escenarios de Hollywood, fue visto por D.W. Griffith, quien lo lanzó en su carrera cinematográfica.

Haciendo su primera aparición en la pantalla en 1914 en *The Voice of Millions*, el actor pasó a ser la estrella junto a Gloria Swanson en *My American Wife* (1923, muda); con Mary Miles Minter en *The Trail of the Lonesome Pine* (1923 muda); con Pauline Starke en *Love's Blindness* (1926, muda), y con Dorothy Gish en *Madame Pompadour* (1927, muda). Otras películas suyas incluyen *Mare Nostrum* (1926, muda), con Alice Terry, que fue dirigida por Rex Ingram, y *Romance of the Rio Grande* (1929). Actuó en un papel estelar con Greta Garbo en *The Temptress* (1926, muda), primera película de la estrella sueca.

Aunque Moreno hizo la transición a películas habladas, aunque no fue como galán, se convirtió en actor de carácter en filmes tales como *Rose of the Rio Grande* (1938), *Captain from Castile* (1947), *Thunder Bay* (1953), *Creature from the Black Lagoon* (1954) y *The Searchers* (1956). Moreno dirigió películas en México, a comienzos de los años 30, y fue la estrella de la primera cinta mexicana de sonido, *Santa* (1932). Murió en 1967, a la edad de setenta y nueve años.

Belita Moreno

Actriz y entrenadora de actores en el escenario, la labor de Moreno incluye *Mommie Dearest* (1981), *Swing Shift* (1984), *Nobody's Fool* (1986), *Men Don't Leave* (1990), *Clear and Present Danger* (1994) y la comedia negra *Grosse Pointe Blank* (1997). Ella también ha actuado como invitada en tales programas episódicos de televisión como *Roseanne* (1988–1997) y *Melrose Place* (1992–1999).

Rita Moreno

Nacida Rosa Dolores Alverio; también conocida como Rosita Moreno

NACIMIENTO: 11/12/1931

Su carrera como actriz, cantante, bailarina y comediante, ha otorgado a Rita Moreno la distinción de ser una de pocas mujeres en ganar un Oscar, y premios Emmy, Grammy y Tony: los cuatro premios más prestigiosos que una artista pueda recibir.

Natural de Humacao, Puerto Rico, después que sus padres se divorciaron, ella vino a la ciudad de Nueva York con su madre, a la edad de cinco años. Reconociendo el talento de su hija, la madre laboraba en dos trabajos en Nueva York para

Rita Moreno aparece con Dennis Morgan en *Cattle Town* (1953).

que Rita pudiera comenzar a tomar clases de baile. "Cada vez que yo oía música", ella recuerda, "comenzaba a bailar alrededor del cuarto, para deslumbrar a mi abuela". A los siete años, ya estaba trabajando profesionalmente en clubes locales. A los trece hizo su debut en Broadway, en *Skydrift* (1945), con Eli Wallach, y a los quince, abandonó su educación formal para trabajar como cantante y bailarina en el Harlem latino, o dondequiera que apareciera un contrato.

Es un período de su vida que todavía la hace estremecerse. "A veces el único público que teníamos eran los camareros. Aunque no hubiera parroquianos, la administración nos pagaba, y teníamos que ofrecer algo por el dinero que recibíamos", ella comentó en una entrevista televisada. Dos días en un espectáculo de Broadway, y unos pocos programas de radio después, recibió el sello de apreciación del cine, en la forma de un contrato de la MGM, de Louis B. Mayers, quien la había ido a ver ante la insistencia de un cazatalentos de la MGM, quien la había descubierto varios años antes, pero sentía que en aquel entonces aún era muy joven para el cine.

Su debut fílmico ocurrió en una cinta independiente titulada *So Young, So Bad* (1950), apareciendo en el reparto como Rosita Moreno. MGM cambió su nombre, y su primera película allí fue *The Toast of New Orleans* (1950), al que siguió *Pagan Love Song* (1950) y un papel pequeño en el musical clásico, *Singin' In the Rain* (1952). Después de dos años, su contrato fue cancelado. "Yo me sentía destruida. Me veía como la próxima Lana Turner, y entonces, a los diecinueve, todo había terminado. No podía regresar a Nueva York, estaba avergonzada. Por lo tanto, me quedé en Hollywood e hice lo que todo actor tiene que hacer para poder sobrevivir. Trabajé en películas de segunda categoría e hice programas de televisión. Hice todos esos papeles de la misma manera, descalza y rezongando".

Fue a Twentieth Century Fox, donde se convirtió en la "latina infernal" residente. Hizo catorce filmes en once años, entre ellos, *Garden of Evil* (1954), *The Yellow Tomahawk* (1954), *Seven Cities of God* (1955) y *Untamed* (1955), en las que ella mayormente representaba a mujeres indias, bailarinas mexicanas y sirvientas. "Yo hice eso porque necesitaba el dinero para lo básico, como alquiler, comida y el siquiatra".

La prensa comenzó a llamarla, "Rita, la Mona". "Un periodista dijo que yo tenía un collar hecho de los dientes de mis novios. Por lo que con una imagen como ésa, nadie me iba a ofrecer ningún papel calmado o interesante".

Recibió críticas excelentes por su interpretación de Tuptim, en la adaptación fílmica de *The King and I* (1956), y en 1960, Jerome Robbins le dio el papel de Anita, la ardiente puertorriqueña de *West Side Story* (1961). Hizo una prueba para el codirector y productor, Robert Wise, y otra fílmica, que ganó la aprobación de los hermanos Mirisch, quienes eran los productores. Entregó una interpretación memorable que obtuvo el premio de la Academia en 1961, como Mejor Actriz de Reparto. "Yo no podía creerlo. Apenas había cumplido treinta años, y pensaba que al fin me había abierto paso como actriz. Estaba segura que el Oscar cambiaría todo, pero muy pronto comprendí que nada iba a ser diferente". No volvió a trabajar en el cine en siete años, porque todos los papeles que le ofrecían eran del tipo de las usuales Rosita y Pepita, y ella rehusó volver a hacer papeles que la rebajaran.

Al año siguiente fue a Londres. Allí apareció en el papel principal de *She Loves Me*, que la llevó de nuevo a trabajar en Broadway en el papel estelar de la última obra de Lorraine Hansberry, *The Sign in Sidney Brustein's Window* (1964).

En los años 60 y 70, trabajó en Broadway como la protagonista femenina del musical, *Gantry*, protagonizado por Robert Shaw; en la obra de Neil Simon, *The Last of the Red Hot Lovers*, con James Coco; en *The National Health*, y en *The Ritz*, como Googie Gómez, un papel especialmente escrito para ella por Terrence McNally. Ganó un Tony en Broadway por su interpretación de Googie, y creó de nuevo el papel, en la versión fílmica de Richard Lester. "Al interpretar a Googie Gómez, yo estaba burlándome de todos aquellos escritores que eran responsables por parlamentos como "Tú, estúpido yanqui cochino, ultrajaste a mi hermana..... te voy a matar...". Moreno dijo.

Entre sus otros filmes aparecen *The Ring* (1952); *Latin Lovers* (1953); *Jivaro* (1954); *The Lieutenant Wore Skirts* (1956); *The Vagabond King* (1956); *The Deerslayer* (1957); *This Rebel Breed* (1960); *Summer and Smoke* (1961); *Marlowe* (1969); *The Night of the Following Day* (1969), con Marlon Brando; *Popi* (1969); *Carnal Knowledge* (1971), con Jack Nicholson; *The Boss' Son* (1978) y *The Four Seasons* (1981).

En la televisión, Moreno ganó un Emmy por su trabajo en un episodio de la serie *The Rockford Files*, protagonizada por James Garner, en la cual ella hacía de una vivaracha prostituta polaca. Moreno apareció por dos temporadas en *9 to 5* (1982–1983), como Violeta, y tuvo un papel que interpretó repetidamente, como la esposa ausente de Burt Reynolds en *B.L. Stryker* (1989–1990). Ella ganó el Grammy por su contribución al album de *The Electric Company* (1971-1976), una serie educacional para niños de la televisión, en la que ella aparecía regularmente.

Recientemente ha actuado en el largometraje, *The Slums of Beverly Hills* (1999), en el papel de la Hermana Peter Marie, en *Oz* (1997–), aclamada serie de HBO, y en *Resurrection Blvd.* (2000).

Rosita Moreno

NACIMIENTO: 1904
DEFUNCIÓN: 25/4/1993

Bailarina de Buenos Aires, Moreno trabajó en muchos filmes durante los finales de los 20 y los 30, incluso en *Her Wedding Night* (1930), con Richard Arlen, y *Walls of Gold* (1933), con Norman Foster. En 1945, regresó a Paramount para hacer un papel pequeño en *A Medal for Benny* (1945). Contrajo matrimonio con un agente teatral y se quedó en los Estados Unidos.

Rubén Moreno

Veterano actor de carácter, Moreno aparecía en el elenco usualmente como indio o bandido mexicano, en cintas del oeste tales como *El Dorado* (1967), y programas de televisión, incluso en *Bonanza* (1959–1973) y *The Big Valley* (1965–1969).

Alberto Morín

NACIMIENTO: 1903
DEFUNCIÓN: 5/5/1989

Actor de carácter, Morín caracterizó muchas nacionalidades diferentes durante su carrera de cincuenta años. Ha aparecido en *Gone With the Wind* (1939), *Casablanca* (1942); varias cintas de John Ford; *Two Mules for Sister Sara* (1970), y *English* (1988), de Robert Redford.

Natural de Puerto Rico, Morín se mudó a Europa a una temprana edad, y en los años 20, fue a México, donde estudió arte dramático. Después fue a Hollywood en los años 30, a trabajar en las versiones en español de las películas. Aparte de actuar, hizo de doble de Errol Flynn en varias películas en las escenas a caballo.

Morín actuaba frecuentemente en el teatro y apareció en muchos programas de televisión incluso en *I Love Lucy* (1951–1957), *Hopalong Cassidy* (1949–1951) y *The Jack Benny Show* (1950–1965). También trabajó como director técnico e instructor de diálogo.

Michael Moroff

Inmenso actor de carácter mexicano-americano, Moroff tomó parte en *La Bamba* (1987), y ha aparecido en varios otros largometrajes, incluso en, *Angel Town* (1990), *Desperado* (1995), *The Wonderful Ice Cream Suit* (1998), y en vídeo, *Candyman: Day of the Dead* (1999). Además, tiene muchas actuaciones televisivas y fue el Pancho Villa de un episodio de *The Young Indiana Jones Chronicles* (1992–1993).

Bob Morones

NACIMIENTO: 6/1/1943

Morones fue director de reparto y productor asociado de la cinta *Salvador* (1986), de Oliver Stone, así como director de reparto en *Platoon* (1986), también de Stone, ganadora de un premio de la Academia. Fue también director de reparto de *Romero* (1989), protagonizada por Raúl Juliá, y de *American Me* (1992), de Edward James Olmos.

Movita
Nacida María Luisa Castenada

NACIMIENTO: 12/4/1917

Actriz mexicana, nacida en Nogales, Arizona, fue conocida solamente como Movita. Trabajó en la producción clásica de 1935, *Mutiny on the Bounty*, como la muchacha nativa que se enamora de Byam (Franchot Tone). En la cinta también aparecen en papeles estelares Clark Gable y Charles Laughton. Movita fue bien presentada también en *The Hurricane* (1937), de John Ford, nuevamente como la nativa de una isla.

Movita en *Mutiny on the Bounty*.

Cuando visitaba a unos amigos en San Francisco, Movita asistió a una fiesta donde la vio Pandro S. Berman, quien era entonces jefe de producción de los estudios RKO. La contrató y ella hizo su debut fílmico en *Flying Down to Rio* (1933). Más tarde hizo un filme en México y entonces apareció en *Mutiny on the Bounty*. En una entrevista, ella consideraba que a pesar de la atención recibida por la película, MGM perdió interés en promocionarla después de la muerte de Irving Thalbert, quien la respaldaba desde los inicios.

Fue a los estudios Monogram para una serie de cuatro películas del oeste, en los que ella fue la protagonista principal. Movita después hizo una gira por Europa en una revista musical, y apareció en una película en Inglaterra, *The Tower of Terror* (1942). A su regreso a los Estados Unidos en 1948, trabajó en papeles menores, en filmes tales como, *Fort Apache* (1948), *Red Light* (1949), *Kim* (1950), *Wagon Master* (1950), *Saddle Legion* (1951) y *Last of the Comanches* (1952). Se ha mantenido activa en la industria fílmica, haciendo trabajos de extra, así como otros papeles en años recientes.

Frankie Muñiz

NACIMIENTO: 1985

Aunque muy joven, Muñiz ya tiene una vasta experiencia. Ha aparecido como artista invitado en la popular serie *Spin City* (1996–), y en la actualidad es la estrella del exitoso programa, *Malcolm in the Middle* (2000–), y del telefilme,

Miracle in Lane 2 (2000). Ha aparecido también en los largometrajes, *It Had to Be You* (1998), *Lost and Found* (1999), y el aclamado, *My Dog Skip* (2000).

CORRINA MURA
Nacida Corinna Wall

Nacida en San Antonio, Texas, donde trabajó como cantante y artista profesional, Mura hizo de Andrea, la cantante francesa del Café de Rick, en la cinta clásica *Casablanca*. También apareció en *Call Out the Marines* (1942).

KARMIN MURCELO

Actriz nacida en Cuba, Murcelo apareció junto a Charles Bronson en *Borderline* (1980). Su actuación fílmica incluye *Walk Proud* (1979), *Stir Crazy* (1980), *The Big Score* (1983), *Revenge* (1990) y *Bound by Honor* (1993). Ha trabajado en cientos de episodios de televisión, igual que en las miniseries *Centennial* (1978) y *The Blue Knight* (1973). Más recientemente, ella ha aparecido en el papel del Dr. Rodríguez, en la telenovela *Port Charles* (1997–).

DANIEL NAGRÍN

NACIMIENTO: 1922

Nacido en el Bronx, Nagrín, bailarín de Broadway y coreógrafo, ha aparecido en una secuencia mexicana de ballet en *Just For You* (1952), con Bing Crosby y Jane Wyman de protagonistas. Él también fue el coreógrafo de la danza de las islas de Fiji que apareció en *His Majesty O'Keefe* (1953), con Burt Lancaster en el papel principal.

J. CARROLL NAISH

NACIMIENTO: 21/1/1897
DEFUNCIÓN: 31/1/1973

Actor de carácter consumado, Naish representó todo tipo de nacionalidad y etnia en su larga carrera en Hollywood. Con su tez trigueña, cabello negro y bigote, se la identificaba mucho con los personajes latinos que él interpretaba. Fue nominado por la Academia como Mejor Actor de Reparto, por su papel de padre mexicano en *A Medal for Benny* (1945). Algunos de sus otros filmes en los que personificó a un latino incluyen, *The Kid from Spain* (1932), *The Robin Hood of El Dorado* (1936), *Allá en Argentina* (1940), *Sangre y Arena* (1941), *Aquella Noche en Río* (1941), *The Fugitive* (1947) y *The Last Command* (1955).

En realidad, Naish era un irlandés-americano de la ciudad de Nueva York, pero como él explicó en una entrevista de *Los Angeles Herald Examiner* (1/27/73): "Cuando aparece un papel de irlandés, nadie se acuerda de mí; llaman a Barry Fitzgerald". Naish recibió dos candidaturas al Oscar, y acumuló más de 200 créditos fílmicos.

Rick Najera

Najera ha escrito para tales series de episodios como, *Dr. Quinn, Medicine Woman* (1993–1998), y fue un escritor de plantilla de la exitosa serie *In Living Color* (1990–1994).

Gregory Nava

NACIMIENTO: 10/4/1949

Director y escritor de herencia mexicana y vasca, Nava nació en San Diego y asistió a la escuela de filmación de UCLA, donde su película hecha durante sus años de estudiante, basada en la vida del poeta español, Federico García Lorca y titulada *The Journal of Diego Rodríguez Silva*, fue elegida Mejor Película Dramática del Festival de Cine Estudiantil Nacional. En 1973 escribió, produjo y dirigió *The Confession of Aman*, que ganó en 1976 el premio al mejor largometraje del Festival Internacional de Cine de Chicago.

Gregory Nava (der.) con Edward James Olmos (izq.) en la escena de *Selena*.

Nava fue nominado para un premio de la Academia, junto a Anna Thomas, por el guión original del filme, *El Norte* (1984), que Nava también dirigió. Filmada con un presupuesto bajo, esta cinta emocionante y a veces pavorosa, sobre dos jóvenes refugiados guatemaltecos, quienes pasan por infinidad de situaciones terribles para llegar a la frontera americana, fue uno de los filmes contemporáneos en enfocar con honestidad y compasión la experiencia por la que tiene que atravesar el inmigrante en América hoy en día.

Nava después pasó a dirigir *a Time of Destiny* (1988), con William Hurt y Timothy Hutton de protagonistas; escribió y dirigió *Mi Familia*, con Jimmy Smits; *Selena* (1997), con Jennifer López en el papel titular; y *Why Do Fools Fall in Love* (1998), con Halle Berry, Lela Rochon y Vivica A. Fox.

Guillermo Navarro

Las películas más recientes de Navarro en las que ha colaborado como director de fotografía son *The Long Kiss Goodnight* (1995), dirigido por Renny Harlin;

From Dusk Till Dawn (1996), su tercera colaboración con el director Robert Rodríguez; *Jackie Brown* (1997), de Quentin Tarantino, y *Stuart Little* (1999), de Columbia Pictures. Sus otros filmes con Rodríguez incluyen, *Desperado* (1995), con Antonio Banderas en el papel estelar, y el segmento de Rodríguez de la película antológica, *Four Rooms* (1995). Otros trabajos adicionales de Navarro incluyen *The Cisco Kid* (1994), para TNT, protagonizada por Jimmy Smits; *Cronos* (1993), que ganó el premio de los críticos en 1993 en el Festival de Cine de Cannes, y fue declarada participante oficial mexicana para los premios de la Academia; y también *Cabeza de Vaca* (1991), que fue igualmente participante oficial de México para los premios de la Academia.

Taylor Negrón

NACIMIENTO: 1958

Actor y comediante de herencia ítalo-puertorriqueña, nacido en Glendale, California, Negrón es notable en una variedad de papeles, como un chico sexualmente insaciable y siempre de fiesta. Hizo su debut en el cine en 1982, como un interno enamorado y de ojos desmesurados en la cinta *Young Doctors in Love* de Garry Marshall. Después ha aparecido como Julio, el yerno puertorriqueño de Rodney Dangerfield, en *Easy Money* (1983), y en *Fast Times at Ridgemont High* (1982), *Bad Medicine* (1985), *Punchline* (1988), *Nothing But Trouble* (1991), y como un matón psicópata a sueldo en *The Last Boy Scout* (1992). Sus más recientes actuaciones han sido en, *I Woke Up Early the Day I Died* (1998), *Civility* (1999), *Can't Stop Dancing* (1999) y *The Space Between Us* (1999).

Marisol Nichols

Nichols ha aparecido en varios espectáculos de televisión y proyectos de largometrajes, que van desde el telefilme *Friends Till the End* (1997), a largometrajes tales como *Vegas Vacation* (1997), *Can't Hardly Wait* (1998) y *Bowfinger* (1999). En la actualidad ella trabaja en la serie *Resurrection Blvd.* (2000–), transmitida por Showtime.

Barry Norton
Nacido Alfredo Biraben

NACIMIENTO: 16/6/1905
DEFUNCIÓN: 24/8/1956

Actor de reparto, Norton trabajó en filmes desde 1920 hasta la medianía de los años 50. Natural de Buenos Aires, Argentina, comenzó su carrera en producciones fílmicas mudas como, *The Lily* (1926) y *What Price Glory?* (1926). Su facilidad para hablar español vino muy bien cuando llegó el sonido, y apareció alternamente en muchas películas producidas en Hollywood, igual en inglés que en español.

Ramón Novarro

Nacido José Ramón Gil Samaniegos

NACIMIENTO: 6/2/1899
DEFUNCIÓN: 31/10/1968

(Izq. a der.) Ramón Navarro, John Gilbert y Roy D'Arcy, en la escena de *A Certain Young Man* (1928), posan para una foto de publicidad.

Galán del cine mudo y cintas habladas de los primeros tiempos, el mexicano Novarro fue uno de los grandes amantes latinos de Hollywood, precursor de una generación de atractivos jóvenes trigueños, de ojos centelleantes, quienes eran considerados éxitos seguros de taquilla, durante y después del reinado de Valentino como popular símbolo sexual.

La fama de Novarro llegó a la cumbre durante la era del cine mudo, y nunca alcanzó la misma popularidad en las películas habladas; sin embargo, él actuó como coprotagonista de Greta Garbo en *Mata Hari*, en 1931. En años posteriores, continuó su carrera como actor de carácter del cine y la televisión.

Novarro nació en Durango, México, en 1899, en el seno de una familia pudiente. En 1913, su padre, que era dentista, trajo a su esposa, cinco hijos y cuatro hijas a California, para escapar de Pancho Villa y la revolución mexicana.

Cuando Ramón y su hermano, Mariano, llegaron a Los Angeles en busca de trabajo, tenían solamente cien dólares entre los dos. El joven Ramón trabajó como empleado de una tienda de víveres, acomodador de teatro, maestro de piano, cantante de café y actor de poca monta en la escena, hasta que finalmente fue visto por Marion Morgan, una instructora de baile que le dio un lugar en su acto de variedades. Ella lo envió a Nueva York, y el trabajo de Novarro para la señorita Morgan le dio su gran oportunidad, cuando Ferdinand Pinney Earle lo contrató para el papel protagónico de *Omar Khayyam*, en la costa del oeste. Rex Ingram, el afamado director del cine mudo oyó hablar de él, lo vio bailar en una pantomima llamada *The Royal Fandango*, en el Community Theatre de Hollywood, y lo contrató para interpretar Rupert de Hentzau, en la versión de *El Prisionero de Zenda*, de 1922.

Novarro fue un triunfo inmediato. A este éxito siguieron otros con papeles como *Trifling Women* (1922, silencio), *Scaramouche* (1923, silencio), *Where the Pavement Ends* (1923, silencio) y *The Arab* (1924, silencio), que finalmente lo lanzaría al estrellato y a la fama internacional. No obstante, fue como *Ben-Hur*, en la clásica epopeya de 1926 del mismo nombre, que la popularidad del actor llegó a la cima más alta.

Ya en 1934, Novarro estaba desilusionado de Hollywood, pero se mantenía activo dando conciertos y trabajando en el teatro. Hizo una sola película en Italia y otra en su México natal. En 1948, aceptó un papel en *We Were Strangers* (1949), de John Huston, y a esto siguió un papel importante en *The Big Steal* (1949), para la RKO. Después vinieron *The Outriders* (1950) y *Crisis* (1950), ambas en MGM, el estudio donde él obtuvo más fama. Recibió buenas críticas por su trabajo en un papel pequeño, en *Heller in Pink Tights* (1960), con Sophia Loren y Anthony Quinn, que fue dirigida por George Cukor. Sus otros filmes incluyen *The Red Lily* (1924, muda), *Thy Name is Woman* (1924, muda), *The Midshipman* (1925, muda), *Lovers?* (1927, muda), *The Road to Romance* (1927, muda), *The Student Prince in Old Heidelberg* (1927, muda), *A Certain Young Man* (1928, muda), *Devil May Care* (1929), *The Flying Fleet* (1929, muda), *The Pagan* (1929, muda), *Call of the Flesh* (1930), *In Gay Madrid* (1930), *Daybreak* (1931), *Son of India* (1931), *Huddle* (1932), *The Son-Daughter* (1932), *The Barbarian* (1933), *The Cat and the Fiddle* (1934), *Laughing Boy* (1934) y *The Night is Young* (1935). Novarro hizo algunas apariciones ocasionales como invitado a programas de televisión tales como *Bonanza* (1959–1973).

Apareció muerto a golpes después de un aparente atraco en su casa de Hollywood Hills, el 31 de octubre de 1968.

Danny Núñez

Veterano actor de carácter y de papeles de poca monta, Núñez apareció en filmes tales como, *Viva Zapata!* (1952), *The Professionals* (1966), *Close Encounter of the Third Kind* (1977) y *The Legend of the Long Ranger* (1981). Sus numerosas actuaciones televisivas se remontan a la mediania de los años 50.

Miguel A. Núñez Jr.

Criado en la región rural de Carolina del Norte, Núñez se dirigió a California a la edad de diecisiete años en un bus de Trailways, con sólo una maleta y tres sándwiches. Su carrera de actor comenzó cuando él usó el historial personal de otro aspirante a actor en una audición, y consiguió el papel principal para hacer un anuncio de pizza. Sus actuaciones fílmicas incluyen, *Harlem Nights* (1989), *Lethal Weapon III* (1992), *Streetfighter* (1994), *A Thin Line Between Love and Hate* (1996), *Why Do Fools Fall in Love?* (1998) y *Flossin'* (2000).

Jacqueline Obradors

Obradors, de origen argentino, debutó en televisión como invitada en un episodio de *Parker Lewis Can't Lose* (1990–1993), seguido de otra invitación a la serie de corta duración, *Vanishing Son* (1995). Ha actuado también en las películas, *Six Days, Seven Nights* (1998), en la cual ella hizo de novia de Harrison Ford, *Deuce Bigalow: Male Gigolo* (1999), con Rob Morrow, *Tortilla Soup* (2001) y en la serie de televisión *NYPD* Blue (2001).

María O'Brien

Hija del actor Edmond O'Brien y la actriz Olga San Juan, María aparece en la cinta de 1975, *Smile*, como la agresiva concursante de una competencia de belleza, quien hace alarde de su herencia mexicano-americana.

Edward James Olmos

NACIMIENTO: 21/2/1946

Edward James Olmos se ha convertido en uno de los actores hispanoamericanos más importantes de su generación por su trabajo en filmes tales como, *Zoot Suit* (1981), *The Ballad of Gregorio Cortez* (1983), y el papel del maestro Jaime Escalante, en *Párate y Recita* (1988), que obtuvo un premio de la Academia para él. Olmos busca siempre interpretar papeles que satisfagan las aspiraciones de un actor, igual que dramatizar con realismo los temas o incidentes sociales de importancia.

Olmos se convirtió en un nombre conocido por su papel del hosco y práctico Teniente Martín Castillo, en la innovadora serie policíaca *Miami Vice* (1984–1989), que estuvo en el aire por cinco años, y por el que Olmos recibió un galardón Emmy, y el Globo de Oro, de la Asociación de Críticos Extranjeros de Hollywood, como Mejor Actor de Reparto en una Serie Dramática Continua. Olmos hizo su debut como director en un episodio de *Miami Vice*, titulado "Bushido", que fue el programa de más alto índice de público, según la firma A.C. Nielsen que califica ese sistema.

De padre mexicano, y madre nacida de tres generaciones de herencia méxico-americanas, Olmos pasó la mayor parte de su adolescencia en la sección de Boyle Heights, del lado este de Los Angeles.

La música ejercía un profundo efecto en él cuando era joven, e inmiscuirse en el mundo de artistas como James Brown y Little Richard, fue lo que hizo que a la edad de trece años, le anunciara a sus padres que el quería dedicarse a la carrera de cantante y bailarín.

Después de graduarse del Instituto Montebello, Olmos formó una orquesta

Edward James Olmos

que llamó Eddie y el Océano Pacífico. Durante algunos años, el grupo tocaba en clubes del Sunset Strip, la famosa avenida de Hollywood, hasta que en 1968, fue convertido en la orquesta en residencia del club privado, The Factory.

Mientras la música ocupaba las noches de Olmos, los estudios en East Los Angeles College, y más tarde en la Universidad Estatal de California, llenaban las horas del día. Aunque en principio estaba interesado en las ciencias sociales de psicología y criminología, su educación posterior lo inclinaba más hacia la danza y el teatro.

A principios de los años 70, comenzó a actuar en producciones de varios teatros pequeños alrededor de Los Angeles, y consiguió algunos papeles de menor categoría en episodios de televisión como *Kojak* (1973–1978) y *Hawaii Five-O* (1968–1980), mientras continuaba de cantante (y transportando muebles antiguos), para mantener a su familia. Hizo su debut en el cine en un papel pequeño de *Aloha, Bobby and Rose* (1975), de Floyd Mutrux.

A los treinta y un años, Olmos se presentó a una prueba para el papel que obtuvo, y cambiaría su vida: el Pachuco de la cinta de Luis Valdéz, *Zoot Suit*. Este teatro musical de la calle, descrito por Olmos como "la primera obra verdadera acerca de los latinos", fue estrenada en 1978, programada para estar en las carteleras de Los Angeles solamente diez días. En cambio, estuvo un año y medio, y después disfrutó de una corta pero exitosa estancia en Broadway, por la que Olmos recibió una nominación para un Tony y ganó el galardón del prestigioso Theatre World.

Como resultado de su trabajo en el espectáculo, Olmos recibió muchos premios por su actuación, y fue reconocido como un modelo positivo para los latinos. El Ala Teatral Americana le rindió homenaje por crear "uno de los tres trabajos dramáticos definitivos en la historia del teatro americano". Después, él volvió a interpretar el papel en la versión cinematográfica del exitoso musical, hecho por la Universal Pictures en 1981.

Cuando *Zoot Suit* terminó en Broadway, Olmos recibió la oferta de personificar a un indio americano trabajador de la industria del acero en *Wolfen* (1981), protagonizada por Albert Finney, pero él rechazó el papel, insistiendo en que los productores emplearan a un indio americano verdadero. Cuando su deseo resultó inútil, y el cineasta volvió a ponerse en contacto con Olmos con la misma petición, él finalmente aceptó, pero solamente después de estar seguro de la completa aprobación y bendición del Movimiento Americano Indio. Varios años después, Olmos fue honrado con un premio humanitario del grupo.

Su próximo trabajo fue actuar en el papel titular de *The Ballad of Gregory Cortez* (1983), una historia verdadera de finales de siglo, acerca de un peón mexicano-americano, acusado injustamente de asesinato, quien se convirtió en objeto de la más grande búsqueda de la historia de Texas.

El filme fue estrenado en PBS en el verano de 1982, y después fue escogido por Embassy Pictures para ser exhibido en los teatros. Por su trabajo de actor y productor asociado del filme, Olmos fue honrado por la Asociación Histórica Americana. Olmos y su coprotagonista, Tom Bower, dedicaron los próximos dos años a promover la cinta a través del país. Durante la extensa gira nacional, Olmos coordinó su trabajo en favor del filme, presentándose en persona en escuelas públicas y cárceles, para levantar el orgullo hispano en toda la nación.

Olmos hizo el papel de un detective policíaco multirracial en *Blade Runner* (1982), teniendo de contrafigura a Harrison Ford, y en *Saving Grace* (1986), a Tom Conti.

En 1984, Olmos fue invitado por el creador de la serie, Michael Mann, a unirse al reparto regular de *Miami Vice*. Varias veces rehusó la oferta, basándose en que prefería continuar buscando proyectos más personales, pero finalmente elaboró un arreglo con Mann, en el que el actor le sería permitido un descanso de la serie, si aparecía algún proyecto que le interesara grandemente. Bajo esas condiciones, Olmos aceptó el papel del austero e intenso Teniente Castillo.

Desde el momento en que estuvo consciente del proyecto, el entusiasmo de Olmos por *Párate y Recita* fue más allá de interpretar el papel, y terminó convirtiéndose en un miembro del grupo productor.

Por su caracterización del dinámico maestro boliviano, Olmos fue nominado para un premio de la Academia, como Mejor Actor. Olmos recuerda de esta manera sus sentimientos cuando se enteró de la nominación. "Es como recibir una gran noticia, y que te la tiren al estómago. Te la dan en una dosis tan alta, que terminas por marearte". Ese año estuvo en muy buena compañía, porque los otros nominados fueron Gene Hackman, Tom Hanks, Dustin Hoffman y Max von Sydow.

En 1992, Olmos hizo su debut como director de largometraje en *American Me*, que también protagonizó y produjo. Sus otros filmes incluyen *Alambrista!* (1977), *Virus* (1980), *Triumph of the Spirit* (1989) y *Talent for the Game* (1991). Interpretó a un ángel en la producción de Rodríguez, *A Million to Juan* (1994); como Paco, en *Mi Familia*; como Abraham Quintanilla, en *Selena* (1997), y como Roberto Lozano, en *The Disappearance of García Lorca* (1997). Otras actuaciones recientes incluyen, *The Wall* (1998), *Gossip* (2000), y la voz del Jefe Tannabok, en *The Road to El Dorado* (2000).

En la televisión, Olmos ha aparecido como invitado de programas tales como *Touched by an Angel* (1994–) y *The West Wing* (1999–). Esas apariciones incluyen las miniseries, *The Fortunate Pilgrim* (1988) y *Dead Man's Walk* (1996); así como los telefilmes, *Hollywood Confidential* (1997), *12 Angry Men* (1997), *The Taking of Pelham One, Two, Three* (1998), *Bonanno: A Godfather's Story* (1999) y *American Family* (2002) de PBS.

Lupe Ontiveros

Versátil actriz mexicano-americana, Ontiveros ha aparecido en *Mi Familia* (1995); *Selena* (1997); *As Good as It Gets* (1997), cinta premiada por la Academia, donde actuó junto a Jack Nicholson; *Gabriela* (1999); *Luminarias* (2000) y el largometraje televisada por cable, *Picking Up the Pieces* (2000). Sus otras colaboraciones fílmicas incluyen papeles en *Zoot Suit* (1981), *The Border* (1982), *El Norte* (1982), *The Goonies* (1985) y *Born in East L.A.* (1987). Ha actuado mucho también en la televisión y el teatro, con un papel recurrente en la serie televisada, *Veronica's Closet* (1997–2000), y en la película de televisión, *Real Women Have Curves* (2002) de la cadena de cable HBO.

Tony Orlando (izq.) y Freddie Prinze (der.).

Tony Orlando

NACIMIENTO: 12/4/1944

Cantante, compositor y actor de raíces greco-puertorriqueñas, Orlando fue el anfitrión de su propia variedad musical de CBS, *Tony Orlando and Dawn* (1974–1976). También actuó en la cinta para la televisión, *Three Hundred Miles for Stephanie* (1981), como un policía mexicano-americano, e hizo varias apariciones como trabajador social en *The Cosby Show* (1984–1992). En 1982, intervino en el telefilme, *Rosie: The Rosemary Clooney Story*, haciendo el papel de José Ferrer.

Kenny Ortega

Considerado el coreógrafo más destacado de la música moderna popular, Ortega es igualmente efectivo en trabajos en el cine, la escena o televisión. Ortega fue el pionero en definir los requisitos de excelencia para regir la danza y el estilo de los videos musicales. Ha trabajado con Madonna, Cher, Diana Ross, Billy Joel, Smokey Robinson, las Hermanas Pointer y Miami Sound Machine. Ortega es mejor conocido por su coreografía de la cinta de gran éxito de 1987, *Dirty Dancing*. Para la película *Salsa* (1989), sirvió como coreógrafo y productor asociado. La mezcla única de baile y filme Ortega, fue desarrollada a través de su asociación con el maestro de danza por excelencia de la pantalla, Gene Kelly, que tuvo sus comienzos durante la filmación de *Xanadu* (1980), que protagonizó Olivia Newton-John, para Universal Pictures.

Ortega es natural de Palo Alto, California, de padres españoles. Creció en Redwood City, California, y a una temprana edad se interesó en la música y en el baile, ganando becas para distintas academias de baile del área de San Francisco. Ya de adolescente, su interés en las artes se expandió más allá de la danza, al teatro.

Cuando tenía trece años, comenzó a trabajar como actor en teatros de repertorio locales, que muy pronto se convertirían en su pasión. Durante sus años de colegial, se asoció con el Teatro Musical Hyatt, en Burlingame, California, y el Circle Star Theatre de San Carlos, donde como miembro de la compañía, pudo aparecer en espectáculos tales como *Oliver!*, con la ya fallecida Georgia Brown.

En 1968, se inscribió en el colegio universitario Canadá, especializándose en las artes teatrales y el baile. Al año siguiente consiguió el papel de George Berger en la compañía de San Francisco que presentaba el musical, *Hair*. A esto siguió un papel en *The Last Sweet Days of Isaac*, para el American Conservatory Theatre. A continuación volvió a interpretar el papel de Berger en la compañía que hizo la gira nacional de *Hair*. Después de pasar tres años en gira, regresó al área de San Francisco, donde comenzó a trabajar con The Tubes, un grupo de grabaciones multimedia. Esto dio comienzo a una nueva fase de su carrera; él escenificó y apareció en escena, en cinco giras mundiales con The Tubes.

En una función de The Tubes, en el teatro Pantages de Los Angeles, Cher se acercó a Ortega para que coreografiara un especial de televisión. Esto marcó el comienzo de su relación con Cher, que aún continúa. Esa amistad lo llevó a servir de ayudante de Toni Basil en *The Rose* (1979), que protagonizaba Bette Middler.

Después de hacer ese filme, Ortega sirvió de coreógrafo adjunto en *Xanadu*, donde tuvo la inolvidable experiencia de trabajar con el bailarín, director, coreógrafo y actor, Gene Kelly, quien la coprotagonizaba con Olivia Newton-John. Ortega le da crédito a Kelly por enseñarle el arte de hacer coreografía para las cámaras. En los años que siguieron, Ortega ha creado rutinas de danza para la televisión, el escenario, filmes y videos musicales.

La lista de películas en las que Ortega ha trabajado de coreógrafo incluyen *One From the Heart* (1982), *St. Elmo's Fire* (1985), *Ferris Bueller's Day Off* (1986) y *Pretty in Pink* (1986).

Su debut como director de televisión ocurrió en 1988, con la serie de corta duración, *Dirty Dancing* (1988–1989). En 1990, dirigió el programa inicial de la serie *Hull High* (1990), del que también fue coproductor ejecutivo. Después hizo los bailes de *Newsies* (1992), una musical acerca de reporteros de fines de siglo de Nueva York que marcaría su debut como director de largometrajes, seguido de *Hocus Pocus* (1993), protagonizada por Bette Midler.

Dyana Ortelli

NACIMIENTO: 1/5/1961

Nacida en Nuevo Laredo, México, y criada en California, Ortelli fue la intérprete de la enérgica Pachuca de *American Me* (1992); una pordiosera de Tijuana, en *Born In East L.A.* (1987); la prostituta de *La Bamba* (1987), y una campesina mexicana, en *¡Three Amigos!* (1986). También apareció como la alocada sirvienta, Lupe López, en la serie sindicalizada de corta duración, *Marblehead Manor* (1987–1988). Sus actuaciones más recientes han sido en papeles en *Luminarias* (2000) y *Picking Up the Pieces* (2000).

Humberto Ortiz

NACIMIENTO: 12/10/1979

Natural de Laredo, México, y criado en California, este niño actor ha aparecido en filmes tales como, *¡Three Amigos!* (1986), *Salsa* (1989) y *Kickboxer II* (1991). Ortiz fue coprotagonista con su madre, Dyana Ortelli, de la serie sindicalizada, *Marblehead Manor* (1987–1988).

Manuel Padilla, Jr.

NACIMIENTO: 1956

Actor juvenil de los años 60 y 70, Padilla ha desempeñado papeles importantes en *Dime with a Halo* (1963), *The Young and the Brave* (1963), *Robin Hood and the Seven Hoods (1964), Tarzan and the Great River* (1967), y como un adolescente mexicano-amaericano que conduce carros de estilo pandillero en *American Graffiti* (1973). También fue coprotagonista de la serie televisiva de NBC, *Tarzan* (1966–1968), que tenía a Ron Ely como estrella, y fue producida en México. Padilla ha estado inactivo en años recientes, a excepción de un pequeño papel en *Scarface* (1983).

Anita Page
Nacida Anita Pomares

NACIMIENTO: 4/8/1910

De origen español, residente de Flushing, Nueva York, la rubia y sensual actriz Page fue la primera actriz de Hollywood durante la transición de la era muda a películas habladas. Comenzó su carrera de extra en 1924, y llegó al pináculo con *The Broadway Melody of 1929.*

Joy Page
Nacida Joanne Page

NACIMIENTO: 1921

Hija del actor Don Alvarado y Ann Bayer (quien después se casaría con Jack Warner), el papel más conocido de Page es el de la joven húngara quien se ofrece al Coronel Renault, en la cinta clásica *Casablanca* (1942), de la Warner Bros. Ha participado asimismo en las películas *Kismet* (1944), *The Shrike* (1955) y *The Bullfighter and the Lady* (1951).

Néstor Paiva

NACIMIENTO: 30/6/1905
DEFUNCIÓN: 9/9/1966

Actor de carácter nacido en Fresco, California, de origen portugués, Paiva apareció en 117 cintas fílmicas, interpretando todo tipo de papeles, desde cómicos hasta sombríos. Su intuición para dialectos y mímica lo hicieron ser muy buscado para interpretar personajes de diferentes nacionalidades. Era tan hábil en estos tipos de papeles que a veces era mencionado como "ese actor extranjero".

Paiva decidió desde edad muy temprana que él quería ser actor. Asistió a la escuela San Juan de Fresco, la Universidad de San Francisco, y más tarde, la Universidad de California, en Berkeley, donde recibió su diploma.

Su debut en las tablas sucedió en el Teatro Griego de Berkeley, en *Antigone*. Después de graduarse, trabajó en una serie de obras teatrales en Oakland y San Francisco.

En 1934, actuó en la producción de Los Angeles Staging Company, de *The Drunkard*, donde interpretó el papel de Squire Cribbs, el villano. Continuó interpretando el papel durante once años, combinando ese trabajo con papeles en películas. Finalmente, la cantidad de trabajo fue tan excesiva y dura que tuvo que renunciar a la producción escénica. Paiva hizo su debut en el cine en la Paramount, en 1936. Entre sus muchos filmes aparecen, *Hold Back the Dawn* (1941), en la que hizo de administrador de un hotel; *The Song of Bernadette* (1943), *Road to Utopia* (1945), *A Thousand and One Nights* (1945), *Badman's Territory* (1946), *Humoresque* (1946), *The Great Caruso* (1951), *Jim Thorpe (All American* (1951), *Comanche* (1956) y *Girls, Girls, Girls* (1962). Su último filme fue *Caper of the Golden Bulls* (1965).

Entre sus actuaciones en la televisión figuran papeles en, *I Love Lucy* (1951–1957), *The Red Skelton Show* (1951–1971), *The Loretta Young Show* (1953–1955) y *Perry Mason* (1957–1966).

Virginia París

Aunque es más conocida por su papel de la Directora Ortega, quien se opone al maestro Jaime Escalante en *Párate y Recita* (1988), París ha hecho más de 100 actuaciones en programas de televisión tales como, *Have Gun Will Travel* (1957–1983), *Ironside* (1967–1975), *Medical Center* (1969–1976) y *Quincy* (1976–1983).

GIL PARRONDO

NACIMIENTO: 1921

Español, ganador doble de los premios de la Academia como diseñador y director de arte por su trabajo en *Patton* (1970) y *Nicholas and Alexandra* (1971), Parrondo también recibió una candidatura al Oscar por *Travels with My Aunt* (1972). Su producción fílmica como diseñador incluye, *The Wind and the Lion* (1975), *The Boys from Brazil* (1978), *Cuba* (1979), *Lionheart* (1987) y *Farewell to the King* (1989).

Natural de Luarca, España, comenzó como ayudante del director en la industria del cine española en 1945, y muy pronto le interesó más usar sus dones arquitectónicos. Trabajó en muchas cintas españolas, pero su carrera internacional como director de arte comenzó con *Mr. Arkadin* (1962), y en clásicos de epopeya tales como, *El Cid* (1961) y *Doctor Zhivago* (1965).

PELÉ
Nacido Edison Arantes de Nascimento

NACIMIENTO: 1940

Popular, carismático e internacionalmente famosa estrella brasileña del fútbol, Pelé personificó a Luis Hernández, un soldado inglés de Trinidad, quien se une al equipo de fútbol Allied Paw, en el drama de John Huston, de 1981, donde apareció junto a Sylvester Stallone y Michael Caine. Pelé ha hecho otras apariciones en la pantalla de plata, en producciones europeas y brasileñas. En 1997 fue nombrado Ministro de Deportes por el gobierno de Brasil.

PINA PELLICER

NACIMIENTO: 1940
DEFUNCIÓN: 10/12/1964

Actriz mexicana de las tablas y la pantalla, Pellicer hizo el papel de Luisa, junto a Marlon Brando, en la única cinta que Brando dirigió, y en la que también actuó, *Pícaros de un Solo Ojo* (1961). Por su trabajo en este filme, obtuvo el galardón de Mejor Actriz del Festival de Cine de San Sebastián.

Fue descubierta para esa película cuando desempeñaba el papel principal de una producción mexicana en *El Diario de Anna Frank*, que más tarde fue televisada en México. En 1964, ella regresó a los Estados Unidos, donde trabajó en el episodio "The Life Work of Juan Díaz", en *The Alfred Hitchcock Hour* (1962–1965), para la televisión Universal. Víctima de una depresión, se suicidó en su casa de la Ciudad de México en 1964.

Eizabeth Peña

NACIMIENTO: 23/9/1959

Elizabeth Peña en *Jacob's Ladder*

Actriz cubano-americana, nacida en Elizabeth, Nueva Jersey, Peña vivió ocho años en Cuba, la tierra de sus padres, antes de emigrar definitivamente a Estados Unidos. Su padre era actor, escritor y director teatral, y su madre es la fundadora y actual administrdora del grupo Teatro Latino Americano. Antes de graduarse del Instituto de Artes Escénicas de Nueva York, Peña había aparecido en más de veinte obras teatrales en off-Broadway.

Peña ha contribuido al arte dramático con caracterizaciones muy llamativas que incluyen la tempestuosa latina de *Vibes* (1988), junto a Cyndi Lauper y Peter Falk; la diabólicamente celosa ex novia de la cinta de Peter Bogdanovich, *They All Laughed* (1981), con Audrey Hepburn de estrella; Carmen, la voluptuosa sirvienta de la exitosa, *Down and Out in Beverly Hills* (1986); Rosie, la novia plantada de *La Bamba* (1987), de Luis Valdés; y Marissa, en *Batteries Not Included* (1987), de Steven Spielberg. También actuó en la serie de televisión de ABC, *I Married Dora* (1987–1988); y la serie de John Sayles, *Shannon's Deal* (1990–1991), de NBC.

Su mayor papel fílmico fue en la aclamada cinta, *El Super* (1979), que fue seguida por un papel coprotagónico en *Crossover Dreams* (1985), con Rubén Blades. Desde entonces ha trabajado también en, *Jacob's Ladder* (1990), *Free Willy 2: The Adventure Home* (1995), *The Lone Star* (1996), *Rush Hour* (1998), *Seven Girlfriends* (1999), *On the Borderline* (2000), *Tortilla Soup* (2002) y la serie de Showtime, *Resurrection Blvd.* (2000–).

José Pérez

NACIMIENTO: 1940

Diminuto actor puertorriqueño, Pérez comenzó a actuar en los escenarios de Broadway siendo niño, y ha trabajado en películas y televisión por más de cuarenta años. Ha actuado en cintas como *A Life in the Balance* (1955), en la que representa a un adolescente, y en *The Sting II* (1985), donde sale de adulto.

Manuel Pérez

Como animador, Pérez ha trabajado en más de 200 proyectos de la Warner Bros. durante el curso de su carrera de cuarenta años. Algunos de sus filmes son, *Baseball Bugs* (1946), *A Hare Grows in Manhattan* (1947), *I Taw a Putty Tat* (1948), *14 Carrot Rabbit* (1952), *Yankee Doodle Bugs* (1954), *Suppressed Duck* (1965), *Plastered in Paris* (1965), *Fritz the Cat* (1972) y *Lord of the Rings* (1978).

PEPITO PÉREZ

Payaso famoso, Pérez nació en Barcelona, España, comenzando su carrera circense con el Circo Parish, en Madrid, donde se convirtió en el favorito del rey Alfonso de Borbón. Hizo giras por Europa y actuó en los Estados Unidos en el teatro Hipódromo de Nueva York, así como en revistas de variedades. Apareció también en los *Ziegfeld Follies* de 1929. Más tarde, en filmes de Hollywood, presentó un acto de circo en *Lady in the Dark* (1944), y trabajó en *A Medal for Benny* (1944). Pérez instruyó a Desi Arnaz y Lucille Ball en astracanadas de variedades para el primer programa de *I Love Lucy* (1951–1957), donde él también tomó parte.

ROSIE PÉREZ

NACIMIENTO: 1966

Pérez es la primera actriz puertorriqueña, desde Rita Moreno, en tener impacto en papeles coprotagónicos del cine contemporáneo, que proyectan su personalidad cómica y étnica, como una descarada contestona, que al mismo tiempo es una débil mujer hispanoamericana de los barrios pobres de una gran ciudad.

Rosie Pérez como Gloria Clemente en la comedia *White Men Can't Jump.*

Una entre los once hijos de Lydia e Ismael Pérez, Rosie es sexta generación, cien por ciento nativa neoyorquina-puertorriqueña. Hizo su debut fílmico y obtuvo gran reconocimiento en el papel de Tina, de la controvertida cinta de Spike Lee, *Do the Right Thing* (1989). A eso siguió el papel coprotagónico de Gloria, una antigua reina del disco, de Brooklyn, quien aspira a participar en el programa de televisión, *Jeopardy*, en la cinta del escritor y director Ron Shelton, *White Men Can't Jump* (1992). En *Untamed Hearts* (1993), de Tony Bill, aparece como camarera, y en *Fearless* (1993), es una joven madre que pierde su bebé. Por su trabajo en *Fearless*, fue nominada para un premio de la Academia, como Mejor Actriz de Reparto. Sus recientes participaciones fílmicas incluyen, *It Could Happen to You* (1994), con Nicolas Cage y Bridget Fonda; *Subway Stories: Tales from the Underground* (1997); en la que colaboró como productora ejecutiva; el papel titular de *Perdita Durango* (1997); *The 24 Hour Woman* (1999), que también coprodujo; y la voz de Chel, en el dibujo animado de DreamWorks, *The Road to El Dorado* (2000).

Rosie es también una coreógrafa notable y fue nominada para un Emmy por sus coreografías en la serie televisiva de Fox, *In Living Color* (1990–1994).

SEVERO PÉREZ

Pérez dirigió la presentación de *Tierra* (1994) en *American Playhouse*, y produjo *Sequin* (1982), también para *American Playhouse*.

ALEX PHILLIPS JR.

Nacido en México, hijo del cineasta de Hollywood, Alex Phillips, el joven Alex incluye en su producción de Hollywood como cineasta más de cincuenta películas entre las que aparecen, *Buck and the Preacher* (1972), *Bring Me the Head of Alfredo Garcia* (1974), *The Savage is Loose* (1974), *Caboblanco* (1980), *Fade to Black* (1980), *Little Treasure* (1985), y la miniserie para la televisión, *Evita Perón* (1981).

LOU DIAMOND PHILLIPS

NACIMIENTO: 1962

Este joven actor alcanzó el estrellato en el papel del fallecido intérprete legendario del *rock 'n' roll*, Ritchie Valens, en la cinta de gran éxito, *La Bamba*, dirigida por Luis Valdéz en 1987. Phillips, desde entonces, ha trabajado en filmes tales como, *Párate y Recita* (1988), *Young Guns* (1988), *The First Power* (1989), *Renegades* (1989), *A Show of Force* (1990), *Young Guns II* (1990) y *Ambition* (1991). Su carrera pareció estancarse en los años 90, pero ha ganado fuerza nuevamente con proyectos costosos como *Courage Under Fire* (1996) y *The Big Hit* (1998). Sus actuaciones más recientes incluyen *Brokendown Palace* (1999) y *Supernova* (2000). Phillips es nativo de Dallas, donde creció, de orígenes escocés-irlandés e indio cheroquí, por parte de padre, y filipino con chino y español, del lado materno.

MIGUEL PIÑERO

NACIMIENTO: 19/12/1946
DEFUNCIÓN: 17/6/1988

Nativo puertorriqueño, escritor y actor, Piñero usualmente interpretaba criminales adictos a las drogas en películas y en televisión, al final de los años 70 y en los 80. Su máxima obra, *Short Eyes*, una punzante representación de la vida violenta de la prisión, escrita mientras él cumplía condena en 1973 en Sing Sing, ganó un premio Obie, y el galardón de los críticos de Nueva York como Mejor Obra Americana, en 1974. Más tarde fue convertida en película en donde él apareció. Piñero escribió guiones para la serie televisiva de *Baretta* (1975–1978), protagonizada por Robert Blake, igual que varios más para las series de *Kojak* (1973–1978) y *Miami Vice* (1984–1989). Nadie podía escribir el lenguaje terso, de gran colorido, y realista de la calle, o de los narcotraficantes, chulos y presos, como Piñero. La mayoría de sus escritos estaban basados en sus propias vivencias; esto, no obstante, acabó por obstaculizar su creatividad productiva, y dio al traste con su vida demasiado joven. Su trabajo de actor incluye, *Times Square* (1980), *Fort Apache:*

The Bronx (1981), *Breathless* (1983, versión de Richard Gere), *Deal of the Century* (1983), *Alphabet City* (1984) y *The Pick-Up Artist* (1987).

Tony Plana

NACIMIENTO: 19/4/1954

Actor nacido en Cuba, Plana se ha establecido como uno de los actores de carácter más efectivos del cine. Su varios papeles incluyen, el cadete indio mohawk Dellaserra en *An Officer and a Gentleman* (1982); el Comandante Max en *Salvador* (1986), de Oliver Stone; el bandido de *¡Three Amigos!* (1986), y el cara-de-ratón némesis de dientes de oro, llamado Feo, en *Born in East L.A.*(1987). Además, apareció como el exageradamente entusiasta boina verde en *Latino* (1985), de Haskell Wexler; el codicioso camarero de *El Norte* (1984), nominada para un Oscar; el sacerdote guerrillero de *Romero* (1989), y el periodista en *Havana* (1990). Más recientemente, ha trabajado en *Nixon* (1995), *Primal Fear* (1996), *Lone Star* (1996), *187* (1997), *The Disappearance of García Lorca* (1997), el telefilme, *Noriega* (2000), la serie de Showtime, *Resurrection Blvd.* (2000–) y el telefilme de Showtime *Fidel* (2002).

Sus papeles de televisión incluyen tres programas especiales que ganaron Emmy: la miniserie *Drug Wars: The Camarena Story* (1989), el drama de PBS, *Sweet 15* (1990), un episodio de *L.A. Law* (1986–1994), e intervenciones en *Murder One* (1995–1997) y *The Drew Carey Show* (1995–).

Begonia Plaza

NACIMIENTO: 1962

Plaza ha trabajado con algunas de las más populares estrellas incluso con, Chuck Norris, Clint Eastwood, Nick Nolte, Eddie Murphy y Tom Cruise. Sus largometrajes incluyen, *48 HRS.*, (1982), *Heartbreak Ridge* (1986), *Maid to Order* (1987), *Born on the Fourth of July* (1989), *Delta Force 2: Operation Strangehold* (1990) y *Heat* (1995). Nativa de Colombia, Plaza vivía en España antes de mudarse con su familia, a la edad de nueve años, a Los Angeles, donde comenzó a interesarse en actuar en el teatro.

Rose Portillo

NACIMIENTO: 7/11/1953

Actriz mexicano-americana, Portillo ha aparecido en filmes tales como *Walk Proud* (1979) y *Zoot Suit* (1981). En la televisión, ha participado en la serie *Eisenhower and Lutz* (1988), *Sequin* (1982), al lado de A Martínez, presentada en *American Playhouse*, y ha hecho apariciones como invitada en *Party of Five*

(1994–2000). También ha actuado en el telefilme *Best Kept Secrets* (1984), *Palomino* (1991) y *Breaking Through* (1998).

Nacida en Los Angeles, en el haber de la actriz también aparecen, *Exorcist II: The Heretic* (1997), *Where the Buffalo Roam* (1980), *The Mean Season* (1985) y *Love Always* (1997).

Jaime Prades

Nativo de Uruguay, Prades fue uno de los cineastas pioneros de casi todos los países hispano parlantes, convirtiéndose en experto de producción y distribución global. Sirvió como vicepresidente de las Producciones Samuel Bronston, y fue productor asociado en filmes de Bronson como *El Cid* (1961) y *Rey de Reyes* (1961).

Victoria Principal

NACIMIENTO: 3/1/1950

Actriz de televisión y productora, Principal nació en Japón, hija de un miembro del ejército. Ella vivió en diferentes lugares alrededor del mundo, comenzando sus estudios dramáticos con Max Croft, en Springfield, Massachusetts, y en Miami. Después fue a Nueva York, en busca de una carrera en el teatro, y mientras se ganaba la vida como modelo, decidió trasladarse a Hollywood. Cuando estudiaba drama con la maestra Estelle Harmon, Principal fue escogida por el director John Huston para el papel de la amante mexicana de Paul Newman en *The Life and Times of Roy Bean* (1972). Los filmes que prosiguieron bastante insignificantes, a saber: *The Naked Ape* (1973), *Earthquake* (1974), *I Will...I Will...for Now* (1976) y *Vigilante Force* (1976).

En 1975, muy infeliz con su carrera, Principal dejó de trabajar por tres años para convertirse en agente. En una entrevista para *TV Guide* (3/14/87), ella recuerda a un productor decirle cándidamente, "No pareces americana. ¿Eres latina o euroasiática?". Principal comprendió que ella no encajaba dentro de la imagen de una actriz principal de aquel tiempo.

En 1978, como resultado de su exitoso trabajo como agente, fue requerida a leer el papel para una serie de televisión llamada *Dallas* (1978–1991). Obtuvo el papel de Pamela Ewing en la triunfante serie de larga duración que la hizo famosa, tanto nacional como internacionalmente. Principal interpretó el papel durante nueve años, y lo abandonó para seguir otras oportunidades en su carrera, formando su propia compañía productora de televisión. Desde entonces ha aparecido en los filmes de televisión, *Mistress* (1987), *Naked Lie* (1989), *Blind Rage* (1990), *Dancing in the Dark* (1995) y *Love in Another Town* (1997).

Freddie Prinze

NACIMIENTO: 22/6/1954
DEFUNCIÓN: 29/1/1977

Prinze nació en la ciudad de Nueva York, de origen puertorriqueño y húngaro. La brillante carrera del cómico fue cortada drásticamente por su creciente adicción a las drogas y a la bebida, y su inhabilidad para enfrentarse con las presiones acarreadas por su éxito en Hollywood. Prinze, un cómico quien había trabajado en los mejores clubes nocturnos, igual que en la triunfante serie de televisión, *Chico and the Man* (1974–1978), murió por mano propia, cuando, bajo la influencia de las drogas, enfiló el cañón de un revólver a su cabeza y disparó accidentalmente.

El único papel dramático de Prinze fue en el telefilme, *The Million Dollar Rip-Off* (1976), en el que apareció como un ex estafador prodigio de la electrónica quien, con la ayuda de cuatro mujeres, intenta perpetrar un robo. También hizo apariciones como invitado en *Tony Orlando and Dawn* (1974–1976). Prinze fue el primer puertorriqueño, o hispanoamericano, comediante y actor de televisión, cuya personalidad y tipo especial de humor callejero pasaron a la vida convencional americana. Si hubiese continuado viviendo, es posible que hubiera tenido una carrera similar a la del comediante superestrella de la raza negra, Eddie Murphy, quien también surgió de actuaciones tipo monólogo cómico y de la televisión.

Freddie Prinze, Jr. en *She's All That.*

Freddie Prinze Jr.

NACIMIENTO: 8/3/1976

Hijo del fallecido comediante del mismo nombre, tenía sólo unos pocos meses de nacido cuando murió su padre.

Originalmente de Albuquerque, Nuevo México, Freddie Prinze fue a Los Angeles en 1995 para concentrarse en una carrera de actor. Hizo su debut fílmico en *To Gillian on Her 37th Birthday* (1996), y después apareció en el filme independiente, *The House of Yes* (1997). Esas películas lo llevaron a papeles protagónicos en *She's All That* (1999), *I Know What You Did Last Summer* (1997), *I Still Know What You Did Last Summer* (1998), *Wing Commander* (1999), *Down To You* (2000), *Boys and Girls* (2000), y *Scooby Doo* (2002).

Tito Puente

NACIMIENTO: 23/4/1920
DEFUNCIÓN: 31/5/2000

Conocido como el "Rey de la Música Latina", Tito Puente ha contribuido al reconocimiento y popularidad de la música latina alrededor del mundo. Nacido en la ciudad de Nueva York, de padres puertorriqueños, creció en el Harlem hispano durante los años florecientes de la era de las grandes orquestas, a fines de los años 20, que lo incitó a asistir a la Escuela de Música de Nueva York. Puente fue reclutado en la armada en 1942; después de la guerra, amplió sus conocimientos de composición y arreglos musicales, pero se desvió de su camino convirtiéndose en director de orquestas.

Antes de su aparición en la pantalla como él mismo en *The Mambo Kings* (1992), Puente había trabajado como director de una orquesta al estilo de Xavier Cugat, en *Radio Days* (1987), de Woody Allen; en *Salsa* (1989), como él mismo, y en *Armed and Dangerous* (1986), con John Candy. También había tomado parte en cintas antiguas de sonido, predecesoras de los vídeos musicales de hoy en día, presentándose con varias orquestas latinas de la época. Puente también proveyó el tema musical para el comienzo de la serie televisiva de larga duración, *The Cosby Show* (1984–1992), por varias temporadas.

Luis Puenzo

NACIMIENTO: 1946

Nativo de Argentina, Puenzo dirigió y fue el coautor de *Gringo Viejo* (1989), para Columbia Pictures, con Gregory Peck y Jane Fonda de estrellas, que siguió a *La Historia Oficial* (1986), cinta ganadora de un premio de la Academia. Esta aclamada película que Puenzo dirigió, produjo y fue coescritor, recibió más de treinta y cinco premios internacionales, empezando con el de Mejor Actriz, y el Premio Ecuménico del Jurado en el Festival de Cine de Cannes, que culminó con el de la Academia, que le otorgó el galardón de Mejor Película de Lenguaje Extranjero de 1985. *La Historia Oficial* también recibió una candidatura al Oscar, por Mejor Guión Original.

Puenzo dirigió comerciales en su país natal desde la edad de diecinueve años, y ha recibido casi todos los galardones internacionales de este campo. Por casi veinte años, él tuvo en Buenos Aires su propia compañía de servicios de producción fílmica, llamada Cinemanía. Además de *Gringo Viejo* y *La Historia Oficial*, en su haber aparece también el filme de 1973, *Luces de mis Zapatos*, y *Cinco Años de Vida*, un episodio del filme *Las Sorpresas*, de 1975.

Frank Puglia

NACIMIENTO: 9/3/1892
DEFUNCIÓN: 25/10/1975

Nativo siciliano, Puglia frecuentemente desempeñó tipos latinos en los sesenta años que duró su carrera, incluyendo papeles en un número de películas mudas, igual que en las habladas, así como en las tablas y producciones de televisión. Entre sus muchos trabajos fílmicos está la obra maestra de D.W. Griffith, *Huér-*

fanas de la Tempestad (1922), así como *Viva Villa!* (1934), *The Gay Desperado* (1936), *Por Quién Doblan las Campanas* (1943), *The Road to Rio* (1947) y *Serenade* (1956).

JOHN QUIJADA

Doble en escenas de riesgo, así como actor, Quijada ha aparecido en filmes tales como *FBI Story* (1959), *The Alamo* (1960), *The Reward* (1965), *The Professionals* (1966) y *Joe Kidd* (1972). Su trabajo en televisión ha sido en series tales como *Gunsmoke* (1955–1975), *Rawhide* (1959–1966), *Bonanza* (1959–1973), *The High Chaparral* (1967–1971), y más recientemente, en la miniserie *Lonesome Dove* (1989), como el ranchero Pedro Flores.

Anthony Quinn es el patriarca don Pedro en *A Walk in the Clouds*.

ANTHONY QUINN

NACIMIENTO: 21/4/1915
DEFUNCIÓN: 3/6/2001

La carrera de Anthony Quinn se extiende por más de sesenta años, comenzando con su primera aparición en la pantalla en 1936, como un presidiario en *Parole*, hasta su último papel como el patriarca Don Pedro en *A Walk in the Clouds* (1995). Trabajó junto a Kevin Costner como Tiburón Méndez, un encantador pero peligroso político influyente en *Revenge* (1990), y asumió un trío de papeles de carácter: como un don italiano en *Mobsters* (1991), un padre italiano dominante en *Jungle Fever* (1991), de Spike Lee, y un romántico griego viudo en *Only the Lonely* (1991), de Chris Columbus, que protagonizó junto a Maureen O'Hara.

Nacido en Chihuahua, México, durante la revolución mexicana, de padre irlandés-mexicano, y madre mexicana, Quinn fue criado en los barrios bajos del lado este de Los Angeles, donde su padre encontró trabajo en una compañía de películas. Aunque era muy joven cuando su padre falleció, trabajó en varios empleos para ayudar a mantener a su madre, hermana y abuela.

Quinn ha acaparado dos premios de la Academia por papeles de Actor de Reparto; uno en 1953, por su caracterización del hermano problemático de Zapata, Eufemio, en *Viva Zapata!* de Elia Kazan, junto a Marlon Brando; y el otro en 1956, por su interpretación del artista Paul Gauguin, en *Lust for Life*, de Vincent Minnelli. También fue nominado al Oscar de Mejor Actor, por su caracterización del ranchero italo-americano, en *Wild is the Wind* (1957), de George Cukor, y por el papel con el que ha sido más íntimamente identificado, *Zorba the Greek* (1964). Él volvió a aparecer en ese papel en *Zorba*, la versión musical del teatro, que estuvo un año en Broadway y de gira en más de veinte ciudades de los Estados Unidos.

Quinn por primera vez aparece acreditado por escrito, cuando ingresó de estudiante al Instituto Politécnico de Los Angeles. Después de casi ser estudiante del gran arquitecto Frank Lloyd Wright, fue a tomar, en cambio, clases de actuación para corregir un impedimento del habla y acabó haciendo papeles estereotípicos de Hollywood, como indio, mexicano, natural de islas del Pacífico o villanos. En 1935, obtuvo su primer trabajo de actor en la presentación en Los Angeles de *Clean Beds,* en la que aparecía Mae West. Eso significaba recibir un cheque semanal de $15,00. La gran oportunidad de Quinn llegó en 1936, cuando fue contratado para representar un indio cheyenne en *The Plainsman* (1937), de Cecil B. DeMille, con Gary Cooper de protagonista. Quinn jura que consiguió la entrevista asegurando que era un miembro de la tribu Blackfoot, y hablando, "La basura más grande de trabalenguas cheyenne que se haya oído jamás". Sus primeras experiencias en el cine incluyen filmes tales como *Waikiki Wedding* (1937), *Sangre y Arena* (1941), *Murieron con las Botas Puestas* (1942), *Guadalcanal Diary* (1943), *The Ox-Bow Incident* (1943), *Buffalo Bill* (1944), *Black Gold* (1947) y *Tycoon* (1947).

En 1947, Quinn abandonó Hollywood por el teatro, y apareció en Broadway en *The Gentleman from Athens.* Elia Kazan le ofreció el papel de Stanley Kowalski, en la compañía itinerante de *Un Tranvía Llamado Deseo,* y más tarde siguió a Marlon Brando en el papel en la producción de Broadway. Regresó a la pantalla en *The Brave Bulls,* en 1951, como el gerente de un torero que ha sido corneado y teme regresar al ruedo. A pesar de ganar el Oscar de Mejor Actor de Reparto en *Viva Zapata!,* continuó apareciendo en papeles característicos: un marinero portugués en *The World in His Arms* (1952), un pirata de Madagascar en *Against All Flags* (1952), un cacique seminole en *Seminole* (1953) y un déspota javanés en *East of Sumatra.* Hasta llegó a desempeñar el papel de un bandido mexicano en *Ride, Vaquero!* (1953), que recibió buenas críticas.

Sin ningún cambio en el horizonte, Quinn marchó a Europa en busca de mejores oportunidades como actor. Las cosas no marcharon bien para él, hasta que hizo el papel del bruto y gigantesco hombre fuerte de circo, Zampano, en *La Strada* (1954), de Federico Fellini. La cinta, aclamada internacionalmente, ganó el premio de la Academia como Mejor Cinta Extranjera, en 1956. El trabajo de Quinn fue celebrado por críticos de todo el mundo y lo estableció como un actor y estrella internacional. Quinn dijo en una entrevista de 1988, "Mi vida en realidad empezó de nuevo cuando hice *La Strada.* Pienso que *La Strada* realmente convenció al público de que yo podía actuar".

En 1956, Quinn tomó para sí el incentivo de dirigir la nueva versión de la producción de Cecil B. DeMille, *The Buccaneer* (1958), a petición de su suegro enfermo (desde 1938, Quinn estaba casado con la hija adoptiva de DeMille, Katharine). Quinn había aparecido en un papel pequeño en la versión original de 1938. Con un elenco estelar encabezado por Yul Brynner y Charlton Heston, la cinta no llegó a ser lo que los críticos y el público esperaban de ella.

De regreso a Broadway, él y Laurence Olivier actuaron en la producción americana de *Becket* (1960), en la que Quinn hizo del rey Enrique II. Alrededor de siete meses después del estreno, se escribió una página gloriosa de la historia del teatro, cuando los dos actores intercambiaron los papeles por el tiempo que quedaba en cartelera, recibiendo la misma acogida de la primera noche. Poco después de eso, Quinn actuó por un año en *Tchin Tchin* (1962), junto a Margaret Leighton.

Durante los años 60, él entró en un período de ricas caracterizaciones con una serie de papeles, comenzando con *The Guns of Navarone* (1961), como un luchador de la resistencia griega; *Lawrence of Arabia* (1962), como un líder árabe; *Barabbas* (1962), en el papel titular del espectáculo bíblico; y en dos dramas de menor escala, *Requiem of a Heavyweight* (1962), la historia de Montaña Rivera, un boxeador fracasado, y *Zorba the Greek* (1964), la historia de un campesino griego, amante de la vida, falto de educación.

En 1971, Quinn protagonizó la serie de televisión, *The Man and the City*, para ABC, en la que representó al alcalde mexicano-americano de una ciudad del oeste.

En 1972, publicó su autobiografía, *The Original Sin*, que tuvo un gran éxito.

Sus últimos filmes incluyen, *Guns for San Sebastián* (1968), *The Shoes of the Fisherman* (1968), *The Secret of Santa Vittoria* (1969), *The Don is Dead* (1973), *The Greek Tycoon* (1978) y *The Lion of the Desert* (1981).

Actuar y escribir no son los únicos logros de Quinn. Es un reconocido coleccionista de pinturas y esculturas, y en 1982, su talento de escultor y pintor fue públicamente reconocido cuando la Galería del Centro de Arte de Hawaii exhibió sus obras originales. La colección completa fue vendida en tres días, y las órdenes que quedaron en pie servirían para mantenerlo ocupado como pintor durante años.

Sin embargo, en enero de 1983 no pudo resistir la oferta de, una vez más, regresar al escenario para protagonizar la versión musical de *Zorba*, basada en la película. Sobrepasando todas las predicciones, la producción se mantuvo en gira y en Nueva York hasta agosto de 1986. Quinn nunca dejó de aparecer en las 1.240 representaciones, mientras estuvo en cartelera.

En 1986, la Asociación de la Prensa Extranjera de Hollywood, dio a Quinn el honor más alto, el premio Cecil B. DeMille por Logros de una Vida.

Fue nominado para un Emmy de televisión como Mejor Actor de Reparto en una Miniserie, por su interpretación del padre de Aristotle Onassis, en *Onassis: The Richest Man in the World* (1988).

"Entre las 250 películas que he hecho, solamente he trabajado con lo que yo considero son cinco o seis grandes directores. He tenido la satisfacción de trabajar con Kazan, Minnelli, Cukor y Fellini, quien es uno de los genios, y David Lean", dijo el actor en una entrevista. "Comencé a trabajar cuando tenía un año y medio de edad, y actuar es un medio de vida para mí. Me aburro si no tengo nada que hacer".

En 1990, Quinn hizo el papel de Santiago, el viejo pescador cubano, en una adaptación de *El Viejo y el Mar*, de Ernest Hemingway, para la televisión. "Sentí que estaba sirviendo a Santiago, pero en ningún momento que estaba sirviendo a Anthony Quinn. Cada hombre, cada actor, tiene un alma, y él solamente puede ser responsable de lo que su alma quiere decir. Lo que mi alma quería decir acerca de *El Viejo y el Mar* era muy sencillo: "Puedes ser destruido, pero no derrotado".

Ana María Quintana

Nacida en Chile, Quintana es una supervisora de guiones de película en Hollywood, cuya labor incluye *The Formula* (1980), *The Falcon and the Snowman* (1985), *Remo Williams: The Adventure Begins* (1985), *Jurassic Park* (1993), *Love Affair* (1994); la desafortunada *Waterworld* (1995), *Jurassic Park: The Lost World* (1997), la triunfadora *Saving Private Ryan* (1998) y *American Beauty* (1999).

José Quintero

NACIMIENTO: 1925
DEFUNCIÓN: 26/2/1999

Aclamado director de teatro panameño, Quintero perfiló su carrera en el teatro americano interpretando las obras de Tennessee Williams y Eugene O'Neill. Dirigió solamente una película, *The Roman Spring of Mrs. Stone*, para la Warner Bros. en 1961, con Vivien Leigh y Warren Beatty compartiendo el estrellato, basada en la novela de Tennessee Williams. Quintero recibió dos premios Tony, dos del Drama Desk Awards, un Emmy y la Medalla de Oro Eugene O'Neill, por su dirección en el teatro y la televisión.

Victoria Racimo

NACIMIENTO: 26/12/1950

De cabello y ojos oscuros, Racimo tiene un extenso historial en el cine, la televisión y el teatro, donde ha interpretado una variedad de etnias que incluyen vietnamitas, hawaianas, mexicanas e indias. Racimo es de orígenes filipino, inglés, irlandés e indio norteamericano. Comenzó su carrera en las tablas de Nueva York, presentándose en varias producciones triunfantes del Teatro Público de Joseph Papp. También apareció en *Red Sky in the Morning* (1971), *The Magic Garden of Stanley Sweetheart* (1971), *Prophecy* (1979) y *The Mountain Men* (1980). Su participación televisiva incluye papeles en *Falcon Crest*

(1981–1990), y los telefilmes, *Green Eyes* (1973), *Brave New World* (1980) y *The Mystic Warrior* (1984).

Carlos Ramírez

NACIMIENTO: 1915
DEFUNCIÓN: 11/12/1988

Barítono colombiano, Ramírez apareció en números especiales de varias cintas musicales de la MGM, durante los años 40 y los 50. Cantó *El Barbero de Sevilla* en el Carnegie Hall de Nueva York y en el teatro Colón de Buenos Aires. Fue descubierto por la MGM en 1943, mientras se presentaba con éxito en el Waldorf-Astoria de Nueva York, lo que le mereció un contrato de siete años. Ha trabajado en filmes como *Bathing Beauty* (1944), *Two Girls and a Sailor* (1944), *Anchors Aweigh* (1945), *Where Do We Go from Here?* (1945), *Night and Day* (1946) y *Latin Lovers* (1953), en el cual fue la voz musical de Ricardo Montalbán.

Dan Ramírez

Ramírez ha servido como director de elenco de programas de televisión tales como *Solo en América* y *Los Beltrán.* También fue coproductor del especial de ABC, de los NCLR Premios Alma.

Loyda Ramos

NACIMIENTO: 5/11/1958

Actriz puertorriqueña nacida en Nueva York, Ramos ha actuado en filmes tales como *The Rich Man's Wife* (1996) y *Speed* (1994). Sus otras apariciones fílmicas incluyen *Deal of the Century* (1983), *¡Three Amigos!* (1986), *Best Seller* (1987) y *Salsa* (1988).

Rudy Ramos

NACIMIENTO: 1950

Nacido en Lawton, Oklahoma, Ramos fue presentado como un actor regular de la serie de televisión, *The High Chaparral* (1967–1971), durante la última temporada. Entre sus actuaciones figuran papeles en *Defiance* (1980), *Colors* (1988), y los telefilmes, *Everybody's Baby: The Rescue of Jessica McClure* (1989), *A Murderous Affair: The Carolyn Warmus Story* (1992) y *Blindsided* (1993).

Vic Ramos

Director de reparto, establecido por largo tiempo en Nueva York, Ramos ha sido responsable de elegir el elenco de los más importantes programas de televisión y largometrajes, hechos en Nueva York desde 1960, incluso *The Godfather: Part II* (1974).

Donald Reed

NACIMIENTO: 1905
DEFUNCIÓN: 28/2/1973

Nacido en la Ciudad de México, Reed hizo de galán en varias de las últimas películas mudas de Hollywood. Cuando el sonido apareció, se convirtió en actor de papeles de reparto. Usualmente interpretaba al amante latino o al gigoló. Ha aparecido en cintas como *Naughty But Nice* (1927), *Showgirl* (1928) y *Evangeline* (1929).

George Regas

NACIMIENTO: 1900
DEFUNCIÓN: 13/12/1940

Nacido en Sparta, Grecia, George Regas, junto a su hermano, Pedro, vino directamente a América en una producción teatral de una obra griega que viajó por los Estados Unidos. También apareció en Broadway en las obras habladas en inglés, *The Jade God* y *Zombie*. En 1922, Mary Pickford lo trajo a Hollywood para actuar en *Limelight*. Su éxito fue inmediato. Su hermano, Pedro, siguió con un papel junto a Bebe Daniels, en *Señorita* (1927). Las mejores actuaciones fílmicas de George Regas son *Riptide* (1934), *Roe Marie* (1936), *Waikiki Wedding* (1937), *Beau Geste* (1939), *The Oklahoma Kid* (1939), y su última cinta, *The Mark of Zorro* (1940). Murió el 30 de diciembre de 1940, de cáncer de la garganta.

Pedro Regas

NACIMIENTO: 1899
DEFUNCIÓN: 10/8/1974

Pedro Regas continuó interpretando muchos papeles de carácter. Cinco de sus filmes fueron dirigidos por Howard Hawks: *Caracortada* (1932), *Tiger Shark* (1932), *Viva Villa!* (1934), *Solo Los Ángeles Tienen Alas* (1939) y *To Have and Have Not* (1944). Entre sus otras películas están *Waikiki Wedding* (1937), *Juarez* (1939), *Viva Zapata!* (1952) *Lonely Are the Brave* (1962), *Flap* (1970) y *High*

Plains Drifter (1973).Trabajó en más de cien episodios de televisión a través de los años. Murió a los setenta y cuatro años de edad.

Duncan Renaldo

Duncan Renaldo

NACIMIENTO: 1904
DEFUNCIÓN: 3/9/1980

Nacido en España, Renaldo fue más conocido por su papel como el Cisco Kid, en filmes y en televisión, durante el final de los años 40 y a través de los 50. Cuando vino a los Estados Unidos en 1921, a la edad de diecisiete años, ya era huérfano. Apenas llegó a Nueva York, trabajó en cintas mudas como artista del estudio, productor, y ayudante del director. Muy pronto Renaldo se interesó en ser actor y comenzó a conseguir papeles en películas de Hollywood. En 1929, hizo el papel principal de Esteban en el clásico de MGM, *The Bridge of San Luis Rey*. La cinta tuvo un gran éxito y MGM decidió darle el papel protagónico junto a Harry Carey, en *Trader Horn* (1931). Renal dijo, "Pasé dos años en África, 1929 y 1930, haciendo *Trader Horn*. Ésta fue la primera vez que un estudio de Hollywood salía a filmar en los exteriores de África. Fue un safari maravilloso, y África era muy diferente a lo que es hoy. No estaba echada a perder todavía. Filmamos metrajes de más de mil pies de largo, de excitantes paisajes selváticos, con magníficas tomas de cámara de animales salvajes". *Trader Horn* tuvo un éxito enorme y Renaldo se convirtió en una de las estrellas de Hollywood más deseadas del momento. Entonces fue cuando el gobierno federal enjuició a Renaldo por ser un extranjero ilegal (él había declarado poseer varias ciudadanías). Durante los cuatro años siguientes, estuvo envuelto en pleitos difíciles y juicios en la corte, y tuvo que pasar un año detenido en el centro de internamiento de la isla McNeill, antes de recibir un perdón incondicional del presidente Franklin D. Roosvelt en 1936. Renaldo se hizo ciudadano de los Estados Unidos en 1941.

A Renaldo le fue difícil encontrar trabajo después, y por último, consiguió trabajar de portero en los estudios de Republic Pictures. Cuando el presidente del estudio, Herbert J. Yates, un antiguo amigo, se enteró, ordenó que Renaldo recibiera el sueldo de actor y lo puso de nuevo en películas. De 1936 a 1940, Renaldo apareció en un número de cintas del oeste y variadas series.

"Tuve una idea para un papel de héroe vaquero de América Latina. Le dije al señor Yates que si hacíamos correctamente al personaje, él podría vender sus películas del oeste a México y América del Sur. El resultado fue *Los Tres Mosqueteros* (*The Three Musketeers*) y yo interpreté a Rico, el latino del trío. Tuve razón, y esas películas tuvieron un enorme éxito en América Latina". John Wayne fue uno de los del trío en años posteriores.

En 1941, cuando Fox abandonó la serie del Cisco Kid, Renaldo, entonces productor asociado, compró los derechos a Doubleday y tuvo la idea de basar el personaje del Cisco Kid en Don Quijote, y Pancho, en Sancho Panza. Renaldo posteriormente fue la estrella de cuatro películas de oeste de Cisco Kid, con Martín Garralaga como Pancho, y las cintas fueron extremadamente populares. Renaldo tomó parte en la conflagración bélica que azotaba al mundo en 1941, y la serie continuó con Gilbert Roland.

Después de la guerra, Renaldo continuó la serie fílmica y decidió que la mejor persona para hacer Pancho era Leo Carrillo, un sobresaliente actor de carácter, quien había comenzado su carrera en el cine mudo, y había hecho más de setenta y nueve películas de sonido. Renaldo y Carrillo hicieron seis largometrajes para United Artists, como el Cisco Kid y Pancho. Carrillo resultó ser el contrapeso perfecto para Renaldo. Duncan Renaldo y Leo Carrillo llegaron a ser los más conocidos Cisco Kid y Pancho.

Las películas tuvieron tanto éxito que Renaldo y Carrillo decidieron comenzar una serie de televisión del Cisco Kid en 1950. La serie obtuvo un gran triunfo, y fue el primer oeste producido especialmente en colores para la televisión. Un total de 165 episodios fueron producidos, con el último filmado en 1955. Renaldo se retiró a un rancho en Santa Bárbara y continuó haciendo apariciones personales hasta 1970.

ALEJANDRO REY

NACIMIENTO: 8/2/1930
DEFUNCIÓN: 21/5/1987

Actor natural de Argentina, Rey apareció en filmes americanos y espectáculos de televisión. Quizás fue más conocido por su papel como el divertido playboy Carlos Ramírez, en la popular serie de televisión, *The Flying Nun* (1967–1970), que protagonizó con Sally Field.

Nacido en Buenos Aires, Rey trabajó en cintas tales como *Solomon and Sheba* (1959), *Fun in Acapulco* (1963), *Blindfold* (1966), *Mr. Majestyk* (1974), *Breakout* (1975), *Cuba (1979)* y *Moscow on the Hudson* (1984), en el que aparecía como un abogado cubano, junto a Robin Williams.

Su trabajo en televisión incluye apariciones como invitado en series tales como *Naked City* (1958–1963), *Gunsmoke* (1955–1975), *Bob Hope Presents the Chrysler Theatre* (1963–1967), *The High Chaparral* (1967–1971), *Fantasy Island* (1978–1984) y *The Love Boat* (1977–1986). Él hizo del padre de Rita Hayworth, Eduardo Cansino, en el filme para la televisión, *Rita Hayworth: the Love Goddess* (1983).

Alejandro Rey con Sally Field en la popular serie de televisión *The Flying Nun.*

Fernando Rey

NACIMIENTO: 20/9/1918
DEFUNCIÓN: 9/3/1994

Internacionalmente conocido actor, nativo español, Fernando Rey ha aparecido en más de 150 películas, y su trabajo con el director Luis Buñuel ha sido notable, pero, no obstante, es más conocido del público americano por su papel como el narcotraficante francés de *The French Connection* (1971), cinta premiada por la Academia, y en la secuela, *The French Connection II* (1975).

Nacido en Galicia, España, Rey tenía planes de ser arquitecto, cuando la guerra civil interrumpió sus planes. Luchó junto a su padre al lado de los leales, y la guerra los arruinó. Esto lo llevó a trabajar en el cine como extra, y más tarde en papeles pequeños. Sus conocimientos de varias lenguas lo motivó a hacer doblaje en las cintas extranjeras. El doblaje para el joven Rey, quien nunca había tomado clases en escuelas dramáticas, sirvió de buen entrenamiento vocal y de actuación.

Trabajó regularmente en películas españolas durante un período de cincuenta años, en papeles de reparto y en producciones americanas e internacionales filmadas en España.

Su asociación con Luis Buñuel fue aclamada por los críticos a través de todo el mundo, comenzando con el papel de Don Lope en *Tristana* (1970), un viejo guardián obsesionado con su bella pupila. Sus otros filmes con Buñuel incluyen *Viridiana* (1961), *El Discreto Encanto de la Burguesía* (1972) y *Ese Oscuro Objeto del Deseo* (1977).

Ernie Reyes, Jr.

NACIMIENTO: 15/1/1972

Nacido en San José, California, de herencia filipina, Reyes ha competido en concursos de artes marciales bajo el tutelaje de su padre, desde la edad de ocho años, obteniendo el cinturón negro. Él es el primer niño de los Estados Unidos en haber sido clasificado entre los diez primeros en competiciones para el nivel de adultos. El joven actor protagonizó su propia serie de televisión *Sidekicks* (1986–1987), y ha aparecido en seis largometrajes teatrales fílmicos: *The Last Dragon* (1985), *Red Sonja* (1985), *Teenage Mutant Nnija Turtles II: The Secret of the Ooze* (1991), *Surf Ninjas* (1993), *White Wolves II:* Legend of the Wild (1995) y *The Process* (1998).

Julián Reyes

Actor puertorriqueño nacido en Nueva York, Reyes apareció en *Die Hard 2* (1990) y en *Point Break* (1991), como un agente del FBI. En la televisión, ha trabajado como invitado en *Miami Vice* (1984–1989), y fue actor regular de la serie sindicalizada, *What a Country* (1986–1987).

Burt Reynolds

NACIMIENTO: 1936

Galán popular, de herencia parcial de indio americano, Reynolds nació en Waycross, Georgia, y creció en el área de Palm Beach, Florida. Debido a su atractiva apariencia trigueña, Reynolds comenzó su carrera actuando como indio o bandido mexicano en la pantalla y en espectáculos televisados, inicialmente como doble en escenas de riesgo. Reynolds apareció en la televisión en series como *Riverboat* (1959–1960); *Gunsmoke* (1955–1975), como indio durante tres temporadas; *Hawk* (1966), como un detective indio. En el filme *100 Rifles* (1969), hizo el papel coprotagónico del bandido Joe el Yaqui. Su ascenso al estrellato comenzó con su actuación en *Deliverance* (1972). El enorme éxito de *Smokey and the Bandit* en 1977, llevó su carrera en otra dirección, y desde entonces ha trabajado en una amplia variedad de papeles. Reynolds ha dirigido también un número de largometrajes y programas de televisión, y, después de una merma en su popularidad en los comienzos de los años 90, volvió a conquistar prominencia trabajando en filmes tales como *Striptease* (1996), con Demi Moore; y *Boogie Nights* (1997), que significó para él una candidatura de la Academia como Mejor Actor de Reparto.

David Reynoso

Popular estrella de México, Reynoso ha trabajado en su tierra natal por más de tres décadas como actor de 130 películas mexicanas. También ha aparecido en el filme americano, *Rage* (1966), junto a Glenn Ford, y *Stick* (1985), con Burt Reynolds en el papel estelar.

Alfonso Ribeiro

NACIMIENTO: 1968

El joven actor Ribeiro es más conocido por su papel como Carlton Banks, en la exitosa serie de NBC, *Fresh Prince of Bel Air* (1990–1996). Más recientemente, fue visto como el Dr. Maxwell Stanton en la serie *In the House* (1995–1999). Ribeiro fue también un actor regular cuando era adolescente, de la serie *Silver Spoons* (1982–1987). Hizo su debut en televisión a la edad de ocho años en la serie de PBS, *Oye, Willie*, y creó el papel principal de la producción de Broadway, *The Tap Dance Kid*. Su familia proviene de la República Dominicana.

Branscombe Richmond

NACIMIENTO: 1955

Doble de escenas de riesgo y actor, Richmond ha aparecido en más de 300 programas de televisión y 100 largometrajes. Su actuación fílmica incluye *Star Trek III: The Search for Spock* (1984), *Thief of Hearts* (1984), *Commando* (1985), *License to Kill* (1989), *Hard to Kill* (1990), *Grand Canyon* (1991), *Batman Returns* (1992), *CIA II Target: Alexa* (1994) y *The Scorpion King* (2002). También apareció en la serie sindicalizada, *Renegade* (1992–1997), con Lorenzo Lamas. Richmond es parte francés, hawaiano, español e indio aleutiano.

María Richwine

Actriz nativa de Colombia y criada en California, Richwine fue coprotagonista de *The Buddy Holly Story* (1978), cinta nominada por la Academia, como María Elena Holly la esposa puertorriqueña de Buddy Holly. También trabajó en la serie televisiva de corta duración, *A.K.A. Pablo* (1984).

Lalo Ríos

NACIMIENTO: 7/2/1927
DEFUNCIÓN: 14/3/1973

Ríos interpretó lo que pudiera considerarse el adolescente mexicano-americano puro, o chicano de los años 50, en dos filmes: *The Lawless* (1950) y *The Ring* (1952).

Ríos nació en Sonora, México, y se mudó a Los Angeles a una tierna edad. Mientras trabajaba de carpintero, fue requerido por unos amigos para hacer un papel en una pieza dramática de la iglesia. El director Joseph Losey lo descubrió en un trabajo de construcción, en 1950, y Ríos hizo su debut fílmico en *The Lawless,* como un joven mexicano acusado falsamente de cometer un crimen en una pequeña comunidad agrícola en el centro de California.

Al siguiente año, brilló como un joven boxeador mexicano del este de Los Angeles, en *The Ring*, producida por los hermanos King.

Ríos recibió buenas críticas por su trabajo, pero no pudo volver a trabajar en un papel de categoría, debido al sistema hermético que Hollywood tenía en aquel tiempo para escoger el reparto. (Que él hubiera podido desempeñar esos dos papeles principales, tuvo más que ver con el director y los productores quienes trabajaban fuera de la tendencia convencional de Hollywood).

Ríos tuvo a su cargo pequeños papeles en *Mark of the Renegade* (1951) y *City Beneath the Sea* (1970), para Universal, y se destacó en *Giant* (1956), de la Warner Bros. y en *Touch of Evil* (1956), de Orson Welles. Después de su actuación en *City Beneath the Sea*, Ríos no volvió a aparecer en ningún otro filme. Murió de una afección del hígado en 1973.

Carlos Rivas

NACIMIENTO: 16/2/1925

Galán y actor secundario nacido en México, Rivas fue popular durante la mediania de los años 50 y comienzos de los 60. Rivas ha aparecido en numerosas películas americanas incluso *The King and I* (1956), como el amante de Tuptim, *The Deerslayer* (1958), como un jefe indio; *Topaz* (1969), de Alfred Hitchcock, como un cubano; y *The Undefeated* (1969) y *True Grit* (1969), ambas con John Wayne. Durante los últimos treinta y cinco años, Rivas ha sido invitado a casi todas las mayores series de televisión. Ha sido la estrella de más de veinte películas mexicanas. Sus otros trabajos fílmicos incluyen *The Beast of Hollow Mountain* (1956) y *The Big Boodle* (1957).

Carlos Rivas

DEFUNCIÓN: 15/1/1967

Técnico de sonido, ganador de tres premios de la Academia por adelantos técnicos de sonido, Rivas trabajó para MGM desde 1943 hasta su retiro en 1965.

Geoffrey Rivas

La experiencia fílmica del actor Geoffrey Rivas incluye *La Bamba* (1987), *Born in East L.A.* (1987), *Bound by Honor* (1993), *Above Suspicion* (1995), *The Thirteenth Floor* (1999) y *Luminarias* (2000).

Chita Rivera

Nacida Dolores Conchita del Rivera

NACIMIENTO: 23/1/1933

Actriz de Broadway y bailarina, Chita Rivera hizo su debut en el cine en *Sweet Charity* (1969), como la mejor amiga de Shirley MacLaine. Ella creó en Broadway el papel de Anita de la producción teatral original de *West Side Story*, pero el papel en la versión fílmica fue dado a Rita Moreno. Rivera también creó el papel de la secretaria latina de Dick Van Dyke en el musical de Broadway, *Bye, Bye Birdie*. El papel en el cine fue a manos de Janet Leigh, pero Rivera lo repitió en televisión en *The Dick Van Dyke Show* (1971–1974). Natural de Washington, D.C. Rivera es de raíces puertorriqueñas.

Geraldo Rivera

NACIMIENTO: 1943

A veces periodista controvertido, Rivera, medio judío y medio puertorriqueño, ostenta también los títulos de productor triunfador de televisión y anfitrión de programas de entrevistas durante más de veinte años. Aunque él no es actor, se ha interpretado a sí mismo o a personajes como él en varios filmes y programas especiales transmitidos en los canales de televisión.

Jorge Rivero

NACIMIENTO: 1940

Popular galán mexicano, Rivero ha aparecido junto a algunas de las mayores estrellas del cine americano en un buen número de cintas americanas filmadas en México. Sin embargo, a pesar de sus agradables facciones, físico atlético y presencia encantadora, el actor nunca ha despertado mucho interés en los Estados Unidos.

Hizo su debut fílmico en Hollywood, como un jefe indio en *Soldier* (1970). Recibió trato de coprotagonista junto a John Wayne, en *Río Lobo* (1970), dirigida por Howard Hawks, en la que él aparecía como un joven oficial de caballería. También trabajó con Charlton Heston y James Coburn en *The Last Hard Men* (1976), y protagonizó *Fist Fighter* (1988).

José Rivera

NACIMIENTO: 24/3/1955

Guionista y dramaturgo nativo de Puerto Rico, Rivera ha escrito mayormente para la televisión. Fue escritor de plantilla para la efímera serie, *A.K.A Pablo* (1984). Su obra teatral, *The House of Ramón Iglesias*, fue filmada para la serie *American Playhouse* de PBS, en 1986. Él ha escrito episodios de la comedia *Family Matters* (1989–1998), y fue cocreador y productor de la serie de 1991–1992, *Eerie, Indiana.*

Julián Rivero

NACIMIENTO: 25/7/1891
DEFUNCIÓN: 24/2/1976

Actor veterano de carácter, natural de San Francisco, California, de padres mexicanos, Rivera abandonó el hogar a los dieciséis años para perseguir una carrera de actor teatral en Nueva York. Trabajó en los escenarios de Broadway antes de llegar a Hollywood en 1920. Dirigió algunas comedias y cintas del oeste para

World Film Co. y compañías canadienses. Apareció en el cine por primera vez en *The Bright Shawl* (1923, silente), para First National, cinta filmada en Cuba.

Rivera trabajó en docenas de películas del oeste de segunda categoría a través de los años 20 y los 30, con Harry Carey, Bob Steele, Tim McCoy, Gene Autry y Roy Rogers, usualmente haciendo de bandido mexicano, compinche del héroe o como un hidalgo. Sus largometrajes incluyen *The Night Rider* (1932) con Harry Carey; *The Westerner* (1940) con Gary Cooper; *The Outlaw* (1943); *The Treasure of the Sierra Madre* (1948) como el hombre que le corta el pelo a Bogart; *Broken Lance* (1954) con Spencer Tracy; *Don't Go Near the Water* (1957) con Glenn Ford; y *The Reward* (1965) como El Viejo. En la televisión, ha actuado en episodios de *El Cisco Kid* (1950–1956), *Wyatt Earp* (1955–1961), *Marcus Welby* (1969–1976) y *The Bold Ones* (1969).

Miluka Rivera

Actriz nacida en Puerto Rico, sus actuaciones fílmicas incluyen *Saturday Night Fever* (1977), como la hermana de María; *Taxi Driver* (1976), como una prostituta; *Fort Apache: The Bronx* (1981), y *Kramer vs Kramer* (1979). En 1997, Rivera ayudó a establecer en Puerto Rico una oficina sucursal del Gremio de Actores de Cine.

Víctor Rivers

Nacido Víctor Rivas

NACIMIENTO: 1956

Actor cubano nativo, Rivers hizo su debut fílmico en *8 Million Ways to Die* en 1986, como el miembro de una pandilla. Rivers trabajó junto a Eddie Murphy y Sheryl Lee Ralph en *The Distinguished Gentleman* (1992), como Amanda, parte del trío de estafadores que planean elegir a Murphy para el Congreso. También ha aparecido en *Bound by Honor* (1993), *Amistad* (1997), *The Mask of Zorro* (1998) y *What's Cookin'* (2000).

Estelita Rodríguez

También conocida como Estelita

NACIMIENTO: 1930
DEFUNCIÓN: 1966

Nacida en Juanara, Cuba, Rodríguez comenzó su carrera a los ocho años, cantando en la radio cubana, donde la llamaban "la Shirley Temple cubana". Mientras actuaba en el teatro Nacional de La Habana, fue contratada por un agente teatral para actuar en el famoso club nocturno Copacabana, de la ciudad de Nueva York. Trabajó en el Copacabana por una temporada y después fue contratada por la MGM. Perdió el contrato de la MGM cuando tuvo que regresar a Cuba inesperadamente, y no pudo entrar de nuevo a los Estados Unidos en muchos meses.

Posteriormente fue contratada por Herbert J. Yates, cabeza de los estudios Republic, donde trabajó alrededor de diez años. Apareció en muchas cintas del oeste, muchas veces compartiendo la mención estelar con el vaquero cantante de la Republic, Roy Rogers, en filmes tales como *Along the Navajo Trail* (1945), *On the Old Spanish Trail* (1947), *Santa Susanna Pass* (1949) y *The Golden Stallion* (1949). Hizo papeles estelares en *Belle of Old Mexico* (1950) y *Havana Rose* (1951). Estaba planeando hacer una película sobre la vida de la actriz Lupe Vélez, cuando murió en 1966, bajo circunstancias misteriosas.

Marco Rodríguez

NACIMIENTO: 10/7/1953

Rodríguez ha hecho papeles de hombre malo en largometrajes tales como *The Baltimore Bullet* (1980) y *The Rookie* (1990). Interpretó el papel de Smiley en la versión fílmica de *Zoot Suit* (1981), y ha aparecido en muchos episodios de espectáculos de televisión.

Paul Rodríguez

Paul Rodríguez

NACIMIENTO: 1955

Comediante mexicano-americano, Rodríguez nació en México y creció en California, hijo de inmigrantes. Llamó la atención del productor Norman Lear cuando practicaba su rutina de comedia para el programa *Gloria* (1982–1983). Lear, en fin de cuentas, escribió y desarrolló una serie semanal para él, *A.K.A. Pablo* (1984), que centraba la atención en una familia mexicano-americana del lado este de Los Angeles. Aunque la serie de ABC fue efímera, dio a conocer el talento de Rodríguez, que continuó actuando en las series *Trial by Error* (1988) y *Grand Slam* (1990), protagonizadas por John Schneider.

Sus otras intervenciones fílmicas incluyen *D.C. Cab* (1984), *The Whoopee Boys* (1986), *Quicksilver* (1986), *Born in East LA.* (1987), *Made in America* (1992), *Rough Magic* (1995), *Mambo Café* (1999), *The Price of Glory* (2000), *The Rat Race* (2001), *Tortilla Soup* (2001), *Ali* (2001) y *Bloodwork* (2002). Los especiales cómicos de Rodríguez para HBO y Fox, atrajeron una gran cantidad de público televidente. En 1994, dirigió y protagonizó la comedia *A Million to Juan*, estrenada por la compañía Samuel Goldwyn.

PERCY RODRÍGUEZ

Nacido en Montreal, Canadá, hijo de María y Juan Rodríguez, las obras de Percy dieron dignidad a los personajes negros americanos en películas y programas episódicos de televisión de los Estados Unidos. Sus trabajos fílmicos incluyen *The Plainsman* (1966), *The Sweet Ride* (1968) y *The Heart is a Lonely Hunter* (1968). Su labor en la televisión incluye apariciones en series como *Naked City* (1958–1963), *Peyton Place* (1964–1969), *Route 66* (1960–1964), *The Man from U.N.C.L.E.* (1964–1968) y *Dynasty* (1981–1989).

ROBERT RODRÍGUEZ

NACIMIENTO: 1968

Robert Rodríguez

En 1991, Robert Rodríguez estudiaba en la Universidad de Texas, en Austin, y había decidido hacer su primer largometraje. El tercero de diez hijos nacido de Cecilio y Rebeca Rodríguez, de San Antonio, Texas, él se había preparado para clases de producción fílmica haciendo sus propias películas caseras, reclutando como elenco y equipo a miembros de su familia. Escribió el guión mientras estaba internado en un local de investigación de drogas, como un paciente pagado para un experimento clínico. El cheque de siete mil dólares que recibió cubría el costo de filmar la película. Él planeaba recuperar el dinero a través de la venta de la cinta en el mercado de vídeos caseros mexicanos.

La película fue *El Mariachi* (1993), que Rodríguez escribió, dirigió, fotografió, editó y grabó el sonido, y fue la que le dio su gran oportunidad en la industria del cine americano. Mientras trataba de venderla en el mercado del vídeo, Rodríguez firmó con un agente poderoso de ICM. Columbia Pictures compró los derechos de distribución, y firmó con Rodríguez un contrato de escritor y director por dos años. *El Mariachi* se convirtió entonces en la cinta de presupuesto más bajo jamás estrenada por un estudio mayor, y la primera cinta en español. *El Mariachi* ganó el codiciado Audience Award, como Mejor Filme Dramático del Festival de Cine Sundance, y fue también honrada en los Festivales de Berlín, Munich, Edinburgo, Deauville y Ubari (Japón). Rodríguez escribió sobre sus experiencias en *Rebel Without a Crew: Or, How a 23-year-old Filmmaker with $7000 Became a Hollywod Player* (1995), un diario sobre cómo se hizo *El Mariachi.* El libro, publicado por Dutton/Signet, está en la actualidad en su tercera edición de tapa dura.

A continuación escribió, dirigió y editó *Roadracers* (1994), protagonizada por David Arquette y Salma Hayek, para la serie "Rebel Highway", de Showtime. Su próximo proyecto fue *Desperado* (1995), para Columbia, una secuela de *El Mariachi,* que Rodríguez escribió, dirigió, produjo y editó. La cinta presentó a Antonio Banderas al público americano como primer actor y también introdujo a la bella y sensual Salma Hayek. Después Rodríguez escribió, dirigió y editó

"The Misbehavers", uno de cuatro segmentos de *Four Rooms* (1995), de Miramax Films. Luego se unió a Quentin Tarantino para la escandalosa cinta *From Dusk Till Dawn* (1996), de Dimension Films. Rodríguez dirigió un reparto que incluía a Tarantino, quien escribió el guión; a George Clooney, Salma Hayek y Cheech Marín. Rodríguez también ha dirigido *The Faculty* (1998) y *Spy Kids* (2001), *Spy Kids II* (2002) y *Once upon a time in Mexico* (2002).

Jaime Rogers

NACIMIENTO: 1935

Coreógrafo y director puertorriqueño, Rogers apareció como actor y bailarín en *West Side Story* (1961). Él ha trabajado como director y coreógrafo en muchos programas de televisión, con los más importantes artistas a través de los años. Dirigió episodios de la serie de televisión sindicalizada, *Fame* (1982–1987), y dirigió los números musicales del filme, *Breakin'* (1984).

Gilbert Roland.

Gilbert Roland

Nacido Luis Antonio Dámaso Alonso

NACIMIENTO: 11/12/1905
DEFUNCIÓN: 15/5/1994

La carrera de Gilbert Roland abarcó más de sesenta años: de películas mudas, a su último papel fílmico en la película *Barbarosa* (1982).

Voz resonante, constitución atlética, omnipresente banda en la muñeca, bigote y puro o cigarrillo siempre entre los dedos, son las marcas de identidad de Roland en la pantalla. Primero como un galán romántico y después en papeles característicos de reparto, él se convirtió en sinónimo de acción, aventura y romance, como una de las más grandes estrellas de Hollywood. Sobrevivió la transición de filmes mudos a sonido, televisión, 3-Dimensión, CinemaScope, y ahora discos de vídeo laser y televisión de cable.

Roland fue uno de seis hijos, nacido en Juárez, México. Su familia se mudó a El Paso, Texas, durante la revolución mexicana, cuando Pancho Villa amenazaba la vida de todos los mexicanos de herencia española (ambos padres eran españoles de nacimiento).

En una ceremonia de premios celebrada por la organización Nosotros en su honor, en 1980, Roland expresó, "Viviendo de niño cerca del Río Grande, un gran amor se apoderó de mi vida. Yo siempre he amado a toda la gente de la pantalla. Se convirtió en mi obsesión".

Creció en los barrios de El Paso vendiendo periódicos en 1913 en la plaza frente al Hotel Paso del Norte. Se dirigió a Hollywood cuando era adolescente, con solamente $2.60 en el bolsillo, y llegó a Los Angeles a la edad de catorce años. Sin dinero y desesperado por entrar en el cine, dormía en un banco del parque. Un hombre, dueño de una tienda cerca de allí, le dio al chico $5.00, mucho dinero en ese tiempo, para que comprara algo de comer. Cuando Roland consiguió trabajo y tuvo una entrada segura, regresó a devolverle al hombre su generosidad.

Después de trabajar por varios años en cualquier empleo que se presentara, Roland encontró trabajo como extra en infinidad de películas incluso *El Fantasma de la Ópera* (1925, muda) y *Sangre y Arena* (1922, silencio). "Trabajaba de extra por $2.00 diarios y una caja del almuerzo, al lado de futuras estrellas como Clark Gable", Roland recuerda en una entrevista de 1982. "Todos teníamos algo en común; creíamos en nosotros mismos, mientras esperábamos la oportunidad de ser descubiertos". Reemplazó a Ramón Novarro en *The Midshipman* (1925, muda). Él recuerda, "Me tiraron a las aguas heladas de la bahía de Chesapeake, a las dos de la mañana, para una escena".

Roland fue descubierto en una escena de multitud en el que hacía de extra por el agente Ivan Khan, y fue contratado para el segundo papel principal en *The Plastic Age* (1925, silencio), junto a Clara Bow. "Una muchacha extra que era muy bonita me preguntó si yo le traería un vaso de agua. En esos días las cosas eran tan sencillas. La muchacha extra sólo quería agua. La escena era una gran plaza veneciana, y el agua estaba al otro lado. Ordinariamente, yo hubiera caminado alrededor del escenario, pero esta vez, por alguna razón, tomé el camino más corto. Allí estaba yo, con un magnífico disfraz, completamente solo en el lugar brillantemente iluminado. Cuando llegué al otro lado, un hombre me pregunta, '¿Cuál es su nombre?' Yo le respondo, 'Luis Antonio Dámaso Alonso'. 'Bueno, venga a mi oficina mañana,' me dijo. Él me contrató y me vendió a B.P. Schulberg para *The Plastic Age*".

A los diecinueve, Roland escogió su nombre de cine, combinando los dos nombres de sus favoritos, John Gilbert, y la reina de las series, Ruth Roland. Llegó al estrellato en 1927 con su siguiente película, *Camille* (muda), interpretando al joven francés Armando, junto a Norma Talmadge. Convertido en el más solicitado actor del momento, protagonizó *Rose of the Golden West* (1927, muda), con Mary Astor, y con Billie Dove hizo *The Love Mart* (1927, muda). Volvió a trabajar con Norma Talmadge, en *New York Nights* (1929). Otras cintas mudas incluyen *The Blonde Saint* (1926), *The Campus Flirt* (1926), *The Dove* (1927) y *The Woman Disputed* (1928).

Roland tenía la apariencia que es asociada con el ardoroso amante latino, y aunque él aparecía muchas veces en ese papel, también interpretaba una variedad de tipos internacionales. "Si uno parece ser un amante latino, todo el mundo espera que en la pantalla seas un tipo rudo. Pero yo no lo soy. Tengo sentimientos". Notando una diferencia entre el Roland privado y la imagen pública que él había creado en el cine, añadió, "Mi imagen en la pantalla nunca me molesta, pero tampoco he tratado nunca de contradecirla".

La carrera de Roland de primer actor disminuyó a principios de los años 30, aunque era uno de los pocos actores que sobrevivieron la transición del cine mudo al sonido. Él fue a Metro para las versiones tanto en inglés como en español de *Men of the North* (1930), y lo escogieron para trabajar junto a Clara Bow en *Call Her Savage* (1932), donde apareció como un mestizo. Roland protagonizó la versión en inglés de *Resurrection* (1931), con Lupe Vélez. También fue escogido para hacer de gigoló suramericano, con Mae West, en *She Done Him Wrong* (1933). Los papeles principales le llegaban cada vez con menos frecuencia en tiempo, por más que ocasionalmente hacía algunas películas en español.

Las películas en las que apareció durante los años 30 y 40 incluyen, *Life Begins* (1932), *No Living Witness* (1932), *A Parisian Romance* (1932), *The Passionate Plumber* (1932), *The Woman in Room 13* (1932), *After Tonight* (1933), *Gigolettes of Paris* (1933), *Our Betters* (1933), *Elinor Norton* (1935), *Ladies Love Danger* (1935), *Mystery Woman* (1935), *Midnight Taxi* (1937), *Gambling on the High Seas* (1940), *Isle of Destiny* (1940), *Rangers of Fortune* (1940), *Angels With Broken Wings* (1941), *My Life with Caroline* (1941), *Enemy Agents Meet Ellery Queen* (1942), *Isle of Missing Men* (1942), *Captain Kidd* (1945), *Beauty and the Bandit* (1946), *The Gay Cavalier* (1946), *South of Monterey* (1946), *High Conquest* (1947), *The Other Love* (1947), *Pirates of Monterey* (1947), *Riding the California Trail* (1947), *Robin Hood of Monterey* (1947), *The Dude Goes West* (1948) y *King of Bandits* (1949).

En 1937, consiguió un papel importante en un oeste de la Paramount, *Thunder Trail*, y obtuvo buenas críticas por su actuación en *El Último Tren de Madrid* (1937), junto a Lew Ayres, Dorothy Lamour y Anthony Quinn. A un papel de reparto en *Gateway* (1938), siguió una cinta en español de Columbia Pictures, *La Vida Bohemia* (1937), y después vinieron *Juarez* (1939), de Warner Bros. y *The Sea Hawk* (1940).

Roland se alistó en el ejército de los Estados Unidos durante la Segunda Guerra Mundial. Después de la guerra, protagonizó una serie de filmes populares del Cisco Kid en los estudios Monogram.

En 1949, su carrera tomó un giro ascendente cuando el director John Huston lo escogió para interpretar al cínico guitarrista revolucionario cubano de *We Were Strangers*. "El productor dijo, 'ese fulano, no' y Huston dijo, 'ese fulano va a estar en la película,' y así fue. Lo cómico es que yo casi no conocía a Huston. Por qué él insistió en tenerme en la cinta, no lo sé. La cinta no tuvo éxito, pero los críticos, particularmente en Nueva York, me dieron comentarios estupendos. Ya estaba de nuevo trabajando, después de estar enterrado en la serie del Cisco Kid por años".

Esto fue el comienzo de un nuevo período en su carrera, que veía a Roland aparecer con gran éxito en papeles de reparto de personajes fuertes, en cintas fuera de lo común a través de los años 50. Apareció en *Crisis* (1950), de Richard Brooks, junto a Cary Grant, con varios de sus contemporáneos, incluso Ramón

Novarro y Antonio Moreno. Ofreció una emocionante y muy comentada caracterización de un torero envejecido en *The Bullfighter and the Lady* (1951), e interpretó al amante latino, junto a Lana Turner en *The Bad and the Beautiful* (1952), de Vincent Minnelli. También protagonizó *Thunder Bay* (1953), con James Stewart, *Beneath the Mile Reef* (1953), con Robert Wagner, y *Underwater* (1955), con Jane Russell. Hizo el papel de Punch Piñero, el "mandamás" de la prisión, en *My Six Convicts* (1952).

Los personajes de la pantalla de Roland eran siempre apuestos, románticos y astutos. No importaba qué pícaro fuera el personaje; sin embargo, el público sabía que él siempre haría lo mejor antes de terminar el último carrete. Buen ejemplo de esas caracterizaciones son el papel de *The Miracle of Our Lady of Fatima* (1952), y el del trapecista quien camina en una cuerda floja sobre las cataratas del Niágara, en *The Big Circus* (1959).

Sus otros filmes de ese período incluyen *The Desert Hawk* (1950), *The Furies* (1950), *Malaya* (1950), *The Torch* (1950), *Mark of the Renegade* (1951), *Ten Tall Men* (1951), *Apache War Smoke* (1952), *Glory Alley* (1953), *The Diamond Queen* (1953), *The French Line* (1954), *The Racers* (1955), *That Lady* (1955), *The Treasure of Pancho Villa* (1955), *Bandido* (1956), *Three Violent People* (1956), *La Vuelta al Mundo en Ochenta Días* (1956), *The Midnight Story* (1957), *The Last of the Fast Guns* (1958), *Catch Me if You Can* (1959) y *The Wild and the Innocent* (1959).

Roland trabajó esporádicamente en televisión, en programas tales como *Zorro* (1957–1959), *Wagon Train* (1957–1965), para el cual escribió el guión y apareció como invitado en el episodio titulado, "The Bernal Sierra Story"; *The High Chaparral* (1967–1971), *Kung Fu* (1972–1975), *Hart to Hart* (1979–1984) y *The Sacketts* (1979). En 1959, protagonizó un programa de prueba para MGM televisión, llamado *Amigo,* en el que él desempeñaba el papel titular de un detective policíaco, en la frontera entre El Paso y Juárez.

En los años 60, tuvo un papel protagónico como Jefe Dull Knife, en *Otoño de los Cheyenne* (1964), con Dolores Del Río, Ricardo Montalbán y Sal Mineo. Fue a Italia e hizo varios *spaghetti westerns,* y también filmó una película en las Filipinas. Las cintas de este período incluyen *Guns of the Timberland* (1960), *Samar* (1962), *The Reward* (1965), *The Poppy is Also a Flower* (1966), *Any Gun Can Play* (1968), *The Christian Licorice Store* (1971), *Johnny Hamlet* (1972), *Running Wild* (1973) y *The Black Pearl* (1977).

En 1977, Roland hizo el papel del Capitán Raleigh en *Islands in the Stream,* de Ernest Hemingway, con George C. Scott de estrella. Desafortunadamente, el papel era pequeño, y no estaba suficientemente desarrollado. Tuvo una actuación especial de doctor, en *Caboblanco* (1981), con Charles Bronson. En 1980, Roland regresó a la pantalla grande en magnífica forma, para representar a un patriarca mexicano en el oeste, *Barbarosa* (1982), protagonizada por Willie Nelson.

Phil Roman

NACIMIENTO: 21/12/1930

Las tierras de labranza de Fresno produjeron a este talentoso artista mexicano-americano, cuya fértil imaginación sustrajo su estilo de una tira cómica del periódico de la secundaria, que lo colocara en una posición cimera en el mundo lleno de colorido, pero de gran competencia, de los dibujos animados. La historia de Phil Roman es una verdadera historia triunfal. Ha ganado seis galardones Emmy, así como producido y dirigido series de dibujos animados teatrales y comerciales, durante cuatro décadas. A los once años de edad, él vio *Bambi* (1941), de Walt Disney, en un cine de la localidad, y decidió dar vida en la pantalla a los dibujos. Después de terminar sus estudios en la secundaria, tomó un bus para Los Angeles, con sólo $60 en el bolsillo, y un deseo candente de convertirse en animador. Ingresó al colegio Hollywood Art Center, y después partió a servir en el ejército durante la guerra de Corea, regresando al centro de arte para continuar su educación, aprovechándose de la ley llamada (en inglés), G.I. Bill. En 1955, su sueño de trabajar en los estudios Disney se volvió una realidad, cuando le ofrecieron un trabajo como ayudante de animador en *La Bella Durmiente* (1955).

A través de los años, ha trabajado para los estudios de animación más importantes del momento. En los años 70, comenzó su asociación con Bill Meléndez, que duraría hasta 1983.

En 1984, Roman formó su propio estudio, y la primera producción bajo su propio estandarte fue *Garfield in the Rough* (1984), ganadora de un Emmy. Las series *Garfield and Friends* (1988–1994) y *Bobby's World* (1990), de su propia cosecha, fueron nominadas para Emmys diurnos en 1991. Roman dirigió personalmente y produjo el cartón teatral, *Tom and Jerry: The Movie* (1992). Bajo la dirección de Phil, Film Roman también produce las populares series de *The Simpsons* (1989–) y *King of the Hill* (1997–) para la cadena Fox.

Lina Romay

Nacida Elena Romay

NACIMIENTO: 16/1/1921

Natural de Brooklyn, Nueva York, Lina Romay era la hija del diplomático mexicano, Porfirio A. Romay, y su esposa, Lillian. Lina fue cantante solista de la orquesta de Xavier Cugat, antes de ser contratada para MGM por el productor Joe Pasternak. Apareció en varios musicales de la MGM, cantando con la orquesta de Cugat. Hizo su debut fílmico en *You Were Never Lovelier* (1942), en la que aparecía con Cugat y las estrellas de la cinta, Fred Astaire y Rita Hayworth. Su primer papel dramático fue en 1945, en una historia de aventuras con

Clark Gable de estrella. En el pequeño papel de la novia de Gable del puerto, ella llegó a besarlo. Sus otros filmes incluyen *The Heat's On* (1943), *Stage Door Canteen* (1943), *Bathing Beauty* (1944), *Two Girls and a Sailor* (1944), *Weekend at the Waldorf* (1945), *Honeymoon* (1947), *Embraceable You* (1948) y *The Lady Takes a Sailor* (1949).

Carlos Romero

NACIMIENTO: 1927

Actor de carácter nacido en Los Ángeles en una familia de la farándula, ha aparecido en *They Came to Cordura* (1959) y *The Professionals* (1966). En la televisión, él ha actuado como invitado en *Wagon Train* (1957-1965), *Zorro* (1957-1959) y *Rawhide* (1959-1966). Actuó en un papel que aparecía repetidamente en la serie *Falcon Crest* (1981-1990) y *Wichita Town* (1959-1960).

César Romero

NACIMIENTO: 15/2/1907
DEFUNCIÓN: 1/1/1994

César Romero

Tall, Dark and Handsome (1941) fue el título de una de sus primeras cintas fílmicas, y así es como mejor puede describirse la imagen verdadera de César Romero en la pantalla.

Romero, cuya carrera sobrepasó los sesenta años de actuaciones como galán y actor de reparto, acumuló un surtido extraordinario de caracterizaciones cinemáticas. Ya fuera un gángster, amante latino, picaruelo, príncipe indio o caballero francés, él tenía un estilo sofisticado, encanto, y unos modales que lo hacían favorito, especialmente entre el público femenino.

"He tenido una larga y fructífera carrera; ¿quién pediría nada mejor?" dijo Romero en una entrevista de 1990. "No puedo quejarme de nada en realidad. Yo nunca fui una superestrella en este negocio; pero siempre tuve una posición estable y eso es mucho mejor de lo que otros que han pasado por aquí, han tenido".

César Romero nació en la ciudad de Nueva York, hijo de un exportador de azúcar italiano, y una concertista de piano, María Mantilla. El abuelo de Romero fue el gran patriota cubano y escritor, José Martí y Pérez (1853-1895).

Romero comenzó su carrera teatral en 1927 como bailarín en los teatros neoyorquinos y de cabaret, donde obtenía mucha atención por sus rutinas de danzas intrincadas, y magnífico tipo trigueño. Más tarde comenzó a trabajar como actor del teatro serio, y pronto reemplazó a un actor principal de la producción en gira de *Strictly Dishonorable*, que lo llevaría inevitablemente a otros trabajos en la escena, y a Hollywood.

En 1934, el joven actor hizo su debut fílmico en un pequeño papel en *The Thin Man*, de William Powell, de la MGM. A eso siguió un papel protagónico en *British Agent* (1934), en Warner Bros., y entonces vino *Clive of India* (1935), con Ronald Colman. Para Universal, él hizo *Love Before Breakfast* (1936), junto a Carole Lombard.

En 1937, firmó un largo contrato con Twentieth Century Fox, y apareció en filmes tales como *Wee Winnie Winkie* (1937), *The Little Princess* (1939), *Frontier Marshall* (1939) y *Coney Island* (1943). Durante ese tiempo, César fue el primer actor hispanoamericano en caracterizar a Cisco Kid en una seria de cintas populares de la Fox.

En los años 40, fue escogido para una serie de musicales, junto a actrices de la talla de Betty Grable, Alice Faye y Carmen Miranda. Estos incluyen *The Great American Broadcast* (1941), *Dance Hall* (1941), *Weekend in Havana* (1941), *Springtime in the Rockies* (1942), *Wintertime* (1943) y *Tales of Manhattan* (1942).

Su carrera fue interrumpida por la Segunda Guerra Mundial, alistándose en la Guardia Costera de los Estados Unidos. Regresó de prestar servicio en 1946 e hizo *Carnival in Costa Rica* (1947).

En 1946, la Fox envió a Romero y a Tyrone Power en una gira de buena voluntad por Sudamérica. Resultó muy provechoso que Romero hablara perfectamente el español, y la gira fue un rotundo éxito. Fueron recibidos oficialmente en cada nación latinoamericana que visitaron, y los fanáticos del cine los asediaban constantemente.

Uno de sus mejores papeles (su favorito personalmente) le llegó en 1947 en el filme, *Captain of Castile*, como el conquistador Hernán Cortés, un papel que dio a Romero la rara oportunidad de mostrar ampliamente su talento de actor maduro, en una caracterización brillante que sugería el vigor, fuego y complejidades del legendario conquistador español.

El contrato de Romero con Fox terminó en 1950, coincidiendo con los albores de la televisión. Él inmediatamente fue a trabajar a este nuevo medio, en una variedad de papeles cómicos, dramas y cintas de vaqueros. Fue protagonista de su propia serie, *Passport to Danger* (1954–1956), e hizo apariciones como invitado en las series más populares de programas televisados a través de los años, incluso *Bonanza* (1959–1973) y *Zorro* (1957–1959). El papel de televisión más conocido y preferido del veterano actor, fue el del Joker (bromista) de la serie *Batman* (1966–1969). Apareció varias veces como el magnate naviero Nick Stavros, en la serie mucho tiempo en antena, *Falcon Crest* (1982–1990), con Jane Wyman, alternando fácilmente entre película y televisión.

Durante la década de los años 50, como actor que trabajaba por cuenta propia, Romero apareció en filmes tales como *Vera Cruz* (1954), junto a Burt Lancaster y Gary Cooper; *The Americano* (1955), con Glenn Ford; *The Racers* (1955), junto a Kirk Douglas, y en la cinta de muchas estrellas, *Alrededor del Mundo en*

Ochenta Días (1956). Sus actuaciones fílmicas posteriores incluyen *Ocean's Eleven* (1960), *Donovan's Reef* (1963), *The Castilian* (1963), *Two on a Guillotine* (1965), *Marriage on the Rocks* (1965), *Batman* (1966), *Skidoo* (1969), *The Computer Wore Tennis Shoes* (1969), *The Strongest Man in the World* (1975), *Won Ton Ton, the Dog Who Saved Hollywood* (1976) y *Lust in the Dust* (1985).

Romero fue un símbolo romántico para varias generaciones de fanáticos del cine y público de televisión. En un negocio donde tener popularidad por largo tiempo es muy difícil, Romero continuó trabajando en películas y televisión a lo largo de su vida. En 1992, Romero celebró su octogésimo quinto cumpleaños, y apareció invitado junto a Mickey Rooney, en un episodio de la serie televisada, *Jack's Place* (1992), que protagonizaba Hal Linden. Romero murió el primero de enero de 1994.

George A. Romero

NACIMIENTO: 1940

Guionista, director y productor, Romero ha sido uno de los cineastas más característicos y originales entre los regionales, desde 1969, cuando hizo su explosivo debut en la cinta de bajo presupuesto, *Night of the Living Dead.* Desde su hogar adoptivo de Pittsburgh, Romero constantemente está explorando la parte oculta de sujetos exclusivamente americanos.

El ejemplo más visible, antes de *The Dark Half* (1993), es probablemente *Dawn of the Dead,* la secuela de 1979, en la que los zombis nocturnos se reúnen para una orgía de canibalismo, en un enorme centro comercial de los suburbios.

Criado en el Bronx, Nueva York, Romero dejó su hogar en los años 50, para matricularse en el departamento de drama de la prestigiosa Universidad Carnegie-Mellon, en Pittsburgh. Después de graduarse, fundó una compañía productora, y prontamente se convirtió en el más importante productor local de comerciales, rodeándose de clientes de gran fama de Pittburgh, como Calgon, Alcoa y U.S. Steel.

Sus otros filmes incluyen *Martin* (1977), *Knightriders* (1981), *Creepshow* (1982), *Day of the Dead* (1985), *Monkey Shines: An Experiment in Fear* (1988), *Two Evil Eyes* (1991) y *Bruiser* (2000).

Ned Romero

Nacido en Luisiana, Romero es conocido por la cantidad de papeles de indio americano que ha desempeñado en el cine y en la televisión. Apareció como el compañero detective hispano de Burt Reynolds en la serie de televisión, *Dan August* (1970–1971).

Thomas Rosales Jr.

Doble de escenas riesgo y actor, Rosales ha trabajado en gran cantidad de películas y programas de televisión, desde 1977 hasta el presente. Su experiencia fílmica incluye *Walk Proud (1979)*, *Hunter* (1980), *Commando* (1983), *The Bedroom Window* (1987), *Extreme Prejudice* (1987), *Kindergarten Cop* (1990), *American Me* (1992), *Escape from L.A.* (1996), *Con Air* (1997), *The Lost World: Jurassic Park II* (1997), *Out of Sight* (1998) y *Lethal Weapon 4* (1998), por nombrar tan sólo unas pocas.

Bert Rosario

NACIMIENTO: 7/11/1945

Actor de carácter puertorriqueño, Rosario tiene una larga lista de actuaciones en la televisión y en largometrajes en su haber. Sus filmes incluyen *S.O.B.* (1981), de Blake Edwards, *Stick* (1985) y *Who's That Girl* (1987), con Madonna. Rosario coprotagonizó las series de televisión *Sword of Justice* (1978–1979), *A.K.A. Pablo* (1984) y *Disney Presents the 100 Lives of Black Jack Savage* (1991). Entre su actuaciones como estrella invitada aparecen papeles en series de episodios como *Baretta* (1975–1978), *Murder, She Wrote* (1984–1986), *Hill Street Blues* (1981–1987) y *Knight Rider* (1982–1986).

Raúl Roulien

NACIMIENTO: 8/10/1905
DEFUNCIÓN: 8/9/2000

Actor y cantante nacido en el Brasil, Roulien apareció en filmes tales como *Delicious* (1931), con Janet Gaynor, para Fox, y *Flying Down to Rio*, para RKO, en 1933, con Dolores Del Río. También apareció en varias cintas producidas en español para la Fox, durante los años 30. Roulien era un popular artista quien trabajó en los escenarios de su país natal y por toda Sudamérica.

Daphne Rubin-Vega

Actriz nativa de Panamá, creció en la ciudad de Nueva York e hizo su debut estelar en el cine junto a Matt Dillon y Kevin Bacon, en *Wild Things*. Después actuó en el papel de Tía, en *Flawless*, junto a Robert De Niro. También ha aparecido en la serie de televisión *New York Undercover* (1994–1998) y *Trinity* (1998–1999). Su caracterización de la trágica Mimi del drama musical, *Rent*, fue premiada con un Tony, y una nominación del Drama Desk como Mejor Actriz.

Mercedes Ruehl

Actriz laureada por la Academia en la categoría de actriz de reparto por su trabajo en *The Fisher King* (1991), Ruehl primero se destacó en el papel de la esposa de un mafioso, en el film *Married to the Mob* (1988). Ganó un Tony en Broadway en 1991, por *Lost in Yonkers,* de Neil Simon, interpretando el papel de la tía Bella, trabajo que repitió en la versión fílmica de 1993. Sus papeles en televisión incluyen *Frasier* (1993–), *Subway Stories: Tales of the Underground* (1997), para HBO, y *Gia* (1998), con Angelina Jolie. Entre las películas más recientes están *Roseanna's Grave* (1997), *The Minus Man* (1999) y *What's Cookin'* (2000). Ella es de herencia ibérica-irlandesa.

José Luis Ruiz

Productor y director de la industria del cine y la televisión desde 1970, los programas de televisión de Ruiz han cosechado once nominaciones y cuatro premios Emmy. Ha sido más conocido por sus documentales y por expresar su visión de que se dé estabilidad a la presencia latina en la televisión. Ruiz fue director del Centro Nacional Latino de Comunicaciones, con sede en Los Angeles.

Juan Ruiz Anchía

NACIMIENTO: 1949

Cineasta nacido en España, Ruiz Anchía se graduó de la Escuela Oficial de Cinematografía en 1972, y del Instituto Fílmico Americano en 1981. Su experiencia como cinematógrafo de filmes americanos incluye *Reborn,* (1978), *That Was Then...This is Now* (1985), *Glengarry Glen Ross* (1992), *The Jungle Book* (1994), *The Disappearance of Garcia Lorca* (1997) y *The Corruptor* (1999). Ruiz Anchía trabajó con el escritor y director, David Mamet, en dos aventuras teatrales, *House of Games* (1987) y *Things Change* (1988).

Andy Russell
Nacido Andrés Robago

NACIMIENTO: 16/9/1919
DEFUNCIÓN: 16/4/1992

Nacido en el lado este de Los Angeles, Russell se convirtió en un baladista de los años 40, y popularizó canciones clásicas como "Bésame Mucho", y "What a Difference a Day Makes". Apareció varias veces como él mismo en filmes musicales como *The Stork Club* (1945), *Breakfast in Hollywood* (1946) y *Copacabana* (1947).

Theresa Saldaña

De parcial extracción hispana, Saldaña fue adoptada a los cinco días de nacida, y criada por una pareja ítaloamericana de Brooklyn. Su participación fílmica incluye *I Wanna Hold Your Hand* (1978), *Defiance* (1980), *Raging Bull* (1980), *The Evil That Men Do* (1984) y *Angel Town* (1989). Ella consiguió un papel coprotagónico en la serie de televisión, *The Commish* (1991–1995), y ha hecho numerosas apariciones como invitada en series de televisión. Saldaña, como ella misma, fue la estrella de la película *Victims for Victims: The Theresa Saldaña Story* (1984). Ella también fundó una organización llamada Victims for Victims, después de ser atacada brutalmente por un admirador desquiciado en 1980.

Eduardo Sánchez

NACIMIENTO: 1969

Natural de Matanzas, Cuba, Sánchez y su socio, Daniel Myrick, escribieron y dirigieron *The Blair Witch Project*, el éxito inesperado del verano de 1999. La cinta, que costó solamente $35,000 hacerla, ha ganado más de 140 millones hasta la fecha, revolucionó la manera como los filmes son vendidos por medio del Internet, y probó que el público está dispuesto a pagar por ver una película de vídeo en el teatro.

Jaime Sánchez

NACIMIENTO: 19/12/1938

Este actor puertorriqueño es mejor conocido por su interpretación de Ángel, el mexicano idealista miembro del grupo conocido como los Fieros, en la cinta de Sam Peckinpah, *Los Fieros* (1969). Sánchez hizo su debut fílmico en *David and Lisa* (1963), y tuvo un importante papel como coprotagonista en *The Pawnbroker* (1965), ganando el Screen World Award y el Laurel Award. Sus otros créditos fílmicos incluyen *Beach Red* (1967), *Bobby Deerfield* (1977), *Carlito's Way* (1993), *Piñero* (2001). Sánchez comenzó su carrera teatral en su Puerto Rico natal cuando contaba catorce años, trabajando como actor de radio en las estaciones locales de la isla. Vino a los Estados Unidos, y tuvo su primera gran oportunidad en la producción triunfal de Broadway, *West Side Story*, haciendo el papel de Chino.

Jaime Sánchez protagoniza el papel de Ángel en *The Wild Bunch*.

Mark Sánchez

NACIMIENTO: 1955

Artista del maquillaje, natural de Los Angeles, Sánchez comenzó su carrera como ayudante en la serie de televisión, *Sanford and Son* (1972–1977), y en *Chico and the Man* (1974–1978)). Él también trabajó en *The Tonight Show Starring Johnny Carson* (1962–1992) durante diez años, de 1976 a 1986. Su trabajo en largometrajes incluye *Mi Familia* (1995) y *Why Do Fools Fall in Love* (1998). Recibió con Ken Díaz una nominación de la Academia por su trabajo en *Mi Familia.*

Roselyn Sánchez

Nacida y criada en Puerto Rico, Sánchez consiguió el papel de la bailarina, Lili Angelo, en la serie de televisión, *Fame L.A.* (1997–1998), y pasó después a protagonizar la efímera serie *Ryan Caulfield: Year One* (1999), haciendo el papel de Kim Veras. Su debut fílmico ocurrió en la cinta *Held Up* (2000) seguida por *Rush Hour II* (2001)

Miguel Sandoval

NACIMIENTO: 16/1/1951

Nacido en Ciudad México, Sandoval ha aparecido en *Repo Man* (1984), *Walker* (1987), *Ricochet* (1991), *Jurassic Park* (1993), *Clear and Present Danger* (1994), *Get Shorty* (1995) y *Things You Can Tell Just by Looking at Her* (2000).

Bel Sandre

También conocida como Bel Hernández

NACIMIENTO: 20/12/1956

Actriz mexicano-americana, Sandre apareció en *Losin' It* (1983) y *Colors* (1988). En televisión, ella ha aparecido en *La Carpa* (1994), programa presentado en *American Playhouse*, de PBS, y también en la miniserie, *The Alamo: Thirteen Days of Glory* (1987).

Olga San Juan

NACIMIENTO: 18/3/1927

Actriz por corto tiempo con contrato de la Paramount durante la medianía de los años 40, San Juan, a los dieciocho años, apareció en un papel protagónico en *Blue Skies* (1946), con Bing Crosby y Fred Astaire. En la cinta, ella y Fred Astaire hicieron "Heat Wave", un tórrido número musical que es considerado un clásico.

San Juan nació en Brooklyn, Nueva York, la hija mayor de Mercedes y Luis San Juan, ambos puertorriqueños. La familia se mudó a Puerto Rico cuando ella tenía tres años de edad, y más tarde regresó a Nueva York. Allí comenzó a establecer una reputación como corista, trabajando en muchos clubes nocturnos de la época, incluso el Morocco, Copacabana y el Hotel Astor. Mientras a San Juan

Olga San Juan y Fred Astaire en *Blue Skies*.

la presentaban en un programa de radio, un caza-talentos de Paramount le hizo una prueba para el cine en Nueva York. Tomó un avión a Hollywood donde, por su edad, tuvo que asistir al colegio y allí compartió con futuras estrellas como Mona Freeman y Gail Russell.

San Juan hizo se debut fílmico en *Rainbow Island* (1944), junto a Dorothy Lamour, y apareció como rubia en la cinta de la Paramount de muchas estrellas, *Variety Girl* (1947). Después fue a Universal para coprotagonizar *One Touch of Venus* (1948), con Ava Gardner, Robert Walker y Dick Haymes. Tuvo gran éxito con su intervención en el musical de Broadway, *Paint Your Wagon* (1951), de Lerner y Loewes.

Se retiró del cine cuando se casó con el actor Edmond O'Brien, y se dedicó a criar tres hijos.

Emily Santiago

Nacida Emily Richardson; también conocida como Emile

NACIMIENTO: 1902

Santiago compartió con Charles Le Maire un premio de la Academia de diseño de vestuario, por la cinta de tema bíblico, *The Robe* (1953), con Víctor Mature y Richard Burton, la primera película filmada en CinemaScope. Ella era especialista en vestuario de época para las estrellas. Comenzando en 1928, Santiago trabajó durante dieciocho años en la tienda Westerm Costume, de Hollywood, y luego decidió ir a trabajar para varios estudios. Su colaboración fílmica incluye *Wells Fargo* (1937), *The Prince and the Pauper* (1937), *The Adventures of Robin Hood* (1938), *One Million B.C.* (1940), *Quo Vadis* (1951) y *Strange Lady in Town* (1955). Santiago hizo muchos dibujos de vestuario para Cecil B. DeMille. Era nativa de Bloomburg, Pennsylvania, y se casó con Santiago, ingeniero de construcción, en 1923.

Rubén Santiago-Hudson

Santiago-Hudson obtuvo un premio Tony como Actor de Reparto por su caracterización de Canewell, en la producción teatral de Broadway, *Seven Guitars*. Sus actuaciones en largometrajes incluyen *Coming to America* (1988), *Blown Away* (1994), *The Devil's Advocate* (1997) y *Shaft* (2000). También ha aparecido en numerosos filmes de televisión y programas de episodios.

Reni Santoni

NACIMIENTO: 21/4/1940

Nacido en Nueva York, de padre corso y madre española, Santoni creció en un vecindario puertorriqueño del Bronx. Hizo su debut como estrella de un filme importante en *Enter Laughing* (1967). También ha actuado en *Anzio* (1968), *Dirty Harry* (1971), *I Never Promised You a Rose Garden* (1977), *Dead Men Don't Wear Plaid* (1982), *Brewster's Milllions* (1985), *Howard Stern's Private Parts* (1997) y *28 Days* (2000). Tiene mucha experiencia en televisión, la que incluye sus actuaciones de estrella invitada en *Seinfeld* (1990–1998), *The Practice* (1997–) y *NYPD Blue* (1993–).

Joe Santos

NACIMIENTO: 9/6/1933

Nacido en Brooklyn, de raíces italiana y puertorriqueña, Santos comenzó su carrera de actor cuando estaba en la medianía de los treinta años de edad, después de haber pasado años trabajando en diferentes empleos y viajando entre los Estados Unidos y el Caribe. Acompañando a un amigo a una audición en Brooklyn, le pidieron que leyera el papel de un boxeador, y fue elegido para el papel.

Santos es un actor de carácter, más conocido por su trabajo en la serie de televisión de larga duración, *The Rockford Files* (1974–1980), igual que en nueve películas para televisión, *Rockford,* así como sus muchas apariciones como invitado en programas tales como *Hill Street Blues* (1981–1987) y *Magnum, P.I.* (1980–1988). Entre sus muchas apariciones fílmicas figuran papeles en *The Gang That Couldn't Shoot Straight* (1971), *Shamus* (1973), *Blue Thunder* (1983), *The Detective (1985), Revenge* (1990), *Mo' Money* (1992) y *The Postman* (1997).

John Saxon
Nacido Carmen Orrico

NACIMIENTO: 5/11/1935

Nativo de Brooklyn, Nueva York, hijo de inmigrantes italianos, Saxon ha perdurado como actor de cine y televisión de gran éxito y versatilidad desde la medianía de los años 50. Él ha interpretado étnicos, mestizos y bandidos mexicanos, en un número de cintas que incluyen *Cry Tough* (1959), como el puertorriqueño Miguel Estrada; *The Plunderers* (1960), como Rondo, un vaquero mexicano; *The Unforgiven* (1960), como el mestizo Johnny Portugal; *The Appaloosa* (1966), como Chuy, un bandido mexicano; y *Joe Kidd* (1972), como Luis Chama. Ha actuado también en películas como *Enter the Dragon* (1973); *The Electric Horseman* (1979), *Wrong is Right* (1982) y *Nightmare on Elm Street* (1984).

Lalo Schifrin

NACIMIENTO: 21/6/1932

Destacado compositor argentino y músico de jazz con más de sesenta partituras musicales de películas y temas de televisión en su haber, Schifrin ha sido nominado seis veces para el Oscar como compositor por los filmes, *Cool Hand Luke* (1967), *The Fox* (1968), *Voyage of the Damned* (1976), *The Amityville Horror* (1979), *The Competition* (1980) y *the Sting II* (1983). También escribió la música de *The Cincinnati Kid* (1965), *Bullitt* (1968), *Dirty Harry* (1971), *Magnum Force (1973), The Mean Season* (1985), *The Beverly Hillbillies* (1993), *Money Talks* (1997) y *Rush Hour* (1998).

Schifrin nació en Buenos Aires, donde su padre era primer violín de la Sinfónica de Buenos Aires. Él desarrolló gran interés en el jazz americano, y se convirtió en un cinéfilo a la edad de dieciséis años. Estudió en el Conservatorio de Música de París, donde conoció al famoso músico de jazz, Dizzy Gillespie, quien quedó tan impresionado con el talento del joven, que ayudó a Schifrin a entrar en los Estados Unidos. Trabajó como pianista de Gillespie por más de dos años, y después aseguró un trabajo en la televisión Universal. Como compositor, es más conocido por el tema de la serie de televisión, *Mission: Impossible* (1966–1973), entre otras partituras memorables.

Jon Seda es el detective Paul Falsone en *Homicide: Life on the Streets.*

Jon Seda

NACIMIENTO: 14/10/1970

Actor de herencia puertorriqueña, Seda nació en Manhattan, y creció en Nueva Jersey. Hizo su debut fílmico en el papel del boxeador Romano en *Gladiator* (1992). La lista de filmes en los que ha aparecido incluye *Carlito's Way* (1993), *I Like It Like That* (1994), *12 Monkeys* (1995), *Primal Fear* (1996), el éxito taquillero *Selena* (1997, junto a Jennifer López, y *Price of Glory* (2000). Seda se unió al elenco de la aclamada serie de televisión, *Homicide: Life in the Street* (1993–1999), como el detective Paul Falcone, en 1997. También apareció en el filme de HBO, *Mistrial* (1996), al lado de Bill Pullman, y *Daybreak* (1993), protagonizada por Cuba Gooding, Jr.

Pepe Serna

NACIMIENTO: 23/7/1944

Talentoso actor de reparto, Serna usualmente interpreta a una serie de "chicanos modernos corrientes". Su carrera abarca desde el previo requisito de papeles de rudos pandilleros, a las más recientes caracterizaciones diversas. El público del cine recuerda mejor a Serna como el cubano refugiado compañero de Al Pacino, que encuentra una muerte inesperada con una sierra mecánica en *Caracortada* (1983), de Brian De Palma.

Nacido en Corpus Christi, Texas, Serna tuvo su comienzo en el cine como consecuencia de una audición de reparto, donde el legendario productor Hal Wallis quedó tan impresionado con el talento del actor, que le ofreció un papel importante en la cinta *Red Sky in the Morning* (1971). Pronto Serna estaba actuando junto a estrellas de la categoría de Gregory Peck en *Shootout* (1971), y Karen Black en *Day of the Locust* (1975).

Ha tomado parte en *Deal of the Century* (1983), donde apareció como un traficante de armas ilegales; *The Adventures of Buckaroo Banzai* (1984), una película clásica de ciencia-ficción con gran culto, en la que interpretó a Reno, un miembro del selecto pelotón de Buckaroo; *Red Dawn* (1984), como el padre patriota de uno de los chicos rebeldes; *Silverado* (1985), la parodia del oeste de Lawrence Kasdan, donde hizo de Scruffy, un matón a sueldo; *The Rookie* (1990), de Clint Eastwood, como el policía jefe de Eastwood; y *Postcards from the Edge* (1990), como el revolucionario. El actor fue aclamado por la crítica por su interpretación de Ataif, el hermano del presidente egipcio, Anwar Sadat, Jr. en la miniserie de televisión, *Sadat* (1983), junto a Lou Gossett, Jr.. Serna ha tenido la distinción de aparecer en cuatro programas del *American Playhouse: Sequin* (1982), *The Ballad of Gregorio Cortez* (1983), *Break of Dawn* (1989) y *Hot Summer Wind* (1991). Entre sus actuaciones fílmicas aparecen *Johnny Got His Gun* (1971), *Car Wash* (1976), *A Force of One* (1979), *Walk Proud* (1979), *Honeysuckle Rose (1980), Inside Moves* (1980), *Vice Squad* (1982), *American Me* (1992), *A Million to Juan* (1994) y *Luminarias* (2000).

Diego Serrano

Nacido y criado en Ecuador, Serrano abandonó Sudamérica a la edad de diez años, y emigró a los Estados Unidos con su familia. Fue un modelo en Star Search, y los televidentes de la televisión diurna podrán reconocerlo como Tomás Rivera, de la telenovela *Another World* (1964–). Serrano ha aparecido en dos largometrajes: *Mixing Nina* (1998) y *The 24 Hour Woman* (1999). También ha sido parte del elenco de *Time of Your Life* (1999–), con Jennifer Love Hewitt.

Carmen Sevilla

NACIMIENTO: 1930

Una de las más conocidas estrellas de España de los años 60, Sevilla apareció como María Magdalena en *Rey de Reyes* (1961), de Samuel Bronston, y en *Spanish Affair* (1958).

Charlie Sheen

Charlie Sheen

Nacido Carlos Irwin Estévez

NACIMIENTO: 3/9/1966

Desde su primer papel protagónico en *Red Dawn* (1984), Charlie Sheen ha visto su carrera elevarse como un cohete a través de una serie de películas, incluso *Lucas* (1986), *The Wraith* (1986), y la cinta que lo estableció como un talento mayor, *Platoon* (1986), premiada por la Academia, que dirigió Oliver Stone. Su trabajo como el joven soldado, ayudó a definir la experiencia de Vietnam para la generación de los años 80, igual que su padre, Martin Sheen, había hecho en los años 70, con su interpretación del capitán Willard en *Apocalypse Now* (1979), de Francis Ford Coppola.

Nacido en Nueva York y criado en California, a lo largo de la costa de Malibú, Charlie Sheen pasó su niñez entre deportes, hacer películas Super-8, y acompañando a su padre a todos las lugares donde él filmaba una película. Hizo su debut de actor a la edad de nueve años en la inquietante cinta de televisión, *The Execution of Private Slovik* (1974), que tenía de estrella a su padre. Pero transcurrieron ocho años antes de que él hiciera su segundo papel en la cinta *Grizzly II*, en 1982.

Ocho meses pasados en las Filipinas con su padre durante la filmación de *Apocalypse Now*, hicieron tan gran impresión en él, que se decidió a ser actor y trabajar en películas. Después de *Platoon*, Sheen apareció en *Wall Street* (1987), de Oliver Stone, en el papel estelar de Bud Fox, un joven corredor de bolsa. Martin Sheen hizo de su padre en la cinta, apareciendo juntos en varias escenas. Otros filmes en los que ha participado incluyen *No Man's Land* (1987); *Three for the Road* (1987); *Young Guns* (1988), en la que hizo de contrafigura de su hermano Emilio; *Eight Men Out* (1988), haciendo de jugador de pelota; *Major League* (1990), como otro jugador de pelota; *The Rookie* (1990), con Clint Eastwood; *Men at Work* (1990), compartiendo la pantalla con Emilio Estévez, quien dirigió el filme, y *Cadence* (1991), con Martin Sheen como coprotagonista y director.

A pesar de tener graves problemas de drogas y alcoholismo, Sheen ha continuado trabajando, apareciendo en las películas siguientes: la parodia *Major League* (1989), *Major League II* (1994), *Hot Shots* (1991), *Hot Shots! Part Deux* (1993) y *Loaded Weapon 1* (1993). Más recientemente ha aparecido en filmes tales como *Money Talks* (1997), *Being John Malkovich* (1999), y el proyecto de HBO, *X-Rated* (2000), dirigida por Emilio Estévez. En la actualidad, forma parte del reparto de la serie *Spin City* (2000) de la cadena ABC.

MARTIN SHEEN
Nacido Ramón Estévez

Martín Sheen como el capitán Hollister en *Firestarter*.

NACIMIENTO: 3/8/1941

Actor muy respetado y aclamado por la crítica, Sheen ha aparecido en películas de la importancia de *Apocalypse Now* (1979), *Badlands* (1974) y *Gandhi* (1982), sin haber alcanzado nunca verdadera condición de "superestrella".

Nacido en Dayton, Ohio, Sheen es el séptimo de diez hijos nacidos de madre irlandesa y padre español. Tan pronto como se graduó del instituto, partió hacia Nueva York para comenzar a entrenarse en el Broadway Living Theatre, bien alejado del Broadway conocido. Cambió su nombre de pila al principio de su carrera, cuando descubrió que los directores de reparto de Nueva York, tenían dificultad en pronunciarlo. "Yo parecía irlandés", él recuerda, "por lo que pensé en el Obispo Sheen. ¿Martin? Iba bien con Sheen".

Después de hacer su debut lejos de Broadway en *The Connection* (1959), y su corto saludo a Broadway en *Never Live Over a Pretzel Factory* (1964), Sheen apareció como un veterano del ejército que regresa a casa, y tiene que enfrentarse a la guerra personal de sus padres en *The Subject Was Roses* (1964), obra ganadora del premio Pulitzer.

Eso lo llevó a hacer su debut fílmico como uno de los dos gamberros que aterrorizan a los pasajeros del metro en la cinta *The Incident*, de 1967.

En 1968, él repitió su papel teatral en la versión fílmica de *The Subject Was Roses*, junto a Patricia Neal y Jack Albertson, para MGM. Continuó su carrera apareciendo en filmes tales como *Catch-22* (1970), *No Drums, No Bugles* (1971) y *Rage* (1972). Sheen sorprendió a los críticos y al público con su trabajo en *Badlands*, de Terrence Malick, en la cual apareció junto a Sissy Spacek como un jovenzuelo itinerante que disfruta de una orgía de crímenes. Sheen fue nombrado Mejor Actor del Festival de Cine de San Sebastián por su trabajo en esa película.

En *Apocalypse Now*, la cinta clásica de Francis Ford Coppola, obtuvo el papel fundamental del capitán Willard, el capitán del ejército enviado en una operación secreta en el momento culminante de la guerra de Vietnam. Desde entonces, Sheen ha alternado entre la televisión y el cine, ganando elogios especiales por su emotivo trabajo en la película de televisión de 1974, *The Excution of Private Slovik*. También tuvo gran éxito en la televisión como JFK, en *Kennedy* (1983); como RFK en *Missiles of October* (1974); como John Dean en *Blind Ambition* (1979), y como la estrella de *The Atlanta Child Murders* (1985).

Las otras apariciones fílmicas de Sheen incluyen *Pickup on 101* (1972), *The Cassandra Crossing* (1977), *Eagle's Wings* (1979), *In the King of Prussia* (1982),

That Championship Season (1982), *The Dead Zone* (1983), *Man, Woman and Child* (1983), *Firestarter* (1984), *A State of Emergency* (1986), *Wall Street* (1987), *Beyond the Stars* (1989), *Gettysburg* (1993), *The American President* (1995) y *Spawn* (1997). Hizo su debut como director de cine en *Cadence* (1989), en la que ambos, él y su hijo aparecieron.

Recientemente, ha regresado a la televisión en la enormemente aclamada serie, *The West Wing* (1999–), en el papel del presidente de los Estados Unidos.

Gregory Sierra

NACIMIENTO: 25/1/1937

Nacido y criado en la ciudad de Nueva York, Sierra empezó su carrera como cantante en la Fuerza Aérea. La primera aparición profesional de Sierra fue con la prestigiosa Compañía Nacional de Shakespeare, con la que interpretó *Macbeth* y *La Fierecilla Domada.*

En 1969, después de casi diez años trabajando exclusivamente en el teatro de Nueva York, Sierra se mudó a California, para poder entrar en el cine y la televisión. Su cambio a la costa del oeste probó ser beneficioso, ya que enseguida consiguió un papel en la serie de televisión, *The Flying Nun* (1967–1970), en la que aparecía Sally Field. A continuación comenzó a aparecer en numerosos espectáculos de televisión, incluso en el papel de Julio Fuentes, el vecino puertorriqueño de Sanford, en *Sanford and Son* (1972–1977), personaje que aparecía varias veces durante la trayectoria de la serie, y como regular de la serie *Barney Miller* (1975–1982), en el papel del detective Chamo. Apareció en su propia serie, de efímera duración, *A.E.S. Hudson Street* (1978), y en *Miami Vice* (1984–1989). Sierra aparece regularmente como invitado en episodios de televisión. Sus actuaciones fílmicas incluyen *The Wrath of God* (1972); *The Towering Inferno* (1974); *The Prisoner of Zenda* (1979), con Peter Sellers; *The Trouble with Spies* (1987); *Deep Cover* (1992); *Hot Shots! Part Deux* (1993); *The Wonderful Ice Cream Suit* (1998) y *Vic* (1999).

Geno Silva

Actor de carácter nacido en Nuevo México, Silva ha trabajado en *The Cheyenne Social Club* (1970), con James Stewart y Henry Fonda; *1941* (1970), de Steven Spielberg; *Caracortada* (1983), de Brian De Palma; *Tequila Sunrise* (1988); y *The Lost World: Jurassic Park* y *Amistad,* ambas de Spielberg, en 1997. Él ha aparecido en más de una docena de películas de televisión, y en otros tantos episodios para la televisión como artista invitado, incluyendo *Murder, She Wrote* (1984–1986), *Miami Vice* (1984–1989), *Hunter* (1984–1991) y *Simon and Simon* (1981–1988).

Henry Silva

NACIMIENTO: 1927

Henry Silva

Henry Silva se ha tallado una carrera en el cine, interpretando una serie de personajes deshonestos en un número de películas, incluso *The Bravados* (1958), *Green Mansions* (1959), *The Manchurian Candidate* (1962) y *Sharkey's Machine* (1982). Él ha amenazado en la pantalla a tipos valientes como Burt Reynolds, Gregory Peck, Chuck Norris y Frank Sinatra.

Nacido en Brooklyn, Nueva York, de orígenes italiano y puertorriqueño, Silva abandonó el hogar a la edad de trece años para perseguir la carrera de actor, que era su sueño dorado. Una variedad de trabajos introdujo finalmente a Silva a un grupo de actores, quienes lo mandaron a estudiar drama a la escuela de Harris y Lewis. Él se presentó a una prueba en el Estudio de Actores, y cuando la producción de *A Hatful of Rain* de esa compañía fue a Broadway, en 1956, Silva fue también, y recibió una nominación para un galardón Tony, por su papel de Madre, un narcotraficante.

Hizo su debut fílmico en *Viva Zapata!* (1952), y ha aparecido en filmes tales como *The Law and Jake Wade* (1958), *The Last of the Fast Guns* (1958), *Ocean's Eleven* (1960), *Sergeants 3* (1962), *A Gathering of Eagles* (1963), *The Hills Run Red* (1967), *The Italian Connection* (1973), *Buck Rogers in the 25th Century* (1979), *Wrong is Right* (1982), *Megaforce* (1982), *Above the Law* (1989), *Dick Tracy* (1990), *Mad Dog Time* (1996), *The End of Violence* (1997), y más recientemente, *Ghost Dog: The Way of the Samurai* (1999), de Jim Jarmusch.

Silva apareció en *Johnny Cool* (1963), una película acerca de un hampón siciliano que se ha convertido en un culto a través de los años.

Trinidad Silva

NACIMIENTO: 1950
DEFUNCIÓN: 31/7/1988

Actor de carácter, diminuto y carismático, Silva apareció en papeles de reparto en un número de películas de finales de los años 70, y a través de los 80, hasta su inesperado deceso. Nativo de Mission, Texas, creció en el valle del Río Grande. En su adolescencia, Silva se mudó a Los Angeles, donde encontró un amigo de su infancia quien estaba trabajando de actor. Silva lo visitó en el escenario de *The Master's Gunfighter* (1975), y fue inmediatamente contratado como extra. Esto fue el comienzo de una prometedora carrera que fue truncada por un borracho detrás del timón de un carro, que lo mató instantáneamente.

Silva hizo su debut fílmico en un papel importante en *Alambrista!* (1978), la película de Robert M. Young, sobre la explotación de los inmigrantes ilegales mexicanos. Él apareció como Dagger en *Walk Proud* (1979), la historia de pandillas juveniles sureñas rivales; como un ilegal amistoso en *El Norte* (1983); y en *Crackers* (1984), una travesura fílmica dirigida por Louis Malle, en la que apareció Donald Sutherland. Recibió buenas críticas por su papel de Frog, un viejo avispado antiguo miembro de una pandilla en *Colors* (1988), con Robert Duvall y Sean Penn.

En televisión, Silva apareció varias veces en el papel de Jesús Martínez en *Hill Street Blues* (1981–1987), serie premiada con un Emmy, que fue muy aclamada por la crítica.

Frank Silvera

NACIMIENTO: 24/7/1917
DEFUNCIÓN: 11/6/1970

Frank Silvera como un bandido mexicano en una escena de *Hombre*.

Actor de carácter del teatro, el cine y la televisión, Silvera trabajó por más de dos décadas, sin que mucha gente se diera cuenta de que él era negro. El actor recordó en una entrevista, "Yo no lo escondía, simplemente no lo enfatizaba. Estuve de acuerdo con mi agente que yo quería convertir en realidad mi sueño de actor, en sí no de un actor negro. En mi profesión, la palabra 'negro' significaba muerte". Por la falta de papeles variados a la disposición de actores afroamericanos, "a menos que uno quisiera desempeñar criados o esclavos para el resto de la carrera", continúa, "yo era aceptado como un latino, [y] lo dejé así", Cecil Smith, *Los Angeles Times* (10/2/66).

Hizo de un general mexicano en *Viva Zapata!* (1952), un policía portugués en *The Miracle of Our Lady of Fatima* (1952), un general chino en *The Mountain Road* (1960), un cacique de Tahití en la versión de *Mutiny of the Bounty* de 1962, y un bandido mexicano con una gracia sorprendente en *Hombre* (1967).

Silvera nació en Kingston, Jamaica, hijo de padre judío español y madre jamaiquina. Creció en Boston, y originalmente pretendía ser abogado, estudiando dos años en la Universidad Northwestern, pero su deseo secreto de actuar lo dominaba, y finalmente fue a estudiar arte dramático a la Universidad de Boston.

Silvera apareció en las dos primeras películas dirigidas por Stanley Kubrick, *Fear and Desire* (1953) y *Killer's Kiss* (1955). Entre sus otras colaboraciones fílmicas aparecen *Heller in Pink Tights* (1960), *Key Witness* (1960), *The Appaloosa* (1966), *The St. Valentine's Day's Massacre* (1967), *Uptight* (1968), *Guns of the Magnificent Seven* (1969) y *Valdez is Coming* (1971). Tuvo gran éxito en la televisión por su papel de Don Sebastián Montoya en la popular serie del oeste, *The High Chaparral* (1967–1971). Con el éxito obtenido, Silvera organizó un taller de trabajo de afroamericanos; un lugar donde los actores y escritores afro-americanos se sintieran libres para desarrollar sus talentos. Murió inesperadamente en Los Angeles, víctima de un accidente eléctrico poco usual en su hogar.

Jimmy Smits

NACIMIENTO: 9/7/1955

Smits se ha establecido como uno de los actores más versátiles de la televisión, el cine y la escena. Es más conocido por su ejemplar carrera de televisión, en la que apareció como Bobby Simone durante cuatro años en la serie *NYPD Blue* (1993–), y el abogado Víctor Sifuentes en la serie de larga duración, *L.A. Law* (1986–1994). Smits ha recibido una nominación de los Emmys cada año que él ha estado en las series: seis candidaturas por *L.A. Law* (el Emmy lo obtuvo en 1990), y cinco candidaturas por *NYPD Blue.*

"El papel de Víctor Sifuentes me gustaba mucho porque me daba la oportunidad de establecer una imagen diferente de los hispanos en los Estados Unidos", comentó Smits en una entrevista de 1993.

Smits hizo su debut más importante como zar del crimen en *Running Scared* (1986), junto a Billy Cyrstal y Gregory Hines. En la cinta de John Schlesinger, *The Believers* (1987), con Martin Sheen, él era un detective policiaco dominado por el temor al vudú. A eso siguió un intento de conseguir el estrellato, con el papel de un joven general mexicano de la epopeya *Gringo Viejo* (1989), junto a Jane Fonda y Gregory Peck. También apareció en *Vital Signs* (1990), *Fires Within* (1991), *Switch* (1991), de Blake Edwards, y *Mi Familia* (1995) de Gregory Nava, recibiendo muy buenos comentarios críticos por su interpretación del personaje de Juan Sánchez. Sus más reciente actuaciones incluyen *Price of Glory* (2000), *The Million Dollar Hotel* (2000), *Bless the Child* (2000) y *Star Wars Episode II: Attack of the Clones* (2002). Él ha aparecido de invitado en programas de televisión como *Spenser for Hire* (1985–1988) y *Miami Vice* (1984–1989), donde apareció como el compañero inicial de Don Johnson en el programa de prueba, y muere asesinado en los primeros cinco minutos. El actor también apareció en la miniserie *Glitz* (1988), *The Tommyknockers* (1993) y *Solomon and Sheba* (1995). Interpretó el papel titular en *The Cisco Kid* (1994), de Luis Valdéz, para TNT, y apareció en la película transmitada por cable, *Marshall Law,* (1996), y la aplaudida *The Broken Chord* (1992).

Jimmy Smits como Jimmy Sánchez en *My Family.*

Con una especialidad en Educación, del Colegio Universitario Brooklyn, Smits estudió arte dramático y los clásicos, y siguió sus estudios hasta conseguir una licenciatura en MFA de la Universidad Cornell. Ha aparecido off-Broadway, y con el Festival Shakespeare de Nuea York, bajo la dirección de Joseph Papps. En Los Angeles trabajó en el Forum Mark Taper, en una producción de *Death and the Maiden,* de Ariel Dorfman. Smits nació en la ciudad de Nueva York; su madre es puertorriqueña y su padre de Surinam.

José Solano

Solano interpretó al salvavidas Manny Gutiérrez en el exitoso programa de televisión, *Baywatch* (1989–2001), en 1997, convirtiéndose en el primer actor hispano del reparto regular. Nativo de California, Solano ha sido médico de la Armada de los Estados Unidos y campeón olímpico junior.

Luis Soto

Director de televisión, nativo de Puerto Rico y criado en Nueva York, Soto ha trabajado en series de episodio tales como *The Equalizer* (1985–1989) y *Miami Vice* (1984–1989).

Richard Soto

Laureado productor con amplia participación en la televisión pública, Soto comenzó su carrera como un cineasta de documentales. Él produjo dos aclamados episodios para el programa *WonderWorks*, de la PBS, *Maricela* (1986) y *Sweet 15* (1990), que ganó un premio Emmy. Fue productor asociado, igual que editor supervisor de la cinta *The Ballad of Gregory Cortez* (1983).

Talisa Soto

Puertorriqueña nacida en Brooklyn, modelo vuelta actriz, Soto apareció como Lupe Lamora, una "muchacha Bond", en la cinta *Licence to Kill* (1989). También apareció en *The Mambo Kings* (1992), *Don Juan de Marco* (1995), *Mortal Kombat* (1995), *Mortal Kombat: Annihilation* (1997), *That Summer in L.A.* (1999), *Flight of Fancy* (1999) y *Piñero* (2001). Ella tuvo su debut fílmico en *Spike of Bensonhurst* (1988), como India, una joven puertorriqueña quien se enamora de un aspirante a boxeador italiano.

Charles Stevens

NACIMIENTO: 1893
DEFUNCIÓN: 22/8/1964

Actor de carácter especializado en papeles de hombre malo, Stevens usualmente aparecía de indio o de latino. Él trabajó en más de 100 proyectos de Hollywood, desde la era muda hasta el cine hablado y la televisión. Su padre era galés y servía de abogado; su madre, india mexicana llamada Eloisa, era hija del guerrero apache, Jerónimo. Stevens nació en Arizona y era muy amigo de Douglas Fairbanks, apareciendo en todos sus filmes, incluso *La Marca del Zorro*

(1920). Trabajó como el secuaz de Warner Baxter en la serie original de las películas de Cisco Kid; como Ed el Español en *The Virginian* (1929), junto a Gary Cooper, y fue Diablito en *Ambush* (1949). Su última actuación fílmica es *Sergeant's 3* (1962), junto a Frank Sinatra.

Madeline Stowe

NACIMIENTO: 1964

Hija de madre costarricense y padre americano, Stowe nació en Los Angeles. Ella hizo el papel de la hija de un militar inglés en *The Last of the Mohicans* (1992), y una latinoamericana en *Revenge* (1990), junto a Kevin Costner. Stowe hizo su debut en el cine como una hispanoamericana, María McGuire, en *Stakeout* (1987), junto a Richard Dreyfuss y Emilio Estévez. También ha aparecido en *The Two Jakes* (1990), junto a Jack Nicholson; *Unlawful Entry* (1992), un suspense con Kurt Russell; *Short Cuts* (1993), dirigida por Robert Altman; *Blink* (1994), un suspense con Aidan Quinn; *China Moon* (1994), con Ed Harris; *Bad Girls* (1994), con Mary Stuart Masterson, Drew Barrymore y Andie MacDowell; *Twelve Monkeys* (1995), con Brad Pitt y Bruce Willis; *Playing by Heart* (1998), y con John Travolta en *The General's Daughter* (1999).

Miguel Ángel Suarez

Actor nativo puertorriqueño, Suárez apareció como Jesús Ramírez, un prisionero, en la comedia de gran éxito de 1980, *Stir Crazy*, con Richard Pryor y Gene Wilder. Sus otros trabajos en el cine incluyen papeles en *¡Che!* (1969) y B*ananas* (1971), de Woody Allen.

Carlos Thompson

NACIMIENTO: 7/6/1923
DEFUNCIÓN: 10/10/1990

De alta estatura y ojos verdes, Thompson, nativo de la Argentina, apareció en varias cintas importantes durante los años 50. Como su cabello era rubio, fue teñido de oscuro para sus papeles fílmicos americanos, que eran casi siempre papeles románticos secundarios. Él pasó sus años formativos en Nueva York, porque su ambición juvenil era ser novelista. Su padre era editor de periódicos y corresponsal latinoamericano de la radio en CBS. Regresó a Argentina para ir a la Universidad de Buenos Aires, y allí conoció a un productor de cine, quien lo instó a que tratara de ser actor.

Los estudios de arte dramático de Thompson lo llevaron a hacer un papel principal en una película argentina, *Men of Tomorrow*, que dio como resultado que consiguiera el papel de Armando, en la versión argentina de *La Dama de las Camelias*; tanto él como la cinta fueron muy populares en toda América Latina en 1952. Ese mismo año, él conoció a Yvonne De Carlo en el Festival de Cine de Uruguay, y ella lo convenció a venir a los Estados Unidos, donde apareció con ella en *Fort Algiers* (1983). MGM le ofreció un contrato, y apareció con Lana Turner, como un italiano en *Flame and the Flesh* (1954), y con Robert Taylor en la aventura dramática, *Valley of the Kings* (1954). En 1958, trabajó con Jeff Chandler y Esther Williams en *Raw Wind in Eden.*

Rachel Ticotin

Racel Ticotin aparece con Arnold Schwarzenegger en *Total Recall.*

NACIMIENTO: 1/11/1958

Rachel Ticotin hizo su debut en *Fort Apache: The Bronx* (1981), junto a Paul Newman, en el papel de una enfermera adicta a la heroina, de quien Newman se enamora. Ella trabajó con Bryan Brown en *F/X 2:The Deadly Art of Illusion* (1991), y en *Critical Condition* (1986), con Richard Pryor; después apareció como Melina, la mujer misteriosa, con Arnold Schwarzenegger, en *Total Recall* (1990), probablemente su papel más conocido hasta la fecha. Ha participado también en *Falling Down* (1993), *Steal Little, Steal Big* (1995), *Turbulence* (1997), *Civility* (1999) y *Can't Be Heaven* (1999).

Nacida en Nueva York, de padres dominicanos, Ticotin es una de seis hijos. Asistió al Instituto de Música y Arte y la Escuela Profesional de Niños. De adolescente se unió al Ballet Hispánico de Nueva York. Comenzó a trabajar en películas como ayudante de producción en *The Wanderers* (1979), *Dressed to Kill* (1980) y *Raging Bull* (1980). En televisión ella ha aparecido como actriz regular de las series, *For Love and Honor* (1983), *Ohara* (1987–1988) y *Crime and Punishement* (1993).

Edwin Torres

NACIMIENTO: 1930

Edwin Torres, juez de la Corte Suprema de Nueva York, es el autor de la novela *Carlito's Way*, y su secuela, *After Hours*; ambas forman la base del largometraje *Carlito's Way* (1993), en la que aparece Al Pacino. Otra de sus novelas fue adaptada para el film de Sydney Lumet, *Q & A* (1990).

Nacido y criado en el Harlem hispano de Nueva York, Torres estudió para ser abogado en el Colegio Universitario de la ciudad de Nueva York y en la Escuela de Jurisprudencia de Brooklyn, llegando a ser el primer asistente del Fiscal de Distrito de origen puertorriqueño. De 1961 a 1972, él se dedicó a ejercer la carrera por su cuenta, defendiendo clientes indigentes sin cobrar sus servicios. Fue elevado a la posición de juez de la corte criminal en 1977.

En 1979 fue nombrado juez oficiante de la Corte Suprema del estado de Nueva York, convirtiéndose en un juez electo el siguiente año.

Jacqueline Torres

La actriz apareció como Mira Sánchez, una detective sabelotodo del programa de televisión *FX: The Series* (1966–1998). Ella también ha aparecido en el largometraje, *The Offering* (1996) y *Rum and Coke* (1997).

Liz Torres

Actriz y comediante puertorriqueña, Torres ha aparecido en *All in the Family* (1971–1979), y trabajó en la popular serie de televisión, *Phyllis* (1975–1976) y en *The John Larroquette Show* (1993–1995). Torres ha sido invitada a varios episodios de series y ha aparecido en largometrajes tales como *Rescue Me* (1993), *A Million to Juan* (1994), *The Wonderful Ice Cream Suit* (1998) y *The Odd Couple II* (1998).

Raquel Torres

Nacida Paula Marie Osterman

NACIMIENTO: 11/11/1908
DEFUNCIÓN: 10/8/1987

Raquel Torres

Mexicana nativa de cabello negro, Torres trabajó en un número de cintas al comienzo del sonido, a principios de los años 30.

Nació en Hermosillo, México, y se mudó con sus padres a Los Angeles, donde estudió en un convento. A la edad de diecinueve años, fue escogida para aparecer en *White Shadows in the South Seas*, de W.S. Van Dyke, estrenada por MGM en 1928, que fue la primera producción con diálogo, música y efectos de sonido totalmente sincronizados. Ella interpretó a Pepita en *The Bridge of San Luis Rey* (1929), y apareció en *The Desert Rider* (1929, muda). También apareció en *The Sea Bat* (1930), *Under a Texas Moon* (1930), *Aloha* (1931), *Duck Soup* (1933), *So This Is Africa* (1933) y *The Woman I Stole* (1933). Después de trabajar en una cinta inglesa, *The Red Wagon*, en 1934, se retiró de la pantalla, pero después apareció de vez en cuando en el cine, como lo hizo en *Tampico* (1944).

José Torvay

NACIMIENTO: 18/2/1910
DEFUNCIÓN: 1973

Actor de carácter, nativo de México, Torvay trabajó en filmes, tanto mexicanos como de Hollywood, filmados en México. Entre sus filmes están *The Fugitive*

(1947), *The Treasure of the Sierra Madre* (1948), *Border Incident* (1949), *Borderline* (1950) y *Untamed* (1955).

LUPITA TOVAR

NACIMIENTO: 1911

Actriz nativa de Mexico, Tovar apareció en la primera cinta de sonido mexicana, *Santa* (1932). Ella llegó a Hollywood en 1931, y trabajó en muchas de las cintas en español producidas en Hollywood, incluso en la versión en español de *Drácula* (1931), *The Cat Creeps* (1930) y *The King of Jazz* (1930), de la Universal Pictures, producidas por Paul Kohner, que en ese tiempo era un productor joven y ambicioso, y después se convirtió en un notable agente de artistas. Él y Lupita contrajeron matrimonio unos años después. Ella continuó en el cine durante los años 30 y 40, con cintas como *East of Borneo* (1931), *Yankee Don* (1931), *Border Law* (1931), *Mr. Robinon Crusoe* (1932), *The Fighting Gringo* (1939), *South of the Border* (1939) y *The Westerner* (1940).

BILL TRAVILLA

NACIMIENTO: 1923
DEFUNCIÓN: 2/11/1990

Diseñador de modas y ganador de un premio de la Academia, Travilla estuvo contratado por la Warner Bros. y después por la Twentieth Century Fox, donde él diseñó vestuarios para los más importantes filmes de los estudios. Nacido en Avalon, Santa Catalina, una isla situada a veinticinco millas de la costa del sur de California, Travilla trabajó en once películas de Marilyn Monroe; vistió *Viva Zapata!*, de Marlon Brando; y trabajó en el *Show de Loretta Young* (1953–1955). Ganó el premio de la Academia, con Leah Rhodes y Marjorie Best, por el Mejor Diseño de Vestuario de 1949, por *The Adventures of Don Juan*, con Errol Flynn. Travilla es conocido por sus diseños clásicos y elegantes de mujeres y hombres, del período hollywoodense de los años 30, 40 y 50. Su creación más conocida es el vestido de chiffón blanco usado por Marilyn Monroe en *The Seven Year Itch* (1955).

En 1980, Travilla trabajó en televisión, ganando galardones Emmy por sus diseños para la serie de *Dallas* (1978–1991), en 1985, y para la miniseries *Moviola*, en 1980. También diseñó vestuarios para otras miniseries tales como *El Pájaro Espino* (1983), *Evita Peron* (1981), *Jacqueline Bouvier Kennedy* (1981) y *My Wicked, Wicked Ways* (1985).

DANNY TREJO

Un antiguo campeón de boxeo, Trejo primero empezó a trabajar en el cine en 1984, cuando visitaba a un amigo en el escenario de *Runaway Train* (1985). Cuando el guionista Eddie Brucker le pidió que montara secuencias de peleas de boxeo y entrenara a la estrella del filme (Eric Roberts), él finalmente obtuvo un papel en la cinta. Trejo continuó trabajando en el cine en filmes tales como *Bound by Honor* (1993), *Desperado* (1995), *Heat* (1995), *From Dusk Till Dawn* (1996), *Anaconda* (1997), *Con Air* (1997), *The Replacement Killers* (1998), *From Dusk Till Dawn 2: Texas Blood Money* (1999) y *Reindeer Games* (2000). Él también ha aparecido en programas de televisión como *NYPD Blue* (1993–).

JESÚS TREVIÑO

NACIMIENTO: 26/3/1946

Director mexicano-americano, Treviño comenzó con documentales en la estación pública de televisión KCET de Los Angeles. Dirigió el largometraje *Raíces de Sangre* (1979), y la presentación de *Seguin* (1982), en el *American Playhouse.* Obtuvo el galardón del Gremio de Directores de América por la Mejor Dirección de Drama Diurno, por el filme de televisión, *Gangs* (1988). Treviño ha dirigido episodios de las series de televisión *Chicago Hope* (1994), *Star Trek: Voyager* (1995–1999), *The Practice* (1997–), *Dawsons Creek* (1998–) y *ER: Third Watch* (1999–). En la actualidad, dirige la serie de Showtime, *Resurrection Blvd.* (2000–), de la que es también supervisor de producción.

FELIPE TURICH

También conocido como Felipe Turriche

NACIMIENTO: 5/12/1898
DEFUNCIÓN: 9/3/1992

Veterano actor de carácter, cuya carrera duró desde los años 30 hasta finales de los 70. Algunos de sus trabajos fílmicos incluyen *We Were Strangers* (1949), *Crisis* (1950), *The Lawless* (1950), *My Favorite Spy* (1951), *Giant* (1956), *Pícaros de Un Solo Ojo* (1961), *Hook, Line and Sinker* (1969) y *Walk Proud* (1979).

ROSA TURICH

NACIMIENTO: 1903
DEFUNCIÓN: 20/10/1998

Veterana actriz de carácter, Rosa Turich, junto a su esposo Felipe, apareció en muchas cintas del oeste de la Republic, de 1937 hasta 1965, usualmente haciendo papeles de mamacitas mexicanas o damas nobles. Algunos de sus créditos fílmicos incluyen *Starlight Over Texas* (1938), *Rangers of Fortune* (1940), *Bowery Buckaroo* (1947), *The Loves of Carmen* (1948), *On the Isle of Samoa* (1950) y *Tripoli* (1950).

Natividad Vacío

NACIMIENTO: 8/9/1912
DEFUNCIÓN: 30/5/1996

Nacida en El Paso, Texas, Vacío comenzó su carrera como maestro y músico. Hizo su debut fílmico en *The Loves of Carmen* (1948), para la Columbia, con Rita Hayworth. Él también ha trabajado en gran cantidad de películas, incluso en *Branded* (1951), *Los Siete Magníficos* (1960) y *The Milagro Beanfield War* (1988).

Wilmer Valderrama

Mejor conocido por su trabajo en *That '70s Show* (1998–), Valderrama hace el papel de Fez, en la popular serie de la cadena Fox. Se mudó de Venezuela a Los Angeles, con su familia en 1995, y consiguió el papel en 1998, después de hacer su debut profesional en un comercial de la compañía telefónica Spanish Pacific Bell.

David Valdés

David Valdés (izq.) con Clint Eastwood (der.).

Productor ejecutivo de las cintas de Clint Eastwood, *Bird* (1988), *White Hunter, Black Heart* (1990) y la premiada *Unforgiven* (1992), Valdés hizo de productor de *In the Line of Fire* (1993) *The Stars Fell on Henrietta* (1995), *Turbulence* (1997) y *The Green Mile* (1999). Sirvió de productor asociado en *Pale Rider* (1985) y *The Time Machine* (2002).

Valdés subió de categoría dentro de la producción del cine, comenzando su carrera junto a Francis Ford Coppola como ayudante del director en *The Outsiders* (1984) y *Rumble Fish* (1983). Después pasó a Producción Malpaso, de Clint Eastwood, y trabajó como primer ayudante en *Any Which Way You Can* (1980), *Firefox* (1982), *Sudden Impact* (1983), *City Heat* (1984) y *Tightrope* (1984), antes de convertirse en productor.

Valdés también trabajó con Brian Glazer coproduciendo el largometraje, *Like Father, Like Son* (1987), al que siguió un trabajo de productor ejecutivo, con el productor y director Francis Ford Coppola en *Garden of Stone* (1987). Fue también productor asociado de *Ratboy* (1986), dirigida por Sondra Locke, quien también apareció en la cinta.

Araceli Valdéz

Ver *Ara Celi.*

Daniel Valdéz

NACIMIENTO: 1949

Hermano de Luis Valdéz, Daniel es actor, cantante, autor de canciones y compositor, y ha trabajado como Henry Reyna en la cinta de 1981, *Zoot Suit.* Su otras apariciones fílmicas incluyen *Which Way is Up?* (1971), *The China Syndrome* (1979), *La Bamba* (1987), *Born in East L.A.* (1987) y... *And the Earth Did Not Swallow Him* (1995). Fue productor asociado de *La Bamba.*

Jeff Valdéz

Criado en Pueblo, Colorado, Valdéz es escritor y productor quien ha creado programas para NBC, Comedy Central, Showtime, Galavisión y sindicalización, incluso *Café Olé*, y el Festival Latino de la Risa. Él es también presidente de Sí TV, y productor ejecutivo de *The Brothers Garcia* (2000–), de Nickelodeon.

Luis Valdéz

NACIMIENTO: 12/6/1940

Valdéz fundó El Teatro Campesino en las filas de los huelguistas de los campos de Delano, California, durante la gran huelga de las uvas en 1965. Él creó "actos": obras cortas que eran presentadas para dramatizar la causa de los labriegos y chicanos urbanos. El Teatro llevó de gira estos "actos" a través del país, atrayendo gran atención y aplausos para Valdéz y para la compañía, y recibiendo un galardón Obie como una obra de off-Broadway, y el premio de Los Angeles Drama Critics, en 1969 y 1972. En dos de sus giras europeas, Valdéz y ETC fueron aclamados internacionalmente en el Festival del Teatro Mundial en Francia, el Festival de las Naciones en París, y otros prestigiosos festivales europeos.

Zoot Suit, la obra dramática que él escribió y dirigió, se convirtió en una de las producciones más celebradas que haya jamás surgido de Los Angeles. Montada en los escenarios de Nueva York por la Organización Schubert, y el Fórum Mark Taper, *Zoot Suit* pasó a ser la primera obra teatral de un guionista chicano presentada en Broadway.

En 1987, Valdéz escribió y dirigió la versión cinematográfica de la laureada

Zoot Suit, cosechando una nominación Globo de Oro como Mejor Película Musical.

Luis Valdéz triunfó en Hollywood en 1987 con la película *La Bamba*, que escribió y dirigió para Columbia Pictures. La cinta fue uno de los mayores éxitos de taquilla del año, y convirtió en estrella al protagonista, Lou Diamond Phillips. La canción principal del mismo título, se elevó a los primeros lugares de las listas disqueras, y después de treinta años de haber salido al mercado por primera vez, se convirtió de nuevo en un éxito enorme.

Para televisión, Valdéz adaptó su obra teatral (1987). En ella aparecía Linda Ronstadt ofreciendo una relevante historia visual del folclore mexicano y sus canciones lo que recibió grandes ovaciones y conquistó el premio George Peabody. A continuación Valdéz dirigió la fantasía navideña, *La Pastorela* (1991), con Paul Rodríguez y Cheech Marín, para la serie "Great Performances", de PBS. Valdéz dirigió un programa de prueba para una serie de Televisión de Warner Brothers que no fue vendida, en la que aparecía Charles Haid.

Su última obra teatral, *I Don't Have to Show You No Stinkin' Badges*, terminó una gira que comenzó en el Centro Teatral de Los Angeles. En la primavera de 1994, un nuevo melodrama musical, titulado *Bandido*, escrito por Luis Valdéz, fue estrenado en el Forum Mark Taper, de Los Angeles. Ese mismo año, Valdéz dirigió la versión para televisión del Cisco Kid, en la que aparecía Jimmy Smits.

Harry Vallejo

Nacido Enrique Juan Vallejo

NACIMIENTO: 1883
DEFUNCIÓN: 1950

Nacido y criado en la Ciudad de México de una familia pudiente, Vallejo dejó el hogar a la edad de diecinueve años y vino a los Estados Unidos, donde encontró trabajo como camarógrafo de películas para Charlie Chaplin, Mack Sennet, Douglas Fairbanks y Mary Pickford. En 1927 regresó a México para hacer una serie de películas promocionales para la industria petrolera.

Víctor Vallejo

NACIMIENTO: 1907
DEFUNCIÓN: 1998

Hijo de Harry Vallejo, Víctor trabajó en la guardarropía de Warner Bros., entre 1927 y 1957. Llegó a ser segundo ayudante del director, y después, primero, y más tarde, jefe de unidad. Durante los siguientes veinte años, estuvo destinado a episodios de series de televisión tales como *Maverick* (1957–1962), *Hawaiian Eye* (1959–1963), *Mission Impossible* (1966–1973) y *77 Sunset Strip* (1958–1964).

Leonor Varela

Varela hizo su debut fílmico norteamericano junto a Leonardo DiCaprio en *The Man in the Iron Mask* (1998). Ella continuó su carrera apareciendo en el papel titular de *Cleopatra* (1999), en la miniserie épica de televisión, y en el largometraje *Texas Rangers* (2001). Varela, quien es de origen francés y chileno, es nativa de Chile y creció en los Estados Unidos, Costa Rica, Alemania, Chile y París.

Nina Varela

NACIMIENTO: 1908
DEFUNCIÓN: 12/2/1982

Actriz característica mexicana, Varela apareció en numerosas cintas del oeste de la Republic en los años 40 y 50, usualmente como una sufrida madrecita o una dama distinguida. Algunos de sus créditos fílmicos incluyen *Viva Zapata!* (1952), *Niagara* (1953), *Jubilee Trail* (1954) y *Madigan* (1968).

Jacob Vargas

NACIMIENTO: 18/8/1970

Los trabajos fílmicos de Vargas incluyen papeles en *The Principal* (1987), *American Me* (1992), *Gas, Food, Lodging* (1992), *Mi Vida Loca* (1993), *Mi Familia* (1995), *Selena* (1997), *Romy and Michele's High School Reunion* (1997), *The Hi-Lo Country* (1998), *Next Friday* (2000), *Traffic* (2000) y *Dragon Fly* (2002).

John Vargas

NACIMIENTO: 24/4/1955

Un puertorriqueño de Nueva York, Vargas ha aparecido en filmes tales como *Only When I Laugh* (1981), *Star Trek II: The Wrath of Khan* (1982), *Mass Appeal* (1984), *Hanoi Hilton* (1987), *Sunset Park* (1996), *Primary Colors* (1998) y *The Minus Man* (1999). Vargas fue un actor regular de la telenovela, *General Hospital* (1963–), y apareció en la serie *DEA* (1990–1991).

Joseph B. Vásquez

NACIMIENTO: 1963
DEFUNCIÓN: 16/12/1995

Desde la edad de doce años, cuando un amigo de la familia le regaló una cámara de 8mm, el escritor y director Joseph B. Vásquez estuvo buscando incesantemente hacer películas. Vásquez era puertorriqueño afroamericano, y sus cintas de bajo presupuesto incluyen *Street Story* (1989) y *Bronx War* (1991), en la que también apareció de actor. Él dirigió la aplaudida *Hangin' With the Home Boys* (1991), que lanzó las carreras de John Leguizamo, Mario Joyner, Doug E. Doug y Néstor Serrano. También ha dirigido *Street Hitz* (1992), y el estreno en vídeo de *Manhattan Merengue!* (1996).

Randy Vásquez

Vásquez hizo su debut en el cine en la cinta clásica de Eddie Murphy, *Beverly Hills Cop* (1984). También ha aparecido en el largometraje, *Fear City* (1985) y *The Demolitionist* (1995). En televisión, Randy se unió en 1999 al reparto de *JAG* (1995–). Apareció previamente como Paulo Kaire, gerente de un bar, en *The Love Boat: The Next Wave* (1998–1999), de UPN, y tuvo un papel importante en el drama del mediodía, *Santa Barbara* (1984–1992).

Isela Vega protagonizó el papel de Elena, una joven mexicana que se involucra en una búsqueda de talento en *Bring Me the Head of Alfredo García.*

Isela Vega

NACIMIENTO: 1940

La bella Isela Vega fue el símbolo sexual número uno y atracción taquillera de México y América Latina. Ella hizo buen uso de las exquisitas facciones esculturales de su cara y figura, apareciendo en algunos de sus filmes en secuencias de desnudo.

Nació en Sonora, México y a fines de los años 1960, Vega comenzó a aparecer en la pantalla como contrafigura de galanes prominentes como Jorge Rivera, Mauricio Garcés Jorje Luke y hasta Canfinflas.

Vega hizo su debut fílmico americano en un papel pequeño en *The Deadly Trackers* (1973). A esto siguió el papel coprotagónico de Elita, una mujer agotada, curvilínea y sin pelos en la lengua en *Bring Me the Head of Alfredo García (1974),* de Sam Peckinpah. Demostró ser actriz capacitada sin necesitar el brillo del sexo, por su trabajo en *Drum* (1976) y *Barbarosa* (1977). También ha actuado en los telefilmes, *The Rhineman Exchange* (1977), *The Streets of L.A.* (1979) y *The Alamo: Thirteen Days to Glory* (1987).

Sylvia Vega Vásquez

Diseñadora de vestuario, Vega Vásquez ha trabajado en las siguientes cintas fílmicas: *La Bamba* (1987), *American Me* (1992), *Menace II Society* (1993), *Murder in the First* (1995), *Set It Off* (1996) y *Black and White* (1998).

Jerry Velasco

NACIMIENTO: 31/1/1953

Actor natural de México, Velasco ha aparecido en cintas tales como *The Jerk* (1979), *Boulevard Nights* (1979) y *Heartbreaker* (1983).

Anita Velásquez

Actriz mexicano-americana, Velásquez ha aparecido en filmes tales como *Heartbreak Ridge* (1986), *Vibes* (1988), *In Harm's Way* (1965) y *Hawaii* (1966). Sus participación televisiva incluye *Hawaii Five-O* (1968–1980), *Dallas* (1978–1991), *The A-Team* (1983–1987), *Amen* (1986–1991) y *L.A. Law* (1986–1994).

Eddie Vélez

Nacido en la ciudad de Nueva York, Vélez asistió al Instituto de Arte y Diseño, y sirvió en las Fuerzas Aéreas de los Estados Unidos.

Vélez tuvo un papel de reparto importante en la cinta, *Repo Man* (1984). Sus otros filmes incluyen el papel del boxeador en *Split Decisions* (1988), junto a Gene Hackman, y *The Women's Club* (1987), con Michael Pare. Vélez hizo su debut en la televisión en el programa de prueba para la serie *For Love and Honor* (1983), y apareció en los telefilmes *Drug Wars: The Camarena Story* (1990), *Danger Island* (1992), *Body Bags* (1993), *Bitter Vengeance* (1994) y *Father's Choice* (2000). También ha aparecido en numerosas series de televisión incluyendo *Live Shot* (1995), y su papel actual como el detective Alex García en la telenovela, *General Hospital* (1963–), y su derivado, *Port Charles* (1997–).

Lupe Vélez en los años 40.

Lauren Vélez

Nacida en Puerto Rico, Vélez apareció en varios espectáculos de Broadway, televisión y papeles fílmicos, incluso *I Like It Like That* (1994), *City Hall* (1995) y *I Think I Do* (1997). En la televisión, ella es más conocida por su papel de Nina Moreno en la serie de Fox, *New York Undercover* (1994–1998), y un papel que reaparece en la serie de HBO, *Oz* (1997–). La actuación de Vélez en Broadway incluye *Into the Woods* y *Dreamgirls.*

Lupe Vélez

Nacida Guadalupe Villalobos Vélez

NACIMIENTO: 1909
DEFUNCIÓN: 14/12/1944

Nacida en el pueblo mexicano de San Luis de Potosí, hija de una cantante de ópera y un coronel del ejército, Vélez recibió su educación formal en un convento de San Antonio, Texas. El veterano actor de las tablas, Richard Bennet, la descubrió en la Ciudad de México, mientras ella aparecía en un musical. Después de una serie de trabajos como bailarina en México y Hollywood, consiguió su primera asignación en una serie de comedias de Hal Roach.

En 1927, a la edad de dieciocho años, tuvo sus inicios en el cine, aceptando el papel de una montañera salvaje, junto a Douglas Fairbanks, en la cinta muda *The Gaucho*, después que Dolores Del Río lo rechazó. Recibió buenas críticas y la cinta tuvo un gran éxito. Su papel importante siguiente fue como una joven de moral dudosa en *Lady of the Pavement* (1928, muda), de D.W. Griffith, que tenía lugar en el París de 1868.

Apareció en *Wolf Song* (1929), como contrafigura de un Gary Cooper muy joven quien estaba muy impresionado con Vélez. Tuvieron amoríos durante tres años, hasta que la familia de Cooper lo disuadió de casarse con ella, porque era mexicana. En *Where East Is East* (1929) de la MGM, interpretó la hija mestiza de Lon Chaney. En 1931 hizo con John Boles la versión hablada de *Resurrection*, en la que Del Río había triunfado antes. Apareció en la nueva versión hablada de la cinta de DeMille, *The Squaw Maiden* (1931), donde hizo de doncella india. Después de *Cuban Love Song*, en 1931, cambió los papeles demasiado dramáticos por comedias, para lo que ella estaba mejor capacitada. Vélez tuvo un tormentoso matrimonio de cinco años con Johnny Weissmuller (campeón olímpico de natación, y el Tarzán de la pantalla), que terminó en divorcio. Ella volvió a gozar de fama en 1939, cuando regresó a la pantalla en la serie de comedias de segunda categoría, llamada la Mexicana Volcánica, para RKO, que obtuvieron gran éxito. Su dinamismo, unido a la forma rápida y aguda en que ella recitaba sus líneas, y su fogoso temperamento latino, le valieron el sobrenombre de "Gata Salvaje Mexicana" o "Tamal Caliente", como resultado de esas populares comedias. Desilusionada después de que terminara el conflicto amoroso que la dejó embarazada, Vélez se suicidó en 1944.

Elena Verdugo

NACIMIENTO: 20/4/1927

Elena Verdugo recibió dos candidaturas a los premios Emmy como Mejor Actriz de Reparto, mientras que fue coprotagonista durante siete años de la aplaudida serie *Marcus Welby, M.D.* (1969–1976), como la enfermera Consuelo López.

Oriunda de Paso Robles, California, Elena creció en Los Angeles. Es la quinta generación californiana de su familia, y descendiente directa de Don José María Verdugo, a quien el Rey de España hizo una de las primeras donaciones de tierra hace más de 200 años.

De niña, Verdugo demostró talento para la danza, por lo que la matricularon en una academia de baile. Sus primeras apariciones profesionales fueron de niña bailarina en muchas de las salas de cine del vasto centro de Los Angeles. A los diecisiete años, grabó "Tico Tico" con la orquesta de Xavier Cugat. Elena fue descubierta por un cazatalentos de la Twentieth Century Fox, que la contrató. Completó su educación teniendo como condiscípulos a Anne Baxter, Roddy McDowall y Linda Darnell.

Hizo su debut en el cine cuando solamente tenía trece años, apareciendo en *Allá en Argentina* (1940), con Don Ameche y Betty Grable. Esto la condujo a su otro papel importante, como una belleza tahitiana, junto a George Sanders, como Gauguin, en la inolvidable cinta, *The Moon and Sixpence* (1942). Más tarde ella apareció en *House of Frankenstein* (1944); con Abbot y Costello en *Little Giant* (1946); y *Cyrano de Bergerac* (1950), con José Ferrer. A principios de los años 50, Verdugo actuó en una de las series de mayor éxito en la televisión, *Meet Millie* (1952–1956), que la estableció definitivamente como un talento mayor. Ella hacía el papel de una secretaria neoyorquina con una madre "bocaza" y demasiado rubia. Después de la serie, se convirtió en invitada de numerosos programas incluso *The Red Skelton Show* (1971–1975), *Bob Cummings Show* (1961–1962), y también apareció como coprotagonista de *The Phil Silvers Show* (1964–1964).

Elena Verdugo en el papel de la enfermera Consuelo Lopez, ganadora de un premio Emmy, en *Marcus Welby, M.D.*

Noah Verduzco

Niño actor, Verduzco ganó experiencia y se dio a conocer apareciendo en comerciales. Sus trabajos fílmicos incluyen *Radio Flyer* (1992), *Bound by Honor* (1993) y *D2: The Mighty Ducks* (1994).

James Victor

NACIMIENTO: 27/7/1939

Natural de la República Dominicana, Victor inmigró a la ciudad de Nueva York con su familia cuando tenía cuatro años. Sus apariciones fílmicas incluyen *Rolling Thunder* (1977), como López, un bravucón de barra; *Boulevard Nights* (1979), como el dueño de un taller de reparar autos; *Defiance* (1980), como un cura puertorriqueño; *Borderline* (1980), una cinta de suspenso de Charles Bronson, en la que él aparece como Mirández, el chofer de un camión que transporta algo más que tomates a través de la frontera; y *Losin' It* (1983), en la que aparece como un turbio abogado, junto a Shelley Long. Él continuó haciendo otros papeles en *Párate y Recita* (1987) y *Executive Decision* (1996), con Kurt Russell.

En 1976, Victor apareció en *Viva Valdéz!*, la primera serie transmitida en la hora de mayor audiencia en una cadena de televisión que presentaba una familia hispana. En 1982 fue contratado para su segunda serie, *Condo* (1983), una comedia de ABC, donde aparecía como un abuelo de setenta y cinco años, la que requería un maquillaje de cuarenta y cinco minutos para la transformación. Pasó cuatro temporadas en España en el papel del vivaracho sargento García, en el *Zorro* (1990–1993), de NewWorld Televisión, donde aparecía Duncan Regehr en el papel titular. Victor también ha actuado en la miniserie *The Streets of Laredo* (1995), y el filme de televisión, *The Second Civil War* (1997). También ha participado en obras de teatro, tanto en Nueva York como en Los Angeles.

Christina Vidal

NACIMIENTO: 1982

Niña actriz natural de Puerto Rico, Vidal apareció en *Life with Mikey*, junto a Michael J. Fox, en 1993. También fue la estrella de la aplaudida *Welcome to the Dollhouse* (1995), de Todd Solondz, *Nick Freno: Licensed Teacher* (1966–1968), para la WB y *Taina* (2001), la serie televisada de la cadena de cable Nickelodeon.

Lisa Vidal

Las actuaciones fílmicas de Vidal incluyen *Night and the City* (1992), *I Like It Like That* (1995), *The Wonderful Ice Cream Suit* (1998) y *Active Stealth* (1999). En televisión ella ha aparecido en los telefilmes, *The Third Twin* (1997), *The Taking of Pelham One, Two, Three* (1998) y *Naked City: A Killer Christmas* (1998). Otras obras incluyen *High Incident* (1996–1997), y como invitada en programas tales como *Miami Vice* (1984–1989), *New York Undercover* (1994–1998), *Law and Order* (1990–) y *The Division* (2001) de la cadena Lifetime.

Reynaldo Villalobos

El cineasta Villalobos, nacido y criado en Los Angeles, ha creado imágenes inolvidables en la pantalla, por haber aparecido en una lista muy diversa de películas, entre ellas, *9 to 5* (1980), *The Ballad of Gregorio Cortez* (1983), *Risky Business* (1983), *Punchline* (1988), *Major League* (1989), *Coupe de Ville* (1990), *American Me* (1992), *A Bronx Tale* (1993), *Romy and Michele's High School Reunion* (1997), *Return to Paradise* (1998) y *Love and Basketball* (2000).

También ha dirigido episodios de varias series de televisión incluyendo *Tour of Duty* (1987–1990), *Midnight Caller* (1988–1991) y *L.A. Doctors* (1998–1999). Villalobos dirigió *Conagher* (1991) para la cadena Turner de televisón, y el estreno del vídeo casero, *Hollywood Confidential* (1997), con Edward James Olmos.

El padre de Villalobos era pintor suplente de los estudios, antes de ponerse al frente del departamento de pintura del estudio. El joven Villalobos, después de terminar la secundaria, asistió el colegio universitario Camino y el Dominican State College, especializándose en arte y diseño. Luego se alistó en la Armada, donde trabajó como fotógrafo.

Regresando a la vida de civil, Villalobos trabajó como peón en el estudio, pintando y transportando equipos, antes de ser empleado como cameraman ayudante para *The Young Lawyers*, en 1969.

Director de fotografía Reynaldo Villalobos (en la cámara) filmando una escena de *Punchline*, una comedia agridulce sobre la búsqueda del éxito en el mundo de la comedia.

Después de sólo ocho meses de experiencia como miembro del equipo de cámaras, Villalobos fue ascendido a primer ayudante de camarógrafo. Trabajó en esa capacidad por ocho años antes de convertirse en operador. Comenzó su carrera de cineasta en *Urban Cowboy* 1980.

Carlos Villar
Nacido Carlos Villarias

Nacido en Córdoba, España, el actor Carlos Villar trabajó en la versión en español de *Drácula* en 1931. Ocasionalmente trabajaba en papeles de cintas en inglés a través de los años 30 y de los 40. También apareció en el papel de camarero principal en *Bordertown* (1935).

Vivió en Cuba por varios años y después regresó a España, y nunca más se supo de él. Se presume que ha muerto porque no pudo ser localizado en 1992, para que asistiera a la exhibición de la restaurada Drácula, en España.

Daniel Villarreal

NACIMIENTO: 19/11/1960

Villarreal interpretó a un inalcanzable pandillero bravucón en *Párate y Recita* (1988), joven miembro de una pandilla de la cárcel en *American Me* (1992), y el papel de Ray, en la aplaudida cinta *Speed* (1994), con Keanu Reeves y Sandra Bullock.

Mike Vitar

NACIMIENTO: 1979

Nacido en el área de Los Angeles, Vitar interpretó el papel de Benny Rodríguez en la cinta *The Sandlot* (1993), y Luis Mendoza en *D2: The Mighty Ducks* (1994) y *D3: The Mighty Ducks* (1996). En televisión, él ha aparecido en la famosa serie de CBS, *Brooklyn Bridge* (1991–1994).

Sam Vlahos

NACIMIENTO: 10/8/1935

Nacido en San Diego, California, de padre griego y madre mexicana, Vlahos ha aparecido en filmes tales como *Summer and Smoke* (1961), *El Milagro del Campo de Frijoles de Milagro* (1988), *Powwow Highway* (1989), *Kiss Me a Killer* (1991), *Steal Little, Steal Big* (1995), *Lone Star* (1996), *The Disappearance of Garcia Lorca* (1997) y *American History X* (1998). Ha hecho muchas apariciones en episodios de televisión en series desde *Hawaiian Eye* (1959–1962), de los comienzos de los 60, a *Hill Street Blues* (1981–1987), en los 80, y *General Hospital* (1963–), en los 90.

Raoul Walsh

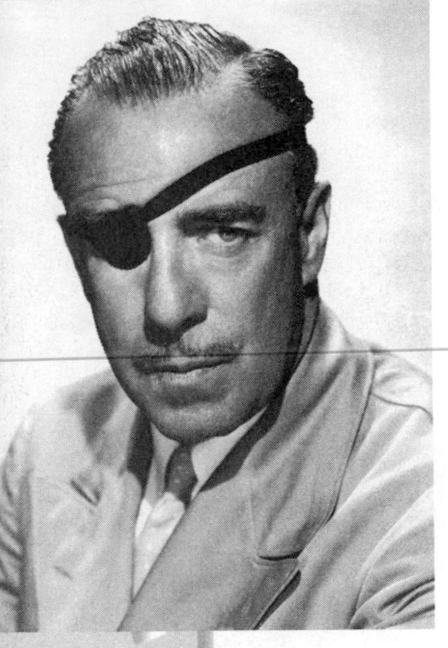

Raoul Walsh

NACIMIENTO: 11/3/1887
DEFUNCIÓN: 31/12/1980

Raoul Walsh fue notable por su dirección rápida de atractiva dureza y filmes de acción masculina y comedia tosca, donde las mujeres salían mejor paradas como fuertes, independientes, tipos pioneros integrales de sus historias.

Nacido en la ciudad de Nueva York, de madre española y padre irlandés, Walsh pasó el final de su adolescencia de vaquero, viajando a través de México y el oeste americano. Más tarde trabajó con su tío de Marino, en viaje a Cuba. Uno de sus primeros trabajos como cineasta fue trabajar para D.W. Griffith, quien lo mandó a México a filmar las proezas verdaderas de Pancho Villa.

Walsh dirigió y le dio forma, en *In Old Arizona* (1929), a las hazañas del Cisco Kid, en los comienzos de las cintas de sonido al aire libre. Tenía la intención de hacer el papel protagónico él mismo, pero un desafortunado accidente durante la filmación tuvo como consecuencia la pérdida de un ojo, que dio por terminada su carrera de actor. Walsh ya había dirigido la mayor parte de las secuencias al aire libre, y el director Irving Cummings guió al actor Warner Baxter, quien reemplazó a Walsh, hacia un premio de la Academia, por su triunfante interpretación del Cisco Kid.

Walsh también dirigió a Dolores Del Río en su primer gran papel en el cine, como la doncella labriega francesa, en la exitosa cinta muda, *What Price Glory?* (1926), y como Carmen en *The Loves of Carmen* (1927). Sus mayores triunfos se encuentran en los trabajos de director que hizo para la Warner Bros. entre 1939 y 1951.

Dirigió a Cornel Wilde en el papel de Víctor Mendoza, el empleado de un hotel, en la cinta clásica *High Sierra* (1941), protagonizada por Humphrey Bogart. Dirigió a Anthony Quinn como el jefe Crazy Horse (Caballo Loco), en *They Died with Their Boots On* (1941), con Errol Flynn en el papel estelar, y quince años más tarde, en otro papel estelar de marinero portugués, junto a Gregory Peck, en un drama de doble impacto de la costa bárbara del siglo XIX, *The World in His Arms* (1952). Walsh también dirigió a Joel McCrea como un vaquero dado a la fuga, y a Virginia Mayo como una mexicana mestiza en *Colorado Territory* (1949). En *Distant Drums,* dirigió a Gary Cooper en una historia de soldados yanquis que combatían a los indios en los Everglades, y a soldados españoles a lo largo de la costa de la Florida. En *Captain Horatio Hornblower* (1951), Walsh también dirigió una romántica aventura marinera con Gregory Peck en el papel titular de un capitán naval inglés, en guerra con los franceses y los españoles.

Ethan Wayne

NACIMIENTO: 1962

El hijo más joven de John Wayne, y su esposa peruana, Pilar, Ethan apareció como el niño que es secuestrado en *Big Jake* (1971), donde también actuaba su padre. De adulto trabajó en la nueva serie sindicalizada de *Adam 12* (1989–1990) y en *The Bold and the Beautiful* (1987–). Él también ha aparecido como invitado en varias series episódicas de televisión.

Raquel Welch
Nacida Raquel Tejada

NACIMIENTO: 5/9/1940

Raquel Welch en 1993

La última de los símbolos y diosas del sexo fabricados por los estudios, Raquel llegó al pináculo de la popularidad durante la medianía de los años 60 y comienzos de los 70. Nació en Chicago, hija de Armando C. Tejada, ingeniero nativo de Bolivia, y Josephine Sarah Hall. Ha aparecido en más de treinta y cinco películas junto a principales actores como Richard Burton, Burt Reynolds, Dudley Moore, James Stewart, Frank Sinatra, Dean Martin, Vittorio De Sica, Jean-Paul Belmondo y Bill Cosby. Ha trabajado con directores de la talla de Stanley Donen, Richard Lester, Herbert Ross, Peter Yates y James Ivory.

Welch hizo su debut en el cine en un papel pequeño, como estudiante de un colegio universitario en el filme de Elvis Presley, *Roustabout* (1964), y pronto consiguió otro pequeño papel, como la joven de un burdel en *A House is Not a Home* (1964), junto a Shelley Winters. Contratada como actriz incipiente de la Twentieth Century Fox, fue preparada para el estrellato después que atrajo la atención como la belleza prehistórica que vestía un bikini en *One Million Years B.C.* (1967). En 1965, la revista *Time* la llamó, "El Símbolo Sexual Número Uno de la Nación". Ese año tuvo papeles en cuatro producciones de importancia, *The Biggest Bundle of Them All* (1968), *The Lovely Ladies* (1966), *Shout Loud, Louder, I Don't Understand!* (1966), junto a Marcello Mastroianni, y el papel principal de *Fathom* (1967). La respuesta a sus fotos de publicidad, y la atención que ella atraía, hizo que el estudio le diera papeles junto a estrellas masculinas importantes, en cintas de gran aparato como *Fantastic Voyage* (1946), con Stephen Boyd, *Bandolero!* (1968), con Dean Martin y James Stewart, y *Lady in Cement* (1968), con Frank Sinatra.

Sus papeles en estos filmes sacaron provecho de su belleza física y presencia en la pantalla. Hizo el papel de María, una mexicana en *Bandolero!*, y el de Sarita, una india yaqui mexicana en *100 Rifles* (1969). Entre sus otros créditos fílmicos están *Bedazzled* (1967), *Kansas City Bomber* (1972), *The Last of Sheila* (1973), *The Wild Party* (1975) y *Mother, Jugs & Speed* (1976). Según ella maduraba, los críticos reconocían su talento de actriz, comenzando con *Los Tres Mosqueteros* (1974), de Richard Lester. Sin embargo, ya en ese tiempo su imagen como símbolo del sexo estaba tan grabada en la mente del público, que no pudo escapar de ella, y la respuesta en la taquilla a sus películas disminuyó. Ella sí supo utilizar su imagen de la pantalla en beneficio propio, cuando se arriesgó a hacerse cargo del papel de Lauren Bacall, en el exitoso musical de Broadway, *Woman of the Year* (1981). La curiosidad del público por ver a la legendaria mujer de cuerpo hermoso, aumentó la venta de entradas, y público y críticos por igual fueron agradablemente sorprendidos por su movida representación y habilidad de actriz. Welch continuó presentándose en Las Vegas y Atlantic City, igual que en salas de concierto de Londres, París y Río de Janeiro. En televisión, ella ofreció una aplaudida actuación en el telefilme, *Right to Die* (1987), como víctima de la enfermedad Lou Gehrig, y a continuación hizo *Scandal in a Small Town* (1988). En una entrevista del *New York Times*, el 7 de octubre de 1987, ella comentó sobre su papel en la película de televisión, "Yo abandoné todo lo que antes había usado en un papel, todo lo que era la pública Raquel Welch. Fue un gran alivio. Había una gran libertad en saber por mí misma cuánto más había sin todo lo anterior, y cuánto podía yo aspirar personalmente, lo mismo que como actriz".

Recientemente, ella tuvo un papel estelar en una serie que duró poco en la pantalla chica, *Central Park West* (1995–1996), y también apareció en el telefilme, *Chairman of the Board* (1998).

En la actualidad, además de ser es una mujer guru de la buena forma física, de lo que ella representa un ejemplo sorprendente reparte el papel de la tía Dora en la serie de PBS *American Family* (2002). Su más reciente filme ha sido *Tortilla Soup* (2001).

Tahnee Welch

Hija de Raquel Welch, Tahnee hizo su debut en televisión en *Falcon Crest* (1981–1990). Ha aparecido en cintas como *Cocoon* (1985), *Cocoon: The Return* (1988), *Improper Conduct* (1994), *I Shot Andy Warhol* (1996) y *Body and Soul* (1998).

Guy Williams

Nacido Armando Catalano

NACIMIENTO: 1924
DEFUNCIÓN: 8/5/1989

Guy Williams, quien protagonizó la serie de televisión de Walt Disney como el *Zorro*.

Guy Williams, nacido en la ciudad de Nueva York, se volvió una estrella de la noche a la mañana por su papel en la popular serie de televisión de los años 1950, *Zorro* (1957–1959), y su nombre se convirtió en una palabra conocida en todos los hogares americanos. De más de seis pies de estatura, italo-americano de segunda generación, Walt Disney lo escogió para representar al Zorro en televisión, el papel que habían hecho famoso en el cine Douglas Fairbanks, Sr., y después Tyrone Power.

Él nunca pudo igualar el éxito de las películas de Zorro, y fue por siempre identificado como el "Enmascarado vengador de la antigua California". Continuó después presentándose como invitado de un número de episodios de las series de televisión *Bonanza* (1959–1973), como primo de la familia Cartwright. Williams trabajó en dos filmes teatrales, *The Prince and the Pauper* (1962) y *Captain Sinbad* (1963).

De 1965 a 1968, Williams apareció como el Profesor John Robinson en la serie televisada, *Lost in Space* (1965–1968). Disney le ofreció el papel del Zorro para una efímera serie cómica de *Zorro and Son*, pero él rehusó. Se mantuvo activo en el cine y la televisión hasta su muerte de un ataque al corazón en Buenos Aires, donde residía desde hacía algunos años.

David Wisnievitz

Nacido en la Ciudad de México, Wisnievitz ha trabajado como coproductor ejecutivo de *Selena* (1997), y fue gerente de producción de las cintas *La Guerra del Campo de Frijoles de Milagro* (1988) y *The Ballad of Gregorio Cortez* (1983). Sus otros trabajos fílmicos incluyen *Valentino Returns* (1988), *Gringo Viejo* (1989),

Talent for the Game (1991), *White Sands* (1992), *Searching for Bobby Fischer* (1993), *Marvin's Room* (1996), *Sliding Down* (1998) y *A Civil Action* (1999).

DAVID YAÑEZ

Niño actor, Yañez ha aparecido en muchos episodios de series de televisión y películas a fines de los años 70, y durante los 80, usualmente como un indio norteamericano o un joven hispano. Ha participado en la miniserie *Centennial* (1978), y la película, *Born in East L.A.* (1987).

ALFRED YBARRA

NACIMIENTO: 1907

Director de arte, Ybarra trabajó en filmes tales como *The High and the Mighty* (1954) y la epopeya de 1960, *The Alamo*, de la compañía productora Batjac de John Wayne.

Natural de California y descendiente directo de las familias originales fundadoras de Los Angeles, Ybarra fue arquitecto antes de entrar en la industria del cine, y pasó dos años trabajando en los planos del Empire State Building de Nueva York. Entró al negocio del cine como diseñador de escenarios en 1935, en los estudios de Samuel Goldwyn, y se convirtió en director de arte en 1943. Ybarra trabajó para RKO Radio Pictures, y tuvo a su cargo la supervisión de las instalaciones Churubusco, de la Ciudad de México, a mediados de los años 40. Fue diseñador de producción y director de arte de un número de cintas rodadas en México en ese período. Entre sus múltiples créditos como director de arte aparecen *The Fugitive* (1947), *The Bullfighter and the Lady* (1951), *Track of the Cat* (1954), *Blood Alley* (1955) y *The Comanchero* (1961). Ybarra se retiró en 1967.

ROCKY YBARRA

NACIMIENTO: 1900
DEFUNCIÓN: 1965

Actor vaquero y doble de escenas riesgo, Ybarra trabajó en innumerables películas, incluyendo *Viva Zapata!* (1952).

RICHARD YÑIGUEZ

NACIMIENTO: 8/12/1946

Atractivo galán mexicano-americano, Yñiguez ha aparecido en *Boulevard Nights* (1979) y *Raíces de Sangre* (1979), y ha tenido papeles importantes en filmes tales como *Zandy's Bride* (1974) y *Cancel My Reservation* (1972). Ha aparecido también en los telefilmes *Tribes* (1970), *The Deadly Tower* (1975), *River of Promises* (1977), *Memories Never Die* (1982), *The Dirty Dozen: The Fatal Mission* (1988), *Rio Diablo* (1993), *The Second Civil War* (1997), y el estreno del vídeo, *Judgment Day* (1999).

Nacido en Firebaugh, California, y criado en Sacramento, Yñiguez se mudó con su familia a México, donde pasó los primeros años de su adolescencia, y pensaba entrar en el sacerdocio, pero a los diecisiete años de edad, regresó a California y sirvió en la Armada de los Estados Unidos por tres años. Después asistió a la universidad de Los Angeles, mientras trabajaba en una funeraria de noche para mantenerse. Mientras consideraba las opciones para una carrera, comenzó a escribir canciones y a trabajar en teatros de la localidad, aspirando empezar su propio grupo teatral. En 1968, Yñiguez consiguió su primer papel en la televisión diurna en *Canción de la Raza*, para PBS. Fue la primera serie de televisión escrita y producida por un chicano. Siguieron muchas apariciones en televisión en programas tales como *Marcus Welby, M.D.* (1969–1976), *Bonanza* (1959–1973), *Hawaii Five-O* (1968–1980), *The Streets of San Francisco* (1972–1977) y *Simon & Simon* (1981–1988).

José Yrigoyen

NACIMIENTO: 1910
DEFUNCIÓN: 11/1/1998

Actor vasco veterano y doble de escenas de riesgo, Yrigoyen apareció en numerosas series y películas, desde mediados de los años 30 hasta 1965. Yrigoyen hizo dobles para Roy Rogers en muchas cintas del oeste, y trabajó en la Republic Pictures desde 1935 hasta 1958. Sus trabajos fílmicos incluyen *Zorro's Fighting Legion* (1939), *Dark Command* (1940), *Saddle Pals* (1947), *Susanna Pass* (1949), *Ben-Hur* (1959) y *The Sons of Katie Elder* (1965).

Daniel Zacapa

Ha participado en películas como *Boulevard Nights* (1979), *Seven* (1995), *Up Close & Personal* (1996), *The Odd Couple II* (1998), *The Mexican* (2001), y en el telefilme, *Witness Protection* (1999). Ha aparecido como invitado en varios programas de televisión como *Beverly Hills, 90210* (1990–2000), *Diagnosis Murder* (1993–) y *The Practice* (1997–).

Del Zamora

Nacido en Roswell, Nuevo México, Zamora apareció como uno de los hermanos Castillo en *Repo Man* (1984). Otros actuaciones fílmicas incluyen *Sid and Nancy* (1986), *Born in East L.A.* (1987), *RoboCop* (1987), *Powwow Highway* (1998), *Man's Best Friend* (1993), *The Outfitters* (1999) y *Tortilla Heaven* (2000).

Carmen Zapata

NACIMIENTO: 1927

Durante más de cuarenta años en la industria, Zapata ha disfrutado de una carrera altamente diversificada como actriz, productora, traductora, conferenciante y narradora. Su carrera comenzó en 1946 en las tablas de Broadway, en el musical *Oklahoma!*. Siguieron otros musicales como *Bells Are Ringing* (1956), *Guys and Dolls* (1957), y aún más. Esta actriz mexicano-americana ha aparecido en muchos papeles fílmicos incluso *Sol Madrid* (1968), *Hail, Hero!* (1969), *Pete and Tillie* (1972), *Boulevard Nights* (1979) y como una de las monjas del coro en *Sister Act* (1992), junto a Whoopi Goldberg. Ella ha trabajado en un papel que reaparece varias veces en *Flamingo Road* (1981–1982), y en *The Dick Van Dyke Show* (1971–1974); también fue vista durante tres años en la telenovela, *Santa Barbara* (1984–1992), en el papel de Carmen Castilla. Zapata apareció en una serie efímera de la hora de mayor público en televisión, *Viva Valdez* (1976), y durante nueve temporadas trabajó en la serie bilingüe para niños de PBS, *Villa Alegre*. Es cofundadora de la Fundación Bilingüe de las Artes, una compañía teatral residente de Los Angeles.

Zeppy Zepúlveda

Encargado de la propiedad de los estudios Universal, Zepúlveda mejoró muchas películas durante la era dorada de la Universal, desde fines de los años 30 hasta principios de los 70.

Daphne Zúñiga

NACIMIENTO: 28/10/1962

Zúñiga ha aparecido en cintas como la comedia de Rob Reiner, *The Sure Thing* (1985), en la que fue una estudiante itinerante de colegio universitario; *Spaceballs* (1987), de Mel Brooks, como una princesa del espacio que transita en un Mercedes; y *The Fly II* (1989), como programadora de computadoras, que se enamora del desafortunado hijo de La Mosca.

Nacida en San Francisco y criada en Berkeley, California, Zúñiga vivió brevemente con su familia en Vancouver, Canadá. Fue allí donde, a la edad de doce años, apareció por vez primera en el escenario, trabajando en una producción de *H.M.S. Pinafore*. Trabajó en producciones teatrales del colegio y la comunidad, y estudió en el Conservatorio Teatral Americano de San Francisco. Zúñiga se matriculó en el programa de arte teatral de UCLA, y en 1984, la actriz hizo su debut profesional en el suspense, *The Initiation*. Entre sus otros trabajos fílmicos aparecen *Vision Quest* (1985), junto a Matthew Modine; *Modern Girls* (1986) y *Last Rites* (1988), como una vampiresa, junto a Tom Berenger. Su actuación en la televisión incluye el filme *Stone Pillow* (1985), junto a Lucille Ball, y *Quarterback Princess* (1983). Ella es más conocida por su papel como Jo Reynolds, la bella y cabezadura fotógrafa, en la serie de Fox, *Melrose Place* (1992–1999). Recientemente ha participado en las miniseries, *Degree of Guilt* (1995), *Pandora's Clock* (1996), y el largometraje, *Artifical Lies* (2000).

Frank Zúñiga

NACIMIENTO: 20/3/1926

Director de cine, cuya lista de películas incluye *The Golden Seal* (1983), *Heartbreaker* (1983) y *Fist Fighter* (1988), todas de la compañía Goldwyn.

José Zúñiga

Sus laboras fílmicas incluyen *Alive* (1993), *Crooklyn* (1994), *Smoke* (1995), *Striptease* (1996), *Con Air* (1997), *Hurricane Streets* (1998), *The Opportunists* (1999) y *Tortilla Heaven* (2000). Zúñiga ha aparecido también en episodios de televisión de programas como *Nothing Sacred* (1997), *Mad About You* (1992–1999) y *NYPD Blue* (1993–).

BIBLIOGRAFÍA

Adams, Les, and Rainey, Buck—*Shoot Em Ups* (Arlington House: New Rochelle, NY, 1978).

Agan, Patrick—*Decline and Fall of The Love Goddesses* (Pinnacle Books: Century City, CA, 1979).

Belafonte, Dennis, and Marill, Alvin H.—*The Films of Tyrone Power* (Citadel Press: New York, 1979).

Bell, Geoffrey—*The Golden Gate and the Silver Screen* (Cornwall Books: New York, 1984).

Boetticher, Budd—*When in Disgrace* (Neville Publishing: Santa Barbara, CA, 1989).

Buscombe, Edward—*The BFI Companion To The Western* (Atheneum: New York, 1988).

Cardoso, Abel, Jr.—*Carmen Miranda* (Simbolo S.A. Industria, Graficas: São Paulo, Brasil, 1978).

Crowther, Bruce—*Charlton Heston: The Epic Presence* (Columbus Books: London, England, 1986).

De Usabel, Gaizka—*The High Noon of American Film in Latin America* (UMI Research Press: Ann Arbor, MI 1982).

Eames, John Douglas—*The MGM Story* (Crown Publishers: New York, NY, 1976).

Eames, John Douglas—*The Paramount Story* (Crown Publishers: New York, NY, 1985).

Everson, William K.—*The Films of Laurel and Hardy* (Citadel Press: New York, NY, 1967).

Gallagher, Tag—*John Ford: The Man and His Films* (University of California Press: Los Angeles, CA, 1986).

Gunning, Tom—*D.W. Griffith and the Origin of American Narrative Film* (University of Illinois Press: Urbana and Chicago, 1991).

Haskell, Molly—*From Reverence to Rape* (Holt, Rinehart & Winston: New York, NY, 1974).

Hirschhorn, Clive—*The Columbia Story* (Crown Publishers: New York, NY, 1989).

Hirschhorn, Clive—*The Warner Bros. Story* (Crown Publishers: New York, NY, 1979).

Hurst, Richard Maurice—*Republic Studios: Between Poverty Row and the Majors* (Scarecrow Press: Metuchen, NJ, 1979).

Huston, John—*An Open Book* (Alfred A. Knopf: New York, NY, 1980).
Jewell, Richard B., and Harbin Vernon—*The RKO Story* (Arlington House: New York, NY, 1982).
Koszarski, Diane Kaiser—*The Complete Films of William S. Hart* (Dover Publications: New York, NY, 1980).
Langman, Larry—*A Guide to Silent Westerns* (Greenwood Press: Westport, CT, 1992).
McCarty, John—*The Complete Films of John Huston* (Citadel Press: New York, NY, 1990).
Miller, Frank—*Casablanca: As Time Goes By* (Turner Publishing: Atlanta, GA, 1992).
Mora, Carl J.—*Mexican Cinema: Reflections of a Society, 1896–1988* (University of California Press: Los Angeles, CA, 1989).
Nash, Jay R., and Ross, Stanley R.—*Motion Picture Guide,* 12 vols. (Bowker: New York, NY, 1986).
Newman, Kim—*Wild West Movies* (Bloombury Publishing Limited: London, England, 1990).
Noriega, Chon—*Chicanos and Film* (Garland Publishing: New York, NY, 1992).
Okuda, Ted—*The Monogram Checklist: The Films of Monogram Pictures Corporation, 1931–1958* (McFarland: Jefferson, NY, 1987).
Oshana, Maryann—*Women of Color: A Filmography of Minority and Third World Women* (Garland Publishing: New York, NY, 1985).
Parish, James Robert—*The Paramount Pretties* (Arlington House: New Rochelle, NY, 1972).
Parish, James Robert—*The RKO Gals* (Arlington House: New Rochelle, NY, 1974).
Parish, James Robert, and Bowers, Robert L.—*The MGM Stock Company* (Arlington House: New Rochelle, NY, 1973).
Sennett, Ted—*Warner Bros. Presents* (Arlington House: New Rochelle, NY, 1971)
Shipman, David—*The Great Movie Stars: The International Years* (Hill and Wang: New York, NY, 1980).
Vermilye, Jerry—*Burt Lancaster: A Pictorial Treasury* (Fallon Enterprises: New York, NY, 1971).
Walsh, Raoul—*Each Man in His Own Time* (Farrar, Strauss, & Giroux: New York, NY, 1974).
Wiley, Mason, and Bona, Damien—*Inside Oscar: The Unofficial History of the Academy Awards* (Ballantine Books: New York, NY, 1988).
Zmijewsky, Boris, and Pfeiffer, Lee—*The Films of Clint Eastwood* (Citadel Press: New York, NY, 1982, 1988).

SOBRE EL AUTOR

Luis I. Reyes es un veterano publicista de películas y televisión cuyos méritos incluyen *The Lonely Girl*, *Zoot Suit*, *Párate y Recita*, *American Me*, *Hoosiers* y *My Family*, de New Line Cinema. También ha trabajado en *The Josephine Baker Story* de HBO, *The Cisco Kid* de TNT, la serie *Dr. Quinn: Medicine Woman* de CBS y *Resurrection Blvd* de Showtime.

Reyes es una autoridad conocida de la historia de los hispanos en las películas de Hollywood y Hawaii, y es reconocido como la persona que ha encontrado y catalogado el patrimonio latino de Hollywood. Reyes ha aparecido en el programa de CNN, *Showbiz Today*; la serie de A&E, *Biography*; y E! Entertainment Televisión. También ha salido en los periódicos *USA Today*, *Los Angeles* Times, *San Francisco Chronicle* y *New York Daily News*. Reyes también es el autor de *Made in Paradise: Hollywood's Films of Hawaii and the South Seas* (Honolulu, Mutual Publishing, 1995) y co-autor de *Pearl Harbor in the Movies* (Mutual Publishing, 2001).

Reyes ha dado conferencias sobre cintas en UCLA y la universidad del Estado de California, Northridge, y es afiliado con el Director's Guild of America y The Publicists Guild. Sus artículos sobre las películas han aparecido en el *Los Angeles Times*, *The Oakland Tribune*, *Hemispheres* (una revista de la aerolínea de United) y *Hawaii Magazine*.

Por seis años consecutivos, Reyes ha tenido una exposición, "Latinos in Hollywood," para el mes del latino en la ciudad de Los Ángeles y para el museo de Autry Museum of Western Heritage de Los Ángeles.

Reyes se enamoró con las películas cuando era un niño creciendo en un apartamento pequeño en el lado oeste de la ciudad de Nueva York, donde frecuentaba cines locales y en donde empezó a coleccionar celuloides y afiches de las películas.

Reyes vive en el sur de California con su familia.